RICHARD MOCKET

DOCTRINA ET POLITIA ECCLESIAE ANGLICANAE

AN ANGLICAN SUMMA

STUDIES IN THE HISTORY
OF
CHRISTIAN THOUGHT

EDITED BY

HEIKO A. OBERMAN, Tucson, Arizona

IN COOPERATION WITH
HENRY CHADWICK, Cambridge
JAROSLAV PELIKAN, New Haven, Connecticut
BRIAN TIERNEY, Ithaka, New York
ARJO VANDERJAGT, Groningen

VOLUME LXII

M. A. SCREECH (ED.)

RICHARD MOCKET

DOCTRINA ET POLITIA
ECCLESIAE ANGLICANAE
AN ANGLICAN SUMMA

RICHARD MOCKET

WARDEN OF ALL SOULS COLLEGE, OXFORD

DOCTRINA ET POLITIA ECCLESIAE ANGLICANAE

AN ANGLICAN SUMMA

Facsimile, with Variants, of the Text of 1617

*

Richard Mocket's *Disciplina et Politia Ecclesiae Anglicanae*
and
Latin Version of the Jacobean *Book of Common Prayer*
The Thirty-Nine Articles
The Forms of Consecration to Holy Orders
with John Jewel's *Apologia Ecclesiae Anglicanae*
and
Alexander Nowell's *Doctrina Catechetica*

EDITED WITH AN INTRODUCTION BY

M. A. SCREECH

E.J. BRILL
LEIDEN · NEW YORK · KÖLN
1995

The paper in this book meets the guidelines for permanence and durability of the Committee on Production Guidelines for Book Longevity of the Council on Library Resources.

Library of Congress Cataloging-in-Publication Data

Mocket, Richard, 1577-1618.
    Doctrina et politia Ecclesiae Anglicanae : an Anglican summa : facsimile with variants of the text of 1617 / Richard Mocket ; edited with an introduction by M.A. Screech.
    p.   cm. — (Studies in the history of Christian Thought, ISSN 0081-8607 ; v. 62)
    English and Latin.
    Originally published: Londini : Apud Ioannem Billium, 1617.
    Includes bibliographical references.
    ISBN 9004100407 (cloth : acid-free paper)
    1. Ecclesiastical law—England—Sources.   2. Church of England—Government—Early works to 1800.   I. Screech, M. A. (Michael Andrew)   II. Title.   III. Series.
KD8620   1995
262'.0342—dc20   94-40063
                                        CIP

Die Deutsche Bibliothek - CIP-Einheitsaufnahme

Mocket, Richard:
Doctrina et politia ecclesiae Anglicanae : an Anglican summa ; with variants of the text of 1617 / Richard Mocket. – Facs. [der Ausg.] London, 1617 / ed. with an introd. by M.A. Screech. – Leiden ; New York ; Köln : Brill, 1995
    (Studies in the history of Christian thought ; Vol. 62)
    Enth. u.a.: Disciplina et politia ecclesiae Anglicanae. Latin version of the Jacobean Book of common prayer
    ISBN 90–04–10040–7
NE: Screech, Michael A. [Hrsg.]; GT

ISSN   0081-8607
ISBN   90 04 10040 7

PRINTED IN THE NETHERLANDS

For
Richard Palmer,
Librarian and Archivist
of
Lambeth Palace Library,
who helped me at every stage of my work,
bringing documents to my attention which I did not know,
and who, with his colleagues,
made my studies better and pleasant to pursue ...

CONTENTS

An expression of debt and of gratitude.

The original idea for editing this volume came from my friend
Professor Dr. Heiko A. Oberman, to whom, as always, I am grateful.

In my studies on Warden Mocket I have been greatly helped by many
colleagues whom I wish to thank publicly.

They include:
John Simmons
of All Souls College,
who gave me sound advice, especially in the early stages;
Donald Mackenzie
of Pembroke College,
Professor of Bibliography in the University of Oxford,
who helped me most generously and effectively on many matters
concerning censorship in England;
The staff of the Duke Humfrey's Library
(The Bodleiean Library , Oxford),
and
Richard Palmer ,
Librarian and Archivist of Lambeth Palace Library,
and his colleagues,
for
their unfailing courtesy and patience;

and
Constance Koch,
Librarian of the Rare Book Library,
The National Cathedral, Washington, D.C.,
who sent me vital photocopies of the unique copy of
Doctrina et Politia Ecclesiae Anglicanae
which once belonged to George Abbot, Archbishop of Canterbury,
as well as a sheaf of documents referring to it.

*This book was made possible by a grant from the
Warden and Fellows of All Souls College, Oxford*

*Bodley's Librarian freely gave his permission to reproduce
Warden Mocket's*
Doctrina et Politia Ecclesiae Anglicanae, *London, 1617,
from photographs of the copy in the Bodleian Library at
4° A . 22 Th. Seld*

Photographs from the manuscript of
Disciplina et Politeia Ecclesiae Anglicanae
*in Lambeth Palace
are reproduced by permission of
His Grace the Lord Archbishop of Canterbury and the
Trustees of Lambeth Palace Library*

*The Illustrations of the Elizabethan Articles of Religion
are reproduced by permission of the
Warden and Fellows of All Souls College, Oxford*

SYMBOLS USED IN EDITING

MS :   the reading of the Lambeth Palace Manuscript.

'16 :   the reading of the original printing of 1616.

'17 :   the reading of the reissue of 1617.

MS+ :   added in the manuscript (only).

'16+ :   added to the text in 1616.

'17+ :   added to the text in 1617.

Words or phrases to which the symbols in the margins refer are indicated in the text by dotted lines, thus :

....   or ⋮ , or, occasionally, by both.

When an addition concerns a small word or words, the words themselves may also, for clarity, be given in the margin; e.g. : '16:α+ or, '16+α, show that the ampersand was added in 1616.

Catchwords (where text and variant correspond at the beginning and the end) are <u>underlined</u>.

* ↓ : the variant is given below.

* ↑ : the variant is given above.

∧ or ↑ indicate the place where the additions apply.

tr : words transposed.

Normally differences of spelling are not noted.

INTRODUCTION

THE "ROASTED WARDEN" OF ALL SOULS COLLEGE

Mocket's book is a treat. It contains in its few pages a rich feast of Anglican writing. It represents what a Warden of All Souls took be the cream of the thinking and worship of the Church of England in the long period of reformation and consolidation during the reign of Elizabeth I and the first decade or so of James I. In one volume we have virtually a summa of mainstream Anglican doctrine as seen by a man close to Archbishop Abbot. The book is anonymous; the works which make it up are presented anonymously too. It had apparently been decided to give an objective value to both the book and its parts by presenting them unlabelled in the name of the Church. The great personages are there, all the same, though never mentioned anywhere: John Jewel, Alexander Nowell, Cranmer, and—abridged in the *précis* of the *Homilies*—such men as Bonner, Hartsfield and Becon. Richard Mocket, who compiled the book and wrote an original treatise for it, was an honoured clergyman, Warden of his College and chaplain to its Visitor, the Archbishop of Canterbury. It is all but inconceivable that it was published without the Archbishop's prior knowledge and his at least presumed approval.

Such a book one might have expected to have held, for centuries, an honoured place on the shelves of the book-rooms of every literate clergyman—literate, that is, in Latin. In fact it was burnt (in 1617, if later accounts are correct) by order of James I. In modern times, it has remained little read. Major studies ignore it. Such writers as do allude to it have not always read it through and are normally content to follow more or less accurately the judgements of their predecessors. Libraries which do possess a copy of it, like source-books, biographies and bibliographies, normally fail to identify and to list its contents, thus leaving readers unaware that they will find in it works of John Jewel and Alexander Nowell, let alone that rarest of treasures, Mocket's unique

Latin version of the Jacobean *Book of Common Prayer.* In his own College, Mocket's *Liber Precum publicarum* may only briefly—if at all—have been used for corporate worship.

Richard Mocket lingers on in memory in Oxford as the "Roasted Warden" of All Souls. Until modern times, few Wardens of his College ever wrote a book. None, except for Mocket, has ever had a book condemned to be burnt. The title of "Roasted Warden" recalls the lack of sympathy apparently felt for him by the fellows when James I condemned to the pyre the book reprinted here. Nothing prepares us for Mocket's disgrace. His career had, until then, been one of honour, preferment and solid success.

Richard Mocket was a Dorsetshireman. His academic career had followed an untroubled upward course. He graduated (B.A.) whilst at Brasenose (16 February, 1595/6). He was elected fellow of All Souls in 1599, his M.A. following in 1600, his B.D. in 1607 and his Doctorate of Divinity in 1609. By then he was ripe for preferment.[1] He held benefices in London (Saint Clement's, Eastcheap, 1610–1611; Saint Michael's, Crooked-lane, 1611 to before June, 1614.) 1614 saw him elected Warden of All Souls, a post which he filled until his death in 1618.

He was a pluralist, holding three rectorships as well as his wardenship: Newington in Oxfordshire and West Tarring in Sussex from 1614, as well as Monk's Risborough in Buckingham-

---

[1] The Warden signed himself, at least at times, "Moket". He normally appears in catalogues, bibliographies and indices as *Mocket.* For convenience that form is kept here. The principal sources of our knowledge of the life of Richard Mocket include: the article in the *Dictionary of National Biography* (with further help from the article on Archbishop George Abbot); C. Grant Robertson: *All Souls College* (University of Oxford: College Histories) London, 1899 (especially pp. 97–103); Charles Edward Mallet, *A History of the University of Oxford,* Vol. I ("The Mediaeval University and the Colleges founded in the Middle Ages"), London, s.d., p. 372; Montagu Burrows, *Worthies of All Souls. Four Centuries of English History, Illustrated from the College Archives:* London, 1874, pp. 127–130; George G. Perry, *The History of the Church of England, from the Death of Elizabeth to the Present Time,* Vol. I, London, 1861, pp. 253–255; (for the background): William Holden Hutton, *William Laud,* London, 1895 and Hugh Trevor-Roper, *Archbishop Laud,* 1573–1645, third edition, London, 1988, p. 50. There is a brief entry in Joseph Foster's: *Alumni Oxonienses: The Members of the University of Oxford, 1500–1714,* (Vol.III, p. 1017), London and Oxford, 1891, and a short account in the British Library at Lansdowne MS. 938, no. 129, cited in full below in note 3. See also the documents listed in note 3.

shire from 1615. He was a partisan of George Abbot, whom he served as domestic Chaplain. Ironically, given the fate of his *Doctrina et Politia*, he was responsible for licensing books for Stationers' Hall from March 1610 until June 1614. He knew how the system worked.

The wardenship of the College of All Souls, patronised as it was by the Primate of All England, was inevitably a preferment open to ecclesiastical and political pressures. Religious controversy was no new thing for the College. William Whitingham, a fellow, had played, for example, a major rôle in the translation and production of the Geneva Bible. Another fellow, Andrew Kingsmill, was associated with the Kethe Psalter.[2] Mocket, as an Abbot man, represented a recognisably "Anglican" conception of the Church, at home with the Royal Supremacy, welcoming episcopacy and avoiding sectarian extremes. He could, quite naturally, be a theologian of moderate Calvinist sympathies. Such men were dominant in the Establishment of his day.

No printed book bears Mocket's name—on its title-page or anywhere else. Such self-effacement makes it difficult to be certain whether or not there is a copy of works attributed to him in library catalogues. However, the short manuscript memoir devoted to Mocket in the British Library lists him as a writer:

> MDCXVII. Memoirs of Dr Richard Mocket an eminent Divine and writer, who died July 1518.[3]

---

[2] Th. Heyer, "Notice sur la colonie anglaise établie à Genève de 1555 à 1560", in *Mémoires et documents*, IX (1855), pp. 337–390, published by the *Bulletin de la Société d'Histoire et Archéologie de Genève;* Adrien Chopart, *Genève et les Anglais*, in *Bulletin de la Société d'Histoire et Archéologie de Genève*, VII, 1940; Charles Martin, *Les Protestants anglais réfugiés à Genève au temps de Calvin, 1555–1560*, Geneva, 1915; Christina Hallowell Garrett, *The Marian Exiles. A Study of the Origins of Elizabethan Puritanism*, Cambridge, 1938.

[3] British Library: Landsdowne MS. Dcccclxxxiii [983], no. 129, fol. 183 (corrected in pencil from 325). The complete memoir continues:
1610. 29 Decemb. Ricardus Moket. S.I.P. coll. ad Eccl.
Scti Clementis Eastcheap vac. per mort. Petri ffirmin.
1611. 9 Decemb. Johes Speight, S.I.B. coll. ad Eccl.
Scti Clementis Eastcheap vac. per resig. Rici
Moket S.I.P.
1611. 1 Oct. Ricus Mocket coll. ab Arepo. Cant. ad Eccl. S. Michij Crooked lane Lond. quam resignavit ante 17 Junii 1614.
Details of Mocket's appointments can also be found in the library of Lambeth Palace (Archbishop Abbot's register, Vol. I): his appointment as Warden of All

But the brevity of the notice contrasts sharply with the greater space given for example to Warden Hovenden.[4] Similarly, whilst there is indeed a memorial to Warden Mocket in his College chapel, it is strikingly bereft of the eulogies found on so many others. He is not portrayed as "beloved by the fellows" or anything like it. The memorial was, it seems, not placed in chapel by the fellows at all: it was erected by a relative out of family piety:

> ... HOC MONVMENTVM
> SACRABAT THOMAS FREKE
> EQVES AVRATVS CONSANGVI-
> NITATIS ET AMORIS ERGO.

On the other hand, *Athenae Oxoniensis* suggests that the fellows buried him with honour:

> He yielded up his last breath (with grief 'tis thought for what had been done to his book) the day before the Nones of *July,* in sixteen hundred and eighteen, and was buried in the upper end of *Allsouls* coll. Chappel, just below the steps leading to the high altar.[5]

Another—and very influential—book is also attributed to Warden Mocket, but not conclusively; usually known simply as *Deus et Rex*, its full title reveals an absolute acceptance of the Royal Supremacy:

> Deus et Rex, sive dialogus quo demonstratur Jacobum Regem immediatè sub Deo constitutum justissimè sibi vendicare quicquid in juramento fidelitatis requiritur (London, 1615).

The title of the English version is equally trenchant:

> GOD and the King; or a dialogue shewing that King James being immediately under GOD doth rightly claim whatsoever is required by the oath of Allegiance (London, 1615).

The work so delighted James I that he issued a proclamation (8 November, 1615) requiring the clergy to instruct the faithful from

---

Souls (ff. 401–405); his presentation to the Rectories of St. Michael's, Crooked-lane (fol. 389—resignation, fol. 407 verso); Newington (fol. 406); West Tarring (fol. 409) and Monk's Risborough (fol. 277–278).

[4] Cf. *ibid.,* p. 141 (corrected from 249) on "Dr Robert Hovenden, Warden of All Souls who died 23 March 1614". It includes a transcript of his memorial in the Chapel of All Souls.

[5] *Athenae Oxoniensis,* London, 1640, I. p. 368.

it.[6] Copies of so widely diffused a work are not rare, though many were probably destroyed during the Civil Wars. It consists of a dialogue between Theodidactus and Philalethes. Its support for the Royal Supremacy is absolute and unconditional: the King has no superior but God; the ties which bind his subjects to him are both inviolable and indissoluble. The same line is taken in the book which James caused to be burnt.

The importance of *GOD and the King* far outlived Mocket and—if it were written by him—sailed on triumphantly despite his disgrace. Archbishop Parker's articles for the Province of York, 1662/3, contain, for example, a specific question about the incumbent:

> And whether doth he teach the booke intituled *GOD and the King*, according to his Majesties proclamation.[7]

Charles II equally valued the work, as well he might after the Restoration. In 1663 it was republished in London with a title even more rigorously asserting the Royal Supremacy:

> GOD and the King: or a DIALOGUE shewing That Our Soveraigne Lord the King of ENGLAND, being immediate under God Within his Dominions, doth rightly claim Whatsoever is required by the oath of Allegiance. Formerly compiled and printed by the especial Command of King James (of blessed memory) and now commanded to be printed and published by his Majesties Royal Proclamation, for the Instruction of all his Majesties Subjects in their Duty and Allegiance. London by his Majesties special Priviledge and Command.

It was again published in London in 1705, and in Edinburgh in 1725.

Was Richard Mocket the author of that uncompromisingly royalist book? If so, his fall from grace at the behest of James I a mere two years after its publication, and on account of another very Royalist book, is puzzling, indeed astonishing. One of the aims of this Introduction is to elicit in what ways his book, *Doctrina et Politia*, may have given offence.

---

[6] *Stuart Royal Proclamations*, ed. J.F. Larkin and P.L. Hughes (2 Vols., Oxford, 1973–1983), I., pp. 355–356.

[7] *Visitation Articles and Injunctions of the Early Stuart Church*. (Church of England Record Society); Vol. I, ed. Kenneth Fincham, The Boydell Press, Woodbridge (Suffolk) 1994, p. 66. Cf. also p. 80.

The Manuscript of *Disciplina et Politeia Ecclesiae Anglicanae*

Richard Mocket's summa of 1616 and 1617 is entitled, *Doctrina et Politia Ecclesiae Anglicanae*. Inevitably it is often confused with his treatise which forms but an important part of it: his *Ecclesiae Anglicanae Disciplina et Politia*. Here the book will be referred to as *Doctrina et Politia* and the treatise as *Disciplina et Politia*.

Catalogue entries and bibliographies often prudently "attribute" *Doctrina et Politia* to Mocket. It was certainly attributed to him very early, his authorship being taken for granted. Rightly so. A manuscript of an earlier version of his *Disciplina et Politia* is to be found amongst the papers of Archbishop Abbot in the library of Lambeth Palace. Nobody alluding to Mocket has, as far as I know, been able to read it. The treatise, there called *DISCIPLINA et Politeia Ecclesiae Anglicanae*, bears the following dedication (transcribed line by line), which puts Mocket's authorship beyond doubt:

> Reverendissime, et domine omni obsequio meritò colendissime, quò melius testatatum facerem quam grato animo calentem tui favo= ris lucem non modò in me, sed mihi meipse chariorem nuper effu= sam, persentiscam: ecce, quod ex innata omnibus philautia
>
> unicuique charissi= mum, proprium fœtum (sed tanquam embryonem limato, et
>
> subacto tuo iudicio accuratius efformandum) *Clementiæ tuæ* humilimè offero. In eo intueare originem, et fundamenta nostrae eccle= siasticæ disciplinæ, singulas ejus partes, et membra omnesque
>
> asper= ginas, quibus pontificii, vel nuperi Sectarii illa conspuccarunt aspergas, et dilutas. Sed vereor ne nimis diluta, quod potui tamen praestiti. Deus Opt: max: sæpius glistentes conatus pro consummato opere ex immensa sua bonitate benignè acceptat, et confido fidelem eius servun dominum suum, quem tam sincerè colit, imitaturum. Hic dominus dominantium qui *Petra refugii timentibus eum* alarum suarum umbris te clemen= ter protegat, quod meum votum, non modò erit ineuntis anni Strena, sed labiorum meorum, quamdiu illa motare va= luero, iuge sacrificium.
>
> > *Clementiæ tuæ*
> > servus devotissimus
> >
> > Ricardus Moket[8]

---

[8] *Petra refugii*, Ps. 103, 18; *Shadow of thy wings:* Ps. 56, 2; *servun* for *servum* is correct (see illustration). The relevant manuscript can be found in the Abbot

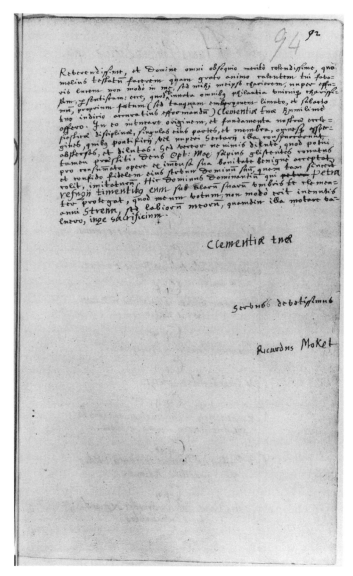

Richard Mocket's dedication of his manuscript to Archbishop Abbot

papers, at *MS. 178*. It is listed in [Henry J. Todd's] *A Catalogue of the Archiepiscopal Manuscripts in the Library of Lambeth Palace*, London, 1812, p. 23, no. 178, as "Codex chartaceus. in-fol. Sec. xvi [*thus, for xvii*], foliorum 229". There is a second entry: "Ricardi Moket, S.T.D. *Disciplina et Politeia Ecclesiae Anglicanae*, in capp. xi. fol. 93".

There then is proof that *Disciplina et Politia* is indeed the work of Richard Mocket. The variants which distinguish the manuscript from the printed text of 1616 are not without importance, but the text is substantially the same. The manuscript text, the text of 1616, and the further emended and improved text of 1617 are all part of one continuous process of creation and improvement.

The date of the manuscript is a matter of conjecture. One might note that Mocket was in a hurry, submitting to Archbishop Abbot a manuscript which, on folio 96 verso, has blanks to be filled in later (see illustration). The dedication, in Mocket's own hand, hopes that his treatise will be *ineuntis anni Strena* ("a New-year's-gift for the coming year"). That could mean that the manuscript was offered to the Archbishop in the closing days of 1615; but it could apply to any year since Abbot became Archbishop of Canterbury in 1611. We can assume that Mocket's treatise represented either Abbot's own views or else views taken by Mocket to be welcome to him. The changes made in 1616 and again in 1617 may have been partly inspired by him. But we can never be sure that busy Archbishops actually read every word of even crucial or potentially compromising manuscripts dedicated to them. Wise prelates would at least arrange for someone to do it for them.

The printed Texts of 1616 and 1617

Mocket could not simply go out, find a printer and have his book set up in type. Before reproducing books, or parts of books, over which others held property rights, a printer was required to clear matters with the Stationers' Company. Mocket's printer naturally did so. We therefore find under the date *10 Junii 1616* in the Stationers' *Records* the following entry:

> Whereas mr Bill hath this [day] entred a booke called *Doctrina et politia ecclesia* [sic] *Anglicanae*, wherein are Certain Copies belonging to the Company and others. It is this day ordered That the said Bill when the booke is printed being allowed for paper and printing for so much as belongeth to others, that mr Bill shall deliver so many books sheet for sheet to them to whome the copies belonge as there on any of there part shall amount or come to according to the custom of the Company on their behalf.

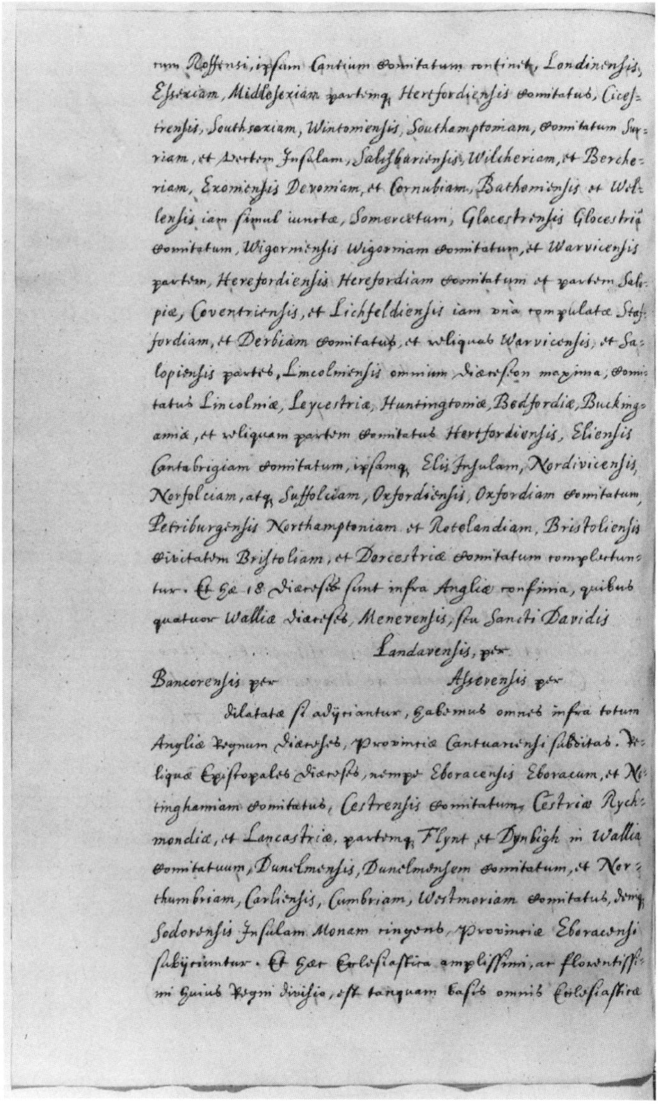

Page of Mocket's manuscript showing gaps to be filled in.

Then under *17 Junii 1616* we again find him and Mocket's book "entered" in the *Register:*

> Master Bill. Entered for his Copie under the handes of master Doctor GOADE and both the wardens [of the Stationers' Company] a booke called *Doctrina et Politia ecclesiae Anglicanae a beatissimae memoriae principibus EDWARDO SEXTO, regina ELISABATHE reginae* [sic] *JACOBO magnae Brittanae rege &c.*[9]

T. Chard was the proprietor of Jewel's *Apology.* The *Catechism* of Alexander Nowell belonged to English Stock, the stockholders of which held, *inter alia,* a Royal Patent for "Prymers, Psalters and Psalmes" in English. The Stationers' Company guarded proprietary rights by strictly rationing the paper allocated to the printer, who was obliged to account for all of it, waste included. No copies could be printed on unallocated paper. Large parts of Mocket's book were subjected to such control.

The *Book of Common Prayer* could not be printed without the King's permission (normally granted to "His Majesties Printer"). *Doctrina et Politia,* bearing as it does on its titles pages *Cum Privilegio,* must have obtained that permission.

The manuscript of *Disciplina et politiea* lying amongst Abbot's papers was not the one sent to the printers: the one which was must have been all but identical, though further worked upon. The divergences between the Lambeth Palace manuscript and the first printed text of *Disciplina et Politia* are worth noting: gaps are filled, scribal errors corrected and additions made; marginal notes of some importance are added, on for example, pages 294; 309; 314; 317; 321; 328; 337. They strengthen legal precedents or authority; emphasise the Royal Prerogative; limit some of the powers and privileges of the clergy in matters of civil or religious crimes, and generally tighten up the arguments. Further changes, corrections and aids to clarity were added in 1617. So many edi-

---

[9] *A Transcript of the Register of the Company of Stationers, London, 1554–1640 A.D.,* London, 1876, II, p. 272 (for *10 Junii 1616*). For *17 Junii 1616,* consult the informative work of William A. Jackson: *Records of the Court of the Stationers' Company 1554–1640,* London, 1957, p. 86. Cf. also *ibid.,* pp. xi ff. for a succinct and authoritative account of the procedures and property rights involved to which I am much indebted. ("Master Bill" is Mocket's printer, Johannes Billius. The Latin in the *Register* and *Records* of the Company and its clerks is often strange or erroneous, as here.)

torial changes were made in 1617 that, when the two sets of quires are compared, the 1616 text seems almost like proofs which need tidying up: innumerable tiny changes are made to help the flow of argument, and a much more rigorous use is made of italics.[10]

Earlier studies regularly, and some modern studies still, refer to two "editions" of *Doctrina et Politia.* That is an error. What we have is one edition (1616) followed by a reissue with certain quires reset in 1617. Those quires are A[8], reset as A[4]—containing the title-page and the "Prelims"—and V[8]–Z[8], which contain the complete text of Richard Mocket's own *Disciplina et Politia.* We know with hindsight that this book was soon to be condemned, yet the majority of the changes made between 1616 and 1617 are not placatory or prudential. A few certainly are, but many simply tidy up the presentation and dot the i's of certain points of scholarship. Nevertheless the general drift of the changes from manuscript to 1616 and from 1616 to 1617 is maintained: the power of the Monarch is consolidated; the disciplinary powers and privileges of the clergy are clipped or more closely defined. One might perhaps infer that Mocket would, if left alone, have given a rather higher status to the clergy—and more legal privileges—than the law (as interpreted by King James) allowed.

Although addressed, it is thought, primarily to continental Christians who were by no means all sympathetic to the Church of the Elizabethan settlement or to the Royal Supremacy in England, Mocket gives an important place to the dominant influence of a succession of monarchs on Church policy (folio 298). James's severe *Three Articles* of 1604 are given true prominence, leaving the reader in no doubt of the reality and rigour of the Royal power.

The desire for straightforward eulogy doubtless explains the change from the reading of the manuscript (97 recto) *sub nostro religioso Constantino* to that of both the printed versions: *sub pio et Serenissimo monarcha Jacobo.* The Emperor Constantine—who pre-

---

[10] In the facsimile of the reissue of 1617 published here, even quite minor textual variants of 1616 are given, but—so as not to overcharge the margins—changes from roman to italic or vice versa are not noted. (Because of a host of minor changes, the book of 1617 is far more readable and understandable than that of 1616.)

sided in person over the First Council of Nicaea—was, since the days of Henry VIII and Elizabeth, a favourite example to cite in England in order to support and justify the Royal Prerogative. That Royal Prerogative is fairly expounded at other places in the treatise. Sometimes it is further emphasised. In the manuscript (folio 102 recto) we are told that the English Monarch "receives"— *recipit*—the hommage of Bishops *electis & regio ejus assensu confirmatis*. In print, that *recipit* becomes *exigit*—a significant raising of the tone.

That *Doctrina et Politia* came to mean much to Churchmen during the difficult times which lay ahead is shown by two linked inscriptions on the flyleaf of one of the copies in the British Library. They reveal how the volume comforted a Royalist Churchman of the circle of Clarendon as he lay imprisoned in the Tower under sentence of death:

> Cariss^{mo} fratri D. Edwardo Hyde. S. Th. D.
> D. D. Hen^{cus} Hyde: Calen. Martij 1650/1

The second, written immediately beneath in another hand, reads:

> Donum charissimi fratris mei et constantissimi martyris quùm iam mortis sententiam accepisset, & triduo pòst, vitam esset Deo redditurus. In Turri Londinensi Hunc librum mihi ipse in manus dedit, cum ipsi ego adstarem ut frater, ipse mihi potius ut Theologus: magni enim exemplis sumus quam documentis veri Theologi. E.H: in perpetuam ei memoriam haec obiter scripsi, ne qui fratri in istis angustiis deesse non potui, ejus pietati, continentiae, charitati defuisse videar Jun. 26. 1651 ·/.

These inscriptions record the gaoling and execution under the Commonwealth of Henry Hyde, a cousin of Clarendon's. Henry had unwisely accepted to represent Charles II in Constantinople, where he was to try and persuade the Sultan to seize the goods of British merchants in the interests of the exiled monarch. He fell into the hands of officers of the Commonwealth. Found guilty of treason, he was beheaded on the fourth of March, 1651. That the book which he bequeathed to his clerical brother should have been *Doctrina et Politia* may help to kill off the repeated assertion that Mocket's book was excessively Calvinist and cool towards the Royal Prerogative.[11]

Another reader who valued Mocket during the Commonwealth wrote on page 303 of the Bodleian copy reproduced here, against a passage explaining the role of the King in suppressing blasphemy, perjury, incest, idolatry and sacrilege:

> + Aliud nunc res est.

Mocket's treatise, *Disciplina et Politia,* survived the Civil Wars with its reputation enhanced. When it became available again after the Restoration, the new editor praised the treatise as being always most highly esteemed, despite its official condemnation:

> Utut res est, hunc Tractatum in optimo aestimio haberi & egregiis laudibus evehi apud doctissimos semper observavi, ideoque rationi dissonum putavi, Rempublicam literariam diutius beneficio ejusdem privari.[12]

JOHN JEWEL'S *APOLOGY* AND ALEXANDER NOWELL'S *CATECHISM*

Mocket's manuscript is a unit in itself. It gives no hint that its author had any other wider aim than to explain how the Church is structured and governed. Yet its inclusion in a compilation of the other chosen works is readily understandable and may have been in Mocket's mind from the start.

As soon as Bishop John Jewel published his *Apologia pro Ecclesia Anglicana* in 1562, it was recognised as a bulwark of the Church, a brilliant, eirenic and convincing statement of Anglican doc-

---

[11] British Library, copy at *490. b. 23.* The note, pasted on a flyleaf, is cut out from an earlier flyleaf dating from before the rebinding. (There are remarks, corrections and comments in the margin which are still useful.) The authors of the two inscriptions are not identified in the catalogue of the British Library. See, for Henry and Edward Hyde: R.W. Harris, *Clarendon and the English Revolution,* London, 1983, pp. 206 ff.; Richard Ollard, *Clarendon and his Friends,* New York, 1988, pp. 6 ff., and the relevant articles in the *Dictionary of National Biography.*

[12] *Tractatus de POLITIA Ecclesiæ Anglicanæ. Cui accessêrunt RICHARDI ZOUCH LL. D. Descriptio Juris & Judicii Ecclesiastici Secundum Canones & Constitutiones Anglicanas. NECNON Descriptio Juris & Judicii Temporalis secundum Consuetudines Feudales & Normannicas* (London, S. Roycroft, 1683), *Ad lectorem.* The editor had no independent source for his text of Mocket's treatise. Its variants are therefore not given in the critical apparatus. Another edition follows in 1705.

trine and its bases. Translated into English of striking clarity and power by Ann, Lady Bacon, it was widely read at home.[13] That its original was in Latin ensured that it was widely read abroad. Bishop Jewel became seen as the official champion of the Church of England against the pretensions of the Church of Rome. He so soundly laid the groundwork of rational and logical theological argument that his *Apologia* long remained a major source for a host of Anglican apologists.

Well before Mocket's book, Archbishop Parker in person had given his support to a then abortive proposal that Jewel's *Apology* should be printed and bound with the *Catechism* and the *Articles of Religion*—all to be endorsed by the Church as authoritative.[14] Richard Mocket was fulfilling a desire long-cherished amongst Churchmen.

The value placed on Jewel's thought by such as Archbishop Bancroft can scarcely be exaggerated. He ranked Jewel with Erasmus as guides to sound theology and clear evangelical teaching—and Erasmus himself has never been allocated more authority than by Bancroft! From Lambeth Palace he wrote on 27 July, 1610 to his episcopate:

> I have byn contente that all Bishop Jewells works should be printed together in one volume to the end that every parish in England mighte have one of them. In the late queenes time, every parish was driven to buy Erasmus *Paraphrase uppon the Newe Testament*, and the said bishops *Replye to Hardinge*, one of the said books [Erasmus's] deliveringe plainly to every mans understandinge the true sense and meaneing of the whole Newe Testament, and the other [Jewel's] conteyninge a very notable and learned confutation of popery.[15]

Amongst those who do mention Mocket and his compilation there is complete agreement that his principal aim was to explain the

---

[13] Published by the Folger Institute (Cornell U.P., 1963).

[14] J. Strype, *Annals of the Reformation and Establishment of Religion*, Oxford, 1824, Vol. I, i. 474; *Dictionary of National Biography*, s.v. *Jewel, John (1522–1571)*.

[15] Kenneth Fincham, *Visitation Articles and Injunctions of the Early Stuart Church*, (Church of England Record Society), The Boydell Press, Woodbridge, Suffolk, 1994, pp. 96–97. (Bancroft may have preferred Jewel's *Reply to Mr Hardinge* or his *Defence of the Apology* to the *Apology* itself, precisely because they are more controversial. But even as a controversialist Jewel remains calmly rational, indeed reasonable.)

doctrines and structures of the English Church to continental churchmen and scholars. It had been felt during the reign of Elizabeth that her position had not been sufficiently understood abroad. On the other hand, French royalist Gallicans might well look with interest to a sister church reformed by Royal Command. (The complex notion of "Queen in Parliament" was not always easy to grasp abroad.) When Cardinal Odet de Châtillon fled to England after the publication of the decrees of the Council of Trent, the English Church could not be ignored! Nor was it ignored when Elizabeth ordered prayers to be said for the success in battle of the future *Henri Quatre*. Peter Heylyn, an admirer of Archbishop William Laud—as the full title of his *Cyprianus anglicus* shows—is by no means an unbiased witness, but he states as a fact that Mocket's book "had given no small Reputation to the Church of *England* beyond the Seas".[16]

The Jacobean Church had found in Mocket an exegete and defender. The Warden was certainly not indulging in a personal whim when he placed his own treatise in a book quietly containing Jewel's *Apology* and a *Catechism* of Dean Alexander Nowell. The Europe-wide success of Calvin's *General Catechism* had made catechisms vital for all Churches. (The Council of Trent was not immune from such influence.) For Mocket, as for Parker, the choice of catechism led quite naturally to Alexander Nowell, the former Dean of Saint Paul's. Nowell, learned as a theologian and honoured as a scholar, had, like Jewel, the gift of clarity. He composed three *Catechisms*. The one chosen by Richard Mocket is entitled by him *Doctrina Catechetica magis ampla*. It was not aimed exclusively at inducting children into the faith. It is essentially a fixing of the basic doctrines of the Church.

---

[16] "*Cyprianus anglicus* : or, The History of the Life and Death of The Most Reverend and Renowned PRELATE WILLIAM By Divine Providence, Lord Archbishop of *Canterbury*, Primate of all *ENGLAND*, and Metropolitan, Chancellor of the Universities of *Oxon.* and *Dublin* , and one of the Lords of the Privy Council to His late most SACRED MAJESTY King CHARLES the First, Second MONARCH of *Great Britain.* CONTAINING ALSO The Ecclesiastical History of the Three Kingdoms of ENGLAND, SCOTLAND, and IRELAND, from his first rising till his death. By *P. HEYLYN* D.D. and Chaplain to *Charles* the First and *Charles* the Second, Monarchs of *Great Britain*". London, 1671, p. 70.

Dean Nowell's "small" Catechism (1574 or earlier) is believed to constitute the source of the Catechism in the *Book of Common Prayer*. For Richard Mocket that Prayer-Book Catechism is so central to the Church's belief that he displaced it forward from its normal position in his Latin version, so that it could act as a "threshold" to the whole of the Church's teachings.[17]

That statement incidentally shows that Warden Mocket arranged and ordered the volume as a whole and was not content simply to juxtapose texts.

That Mocket should have included in his volume his Latin version of the *Book of Common Prayer* as corrected by King James in person was a natural extension of the hopes cherished by such as Parker and Bancroft. It is said by some that Elizabeth's Latin Prayer-Book was also partly intended to make the Anglican liturgy appreciated abroad. (It was certainly intended also for private use by clergymen.) Peter Heylyn is followed by others in his assertion that Queen Elizabeth's primary objective was to give the foreign world "a right notion of the primitive purity and edifying nature of the *English* service".[18]

Such an intention certainly needed up-dating. After the Hampton Court conference, James I had imposed a few but authoritative changes to the *Book of Common Prayer* for his definitive edition of 1604—the starting-point for the 1662 Prayer-Book still used. Any summa of Anglican doctrine would have been absurdly incomplete without it.

Once the decision was made to provide a Latin *Book of Common Prayer*, it was a small step to accompany it by the (*Thirty-nine*) *Articles of Religion* newly affirmed. There remained to face the problem of the *Homilies*; they could not be ignored since Article XXXV

---

[17] See Mocket, *Doctrina et Politia*, p. 245: "Catechismus ... quem reperias initio huius voluminis tanquam limen ad Ecclesiae Anglicanae doctrinam, & ideo hic non inseritur."

[18] Cited by William Keatinge Clay: *Liturgies and Occasional Forms of Prayer* set forth in the Reign of Queen Elizabeth (The Parker Society; Liturgical Services), Cambridge, 1847, p. xxii, alluding to Thomas Carte, *A General History of England*, Vol. III, (1755) p. 393, who is following Peter Heylyn's *Queen Elizabeth*, p. 131. But, as Clay comments, Elizabeth herself said no such thing. She had universities and public schools in mind, and thought it appropriate "for the use and exercise of such students [i.e. dons, scholars] and others learned in the laten tunge".

exhaustively lists them. Mocket's wish to give *résumés* of them was a reasonable one: to have translated them all and entire would have grotesquely distorted the proportions of his book. But providing—in Latin—so many short *précis* of controversial sermons written in dense English is an undertaking fraught with difficulties. The *Homilies* were themselves unpopular, already perhaps beginning to fade from the consciousness of congregations. Some of the clergy apparently showed their dislike of them by reading them deliberately badly. Dating back in many cases to the reign of Henry VIII, they were no longer always central to the concerns of contemporary Anglican worship. To have made unbiased *résumés* of them in a very few lines in another tongue would have tested anyone's ingenuity.

The Censoring and Burning of *Doctrina et Politia*

That Mocket's summa was burnt by order of James I we know. That it was burnt in 1617 seems reasonably assured. But why it was burnt, we do not know with anything like assurance. At this distance, the burning might indeed seem simply erratic. James was an intellectual monarch who prided himself on his knowledge of theology; he was not always a wise one. In October 1611 he caused to be burnt in Saint Paul's churchyard, London, and also in Oxford and Cambridge, a work of the Leyden Professor of Theology, Conrad Vorst, his *Tractatus theologicus de Deo*. In 1617, the same year, apparently, in which he condemned Mocket's book to the flames, he obliged Sympson, a fellow of Trinity College, Cambridge, publicly to recant certain allegedly Arminian doctrines which he had expounded before him in a sermon. But why should he have condemned a work which apparently set out to be a plain compendium of undoubted Anglican doctrine and formularies, together with an account of the polity of the National Church which Warden Mocket had written and submitted, as chaplain, to James's own Archbishop of Canterbury? Not, certainly, for its reprinting of John Jewel or Alexander Nowell: they remained the very yardsticks of orthodoxy. The defects must lie in Mocket's own contributions: in his Latin *Book of Common Prayer*, or in his editing of the *Articles of Religion*, in his condensed *Homi-*

lies or—one might think, most probably, though not necessarily
rightly—in his own treatise, *Disciplina et Politia.*

There appear to be no closely contemporary documents extant providing any reasons for James's action nor any account of
it. We can presume that Warden Mocket had proceeded with
due circumspection. The fact that King James was given to censorship was, of course, known to Mocket and to Archbishop Abbot. James's upbringing and his long experience as King of Scotland had made him conversant with Reformed theology, as well
as its limits and dangers; in England he took seriously his Royal
Prerogative: bishops and theologians readily fell to their knees
at Hampton Court when expounding their doctrines or objections before him. Several pages are devoted to the "Burnings
under James VI (James I)" in R.P. Gillet's *Burned Books.*[19]

Two seventeenth-century accounts of the condemnation of
Mocket's book have proved most influential: that of Thomas
Fuller, and that of Peter Heylyn in one specific book, *Cyprianus
anglicus.* Writers on Mocket still depend on them.

Thomas Fuller mentions Warden Mocket and the condemning of his book in *The Church-History of Britain, from the birth of
Jesus Christ Until the year M. DC. XLVIII* (1655). He lists the contents of *Doctrina et Disciplina,* without identifying the various authors. He adds:

> As for the *Homilies,* too tedious to be translated at large, he epito-
> mized them into certain Propositions, by him faithfully extracted.

So Fuller's own judgement, presumably based on his having read
Doctrina et Politia, is that Mocket's *précis* of the official *Homilies*
was done well and with integrity. He continues:

> No sooner appeared this *Book* in print, but many faults were found
> therein. Indeed it fared the worse for the *Authour,* the *Authour* for
> his *Patron* the *Archbishop* against whom many *Bishops* began to com-
> bine. Some accused him of presumption for undertaking such a
> task without a commission from the KING, it being almost as fatall
> for Private persons to tamper with such Publick matters, as for a

---

[19] R.P. Gillett, *Burned Books,* 2 Vols., New York, 1932 (I, pp. 103–104 for
Mocket). There is a bibliography devoted to censorship in Trevor Howard
Howard-Hill's *British Bibliography and Textual Criticism,* Oxford, 1974, pp. 297–
299.

> Subject to match into the blood-Royal without leave of his Soveraigne.

Fuller's reservations over this condemnation are suggested by his marginal note: "Yet *Cum Privilegio* is prefixed on the first page."

> Others complained, that he enlarged the liberty of a *Translatour* into the licence of a *Commenter,* and the *Propositions* out of the *Homilies* by him *collected* were made to lean to the judgment of the *Collectour.*

That is not Fuller's own verdict but what was being alleged by others. For him, Mocket had been faithful in this particular task. He had just said so. He himself sought the cause of the burning of *Doctrina et Politia* rather in factional rivalry at court. What he terms in his next marginal note "The pinching accusation" is a matter of offended pride allied to *odium theologicum:*

> *James Montague,* Bishop of *Winchester,* a potent Courtier, took exception that his *Bishoprick* in the marshalling of them was wronged in the method, as put after any whose Bishop is a Privie Counselleour.

Fuller's marginal note identifies the passage: "In his *Politia Ecclesiæ Angl.* cap. 5. p. 314".

The final reason which he states, again with no supporting evidence, is the one often given prominence today:

> But the main matter objected against it, was, That this *Doctor* was a better *Chaplain* than a *Subject,* contracting the Power of his PRINCE to enlarge the Priviledge of his *Patron,* allowing the Archbishop of *Canterbury's* power to confirm the *Election* of *Bishops* in his *Provinces,* citing for the same [*ibid.,* page 309] the 6t. *Canon* of the first *Nicene Councell* established by *Imperiall authority.* "*If any man be made a Bishop without the consent of his Metropolitan, he ought not to be a Bishop.*"
>
> This was counted an high offence to attribute an obliging authority either to *Canon* or *Civil Law,* both which, if crossing the *Common Law* of the Land, are drowned in their passage as they saile over from *Callis* to *Dover,* and K. JAMES justly jealous of his own *Prerogative* approuved not such a confirming power in the *Archbishop,* which might imply a *Negative Voice* in case he disliked such *Elects* as the KING should recommend unto him.

To that verdict closer attention will be given later.

> Hereupon, Doctor *Mocket* his Book was censured to be burned, which was done accordingly. Now although the imperfections and undiscretions of this *Translatour* might be consumed as *dross* in the fire, yet the undoubted truth of the *Articles of the English Church* therein contained as *Flame-free* and perfectly refined will endure to all eternity.

In other words, Fuller specifically exempts from responsibility for the burning of *Doctrina et Politia* Mocket's edition of the *(Thirty-nine) Articles of Religion*. The truth which they embody will forever escape the pyre. But Mocket, we are told, soon died of disappointed ambition and a broken heart:

> The *Doctor* took this *censure* so tenderly, especially so much defeated in his expectation to find *punishment* where he looked for *preferment*, as though his life were bound up by *sympathy* in his *Book* he ended his daies soon after.[20]

There, firmly, some thirty-odd years after the event, but with no supporting documents, is the first-known case made out to explain the mystery of the burning of Mocket's book.

Fuller's work irritated Peter Heylyn, an historian who was chaplain to both Charles the First and Charles the Second. He was moved to remonstrate. He was most unimpressed by several other historians too, whom he proceeded to criticise detail by detail. He did so in a book which seems less well-known than his *Cyprianus anglicus*, namely his *Examen Historicum, or a Discovery and Examination of the Mistakes, Falsities, & Defects in some Modern Histories, occasioned By the Partiality and Inadvertences of their severall Authours*, London, 1659.

Heylyn's method is to cite at least part of any passage in Fuller to which he took exception and then to submit the whole to critical appraisal. The first passage he cites concerns the alleged spite of the Bishop of Winchester:

> James *Montague Bishop of* Winchester *a potent Courtier, took exception* that his Bishoprick in the marshalling of them was wronged in the *method as put after any whose* Bishop is a Privy Counsellor.

---

[20] *The Church-History of Great Britain, from the birth of Jesus Christ until 1648, Endeavoured by Thomas Fuller*, London, 1655, Book 10, pp. 71–72. The passages cited above form one piece of continuous prose.

Courtiers, including Courtier-Bishops, have their hates and rival-
ries, but could King James really have been moved to such destructive wrath and to such an extreme censuring zeal on account
on an error which a simple cancel could have put right? Heylyn's
Examen Historicum reinforces that doubt. He refused to accept
such a slight on Bishop James Montague:

> The Bishop was too wise a man to take this (as our Authour states
> it) for a sufficient ground of proceeding against Dr *Mocket* who
> had then newly translated into the *Latin* tongue, the Liturgy of
> the Church of *England*, the 39 Articles, the Book of the Ordina-
> tion of Bishops, Priests and Deacons, and many doctrinal points
> extracted out of the Homilies. All which with Bishop *Jewels Apol-*
> *ogy*, Mr *Nowells Catechism*, and a new Book of his own entituled
> *Politia Ecclesiae Anglicanae*, he had caused to be printed and bound
> up together. A Book which might have been of great honour to
> the Church of *England* amongst forain Nations, and of no less use
> and esteeme at home, had there not been somewhat else in which
> it deserved the fire, then this imaginary Quarrel.

(Heylyn's slip, by which he makes Mocket translate into Latin
the *Thirty-nine Articles*, the official texts of which were promulgated in Latin and English, will be repeated by others.)

Heylyn then gives a convincing explanation of Mocket's error
on matters of episcopal precedence: it was a simple, though obvi-
ously important, confusion between Secretaries to the Monarch
and Privy Councillors:

> For by the Act of Parliament *31 H. 8, c. 10* the precedency of the
> Bishops is thus marshalled; that it to say, the Archbishop of *Canter-*
> *bury*, the Archbishop of *York*, the Bishop of *London*, the Bishop of
> *Durham*, the Bishop of *Winchester*, the rest according to the order
> of their Consecrations; yet so, that if any of them were Secretary
> to the King, he should take place of all those other Bishops to
> whom otherwise by the Order of his Consecration he had been to
> give it. If the Doctor [that is, Mocket] did mistake himself in this
> particular (as indeed he did) the fault might easily have been
> mended, as not deserving to be expiated by so sharp a punish-
> ment.

It had long seemed to me that Fuller's account of Mocket's alleged errors in his treatise and the injured pride that they aroused
was in itself insufficient to explain the burning of the entire book.
It is true that he maintained of the book as a whole that "many

faults were found therin", but he gave not one single example of them. Now neither Fuller nor Heylyn knew of the manuscript, nor were they aware that the text of 1617, from which they quote, is an issue, with cancels, of exactly the same edition which had been published in 1616. If, as Fuller maintained, numerous faults were found "no sooner appeared this *Book* in print", either the book could have been immediately stopped in its tracks, or else those faults could have been put right in the pages reprinted for the reissue. A year separates the two versions. If the error about precedence had been an obvious one and spotted at once, nothing would have been easier, or more normal practice, than to correct it with a cancel. That the error was not one which leapt off the page is suggested by its having already escaped notice in the manuscript offered to Archbishop Abbot.

Zeal, pride and rivalry can indeed form a most potent mixture for Bishops-about-Court; but, if we accept that they were at work here, they took some time to make their criticisms known and felt.

Heylyn then turns his attention to the slighting of the Royal Prerogative allegedly implied by Mocket's assertion that the Archbishop of Canterbury must needs *confirmare* the Monarch's choice of candidate for election to the Bench of Bishops. It is suggested that Mocket's words hint that it was open to the Archbishop to decline to "confirm" the King's choice:

> The following reason touching his derogation from the Kings power in Ecclesiastical matters, and adding it to the Metropolitan whose servant the Chaplain [Mocket] was, hath more reason to it (if it had but as much as reason)...

After a digression, Heylyn explains why:

> But whatever was the true cause, or whether there were more than one, as perhaps there was, certain I am it could not be for derogating anything from the Kings Power, and enlarging that of the Archbishop *in confirming the election* of Bishops, as our Author [Fuller] tells us. For though the Doctor [Mocket] doth affirm of the Metropolitan of the Church of *England,* p. 308, *Ut Electiones Episcoporum suae Provinciae confirment,* that it belongs to them to confirm the Elections of the Bishops of their several Provinces, and for that purpose cites the Canon of the Council of *Nice,* which our Author [Mocket] speaks of; yet afterwards he declares expresly,

that no such confirmation is or can be made by the Metropolitans, without the Kings *assent* preceding, *Cujus assensu electi comprobantur, comprobati, confirmantur, confirmati consecrantur, pag.* 313, which very fully clears the Doctor from being *a better Chaplain then he was a Subject,* as our Author [Fuller] makes him.

Heylyn has indeed chosen the very passage which must surely strike anyone who reads *Disciplina et Politia* in the wake of Fuller's assertion.

One might however remember that Heylyn, for all his being better informed on a few things than Fuller, had Laudian prejudices which lead him in *Examen Historicum* to maximise his differences from Fuller, whom he sees as a partisan of Abbot and as a writer of rather Calvinistic bent. Fuller had himself thought that Mocket's ideas extracted out of the *Homilies* were faithfully done, but had reported judgements which accused them of being slanted towards Calvinism. Heylyn, after saying ironically that Fuller's accusation over the verb *confirmare* "hath more reason to it (if it had but as much as reason")", continued:

> ... and so hath that touching the Propositions by him [Mocket] gathered out of the Homilies, which were rather framed according to his own judgement, then squared with the Rules of the Church.[21]

In other words, the criticisms reported by Fuller are attributed to Fuller. Moreover an example or two could have changed that statement from an assertion into a demonstration. Heylyn gives none.

Heylyn came to Mocket's book with his mind seared by the injustice done towards Archbishop William Laud during his trial. That leads him to home in on an "omission" on Mocket's part from the beginning of Article XX of the *Articles of Religion.* Laud was accused of inserting into Article XX the very words which Mocket omitted.

Heylyn returned to the charge in *Cyprianus anglicus* which, unlike his *Examen Historicum,* has influenced all subsequent judge-

---

[21] All quotations from Peter Heylyn: *Examen Historicum or a Discovery and Examination of the Mistakes, Falsities, & Defects in some Modern Historians, occasioned By the Partiality and Inadvertences of their Severall Authours,* London, 1655. pp. 185–186.

ments on Mocket's book. Here too he merits quoting at some length. (The rhythm and import of his first paragraph suggest that he had Fuller open before him when he wrote)

Anno Dom.
1617

The Archbishop had been off the hooks ever since the affront (as he conceived) was put upon him in burning his Chaplain Doctor *Mockett's* Book, entitled, *De Politia Ecclesiæ Anglicanæ*, which had given no small Reputation to the Church of *England* beyond the Seas; for which severity though many just Reasons were alledged, yet it was generally conceived, that as the Book fared the worse for the Authors sake, so the Author did not speed the better for his Patron the Archbishops sake, betwixt whom, and Doctor *James Montague* then Bishop of *Winchester,* there had been some differences, which the rest of the Court Bishops were apt enough to make some use of to his disadvantage.

Heylyn has shifted his ground. He does not make the Bishop of Winchester irate over matters of precedence, but it is asserted that Mocket suffered in cross-fire between Mocket and his courtly episcopal enemies, who exploited tensions between Canterbury and Winchester. That is a considerable concession to Fuller's point of view. One wonders what new evidence had made him modify his position and what was its value.

Heylyn seems to have hardened his opinion of Mocket since *Examen Historicum.*[22] He repeats his belief that Mocket, and Abbot too, were unacceptably "Calvinian". There we have the Caroline Laudite speaking. Heylyn acknowledges the zeal shown by Mocket, but adds :

But then this Zeal of his was accompanied with so little Knowledge in the Constitution of this Church, or so much biassed toward those of *Calvin's* Plat-form, that it was thought fit not only to call it in, but to expiate the Errors of it in a Publick Flame: For first, his Extracts out of the Book of Homilies were conceived to be rather framed according to his own Judgment, which enclin'd him toward the *Calvinian* Doctrines, as his Patron did; than squared according to the Rules and Dictates of the Church of *England.*

Again, Heylyn strengthens the case against Mocket, who is said to have turned fasting into a matter of politically imposed discipline:

---

[22] Cf. *Cyprianus anglicus*, ed. cit., p. 70.

And possible enough it is, that some just offence might be taken at him, for making the Fasting-days appointed in the *Liturgie* of the Church of *England*, to be commanded and observ'd *ob Politicas Solum Rationes*, "for politick considerations only", as insinuated *p.* 308, whereas those Fasting-days were appointed in the first *Liturgie* of King *Edward* VI. *Anno* 1549 (with reference only to the Primitive Institution of those several Fasts) when no such *politick* Considerations were so much as thought on.

Heylyn conveniently overlooks the fact that things had changed since Edward. Under Elizabeth such "fasting" as was ordained by Parliament was indeed conceived of, officially, as a matter of political discipline, without any role in the economy of salvation. And then, with more vigour, Heylyn returns to the question of Article XX and Laud's experience, over which the iron had entered into his soul:

But that which I conceive to have been the true cause why the Book was burned, was, that in publishing the 20th. Article, concerning the Authority of the Church, he totally left out the first Clause of it, *viz. Habet Ecclesia Ritus Sive Ceremonias, Statuendi jus; & in controversiis Fidei Authoritatem :* By means whereof, the Article was apparently falsified, the Churches Authority disavowed, and consequently a wide gap opened to dispute her Power in all her Canons and Determinations of what sort soever. I note this here, because of the Relation which it hath to some following passages in the year 1637. when we shall find *Laud* charged by those of the *Puritan Faction*, for adding this omitted Clause to the rest of that Article.[23]

It can be seen that Heylyn's own suggestions of what had displeased James are based upon conjecture, following a reading of the 1617 text of Mocket. He cites no public or private documents of 1617 on which he bases his case.

Although Heylyn may have moved, in some respects, slightly closer to Fuller, his conjectural explanation for the banning and burning of *Disciplina et Politia* is a rival one, as his tart comments in Examen *Historicum* made clear. Yet writers who refer to the subject tend to conflate the accounts in Fuller and Heylyn, a process which is historically unsound, multiplying conjectures and increasing the alleged causes of James's dissatisfaction. In the

---

[23] Peter Heylyn: *Cyprianus anglicus*, ed. cit., p. 70.

process, mere supposition is often turned into fact, and rival theories become complementary.

The objections of Heylyn in his *Examen Historicum* to Fuller's treatment of Mocket had some real force: that is suggested by there being no answer to them by Fuller in his copious defence against many other of Heylyn's criticisms in his indignant reply: *The Appeal of Iniured Innocence: unto the religious Learned and Ingenuous READER in the Controversy betwixt the ANIMADVERTOR Dr. Peter Heylin and the* Author *Thomas Fuller,* London, 1659.

Some at least amongst historians who mention the condemnation of *Doctrina et Politia* were clearly not able to have access to Mocket's book. Walter Farquhar Hook readily states as much in his *Lives of the Archbishops of Canterbury.* Such a lack of first-hand knowledge naturally leads to a heavy dependence on Fuller and Heylyn. Even where the text could have been read, and may have been read (as in the case of the writer of the *Introduction* to the editions of *Disciplina et Doctrina,* alone, published in London in 1683 and 1705,) the accounts of the condemnation are second-hand.[24]

The case against Mocket is resumed thus by G.G. Perry in his *History of the Church of England:*

> The worthy doctor had translated the English Prayer Book into Latin, and finding the homilies too long, had made extracts from them. To this he had added Jewel's *Apology,* Nowell's *Catechism,* and a treatise of his own, intending to construct a complete work, to give foreign churches a fair notion of the Church of England. But Dr. Mocket had committed an unpardonable wrong against "a potent courtier". The See of Winchester, then occupied by Dr.

---

[24] (a) Walter Farquhar Hook, *Lives of the Archbishop of Canterbury,* Vol. V, New Series. Reformation Period, London, 1875 (that is, Vol. 10 of the full work): chapter XXXII, p. 288: "... I have not seen the Book itself, but it gave grave offence at Court ...". Fuller and Heylin are then conflated; (b) the *Tractatus de Politia Ecclesiæ Anglicanæ.* Cui accessêrunt Richardi Zouch LL. D. *Descriptio Juris Judicii ...* , London, 1683: *Ad Lectorem:*
Verùm enim-vero cùm in abbreviandis Homiliis, optima (ut fertur) non egit fide, ac in quibusdam locis alium eis censebatur affixisse sensum, quàm qui ab Ecclesiâ probatus esset, ac partem vicesimi Articuli, Ecclesiae Authoritatem in Controversiis Fidei, ac jus ejus statuendi Ritus & Ceremoniis respicientem in Editione suâ praetermisit; totus iste Liber publico Edicto flammis adjudicatus est, ipsequé hic Tractatus una cum Juelli Apologiâ (licet prorsus innocui nihil admiserunt) eodem tamen succubuerunt infortunio.

Montagu, which takes rank as the next after the See of London, had been said in his book to take rank after any whose bishop was a privy councillor. Upon this the great prelate's indignation was aroused; and all the more readily, because at this time Montagu was on bad terms with Abbot, his former great friend, whose chaplain Dr. Mocket was. The King was applied to, the book publicly burnt, and (the worst part of the matter!) the doctor died of a broken heart. Truly, in those days, the gift of composition was a dangerous one.[25]

An influential article which appeared in the *Edinburgh Review* in 1871 follows Perry to the letter.[26]

By the time that Hart published his *Index Expurgatorius Anglicanus* in 1872, the conjectures of Heylyn and, in his case, specifically, of the *Edinburgh Review,* had sufficiently consolidated to lend themselves to errors and distortion. It is worth citing Hart *in toto:*

This publication fell under censure because it favoured the Calvinists. Dr. Mockett's intention was to give foreign churches a fair notion of the doctrines of the English church; and for that purpose he had translated the Prayer Book into Latin, adding Jewel's Apology and Nowell's Catechism. But in his translation of the Articles he had omitted the latter part, which sets forth the power of the church in rites and ceremonies and in controversies of faith. Besides this, instead of printing the Homilies at length, he had given an abbreviation of them, not fairly representing the opinions of this church; and moreover, in a treatise of his own, he had not given the see of Winchester precedence over all others next to London, but only over those whose bishops were not privy councillors. Dr. Montague, Bishop of Winchester, was at that time on bad terms with Archbishop Abbot, whose chaplain Dr. Mockett was; the king was appealed to; and the result was a public edict by which the book was ordered to be burnt.[27]

There Mocket's so-called Calvinism is thrown into great prominence, and he is not only credited—yet again—with "translating" the *Thirty-nine Articles* into Latin but is accused of leaving

---

[25] George G. Perry: *The History of the Church of England from the Death of Elizabeth to the Present Time,* Vol. I, London, 1861, pp. 254–255.

[26] *The Edinburgh Review,* July, 1871 (Vol. CXXXIV, No. CCLXXIII), pp. 178–179). The article is not signed.

[27] Wilf. Hart: *Index Expurgatorius Anglicanus,* London, 1872, pp. 57–58 (entry no. 44).

out "the latter part" of them, not the opening clause of Article XX.

None of the allegations specific to Heylyn carry conviction as, in themselves, sufficient causes of the burning of the entire book. In this respect we might cite here—despite its prejudices and ill-dating—R.P. Blakeney's judgements in his history and interpretation of the Book of Common Prayer (1881):

> Laud exercised his authority in the granting of licences for publication in the most arbitrary manner. This appears especially in the treatment of Bishop Hall [who had severely condemned Laud's semi-Romish teachings] and in the *burning* of Mockett's excellent translation of the Prayer Book. ...
> Laud publicly committed to the flames Mocket's excellent translation of the Prayer Book, and seriously infringed the liberty of the press.

Then, some sixty-odd pages later, Heylyn's judgement is cited *in extenso*, after which Blakeney adds:

> There is little doubt that the translation made by the Chaplain to Archbishop Abbott was a worthy performance. The reasons assigned for its condemnation have no weight. The Homilies are in accordance with the Articles of which the Reformers said that they did not differ in the least from the doctrine of the Church of Zurich. The reasons for the imposition of Fasts are identical with those given by the highest authorities of Church and State. The disputed passage of the 20th Article was not found in some editions. The clause *is* conformable to Scripture, but Mockett may certainly have been excused with strong evidence on his side. It is deeply to be regretted that the intolerance of Laud deprived the Church of this valuable translation.[28]

A striking mixture of sound judgement, ignorance and prejudice! Blakeney, a stout low-churchman, diabolicises Laud, antedates his period of great influence, makes him concerned to damn specifically this particular book and ties the whole affair to the freedom of the press. That Laud had any influence whatsoever over the condemning of Mocket's book is not merely unproven:

---

[28] R.P. Blakeney, *The Book of Common Prayer in its History and Interpretation.* Third, revised, edition, London, 1881, pp. 109; 112, 175–176. The author firmly situated the condemnation of *Doctrina et Politia* in the period of Laud's ascendancy. (It is true that there seems to be no document proving conclusively that the burning occurred in 1617.)

it is unlikely. The dates do not fit. And it is by no means even certain that Laud disapproved of Mocket's book. Heylyn did not. But, for Blakeney, Mocket was on the way to becoming a Low-church martyr.

On the other hand, the reasons given by Heylyn are indeed not sufficient. What Blakeney writes about the *Homilies*, fasting and Article XX is, passion apart, largely right. Some at least of Blakeney's passion arises, no doubt, from his assuming that, because Heylyn reports the condemnation of Mocket's book in what is perhaps his best known work, his life of Laud, the hated Laud must have engineered that condemnation and have advanced as reasons for his action the conjectures of Heylyn.

That judgement, together with echoes of Heylyn inform the account given in R.P. Gillet's *Burned Books*, which has doubtless (because of the quality of that study) become standard. [29] Gillet

---

[29] R.P. Gillet, *Burned Books* ,2 Vols., New York, 1932, pp. 104–105:
No sooner had it made its appearance than it became the object of criticism. A portion of it was devoted to an abridged translation of the *Homilies*, in which he was accused of enlarging the function of the translator into that of the commentator. In spite of the words *cum Privilegio* on the first page, it was objected that the translator-author should not have undertaken such a task without a royal commission. But the chiefest complaint was that he had infringed the privilege of the King in favor of the prerogative of the Primate in attributing to the latter the power of confirmation of the election of bishops within his province. For this he gave as his authority the sixth canon of the first council of Nicaea: "If any be made a bishop without the consent of his metropolitan, he ought not to be a bishop." Such a doctrine did not agree at all with the notions of James. By way of explanation Fuller says most quaintly, "an obliging authority either to canon or civil law, if crossing the common law of the land, are drowned in their passage as they sail over from Calais to Dover". His [Mocket's] words were construed as favoring his patron, the Archbishop, as against the King.
In addition to these causes for complaint, he attributed the fast days of the Church to political motives, in contradiction to the doctrine of the canons of 1604. Heylyn complained that from the Thirty-nine Articles he omitted the first clause of the twentieth, which declared that "the Church hath power to decree rites and ceremonies, and authority in controversies of faith." It was also objected that he showed a bias in favor of Calvinism. The Bishop of Winchester made a personal criticism, because in the list of bishoprics the precedency which he claimed was not recognized.
The affronted King, in spite of the protest of the Archbishop, took vengeance upon the offending volume by ordering that it be burned, in 1617. So thoroughly was the job done that copies of the original edition are very rare. Plunged from a position of preēminence and respect into the ignominy of having his book burned by royal edict, Mocket died in the following year under the burden of the humiliation thus heaped upon him.

dovetailed the accounts in Thomas Fuller and Peter Heylyn. But his statement that the criticisms of the book arose "no sooner it made its appearance" is unsupported and not supportable.

That, apart from the odd aberrant judgement is how things stand.[30] Two histories of All Souls and one history of Oxford University often consulted (at least by fellows after their election) still spread some errors.[31]

There is some confusion here. By the "original edition" is doubtless meant both the edition of 1616 and the reissue of 1617, in contradistinction to the Caroline reprintings of Mocket's treatise (alone). But in that case the criticism could hardly have been immediate: there is a year between the texts. If it is the 1616 edition that had been banned and the reissue of 1617 not banned, why should Mocket have died of grief? Gillet's account has certainly led some readers to think that a "first edition" of 1616 was burnt but a "second edition" of 1617 was not. No evidence has ever been advanced to support that contention: Gillet was confusedly conflating Fuller and Heylyn.

[30] Cf. Richard A. Christophers: *George Abbot, Archbishop of Canterbury, 1562–1633, A Bibliography*, Charlottesville (Virginia) s.d. This most useful volume is cursorily misleading about Mocket's book. On p. 122 we read that the *Doctrina, et Politia* is "An amalgamation of seven other books. This edition was burnt in spite of Abbot's protest, since the King considered it to be too much in favour of the primacy and against some of the thirty-nine articles." Hugh Trevor-Roper in his standard work, *Archbishop Laud, 1573–1645,* (3rd edition, London, 1998, p. 50) is so condensed as also to be misleading: "This was his [Mocket's] book *De Politia Ecclesiae Anglicanae,* which ascribed to the Archbishop of Canterbury a higher position in government than the government found convenient or than the event proved to be true."

[31] See Montagu Burrows, Chichele Professor Modern History in the University of Oxford and Fellow of All Souls: *Worthies of All Souls. Four Centuries of English History*, London, 1874, p. 129:

The particular offence charged against the Warden was that in a somewhat Calvinistic book written with the laudable object of making the English Church better known on the Continent—*De Politia Ecclesiae Anglicanae*—he had made a curious omission. In recounting the Articles of the Church he had quietly left out that which speaks of the authority of the Church! He was thus caught *in flagrante delicto*. His unfortunate book was ordered to be publicly burnt; and it was burnt accordingly.

G. Grant Robertson, Fellow and Domestic Bursar of All Souls College, *All Souls College* (University of Oxford, College Histories) London, 1899, p. 97, goes one bound further into error:

Richard Moket, Archbishop Abbot's Chaplain, though only Head for four years, has come down to later times branded with the unhappy title of *The Roasted Warden*. He had published a book, *De Politia Ecclesiae Anglicanae*, in which his Calvinism possibly induced him to omit from the articles all mention of "the authority of the Church". The book was condemned and burnt publicly—hence the title of its author—and the death of poor Moket, harassed by the insubordination of his colleagues, shortly followed.

Mocket's *Articles* give full authority to the Church. It has moreover long been

One of the causes for the censuring of Mocket's book advanced by Fuller is stronger and more likely than any of those tendered by Heylyn. Whatever Mocket may actually have meant—and no matter how his words may strike us today—it would have been ample grounds to condemn his treatise if he had persisted, in his reprinted cancels, in apparently making the King's *congé d'élire* subject to a genuinely free archiepiscopal confirmation; and it would have severely compounded the offence if that alleged limitation of the Royal Prerogative had been made by hedging it in with the decrees of a foreign, albeit œcumenical, Council.

Yet even that error, if error there be, concerns a handful of words. Other corrections were made in both 1616 and 1617. It would have been so easy to have corrected that one also in the proofs or in the cancels, if it had been pointed out, or if it had caused a storm. Indeed, if any allegedly culpable ambiguity had still stood alone in so loyally royalist a book, it could have been grovelled over and put right in yet another cancel even after the reissue of 1717: there must have been a commercial and religious drive to try and save at least the first hundred and twenty or so pages of print devoted to the admired and uncontroversial John Jewel and Alexander Nowell. If the *Articles of Religion* and Mocket's Latin version of the *Book of Common Prayer* had been acceptable, a powerful case could have been made for saving them too. Yet nothing less than the suppression of the entire volume would satisfy James.

Could anything less than flat heresy or sedition have provoked such an extreme action?

---

recognised that the addition to Article XX is superfluous, the points being adequately covered in other of the *Articles.*

Charles Edward Mallet in *A History of the University of Oxford,* Vol. I, *The Mediaeval University and the Colleges founded in the Middle Ages,* London, s.d., p. 372, is also misleading:

Warden Moket, who succeeded in 1614, unwisely wrote a book upon Church policy which omitted all reference to the authority of the Church. The High Churchmen seized the opportunity to humiliate not only Moket but his patron Archbishop Abbot, whom they had little cause to love.

There is no proof that Mocket fell foul of High Churchmen as such. On the contrary, Restoration clerics seem to have liked him. And his entire treatise is devoted to authority: authority over and in the Church; the authority of the Church herself.

Heylyn's oft-repeated charge, that Mocket had slipped up badly in attributing fasting to political not religious motives, is hard to sustain as a motive for suppression. The fasting is mentioned in Mocket's page 308. He writes of dispensations granted:

> ... valetudinariis, puerperis, senio confectis, aegrotis, ut carnibus diebus quibusdam ob politicas solùm rationes vetitis vescantur; ...

The wording is ambiguous. It could mean not that all fast-days are days when meats are forbidden on merely political grounds, but that the dispensations apply only to such fast-days as are politically based. If however Mocket does mean exactly what Heylyn says he does, then he is, in his day, on firm enough ground. The statute *5 Eliza. cap. v.* most clearly condemns the notion that any fasting which is ordered by Parliament is of saving or God-pleasing value. The Church's doctrine had evolved on such matters since Henry and Edward. Mocket's phrase no doubt means what Elizabeth meant when her statute commanded:

> Not for any superstition to be maintained in the choice of meats; be it enacted that whosoever shall by preaching, teaching, writing, or open speech, notify that the eating of fish and forbearing of flesh mentioned in this Statute is of any necessity for the saving of the soul of man, or that it is the service of God, or otherwise than as other politic laws are and be, shall be punished as spreaders of false news ought to be.

Far from being obsolete in Mocket's time, that Statute was not repealed until 1868 (*31 and 32 Victoria, cap. xiv, Section 71*).[32]

SINS OF OMISSION

Why then was *Doctrina et Politia* burnt? The answer may lie in its indeed giving offence in the matter of the Royal Prerogative, as Fuller claimed, and in its being a clear and acceptable summa of Anglican doctrine— except for some carelessness, some interpolated comments which are quite out of place, and some strange omissions. The omissions are weighty enough in themselves to explain and—not only in James's eyes—to justify the extreme

---

[32] J.T. Tomlinson, *The Prayer Book, Articles and Homilies: Some forgotten facts ...*, 1897, p. 247.

action that was taken. By his omissions, intentionally or unintentionally, Mocket, in *Doctrina et Politia,* repeatedly failed to give prominence, or even presence, where his very texts demanded it, to the Royal Prerogative. And yet he believed in that Prerogative! Those omissions could have been used to place the very worst construction on any ambiguities in *Disciplina et Politia.*

The Royal Prerogative is always exercised in England over the "election" of a Bishop. To the Dean and Chapter the Monarch issues a *congé d'élire.* Such a "permission to elect"—as its Anglo-Norman title reminds us—dates from well before the Reformation. Until 1534 a Dean and Chapter, having received the *congé d'élire,* could, theoretically at least, elect the candidate of their choice, subject, however to the subsequent approval of the Monarch. In 1534 that was changed. Under the Statute *25 Henry VIII. c. 10* the appointment of bishops is vested in the Crown. The *congé d'élire,* from that day to this, empowers and requires the Dean and Chapter to elect the candidate presented by the Monarch. Failure to obey would evoke the dread powers of *praemunire.*

Mocket's third chapter of *De Disciplina et Doctrina* is entitled *Quam Regis authoritatem in personas et causas Ecclesiasticas agnoscit Ecclesia Anglicana.* It opens (p. 299) with a clear and unbridled statement of the Royal Authority, *soli Deo subdita.* The precedent cited is that of Tertullian, who is quoted as saying: *Colimus Imperatorem ut hominem à Deo secundum, & solo Deo minorem.* That, for Mocket, is the model for the role of the Monarch in England.

The full force and actual process of the *congé d'élire* are clearly expounded (p. 301). There is no hesitation, no proviso. Those pages could have indeed been written by the author of *God and the King.* That the primitive church allowed for the *consensus populi* is admitted, but wise Christian monarchs, we are told, had long since abandoned it as conducive to factions, tumults and schisms. The chapter ends with an important quotation from the declaration of the Synod of 1562/3 (p. 306). No defender of the Royal Prerogative could have been clearer or fairer.

The snag allegedly comes in the following Chapter IIII, *Archiepiscoporum in Anglia dignitas & potestas,* on fol. 107 verso of the manuscript. There Mocket wrote words which remain in the text of 1616 and 1617:

> Atque cuncta ferè haec amplissima munera, vel saltem eorum praecipua, primaevae Ecclesiae Patriarchae, Primates, Metropolitani exercuerunt. Nam imprimis Episcoporum sua Provincia electiones confirmârunt ...

He continues with a quotation from the sixth Canon of the first Council of Nicaea. In 1617, that quotation was not allowed to stand unaltered in print. In the manuscript it reads:

> Si quis praeter sententiam Metropolitani factus fuerat Episcopus, *ordinatio erat irrita.*

In other words, Mocket asserts in the manuscript offered as a New Year's gift to Archbishop Abbot that such an ordination would be "invalid". That reading is kept in 1616 (cf. Mocket, p. 309) but is greatly toned down in 1617. The text then reads:

> Si quis praeter sententiam Metropolitani factus sit Episcopus, *eum non oportere esse Episcopum.*

Those are the words cited against Mocket by Fuller, Heylyn and others, the original text being unknown.

Between 1616 and 1617, had someone—perhaps, Archbishop Abbot—advised or insisted upon greater precision? If so—and if there were any lingering ambiguity—it is most surprising that Mocket did not go further and rewrite another sentence or two; he could easily have recast a few words so as to make it clear, by a careful choice of verb or phrase, that even the Primate of All England cannot *confirmare* the candidate duly named in a *congé d'élire,* if by *confirmare* is implied what Fuller says it implied: that the Primate could, if he would, withhold his approval. The Primate's duty is not (in a modern sense) to "confirm" the subject of a *congé d'élire,* any more than it is the duty of a Dean and Chapter to scrutinise the candidate designated for them: their duties are to elect and to consecrate him. What Mocket wrote elsewhere in this very treatise shows that he knew and unambiguously accepted the reality of the Royal Prerogative. After that, can there remain any real ambiguity? Could Mocket—or Archbishop Abbot—ever really have dreamed that a Jacobean Archbishop could do otherwise than accept the candidate chosen under the Royal Prerogative? Never, from 1534 to this very day, has one single person named on a *congé d'élire* ever failed to be "elected", "confirmed" and consecrated.

Ancient institutions wisely cling to forms long after they have become void of substance. Elizabeth, say, or James chose who should be Bishop. Nobody else had the right or power to do so. But the Monarch having chosen him kept to the form: the Dean and Chapter have to "elect" him. Without that "election" there would be no bishop. So too, according to Mocket, the chosen and "elected" bishop has to have his election "confirmed" by his Primate, since all bishops have to be in communication with their Metropolitan. That cannot imply that a Primate is free not to confirm the candidate chosen by the Monarch. Were Mocket to have been in the slightest doubt over such a matter—he, a Chaplain of the Archbishop and, as his treatise itself shows, a more than competent ecclesiastical lawyer—it would have been an extraordinary aberration. But, if Fuller is right and well informed, Abbot had enemies at court who did find in Mocket here a hint that James's Archbishop claimed some residual right to vet James's choice. But we only have his word for it.

It is a pity that both Fuller and Heylyn knew exclusively the text 1617. If they had known of the manuscript or the text of 1616, they could, from a study of the variants, have witnessed a consistent concern to strengthen the Royal Prerogative. A good example is found on page 101 recto of the manuscript, which corresponds here to page 301. Mocket first wrote:

> Prius ius eligendi Episcopos, posterius in conferendis beneficiis tanquam magis ampla praerogativa angustiorem in se complectitur:

In 1617 that is fundamentally changed:

> Prius ius designandi Episcopos, posterius hoc conferendi beneficia, tanquam major praerogativa minorem in se complectitur.

The change from *eligendi* to *designandi* leaves scant room for ambiguity.

Mocket would have been wiser not to have even mentioned that formality, unless he could ground it in English practice or precedent alone.

A dozen years before *Doctrina et Politia* was published, there had appeared a short work which, given the dignity of its author and the title of his own book, Mocket must have consulted: Richard Cosin's *Ecclesiae Anglicanae Politeia in Tabulis digesta* (London, 1604). In Tabula I.A. its "chain of command" is crystal-clear, beneath the King as Supreme:

– Facultatem Episcopi eligendi concedere.
– Nominare Capitulo idoneum ad Episcopatum, quem eligant.
– Electo Regium assensum adhibere.
– Jusjurandum Homagii ab Episcopo recipere.

Cosin passes over any archiepiscopal "confirmation". A cabal of courtly Bishops could certainly have made something ominous out of the slightest ambiguity over the Royal Prerogative on the part of Warden Mocket; but they would have needed to insinuate and to argue.

In the sentence which Fuller cited to allege that Warden Mocket claimed for the Metropolitan the duty to *confirmare* the elected bishop chosen by the King, Mocket states that that duty derives from the First Council of Nicaea, called by Imperial authority:

cum canone 6 Nicaeni Concilii primi, Imperatoris authoritate stabiliti decretum sit.

Such Imperial authority was regularly evoked in England to defend and to illustrate the Royal Prerogative. But the ground was treacherous. To have justified even a formal "confirmation" by the decrees of the First Council of Nicaea could have seen as a controverting of the spirit, and even the letter, of Article XXI of the *Articles of Religion* newly subscribed to in 1571:

Of thauthority of generall Councells.

Generall Councells maie not be gathered together without the Commaundement and will of Princes, and when they be gathered together, (forasmuch as they be an assemblie of men, wherof all be not goverened with the spiritt & worde of god,) they maie erre, and sumtyms have erred, even in thinges pertaininge unto god, Wherfor thinges ordeined by them as necessarie to Salvacōn, have neither strength nor authoritie, unless it maie be declared that they be taken owt of holie scripture.

That would apply *a fortiori* to the polity of the Church. It was often rehearsed that the First Council of Nicaea was called by the Emperor Constantine; the Council of Constantinople by Theodosius I; that of Ephesus, by Theodosius II; the Second Council of Nicaea, by Justinian, and so on. Such was the very stuff of Tudor propaganda. But what Emperors could do, an English King may also do. In those days and for centuries afterwards, foreign legislation could not bind English Monarchs.

Mocket really had made a sustained effort to expound the scope of the Royal Prerogative. When one compares his text of 1616 with the revised text of 1617, one can even ask oneself for a while whether it was the 1616 text alone to which exception had been taken. If *Doctrina et Politia* had been ordered to be expurgated, not entirely destroyed in 1616, then the 1617 issue, with its reprinted quires containing Mocket's *Disciplina et Politia*, would have seemed designed to provide a corrected text meeting the demands required by King James. The placatory changes in the reprinted quires are few, but they are telling. A vital one concerns precisely the passage cited (from the 1617 text) by Fuller and, after him, by nearly everyone.

Yet such a conjecture would be false.

Abbot's own copy of Mocket's book, bearing his archiepiscopal arms and an important note by him, is amongst the treasures conserved in the Rare Book Library of the National Cathedral, Washington, (D.C.). It merits close study.

It is a copy of the reissue and so dated 1617. It has the original binding. At the very end of the book—at the foot, that is, of the last page of Mocket's *Disciplina et Politia,* after the printer's ornament and beneath the line printed below it—there is a note very legibly signed by the Archbishop. (Almost the only thing clearly legible about it is his signature!) The second part of the note has been so heavily inked out, indeed blotted out, that it has to be interpreted largely with the aid of the ascenders and descenders of the letters. As deciphered by a former Canon Librarian, it reads thus (the legible words being italicised and the words heavily obscured being placed within square brackets, and those virtually illegible, and so open to caution, being further underlined:

> This last Treatise called Politia ecclesiæ
> *Anglicanæ* [was condemned by <u>authority</u>
> <u>and</u> <u>ordered</u> <u>to</u> <u>bee</u> <u>burnt.</u>]
>
> G: Cant:

The clear intention was to obliterate the note, making at least the words in square brackets totally unreadable.[33]

Why? Especially, if, as seems possible, the blotting-out was done by George Abbot himself.

Abbot's note applies to the *Disciplina et Politia* printed above it ("This last Treatise ..."). The version "condemned" was therefore the one to be read in the reprinted quires. That condemnation would doubtless have engulfed the text of 1616 as well, but it specifically applies to that of 1617. The blotting-out can hardly mean that Abbot (or anyone else) was trying to hush up the condemnation. He left the title of the treatise quite legible—which inevitably draws attention to it—and James's condemnation of the book as a whole was anyway still notorious several decades later. Can the obliteration mean that Abbot realised that what he had written was misleading? Does not his note imply that while *Disciplina et Politia* stood condemned, the rest of *Doctrina et Politia* did not? But if there is one thing even rival critics have always agreed about, it is that the book as a whole, not merely the treatise of Mocket, which aroused King James's destructive censoring wrath.

George Cantuar's note is, at all events, the earliest document we have concerning the censoring of Mocket's book. That the volume is bound with his own coat of arms stamped upon it suggests no desire to distance himself from it. And the manuscript copy of *Disciplina et Politeia* dedicated to him by his chaplain continued to slumber on untroubled amongst his papers.

---

[33] Photocopies of this and other pages containing marginalia in various hands were generously send to me by Dr Constance Koch, the Rare Book Librarian of the Washington National Cathedral. A sheaf of relevant documents was kindly sent with them. They show that the inscription was deciphered by the London bookseller whose catalogue entry was removed from the copy and preserved. It was been confirmed in an interesting study of this copy dating from Spring 1948 by the Canon Librarian, the Reverend George J. Cleaveland. It is possible to hesitate over the reading of some of the blotted out words.

Was there a cabal in court looking for ammunition to use against Mocket, seeking to harm the Archbishop through his chaplain? If so, elsewhere in *Doctrina et Politia* such ammunition can certainly be found. Some of it appears at least as explosive as anything in the treatise.

THE (THIRTY-NINE) ARTICLES OF RELIGION

To deal with Heylyn's accusation first. Heylyn associated Mocket's "omission" of the first phrase of Article XX of the *Thirty-nine Articles* with the accusation that Laud had wickedly inserted it there. The association is understandable: but it is not good history.

Article XX, called in English *Of thauthority of the Churche*, reads as follows in its two official languages:

Habet Ecclesia Ritus statuendi jus, et in fidei controversiis autoritatem, quamvis Ecclesia non licet quicquam instituere, quod verbo Dei [scripto] adversetur, nec unum Scripturae locum sic exponere potest, ut alteri contradicat. Quare licet Ecclesia sit divinorum librorum testis et conservatrix, attamen ut adversus eos nihil credendum de necessitate salutis debet obstrudere.

The Church hath power to decree Rites and Ceremonies, and authority in controversies of faith; and yet it is not lawfull for the Church to ordeine anie thing that is contrarie to godes word written, neither may it so expound one place of scripture that it be repugnant to an other. Wherfore, although the Church be a wittnes and a keper of holy writ: yet, as it ought not to decree anything against the same, so besides the same, ought it not to inforce any thinge to be beleved for necessitie of Salvacõn.

The clause in italics is the one which Laud was accused in his trial of "forging" and "foisting ... into the beginning of the Twentieth Article". Laud had no difficulty in proving himself innocent of that particular charge by reason of a legally-attested transcript of Acts of Convocation then kept in Saint Paul's Cathedral (subsequently destroyed, it seems, in the Great Fire of London).[34] Why

---

[34] *A Speech delivered in the Starr-Chamber, on Wednesday the XIVth of June, MDCXXXVII. At the Censure of John Bastwick, Henry Burton, & William Prinn; Concerning pretended Innovations in the CHURCH. By the most Reverend Father in GOD, William, L. Archbishop of Canterbury his Grace*, London, 1637, pp. 65–73.

then did Mocket not include it? That which exculpates Laud in-
criminates him.

The "innocent" explanation—which may be the correct one—
is that Mocket was principally following one of the earlier Latin
editions of the *Articles of Religion* which do not include it. The
history of the clause is embroiled. Those opening words are not
found in several sixteenth-century sources.[35] But if that "innocent" explanation be true, then Mocket stands convicted of scholarly negligence. Until 1571 it was theoretically possible to maintain that the clause in question had no synodal authority, that it
was inserted into the text of Article XX by the use (indeed, by an
abuse) of the Royal Prerogative alone, and that it had not been
certainly registered by Convocation. Indeed, that view is still ten-
able. Even in Laud's time, to be certain of its legality it was necessary, it seems, to have access to the records of the Acts of Convocation in Saint Paul's. That Mocket's reading of Article XX, without the first clause, was for many the right one is shown, precisely, by the accusation made against Laud that he had "foisted"
in a "forgery". Laud's accusers were hostile but not incompetent.
Yet, infuriated as they were, none apparently challenged the at-
tested words of Convocation once produced in court.[36] There

---

[35] The relevant texts are to be found in John Lamb's *An Historical Account of
the Thirty-nine Articles from the first promulgation of them in M. D. LXIII. to their
final Establishment in M. D. LXXI: with exact copies of the Latin and English manuscripts are facsimiles of the Signatures of the Archbishops and Bishops, etc. etc. etc.,*
Cambridge 1829. The "disputed clause" of Article XX is treated on pp. 33–40.
There is a good brief study in Thomas Vowles Short: *A Sketch of the History of the
Church of England;* 2 Vols., Oxford, 1832; I, pp. 490–495. The absence of the
clause in the English manuscript signed by the Archbishop and Bishops in the
Convocation of 1571 must be balanced by its appearing in the (later) Latin
edition (or editions) published in 1571. Many believe that the clause was in-
serted by Elizabeth in her own Prerogative, and indeed, Wolfe's edition of the
Articles, already in 1563, states:

Quibus omnibus Articulis serenissima princeps Elizabetha Dei gratia Angliae,
Franciae, et Hiberniae regina, fidei defensor, &c. PER SEIPSAM diligenter
lectis et examinatis, regium suum assensum praebuit.

Consult also: Edgar C.S. Gibson, *The Thirty-nine Articles of the Church of England
Explained with an Introduction,* London 1896 (Seventh Edition, 1910): Charles
Hardwick, *A History of the Articles of Religion ... together with illustrations from
contemporary Sources,* New revised edition, Cambridge, 1859.

[36] Cf. Edgar C.S. Gibson, *The Thirty-nine Articles of the Church of England* (Seventh Edition, London, 1910), pp. 511–513: the clause is not found in the Parker
MS. signed by members of Convocation on 29 January 1563. Nor is it con-

remains the problem of explaining how Laud's accusers—and Mocket—could unhesitatingly accept a reading which, to judge from the printed evidence, was a minority one in their day.[37]

In the case of the enemies of Laud, the answer doubtless lies in that blindness to evidence which prejudice or zeal can produce. Many divines loathed that clause: it could be used to justify—and to enforce—the wearing of the hated surplice. Curiously the Latin text states that the Church has the *jus ritus statuendi*: the English Version, more menacingly, does not talk of a "legal right" but asserts a blunt truth: the Church "hath the *power* ... ". Moreover, whereas the Latin text talks simply of *ritus*, the English version talks of rites *and ceremonies*.

Yet whatever confusion existed in earlier times, the question of the authenticity of this clause ought to have been clear to an ecclesiastical lawyer by the time of Mocket. Then, Whitgift's famous *Three Articles* of 1583 had already received synodal authority in the Thirty-sixth of the Canons ratified by King James in 1604.[38] Yet Article III still apparently harks back to the Convoca-

---

tained in the English minutes of the Articles (*Elizabethan State Papers: domestic*, Vol. xxvii, 40) of 1 January, 1563. It is however in an undated Latin MS in the *State Papers*, where it fills one line, overcrowding the page, being manifestly introduced after the original draft was made (*ibid.*, no. 41A). It is—just—possible that it was added by the Lower House of Convocation after the acceptance of the draft by the Upper House. There is "a strong probability that it was inserted by the Queen herself in the exercise of her Royal Prerogative". However until 1571 it could be deemed deficient in full synodical authority; some MSS of the Articles, as well as some printed editions, omit it.

[37] E. Harold Browne (*An Exposition of the Thirty-nine Articles: Historical and Doctrinal.* Sixth edition, London, 1864), following E. Cardwell's *Synodalia* (I, pp. 34, 53, 73, 90, etc.) lists editions of 1563 and 1571 which omit the clause, and as containing it, editions of 1563, 1571, 1581, 1586, 1593, 1612, 1624, 1628, and all subsequent editions. In other words, both Mocket, and Laud's accusers, were following an older edition—say, Day's Latin edition of 1575, which does not have the clause: see, *Articuli, de quibus convenit Archiepiscopos & Episcopos utriusque provinciae, & clerum universum in Synodo, Londini. An. 1562* (see also the illustrations reproduced here).

[38] *Article I* (of the *Three Articles*) restated the monarch's rule and authority in all matters ecclesiastical or temporal; *Article 2* states that the *Book of Common Prayer* and *The Ordering of bishops priests and deacons* contain nothing contrary to the word of God and so may lawfully be used and will be used; *Article 3* required acceptance that the *Book of Articles of Religion* agreed upon by the Archbishops and Bishops of both Provinces of the Church of England and the whole clergy in Convocation, 1562, "and set forth with her Majesty's authority" are "agreeable to the Word of God". (Cf. Edgar C.S. Gibson, *The Thirty-nine Articles*

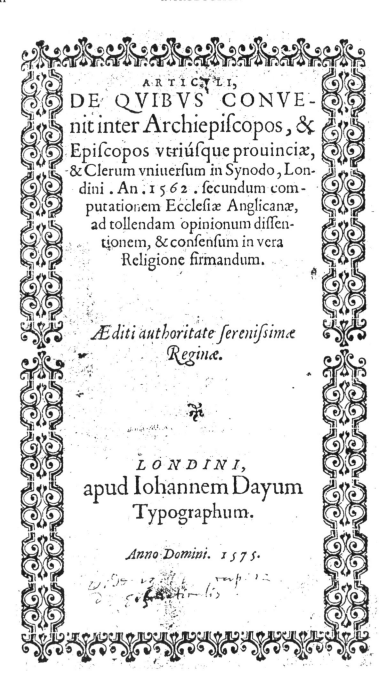

ARTICVLI,
DE QVIBVS CONVE-
nit inter Archiepiscopos, &
Episcopos vtriúsque prouinciæ,
& Clerum vniuersum in Synodo, Londini . An . 1 5 6 2 . secundum com-
putationem Ecclesiæ Anglicanæ,
ad tollendam opinionum dissen-
tionem, & consensum in vera
Religione firmandum.

*Æditi authoritate serenisimæ
Reginæ.*

LONDINI,
apud Iohannem Dayum
Typographum.

Anno Domini. 1 5 7 5.

Articuli Religionis. 13

Christi institutum rectè administrantur. Sicut errauit Ecclesia Hierosolimitana, Alexandrina, & Antiochena: ita & errauit Ecclesia Romana, non solùm quoad agenda, & ceremoniarum ritus, verum in hijs etiam quæ credenda sunt.

De Ecclesiæ authoritate.

Ecclesiæ non licet quicq̃ instituere, quod verbo Dei aduersetur, neque vnum Scripturæ locum sic exponere potest, vt alteri contradicat. Quare licèt Ecclesia sit diuinorum librorum testis, & conseruatrix, attamen vt aduersus eos nihil decernere, ita præter illos, nihil credendum de necessitate salutis debet obtrudere. 20

De authoritate Conciliorum generalium.

Generalia Concilia, sine iussu, & voluntate principum congregari non possunt, & vbi conuenerint, quia ex hominibus constant, qui non omnes Spiritu, & verbo Dei reguntur, et errare possunt, & interdum errarunt etiam in his quæ ad normam pietatis pertinent: ideóque quæ ab illis constituuntur, vt ad salutem necessaria, neque robur habent, neque authoritatem, nisi ostendi pos= 21

B.iij.   *sint*

tion of 1562. If Richard Mocket had checked the Articles of 1562/
3 against Day's edition of 1575—of which there is a copy in his
College Library—then he would have found there Article XX
without its first clause, yet the title-page clearly claiming that the
Articles were *Aediti authoritate serenissimae Reginae*. But, in 1604,
by the "Articles of 1562" was certainly meant those Articles as
revised in 1571. In official, legal or private documents the name
regularly given to the Articles as revised and confirmed in 1571 is
that still given to them in the appendix to many modern editions
of *The Book of Common Prayer*, which attributes them, without res-
ervation or modification, to 1562 [Old Style: i.e., 1563].

A modern editor would have noted the variants and have at-
tempted to account for them. Mocket, had he known of them—
and he ought to have known of them—should have done so too.

Mocket may have been unwise to omit the clause without a
word of explanation: yet he need certainly not have been chal-
lenging established authority by so doing, nor should that omission in itself have led to the burning of his book. But should we
take it "in itself"? Evidence is mounting up to suggest that Mocket
really was sometimes acting less as reporter than as editor, trim-
ming his material. To inquisitorial minds he could, in so doing,
be yet again underplaying that very Royal Prerogative which he
so lavishly admitted elsewhere. Can that apply in this case? The
omitted clause of Article XX may seem to modern ears (as it already did to some eighteenth-century ears) to strengthen the
authority of the Church over against that of the State. In fact, it
does no such thing. It marginalises Parliament; it was designed
to strengthen even further the Royal Prerogative. Both Elizabeth
and James saw it that way.

Again, a cancel could have been printed to put matters right.
That no such cancel was produced between 1616 and 1617 proves
that the criticism—if it ever came—came late and was unexpected.

*

---

ed. cit. pp. 58–59.) Mocket treats the *Three Articles* fully, together with the 1562
Articles of Religion on pp. 342 f.

Another and most serious case of error derives from slipshod editing or proof-reading. It concerns Article VI, *The doctrine of holy scripture is sufficient to Salvacōn,* or, in its equally authoritative Latin form, *De divinis Scripturis, quod sufficiant ad salutem.*

After an introductory statement, the Article proceeds to list by title or, in the case of the "4 prophetts the great" and the "12 prophetts the lesse," by category, all the books which constitute the Canon of the Old Testament. Then follows a list of the recognised books of the Apocrypha, not named as such:

> Alios autem libros (ut ait Hieronimus) quidem Ecclesia, ad exempla vitæ & formandos mores: illos tamen ad dogmata confirmanda non adhibet, ut sunt: ...

After the fourteen titles that it contains, the New Testament is swiftly and effectively dealt with in one firm sentence:

> Novi Testamenti omnes libros, (ut vulgo recepti sunt) recipimus, & habemus pro Canonicis.

That vital last sentence Mocket leaves out. Most certainly that is not the way to treat a legally binding declaration of what books of Scripture suffice for salvation. Questions of eternal life and eternal reprobation depend on the often subtle exegesis of words and phrases of books within the New Testament Canon. One needs to know with absolute certainty which books constitute that Canon. Once their authority can be contested, then nothing is certain.

A slip? No doubt. But Luther had dismissed the Epistle of James as an epistle of straw. Scholarship was already renewing ancient doubts about II Peter, say, and the authorship of Hebrews. Mocket leaves the Continental reader ignorant of where the Church stands in relation to her most fundamental authority of all.

That is a *lapsus.* Clearly Mocket had no intention of devaluing the role of the New Testament in the Church. The another departure from the authoritative text of Article VI is of a quite different order. It would be astonishing if the censors had not picked it up.

The introductory sentence of Article VI reads thus:

> SCRIPTURA sacra continet omnia, quæ ad salutem sunt necessaria, ita, ut quicquid in ea nec legitur, neque inde probari potest, non sit a quoquam exigendum, ut tanquam articulus fidei credatur, aut ad salutis necessitatem requiri putetur.

Mocket dared to interpolate a gloss into it. After *Scriptura sacra* and before *continet* Mocket's text has the gloss: *cum sit ordinarium instrumentum Salutis.* Those words appear in none of the versions of the Articles of *Religion* given by John Lamb in *An Historical Account of the Thirty-nine Articles from the first promulgation of them in M. D. LIII. to their Final Establishment in M. D. LXXI.* They are a gloss.

What was Mocket up to? It seems that the critics reported by Fuller were indeed right: Mocket was indeed prepared to act as a "Commenter" where his clear duty was to be purely and simply an editor. Those few words, *cum sit ordinarium instrumentum Salutis,* could well tend to depress the Sacraments by elevating *sola Scriptura.*

Elsewhere in his edition of the Latin *Articles of Religion* Mocket had made other major, gaffes—the recognising of which depends not on conjecture but on fact: one of those gaffes concerns Elizabeth's power as editor; another links together the *Thirty-nine Articles* and Mocket's condensed account of them in the *Homilies.* And either could have exasperated James.

Although now hardly read, and all but inaccessible, all the *Homilies,* in both the Books into which they are divided, are specifically described by their individual names in the *Thirty-nine Articles.* As such they have force of law and were still required to be read occasionally in the projected revision of the *Book of Common Prayer* of 1928 (which Parliament threw out, though not on that account).

The authority (given by Mocket, page 150, under the correct heading, *Confirmatio Articulorum*) is Elizabeth's text duly registered by Convocation in 1571 and ratified under James.

It is often repeated, in a criticism which harks back to the critics whom Fuller cited without sharing their opinion, that Mocket, in his brief summaries, twisted the *Homilies* towards a Calvinistic sense. But the *Homilies* were indeed widely held to be acceptable to many continental Reformers. More evident than "Calvinistic" distortion—as a simple comparison of Mocket's texts with the originals will show—is the fact that his accounts of each of the Articles are so short, so condensed, that they inevitably fail to convey much of their impact, virtually none of their supporting arguments, and nothing whatsoever of their tone.

Having said that, Mocket does bring out the anti-papist savour of his texts, yet by no means unduly. But making short summaries or *précis* of controversial sermons expounding orthodox teaching is a hazardous undertaking. A real danger awaited Mocket. Was he unscholarly? Was he consciously tampering with his sources? Was he putting in doubt the authority of the Monarch as Supreme Governor?

Shortly after the accession of Elizabeth there was a reprinting of the first *Book of the Homilies* (1560) and a second (manuscript) book followed in 1563, when it was presented to Congregation on 5 February. It was not given Elizabeth's approval until July 1563. During the delay, Elizabeth (who herself firmly refused to remove a crucifix from her private chapel) made, on her sole Royal Prerogative, changes and interpolations. For example, Convocation had endorsed, in the *Homily on Idolatry*, a gloss on a Scriptural "place" (II Corinthians, VI, 14-16) which reads:

> Which place enforceth both that *neither the material church or temple ought to have any images in it (for of it is taken the ground of the argument), neither that any true Christian ought to have any ado with filthy and dead images, for that he* is the holy temple and lively image of God, as the place will declare to such as will read and weigh it.

Elizabeth struck out the words in italics and replaced them by:

> We should not worship images, and that we should not have images in the temple, for fear and occasion of worshipping them, though they be in themselves things indifferent; for the Christian
> ...

Similarly, the text first approved by Congregation stated that,

> the word of God speaketh against not only idolatry and worshipping images, but against idols and images themselves.

Elizabeth added (putting words into the mouth of the preacher, the "I" of the following quotation):

(I mean always thus herein, in that we be stirred and provoked by them to worship them, and not as though they were simply forbidden by the New Testament without such occasion and danger.)[39]

Mocket's summary (pages 138–139) shows that he remains in the spirit of the stark text of Convocation, with none of the concessions and explanations insisted on by the Supreme Governor. Even if Mocket had access to the original text approved by Convocation, which seems unlikely, it is Elizabeth's text which has and had the force of law. That is the text which it was his duty to summarise accurately. One cannot say that he has successfully done so here.

*

A yet more serious matter concerns the *Homily* listed last in Article XXXV since 1571. That Article names all the *Homilies* individually by their English titles and requires them so to be read in church by the clergy "that they may be understood of the people". On page 113, Mocket gives not the plain text but an edited text of Article XXXV. It reads thus :

De Homiliis   35.

Tomus secundus Homiliarum continet piam & salutarem doctrinam, & his temporibus necessariam, non minus quam prior tomus Homiliarum, quae editae sunt tempore Eduardi sexti: itaque eas in Ecclesiis per ministros diligenter & clarè ut a populo intelligi possint recitandas esse iudicamus.

Mocket here omitted, after the third word, *Homiliarum,* a phrase which appears in the original:

quaram singulos titulos huic Articulo subjungimus.

That omission is a reasonable one: Mocket had decided, as we know, to replace the simple list of the titles of the *Homilies* by short summaries. Those summaries are printed immediately following the words just cited, and before Article XXXVI. They form a long interpolation, occupying pages 134 to 138.

---

[39] See J.T. Tomlinson: *The Prayer Book, Articles and Homilies. Some forgotten facts in their History which may decide their Interpretation.* London, 1847, pp. 247 ff.

The interest lies for us in the last of the official *Homilies*. It is entitled *An Homily agaynst Disobedience and wilful Rebellion*. It did not form part of the original *Second Book of the Homilies* as subscribed by the Bishops in Convocation on 29 January 1563. The Bishops could not then endorse it: it had not yet been written. It was composed later and originally printed, apart from the others, in 1570. Only in 1571 was Article XXXV revised to include it.

This last of the *Homilies* was occasioned by the uprising of 1569, in the North; it had been led by the Earl of Northumberland and the Earl of Westmoreland. Until then the Second Book had ended with *An Homily on Repentance, and of true Reconciliation unto God*. When we turn to Mocket, we find (page 148) that the last of his items is in fact a summary of it, entitled *De poenitentia*. As for *An Homily agaynst Disobedience and wilful Rebellion*, it is simply not there.

Such an omission could scarcely have appeared other than subversive. Was Mocket putting the legality of the final *Homily* in doubt? Was he claiming that only those *Homilies* had statutory authority which had been given the Royal assent before that particular one was written? The whole tenor of his treatise makes that virtually impossible to entertain. He was carelessly working, then, from a text from which *Agaynst Disobedience and wilful Rebellion* was missing. But why? There was no need for him to do so. In the light of the omissions previously mentioned (and of others yet to be discussed) James and his counsellors, once anger was aroused by enemies in court, were entitled to assume the worst. Mocket had omitted all reference to a vital homily forbidding disobedience and wilful rebellion in an age which was to see both disobedience and wilful rebellion leading eventually to regicide.

In fact Mocket could not even claim that he was innocently or absent-mindedly working from an old copy of the Articles which gave the text of 1562 as authorised by *13 Eliza. I. c 12*. In his summaries he includes (what is now) Article XXIX, *De manducatione Corporis Christi, et impios illud non manducare*. That Article is indeed in Parker's draft manuscript as signed by the bishops in 1562, but it was struck out by Elizabeth and does not figure in the (Latin) text of the Articles published at the time on the direct authority of the Queen, nor in any edition, Latin or English until 1571. It had no legal status until it was revived in

1571, when, in very different circumstances, it was given the Royal Assent and registered in Convocation.[40] Mocket was following blindly neither the original text of Convocation nor either of the texts authorised by Elizabeth (and by James).

It can be confusing that the very name *Thirty-nine Articles* is late—it was not officially current in Mocket's time—and that legal documents refer to the Articles of 1571 as being (using Old Style dating) those of 1562. For example, the *Royal Directions to Preachers* (1622) insist that preaching must be "within some one of the Articles of religion set forth in 1562".[41] Those directions are following normal practice. The (Thirty-eight) *Articles* of 1562/ 3, as expanded and refined in 1571/2 into the (Thirty-nine) *Articles* we know today are regularly referred to as though they were the actual ones ratified in 1562/3. That is, in a sense, reasonable enough: the (Thirty-nine) *Articles* of 1571 are indeed essentially the *Articles* of 1562/3 duly emended: they are not "new" *Articles*. Those *Articles* as edited by Elizabeth in 1562/3 contain the addition to the beginning of Article XX, but completely excise Article XXIX. As approved by the same Monarch—with no consultation of Parliament—but in different circumstances in 1571/2, they do have the addition to Article XX and Article XXIX has been restored.

The ratification (printed at the end as in the appendix to many modern Prayer-Books) states that this "same" *Book of Articles* "before rehearsed, is again approved, and allowed to be holden and executed within the Realm", by Elizabeth:

> Which Articles were deliberately read, and confirmed again by the subscription of the hands of the Archbishop and Bishops of the Upper-House, and by the Subscription of the whole Clergy of

---

[40] Edgar C.S. Gibson, *The Thirty-nine Articles of the Church of England*, seventh edition, London, 1910, pp. 668 f. Mocket makes no attempt to explain the history of this Article.

[41] Kenneth Fincham, *Visitation Articles and Injunctions of the Early Stuart Church*, Woodbridge, Suffolk, 1994, p.212, citing from Archbishop Abbot's *Register* in Lambeth Palace Library. So too Samuel Harsnett's "Articles concerning Lecturers", 1620, includes the question:

Whether doth the said lecturer maintain any doctrine contrary or repugnant to the articles of Christian faith and religion, published and ratefied *Anno Domini* 1562.

the Nether-house in their Convocation, in the year of Our Lord 1571.

Mocket gives Elizabeth's declaration, as Queen, on page 150. The legal fiction is encapsulated much later, in 1662, in the *Act of Uniformity (14 Charles II. c. 4.)* which requires subscription by the clergy and university men "unto the Nine-and-thirty Articles made in the thirteenth year of Queen *Elizabeth* ...". But the texts given are those Articles of 1562/3 as emended in 1571/2. They are the *Articles* which Mocket ought to have edited, without interpolation, containing all the clauses and only the clauses which were approved by James,

It is interesting to note the verb which is used in the official *Confirmatio Articulorum*: her Most Serene Highness gave her *assensum et consensum,* after which the articles are said to be *confirmati* by Convocation:

> Hic liber antedictorum articulorum denuò approbatus est per assensum & consensum serenissimae Reginae Elizabethae Dominae nostrae, Dei gratia Angliae, Franciae, & Hiberniae Reginae, defensoris fidei &c. retinendus, & per totum regnum Angliae exequendus. Qui articuli & lecti sunt, & denuò confirmati subscriptione D. Archiepiscopi, & Episcoporum superioris domus, & totius cleri inferioris domus in convocatione, Anno Domini 1571.

The Upper and Lower House of Convocation could not so "confirm" a document as ever to over-ride or contradict that Royal Assent.

CONTROVERSY OVER MOCKET IN THE EIGHTEENTH CENTURY

Mocket continued to be cited into the next century during quarrels over the *Thirty-nine Articles*. Fairly well-known in that context is Anthony Collins's little anonymous tract, several times reprinted as soon as it appeared in 1710. Its title give a good idea of its contents:

> Priestcraft to Perfection, Or, A Detection of the Fraud of Inserting and Continuing this clause *(The Church hath Power to Decree Rites and Ceremonies, and Authority in Controversys of Faith)* in the Twentieth Article of the Church of England.

Collins is far from ignorant but is not at all dispassionate. For him the last proper edition of the *Articles of Religion* was Mocket's of 1617. He condemns all subsequent ones: Article XX as "printed in all editions of the *Articles* since 1617 is a perfect Forgery". Collins cites Fuller and Heylyn at length. He shrewdly reminds his High-church opponents that the Article would never have got through Convocation if the papalising Bishops had not been swept away. Collins was convinced that the expanded text of Article XX increased the power of an arrogant Church not the power of the Supreme Governor.

> And as for the *Articles* of our Church, they cou'd never have been agreed to by the Convocation of 1562 had not the Bishops been first depriv'd by Law for their Popery and their Sees fill'd with Protestant Bishops.[42]

Collins, by the kind of chop-logic which convinces the zealot, was convinced that the very way Mocket's book was silenced proves that the extra words in Article XX are a forgery.[43]

Anthony Collins's tract still enjoys some little notoriety. The powerful reply to it "By a Priest of the Church of *England*" seems much less known. Its author is the formidable Hilkiah Bedford. I know of no other critic but him who spotted the omission from Article VI and only he and the writer of the marginalia in the Henry Hyde copy in the British Library who spotted the omission of the Homily *Agaynst Disobedience, and wilful Rebellion*. After a convincing demolition of several of the arguments of Collins and also of Fuller and Heylyn, Hilkiah Bedford writes:

---

[42] [Anthony Collins] *Priestcraft to Perfection*, London, 1710. The third edition, corrected, p. 12 and pp. 4–5. (The same text can be read in two other earlier editions in the Bodleian, both dating from 1710.)

[43] *Ibid.*, p. 40 ff.:
From which Passage of Dr *Heylyn*, I argue (1) That if *Mocket*'s book was burnt out of enmity to Archbishop *Abbot* his Patron; and if the Reasons publicly assign'd were what the Doctor suggests; and if the Doctor *conceives* aright as to *the true cause of burning it,* it is evident that the Clause of the *Church's Power* must be a pure piece of Forgery. For if the Omission of the Clause had really been a defect in *Mocket*, why was that not assign'd as a publique Reason for burning the Book?
No one in fact knows what reasons were publicly given for the burning of the book.

But there were yet farther Objections to be made against Dr. *Mockett*'s Book, which neither Dr. *Heylyn* nor Dr. *Fuller* take notice of, and those are, that in the 6th Article, the Clause that declares all the Books of the New Testament to be Canonical, is left out, and that in his Abridgment of the Homilies, he takes no notice of that against Rebellion. Such as these Reasons therefore might be thought most proper to be alledged, as less capable of Defence, and therefore more reflecting upon the Arch-Bishop, altho' the other [*that is*, the matter of *confirmare*, Mocket, p. 309] as of more dangerous consequence, might be rather the true Cause of burning the Book, and yet, ...

Later the "Priest of the Church of *England*" protests at the smearing of an Archbishop by contamination with the sins of his chaplain, and, whilst ceding that some Bishops might well have sided with Winchester against Canterbury, he denied that there was any proof "that the Book was burned out of Enmity to the Arch-Bishop"; neither should it be assumed that,

> there was a readiness to take any Advantage against him, that did not become Christian Bishops. ... In a word, it was not necessary, that their Zeal against that Arch-Bishop should have been as ill-manner'd as our *Libeller* is against the whole Order of the Clergy.[44]

MOCKET'S LATIN BOOK OF COMMON PRAYER

By condemning Mocket's entire book James deprived posterity of the only work in which his own 1604 Prayer-Book has ever been translated into Latin.[45]

The history of Latin translations of the various *Books of Common Prayer* is a curious one. That men could worship in any language that they understood was officially recognised. That the learned could and should worship in Latin, Greek and Hebrew "or other strange tongues" was actively encouraged; yet no closely translated Latin version of any *Book of Common Prayer* had ever been promulgated.

[44] [Helkiah Bedford]: "A Vindication of the Church of ENGLAND from Aspersions of a late LIBEL ENTITULED *Priestcraft to Perfection*", London, 1710. The long section of special interest to Mocket begins on p. 47. The above passage is from p. 65.
[45] It has never been reprinted, but William Keatinge Clay, mentioned in the next note, certainly studied it.

The first Latin translation was the work of a Scotsman, Alexander Aless (*Alesius*), published in 1551. It is not a close version and shows signs of being influenced by doctrinal considerations. Despite its shortcomings, it was used as a basis by Walter Haddon: his version of the *Book of Common Prayer* (1560), prefixed by the *Act of Uniformity*, was published *Cum privilegio Maiestatis*. It is essentially a revision of Aless, not a fresh version.[46]

Haddon recast Aless whenever he could. Which is reasonable enough. But such a procedure can lead to the perpetuating of unnoticed errors. For example Aless put *postridie* ("the next day") by mistake for *pridie* ("the day before") when rendering *overnight* in the second rubric of *The Communion of the Sick*. So does Haddon. Similarly Haddon (blindly following Aless) gave the Collect for Saint Andrew's Day (30 November) as printed in the 1549 *Book of Common Prayer*, instead of the newly revised one introduced in 1552. It was that Collect, in Mocket's time as in our own) which alone is lawful within the *Book of Common Prayer*. It was designed to eliminate a legend not justified by Scripture.[47]

Now Mocket followed Haddon in both cases, so unwittingly perpetuating errors. Alless's version trumpeted its good faith abroad on his title-page. We would be wrong to trust in its claims. Haddon's *Liber Precum Publicarum* had appeared with Elizabeth's full backing and Royal Privilege in 1560. Yet he is not always a faithful translator either. In Haddon's case a concern with hu-

---

[46] It is reprinted by the Parker Society: *Liturgical Services: Liturgies and Occasional Forms of Prayer set forth in the Reign of Queen Elizabeth*. Edited by William Keatinge Clay, Cambridge, 1847. The Preface also remains very useful: I have long been indebted to it (and to the Latin text). Divergences from the English original are well treated there. The editor stressed that what Haddon owed to Alless is so great that "he can advance no claim, except in a few particulars, to the merit, whatever it be, of the version" he published. He did however make some corrections and tidy up the latinity (pp. xxvii–xxix). In her Letters Patent Elizabeth declared that Haddon's version is *convenientem cum Anglicano nostro Publicarum precum libro;* by reaction Clay was provoked into writing that it is "almost an independent production".

[47] See William Keatinge Clay, *Op.cit.*, p. xxxii and relevant texts; also John Henry Blount, *The Annotated Book of Common Prayer*, revised edition, London, 1884, p. 323. The Book of 1549 states in the Collect that Andrew "counted the sharp and painful death of the cross to be an high honour and a great glory". But his death on a "Saint-Andrew's-cross" has no warrant in Holy Writ, so from 1552 onwards Saint Andrew "readily obeyed the calling of Thy Son JESUS CHRIST, and followed Him without delay".

manistic elegance led him not only to paraphrase his material—
though not the liturgy *sensu stricto*—but even to introduce into it
an echo of Virgil! Mocket followed him. In the *Preface* to James's
Prayer-Book (entitled in our present Prayer-Books not *Preface*—
which is another work—but *Concerning the Service of the Church*)
the text reads:

> ... so that they have heard with their ears only, and their heart,
> spirite and mind have not been edified thereby.

Haddon renders those words thus (pages 303–304):

> ut is qui legeret plerumque daret sine mente sonum, vox tantum
> aërem & aures feriret: corda, spiritus, & mentes fructu vacarent.

Mocket tidies up Haddon's Latin, changing his *corda, spiritus, &
mentes* into (page 153) *cor vero et spiritus,* omitting *mentes* altogether
but retaining the allusion—for which their original gave no warrant—to well-known lines from the *Aeneid,* X, 639–640:

> ... dat inania verba,
> Dat sine mente sonum.

It is, then as now, the little slip that reveals indebtedness, avowed
or otherwise. In the petition in the Litany we find in Mocket,
page 189, not "from the crafts *and assaults* of the Devil",but simply, as in Haddon, *"ab insidiis diaboli"*. In the petition (page 190)
for protection "from sedition and *privie* conspiracie",the private
element is left out: Mocket, like Haddon, writes, *"Ab seditione et
conspiratione"*. In the course of the Litany, Haddon inexplicably
switched his translation of *"That it may please Thee"* from *"digneris"*
to *"velis"*. So does Mocket. Similar examples of Mocket's debt to
Haddon and of their licence as translators could be multiplied.
Mocket worked with Haddon open before him, just as Haddon
had done with Aless.

Mocket could not of course simply reprint Haddon's text. After the Hampton Court Conference, King James had vouchsafed
(on his Royal Prerogative) certain minor changes to the Prayer-
Book, changes which he intended to be absolutely final. It was
that 1604 Book which Mocket had to translate. Aless and Haddon
had (loosely) translated different books.

The principal changes introduced by King James have long since been noted and docketed. Mocket was well aware of them and duly rendered most of them faithfully into Latin. For example the new *Prayer for the Royal Family* is added (at the end of the Litany where it then belonged.)[48] Within the Litany itself, a petition was added for the Queen and the Royal Family (on page 195 f.). *Prayers of Thanksgiving* are added for rain, fair-weather, plenty, peace-and-victory, and deliverance from the plague; previously there had been petitions for them but no Thanksgivings for petitions once granted; on pages 72–74 the eleven new questions and answers on the Sacrament are duly rendered as printed in 1604.

On the other hand a not unimportant change in the heading to the *Service of Confirmation* is ignored, perhaps because Mocket felt that the Latin did not need the elucidation found desirable in the English. A wiser and more scrupulous translator of a document having force of law in a cantankerous age would not perhaps have made that judgement.[49]

---

[48] In 1662 this and other prayers were shifted to the end of Mattins and Evensong. Numerous examples of Mocket's care in re-translating the wilder aberrations or slacknesses of Haddon could be given. One might suffice here: Haddon made a botch of his improvement of Aless's version of the prayer after *Tunc minister dicet* towards the end of the marriage ceremony (both texts: Clay, *Op.cit.*, pp. 14–24). Mocket's rendering is accurate and elegant (p. 252).

Similarly Mocket quietly corrected Haddon's arresting mistranslation in the Absolution within Holy Communion (... *Jesus Christus qui suam potestatem dedit Ecclesiae* ...), translating correctly the Absolution which has remained virtually unchanged from 1552 (cf. Mocket p. 230). Aless's and Haddon's startlingly erroneous *Christum esse Dominum mortis* is corrected (p. 254) to *omnipotentem Deum esse dominum mortis*. Not all departures from the 1604 Prayer-Book are to be explained by a slavish or even intelligent following of Haddon's latin. For example, in *Private Baptism of Infants* Mocket does not translate the rubric, *And let them not doubt*, as it appears in 1604 but as it was in the Prayer-Book of 1549, 1552 and 1559. He is not however reproducing Haddon's occasionally canine latin but offers an elegant new version of what was, by his time, a superseded text. (Cf. for the texts, William Keeling, *Liturgiae Britannicae, or The Several Editions of the Book of Common Prayer of the Church of England, from its compilation to thr last Revision, [...]*, London, 1842, pp. 256–257; Haddon's text in William Keatinge Clay, *Op. cit.*, p. 414, and Mocket pp. 242–243.

[49] A summary of the 1604 changes can be seen in, for example, William Keatinge Clay, *Op. cit.*, and John Henry Blunt, *Op. cit.*, p. 25. The full texts can be found in William Keeling: *Liturgiae Britannicae, ed. cit.*

For *Confirmation* the 1604 title is:

The order of Confirmation, or laying on of hands upon children baptized,

Nevertheless, a comparison of Walter Haddon's Latin with Mocket's shows not only a real though erratic concern on the Warden's part to bring his translation into conformity with the Jacobean *Book of Common Prayer* but also a sometimes meticulous concern to touch up its Latin style.

Yet it was arguably for his Latin Prayer-Book that Mocket mainly brought down on his head the full wrath of his King. Mocket could not always restrain himself for making editorial changes, some certainly implying a doctrinal slant. *Disciplina et Politia* is presented, anonymously and absolutely impersonally, as the doctrine of the Church, not as an interpretation of it. Even when Mocket makes a reference to Jewel's *Apology* in *Disciplina et Politia* (page 301, note a), he mentions the book but not the author. A translator exercising such a generalised anonymity should not (unless he explains why) ever edit, omit, transpose, add or paraphrase: he must translate. He is not a commentator, glossator or propagator of personal preferences.

The Kalendar is a case in point. The Jacobean Prayer-Book did not abolish the non-Biblical saints-days which figured in the Elizabethan Kalendar: on the contrary, it added one, only one. (That sole addition of Bishop Enurchus, 7 September, has never been satisfactorily explained.[50]) Mocket did not follow suit. He unwisely preferred to present a simplified Kalendar and to substitute it for the Jacobean Kalendar (which alone had legal force). One can see why he felt justified in pruning the saints-days to the bone, retaining only those saints named in Scripture. The 1604 *Book of Common Prayer*, at the end of the Kalendar (under "*These are to be observed as Holy dayes, and none other*"), limits "holy-dayes" to all Sundays; feasts of Biblical saints and the main events in

---

and able to render account of their faith, according to the Catechism following.
In Mocket that is rendered (p. 244) thus:
Confirmatio, in qua Catechismus ad pueros instituendos continetur.
It may have been influenced by Haddon (p. 416):
Confirmatio puerorum, cui insertus est catechismus.
[50] In 1604 he appears as *Enurchus B.* and in 1662 as *Enurchus B. of Orleans.* *Enurchus* is no doubt an error for *Euuercius*, under which name he appears in the York Kalendar (1526) given for example in John Henry Blunt's tables *(Op. cit.,* p. 163). Scholars have naturally wondered whether there is a connexion between the introduction of this name—and this name alone—into the 1604

Christ's life and death.[51] Mocket did not translate that section but made his Kalendar conform to it, except that he then entered—apparently on his own authority—the days which are prescribed as fast-days (*Hic ieiunant* or an abbreviation of those words).[52] In so doing he went beyond his brief. And the omission of popular Saints such as Giles, who cared for cripples and to whom many English churches are dedicated, must have caused offence to some churchmen who were neither theologians, liturgiologists, or sticklers for legality. There is a clue to explain what Mocket was up to. Where he ought to have put the newly honoured Enurchus he retained—in James's reign!—the Birthday of Elizabeth: "*Nat. re. Eli*". That is truly revealing. Mocket was working here not from James's unalterable *Book of Common Prayer* but on the basis of a superseded pre-Jacobean Kalendar.

On M4 recto, he did make did take one step towards bringing that Kalendar up to date: under the 25th of March, "*8 kl.*", he inserted "*Init. Reg. Jac*". But he had got the date wrong: in the 1604 *Book of Common Prayer* it is under the 24th of March, "*ix kal.*", that we find "*Init. re Jaco*". followed moreover by the one word *Fast.*

THE PROCLAMATION OF JAMES I

The *Book of Common Prayer*—every edition and every copy of every edition—is reproducing, under Privilege, a legal document. All conform, or ought to conform, in every detail, to the copy appended to the relevant statute as the authoritative text.[53] Mocket,

---

Book, and the fact that 7 September was the birthday of the late Queen Elizabeth. (Consult V. Staley, *The Liturgical Year,* London, 1907, pp. 43 ff.)

[51] The various Kalendars for September (1559, 1552, 1549) as well as 1662 and 1604 are to be found in William Keeling: *Liturgiae Britannicae, or, the Several Editions of the Book of Common Prayer of the Church of England from its Compilation to the last Revision. Together with Liturgy set forth for the Church of Scotland: arranged to shew their respective variations.* London, 1842, ad loc.

Mocket's antipathy to saints-days leads to his ignoring even Saint George's Day, which is in Haddon.

[52] From 1662 the heading is changed to *A table of all the feasts which are to be observed in the Church of England throughout the year* and there is added *A Table of Vigils, Fasts and daies of Abstinence, to be observed throughout the year.*

[53] A copy of the 1636 edition of the *Book of Common Prayer* (which, with updating naturally, follows that of 1604) was used as the text to edit, emend and

writing *Cum Privilegio* had an especial duty to give the projected
reader a full and accurate transcript or translation of all the relevant documents which make up that Book. He failed to do so,
where more than one vital document is concerned.

Any reader of our 1662 Prayer-Book is struck by its Regal prelims: *An Act for the Uniformitie of Common-Prayer; A Preface, Concerning the Service of the Church* , and finally, *Of Ceremonies: Why some are
abolished and some retained.*

The *Book of Common Prayer* of James I is even more Regal. The
first three items listed in *The Contents of this Booke* are:

> j. An Acte for the Uniformitie of Common prayer.
> ij. A Preface.
> iij. Of Ceremonies, why some be abolished, and some retained.

The *Act for the Uniformitie of Common Prayer (primo Elizabeth.)* is a
stern document, with full force of law, well-known to users of our
current Prayer-Book.[54] Turning the pages of *Doctrina et Politia* to
discover whether Mocket had provided a title to Haddon's un-
headed text of it—which he dated from the second year of the
reign of Elizabeth—one finds that Mocket passes the entire *Act*
over in silence.[55] All the rigour of the Elizabethan settlement and
all the legal force of the renewal of it under James are at a stroke
effaced.[56] The extent to which all clergymen were commanded

---

improve for the final version of 1662 under the Act of Uniformity (*13 and 14
Car. II*). How it was lost and found in intriguingly told by A.P. Stanley, Dean of
Westminster, in the Preface to his photo-zincographic *Fac-simile of the Black-
Letter Prayer-Book containing manuscript alterations and additions made in the year
1661, out of which was written the Book of Common Prayer, subscribed, December 20. A.
D. 1661, by the Convocations of Canterbury and York and annexed to the Act of Uniformity, 13 & 14 Car. II, A.D. 1662*, London, 1876. It forms an excellent basis
for the study of the Jacobean Prayer-Book and the changes deemed necessary
after the Restoration of the Monarchy. Whilst it was lost, many, mostly minor,
variations of reading and punctuation crept into most editions of the *Book of
Common Prayer* .

[54] Or it should be. It is omitted (on what authority?) from some modern
small-format Prayer-Books, but it is naturally retained in such editions as the
Oxford University Press's undated but contemporary Great Primer Super Royal
8vo edition. Even in earlier times, small-format pew editions often omit all or
some of the Prelims.

[55] For Haddon's Elizabethan *Preces Publicae* see William Keatinge Clay's *Liturgical Services,* edited for the Parker Society, pp. 301 f., where the text is given
in full.

[56] There is a reprint of the 1604 Prayer-Book: *The Book of Common Prayer.*

to use a particular form of words (as slightly emended under James) "and none other, or otherwise" is therefore hidden from the reader.[57]

One then turns to the second item of the *Contents* of the 1604 Prayer-Book: *A Preface.* In fact, immediately after *An Act for the Uniformitie of Common Prayer* we find not yet the *Preface* but, under James's imposing Royal coat of arms, *By the King. A Proclamation for the authorizing of an uniformitie of the Book of Common prayer to be used thorowout the Realm.* Since that *Proclamation* was struck out in 1662 as no longer relevant, it remains all but unknown to the laity in the pew and to fewer and fewer clerics. Which is a pity. It shows that mixture of paternalism and monarchical rigour which characterised James in his religious personality.[58]

Mocket quietly left that out too! No reader of *Doctrina et Politia* need even guess that it ever existed. Yet it ends with a clear statement that James is to have no more truck with any nonsense and will accept no more changes whatsoever to the Prayer-Book he has authorised:

> And last of all we doe admonish all men, that hereafter they shall not expect nor attempt any further alteration in the Common and Publique forme of Gods Service, from this which is now established, for that neither will wee give way to any to presume, that our own Judgement having determined in a matter of this weight, shall wee be swayed to Alteration by the frivolous suggestions of any light spirit: neither are we ignorant of the inconveniences that do arise in Government, by admitting innovation in things once setled by mature deliberation: And how necessary it

King James. Anno 1604, Commonly called the Hampton Court Book, London, 1844. The statute may be read there.

[57] Mocket might have pleaded in mitigation that the small English-language edition of the *Book of Common Prayer* published by Robert Barker of London in 1616 does not contain the preliminary material, starting straight off with the Kalendar (A2Ro). That was not an example to follow in what wished to be taken as an authoritative statement of Church doctrine and organisation. Nevertheless, Robert Barker was "Printer to the King's most excellent Majesty" and worked *Cum privilegio.* (There is a copy in the Bodleian Library, Oxford, at *C.P. 1616 e.1.*) In James's reign it was in fact common for authorised portable editions of the Prayer-Book to be reduced to the essential needs for worship. Several editions in the collection of the British Library do so.

[58] It can be conveniently read in several works already mentioned; in the photo-zincograph of the 1636 *Book of Common Prayer;* in Blunt, p. 87; in William Keeling, pp. viii–ix and, best of all, in the facsimile of the 1604 Prayer-Book (London, William Pickering, 1844).

is to use constancie in the upholding of the publique determinations of States, for that such is the unquietnesse and unstedfastnesse of some dispositions, affecting every yeere new formes of things, as, if they should bee followed in their unconstancy, would make al actions of States ridiculous and contemptible: whereas the stedfast maintaining of things by good advise established, is the weale of all Common wealthes.

> *Given at our Pallace of Westminster the 5th day of March, in the first yeere of our Reigne of England, France and Ireland, and of Scotland the seven and thirtieth.*

God save the King.

Mocket as translator of the Prayer-Book was under the clear obligation to turn those stern words into Latin. Instead, and very unwisely, he decided to excise James's proclamation, thus eliminating not one but two Royal declarations on Uniformity. Yet they formed vital and integral parts of what he offered on page 151, thus truncated, to his readers as *Liber Precum Publicarum, administrationis sacramentorum: Aliorumque Rituum et ceremoniarum in Ecclesia Anglicana.*

Of the Preliminary material, only its *Preface* is retained. In his translation of that *Preface* Haddon follows Aless fairly closely, but improves on his Latin. Mocket takes Haddon as his base and further improves on its latinity.[59]

But we seek in vain for the third item on the list of contents in James's Prayer-Book, *Of Ceremonies, why some be abolished, and some retained.* This last omission can only result from a decision deliberately taken: Walter Haddon had already translated *Of Ceremonies* and it could have been simply taken over by Mocket as it stood. *Of Ceremonies* constitutes a formal part of all redactions of

---

[59] Aless had entitled his translation of this document *Ordinatio Ecclesiae*, alluding frequently in his text to *ordinatio*. Haddon abandons his title but consistently retains the repeated word *ordinatio*. So does Mocket. (Cf. William Keatinge Clay, *Op. cit.,* p. 305, note).

(The fact that the *Prefaces* of 1604 and 1662 are different documents may cause some confusion. The *Preface* of 1604 begins:

There never was anything in the wit of man so well devised, or so sure established ...

In 1662 that is the *incipit* of *Concerning the Service of the Church.* (The *Preface* of 1662 is a different document entirely, dating from that year; its *incipit* is:

It hath been the wisdom of the Church of England ...

the *Book of Common Prayer* since 1549. With slight verbal variants it survives intact today.

Of Ceremonies, which is believed to have been composed by Cranmer, is a defence of the principles by which the English Reformers were inspired in their re-casting of the liturgy. Originally placed (in 1549) at the end of the Prayer-Book, before the colophon, it had, since 1552, been given the prominent position it now enjoys. Not to include it in a book the aim of which was to explain the Church of England to readers abroad was—even leaving aside matters of law—another grave omission. *Of Ceremonies* is a defence of the basic principles which guided those who first reformed the Church of England and which their successors steered by. It explains why some ceremonies, in themselves well-intentioned, have become perverted; how others were introduced by misguided zeal, leading to "undiscreet devotion" which obscured the glory of God; how others, nevertheless, enable a "decent" conducting of the Church's services; how ancient ceremonies of proven value in fostering edifying worship are to be preferred to untried and giddy novelties. Other national Churches may quite properly adopt different ceremonial conducing to the same edifying ends.

But of course there were those who believed that *Of Ceremonies* opened the way to "popish" practices. Whatever Cranmer may have intended, it probably did.

*

Alerted by such important omissions and derogations, one turns to see how Mocket had dealt with the "Ornaments Rubric". That is one of the most controversial and (until comparatively modern times) the most entangled of all the Rubrics in the *Book of Common Prayer*. Composed either for or by Queen Elizabeth in 1559–1561, it reads (as retained in James's Book):

> And here is to be noted that the Minister at the time of the Communion, and at all other times in his ministration, shall use such ornaments in the Church as were in use by authority of Parliament, in the second yeer of the Reign of Edward he sixt, accord-

ing to the Act of Parliament set forth in the beginning of this Book.[60]

The "Act of Parliament set forth in the beginning of this Book" is *An Act for the uniformitie of Common Prayer, and Service in the Church, and administration of the Sacraments.*[61] That, as we saw, is the *Act* which Mocket cut out.

The term "ornaments" is to be understood as *ornamenta*, and so includes vestments, books, cloths, chalices, patens, and so forth.[62] Mocket's omission therefore not merely eliminates an exercise of the authority of Monarch in Parliament, it does so on a vital question of Liturgy which was setting neighbour against neighbour, and was later to set army against army.

Mocket may have been straightforwardly following Haddon: he too had omitted the Ornaments Rubric. If Mocket were following suit, he was acting most imprudently, given the terms of James's (missing) Proclamation. The existence, the placing, the importance and the controversial nature of the Ornaments Rubric cannot have been unknown to a clergyman of his position and status. It was for many a cause of violent discussion and dissent; for others, it was the very key to liturgical continuity. Nor was Mocket here, in fact, simply following Haddon blindly or mechanically; he altered Haddon's words at this very juncture.[63] Mocket was certainly capable of letting Haddon guide him, but a

---

[60] In the 1662 its gist was retained but its text was modified thus:
... noted that *such ornaments of the church, & of the Ministers thereof at all times of their Ministration shall be retained, & be in use, as were in this Church of England* by the authority of Parliament, in the second yeer of *K* Edward the sixt. [end]
An idea of the legal controversies surrounding this text, which persisted into the age of Victoria, can be gained from the note on it in Archibald John Stephens: *The Book of Common Prayer with notes Legal and Historical,* London, 1849. The relevant note spreads from p. 349 to p. 386, in small print. The Rubric was taken by many of its seventeenth-century opponents to be "popish". To omit it can hardly be considered a thing indifferent. There is an interesting chapter on it in J.T. Tomlinson: *The Prayer Book, Articles and Homilies ... ,* ed. cit. (London, 1897,) pp. 90 ff.

[61] *I. Eliza. c. 2. sect. 25.*

[62] Cf. John Henry Blunt, *The Annotated Book of Common Prayer,* revised edition, London, 1884, p. 68 and the authorities there cited, as well as the long passage from Stephens's book, mentioned two notes earlier.

[63] Haddon ends the rubric prefixed to the *Sentences* which begin Mattins:
Qui ordo etiam servabitur in exordio precum Vespertinarum.
That is omitted by Mocket for editorial reasons.

multitude of changes great and small show that he was using him, not swallowing him uncritically. Yet one may suspect that the Warden was sometimes more concerned to improve Haddon's Latin than continually and closely to confront Haddon's version—and so his own translation—with the English he was supposed to be rendering.[64]

Nevertheless Mocket's version of the liturgical core of the *Book of Common Prayer* is traditionalist, dignified and faithful. It could have enriched Latin worship in cathedral, college chapel and learned rectory. In some cases it may well have done so.[65] But James's suppression of *Doctrina et Politia* so eclipsed Mocket's Latin version of the *Book of Common Prayer* that it is often not even mentioned.[66] Some who have not even seen it, treat it with unjustifiable scant respect. One who does mention it with honour in this context is misleading on several points.[67]

---

[64] Mocket corrects Haddon's gross error—doubtless a misreading of his manuscript by the type-setter which was not picked up in the proofs—*angelum* for *auxilium* in the *Communion of the Sick*. One revealing example of a persisting error occurs in the Liturgy. Haddon had omitted the verb *digneris* ("That it may please Thee") from two of the petitions of the Litany. Mocket did the same; cf. pp. 190–191: *Ut episcopos, pastores & ministros Ecclesiae*, and the petition following next but one after: *Ut consiliarios regios*. Cf. William Keatinge Clay, *Liturgies*, ed. cit., p. 340.

[65] There is, for one thing, a copy in so many College libraries. But for two specific cases see the copies listed in the *Bibliography* under *Cambridge University Library, at Syn. 61. 35.* and the *Rare Book Library of the National Cathedral, Washington D.C.*

[66] It is not mentioned, for example, in John Henry Blunt's *Annotated Book of Common Prayer*, London, 1884, under *The Latin Prayer-Book*, p. 104. James's act of suppression remains effective: writers on Jewel, Nowell, the Prayer-Book and so on often have not heard of him and are not referred to him in catalogues.

[67] Cf. *The Prayer Book Dictionary*, ed. G. Harford, M. Stevenson, and J.W. Tyrer, London, s.d., under *Versions of the PB*. Of Mocket we merely read: "Mockett's unauthorised version of the PB appeared in 1617, but was proscribed and burnt." (It appeared in 1616 and was authorised, being *Cum privilegio*.) There is a brief mention of it in William Muss-Arnolt, *The Book of Common Prayer amongst the Nations*, London, 1914, p. 38. Despite its *Cum privilegio*, the Latin version is said to be "unauthorised" and it is wrongly stated that in 1617 "it was printed with new prefatory matter"—in fact the 1617 reissue has the same matter occupying less space. Interestingly, the author asserts that the "book displeased King James, and all the copies of the 1616 issue were siezed and burnt in 1617". Much as it tempting to make the condemnation apply only to the 1616 original text, as already stated, I know of no document which supports that statement. In fact Muss-Arnolt is following and misreading Gillet. See note 29.

Mocket was no closet Genevan reformer, but he does not always flaunt his debt to Calvin. He at first plays Calvin down by citing him without naming him. One of the additions made between the manuscript and the 1616 text on one hand and the 1617 text on the other concerns Calvin. On page 324, where the earlier versions refer in the marginal note to a *"celebris theologus"*, the 1717 edition adds, in a special indentation, *"Calvin. in hoc loco"* (the *locus* being I Timothy, 1: 4). On the other hand, Theodore Beza was already twice cited by name in a single note on page 346. But many sound Anglican theologians of Mocket's day held Calvin and Beza in profound respect.

It is sometimes said that many then hoped and assumed that the Order of Bishops, given time, would simply wither away. Mocket, a faithful chaplain to Archbishop Abbot, does not share that hope or assumption; he does nothing wilful to derogate from the dignity, status or episcopal authority of his patron nor of the Bench of Bishops.

*

So how can we explain Mocket's sins of omission? Some of his omissions—and some of his commissions—may be attributed to careless editing; others may be explained by his unwise reliance on at least one superseded edition of the *Articles of Religion* and on the also superseded Elizabethan *Liber Precum Publicarum*. But questions remain. Did he consciously shy away from flaunting before continental readers belonging, say, to the *Eglise Réformée*, or to other more basically reformed polities, reminders in the English Prayer-Book of the reality of the Royal Prerogative in the context of daily prayer and liturgy? Helkiah Bedford suggests that Mocket may have been thinking of his projected readership:

> ... it might be pleaded in Dr. *Mocket*'s behalf, that in omitting this Clause [from Article XX] he had not so much falsify'd the Article, as only printed it according to the Old Editions of it in King *Edward*'s time; that he had judged the Article, as it stood then, would be better received by the Reformed Churches abroad, to whom he was willing to give the most agreeable representation of

> our Church that he could, and therefore without disputing the
> Authority of this addition to it, he thought fit to omit it; …[68]

That cannot be the whole explanation as we saw, but it is perfectly possible that Mocket had been tempted to arrange or gloss some of his material in order to give continental scholars a view of the Church of England which he considered more congenial to them. James might well have thought he had done so.

Despite his sins of omission Mocket really does give great prominence to the Royal Prerogative and Kingly power. The authority of the Church in judging or establishing punishments, especially for the laity, is noticeably circumscribed between 1616 and 1617 (pages 330–331; 334, 336).

Mocket was right in stating (page 306) that the Synod of 1562, with Elizabeth's agreement, of course, had unanimously defined the powers attributed to English monarchs, and the limits of these powers: especially, to Monarchs are not ascribed the ministry of the word or of the Sacraments:

> Non damus Regibus nostris aut verbi Dei aut Sacramentorum administrationem (quod etiam Iniunctiones ab Elizabetha Regina nostra nuper editae apertissimè testantur) sed eam tantùm praerogativam quam à Sacris Scripturis & à Deo ipso, omnibus pijs Principibus vidimur semper fuisse attributam: hoc est, ut omnes Status atque Ordines fidei suae commissos, sive illi Ecclesiastici sint, sive Civiles, in officio contineant, & contumaces ac diliquentes gladio civili coerceant.

No Monarch has ever sought to challenge those restrictions. Nevertheless the powers in England of reigning Kings and Queens were often those they had, not those they were legally supposed to have. Henry, Edward, Elizabeth and James took a very wide view of their Prerogative. (So, in a sense, did Mary during her unwilling stint as Head of the Church—the last Monarch to use that title.) The troubles which rained down on Warden Mocket probably derive in part from the fact that both Elizabeth and James pushed the Royal Prerogative further than even he states. Elizabeth altered rubrics, Articles and Homilies after they had been approved by Synod and Convocation. Partly because she

---

[68] [Helkiah Bedford], *A Vindication of the Church of ENGLAND*, ed. cit., p. 55. He thought other distortions could well be "downright Falsification".

preferred to treat such matters through Convocation (which she could control) the relations between Parliament and Convocation were often strained, and remained so under James. When Convocation had passed the (Thirty-nine) *Articles of Religion* in 1571, the Queen would not allow Parliament to debate them.

To the rubrics of the *Book of Common Prayer*, James made changes; into the body of the Liturgy he inserted prayers; in his *Proclamation*, issued on his sole authority, he stressed his role as arbiter and decision-maker during the conference he has called at his honour of Hampton Court in 1604:

> Where before our Selfe and our Privie Counsell were assembled many of the gravest Bishops and Prelates of the Realme, and many other learned men, as well of those conformable to the State of the Church established, as of those who dissented: Among whome, what our paines were, what our patience in Hearing and replying, and what the indifferencie and uprightnesse of our Judgement in determining, Wee leave to the report of those who heard the same
> …

The "weakness"— as James deemed it—of the criticisms levelled against the *Book of Common Prayer* by dissenters and enemies of the Establishment left him prepared to make only minor concessions, "as We thoughte meete, with consent of the Bishops and other learned men there present". The Bishops present gave their consent, but did not initiate the changes. And there is not a word uttered by James here about Convocation, Synod or Parliament. By omitting that Royal Proclamation Mocket failed to convey something of real importance about the relationship of Church and Civil power.

The heads of accusation are now mounting up. By omission especially, *Doctrina et Politia* as a whole, and not merely Mocket's treatise *Disciplina et Politia,* could leave foreigners less aware of the reality and scope of the Royal Prerogative than if he had reproduced meticulously the *Articles of Religion* and had translated with scrupulous accuracy the 1604 Prayer-Book as it stood. Mocket also tends to leave the continental reader with the impression that the Church in her *ornamenta* and liturgy was more independent of the Civil power and less "popish" than was actually the case. Yet Mocket was a sound Anglican and his book deserves an important place in any bibliography of Church history.[69] Whether Archbishop Abbot was directly implicated in Mocket's editorial decisions and those authorial errors or ambiguities which James found intolerable is not known. Since however *Doctrina et Politia* came out *Cum privilegio*, someone in authority must have given prior approval to it and commended it.

There is, in fact, reason to believe that Abbott may have read and commented on Mocket's manuscript. On page 97 recto—which corresponds at this point to page 296 of the printed version—there is a mark formed by two short parallel lines against a passage which Mocket did change. The passage reads:

> Idem fecerunt & reliqui Apostoli, ut ex Canonibus, qui adscribuntur iis apparet, quorum etsi nonnulli sint spurii, tamen aliqui disciplinam Apostolicam redolent.

That was perhaps too brash a way to treat the so-called *Canones Apostolorum*. Already in 1616 that was changed to read :

> Idem fecerunt & reliqui Apostoli, ut ex Canonibus, qui Apostolorum dicuntur, apparet; quorum etsi nonnulli sint manifestè spurii, aliqui tamen Apostolicam sapere disciplinam.

If Abbot had approved of Mocket's texts then he manifestly could not escape all responsibility for them. The disgrace fell squarely on the Warden, but glancing blows—although Helkiah Bedford contests this—are said to have shaken the Archbishop as well. Abbot remained loyal to his chaplains nevertheless: two were successive Wardens of All Souls, Mocket being followed by Astley.[70]

*

Habent sua fata libelli. In its day Walter Haddon's Latin Prayer-Book had a good press; Queen Elizabeth issued Letters Patent for it, recommending it to colleges and to the clergy generally:

---

[69] Cf. Godfrey Davies and Mary Frear Keeler: *Bibliography of British History. Stuart Period, 1603–1714*, Oxford, 1970: § 1163, p. 166.

[70] There are numerous little marks against Mocket's treatise on Abbot's copy of Mocket in Washington Cathedral. If they are by Abbot, and if they represent passages to note or to watch, they are a case of locking the stable door: it is at the time of the manuscript that criticisms should have been made.

yet it made omissions and was neither original nor by any means faithful. Warden Mocket might have expected greater praise from James than Haddon ever received from Elizabeth. His enterprise was far more ambitious. His translation is a better one. But Haddon's infidelities were of a different order from his. Haddon's Prayer-Book stands alone. It was sponsored by the Supreme Governor. Nothing in Haddon, even for hostile, worldly courtier-Bishops, casts the slightest cloud over the Royal Prerogative: Mocket's Latin Prayer-Book does not stand alone. It was printed indeed *Cum Privilegio,* but it never carried any authoritative endorsement from Elizabeth's successor, to whom it was evidently not submitted for final approval.

*

*   *

WARDEN MOCKET'S ASPIRATIONS AND ACHIEVEMENTS

Because of the nature of *Disciplina et Politia,* and above all because of its Nachleben, this Introduction has been concerned to bring out some of the reasons which may have led King James to burn Mocket's book. It was necessary to concentrate upon Mocket's weaknesses as editor, proof-reader and translator and upon his licence as exegete, so misplaced in a book such as this. But Warden Mocket, as any student of his summa and of his own contributions may discover, had virtues which were many and conspicuous. They were much appreciated after the Restoration. Now, thanks to Warden Mocket, a long-cherished Anglican wish is now fulfilled: Jewel and Nowell appear here, in a form accessible to continental scholars, in the same volume as a very good and very usable Latin version of the *Book of Common Prayer.*

Through Mocket we can see how a Warden of All Souls, a scholarly clergyman, a theologian who was at home with canon law, and who was a learned chaplain to the Primate of All England, understood, and wished continental scholars to understand, the Church of his day, her doctrine, her polity and her liturgy. His very omissions and confusions tell us much about the Church, much about the way he worked and something about the climate of opinion at Lambeth, in Oxford, and in the wider world.

And we can be pleased that he was not an inerrant and uncontroversial mouthpiece for the *langue de bois* of the Jacobean Establishment.

M.A.S.
Wolfson College, Oxford,
10 October, 1994

BIBLIOGRAPHY

The Manuscript

Lambeth Palace Library, London. Ms. 178.
Contains Mocket's own treatise, *Disciplina et Politeia* in a form anterior to those
   of the printed editions, with a signed dedication to Archbishop Abbot.
   Leaves numbered by hand in modern times, 93–135; 135 [bis] –138.

The Printed Edition, London, 1616

A^8 (2, 3 signed; B^8–Z^8 first 4 leaves signed). 350 pages numbered 1–349, but
   page 319 misnumbered 419; blank pages between works are not numbered
   but count in the succession; + one large folded *Table of Affinity,* bound at
   the end of the copy reproduced but when present in other copies
   sometimes bound elsewhere).

The Edition of 1616

United Kingdom

London, British Library: at *4106, e. 14* . Of this copy the printed Catalogue
   says (VIII, col. 2915) "This edition was suppressed, and no other copy
   appears to be known."

London: Westminster Abbey.

Cambridge: Jesus College.

Republic of Ireland

Dublin: Marsh's Library.

Dublin: Trinity College.

The Reissue, dated 1617

With the prelims reset (A^8 becoming A^4) and V^8–Z^8 reset with emended and
   altered text. Pagination as in 1616, the misnumbered page 319 not being
   in a reset quire.

United Kingdom

London, British Library: at *490. b. 33*. Copy given by Henry Hyde to his brother Edward, as Henry lay under sentence of death in the Tower. It bears a dedication to Henry's memory, dated *Call. Mart. 1650/1*.

London, Lambeth Palace Library: at *1616. 8* (formerly *76. D. 120*).

London, Lambeth Palace Library: at *1617/42*.

Cambridge: University Library: at *C.10.45*. Lacks *Table of Affinity*. Some notes in ink and in pencil.

Cambridge, University Library: at *G.3.14*. *Table of Affinity* bound between pp. 246 and 247.

Cambridge University Library: at *Syn. 61.35* (formerly *7.22.61*). *Table of Affinity* bound before page 1.

Cambridge University Library: at *Bb. 4. 222–D*. Signature of Ch. Potter. *Table of Affinity* placed between pp. 348 and 349. Bound with a copy of the "Articles of Religion, 1562". Copious manuscript notes (1) : leaf bound before p. 1 "BY THE KING. A Proclamation declaring that the proceedings of his Majesties Ecclesiastical Courts and Ministers are according to the Lawes of the Realme." dated at end, "Given at the Court at Lyndhurst, 18 Aug. 13° Car. Rex." (2): At back of book, a leaf numbered 301 (for 355) containing a "Confession of the Church", printed December 1628. (3): "A Proclamation for the suppressing of a Book entitled *Appello Caesarem*" [by Richard Montague, Bishop of Chichester, printed 1525], dated "Whitehall, Jan 17. *4° regni Caroli. 4*": p. 355, stuck on to a larger leaf, an "Order of the House of Parliament, Thurs. Jan. 29. 1628."
      These mss notes are not directly concerned with Mocket or his book, but with the authority of King over Church. The prayers from the Latin version of the Jacobean Book of Common Prayer are brought up to date by hand, replacing James and Anna by Charles and Maria. Such changes may imply that at least this copy of the *Liber Precum Publicarum* was used for worship, perhaps in Church or Chapel.

— : at *Peterborough Q. 3. 19* (Formerly at *E. 3. 37*). Limp vellum. On deposit from the Library of Peterborough Cathedral.

— : at *B*5. 43 (D)*. (Formerly at *D. 16³*). Signature of Johan Hacket; his portrait with the motto, ET LAETARE INSERVIRI DEO. "Ex dono Johan Hacket Lichfieldiensis, et Coventriensis Episcopi: 1670." Has the *Table of Affinity* bound at the end.

— : Emmanuel College;

— : Jesus College. At *B. 4. 13*. Kindly examined for me by Dr. Peter Glazebrook, Keeper of the Old Library. (Excellent condition; some mss notes of sources, e.g. on pages 154; 257. On a flyleaf, with a reference to Heylyn: "This Book was burnt, as 'tis supposed for leaving out the first clause of the 20th Article.")

Oxford: the Bodleian Library: at *4° A. 22. Th. Seld.* The copy reproduced by
kind permission of Bodley's Librarian.

— : Balliol College;

— : Brasenose College;

— : Christ Church;

— : Corpus Christi College;

— : Exeter College;

— : Queen's College;

— : University College;

— : Wadham College; some leaves lacking.

United States of America

Cambridge (Massachusetts): Yale University Library.

New York (New York): General Theological Seminary.

—   —   : Union Theological Seminary.

San Marino (California): The Huntingdon Library.

Washington (District of Columbia): The Folger Library.

—   —   : The Cathedral Library. (See Richard A.
Christophers: *George Abbot, Archbishop of Canterbury, 1562–1633*,
Bibliographical Society of the University of Virginia, Charlottesville, [1966],
no. 207, p. 122.) Copy of George Abbot, Archbishop of Canterbury; original
binding with archiepiscopal arms of Abbot, perhaps with more modern
gilding; at end of volume signature of "G: Cant:" with blotted out note
alluding to the censuring of what it calls *"Politia Ecclesiæ Anglicanæ"*. Copy
formerly in the library of John Scot, C. B., of Halkshill, Largs, Ayrshire;
sold by Sotheby's on 1 April, 1905 for four pounds ten shillings. Purchased
from London, in late 1923 or early 1924, for nine guineas by the Honorable
Henry White; given to Washington National Cathedral Library, 7
December, 1924, by the purchaser.
    After 1662, written in the margins, in more than one hand, several new
Latin prayers and several new alterations to the Jacobean Prayer-Book taken
from the newly revised 1662 *Book of Common Prayer,* with other Latin prayers
for the time of Communion written on the rear flyleaf. These additions
and corrections strongly suggest that this copy was used for at least private
worship.
    All information on this copy most generously and efficiently supplied
by the Rare Book Librarian, Constance Koch, to whom I am very grateful
indeed.

DOCTRINA,
ET POLITIA
ECCLESIAE ANGLI-
CANÆ, A BEATISSIMÆ
Memoriæ PRINCIPIBVS

EDOVARDO SEXTO, REGINA
ELIZABETHA STABILITÆ, ET A
Religiosissimo, & Potentissimo Monarcha IACOBO,
Magnæ Britan. &c. Rege continuatæ.

QVIBVS EIVSDEM ECCLESIÆ
Apologia præfigitur pro sua discessione in vtraque
à grauissimis Romanæ Ecclesiæ corruptelis, Tyrannide, Idololatria, Erroribus, & quòd ad Concilium Tridenti-
num non accesserit.

Varia totius operis capita pagina quinta indicat.

LONDINI,
Apud IOANNEM BILLIVM. 1617.
✠ *Cum Priuilegio.*

Admonitio ad Lectorem.

 Mnia in quibus fideles intra Dei domum, Ecclesiam præcipuè versentur, ad ea quæ credenda, vel agenda, possunt reuocari. Et credendorum quædam est varietas, sicut & diuini verbi ex cuius vnius fonte vbertim hauriuntur. Etenim Dei verbum [1] Lac & potum infantibus, cibum adultioribus, [2] solidum cibū sensus habentibus exercitatos abundè suppeditat. Et quemadmodum credenda, sic & agenda, in aliquo sunt discrimine. Sunt enim aut [3] preces, aut [4] Sacramenta, aut Actio quæ ad Sacramentorum naturam propè accedit, nempe Ministrorum Ecclesiæ [5] ordinatio, aut huius & illorum fructus & effectus, nimirum [6] pietatis, temperantiæ, & iustitiæ opera.

1.Cor.3.2.

Heb.5.14. ✱↓

1.Tim.2.1.

1.Cor.ca.10.
ca.11.

1.Tim.5.22.

Titus 2.11.

Huic tum credendorum tum agendorum

A 2 varietati

✱ '16: note 2, misnumbered 3, placed before cibum
notes 3,4,5,6 misnumbered 4,5,6,7.

varietati doctrina & disciplina Ecclesiæ Angli-
canæ sunt admodum accommodatæ. Catechetica
eius doctrina magis succincta *est instar lactis,*
& potus pro infantibus ; Catechetica doctrina
magis ampla *quasi cibus enutriendis adultioribus*
inseruiens ; Articuli Religionis *ad Diacono-*
rum & Presbyterorum *examen, sunt tanquam*
solidus cibus, quem sensus nacti exercitatos deglu-
tiunt ac digerunt. Et perinde ampla est Anglica-
næ Ecclesiæ disciplina, *omnia intra Ecclesiæ ouile*
agenda, suo ambitu complectens. Nam quà
Liturgia *traditur, in publicis precibus effunden-*
dis, administrandis Sacramentis ; *quà explicatur*
libro Sacrarum ordinationum, *in Ecclesiæ*
ministris vocandis ; *quà denique Ecclesiæ nostræ*
Politia *exhibetur, in omnibus pietatis temperan-*
tiæ iustitiæ actionibus regendis norma est, &
repagulum. Quamobrem cùm Anglicanæ eccle-
siæ doctrina & disciplina tam plenè sint constitu-
tæ, tam omnibus suis partibus & membris perfe-
ctæ : si his aliquando non acquiescimus, verè
de nobis dici potest, nos potius doctrinæ *&* disciplinæ, *quàm illos*
nobis defuisse.

C A-

'16:
1 A4R°

* '16: Catchword on A4R° wrongly, Apo-
which is correctly repeated
on [A] 5V°

Capita Totivs Operis.

1 APologia Ecclesiæ Anglicanæ pro sua discessione in doctrina & disciplina, à grauissima Romanæ Ecclesiæ Idololatria, Tyrannide, Corruptelis, & Erroribus : & quòd ad Concilium Tridentinum non accesserit.

2 DOctrina Catechetica Ecclesiæ Anglicanæ magis succincta, qua iuuentus & plebs rudior, à parœciarum ministris, antequam confirmentur ab Episcopis, & Euchariltiæ Sacramentum percipiant, sunt imbuendæ, Symbolum Apostolicum, Decalogum, Orationem Dominicam, Doctrinam Sacramentorum complectens: cui formæ benedictionum ad mensam & precationum mane & vespere ab vnoquoq; in priuatis familiis dicendarum, publica authoritate editæ, subijciuntur.

3 DOctrina Catechetica magis ampla, quam Ecclesiæ Anglicanæ constitutionibus, omnes pædagogi ac ludi-magiltri suos discipulos tenentur Latinè & Anglicè pro eorum captu edocere : cui subnectuntur matutinæ & vespertinæ precationes studiosis & scholis accommodatæ.

4 ECclesiæ Anglicanæ doctrina, ad cuius Analogi-
am, omnes Diaconi & Presbyteri ab Episcopis
ordinandi examinantur, diuisa in 39. articulos, vnanimi
consensu Archiepiscoporum, Episcoporum, & vniuersi
cleri Anglicani, Anno 1562. approbatos, & regia authoritate stabilitos ad *Sabellianorum, Manichæorum, Arianorum,*
Tritheitarum, Macedonianorum, Ebionitarum, Nestorianorum,
Eutychianorum, Nouatianorum, Donatistarum, Pelagianorum,
Semipelagianorum, Pontificiorum, Seruetianorum, Anabapti-
starum, & reliquorum insignium hæreticorum, hæreses & errores condemnandos ; tollendam opinionum
dissensionem, & consensum in vera religione confirmandum. Præterea horum articulorum 35. in quo homiliæ publica authoritate in Ecclesia Anglicana præ-
lectæ approbantur, earundem homiliarum enunciata di-
dascalica subijciuntur.

5 LIber Precum Publicarum, administrationis Sacramentorum, aliorumque rituum & Ceremoniarum in Ecclesiâ Anglicanâ.

6 FOrma consecrandi Archiepiscopos & Episcopos,
& ordinandi Presbyteros & Diaconos in Ecclesia
Anglicana.

7 DIsciplina & Politia Ecclesiæ Anglicanæ, ad cuius
calcem adijcitur Tabula graduum affinitatis &
consanguinitatis, intra quos non licet in hac Ecclesia
matrimonium contrahere. ¶

A PO-

APOLOGIA
ECCLESIÆ ANGLICANÆ

PRO SVA DISCESSIONE IN
doctrina & disciplina à grauissima Ecclesiæ Romanæ Idololatriæ tyrannide corruptelis & erroribus
& quòd ad Concilium Tridentinum
non accesserit.

Argumentum huius Apologiæ.

NOn esse nouum si hodie postliminio restituta & quasi renascens Religio Christiana contumelijs ac conuitiis accipiatur. Id enim ipsi
Christo, Apostolis & primæua Ecclesiæ Christianis accidisse. Parag.
1.2.3.4.5.6.7.8.9.10.11.12.13.14.15.16.17.

TAmen ne quis se istis aduersariorum nostrorum clamoribus abduci,
& sibi imponi patiatur ; exponit rationem vniuersam religionis
nostræ: quid de Deo Patre, quid de eius vnico filio Iesu Christo, quid de
Spiritu Sancto, quid de Ecclesia, quid de Sacramentis, quid de ministe-
rio, quid de sacra Scriptura, quid de cæremoniis, quid de omni parte per-
suasionis Christianæ sentiamus. Par. 18. 19. 20. 21. 22. 23. 24. 25.
26.27.28.29.30.31.32.33.34.35.36.37.38.39.40.41.42.
43. 44.

PRæterea nos, omnes antiquas hæreses quas aut sacrosancta Scripturæ
aut vetera Concilia condemnârunt vt pestes & pernicies animorum
detestari ; & in fundamentis veræ religionis vnanimes consentire. Par.
45.46.47.48.49.50.51.

NOs disciplinam Ecclesiasticam, quam Aduersarij nostri penitus eneruârunt, quantum maximè possumus reuocare ; & omnem vitæ licentiam & dissolutionem morum priscis & auitis legibus, & ea, qua par
est quaque possumus, seueritate vindicare. Parag. 52. 53. 54. 55. 56.
57.58.59.60.61.62.63.

REgnorum statum eo quo accepimus loco sine imminutione vlla aut
mutatione retinere, & principibus nostris maiestatem quantam
maximè

maxime poſſumus incolumem conſeruare.   Parag. 63.64.65.66.67.
68.69.70.71.72.73.74.75.76.

AB illa Eccleſia quam illi ſpeluncam latronum fecerant, & in qua nihil integrum aut Eccleſiæ ſimile reliquerant, quamque ipſi fateba-
bantur multis in rebus errauiſſe, vt Lothum olim è Sodoma, aut Abrahamum è Caldæa non contentionis ſtudio, ſed Dei ipſius admonitu diſceſſiſſe.   Parag. 77.78 79.80.81.82.83.84.85.86.87.88.89.90.91.
92.93.94.95.96.97.98.99.100.101.102.103.104.105.106.107.
108.109.110,111.112.113.114.115,116.117.

EX ſacris libris quos ſcimus non poſſe fallere, certam quandam religionis formam quæſiuiſſe, & ad veterum Patrum atque Apoſtolorum
primitiuam Eccleſiam, hoc eſt ad primordia atque initia tanquam ad fontes redijſſe.   Parag. 118.119.120,121.122.

AVthoritatem in ea re aut conſenſum Concilii Tridentini, in quo
videremus nihil rectè atque ordine geri, vbi ab omnibus in vnius
nomen iuraretur, vbi legati principum noſtrorum contemnerentur, vbi
nemo noſtrorum Theologorum audiretur, vbi apertè partibus atque ambitioni ſtuderetur, non expectaſſe.   Parag. 123. 124. 125. 126. 127.
128.129.130.131. 132.133.134.135.136. 137.138. 139.140.
141.142.143.144.145.146. 147.148. 149. 150.151.152.153.
154.

SEd quod olim Sancti Patres quodque maiores noſtri ſæpe fecerunt, authoritate ciuilis magiſtratus atque prouinciali conuentu noſtras Eccleſias reſtituiſſe. Epiſcopi vero Romani cui obſtricti non eramus, quique
nihil habeat nec Chriſti, nec Petri, nec Apoſtoli, nec omnino Epiſcopi
ſimile, iugum & tyrannidem pro eo ac debuimus, excuſſiſſe. Parag. 155.
156.157.

POſtremò nos inter nos de omnibus dogmatis & capitibus religionis
Chriſtianæ conuenire, & vno ore vnoque ſpiritu colere Deum & Patrem Domini noſtri Ieſu Chriſti. Parag. 158.159.160.

Apo-

APOLOGIA EC-
CLESIÆ ANGLI-
CANÆ.

Etvs illa eſt querela à primis vſq; Patriarcharum & Prophetarum ducta temporibus,
& omnis memoriæ literis & teſtimonijs
confirmata, veritatem in terris peregrinam
agere, & inter ignotos facilè inimicos & ca- *Tertul. in Ap-*
lumniatores inuenire. Id etſi alijs fortaſſe *logetica.*
incredibile videri poſſit, ſi qui ſint, qui iſta
minùs attentè obſeruauerint, præſertim cum
hominum vniuerſum genus ipſo naturæ du-
ctu, ſine magiſtro, ſua ſponte ſit appetens veritatis: & Chriſtus ipſe Seruator noſter, cum inter homines verſaretur, quaſi nomine ad exprimen-
dam omnem vim diuinam, aptiſſimè voluerit appellari *Veritas.* Nos tamen qui in ſacris Scripturis verſati ſumus, quíq; legimus ac vidimus,
quid omnibus pijs omnium ferè temporum, quid Prophetis, quid Apoſtolis, quid ſanctis Martyribus, quid Chriſto ipſi acciderit, quibus illi
probris, maledictis, contumelijs, cùm viuerent, veritatis vnius cauſà ve-
xati fuerint: videmus id non tantum non eſſe nouum aut incredibile, ſed
etiam receptum iam & omnibus temporibus vſitatum. Imò illud
multò potiùs mirum atque incredibile videri poſſet, ſi pater mendacio- Ioan. 8.
rum atque hoſtis omnis veritatis Diabolus, nunc tandem repentè mu-
târit ingenium & ſperaret veritatem aliter, quàm mentiendo poſſe opprimi, aut alijs nunc artibus, quàm quibus ab initio ſemper vſus eſt, inciperet regnum ſuum ſtabilire. Ex omni enim memoria vix vllum tempus
inuenire poſſumus, vel creſcentis, vel conſtitutæ, vel renaſcentis religionis, quo non veritas atque innocentia indignis modis ab hominibus,
& contumelioſiſſimè acciperetur. Videt, ſcilicet diabolus, veritate in-
columi, ſe incolumem eſſe, atq; ſua tueri non poſſe.

2 Nam vt ne quid de veteribus Patriarchis ac Prophetis commemoremus, quorum, vti diximus, nulla pars ætatis fuit à contumelijs &
probris libera, ſcimus fuiſſe olim quoſdam qui dicerent, & publicè
B   prædicarent,

Cornelius Ta-
citus.
Tertul. in Apo-
loget.cap.7.
C. Plinius.

Ioan.7.9,10.
Marc.11.

Act 26.
Epiphanius.

Marcion ex
Tertulliano.
Aelius è La-
ctantio.
Eusebius lib.5.
cap.1.
Tertullian.3.
Apologet 1.
2.3.& 7.8.9.

Tertul.in A-
polog.cap.3.

Sueton.Tran-
quil.in Nerone.

prædicarent, veteres Iudæos, quos non dubitamus fuiſſe cultores v-nius & veri Dei, numinis loco aut ſuem,aut aſinum coluiſſe,& omnem illam religionem nihil aliud fuiſſe, quàm ſacrilegium & contemptum omnium numinum. Scimus filium Dei & Seruatorem noſtrum Ie-ſum Chriſtum,cum doceret veritatem,habitum fuiſſe pro præſtigiatore, pro malefico,pro Samaritano,pro Beelzebub,pro ſeductore populi,pro homine bibulo & vorace. Et quis neſcit, quæ dicta olim fuerint in a-cerrimum præconem, atq; aſſertorem veritatis Diuum Paulum : illum modò hominem ſeditioſum eſſe, militem conſcribere, ſeceſſionem fa-cere: modò eſſe hæreticum, modò inſanire, modò contentionis atque animi cauſâ in legem Dei blaſphemum eſſe,& patrum inſtituta contem-nere? Quis neſcit Diuum Stephanum ſtatim, cum penitùs intimis ani-mi ſenſibus veritatem accepiſſet, & eam cœpiſſet liberè, ſicut debuit, & fortiter prædicare, & præ ſe ferre,ſtatim vocatum eſſe in iudicium capi-tis, quaſi qui contumelias nefariè dixiſſet in legem, in Moſem,in Tem-plum, in Deum? Aut quis neſcit fuiſſe olim qui ſacras Scripturas ar-guerent vanitatis, quòd in illis dicerent contraria & planè pugnantia contineri : & Apoſtolos Chriſti ſingulos inter ſe, Paulum vero ab om-nibus diſſenſiſſe? Et ne longum ſit omnia colligere, id enim eſſet in-finitum, quis neſcit, quæ olim conuitia iacta fuerint in patres noſtros, qui primi cœperunt agnoſcere,& profiteri nomen Chriſti : illos inter ſe conſpirare,& occulta concilia inire contra Rempublicam, & eâ cauſâ antelucanis horis inter ſe in tenebris conuenire, occidere pueros infan-tes, explere ſe humanis carnibus, & ferali ritu bibere humanum ſan-guinem : poſtremò extinctis luminibus adulterium inter ſe & inceſtum promiſcuè perpetrare,& fratres cum ſororibus,filios cum matribus ſine reuerentia ſanguinis, ſine pudore, ſine diſcrimine concumbere homi-nes impios,ſine religione vlla,ſine Deo:hoſtes humani generis,indignos luce, indignos vita?

3   Iſta tum omnia dicebantur in populum Dei, in Chriſtum Ie-ſum, in Paulum, in Stephanum, in eos omnes, quicunq; primis tem-poribus amplexi ſunt veritatem Euangelij, & ſe paſſi ſunt odioſo in vulgus nomine,appellari Chriſtianos. Et quamuis ea non eſſent vera, id tamen Diabolus ſatis putabat ſibi fore, ſi effeciſſet ſaltem, vt crede-rentur eſſe vera, vtque Chriſtiani publico omnium odio laborarent, & ab omnibus ad exitium quærerentur. Itaque reges & principes huiuſ-modi tum perſuaſionibus inducti, occidère Prophetas Dei ad vnum omnes: Eſaiam ad ſerram : Hieremiam ad lapides : Danielem ad Leo-nes : Amos ad vectem : Paulum ad gladium : Chriſtum ad crucem : Chriſtianos omnes ad carceres, ad equuleos, ad furcas, ad rupes, ad præcipitia, ad beſtias, ad ignes condemnare ; & rogos ingentes, ex il-lorum viuis corporibus, tantum ad vſum nocturni luminis, & ad ludi-
brium

brium inflammare: eofque non alio loco numerare, quàm quo fordes viliffimas, & catharmata ac ludibria totius mundi: Sic videlicet femper accepti funt, auctores & profeffores veritatis.

4 Quo nos animo æquiore ferre debemus, quicunque profeffionem Euangelij Iefu Chrifti fufcepimus, fi in eadem caufa, ad eundem tractemur modum, vtque olim patres noftri, ita nos quoque hodie, nullo noftro merito, tantum quia docemus & profitemur veritatem, conuitijs, contumelijs, mendacijs exagitamur. i. Tim. 4.

5 Clamant hodie paffim nos omnes effe hæreticos, difceffiffe à fide, & nouis perfuafionibus atque impijs dogmatis, Ecclefiæ confenfum diffipauiffe: nos veteres & jam olim damnatas hærefes ab inferis rediuiuas reftituere, & nouas fectas atque inauditos furores diffeminare: jam etiam in contrarias factiones & fententias diftractos effe, nec vllo pacto potuiffe vnquam inter nos ipfos conuenire: effe homines impios, & gigantum more, Deo ipfi bellum facere, & prorfus fine omni numinis curâ, cultuque viuere: nos omnia recte facta defpicere, non virtutis difciplina vti vlla, non legibus, non moribus, non fas, non ius, non æquum, non rectum colere: ad omnia flagitia laxare frænа, & populum ad omne genus licentiæ atque libidinis prouocare: nos id agere & quærere, vt Monarchiæ & regnorum ftatus euertantur, & omnia ad popularem temeritatem, & imperitæ multitudinis dominationem redigantur: nos ab Ecclefia Catholica tumultuofe defeciffe, & nefario fchifmate orbem terrarum concuffiffe, & pacem communem, atq; otium Ecclefiæ publicum conturbaffe: vtq; olim Dathan & Abiron ab Aarone & Mofe, Num.16. ita nos hodie à Romano Pontifice, fine vlla fatis iufta caufa feceffionem feciffe: Prifcorum Patrum & veterum Conciliorum auctoritatem pro nihilo putare: cæremonias antiquas à Patribus & proauis noftris multis iam feculis, bonis moribus, & melioribus temporibus approbatas, temerè & infolenter abrogaffe, & noftra tantum priuata auctoritate, iniuffu facri & Oecumenici Concilij, nouos in Ecclefiam ritus inuexiffe: atq; ifta nos omnia non religionis caufâ, fed contentionis tantùm ftudio feciffe: Se autem nihil prorfus immutaffe, omnia verò vt ab Apoftolis tradita, & ab antiquiffimis Patribus approbata fuerint, ad hunc vfq; diem per tot fecula retinuiffe.

6 Neuè res calumnijs tantum agi, & ad inuidiam noftram in angulis folùm iactari videretur, fubornati funt à Romanis Pontificibus homines quidam fatis diferti, & non indocti, qui ad caufam defperatam accederunt, & eam libris, & longis orationibus exornarent: vt cum eleganter & copiofe ageretur, homines imperiti poffent in ea aliquid effe fufpicari. Videbant fcilicet, vbiq; terrarum caufam fuam inclinare, artes fuas iam videri, & minoris putari, & præfidia fua in fingulos dies labefactari, & omninò caufam magnopere egere patrocinio.

Eorum

Eorum autem, quæ ab illis in nos dicuntur, partim manifestè falsa sunt,
& ipsorum, à quibus dicuntur, iudicio condemnata : partim, etsi falsa
sunt illa quoq; tamen speciem veri aliquam & similitudinem præ se ferunt, vt in illis incautus Lector, maxime verò, si accedat istorum com-
posita & elegans oratio, facilè circumueniri, & errare possit : partim verò sunt eiusmodi, vt ea nos non tanquam crimina refugere, sed tanquam
rectè, atq; optima ratione facta agnoscere, & profiteri debeamus. Nam,
vt vno verbo quod res est dicamus, isti omnia nostra, etiam ea quæ ne
ipsi quidem negare possunt rectè, atq; ordine esse facta, calumniantur;
& quasi nihil a nobis aut fieri, aut dici rectè possit, ita dicta nostra fa-
ctaq; omnia malitiosè deprauant. Simplicius quidem & candidius a-
gendum erat, si verè agere voluissent : Nunc autem nec verè, nec Christiano more, modóque, sed obscurè & veteratoriè mendacijs nos oppugnant: & cęcitate populi & inscitià atq; ignorantià Principum, ad odium
nostri, & ad opprimendam veritatem abutuntur. Est hæc potestas te-
nebrarū & hominum stupore magis imperitæ multitudinis & tenebris,
quàm veritate aut luce fidentium, vtq; Hieronymus ait, clausis oculis
veritati perspicuè contradicentium. Nos verò Deo Optimo Maximo
gratias agimus, eam esse causam nostrā in quam isti cùm cuperent, nullam contumeliam possent dicere, quæ non eadem in sanctos Patres, in
Prophetas, in Apostolos, in Petrum, in Paulum, in Christum ipsum
torqueri posset.

7 Iam verò si istis ad maledicendum disertis & eloquentibus esse
licet, nos in optima nostra causa, ad verè respondendum haud conuenit
esse mutos. Negligere enim quid de se, suaq; causa, quamuis falsè &
calumniosè dicatur, presertim cum id eiusmodi sit, vt in eo Dei majestas,
& religionis negotium violetur, hominum est dissolutorum, & ad iniurias diuini nominis securè, atq; impiè conniuentium. Etsi enim aliæ
iniuriæ sæpe magnæ ab homine modesto & Christiano ferri ac dissimu-
lari possint, tamen hæreseôs notam qui dissimulet, eum Ruffinus negare solebat esse Christianum. Faciemus ergo tunc id quod omnes
leges, quod vox naturæ ipsa jubet fieri, quodq; Christus ipse in simili
causa contumelijs appetitus fecit, vt istorum criminationes propul-
semus, vt causam innocentiamq; nostram modestè & verè tueamur.
Nam Christus quidem cum à Pharisæis accusaretur veneficij, quasi
consuetudinem haberet cum Dæmonibus, & illorū ope multa faceret :
Ioan. 8. Ego (inquit) Demonium non habeo, sed glorifico patrem meum : vos
autem affecistis me ignominia. Et Paulus cum à Festo Proconsule
Act. 26. contemneretur vt insanus, Ego (inquit) Optime Feste non insanio vt tu
putas, sed veritatis & sobrietatis verba loquor. Et Christiani veteres
cum pro homicidis, adulteris, incestis, rerumpub. perturbatoribus, ad
populum traducerentur, & viderent huiusmodi criminationibus, in
dubium

dubium vocari poſſe religionem quam profitebantur, maximè verò, ſi tacere viderentur, & quodammodo crimen agnoſcere, ne ea res Euangelij curſum impediret, habuerunt orationes, ſcripſerunt libros ſupplices, apud Imperatores & Principes verba fecerunt, vt ſeſe ſuoſq; publicè defenderent. *Quadratus Iuſtinus. Melito Tertul. aliyqi.*

8   Nos verò cum proximis iſtis viginti annis,tot millia noſtrorum fratrum inter exquiſitiſſimos cruciatus teſtimonium dixerint veritati, & Principes, cum frænare cuperent Euangelium, multa moliendo nihil egerint, & totus iam propè terrarum orbis ad aſpiciendam lucem oculos incipiat aperire; ſatis iam dictam & defenſam putamus eſſe noſtram cauſam : cumq; res ipſa pro ſe loquatur, non multis opus eſſe verbis. Nam ſi Pontifices ipſi vellent, aut etiam ſi poſſent, rem ipſam ſecum, & initia progreſſuſq; religionis noſtræ cogitare, quemadmodum ſua penè omnia nullo impellente,ſine vlla humana ope ceciderint : noſtra verò inuitis ab initio Imperatoribus, inuitis tot Regibus, inuitis Pontificibus,inuitis propè omnibus, incrementa ceperint, & paulatim in omnes terras propagata fuerint, atque etiam poſtremò in regum iam aulas & palatia peruenerint, vel hæc ipſa ſatis illis magna inditia eſſe poſſent, Deum ipſum pro nobis propugnare, & ipſorum conatus de Cœlo ridere, & eam eſſe vim veritatis, quam nec humanæ vires, nec inferorum portæ poſſunt conuellere. Non enim inſaniunt hodie tot ciuitates liberæ,tot Reges,tot Principes,quia a ſede Romana defecerunt,& ſe potiùs ad Chriſti Euangelium adiunxerunt.

9   Neque tamen ſi Pontificibus otium hactenus nunquam fuit de iſtis rebus attentè & ſeriò cogitandi, aut ſi nunc aliæ illos curæ impediunt, & diuerſe diſtrahunt, aut ſi iſta ſtudia vulgaria & leuia eſſe putant, & nihil ad dignitatem Pontificiam pertinere, idcircò cauſa noſtra debet videri deterior ? aut ſi illi quod vident videre forte nolunt,& veritatem agnitam potiùs oppugnant, idcircò nos habendi ſtatim ſumus pro hæreticis, qui illorum voluntati non obſequimur ? Quod ſi Pius Pontifex is eſſet, non dicimus, quem ſe tantoperè dici cupit, ſed ſi is omninò eſſet, qui nos vel fratres ſuos, vel omninò homines eſſe duceret, rationes prius noſtras, & quid à nobis quid contra nos dici poſſet diligenter expendiſſet : ac non ita temerè cæcis tantùm præiudicijs, bonam partem orbis terrarum,tot doctos & pios viros, tot reſpub. tot Reges, tot Principes in Bulla ſua qua nuper ſimulabat Concilium, inauditos,indictâ cauſâ,condemnaſſet. *Pius 4.*

10   Verùm, ne, quia ad hunc modum publicè ab illo notati ſumus, tacendo videamur crimen confiteri, & præſertim quia in publico Concilio, in quo ille nemini mortalium jus eſſe vult ferendi ſuffragij, ſententiæq; dicendæ, niſi jurato, addictoq; poteſtati ſuæ, audiri nullo modo poſſumus (id enim proximis Comitijs Tridentinis nimiùm experti

B 3   ſumus,

sumus, cum Principum Germaniæ, & liberarum ciuitatum legati, & Theologi prorsus ab omni conuentu excluderentur: neq; adhuc obliuisci possumus Iulium Tertium ante decem annos cauisse rescripto suo, ne quis nostrorum hominum in Concilio audiretur, nisi si quis forte esset, qui vellet palinodiam canere, & mutare sententiam) vel eâ maximè causâ visum est nobis rationem fidei nostræ scripto reddere, & ad ea, quæ nobis publicè obiecta sunt, verè ac publicè respondere, vt orbis terrarum videre possit, partes, & fundamenta eius doctrinæ, cui tot boni viri postposuerunt vitam suam, vtq; omnes intelligant cuiusmodi tandem homines illi sint, quidq; de Deo & religione sentiant, quos Romanus Episcopus antequam vocarentur ad dicendam causam, non satis considerate, nullo exemplo, nullo iure, tantùm quòd illos audiret à se suisque in aliqua parte Religionis discrepare, condemnauit pro hæreticis.

11   Et quamuis D. Hieronymus in suspicione hæreseôs neminem velit esse patientem, nos tamen nec acerbè, aut dicaciter agemus, nec efferemur iracundiâ; quanquam nec acerbus nec dicax videri debet, qui vera dicit. Istam eloquentiam libentiùs relinquimus aduersarijs nostris, qui quicquid in nos dicunt, quantumuis id acerbè & contumeliosè dictum sit, tamen satis modestè & appositè dictum putant, verè ne an falsò, nihil curant: Nobis his artibus opus non est, qui veritatem defendemus.

12   Quòd si docemus sacrosanctum Dei Euangelium, & veteres Episcopos, atq; Ecclesiam Primitiuam nobiscum facere, nosque non sine iusta causa & ab istis discessisse, & ad Apostolos, veteresq; Catholicos Patres redijsse, idq; non obscurè & vafrè, sed bonâ fide coram Deo, verè, ingenuè, dilucidè, & perspicuè facimus; si illi ipsi qui nostram doctrinam fugiunt, & sese Catholicos dici volunt, apertè videbunt omnes illos titulos antiquitatis, de quibus tantopere gloriantur, sibi excuti de manibus, & in nostrâ causâ plus neruorum fuisse quàm putârint, speramus neminem illorum ita negligentem fore salutis suæ, quin vt velit aliquando cogitationem suscipere, ad vtros potiùs se adiungat. Certè quidem nisi quis planè animo obduruerit, & audire nolit, eum non pænitebit animum ad defensionem nostram aduertere, & quid à nobis, quámque ad religionem Christianam conuenienter, aptéque dicatur, attendere.

13   Nam quòd nos appellant hæreticos, est illud crimen ita graue, vt nisi videatur, nisi palpetur, nisi manibus digitisq; teneatur, credi facilè de homine Christiano non debeat. Est enim hæresis destitutio salutis, abiectio gratiæ Dei, discessio à corpore & spiritu Christi. Sed fuit hoc semper istis, & illorum patribus familiare & solenne, vt si qui essent qui de illorum erroribus quererentur, & religionem cuperent restitutam,

ſtitutam , eos ſtatim quaſi nouatores rerum & homines faƈtioſos, con-
demnarent pro hæreticis. Chriſtus enim non aliâ cauſâ diƈtus eſt Sa-
maritanus, quàm quòd ad nouam quandam religionem , & ad hæreſin
defeciſſe putaretur. Et Paulus Apoſtolus Chriſti vocatus eſt in iudicium, vt cauſam diceret de hæreſi : Ego quidem (inquit) iuxta hanc viam , quam iſti vocant hæreſin, colo Patrium Deum, credens omnibus
quæ ſcripta ſunt in Lege & in Prophetis.

14 Breuiter, vniuerſa iſta religio quam hodiè profitentur homines
Chriſtiani, primis temporibus ab Ethnicis hominibus, Seƈta diƈta eſt,
& hæreſis. His iſtis vocibus ſemper impleuerunt aures Principum, vt
cùm illi opinione præiudicatâ nos odiſſent, & quicquid à nobis diceretur, haberent pro faƈtione & hæreſi, à re ipſâ & à cognitione cauſæ abducerentur. Sed quantò crimen illud grauius eſt & atrocius, tantò argumentis maioribus & clarioribus probari debuit, hoc præſertim tempore, poſtquam homines cæperunt minùs iſtorum oraculis habere fidei, & in illorum doƈtrinam diligentiùs inquirere, quàm ſolebant. Aliter enim nunc inſtitutus eſt populus Dei atque olim fuit, cùm omnia
Pontificum Romanorum diƈtata haberentur pro Euangelio, & omnis
religio ab illorum tantùm auƈtoritate penderet. Extant hodie ſacræ literæ, extant ſcripta Apoſtolorum & Prophetarum, ex quibus & omnis
veritas, & doƈtrina Catholica probari poſſit, & omnis hæreſis refutari.

15 Cùm nihil horum ab iſtis proferatur, tamen nos hæreticos appellari, qui nec à Chriſto, nec ab Apoſtolis, nec à Prophetis deceri-
mus, iniurioſum eſt ac peracerbum. Hoc gladio Chriſtus reiecit Diabolum, cùm ab illo tentaretur : his armis euertenda & profliganda eſt
omnis altitudo , quæ ſeſe attollit aduerſus Deum. Omnis enim Scriptura (inquit Paulus) diuinitùs inſpirata, vtilis eſt ad docendum, ad refu-
tandum, ad inſtituendum, ad arguendum, vt vir Dei perfeƈtus ſit, & ad
omne opus bonum inſtruƈtus. Sic ſemper pij Patres contra hæreticos non aliunde, quàm è ſacris Scripturis pugnauerunt. Auguſtinus
cùm diſputaret aduerſus Petilianum hæreticum Donatiſtam , Ne, inquit, audiantur inter nos hæc verba, Ego dico, aut Tu dicis : Sic potiùs dicamus, Sic dicit Dominus : ibi quæramus Eccleſiam : ibi diſ-
cutiamus cauſam noſtram. Et Hieronymus, Omnia (inquit) ea, quæ
abſq́; teſtimonio Scripturarum, quaſi tradita ab Apoſtolis aſſeruntur,
percutiuntur gladio Dei. Ambroſius etiam ad Gratianum Imperatorem ; Interrogentur (inquit) Scripturæ : interrogentur Apoſtoli :
interrogentur Prophetæ : interrogetur Chriſtus. Non dubitabant, videlicet, tunc temporis Catholici Patres & Epiſcopi, religionem noſtram ſatis è diuinis Scripturis probari poſſe : nec vnquam illi quenquam habere auſi ſunt pro hæretico, cuius errorem non poſſet ex iſſ-

Acts 14.

Tertul. in A-pologet.

2. Tim. 3.

2. Cor. 10.
2. Tim. 3.

De vnitate Ec-cleſ. cap. 3.

Eadē ſententia habetur contra Maximum Arianorum E-piſcopum, lib. 3. cap. 14
In primum c. p. Aggei.

B 4 dem

dem illis Scripturis perspicuè, & liquidò coarguere.   Nos quidem vt cum D. Paulo respondeamus, iuxta hanc viam quam isti appellant hæresin, colimus Deum, & Patrem Domini nostri Iesu Christi, & recipimus omnia, quæ aut in Lege, aut in Prophetis, aut in Apostolorum libris scripta sunt.

16   Quare si nos sumus hæretici, si isti sunt (quod appellari volunt) Catholici, cur non faciunt id quod vident Patres Catholicos viros semper fecisse? Cur nos è sacris Scripturis non conuincunt? Cur nos ad illarum examen non reuocant? Cur nos non ostendunt à Christo, à Prophetis, ab Apostolis, à sanctis Patribus discessisse? Quid hærent? Quid fugiunt? Est Dei causa. Cur eam dubitant permittere verbo Dei? Quòd si nos sumus hæretici, qui omnes nostras controuersias referimus ad sacras literas, quiq; ad illas ipsas voces, quas scimus à Deo ipso consignatas esse, prouocamus, & illis alia omnia, quæcunq; possunt ab hominibus excogitari, postponimus: quid istos, quos tandem homines, aut quales conuenit appellari, qui sacrarum Scripturarum, hoc est, Dei ipsius iudicium reformidant, & sua illis somnia & frigidissima commenta anteponunt, & traditionum suarum causâ, Christi, atq; Apostolorum instituta aliquot iam sæcula violârunt? Aiunt Sophoclem poetam tragicum, cùm iam senex esset, & accusaretur apud iudices à filijs suis pro deliro & fatuo, quasi qui rem suam familiarem temerè profunderet, & opus iam habere videretur Curatore, vt se purgaret eo crimine, venisse in iudicium, & cùm pronunciasset Oedipum Coloneum, tragœdiam à se illis ipsis diebus, cùm accusaretur, valdè elaboratè & pereleganter scriptam, vltrò interrogasse iudices, num illud carmen videretur esse hominis delirantis.

17   Ita nos quoque quoniam istis furere videmur, & ab illis traducimur pro Hæreticis, quasi quibus nihil jam rei sit nec cum Christo, nec cum Ecclesia Dei, non alienû aut inutile fore existimauimus, si apertè & liberè proponamus fidem nostram in qua stamus, & omnem illam spem quam habemus in Christo Iesu: vt omnes videre possint, quid nos de quaque parte Religionis Christianæ sentiamus, & statuere ipsi secum possint, an ea fides, quam videbunt & verbis Christi, & Apostolorum scriptis, & Catholicorum Patrum testimonijs, & multorum sæculorum exemplis confirmatam, tantum sit rabies quædam hominum furentium, & conspiratio hæreticorum.

18   C R E D I M V S ergo vnam quandam naturam esse, & vim diuinam, quam appellamus Deum, eamque in tres personas æquales distinctam esse, in Patrem, in Filium, in Spiritum Sanctum, ejusdem omnes potestatis, ejusdem maiestatis, ejusdem æternitatis, ejusdem diuinitatis, ejusdem substantiæ. Et quamuis tres illæ personæ ita distinctæ sint,

vt

vt nec Pater fit Filius , nec Filius fit Spiritus Sanctus aut Pater : Deum tamen effe vnum , & illum vnum creaffe cœlum , & terram, & omnia quæ cœli complexu continentur.

19 CREDIMVS Iefum Chriftum Filium vnicum æterni Patris, quemadmodum jam olim ante omnia initia decretum fuerat, cum veniffet plenitudo temporis, fufcepiffe carnem , & omnem naturam humanam, ex beata illa ac pura virgine, vt indicaret hominibus arcanam, & reconditam voluntatem patris fui , quæ abdita fuerat à feculis & generationibus, vtq; in humano corpore perageret myfterium redemptionis noftræ , & peccata noftra , & Syngrapham illam quæ erat fcripta contra nos, affigeret ad crucem.

20 Eum credimus noftrâ caufâ effe mortuum, fepultum, defcendiffe ad inferos, tertia die vi diuina redijffe ad vitam, & refurrexiffe, poft quadraginta dies, fpectantibus difcipulis, accendiffe in cœlum , vt impleret omnia; & corpus illud ipfum in quo natus, in quo verfatus, in quo ludibrio habitus, in quo grauiffimos cruciatus, & dirum genus mortis paffus fuerat, in quo refurrexerat, in quo afcenderat ad Patris dextram, supra omnem principatum & poteftatem, & virtutem, & dominationem, & omne nomen quod nominatur, non folum in hoc fæculo , fed etiam in futuro, in Maieftate, et gloria collocaffe : ibi eum nunc federe, & feffurum effe, donec omnia perficiantur. Et quamuis Maieftas & diuinitas Chrifti vbique diffufa fit, tamen corpus eius (vt Auguftinus ait) in vno loco effe oportet : Chriftum corpori fuo Maieftatem dediffe , naturam tamen corporis non ademiffe : neque ita afferendum effe Chriftum Deum , vt eum negemus effe hominem. Vtque ait Martyr Vigilius, Chriftum humanâ fuâ naturâ nos reliquiffe , diuinitate autem non reliquiffe : eumque cum abfit à nobis per formam ferui, tamen femper effe nobifcum per formam Dei.

21 Ab illo loco credimus Chriftum rediturum effe ad exercendum publicum illud judicium, tam de illis quos inueniet adhuc in corpore fuperftites, quàm de mortuis.

22 CREDIMVS Spiritum Sanctum , qui eft tertia perfona in facra Tryade, illum verum effe Deum; non factum, non creatum, non genitum, fed ab vtroque, patre fcilicet & filio , ratione quadam mortalibus incognita ac ineffabili, procedentem. Illius effe duritiem humani cordis emollire, cum aut per falutiferam prædicationem Euangelij, aut alia quacunq; ratione in pectora hominum recipitur: illum eos illuminare, & In agnitionem Dei, atque in omnem viam veritatis, & in totius vitæ nouitatem, & perpetuam falutis fpem perducere.

23 CREDIMVS vnam effe Ecclefiam Dei, eamq; non vt olim apud Iudæos, in vnum aliquem angulum aut regnum, conclufam, fed Catholicam

Auguſt. tract. 5 in Ioan.

Act. 3. Aug. tract. 3. in Ioan.

Ad Dardanum.

Contra Eutichen. lib. 1.

Fulgentius ad Regem Traſmundum.

licam atq; Vniuerſalem eſſe, & diffuſam in totū terrarum orbé, vt nulla
nunc natio ſit, quæ poſſit veré conqueri, ſe excluſam eſſe, & non poſſe
ad Eccleſiam, & populum Dei pertinere. Eam Eccleſiam eſſe regnum,
eſſe corpus, eſſe ſponſam Chriſti : eius regni Chriſtum ſolum eſſe principem, eius corporis Chriſtum ſolum eſſe caput : eius ſponſæ Chriſtum
ſolum eſſe ſponſum. Varios in Eccleſia eſſe ordines miniſtrorum, alios
eſſe Diaconos, alios Presbyteros, alios Epiſcopos, quibus inſtitutio populi & religionis cura & procuratio commiſſa ſit : neminem tamen
vnum nec eſſe, nec eſſe poſſe, qui ſummæ rerum vniuerſæ præſit: Nam
& Chriſtum ſemper adeſſe Eccleſiæ ſuæ, & vicario homine, qui ex aſſe
in integrum accedat non egere : & neminem mortalium poſſe exiſtere,
qui vniuerſam Eccleſiam, hoc eſt, omnes partes orbis terrarum, vel
animo complecti, nedum ordine collocare, & recté ac commodé ad-

De ſimplicitate
prælatorum.

miniſtrare poſſit : Apoſtolos (vt Cyprianus ait) pari inter ſe fuiſſe poteſtate : atque hoc idem fuiſſe alios quod Petrus fuit : omnibus
ex æquo dictum fuiſſe Paſcite: omnibus, Ite in mundum vniuerſum :

Ad Euagrium.

omnibus, Docete Euangelium : & vt ait Hieronymus, Omnes Epiſcopos vbicunque tandem ſint, ſiue Romæ, ſiue Eugubij, ſiue Conſtanti-
nopoli, ſiue Rhegij, eiuſdem eſſe meriti, eiuſdem Sacerdotij. Vtque
Cyprianus ait, Epiſcopatum vnum eſſe, & eius partem in ſolidum te-

De ſimplicita-
te prælato-
rum.

neri à ſingulis. Et de ſententia Niceni Concilij, Romanum Epiſcopum
nihilo plus iuris in Eccleſiam Dei obtinere, quam reliquas Patriarchas
Alexandrinum, & Antiochenum : Romanum veró Epiſcopum, qui
nunc ad ſe vnum omnia reuocat, niſi officium faciat, niſi adminiſtret
Sacramenta, niſi inſtituat populum, niſi moneat, niſi doceat, ne Epiſcopum quidem aut omnino presbyterum iure dicendum eſſe. Epiſco-

I. ad Tim. 3.

pum enim (vt Auguſtinus ait) nomen eſſe operis, non honoris : vt ille
ſe intelligat non eſſe Epiſcopum, qui velit præeſſe, & non prodeſſe.
Caput veró Eccleſiæ totius, aut vniuerſalem Epiſcopum, non magis aut
illum, aut alium quemuis mortalem eſſe poſſe, quàm ſponſum, quàm lucem, quàm ſalutem, quàm vitam Eccleſiæ. Hæc enim eſſe Chriſti vnius
priuilegia, & nomina, & illi vni proprié atque vnicé conuenire : neq; vſ-
quam quenquam Romanum Epiſcopum ante Phocam Imperatorem,
quem ſcimus (interfecto Imperatore Mauritio domino ſuo) per nefari-
um ſcelus ad Imperium adſpiraſſe, hoc eſt, ante ſexcenteſimū decimum
tertium annum à Chriſto nato, vnquā paſſum fuiſſe ſeſe tam ſuperbo

Cap. 47.

nomine ſalutari. Concilium etiam Carthaginenſe diſerté cauiſſe, ne
quis Epiſcopus aut ſummus Pontifex, aut primus Sacerdos diceretur :
Epiſcopum veró Romanum, quoniam ita hodie dici vult, & alienam
poteſtatem ſibi vendicat, præterquam quod aperté facit contra vetera
Concilia, contraque Patres, ſi Gregorio ſuo velit credere, nomen arro-

gans,

gans, profanum, facrilegum, antichriftianum, fibi imponere ; effe re- *Gregor.lib.4.*
gem fuperbiæ ; effe Luciferum, qui fe fratribus fuis anteponat ; abieciffe *Epift.76.78.*
fidem, effe præcurforem Antichrifti. *80.Et lib.7.*
Epift.69.

24 Miniftrum legitimè vocari oportere, & rectè atque ordine præ-
fici Eccleíiæ Dei : neminem autem ad facrum minifterium pro fuo arbitrio, atque libidine poffe fe intrudere. Quo maior nobis ab iftis fit iniuria, quibus nihil fæpius in ore eft, quàm apud nos nihil ordine, nihil
decenter, omnia confufè, ac perturbatè fieri, omnes apud nos effe Sacerdotes, omnes effe doctores, omnes effe interpretes.

25 Miniftris à Chrifto datâ effe dicimus ligandi, foluendi, aperiendi,
claudendi poteftatem. Et foluendi quidê munus in eo fitum effe, vt minifter, vel deiectis animis, & verè refipifcentibus per Euangelij prædicationem, merita Chrifti, abfolutionem offerat, & certam peccatorum con-
donatio iem, ac fpem falutis æternę denunciet: aut vt eos qui graui fcandalo, & notabili publicoq; aliquo delicto fratrum animos offenderint,
& fefe à communi focietate Ecclefię, & à Chrifti corpore, quodammodo
abalienârint, refipifcentes, reconciliet, & in fideliü cœtum atq; vnitatem
recolligat, ac reftituat. Similiter ligandi illum claudendiq; poteftatem
exercere docet Apologia, quoties vel incredulis, & contumacibus, regni
cœlorum, ianuam occludit, illifq; vindictam Dei & fempiternum fupplicium edicit, vel publicè excommunicatos ab Eccleíiæ gremio excludit. Sententiam autem, quamcunque miniftri Dei ad hunc modum tule-
rint, Deus ipfe ita comprobat, vt quicquid hic illorum operâ foluitur ac
ligatur in terris, idem ipfe foluere ac ligare velit, & ratum habere in
cœlis. Claues autem quibus aut claudere regnum cœlorum, aut aperire
poffint, (vt Chryfoftomus ait) dicimus effe fcientiam Scripturarum :
vt Tertullianus, effe interpretationem legis : vt Eufebius, effe verbum
Dei. Accepiffe autem difcipulos Chrifti hanc poteftatem , non vt au-
dirent arcanas populi confeffiones, aut captarent murmura, quod
facrificuli nunc omnes paffim faciunt, atq; ita faciunt, quafi in eo folo
fita fit omnis vis atq; vfus clauium: fed vt irent, vt docerent, vt publica-
rent Euangelium, vt effent credentibus odor vitæ ad vitam, vt effent incredulis atque infidelibus odor mortis ad mortem: vt piorum animi
confcientia fuperioris vitæ & errorum confternati, poftquam adfpicere
cœpiffent lucem Euangelij, & in Chriftum credere, vt fores claue, ita
illi verbo Dei apperirentur: impij autem & contumaces, quiq; nollent
credere & redire in viam, quafi obferati & claufi relinquerentur, & pro-
ficerent, vt Paulus ait, in deterius : Hanc effe rationem clauium; hoc *2.Tim.5.*
pacto apperiri aut claudi hominum confcientias : Sacerdotem quidem *De peniten.dift.*
effe judicem, nullius tamen eum poteftatis, vt ait Ambrofius, jus ob- *1.cap. verbum*
tinere: Idcircò Chriftum his verbis increpuiffe Scribas & Pharifæos, *Dei.*
vt coargueret illorum in docendo negligentiam : Væ inquit vobis
Scribæ

Luc 11.
Matt, 23.

Scribæ & Pharisæi, qui abstulistis claues scientiæ, & clausistis regnum
Cœlorum coram hominibus. Cumq; clauis, qua aditus nobis aperitur ad regnum Dei, sit verbum Euangelij,& interpretatio legis & scripturarum, vbi non sit verbum, ibi dicimus non esse clauem : & cùm vnum omnibus datum sit verbum, vnaq; sit omnium clauis, vnam esse ministrorum omnium , quod quidem ad apperiendum, aut claudendum attinet potestatem : imò etiam Pontificem ipsum, quamuis illi

Mar. 16.

suauiter cantillentur illa verba à parasitis suis, Tibi dabo claues regni
Cœlorum, ac si eæ illi vni , & præterea mortalium nemini conuenirent: nisi id agat, vt hominum flectantur conscientiæ , & succumbant
verbo Dei, negamus aut aperire, aut claudere, aut omninò habere claues. Et quamuis doceat, & instituat populum, quod vtinam aliquando & verè faciat, & inducat aliquando animum, esse eam aliquam saltem partem officij sui, tamen eius clauem nihilo , aut meliorem aut
maiorem esse, quàm aliorum: Quis enim illum discreuit? Quis illum
docuit doctiùs aperire, aut melius absoluere, quàm fratres suos?

26 Matrimonium in omni genere & statu hominum in Patriarchis,
in Prophetis,in Apostolis,in Sanctis Martyribus,in Ministris Ecclesia-

In Titum primo
Hom. 11.
Theop.ad Titum
10.Euseb.li.10.
cap.5.
In monodia sua
super Basilium.

rum,in Episcopis sanctum ac honorificum esse dicimus : & vt Chrysostomus ait,fas & ius esse cum eo ad Cathedram Episcopalem ascendere:
vtq; Sozomenus ait de Spiridione,&Nazianzenus de patre suo,Episcopum pium, & industrium nihilo deteriùs eâ causâ , imò meliùs etiam,
& vtilius versari in ministerio. Legem autem illam quæ hominibus
eam libertatem per vim adimat, & inuitos adigat ad cœlibatum, esse

1.Tim.4.

vt Diuus Paulus ait, doctrinam dæmoniorum : Et ex eo (quod Episcopus Augustinus, Faber, Abbas, Panormitanus, Latomus, opus illud
tripartitum, quod adiunctum est secundo Tomo Conciliorum, alijq;
Pontificiarum partium Satellites , resq; adeò ipsa, & omnes Historiæ
confitentur) incredibilem vitæ ac morum impuritatem in ministris

Platina in Pij.
2, vita.

Dei, & horrenda flagitia esse consecuta: & rectè dixisse Pium secundum Romanum Episcopum, videre se multas causas, cur eripiendæ
fuerint vxores sacerdotibus,multò autem & plures videre, & grauiores,
cur sint reddendæ.

27 Recipimus & amplectimur omnes Canonicas Scripturas, &
veteris & noui Testamenti : Deoq; nostro gratias agimus qui eam lucem nobis excitarit, quam semper haberemus in oculis,ne vel humana
fraude, vel insidijs dæmonum ad errores & fabulas abduceremur : eas
esse cœlestes voces, per quas Deus voluntatem suam nobis patefecerit:
in illis solis posse hominum animos acquiescere : in illis ea omnia quæcunq; ad nostram salutem sint necessaria , vt Origenes, Augustinus,
Chrysostomus, Cyrillus docuerunt, cumulatè & plenè contineri : eas
esse vim ac potentiam Dei ad salutem : eas esse fundamenta Prophetarum,

rum, & Apoſtolorum, in quibus ædificata ſit eccleſia Dei : eas eſſe certiſſimam normam ad quam ea, ſi vacillet aut erret, poſſit exigi, & ad
quam omnis doctrina Eccleſiaſtica debeat reuocari : contra eas nec
legem, nec traditionem , nec conſuetudinem vllam audiendam eſſe,
ne ſi Paulus quidem ipſe, aut Angelus de Cœlo veniat & ſecùs
doceat.

28 Recipimus Sacramenta Eccleſiæ, hoc eſt, ſacra quædam ſigna,
cæremonias , quibus Chriſtus nos vti voluit, vt illis, myſteria ſalutis
noſtræ, nobis ante oculos conſtitueret, & fidem noſtram, quam habemus in eius ſanguine vehementiùs confirmaret , & gratiam ſuam in
cordibus noſtris obſignaret. Eaq; cum Tertulliano, Origene, Ambroſio, Auguſtino, Hieronymo, Chryſoſtomo , Baſilio , Dyoniſio,
alijſq; Catholicis Patribus, figuras, ſigna, Symbola, typos, antitypa,
formas, ſigilla, ſignacula , ſimilitudines, exemplaria, imagines, recor-
dationes, memorias appellamus. Nec dubitamus etiam cum eiſdem
dicere, eſſe illa viſibilia quædam verba, ſignacula juſtitiæ, ſigna gratiæ:
diſerteq; pronunciamus in cœna credentibus , verè exhiberi corpus &
ſanguinem Domini, carnem filij Dei, viuificantem animas noſtras, cibum ſupernè venientem, immortalitatis alimoniam, gratiam, veritatem, vitam : eamque communionem eſſe corporis & ſanguinis Chriſti , cuius participatione viuificamur, vegetamur, & paſcimur ad immortalitatem , & per quam coniungimur, vnimur & incorporamur
Chriſto, vt nos in illo maneamus, & ille in nobis.

29 Duo autem Sacramenta, quæ eo nomine propriè cenſenda ſunt,
agnoſcimus, Baptiſmum, & Euchariſtiam : tot enim videmus tradita
eſſe ac conſecrata à Chriſto, & à veteribus Patribus, Ambroſio, & Auguſtino, approbata.

30 Et Baptiſmum quidem Sacramentum eſſe remiſſionis peccatorum, & ejus ablutionis quam habemus in Chriſti ſanguine ; & ab eo
neminem qui velit profiteri nomen Chriſti, ne infantes quidem Chriſtianorum hominum, quoniam naſcuntur in peccato, & pertinent ad
populum Dei, arcendos eſſe.

31 Euchariſtiam eſſe Sacramentum, hoc eſt, ſymbolum conſpicu-
um corporis & ſanguinis Chriſti, in quo ſubijcitur quodammodò oculis noſtris mors Chriſti, & ejus reſurrectio, & quæcunque geſſit in humano corpore : vt de eius morte , & noſtra liberatione gratias agamus,
& frequentatione Sacramentorum, eius rei memoriam aſſiduè renoue-
mus, vt verò Chriſti corpore & ſanguine alamur, in ſpem reſurrectionis
& vitæ æternæ , vtq; pro certiſſimo habeamus, id eſſe animis noſtris a-
lendis corpus & ſanguinem Chriſti, quod alendis corporibus eſt panis &
vinum. Ad hoc epulum inuitandum eſſe populum , vt omnes inter ſe
communicent, & ſocietatem ſuam inter ſe, ſpemq; eam, quam habent
in

in Chrifto Iefu publicè fignificent,& teftificentur. Itaque fi quis fuiffet, qui fpectator tantum effe velit,& à facra Communione abftineret,illum veteres Patres, & Romanos Epifcopos in Primitiua Ecclefia, antequam nata effet priuata Miffa,tanquam improbum atque Ethnicum excommunicaffe : Neque vllum fuiffe eo tempore hominem Chriftianum, qui cæteris fpectantibus communicaret folus. Ita olim decreuit Calixtus, vt peracta confecratione, omnes communicarent, nifi mallent carere Ecclefiafticis liminibus , fic enim ait Apoftolos ftatuiffe, & fanctam Romanam Ecclefiam tenere. Populo verò ad facram Communionem accedenti, vtramq; partem Euchariftiæ tradendam effe: id enim & Chriftum iufsiffe, & Apoftolos vbique terrarum inftituiffe,& omnes veteres Patres,& Catholicos Epifcopos fequutos effe: & fi quis contra faciat, eum, vt Gelafius ait,committere Sacrilegium : & aduerfarios hodie noftros,qui explofa atque abdicata communione fine verbo Dei, fine veteri concilio, fine vllo Catholico Patre, fine exemplo Primitiuæ Ecclefiæ, fine etiam ratione, priuatas Miffas, & multitudinem Sacramentorum defendant, idque non tantum contra exprefsum mandatum & iufsum Chrifti, fed etiam contra omnem antiquitatem faciant,improbè facere & effe facrilegos.

32　Panem & Vinum dicimus effe facra, & cœleftia myfteria corporis & fanguinis Chrifti, & illis Chriftum ipfum, verum panem æternæ vitæ fic nobis præfentem exhiberi, vt eius corpus fanguinemque per fidem verè fumamus: non tamen id ita dicimus,quafi putemus naturam panis & vini prorfus immutari atque abire in nihilum, quemadmodum multi proximis iftis fæculis fomniârunt, neque adhuc potuerunt vnquam fatis inter fe de fuo fomnio conuenire. Neque enim id Chriftus egit, vt panis triticeus abijceret naturam fuam, ac nouam quandam diuinitatem indueret, fed vt nos potiùs immutaret,vtq; Theophilactus loquitur, tranfelementaret in corpus fuum. Quid enim magis perfpicuè dici poteft, quàm quod Ambrofius ait, Panis & Vinum funt quæ erant, & in aliud commutantur ? aut quod Gelafius , Non definit effe fubftantia panis, vel natura vini : aut quod Theodoretus, Poft fanctificationem, myftica Symbola naturam fuam propriam non abijciunt (manent enim in priori fua fubftantia, & figura & fpecie:) aut quod Auguftinus, Quod videtis, panis eft & Calix, quod etiam oculi renunciant, quod autem fides veftra poftulat inftruenda, Panis eft corpus Chrifti, calix fanguis: aut quod Origenes, Ille panis qui fanctificatur per verbum Dei, quod quidem ad materiam attinet, in ventrem abit & in feceffum eijcitur : aut quod Chriftus non tantùm poft confecrationem calicis,fed etiam poft communionem dixit,Non bibam ampliùs de hac generatione vitis. Certum enim eft ex vite progenerari vinum,non fanguinē. Nec tamen cùm ifta dicimus,extenuamus Cœnam

Domini,

Chrifoft. ad Ephe. ferm. 3. cap. 1.
De conf.dift.1. cap. omnes.
Dift. 2. cap. feculares.
De confecr. Dift. 2. cap. Peracta.

De confecr. Dift. 2 cap. comperimus.

In Ioan.cap.6.
De facra.lib.4. cap.4. In dialogis primo & fecundo.
In Sermone ad infantes.de confecr. Dift. 2. cap. Qui manducat.
In Mat.15.

Luc.22.

Domini, aut eam frigidam tantùm cæremoniam esse docen us, & in ea nihil fieri, quod multi nos docere calumniantur. Christum enim asserimus, verè iese præsentem exhibere in Sacramentis suis: in Baptismo vt eum induamus: in Cæna vt eum fide & spiritu comedamus, & de eius cruce & sanguine habeamus vitam æternam: idq; dicimus non perfunctoriè, & frigidè, sed re ipsa & verè fieri. Etsi enim Christi corpus dentibus & faucibus non attingimus, eum tamen fide, mente, spiritu tenemus & premimus. Neque verò vana ea fides est, quæ Christum complectitur, nec frigidè percipitur, quod mente, fide, & spiritu percipitur. Ita enim nobis in illis mysterijs, Christus ipse totus, quantus quantus est, offertur & traditur, vt verè sciamus esse iam nos carnem de eius carne, & os de ossibus eius, & Christum in nobis manere, & nos in illo.

33 Itaq; in peragendis mysterijs, antequam ad sacram Communionem veniatur, rectè admonetur populus vt sursum habeant corda, & animos in cœlum dirigant. Ibi enim esse illum de quo nos oportet satiari ac viuere. Et Cyrillus in percipiendis mysterijs, excludendas esse ait crassas cogitationes. Et Concilium Nicenum, vt Græcè citatur à quibusdam, disertè vetat, ne humiliter intenti simus ad propositum panem & vinum. Et vt Chrysostomus rectè scribit, corpus Christi dicimus esse cadauer, nos oportere esse aquilas, vt intelligamus in altum subuolandum esse, si velimus ad Christi corpus accedere: Hanc enim aquilarum esse mensam, non graculorum. Et Cyprianus, Hic inquit panis, cibus mentis est, non cibus ventris. Et Augustinus, Quomodo, inquit, tenebo absentem? Quomodo in cœlum mittam manum, vt ibi sedentem teneam? Fidem (inquit) mitte & tenuisti.

34 Nundinationes verò & auctiones Missarum, & circumgestationes, & adorationes panis, & alias idolatricas & blasphemas ineptias, quas nemo istorum affirmare potest, Christum & Apostolos tradidisse in Ecclesijs nostris, non ferimus: & Episcopos Romanos rectè reprehendimus, qui sine verbo Dei sine auctoritate sanctorū Patrum, sine exemplo, nouo more non tantùm proponunt populo panem Eucharisticum, diuino cultu adorandum, sed etiam illum in equo gradario, quocunq; ipsi iter faciunt, vt olim ignem Persicum aut Isidis sacra circumferunt, & Christi Sacramenta ad scenam iam, & pompam traduxerunt, vt in eâ re in quâ mors Christi inculcanda & celebranda erat, & in quâ mysteria redemptionis nostræ sanctè & reuerenter erant agitanda, hominum oculi nihil aliud quàm insanis spectaculis, & ludicra leuitate pascerentur. Quod autem dicunt & interdum etiam stultis persuadent, sese Missis suis posse distribuere; atque applicare hominibus (sæpe etiam nihil de ea re cogitantibus, nec quid agatur intelligentibus) omnia merita mortis Christi, & ridiculum, & Ethnicum, & ineptum est. Fides enim nostra mortem & crucem Christi nobis applicat, non

actio

perfunctoriè
(Damage)

De consecr. Dist. 1 cap. Quando.

De cœna Domini.
In Ioannem tract. 50.

Libros de cæremonijs Ecclesf. Rom.

Ad Rom.cap.3. Lib.3.

actio sacrificuli: Fides (inquit Auguftinus) sacramentorum iuftificat, non Sacramentum. Et Origines, Ille, inquit, eft sacerdos, & propitiatio, & ho'''ia, quæ propitiatio ad vnum quemque venit per viam fidei. Atque ad hu⁓ modum fine fide ne viuis quidem prodeffe dicimus Sacramenta Chrifti: mortuis verò multò minùs. Nam quod de purgatorio ifti fuo iactare folent, etfi illud fcimus non ita nouum effe, tamen non aliud quàm fatuum, & anile commentum eft. Auguftinus quidem modò hujufmodi quendam locum effe ait, modò poffe effe non negat, modò dubitat, modò prorfus pernegat, & in eo homines humanâ quâdam be-neuolentiâ putat falli. Tamen ab hoc errore vno, tanta creuit feges facri-ficulorum, vt cùm in omnibus angulis Miffæ palam & publicè vende-rentur, templa Dei facta fuerint tabernæ meritoriæ, & miferis mortali-bus perfuafum fuerit nihil prorfus effe vendibilius: iftis quidem certè nihil erat vtilius.

Aug.in pfal.85. in enchiridio. cap.67. De ciuitate Dei lib.21.cap.26. contra Pelagia-nos lib.hipogno-fticon.5.

Ad Ioan.Epift. 119.

35   De multitudine otiofarum cæremoniarum, fcimus Auguftinum grauiter fuo tempore conqueftum effe. Itaque nos magnum eorum numerum refecauimus, quòd illis fciremus affligi confcientias homi-num, & grauari Ecclefiam Dei.

36   Retinemus tamen & colimus, non tantùm ea, quæ fcimus tradita fuiffe ab Apoftolis, fed etiam alia quædam quæ nobis videban-tur fine Ecclefiæ incommodo fieri poffe: quod omnia cuperemus in facro cœtu, vt Paulus iubet decenter atque ordine adminiftrari. Ea ve-rò omnia quæ aut valdè fuperftitiofa, aut frigida, aut fpurca, aut ridi-cula, aut cum facris literis pugnantia, aut etiam fobrijs hominibus in-digna effe videbamus, qualia infinita funt hodie in Papatu, prorfus fi-ne vlla exceptione repudiauimus: quod nollemus Dei cultum eiufmo-di ineptijs longiùs contaminari.

37   Precamur eâ linguâ, quam noftri, vt par eft, omnes intelli-gunt: vt populus, quemadmodum Paulus monet, è communibus votis vtilitatem communem capiat: quemadmodum omnes pij Patres & catholici Epifcopi, non tantùm in veteri, verumetiam in nouo Te-ftamento, & precati funt ipfi, & populum precari docuerunt; ne, vt Auguftinus ait, tanquam pfittaci, & merulæ, videamur fonare quod nefcimus.

38   Mediatorem & precatorem, per quem accedendum fit ad Deum patrem, non alium habemus quàm Iefum Chriftum, cuius vnius no-mine, omnia à patre impetrantur. Turpe autem & planè Ethnicum eft, quod in iftorum Ecclefijs videmus paffim fieri, non tantùm quòd infinitum numerum habere volunt precatorum, idq; prorfus fine au-thoritate verbi Dei, vt (quemadmodum Hieremias ait) Diuorum nu-merus æquet nunc, vel potiùs fuperet numerum ciuitatum, & miferi mortales nefciant, ad quem fe potiffimùm debeant vertere, quodq;

Hier.2. & 11.

cum

cùm tot fint, vt numerari non poffint, illis tamen fingulis fuum cuiq;
ab illis munus & officium, quid impetrare,quid dare, quid efficere debeant, defcriptum eft, fed etiam quòd ita non tantùm impiè, fed etiam
impudenter appellant virginem Matrem, vt fe matrem effe meminerit,
vt imperet filio,vt in illum vtatur jure fuo.

39 Dicimus hominem natum effe in peccato, & in peccato vitam *Bernardus.*
agere; neminem poffe verè dicere mundum effe cor fuum : juftiffimum
quemque feruum effe inutilem : Legem Dei perfectam effe,& a nobis requirere perfectam,& plenam obedientiam : illi a nobis in hac vita fatisfieri non poffe vllo modo : neque effe mortalium quenquam, qui poffit
in confpectu Dei proprijs viribus juftificari : Itaque vnicum receptum
noftrum, & perfugium effe ad mifericordiam patris noftri per Iefum
Chriftum, vt certò animis noftris perfuadeamus illum effe propitiationem pro peccatis noftris : ejus fanguine omnes labes noftras deletas
effe : illum pacificaffe omnia fanguine crucis fuæ : illum vnicâ illâ hoftiâ,
quam femel obtulit in cruce, omnia perfeciffe, & eâ caufâ cùm animam
ageret,dixiffe, confummatum eft : quafi fignificare vellet perfolutum
iam effe pretium pro peccato humani generis.

40 Hoc facrificium, fi qui funt qui non putant effe fatis,eant fanè &
quærant aliud melius. Nos quidè & quia illud vnicum effe fcimus, vno
contenti fumus, nec expectamus aliud : & quia femel tantù offerendum
erat,non iubemus repeti : & quia plenù & omnibus numeris,& partibus
perfectum erat,non fubftituimus continentes hoftiarum fucceffiones.

41 Quamuis autem dicamus nihil nobis effe præfidij in operibus
& factis noftris,& omnem falutis noftrę rationem conftituamus in folo
Chrifto,non tamen eâ caufâ dicimus laxè & folutè viuendum effe, quafi tingi tantum & credere, fatis fit homini Chriftiano, & nihil ab eo
aliud expectetur. Vera fides viua eft,nec poteft effe otiofa.

42 Sic ergo docemus populum, Deum vocaffe nos, non ad luxum
& libidinem,fed vt Paulus ait,ad opera bona, vt in illis ambulemus.De-
um eripuiffe nos a poteftate tenebrarum, vt feruiamus Deo viuenti : vt
refcindamus omnes reliquias peccati : vt in timore & tremore operemur
falutem noftram : vt appareat Spiritum fanctificationis effe in membris
noftris,& Chriftum ipfum per fidem in cordibus noftris habitare.

43 Poftremò credimus hanc ipfam carnem noftram, in qua viui-
mus,quamuis mortua abierit in puluerem, tamen vltimo die redituram
effe ad vitam propter fpiritum Chrifti qui habitat in nobis. Tum vero
quicquid hîc interim patimur eius caufâ, Chriftum abfterfurum effe
omnem lachrymam ab oculis noftris : & nos propter illum fruituros
effe æternâ vitâ, & femper futuros cum illo in gloria. Amen.

44 Iftę funt horribiles illę hærefes, quarum nomine bona pars orbis terrarum hodie a Pontifice inaudita condemnatur. In Chriftum
C potius,

potius, in Apostolos, in sanctos Patres lis intendenda fuit: Nam ab illis
ista non tantùm profecta, sed etiam constituta sunt: nisi isti fortè velint dicere, quod etiam fortasse dicent, Christum non instituisse sacram communionem, vt inter fideles distribueretur: aut Apostolos
Christi, veterésque Patres dixisse priuatas Missas in omnibus angulis Templorum, modò denas, modo vicenas vno die: aut Christum &
Apostolos abegisse omnem plebem à Sacramento sanguinis, aut id
quod ab ipsis hodie vbiq; fit, atque ita fit vt eum condemnent pro hæretico, qui secus faciat, à Gelasio suo non appellari sacrilegium: aut non esse
ista verba Ambrosij, Augustini, Gelasij, Theodoreti, Chrysostomi, Ori-
genis, Panem & Vinum in Sacrmentis manere eadem quæ fuerant: illud
quod videtur in sacra mensa esse panem: non desinere esse substantiam
panis, & naturam vini: panis substantiam & naturam non mutari: aut
illum ipsum panem, quòd quidem ad materiam attinet, abire in ventrem
& in secessum ejici: aut Christū, Apostolos, & sanctos Patres non pre-
catos esse eâ linguâ quæ a populo intelligeretur: aut Christum vnicâ
illâ hostiâ, quam semel obtulit non omnia perfecisse, aut illud sacrificium fuisse imperfectum, vt nunc nobis opus sit alio. Hæc illis omnia
dicenda sunt, nisi fortè malint hoc dicere, omne jus & fas esse con-

Dist. 36. Lector in Glossa. Dist. 82. Presbyter.

clusum in scrinio pectoris Pontificij: quodq; olim quidam ex ejus asse-
clis, & parasitis non dubitauit dicere, illum posse dispensare contra
Apostolum, contra Concilium, contra canones Apostolorum; & istis
exemplis, atque institutis, & legibus Christi non teneri.

45 Ista nos didicimus à Christo, ab Apostolis, & sanctis Patribus,
& eadem bona fide docemus populum Dei: atque eâ causâ hodie ab An-
tistite scilicet religionis, appellamur Hæretici.

46 O Deum immortalem, ergo Christus ipse, & Apostoli, & tot
Patres vnà omnes errauerunt? Ergo Origenes, Ambrosius, Augustinus, Chrysostomus, Gelasius, Theodoretus erant desertores fidei Catholicæ? Ergo tot Episcoporum, & doctorum virorum tanta consen-
sio, nihil aliud erat quàm conspiratio Hæreticorum? Aut quod tum
laudabatur in illis, id nunc damnatur in nobis? Quodque in illis erat
Catholicum, id nunc mutatis tantum hominum voluntatibus repentè
factum est Schismaticum? aut quod olim erat verum, nunc statim quia
istis non placet erit falsum? Proferant ergo aliud Euangelium: aut causas ostendant, cur ista quæ tamdiu in Ecclesia Dei publicè obseruata, &
approbata fuerint, nunc demum oportuerit reuocari. Nos quidem illud verbum, quod a Christo patefactum, & ab Apostolis propagatum
est, scimus & ad salutem nostram, & ad omnem veritatem propugnan-
dam, & ad omnem hæresin conuincendam, esse satis. Ex illo nos solo
omne genus veterum Hæreticorum, quos isti nos aiunt ab inferis reuo-
casse, condēnamus; & Arrianos, Eutychianos, Marcionitas, Ebionæos,

Valen-

Valentinianos, Carpocratianos, Tatianos, Nouatianos, eófque vno
verbo omnes, qui vel de Deo patre, vel de Chrifto, vel de Sancto Spiritu, vel de vlla alia parte Religionis Chriftianæ impiè fenferunt, quia
ab Euangelio Chrifti coarguũtur, impios & perditos pronunciamus, &
vfque ad inferorum portas deteftamur: nec id folum, fed etiam, fi forte
erumpant vfpiam, & fefe prodant, eos legitimis & ciuilibus fupplicijs
feuerè, & feriò coercemus.

47 Fatemur quidem nouas quafdam, & anteà non auditas fectas,
Anabaptiftas, Libertinos, Mennonios, Zuenkfeldianos, ftatim ad ex-
ortum Euangelij extitiffe: verùm agimus Deo noftro gratias, fatis jam
orbis terrarum videt, nos nec peperiffe, nec docuiffe, nec aluiffe ifta
monftra. Lege fodes, quilquis es, libros noftros: proftant vbiq; vena-
les. Quid vnquam fcriptum eft a quoquam noftrorum hominum,
quod poffet apertè iftorum fauere infaniæ? Imò nulla hodie regio ita
libera eft ab iftis peftibus, atq; illæ funt, in quibus liberè & publicè do-
cetur Euangelium. Quod fi rem ipfam attentè & rectè putare velint,
magnum hoc argumentum eft, effe hanc Euangelij veritatem quam
nos docemus. Nam nec lolium facile fine frumēto nafci folet, nec palea
fine grano. Statim ab Apoftolorum ipforum temporibus, cùm primùm propagaretur Euangelium, quis nefcit quot hærefes vnà exor-
tæ fuerint? Quis vnquam antea audierat Simonem, Menandrum,
Saturninum, Bafilidem, Carpocratem, Cerinthum, Ebionem, Va-
lentinum, Secundum, Marcofium, Colorbafium, Heracleonem, Lu-
cianum, Seuerum? Ecquid iftos commemoramus? Epiphanius nu-
merat octoginta. Auguftinus plures etiam diftinctas hærefes, quæ v-
nà creuerint cum Euangelio. Quid ergo? An Euangelium, quod
vnà cum illo hærefes nafcerentur, non erat Euangelium? aut Chriftus
eâ caufâ non erat Chriftus?

48 Neque tamen apud nos, vti diximus, pullulat ifta feges, qui
publicè & liberè docemus Euangelium. Apud aduerfarios noftros, in
cæcitate ac tenebris iftæ peftes exordiuntur, & incrementa ac vires capiunt, vbi veritas tyrannide fæuitiâq; opprimitur, nec nifi in angulis &
occultis congreffionibus audiri poteft. Faciant fanè periculum, dent
curfum liberum Euangelio: luceat veritas Iefu Chrifti, & radios in
omnes partes porrigat, ftatim videbunt vt nocturnam caliginem ad a-
fpectum folis, ita iftas vmbras ad lucem Euangelij protinus euanuiffe.
Nam nos quidem omnes illas hærefes, quas ifti nos alere, & fouere calumniantur, illis interim fedentibus, atque aliud agentibus, quotidie
repellimus, atque propulfamus.

49 Quòd autem dicunt nos in varias fectas abijffe, & velle alios
Lutheranos, alios Zuinglianos appellari, neque adhuc potuiffe fatis
inter nos ipfos de fumma doctrinæ convenire, quid illi dixiffent fi pri-

C 2   mis

mis illis temporibus Apostolorum, & sanctorum Patrum extitissent?
cum alius diceret Ego sum Pauli: alius Ego sum Cephæ: alius Ego
sum Apollo: cùm Paulus Petrum reprehenderet: cùm simultatis causâ Barnabas à Paulo discederet: cùm, vt auctor est Origines, Christiani in tot iam factiones distracti essent, vt nomen tantùm Christianorum commune, aliud autem præterea nihil, Christianorum simile re-
tinerent: vtq; Socrates ait, dissensionum & sectarum causâ in theatris
à populo publicè riderentur: cumq; vt ait Imperator Constantinus,
tot essent dissensiones & rixæ in Ecclesia, vt ea calamitas videri posset
omnem aliam superiorem calamitatem superasse: cùm Theophilus,
Epiphanius, Chrysostomus, Augustinus, Ruffinus, Hieronymus,
omnes Christiani, omnes Patres, omnes Catholici acerbissimis, atque
etiam implacabilibus inter se contentionibus conflictarentur: cùm vt
Nazianzenus ait, eiusdem corporis membra inter se consumerentur:
cùm Oriens ab Occidente defermentato, & de Paschate, non ita magnis de rebus scinderetur: cùm in omnibus Concilijs noua subinde
Symbola, & noua decreta cuderentur? Quid isti tum dixissent? Ad
quos se potissimum applicuissent? Quos fugissent? Cui Euangelio
credidissent? Quos pro hæreticis, quos pro Catholicis habuissent?
Nunc duo tantum nominor Lutherus & Zuinglius, quas istis Tragæ-
dias excitant? Vt quoniam illi duo de re aliqua nondum consentiunt,
idcirco vtrumq; errasse, neutrum habuisse Euangelium, neutrum verè
ac rectè docuisse arbitremur?

    50   Verùm ô Deus bone, quinam isti tandem sunt, qui dissensio-
nes in nobis reprehendunt? An verò omnes isti inter se consentiunt?
An singuli satis habent constitutum quid sequantur? An inter illos
nullæ vnquam dissensiones, nullæ lites extiterunt? Cur ergo Scotistæ
& Thomistæ de merito congrui & condigni: de peccato originis in
beata Virgine: de voto solenni & simplici, non melius inter se conueniunt? Cur Canonistæ auricularem confessionem de jure humano,
& positiuo esse aiunt; scholastici contra, de jure diuino? Cur Albertus Pighius à Caietano, Thomas à Lombardo, Scotus à Thoma, Oc-
camus à Scoto, Alliensis ab Occamo, Nominales à Realibus dissen-
tiunt? Vtque taceam tot dissentiones fraterculorum, & monachorum, quòd alij in piscibus, alij in oleribus, alij in calceis, alij in crepi-
dis, alij in lintea veste, alij in lanea sanctitatem constituunt, alij al-
bati, alij pullati, alij latiùs, alij angustiùs rasi, alij soleati, alij nudi pedes, alij cincti, alij discincti ambulant? Meminisse debent esse aliquos ex suis qui dicant, Christi corpus adesse in cœna naturaliter: contrà ex eisdem illis suis esse alios qui negent: esse alios qui dicant corpus
Christi sacrâ communione dentibus nostris lacerari & atteri, rursus
esse alios qui negent: esse alios qui scribant corpus Christi in Eucharistia

*Steph. Gardi-
nerus in sophi-
stica diaboli.
Richard. Faber.
Recantatio Be-
rengarij Scholæ
& Glossa.
Guimundus De
con. Dist. 2. Ego
Berengar.*

riftia effe Quantum, effe alios contrà qui negent, effe alios qui Chriftum diuinâ quadâm potentiâ : alios qui benedicendo, alios qui quin- *Thomas.* que conceptis verbis: alios qui eadem illa quinque verba repetendo, dicant confecraffe : Effe alios qui in illis quinqueverbis, Hoc, pronomine demonftratiuo putent panem triticeum : alios qui malint vagum *Gardinerus.* quoddam indiuiduum indicari. Effe alios qui dicant canes & mures poffe verè & reipfa comedere corpus Chrifti : effe alios qui id conftanter pernegent: effe alios qui dicant accidentia ipfa panis viniq; nu- *De confecr.* trire poffe : effe alios qui dicant redire fubftantiam. Quid plura? *Dift.z.fpecies* prolixum ac permoleftum effet omnia numerare. Ita vniuerfa forma *in Gloffa.* horum religionis & doctrinæ, adhuc apud illos ipfos a quibus nata atque profecta eft, prorfus incerta ac controuerfa eft. Vix enim vnquam inter fe conueniunt, nifi forte vt olim Pharifæi & Sadducæi, aut Herodes & Pilatus contra Chriftum.

51 Eant ergo fane, & pacem potiùs inter fuos dòmi fanciant. Vnitas quidem & confenfio maximè conuenit religioni. Non tamen eft ea certa & propria nota Ecclefiæ Dei. Summa enim erat confenfio inter eos qui adorabant aureum vitulum : & inter eos qui coniunctis vocibus in Seruatorem noftrum Iefum Chriftum clamabant, Crucifige. Neque quia Corinthij diffenfionibus inter fe laborabant, aut quia Paulus à Petro, aut Barnabas à Paulo, aut Chriftiani ftatim fub ipfis initijs Euangelij aliqua de re à fe mutuò diffidebant, idcirco nulla erat inter eos Ecclefia Dei? Illi quidem quos ifti contumeliæ caufâ appellant Zuinglianos, & Lutheranos, re autem verâ funt vtriq; Chriftiani, & inter fe amici ac fratres. Non de principijs aut fundamentis Religionis noftræ, non de Deo, non de Chrifto, non de fancto Spiritu, non de ratione iuftificationis, non de æterna vita, tantùm de vna nec ea ita graui aut magna quæftione inter fe diffentiunt. Nec defperamus, vel potiùs non dubitamus breui fore concordiam; & fi qui funt qui aliter fentiant quàm par eft, pofitis aliquando affectionibus, & nominibus, Deum id illis effe patefacturum, vt re melius animaduerfâ atque exploratâ, quod olim in Calcedonenfi Concilio factum eft, omnes diffenfionum caufæ & fibræ ab ipfis radicibus extirpentur, & ἀμνησία fepeliantur fempiternâ. A M E N.

52 Grauiffimum verò eft, quod nos dicunt effe homines impios, & omnem religionis curam abieciffe. Quanquam non debet id multùm nos mouere, quod illi ipfi, à quibus obijcitur, fciunt contumelio um & falfum effe. Nam Iuftinus Martyr author eft, cùm primùm Euangelium cœptum effet publicari, & Chrifti nomen patefieri, Chriftianos omnes dictos fuiffe ἀθέοις. Cùmque Polycarpus ftaret pro iudicio, populus his vocibus incitauit Proconfulem ad cædem, & internecionem

C 3 eorum

Eufeb.lib.4.

eorum omnium , qui Euangelium profiterentur, ἄρε τὸς ἀθίες, hoc
eſt, Tolle de medio iſtos homines impios, qui Deum non habent.
Non quòd Chriſtiani Deum reuerâ non haberent, ſed quòd ſaxa & ſti-
pites, quæ tum pro Dijs colebantur, non adorarent. Verùm orbis terrarum ſatis iam videt, quid nos noſtrique ab iſtis, religionis, & vnius
Dei noſtri cauſâ perpeſſi ſumus. In carceres, in aquas, in ignes nos
abiecerunt, & in noſtro ſanguine volutati ſunt, non quòd adulteri eſſemus, aut latrones, aut homicidæ; Sed tantùm quod agnoſceremus
Euangelium Ieſu Chriſti, & ſperaremus in Deum viuum, quodq; nimiùm, (ô Deus bone) iuſtè veréque quereremur, traditionum inaniſ-
ſimarum cauſâ, violari ab iſtis Legem Dei, & aduerſarios noſtros, qui
ſcientes & prudentes Dei iuſſa ita obſtinatè contemnerent, eſſe hoſtes
Euangelij,& inimicos crucis Chriſti.

53 Verùm iſti cùm viderent doctrinam noſtram non poſſe rectè accuſari, maluerunt in mores noſtros inuehere: nos omnia rectè facta
damnare ? ad licentiam, & libidinem fores aperire: & populum ab
omni ſtudio virtutis abducere. Et certè ea eſt ſemperq; fuit hominum
omnium etiam & piorum & Chriſtianorum vita, vt ſemper etiam in
optimis & caſtiſſimis moribus etiam aliquid poſſes deſiderare, eáque
propenſio omnium ad malum, eaq; omnium procliuitas ad ſuſpican-
dum, vt quæ nec facta, nec cogitata vnquam fuerint, audiri tamen &
credi poſſint. Vtq; in candidiſſima veſte facilè exigua notatur labes:
ita in vita candidiſſima facilè leuiſſima nota turpitudinis deprehenditur. Neque nos aut eos omnes qui amplexi ſunt hodie doctrinam E-
uangelij, Angelos eſſe arbitramur, & prorſus ſine macula vlla rugáque
viuere: aut iſtos vel ita cæcos,vt ſi quid in nobis notari queat, non poſſint id vel per tenuiſſimam rimam animaduertere: vel ita candidos,
vt quidquam velint in meliorem partem interpretari : vel ita ingenuos,
vt oculos ſuos velint in ſe reflectere, & mores noſtros de ſuis moribus
æſtimare. Quod ſi rem ipſam ab initijs velimus repetere; ſcimus temporibus ipſis Apoſtolorum fuiſſe homines Chriſtianos propter quos
Nomen Domini blaſphemaretur,& malè audiret inter Gentes.

54 Queritur apud Sozomenum Imperator Conſtantius, multos
poſtquam ad Chriſtanam religionem acceſſiſſent, euaſiſſe deteriores.
De Lapſu. Et Cyprianus lugubri oratione deſcribit corruptelam ſui temporis.
Diſciplinam (inquit) quam Apoſtoli tradiderant,otium iam & pax longa corruperat. Studebant augendo patrimonio ſinguli, & obliti quid
credentes, aut ſub Apoſtolis antè feciſſent, aut ſemper facere deberent,
inſatiabili cupiditatis ardore ampliandis facultatibus incubabant.

55 Non in Sacerdotibus religio deuota, non in Miniſtris fides integra, non in operibus miſericordia, non in moribus diſciplina. Cor-
rupta

rupta barba in viris, in fœminis forma fucata. Et ante illum Tertullianus, O miferos (inquit) nos, qui Chriftiani dicimur hoc tempore:
Gentes agimus fub nomine Chrifti.

56 Poftremò ne omnes commemoremus, Gregorius Nazianzenus
de miferabili ftatu fuorum temporum ita loquitur: Vitiorum (inquit)
noftrorum caufâ odio iam laboramus inter gentes. Spectaculum enim
facti fumus non folùm Angelis & hominibus, fed etiam omnibus impijs. Hoc loco erat Ecclefia Dei, cum primùm lucere cœpiffet Euangelium, cùm nondum rabies tyrannorum refrixiffet, aut gladios à Chriftianorum hominum ceruicibus ablatus effet. Scilicet non eft nouum,
homines, effe homines, etiamfi appellentur Chriftiani.

57 Sed ifti cùm ita odiofe nos accufant, nihilne interim de fe cogi-
tant? An illi quibus tàm procul fpectare, & quid in Germania, quidq;
in Anglia agatur videre otium eft, aut obliti funt, aut videre non poffunt quid agatur Romæ? An nos ab illis accufamur, de quorum vita
nemo poteft fatis honefte, & verecundè commemorare?

58 Nos quidem non fumimus, id nobis hoc tempore, vt ea quæ
vna cum ipfis fepulta effe opportebat, in lucem & in confpectum pro-
feramus. Non eft id religionis, non eft verecundiæ, non eft pudoris
noftri. Ille tamen qui fe Chrifti vicarium, & Ecclefiæ caput dici iubet, qui audit ifta Romæ fieri, qui videt, qui patitur, nihil enim a-
liud addimus, qualia ea fint, facilè poteft cum animo fuo cogitare.
Redeat enim illi fanè in memoriam: cogitet Canoniftas illos fuos effe, *Iohannes de
Magiftris de
Temperantia.* qui populum docuerunt fimplicem fornicationem non effe peccatum:
quafi illam doctrinam ex Mitione comico didiciffent: Non eft pec-
catum mihi crede, adolefcentulum fcortari. Cogitet fuos illos effe qui *3. queft. 7. lata
Extra, de Bi-
gamis Quia
circa.* decreuerunt Sacerdotem fornicationis caufâ non effe fummouendum.
Meminerit Cardinalem Campegium, Albertum Pighium, aliófque
complures fuos docuiffe, Sacerdotem illum multò fanctiùs, & caftiùs
viuere, qui alat concubinam, quàm qui vxorem habeat in matrimonio.
Nondum ille, fpero, oblitus eft, multa effe Romæ publicarum meretricum millia, & fe ex illis in fingulos annos, vectigalis nomine, colligere
ad triginta millia ducatorum. Obliuifci non poteft fe Romæ lenocinium publicè exercere, & de fœdiffima mercede fœdè ac nequiter de-
liciari. An omnia tum Romæ fatis aut falua aut fancta erant, cum Io-
hanna fœmina integræ ætatis, magis quàm vitæ, effet Papa, & fe gereret pro capite Ecclefiæ: Et cùm fe biennium totum in illa fancta fede *Statua eiufdem
fœmina partu-
rientis adhuc
Romæ eft.* aliorum libidini expofuiffet, poftremo in luftranda Ciuitate, infpectan-
tibus Cardinalibus & Epifcopis, palàm pareret in publico.

59 Sed quid opus erat concubinas & lenones commemorare?
vulgare enim iam illud Romæ, & publicum & non inutile peccatum *Genefis. 38.*
eft. Meretrices enim ibi iam fedent, non vt olim extra ciuitatem, ob-

nupto

In Confilio di-
lectorum Car-
dinalium.to.3.

De confiderati-
one ad Euge-
nium.

nupto & obuoluto capite, fed in Palatijs habitant, per forum vagan-
tur aperta fronte, quafi id non tantùm liceat, fed etiam laudi elle debeat. Quid plura? Illorum iam libidines terrarum orbi funt fatis notæ. D. Bernardus, de Pontificis familia, ipfóque adeò Pontifice, liberè & verè fcribit. Aula, inquit bonos recipit, non facit: Mali ibi
proficiunt, boni deficiunt. Et quicunque ille fuit, qui fcriplit opus
Tripartitum, quod adiunctum eft ad Concilium Lateranenfe: Tantus inquit hodie eft luxus, non tantùm in Clericis & Sacerdotibus, fed
etiam in Prælatis & Epifcopis, vt horribile fit auditu.

60 Atqui ifta non tantùm vfitata funt, & eâ caufâ confuetudinis
& temporis gratiâ approbata, vt cætera funt iftorum ferè omnia, fed
etiam antiqua iam & putida. Quis enim, non audiuit quid Petrus A-
loifius, Pauli tertij filius defignârit in Cofmum Cherium Epifcopum
Fanenfem? Quid Iohannes Cafa Archiepifcopus Beneuentanus, legatus Pontificis apud Venetos, fcripferit de horrendo fcelere, & quod
ne fando quidem audiri debeat, id verbis fpurciffimis & fceleratâ elo-
quentiâ commendârit? Quis non audiuit Alphonfum Diazium Hif-
panum, cùm eâ gratiâ Româ miffus fuiffet in Germaniam, innocentiffi-
mum ac fanctiffimum virum Iohannem Diazium fratrem fuum, tantùm
quod amplexus effet Euangelium Iefu Chrifti, & Romam redire nol-
let; nefariè atque impiè interfeciffe? Sed ifta (inquient) in republica optimè conftituta, etiam inuitis magiftratibus, poffunt interdùm acci-
dere; & bonis legibus vindicantur.

61 Efto fané. Sed quibus bonis legibus animaduerfum eft in iftas
peftes. Petrus Aloyfius cùm ea flagitia, quæ diximus, defignaffet, femper fuit in finu atque in delitijs apud patrem fuum Paulum Tertium.
Diazius interfecto fratre fuo Pontificis ope ereptus eft, ne in eum ani-
maduerteretur bonis legibus. Iohannes Cafa Archiepifcopus Beneuentanus adhuc viuit, imò etiam Romæ, & in Sanctifsimi oculis &
confpectu viuit. Occiderunt fratrum noftrorum infinitum numerum,
tantùm quòd verè, ac purè crederent in Iefum Chriftum. Ac ex illo
tanto numero meretricum, fcortatorum, adulterorum quem vnquam,
non dico, occiderunt, fed aut excommunicauerunt; aut omnino at-
tigerunt? An verò libidines, adulteria, lenocinia, fcortationes, parrici-
dia, inceftus, & alia nequiora Romæ peccata non funt? Aut fi funt in
Vrbe Roma, in arce Sanctitatis, à Vicario Chrifti, à Succeffore Petri,
à fanctifsimo Patre ita facilè & leuiter, quafi peccata non fint, ferri poffunt?

62 O Sancti Scribæ & Pharifæi, quibus ifta fanctitas nota non fuit.
O Sanctitatem & fidem Catholicam. Non ifta Petrus Romæ docuit:
Paulus non ita Romæ vixit. Non illi lenocinium publicè exercuerunt:
non illi vectigal & cenfum à meretricibus exegerunt, non illi adulteros
                         & par-

& parricidas palàm & impunè tolerârunt : non eos in ſinum, non in
Concilium, non in familiam, non in Chriſtianorum hominum cœtum receperunt. Non debebant iſti tantopere exaggerare vitam noſtram. Conſultius multò fuit, vt prius vel approbarent hominibus, vel
certè occultiùs aliquantò tegerent vitam ſuam.

63 Nam nos quidem vtimur priſcis & auitis legibus, & quantum
his moribus & temporibus, in tanta corruptela rerum omnium poteſt
fieri, diſciplinam Eccleſiaſticam diligenter & ſeriò adminiſtramus. Pro-
ſtibula quidem meretricum, & concubinarum, & ſcortatorum greges
non habemus; nec adulteria matrimonijs anteponimus, nec lenocinium exercemus : nec de fornicibus ſtipendia colligimus, nec inceſta, &
flagitioſas libidines, nec Aloiſios, nec Caſas, nec Diazios parricidas impunè ferimus. Nam ſi iſta nobis placuiſſent, nihil opus erat vt ab iſtorum ſocietate, vbi ea vigent & habentur in pretio, diſcederemus, & eâ
cauſâ in odia hominum, & in certiſſima pericula incurreremus. Habuit
Paulus Quartus ante non ita multos menſes Romæ in carcere aliquot
fratres Auguſtinianos, & complures Epiſcopos, & magnum numerum
aliorum piorum hominum religionis cauſâ : habuit tormenta : exercu-
it in illos quæſtiones : nihil reliquit intentatum. Ad extremum ex illis
omnibus, quot potuit mœchos, quot ſcortatores, quot adulteros, quot
inceſtos inuenire? Sit Deo noſtro gratia : etſi illi non ſumus, quos eſſe
oportebat, quoſq; profitemur, tamen quicunq; ſumus, ſi cum iſtis con-
feramur, vel vita noſtra atque innocentia facilè has calumnias refuta-
bit. Nos enim non tantùm libris & concionibus, ſed etiam exemplis &
moribus populum ad omne genus virtutis, & rectè factorum cohorta-
mur. Euangelium docemus non eſſe oſtentationem ſcientiæ, ſed legem
vitæ; vtque Tertullianus ait, Chriſtianum hominem non loqui mag- *In Apologe-*
nificè oportere, ſed magnificè viuere, nec auditores ſed factores legis, *tico.45.*
iuſtificari apud Deum.

Ad hæc omnia hæc etiam ſolent addere, idque omni conuitiorum *Rom.20.*
genere amplificare, nos eſſe homines turbulentos, regibus ſceptra de
manibus eripere, populum armare, tribunalia euertere, leges reſcindere,
poſſeſſiones diſsipare, regna ad popularem ſtatum reuocare, ſurſum
deorſum omnia confundere : breuiter in republica nihil integrum eſſe
velle. O quoties his verbis inflamauerunt animos principum, vt illi in *Tertullian.in*
herba extinguerent lucem Euangelij, priùſque illud odiſſe inciperent, *Apologet.1.2.*
quàm noſſe poſſent : vtque Magiſtratus, quoties aliquem videret no- *& 3.*
ſtrûm, toties ſe putaret hoſtem videre ſuum!

64 Moleſtum quidem nobis eſſet ita odioſè accuſari grauiſsimo crimine Maieſtatis, niſi ſciremus Chriſtum ipſum aliquando, & Apoſtolos, & infinitos alios homines pios, & Chriſtianos, vocatos fuiſſe in inuidiam, eodem ferè crimine. Nam Chriſtus quidem quamuis docu-
iſſet,

iftet, dandum eſſe Cæſari quod eſſet Cæſaris, tamen accuſatus eſt ſeditionis, quod res nouas moliri, & regnum appetere diceretur : itaque
occlamatum eſt pro tribunalibus publicè aduerſus eum: Si hunc dimittis, non es amicus Cæſaris. Et Apoſtoli, quamuis ſemper & conſtanter
docuiſſent obtemperandum eſſe Magiſtratibus: omnem animam ſuperioribus poteſtatibus eſſe ſubditam : idque non tantùm propter iram &
vindictam, ſed etiam propter conſcientiam : tamen dicti ſunt commo-

Heſter.

uere populum, & multitudinem ad rebellionem incitare. A manus
hoc maximè pacto genus, & nomen Iudæorum adduxit in odium apud
regem Aſſuerum, quod illos diceret eſſe populum rebellem & contu-

3. Reg. 18.

macem, & principum edicta & iuſſa cotemnere. Impius rex Achabus,
Eliæ Prophetę Dei, Tu, inquit, conturbas Iſrael. Amaſias Sacerdos

Amos. 7.

Bethel, apud Regem Hieroboam, accuſat Amos Prophetam conſpira-
tionis : Ecce inquit, Amos coniurationem fecit contra te, in medio do-

In Apologet.
cap. 37.

mus Iſrael. Breuiter Tertullianus ait, aduerſus omnes Chriſtianos
hanc ſuo tempore accuſationem fuiſſe publicam: eſſe illos proditores,
eſſe perduelles, eſſe hoſtes humani generis.

65 Quare ſi nunc quoque veritas malè audiat, & eadem cùm ſit, iiſdem nunc contumelijs afficiatur, quibus affecta eſt olim, & id moleſtum, & ingratum eſt, nouum tamen aut inſolens videri non poteſt.

66 Facile iſtis fuit ante annos quadraginta, iſta maledicta, & aliæ
grauiora in nos confingere, cùm in medijs illis tenebris exoriri primùm cœpiſſet & lucere, radius aliquis ignotæ tum & inauditæ veritatis : cùm Martinus Lutherus, & Huldericus Zuinglius præſtantiſſimi
viri, & ad illuſtrandum orbem terrarum à Deo dati, primùm acceſſiſſent
ad Euangelium ; cùm & res adhuc noua eſſet, & euentus incertus, &
animi hominum ſuſpenſi atque attoniti, & aures apertæ ad calumnias,
& nullum in nos tam graue flagitium fingi poſſet, quod non propter
rei ipſius nouitatem, atque inſolentiam, facilè à populo crederetur.
Ita enim veteres hoſtes Euangelij, Symmachus, Celſus, Iulianus, Por-
phyrius, olim aggreſſi ſunt accuſare omnes Chriſtianos, ſeditionis, &
maieſtatis, antequam aut princeps, aut populus, quinam illi Chriſtiani
eſſent, aut quid profiterentur, aut quid crederent, aut quid vellent,
ſcire poſſent. Nunc verò, poſtquam hoſtes noſtri vident, & negare non
poſſunt, nos ſemper omnibus dictis noſtris, ſcriptiſq; diligenter admo-
nuiſſe populum officij ſui, vt principibus ſuis & magiſtratibus quamuis impijs obtemperarent; idque & vſus ipſe & experientia ſatis docet,
& omnium hominum, quicúnque atque vbicunq; ſunt, oculi vident, &
conteſtantur: putidum erat iſta objicere, & cùm noua & recentia crimina nulla eſſent, abſoletis tantùm mendacijs, nobis inuidiam facere
voluiſſe.

67 Agimus enim Deo noſtro, cuius hæc ſolius cauſa eſt, gratias, in
omnibus

omnibus regnis, ditionibus, rebuſpub. quæ ad Euangelium acceſſerunt,
nullum vnquam adhuc huiuſmodi exemplum extitiſſe. Nullum enim
nos regnum euertimus : Nullius ditionem aut iura minuimus : Rem-
pub. nullam turbauimus. Manent adhuc ſuo loco, & auitâ dignitate
Reges Angliæ noſtræ, Daniæ, Suetiæ : Duces Saxoniæ : Comites
Palatini : Marchiones Brandeburgici : Lantgrauiæ Heſſiæ : Reſpub.
Heluetiorum, & Rhetorum : & liberæ Ciuitates, Argentina, Baſilea,
Francofordia, Vlma, Auguſta, Norinberga, omnes eodem iure, eo-
démque ſtatu quo fuerunt antea : vel potius quia propter Euangelium,
populum habent obſequentiorem, multò meliore. Eant ſane in illa
loca vbi nunc Dei beneficio auditur Euangelium, vbi plus maieſtatis?
vbi minus faſtus & tyrannidis? vbi princeps magis colitur? vbi populus minùs tumultuatur? vbi vnquam fuit publica res, vbi Eccleſia
tranquillior?

68　At Ruſtici, inquies, à principio huius doctrinæ, paſſim cœperunt furere & tumultuari per Germaniam : Eſto. At in illis promul-
gator huius doctrinæ Martinus Lutherus, vehementiſſimè atque acer-
rimè multa ſripſit; eoſq; ad pacem & ad obedientiam reuocauit.

69　Quod autem obijci ſolet interdum ab hominibus imperitis rerum, de mutato ſtatu Heluetiorum, & interfecto Duce Auſtriæ Leo-
poldo, & patriâ in libertatem vindicatâ, factum eſt id, vti ex omnibus
hiſtorijs ſatis conſtat, ante annos ducentos ſexaginta, ſub Bonifacio
Octauo, cùm maximè vigeret poteſtas Pontificũ, ducentos circiter annos antequam Huldericus Zuinglius, aut docere inciperet Euangelium, aut omnino natus eſſet. Ex eo verò tempore ſemper illi omnia pa-
cata ac tranquilla habuerunt, non tantùm ab hoſte externo, ſed etiam à
tumultu inteſtino.

70　Quòd ſi peccatum fuit patriam ſuam ab externa dominatione,
præſertim cùm inſolenter & tyrannicè opprimerentur, liberare; tamen
vel nos alienis, vel illos auitis criminibus onerare, & iniquum, & abſurdum eſt.

71　Sed ô Deum immortalem! an Romanus Epiſcopus accuſabit
nos perduellionis? An ille docebit populum obtemperare atq; obſequi
Magiſtratibus? Aut omninò ratione Maieſtatis habet vllam? Cur ergo
nunc ille, quod nullus veterũ Epiſcoporũ Romanorum vnquam fecit,
quaſi omnes Reges & Principes, quicunq; atq; vbicunq; ſint, velit eſſe
ſeruos ſuos, patitur ſe à ſuis paraſitis Dominum Dominantiũ appellari?
Cur ille ſe iactat eſſe Regem Regum, & habere ius Regium in ſubditos?

72　Cur omnes Imperatores & Monarchas iureiurando adigit in
verba ſua? Cur maieſtatem Imperatoriam ſeptuagies ſepties ſe inferiorem eſſe gloriatur, idque eâ maximè cauſâ, quòd Deus duo lumina in
cœlo fecerit; quodq; cœlum & terra non in duobus principijs, ſed in
vno

*Augu Stew-
chus. Anton.
de Roſellis.*

*De Maior, &
obed. ſoluts.*

De Maior.
& obed.Vnam
sanctam.

vno principio creata fuerint ? Cur ille eiúsque sectatores Anabaptistarum, & Libertinorum more, quò licentiùs & securiùs grassarentur iugum excusserunt,& se ab omni ciuili potestate exemerunt ?

73 Cur ille Legatos suos, hoc est callidissimos exploratores, habet tanquam in insidijs, in aulis, in concilijs, in cubiculis regum omnium ? Cur ille vbi visum est, principes Christianos inter se commit-
tit, & pro suo libidine turbat seditionibus orbem terrarum ? Cur pro-
scribit, & pro Ethnico & Pagano haberi vult, si quis princeps Christianus ab imperio suo discesserit: & indulgentias ita liberaliter pollicetur, si quis quacunque ratione interficiat hostem suum ? An ille conseruat regna & imperia, aut omninò consultum cupit otio publico ?
Ignoscere nobis debes pie Lector, si ista videmur acriùs, & vehementiùs agere, quàm deceat homines Theologos. Tanta enim est rei in-
dignitas, tantáque in Pontifice, tamq; impotens libido dominan-
di, vt alijs verbis, aut tranquillius proponi non possit. Ille enim in
Clemens.5.
in Concil.VI.
ennensi,
Leo Papa.
publico Concilio ausus est dicere omne ius regum omnium à se pendere, Ille ambitionis & regnandi causâ distraxit Romanum imperium,
& commouit, & lacerauit orbem Christianum. Ille Romanos atque
Italos, seq; adeo ipsum iureiurando, quo imperatori Greco obstrin-
gebatur, perfidè liberauit: & subditos ad defectionem sollicitauit: &
Carolum magnum Martellum è Gallia in Italiam euocauit, & eum
Zacharias
Papa.

Clemens Pa-
pa.7.
nouo more Imperatorem fecit. Ille Gallorum Regem Chilperichum,
non malum principem,tantùm quod ipsi non placeret de regno deiecit,
& in eius locum Pipinum surrogauit. Ille eiecto si id efficere potuisset, Philippo Pulchro rege, decreuit, atque adiudicauit regnum Gal-
liæ Alberto Regi Romanorum. Ille Florentissimæ ciuitatis, & Rei-
pub. Florentiæ patriæ suæ opes fregit, eámq; è libero & tranquillo
Idem Clemens.
statu, vnius libidini in manum tradidit. Ille cohortatione suâ effecit,
vt tota Sabaudia, hinc ab imperatore Carolo Quinto, inde à Gallorum Rege Francisco, miserè discerperetur, & infœlici Duci vix vna
Ciuitas, quo se reciperet relinqueretur.

74 Tædet exemplorum, & molestum esset omnia Romanorum
Pontificum egregiè facta commemorare. Quarum obsecro partium
erant illi, qui Henricum septimum Imperatorem veneno sustulerunt
in Eucharistia ? Qui Victorem Papam in sacro calice ? Qui Iohannem nostrum Regem Angliæ in mensario poculo ? Quicunque illi
tandem, & quarumcunque partium fuerint, Lutherani certè, aut
Zuingliani non fuerunt. Quis hodie summos Reges & Monarchas
admittit ad oscula beatorum pedum ? Quis Imperatorem iubet sibi ad-
stare ad frænum : & Gallorum Regem ad ferrum illud pensile, quo in
equum ascenditur ? Quis Franciscum Dandalum,Ducem Venetiarum,
Sabellicus.
Regem Cretæ ac Cypri, catenis Vinctum abiecit sub mensam suam,vt
ossa

offa liguriret inter canes? Quis Imperatori Henrico sexto Romæ diadema non manu, sed pede impofuit; & eodem pede rurfus deiecit, atque etiam addidit, habere se poteftatem & creandi Imperatores & summouendi? Quis Henricum filium armauit in Imperatorem Henricum Quartum patrem suum, effecitq; vt pater à filio suo caperetur, & detonfus atque ignominiofe habitus conijceretur in Monafterium, & inedià, & mœrore contabefceret? Quis ceruices Imperatoris Friderici fubiecit fœdum in modum pedibus fuis? & quafi id non effet fatis addidit etiam infuper ex Pfalmis Dauidis; Super Afpidem & Bafilifcum ambulabis, conculcabis leonem, & draconem: quale exemplum fpretæ & contemptæ Maieftatis, nunquam anteà vlla memoria auditum fuerat: nifi fortè vel in Tamberlane Scytha, homine fero & barbaro, vel in Sapore Rege Perfarum?

Cœleftinus. papa.

Hildebrandus papa.

Alexand. 3.

75 Omnes ifti fuerunt Papæ: omnes fucceffores Petri: omnes fanctiffimi quorum fingulas voces, fingula nobis oporteat effe Euangelia.

76 Si nos rei fumus Maieftatis, qui principes colimus, qui illis omnia, quantum quidem per verbum Dei fas eft, deferrimus, qui pro illis precamur, quid ergo ifti funt, qui non tantùm hæc fecerunt omnia, fed etiam ea quafi optimè facta comprobârunt? An verò illi aut ad hunc modum docent populum reuereri magiftratum, aut fatis verecundé poffunt nos, tanquam homines feditiofos, & perturbatores pacis publicæ, & maieftatis contemptores accufare? Nam nos quidem nec iugum excutimus, nec regna mouemus, nec reges aut facimus, aut dejicimus, nec imperia transferimus, nec regibus noftris veneua propinamus, nec illis pedes ofculandos porrigimus, nec pedibus noftris illorum ceruicibus infultamus. Hæc potiùs eft profeffio, hæc eft doctrina noftra: omnem animam quæcunque tandem ea fit, fiue fit monachus, fiue Euangelifta, fiue Propheta, fiue Apoftolus, oportere regibus & magiftratibus effe fubditam, & Pontificem adeo ipfum, nifi Euangeliftis, nifi Prophetis, nifi Apoftolis maior videri velit, quod veteres Epifcopi Romani melioribus temporibus femper fecerunt, oportere Imperatorem Dominum fuum & agnofcere, & appellare. Nos publicè docemus ita obtemperandum effe principibus, tanquam hominibus à Deo miffis; quique illis refiftit, illum Dei ordinationi refiftere: Hæc funt inftituta noftra: hæc in libris, hæc in concionibus noftris: hæc in moribus, & modeftià populi noftri elucefcunt.

Chryfoftomus. 13. ad Roman.

Gregorius fæpe in Epift.

77 Illud verò quod nos dicunt difceffiffe ab vnitate Ecclefiæ Catholicæ, non tantùm eft odiofum, fed etiam etfi verum non eft, tamen fpeciem aliquam & fimilitudinem habet veri. Apud populum verò & imperitam multitudinem, non tantùm vera & certa fidem faciunt, fed etiam fi quæ funt quæ videri poffint verifimilia. Itaque videmus vafros

homines

homines & callidos, quibus vera non suppeterent, semper verisimilibus pugnauisse, vt qui rem ipsam penitus intueri non possent, specie saltem aliqua & probabilitate caperentur. Olim quod veteres Christiani patres nostri, cùm preces Deo adhiberent ad orientem solem converterentur, erant qui dicerent eos Solem venerari, & habere pro Deo. Cumq; illi dicerent se, quod ad æternam & immortalem vitam artinet, non aliunde viuere, quàm de carne & sanguine eius Agni qui non haberet labem, hoc est, seruatoris nostri Iesu Christi: inuidi & inimici crucis Christi, quibus id tantum erat curæ, vt religio Christiana quacunq; ratione malè audiret, persuaserunt populo, esse eos homines impios, mactare humanas hostias , & sanguinem humanum bibere. Cumq; illi dicerent, apud Deum nec marem esse, nec fœminam, nec omninò, quod ad iustitiam adipiscendam attinet, distinctionem esse vllam personarum , seque omnes inter se sorores, fratresq; salutarent: non deerant qui calumniarentur, Christianos nullum habere inter se discrimen, aut ætatis aut generis ; sed omnes bestiarum ritu promiscuè inter se concumbere. Et cum precationis & Euangelij audiendi causâ, sæpè inter se in crypta & abdita quædam loca conuenirent, quòd idem interdum ab hominibus coniuratis soleret fieri, rumores publicè spargebantur eos conspirare inter se, & habere consilia, vel de occidendis magistratibus, vel de euertenda republica. Quòdq; ad agitanda sacra Mysteria & de instituto Christi, adhiberent panem & vinum, putabantur à multis non Christum colere, sed Bacchum & Cererem: quòd illa numina ab Ethnicis hominibus profana superstitione, simili ritu pane & vino colerentur.

78 Credebantur ista à multis, non quòd vera essent, quid enim esse posset minus? sed quòd essent verisimilia , & specie aliqua veri possent fallere.

79 Ita isti nos calumniantur esse Hæreticos, ab Ecclesia & Christi communione discessisse: non quòd ista vera esse credant, neque enim id illis curæ est, sed quòd ea hominibus imperitis, possint aliqua fortè ratione videri vera. Nos enim discessimus, non vt Hæretici solent, ab Ecclesia Christi, sed, quòd omnes boni debent, à malorum hominum & hypocritarum contagione. Hic tamen isti mirificè triumphant: illam esse Ecclesiam: Illam esse sponsam Christi: Illam esse columnam veritatis : Illam esse arcam Noë, extra quam nulla salus sperari possit : Nos verò discessionem fecisse: CHRISTI tunicam lacerasse: à corpore Christi auulsos esse, & à fide Catholica defecisse. Cùmque nihil relinquant indictum, quod in nos, quamuis falsò, & calumniosè dici possit, hoc tamen vnum non possunt dicere: nos vel à verbo Dei, vel ab Apostolis Christi, vel à primatiua Ecclesia defciuisse.

80 Atqui nos Christi, & Apostolorum, & sanctorum Patrum, primitiuam

Tertulian in Apol.cap.16.

Tertulian. in Apolo.cap.7. 8.9.

Idem.cap.39.

Augustinus.

mitiuam Ecclefiam, femper iudicauimus effe Catholicam : nec eam dubitamus arcam Noe, fponfam Chrifti, columnam & firmamentum
veritatis appellare : aut in ea omnem falutis noftræ rationem collocare.

81 Odiofum quidem eft à focietate cui affueueris difcedere, maximè verò illorum hominum, qui quamuis non fint, tamen videantur
faltem, atque appellentur Chriftiani. Et certè nos iftorum Ecclefiam, qualifcunque tandem ea nunc eft, vel nominis ipfius caufâ, vel
quod in ea Euangelium Iefu Chrifti aliquando verè, ac purè illuftra-
tum fuerit, non ita contemnimus : nec ab ea nifi neceffariò, & perin-
uiti difceffionem feciffemus. Sed quid fi in Ecclefia Dei idolum excitetur, & defolatio illa quam Chriftus futuram prædixit, ftet palam
in loco Sancti? Quid fi arcam Noe prædo aliquis, aut pirata occu-
pet? Certè ifti quoties Ecclefiam nobis prædicant, feipfos folos eam
faciunt : & omnes illos titulos fibi ipfis adfcribunt ; atque ita triumphant, vt olim illi qui clamabant Templum Domini, Templum
Domini, aut vt Pharifæi & Scribæ, cùm iactarent fe effe filios A- *Ioan. 8.*
brahami.

82 Ita inani fplendore imponunt fimplicibus, nofq; nomine ipfo
Ecclefiæ quærunt obruere : vt fi latro occupatâ domo aliquâ alienâ, &
vel vi exturbato, vel interfecto Domino, eam poftea afcribat fibi &
herilem filium de poffeffione deijciat : aut fi Antichriftus poftquam
occupabit Templum Dei, dicat poftea illud iam effe fuum, & nihil
ad Chriftum pertinere. Nam ifti quidem cùm in Ecclefia Dei nihil
Ecclefiæ fimile reliquerint, Ecclefiæ tamen patroni & propugnatores
videri volunt, prorfus vt Gracchus olim defendebat ærarium cum lar-
gitionibus faciendis, & infanis fumptibus ærarium funditus effudif-
fet. Nihil autem vnquam tàm impium aut abfurdum fuit, quin Ecclefiæ nomine facilè tegi & defendi poffet. Faciunt enim etiam Vefpæ
fauos : & impij cœtus habent fimiles Ecclefiæ Dei.

83 At non quicunque dicuntur populus Dei, funt ftatim populus
Dei : nec quicunque funt ex patre Ifraele, funt omnes Ifraelitæ. Here- *Auguft. Epift.*
tici, Arriani, fe folos iactabant effe Catholicos : cæteros omnes modò *48. ad Vincen.*
Ambrofianos, modò Athanafianos, modò Ioannitas appellabant.
Neftorius (vt ait Theodoretus) cum effet hæreticus tamen tegebat fe
τῆς ὀρθοδόξας προσχήματι, hoc eft fpecie quadam, ac velo Orthodoxæ fidei.
Ebion quamuis fentiret cum Samaritanis, tamen vt Epiphanius ait,
appellari volebat Chriftianus. Mahometani hodie, quamuis eos ex
omnibus hiftorijs fatis conftet, idq; ipfi negare non poffint, ab Agara
ancilla ducere origenem, tamen quafi oriundi fint à Sara muliere libera, & vxore Abrahami, nominis ipfius & ftirpis caufâ, maluut appellari Saraceni.

84 Ita Pfeudoprophetæ omnium temporum, qui fefe Prophetis

tis Dei, qui Eſaiæ, qui Hieremiæ, qui Chriſto, qui Apoſtolis op-
ponebant, nihil vnquam æquè crepabant atque nomen Eccleſiæ. Neq;
eos alia de cauſa ita acerbè lacerabant, aut perfugas & Apoſtatas appellabant, quàm quòd à ſua ſocietate diſceſſiſſent, & inſtituta ma-
iorum non obſeruarent. Quod ſi nos hominum tantum illorum, à
quibus tum Eccleſia regebatur iudicium ſequi, aliud autem nihil,
nec Deum, nec eius verbum ſpectare volumus, negari prorſus non
poteſt, Apoſtolos, quòd à Pontificibus & Sacerdotibus, hoc eſt, ab
Eccleſia Catholica defeciſſent, & illis inuitis & reclamantibus, multa in
religione innouaſſent, rectè fuiſſe ab illis, & ſecundū leges cōdemnatos.
Itaque vt Antæum aiunt olim ab Hercule tollendum fuiſſe à Terra matre, antequam ab eo poſſet vinci : ita Aduerſarij noſtri ab iſta matre
ſua, hoc eſt, ab iſta inani ſpecie atque vnibra Eccleſiæ, quam præ ſe gerunt, leuandi ſunt; alioqui non poſſunt credere verbo Dei. Itaque
Hieremias, Nolite (inquit) tantoperè iactare eſſe apud vos Templum
Domini : vana ea fiducia eſt. Sunt enim iſta (inquit) verba mendacij.
Et Angelus in Apocalypſi; Dicunt (inquit) ſe Iudæos eſſe, at ſunt
Synagoga Satanæ. Et Chriſtus, cùm Phariſçi iactarent genus & ſanguinem Abrahami : Vos (inquit) ex diabolo patre eſtis : Abrahamum
enim patrem non refertis. Ac ſi illis ita diceret : Non eſtis id quod
tantoperè dici vultis, Imponitis populo inanibus titulis, & ad euerten-
dam Eccleſiam abutimini nomine Eccleſiæ. Quare hoc iſtos primùm
liquidò & verè probaſſe oportuit, Eccleſiam Romanā eſſe veram & or-
thodoxam Eccleſiam Dei, eamq; vt hodie ab iſtis adminiſtratur, cum
Primitiua Chriſti, Apoſtolorum, & ſanctorum Patrum Eccleſia, quam
non dubitamus fuiſſe Catholicam, conuenire. Nos quidem ſi inſci-
tiam, ſi errorem, ſi ſuperſtitionem, ſi cultum Idolorum, ſi hominum in-
uenta, eáque ſæpe pugnantia cum ſacris Scripturis, iudicaſſemus aut
placere Deo, aut ad æternam ſalutem eſſe neceſſaria : aut ſi ſtatuere potuiſſemus, verbum Dei ad aliquot tantùm annos fuiſſe ſcriptum, poſteà
oportuiſſe abrogari aut omninò dicta & juſſa Dei ſubijcienda eſſe voluntati humanæ, vt quicquid ille dicat aut jubeat, niſi Romanus Epiſcopus idem velit ac jubeat, pro irrito & indicto habendum ſit : ſi hæc
in animum noſtrum inducere potuiſſemus credere : fatemur nihil fuiſſe
cauſæ, cur iſtorum ſocietatem relinqueremus. Quod autem nunc fecimus, vt diſcederemus ab ea Eccleſia, cujus errores teſtati ac manifeſti
eſſent, quæq; jam apertè diſceſſiſſet à verbo Dei, neq; tam ab ea quàm
ab ejus erroribus, idque non turbulentè aut improbè, ſed tranquillè ac
modeſtè faceremus, nihil aut à Chriſto, aut ab Apoſtolis fecimus alienum. Neq; enim ea eſt Eccleſia Dei quæ infuſcari labe aliqua non poſſit
aut non interdum egeat inſtauratione : alioqui quid tot coitionibus, &
conciliis opus eſt, ſine quibus, vt ait Ægidius, ſtare fides Chriſtiana non
poteſt?

Ioan.8.

In Lateran.
concil.ſub
Iulio.

poteſt? Quoties enim inquit Concilia intermittuntur, toties Eccleſia
à Chriſto derelinquitur. Aut ſi nihil periculi eſt, ne quid Eccleſia detrimenti accipiat, quid opus eſt, vt nunc quidem eſt apud iſtos inanibus nominibus Epiſcoporum? Cur enim illi paſtores appellantur, ſi
oues nullæ ſunt quæ poſſint errare? Cur vigiles ſi ciuitas nulla eſt quæ
poſſit prodi? Cur columnæ ſi nihil eſt quod poſſit ruere? Statim ab initio rerum Eccleſia Dei cœpta eſt propagari, eaque inſtructa cœleſti verbo, quod Deus ipſe fuderat ab ore ſuo: inſtructa ſacris cæremonijs, inſtructa Spiritu Dei, inſtructa Patriarchis & Prophetis: atqueita continuata eſt ad ea vſque tempora, cùm Chriſtus ſeſe oſtenderet in carne.

85 Sed ô Deum immortalem! quoties ea interim, & quam horribi-
liter, obſcurata atque imminuta eſt! Vbi enim ea tum fuit, cum omnis
caro contaminaſſet viam ſuam ſuper terram? vbi ea fuit cùm ex omni
mortalium numero, octo tantùm eſſent homines,& ne illi quidem omnes caſti ac pij, quos Deus à communi clade atque interitu vellet eſſe ſu-
perſtites? Cum Elias Propheta ita lugubriter & acerbè quereretur, ſe   *3. Reg. 19.*
ſolum ex omni terrarum orbe relictum eſſe, qui Deum verè & ritè co-
leret: Cumque Eſaias diceret, Argentum populi Dei, hoc eſt, Eccleſiæ   *Eſai. 1.*
factum eſſe ſcoriam: & ciuitatem eam, quæ aliquando fidelis fuerat, factam eſſe meretricem: & in ea à capite vſque ad calcem, in toto corpore nihil eſſe integrum: aut cùm Chriſtus diceret, Domum Dei à Pha-   *Matth. 21.*
riſæis & Sacerdotibus factam eſſe ſpeluncam latronum? Scilicet Eccleſia vt ager frumentarius niſi exaretur, niſi ſubigatur, niſi colatur, niſi
curetur, pro tritico carduos, & lolium & vrticas proferet. Itaque Deus
ſubinde miſit Prophetas & Apoſtolos, poſtremò etiam Chriſtum ſuum
qui populum in viam reducerent, & Eccleſiam vacillantem in integrum inſtaurarent. Neue quis dicat hæc in lege tantùm, in vmbra atq;
in infantia contigiſſe, cùm figuris & cæremonijs veritas tegeretur, cùm
nihil adhuc ad perfectum adductum eſſet, cùm lex non in cordibus hominum, ſed in lapidibus incideretur, (etſi ridiculum eſt illud quoque)
idem enim omninò erat etiam tum Deus, idem Spiritus, idem Chriſtus, eadem fides, eadem doctrina, eadem ſpes, eadem hæreditas, idem
fœdus, eadem vis verbi Dei. Et Euſebius ait: Omnes fideles vſque ab   *Li. 1. Cap. 1.*
Adamo, re quidem ipſa Chriſtianos fuiſſe (quamuis non ita dicere-
tur) nequis inquam ita dicat, Paulus Apoſtolus jam tum in Euangelio,
in perfectione, in luce, ſimiles errores & lapſus deprehendit, vt ad Galatas quos jam antea inſtituerat, neceſſe habuerit ita ſcribere: Vereor ne
inter vos fruſtrà laborauerim, & vos fruſtrà audiueritis Euangelium:
filioli mei, quos iterum parturio, donec Chriſtus formetur in vobis.
Nam de Corinthiorum Eccleſia, quam illa fœdè fuerit inquinata, nihil
eſt neceſſe dicere. Iam verò an Galatarum, & Corinthiorum Eccleſiæ
labi potuerunt, ſola Romana Eccleſia errare, & labi non poteſt? Certè

Chriſtus

Matth.24.
2.Theſſ.2.
2.Timo.4.
2.Pet.2.
Dan.8.

Matth.24.

Chriſtus tantò antè prædixit de Eccleſia ſua, fore aliquando tempus cùm deſolatio ſtaret in loco ſancto. Et Paulus Antichriſtum ait, aliquandò poſiturũ eſſe tabernaculum ſuum in Templo Dei : & futurũ vt homines ſanam doctrinam non ſuſtinerent, ſed in ipſa Eccleſia ad fabulas conuerterentur. Et Petrus futuros ait, in Eccleſia Chriſti Magiſtros mendaciorum. Et Daniel Propheta de vltimis temporibus Antichriſti, veritas (inquit) eo tempore proſternetur, & conculcabitur in terra. Et Chriſtus ait tantam fore calamitatem & confuſionem rerum, vt etiam electi, ſi poſſit fieri, abducendi ſint in errorem. Atque iſta omnia futura non apud Paganos aut Turcas; ſed in loco ſancto, in Templo Dei, in Eccleſia, in cœtu ac ſocietate illorum, qui profeſſuri ſunt nomen Chriſti.

86 Et quamuis iſta vel ſola poſſent homini prudenti eſſe ſatis, ne temerè patiatur imponi ſibi nomine Eccleſiæ, vt ne quid in eam ex verbo Dei velit inquirere, tamen multi etiam ſæpè Patres, viri docti, & pij vehementer queſti ſunt, hæc omnia ſuis temporibus accidiſſe. Deus enim in media illa caligine, tamen voluit eſſe aliquos, qui, etſi non lucem ita conſpicuam & illuſtrem darent, tamen quaſi ſcintillam aliquam quam homines in tenebris notare poſſent, accenderent.

Contra Auxentium.

87 Certè Hilarius, cùm res adhuc incorruptæ quodammodo eſſent & integræ; tamen malè, inquit, vos parietum amor cepit : malè Eccleſiam Dei in tectis, ædificijſq; veneramini : Malè ſub ijs pacis nomen ingeritis. Anne ambiguum eſt, in ijs Anti-Chriſtum eſſe ſeſſurum ? Montes mihi, & ſyluæ, & lacus, & carceres, & voragines ſunt tutiores. In illis enim Prophetæ, aut manentes, aut demerſi Dei Spiritu, prophetabant.

88 Gregorius quaſi videret, atque animo proſpiceret ruinam rerũ, ad Ioannem Epiſcopum Conſtantinopolitanum, qui primus omnium ſe nouo nomine ſalutari iuſſerat, vniuerſalem Epiſcopum totius Eccleſiæ Chriſti, ita ſcripſit : Si Eccleſia pendebit ab vno, tota corruet : Et quis eſt, qui non hoc iam olim factum viderit ? Iam olim Epiſcopus Romanus Eccleſiam totam à ſe vno pendere voluit : quare mirum non eſt ſi ea iam olim tota corruerit. Bernardus Abbas ante annos quadringentos, Nihil, inquit, iam integrum eſt in Clero : ſupereſt vt reueletur homo peccati. Idem in conuerſione D. Pauli : Videtur, inquit, iam ceſſaſſe perſecutio, imò iam incipit perſecutio ab illis qui in Eccleſia primas obtinent. Amici tui, & proximi tui, aduerſus te appropinquârunt & ſteterunt : à planta pedis vſque ad verticem capitis, non eſt vlla ſanitas. Egreſſa eſt iniquitas à ſenioribus iudicibus, vicarijs tuis, qui videntur regere populum tuum. Non poſſumus iam dicere, vt eſt populus, ſic eſt Sacerdos, quoniam non ita eſt populus, vt Sacerdos. Heu, heu Domine Deus ! Ipſi ſunt in perſecutione tua primi, qui videntur in
Eccleſia

In regiſtro Epiſtola ad Mauritium. Lib.4.Epiſt. 32.

Ecclesia tua primatum diligere & gerere principatum. Idem in Can- Sermone.33.
tica : omnes amici,omnes inimici,omnes neceſſarij, omnes aduerſarij,
ferui Chriſti,ſeruiunt Antichriſto. Ecce in pace mea amaritudo mea eſt
amariſſima. Rogerus Bacon magni nominis vir,cum acri oratione per- In libello'de
ſtrinxiſſet miſerabilem ſtatum ſui temporis ; Iſti,inquit,tot errores,An- Idiomate lin-
tichriſtum requirunt. guarum.

89 Gerſon queritur ſuo tempore omnem vim ſacræ Theologiæ ad
ambitioſum certamen ingeniorum, & meram Sophſticam fuiſſe reuo-
catam.

90 Fratres Lugdunenſes, homines quod quidem ad vitæ rationem
attinet, non mali,Romanam Eccleſiam,à qua tum vna, oracula omnia
petebantur, fidenter ſolebant affirmare ; eſſe meretricem illam Babilo-
nicam, de qua tàm perſpicuæ extant prædictiones in Apocalypſi,& cœtum inferorum.

91 Scio horum hominum auctoritatem apud iſtos leuem eſſe. Quid
ergo,ſi,illos teſtes aduoco,qui ſolent ab ipſis adorari?

92 Quid ſi dico Adrianum Epiſcopum Romanum ingenuè con- Platina.
feſſum eſſe, omnia iſta mala à Pontificio culmine cœpiſſe ruere.

93 Pighius in eo fatetur erratum eſſe, quod in Miſsam,quam alioqui videri vult ſacroſanctam, abuſus complures inuecti ſint : Gerſon,
quod multitudine leuiſſimarum cæremoniarum vis omnis Spiritus ſancti, quam in nobis vigere oportuit, & vera pietas ſit extincta. Græcia
tota atque Aſia, quod Pontifices Romani purgatoriorum ſuorum, &
indulgentiarum nundinis, & vim hominum conſcientijs attulerint, &
illorum loculos expilauerint.

94 De Tyrannide verò Epiſcoporum Romanorũ,& faſtu Perſico,
vt alios taceamus, quos illi, quod vitia ſua liberè & ingenuè repre-
hendant, hoſtium fortaſſe ſuorum loco numerabunt, illi ipſi, qui
Romæ,in Vrbe ſancta, in oculis Sanctiſſimi Patris egerunt vitam, &
omnia eius intima videre potuerunt, & nunquam à fide Catholica
diſceſſerunt, Laurentius Valla, Marſilius Patauinus, Franciſcus Petrar-
cha, Hieronymus Sauanarola, Abbas Ioachimus,Baptiſta Mantuanus,
& ante iſtos omnes,Bernardus Abbas, ſæpè multumque conqueſti
ſunt : Ipſumq; interdum Pontificem ,verènè, an falſò, nihil dicimus,
certè non obſcurè ſignificabant eſſe Antichriſtum.

95 Neque verò eſt, quod quiſquam obijciat, fuiſſe illos Lutheri
diſcipulos, aut Zuinglij. Extiteruṅt enim, non tantum annis, ſed
etiam ſæculis aliquot antequam illorum nomina audirentur. Videbant
illi etiam tum errores irrepliſſe in Eccleſiam, eòſq; cupiebant emenda-
tos. Et quid mirum ſi Eccleſia erroribus abducta fuerit, illo præſertim tempore cùm nec Epiſcopus Romanus qui ſummæ rerum ſolus
præerat, nec alius ferè quiſquam aut officium ſuum faceret, aut om-

ninò

ninò officium suum intelligeret? Vix enim est credibile, illis otiosis & dormientibus, Diabolum toto illo tempore, aut dormiuisse perpetuò, aut fuisse otiosum. Quid enim illi interim fecerint, quáq; fide curauerint domum Dei, vt nos taceamus, audiant saltem Bernardum suum.

Ad Eugenium.

96 Episcopi inquit quibus nunc commissa est Ecclesia Dei, non Doctores sunt, sed seductores : non Pastores sed impostores : non Prælati sed Pilati.

97 Hæc Bernardus de Pontifice qui se summum appellabat, déque Episcopis qui tum sedebant ad gubernaculum. Non erat ille Lutheranus, non erat hæreticus, ab Ecclesia non discesserat : tamen Episcopos illos qui tùm erant, non dubitauit seductores, impostores, Pilatos appellare. Iam verò cum populus palàm seduceretur, & oculis hominum Christianorum imponeretur, & Pilatus sederet pro tribunalibus, & Christum Christíque membra ferro flammæque adiudicaret, ô Deus bone, quo tum loco erat Ecclesia Christi! Ex tot autem tamque crassis erroribus, quem vnquam isti errorem repurgauerunt? aut quem omninò errorem agnoscere & confiteri voluerunt?

98 Sed quoniam isti suam esse affirmant vniuersam possessionem Ecclesiæ Catholicę, & nos quod cùm ipsis non sentiamus, appellant hæreticos, vide sanè, Ecclesia ista quam tandem habeat notam, aut significationem Ecclesiæ Dei. Neque verò Dei Ecclesiam, si eam velis seriò & diligenter quærere, est adeò difficile apprehendere. Est enim excelso & illustri loco in vertice montis posita, ædificata videlicet in fundamentis Apostolorum, & Prophetarum. Ibi (inquit Augustinus) quæramus Ecclesiam, ibi decernamus causam nostram. vtque alibi idem ait, Ecclesia ex sacris & canonicis Scripturis ostendenda est: quæque ex illis ostendi non potest, non est Ecclesia.

De vnitate ec-clesiæ.cap.3. Cap.4.

99 Nescio tamen quo pacto, reuerentiâ ne an conscientiâ, an desperatione victoriæ, vt latro crucem; ita isti semper horrent, & fugiunt verbum Dei. Neque id sanè mirum. Vt enim Cantharum aiunt, in opobalsamo odoratissimo alioqui vnguento facillimè extingui atque emori, ita illi causam suam in verbo Dei tanquam in veneno extingui vident, & suffocari.

100 Itaq; sacrosanctas Scripturas quas Seruator noster Iesus Christus non tantùm in omni sermone vsurpauit, sed etiam ad extremum sanguine suo consignauit, quo populum ab illis tanquam à re periculosa & noxia, minore negotio abigant, solent literam frigidam, incertam, inutilem, mutam, occidentem, mortuam appellare : quod nobis quidé perinde videtur esse, ac si eas omninò nullas esse dicerent. Sed addunt etiam simile quoddam non aptissimum: eas esse quodam modo nasum cereú, posse fingi flectíq; in omnes modos, & omni um instituto inseruire. An Pontifex ista à suis dici nescit? aut tales se habere patronos non intelligit?

Pighius in Hierarchia.

101 Audiat

101 Audiat ergo quàm fanctè, quamque piè de hâc re fcribat Hoſius quidam Polonus, vt ipſe de ſe teſtatur Epiſcopus, certè homo diſertus, & non indoctus, & acerrimus ac fortiſſimus propugnator ejus cauſæ. Mirabitur opinor hominem pium de illis vocibus, quas ſciret profectas ab ore Dei, vel tàm impiè ſentire potuiſſe, vel tàm contumelioſè ſcribere, ita præſertim, vt eam ſententiam non ſuam vnius propriam, videri vellet, ſed iſtorum communem omnium.

102 Nos (inquit) ipſas Scripturas, quarum tot iam non diuerſas *Hoſius de ex-* modò, ſed etiam contrarias interpretationes afferri videmus, faceſſere *preſſo verbo* iubebimus, & Deum loquentem potiùs audiemus, quàm vt ad egena iſta *Dei.* elementa nos conuertamus, & in illis ſalutem noſtram conſtituamus. Non oportet Legis & Scripturæ peritum eſſe, ſed à Deo doctum : Vanus eſt labor qui Scripturis impenditur. Scriptura enim creatura eſt, & egenum quoddam elementum. Hæc Hoſius. Eodem prorſus ſpiritu atque animo, quo olim Montanus, aut Marcion, quos aiunt ſolitos eſſe dicere, cùm ſacras Scripturas contemptim repudiarent, ſe multò & plura & meliora ſcire, quàm aut Chriſtus vnquam ſciuiſſet, aut Apoſtoli. Quid ergo hîc dicam ? O Calumnia religionis ! O Præſides Ecclefiæ Chriſti ! An hæc ea reuerentia veſtra eſt, quam adhibetis verbo Dei ? An vos ſacras Scripturas, quas D. Paulus ait diuinitùs afflatas eſſe, quas Deus tot miraculis illuſtrârit, in quibus Chriſti ipſius certiſſima veſtigia impreſſa ſint, quas omnes ſancti Patres, quas Apoſtoli, quas Angeli, quas Chriſtus ipſe Filius Dei, cùm opus eſſet, pro teſtimonio citârit, an eas, vos, quaſi indignæ ſint quæ à vobis audiantur, faceſſere iubebitis ? hoc eſt, Deo ipſi, qui vobis in Scripturis clariſſimè loquitur, ſilentium imponetis ? aut illud verbum quo vno, vt Paulus ait, reconciliamur Deo, quodꝗ; Propheta Dauid ait, ſanctum & caſtum eſſe, & in omne tempus eſſe duraturum, egenum tantùm, & mortuum elementum appellabitis ? Aut in eo, quod Chriſtus nos diligenter ſcrutari, quodꝗ; in oculis habere iuſſit aſſiduè, omnem noſtram operam dicetis fruſtra collocari ? Et Chriſtum, Apoſtoloſque, cùm hortarentur populum ad Sacras literas, vt ex illis abundarent in omni ſapientia & ſcientia, voluiſſe hominibus fucum facere ? Non eſt mirum ſi iſti nos noſtráque omnia contemnant, qui Deum ipſum eiuſꝗ; oracula ita paruifaciant. Infulſum tamen erat, vt nos læderent, iniuriam eos tam grauem facere verbo Dei.

103 Tamen quaſi hoc parum eſſet, comburunt etiam ſacroſanctas Scripturas, vt olim impius rex Aza, aut Antiochus, aut Maximinus, eáſque ſolent hæreticorum libros appellare : omninoꝗ; id videntur facere velle, quod olim Herodes obtinendæ potentiæ ſuæ cauſâ, in Iu- *Euſebius.* dæa fecit. Is enim cùm eſſet Idumæus, alienus à ſtirpe & ſanguine Iudæorum, haberi tamen cuperet pro Iudæo, quo magis regnum illorum,

quod

quod ab Augufto Cæfare impetrauerat, fibi pofterifq; fuis confirmaret, omnes genealogias, quæ apud illos in Archiuis ab Abrahamo vfque diligenter fuerant afferuatæ, & ex quibus facilè nullo errore deprehendi poffet, è quo quifq; genere oriundus effet, iuffit incendi, & aboleri, videlicet, ne quid fupereffet in pofterum, quo ipfe notari poffet alieni fanguinis. Ita prorfus ifti, cùm omnia fua quafi ab Apoftolis, aut à Chrifto tradita, velint haberi in pretio, ne quid vfpiam fuperfit, quod huiufmodi fomnia & mendacia poffit coarguere, aut incendunt, aut populo interuertunt facras Scripturas.

In oper Am. perfecto.

104　Rectè fanè, & valdè in iftos appofitè fcribit Chryfoftomus: Hæretici (inquit) claudunt ianuas veritati. Sciunt enim fi illæ pateant, Ecclefiam non fore fuam. Et Theophylactus, Verbum (inquit) Dei eft lucerna, ad quam fur deprehenditur. Et Tertullianus, Sacra (inquit) Scriptura hæreticorum fraudes & furta conuincit. Cur enim celant, cur fupprimunt Euangelium, quod Chriftus de tecto fonari voluit? Cur illud lumen abdunt fub modium, quod ftare oportuit in candelabro? Cur multitudinis imperitæ cæcitati, atq; infcitiæ magis, quàm caufæ bonitati confidunt? An putant artes iam fuas non videri? aut fe nunc quafi Gygis annulum habeant, poffe ambulare inconfpicuos? Satis iam omnes, fatis vident quid fit in illo fcrinio pectoris Pontificij: vel hoc ipfum argumento effe poteft, non rectè ab illis, non verè agi. Sufpecta meritò videri debet ea caufa quæ examen & lucem fugitat. Nam qui malè facit, vt Chriftus ait, quærit tenebras, & odit lucem: animus benè fibi confcius, vltrò venit in confpectum, vt opera, quæ à Deo profecta funt, videri poffint. Illi autem non adeò vfque cæci funt, quin vt hoc fatis videant, fi Scripturæ femel obtineant, actum effe ftatim de regno fuo: vtque olim aiunt idola Dæmonum, à quibus omnia tum oracula petebantur, repentè obmutuiffe ad afpectum Chrifti, cùm ille veniffet in terras, ita nunc omnes artes fuas ad afpectum Euangelij ftatim effe ruituras. Antichriftus enim non abijcitur nifi claritate aduentus Chrifti.

2. Tl eff. 2.

105　Nos quidem non vt ifti folent, ad flammas confugimus, fed ad Scripturas, nec illas ferro obfidemus, fed verbo Dei. Ex illo, vt Turtullianus ait, fidem alimus; ex illo fpem origimus: ex illo fiduciam firmamus. Scimus enim Euangelium Iefu Chrifti effe vim Dei ad falutem, & in illo effe æternam vitam: vtque Paulus monet, ne Angelum quidem Dei de cælo venientem audimus, fi nos ab aliqua parte hujus doctrinæ conetur euellere. Imò, vt vir fanctiffimus Iuftinus Martyr de fe loquitur: ne Deo quidem ipfi fidem haberemus, fi aliud nos doceret Euangeliũ. Nam quod ifti facras Scripturas, quafi mutas, & inutiles, miffas faciunt, & ad Deum potius ipfum in Ecclefia, & in concilijs loquentem, hoc eft, fuos ipforum fenfus, & fententias prouocant, eft ea ratio inuenin-

da

dæ veritatis & admodum incerta,& valde periculofa, & quodammodo
fanatica, & à fanctis Patribus non approbata. Chryfoftomus quidem
ait,multos effe fæpè,qui iactent Spiritum fanctum. At enim qui loquuntur de fuo, falfò fe illum habere gloriantur. Quemadmodum enim, inquit, Chriftus negabat fe loqui a feipfo, cùm loqueretur ex lege & è
prophetis : Ita nunc fi quid præter Euangelium nomine fancti Spiritus
nobis obtrudatur , non eft credendum. Vt enim Chriftus eft impletio
Legis & Prophetarum,ita Spiritus eft impletio Euangelij. Hæc Chryfoftomus.

106   Ifti verò quamuis non habeant facras literas, habent tamen
fortaffe Doctores veteres,& fanctos Patres. Id enim femper magnificè
iactauerunt omnem antiquitatem, & perpetuum omnium temporum
confenfum à fe facere. Noftra verò omnia noua effe,& recentia , ante
paucos annos proximos nunquam audita.

107   Certè in religionem Dei nihil grauiùs dici poteft, quàm fi ea
accufetur nouitatis.   Vt enim in Deo ipfo, ita in eius cultu , nihil oportet effe nouum.   Nefcimus tamen, quo pacto ab initio rerum ita vidimus femper fieri, vt quotiefcunq; Deus quafi accenderet, & hominibus patefaceret veritatem fuam, quamuis ea non tantùm antiquiffima,
fed etiam æterna effet, tamen ab impijs hominibus & hoftibus recens
& noua diceretur.   Impius & fanguinarius vir Aman , vt Iudæos in
odium adduceret,fic eos apud regem Affuerum accufauit.   Habes hîc,
inquit, Rex, populum nouis quibufdam vtentem legibus, ad omnes
autem tuas leges contumacem & rebellem.   Paulus etiam Athenis cùm
primum tradere cœpiffet atque indicare Euangelium, dictus eft nouorum Deorum, hoc eft nouæ religionis anunciator.   Et annon poffumus inquiunt ex te fcire quæ fit ifta noua doctrina? Et Celfus cum ex
profeffo fcriberet aduerfus Chriftum, vt eius Euangelium nouitatis nomine per contemptum eluderet.   An inquit poft tot fecula nunc tandem fubijt Deum tam fera recordatio? Eufebius etiam auctor eft,Chri-
ftianam religionem ab initio contumeliæ caufa dictam fuiffe ηκαη, και ξἕηλυη,
hoc eft peregrinam, ac nouam.   Ita ifti noftri omnia vt peregrina &
noua condemnant, fua autem omnia quæcunq; ea funt laudari volunt
vt antiquiffima , vt hodie magi , & malefici, quibus cum Dijs inferis
res eft , dicere folent fe habere libros fuos, atque omnia facra & recondita myfteria ab Athanafio, à Cypriano, à Mofe,ab Abelo, ab A-
damo, atque etiam ab Archangelo Raphaele, quo ars illa excelfior, &
diuinior iudicetur, quæ ab huiufmodi patronis & inuentoribus profecta fit.   Ita ifti, quo illa fua religio,quam ipfi fibi, idq; non ita pridem
pepererunt, vel ftultis hominibus, vel parum quid agant, quidq; agatur
cogitantibus,faciliùs, & magis commendetur, eam folent dicere ad fe

D 4   ab

ab Auguſtino, ab Hieronymo, à Chryſoſtomo, ab Ambroſio, ab Apoſtolis, à Chriſto ipſo perueniſſe.

108 Satis enim Sciunt, nihil iſtis nominibus popularius eſſe, aut
in vulgus gratius. Verùm quid ſi ea quæ iſti noua videri volunt inueniantur eſſe antiquiſſima? Rurſus quid ſi ea ferè omnia, quæ iſti antiquitatis nomine tantopere prædicant, vbi ea probè ac diligenter excuſſa
fuerint ad extremum inueniantur recentia & noua?

109 Profecto Iudæorum leges & cæremoniæ, quamuis eas Áma-
nus accuſaret nouitatis, non poterant hominum cuiquam verè & rectè
cogitanti videri nouæ. Erant enim antiquiſſimis tabulis conſignatæ,
Et Chriſtus quamuis eum multi putarent ab Abrahamo & priſcis Patribus diſceſſiſſe, & nouam quandam religionem ſuo nomine inuexiſſe,
tamen verè reſpondit: Si credideritis Moſi, crederetis mihi quoque:
Nam doctrina mea non eſt ita noua. Moſes enim antiquiſſimus auctor, cui vos omnia tribuiſtis, de me locutus eſt. Et D. Paulus Euangelium Ieſu Chriſti, etſi à multis nouum eſſe judicetur, tamen habet,
inquit, antiquiſsimum teſtimonium Legis & Prophetarum. Noſtra
vero doctrina, quàm rectius poſſimus Chriſti Catholicam doctrinam
appellare, ita non eſt noua, vt eam nobis antiquus dierum Deus, & Pater Domini noſtri Ieſu Chriſti, monumentis vetuſtiſſimis in Euangelio & in Prophetarum atque Apoſtolorum libris commendârit: eaq;
nunc noua nemini videri poſſit, niſi ſi cui aut Prophetarum fides, aut
Euangelium, aut Chriſtus ipſe videatur nouus. Iſtorum vero religio,
ſi ita antiqua & vetus eſt, vti eam ipſi videri volunt, cur eam ab exemplis primitiuæ Eccleſiæ, ex antiquis Patribus & Concilijs veteribus
non probant? Cur tam verus cauſa tamdiu deſerta iacet ſine patrono?
Ferrum quidem & flammam ſemper habuerunt ad manum: de Concilijs vero antiquis, & patribus magnum ſilentium. At qui abſurdum
erat ab iſtis ita cruentis & feris rationibus incipere, ſi potuiſſent alia
argumenta leuiora & mitiora inueniri. Quod ſi illi ita prorſus fidunt
vetuſtati, & nihil ſimulant, cur ante non ita multos annos Ioannes
Clemens Anglus aliquot folia vetuſtiſſimi Patris, & Græci Epiſcopi
Theodoreti, in quibus ille perſpicuè & luculenter docebat, naturam
panis in Euchariſtia non aboleri, cum putaret nullum aliud exemplar
poſſe vſpiam inueniri, inſpectantibus aliquot bonis viris, & fide dignis, lacerauit & abiecit in focum? Cur negat Albertus Pighius veterem patrem Auguſtinum rectè ſenſiſſe de peccato originis? aut de ma-
trimonia, quod poſt votum nuncupatum ſit initum, quod Auguſtinus aſſerit eſſe matrimonium, nec poſſe reſcindi, illum errare & falſum
eſſe dicit, nec probâ vti dialecticâ? Cur nuper cum excuderent, veterem Patrem Origenem in Euangelium Iohannis, ſextum illud caput,
vbi illum credibile, vel potius certum eſt, contra ipſos de Euchariſtia
multa

Diſt. 27. qui-
dam.
De bono vidui-
tatis cap. 10.
Cauſ. 27. 4 1.
nuptiarum
bonum.
In controuer-
ſiis.
Liber hodie
circumfertur
mutilus.

multa tradidiſſe, integrum omiſerunt : & librum mutilum potius quàm integrum, qui errores ſuos coargueret dare maluerunt? An hoc eſt antiquitati confidere? antiquorum Patrum ſcripta lacerare, ſupprimere, truncare, comburere? Operæpretium eſt videre, quàm pulchrè iſti cum illis Patribus quos iactare ſolent eſſe ſuos, de religione conueniant. Vetus Concilium Elibertinum decreuit, nequid, quod colitur à populo, pingeretur in templis. Vetus Pater Epiphanius ait *Cap. 3.* eſſe horrendum nefas, & non ferendum flagitium, ſi quis vel pictam, quamuis Chriſti ipſius imaginem, excitat in templis Chriſtianorum : iſti imaginibus & ſtatuis, quaſi ſine illis religio nulla ſit, omnia templa ſua, atque omnes angulos compleuerunt. Veteres Patres, Origenes & Chryſoſtomus hortantur populum ad lectionem ſacrarum literarum, vt libros coemant, vt de rebus ſacris inter ſe, vxores cum viris, parentes cum liberis domi diſputent : Iſti Scripturas condemnant tanquam mortua elementa, & ab illis quantum maximè poſſunt, arcent populum. Veteres Patres Cyprianus, Epiphanius, Hieronymus, ſi quis fortè vouerit ſe velle viuere vitam cœlibem, & poſtea viuat impurè, nec poſſit incendia cupiditatum cohibere, ſatius eſſe dicunt, vt ducat vxorem, & ſeſe caſtè gerat in matrimonio; atque illud ipſum matrimonium, vetus pater Auguſtinus, ratum & firmum eſſe iudicat, nec oportere reuocari : iſti eum, qui ſe voto ſemel obſtrinxerit, quantumuis vratur poſtea, quantumuis ſcortetur, quantumuis flagitioſè, & perditè contaminetur, tamen illum non ſinunt vxorem ducere : aut ſi fortè duxerit, tamen negant illud eſſe matrimonium : & ſatius multò, & ſanctius eſſe docent, concubinam aut ſcortum alere, quàm ita viuere. Auguſtinus vetus Pater querebatur de multitudine *Ad Ianuarium,* inanium cæremoniarum, quibus iam tùm videbat hominum animos, & conſcientias opprimi : iſti quaſi aliud nihil Deo curæ ſit, ita cæremonias auxerunt, in immenſum, vt nihil iam per è aliud in illorum templis *De opere Mo-* & ſacris relictum ſit. Vetus pater Auguſtinus negat fas eſſe, Monachum ignauum in otio gerere : & ſpecie ac ſimulatione ſanctitatis, *nachorum.* ex alieno viuere : & illum qui ita viuat, vetus Pater Apollonius ait, latroni eſſe ſimilem : iſti monachorum habent, armentáne dicam, an greges, qui cùn prorſus nihil agant, & ne ſimulent quidem, aut præ ſe gerant ſpeciem vllam ſanctitatis, tamen non tantùm viuant, ſed etiam luxurientur ex alieno. Vetus Concilium Romanum decreuit, ne quis *Can. 3.* interſit Sacris, qui dicantur ab illo Sacerdote, quem certum ſit, alere concubinam : iſti & concubinas locant, mercede Sacerdotibus ſuis, & ad illorum ſacrilegia homines inuitos per vim adigunt. Veteres Canones Apoſtolorum illum Epiſcopum qui ſimul & ciuilem Magiſtratum *Can. 8.* & Eccleſiaſticam functionem obire velit, iubent ab officio ſummoueri : iſti vtrunque Magiſtratum & obeunt, & obire omninò volunt, vel potiùs

Origenes in Leuiticum cap. 16 Chryſoſt. in Mat. primum Hom. 2. in Ioan hom. 31. Epiſt. 11. lib 1. cont. Ap. hære. 61. de virginitate ſeruanda ad Demetriadē.

tiùs alterum que.n ab illis maxime obiri oportuit, non attingunt : Nemo tamen eſt qui illos iubeat ſummoueri. Vetus Concilium Gangrenſe iubet, ne quis ita diſtinguat Sacerdotem cœlibem a marito, vt cœlibatus cauſa alterum putet altero ſanctiorem. Iſti eos ita diſtinguunt, vt à pio & probo viro qui vxorem duxerit, omnia ſua ſacra ſtatim putent profanari. Vetus Imperator Iuſtinianus, iuſſit in ſacro Miniſterio omnia clara, & quàm maxime argutâ & expreſſâ voce pronunciari, vt fructus ex ea re aliquis ad populum redire poſſet : Iſti ne quid populus intelligat,omnia ſua non tantùm obſcurâ & ſubmiſſâ voce, ſed etiam alienâ, & barbarâ linguâ muſſitant. Vetus Concilium Carthaginenſe iubet, ne quid in ſacro cœtu legatur præter Scripturas Canonicas : iſti ea legunt in Templis ſuis, quæ ne ipſi quidem dubitant eſſe mera mendacia, & inanes fabulas. Quòd ſi quis iſta infirma putet eſſe ac leuia, quòd ab imperatoribus, & minutis quibuſdam Epiſcopis, & non ita plenis Concilijs decreta fuerint, & Papæ magis auctoritate & nomine delectetur, Iulius Papa diſertè vetat, ne Sacerdos dum peragit ſacra myſteria, panem immergat in calicem : Iſti contra decretum Iulij Papæ, panem diuidunt & immergunt. Clemens Papa negat fas eſſe Epiſcopo gerere vtrumuqe gladium : & ſi vtrúmque (inquit) habere vis, & te ipſum decipies, & eos qui te audient. Iam Papa gladium vtrúmquę ſibi vendicat, & vtrúmque gerit : quare minus mirum videri debet, ſi illud ſequutum ſit quod Clemens ait, vt ille & ſeipſum deciperet, & illos qui illum audierint. Leo Papa in vno Templo vnam tantùm ait, fas eſſe Miſſam dicere vno die : Iſti in vno Templo quotidie ſæpe denas, ſæpe vicenas, ſæpe tricenas, ſæpe etiam plures Miſſas dicunt, vt miſer ſpectator vix ſcire poſſit quò ſe potiſſimùm debeat vertere. Gelaſius Papa, ſi quis diuidat Euchariſtiam, & cùm alteram partem ſuſcipiat, abſtineat ab altera, eum ait improbè facere, & ſacrilegium committere : Iſti contra verbum Dei, contráque Gelaſium Papam, alteram tantùm partem Euchariſtæ populo dari iubent, & in ea re Sacerdotes ſuos alligant ſacrilegio. Quòd ſi illi hæc omnia vſu iam ipſo antiquata eſſe dicent, & mortua, & nihil ad iſta tempora pertinere, tamen vt omnes intelligant, quæ fides iſtis hominibus habenda ſit, quáque ſpe Concilia ab illis conuocentur; videamus paucis, quàm probè curent ea quæ proximis iſtis annis, recenti adhuc memoriâ, in publico Concilio legitimè indicto, ipſi ſanctè obſeruanda eſſe decreuerunt. In Concilio proximo Tridentino, vix ante annos quatuordecim, ſancitum eſſe communibus ſuffragijs omnium Ordinum, ne cui vno committerentur duo Sacerdotia vno tempore. Vbi nunc eſt illa ſanctio ? An ea quoque tam citò antiquata eſt & mortua ? Nam iſti quidem non tantùm duo Sacerdotia, ſed etiam complura ſæpe Monaſteria & E-

piſcopatus

In nouellis conſtitu. 23. & 146.

Tertium Carth-cap. 47.

De conſer.diſt. 2. *Cùm enim nemo.*

piſcopatus modò binos, modò ternos, modò quaternos vni tribuunt, eique non tantùm indocto, ſed etiam ſæpè homini militari. In eodem Concilio decretum eſt oportere omnes Epiſcopos docere Euangelium: Iſti neque docent, nequein pulpitum vnquam aſcendunt; neque id putant quidquam ad munus ſuum pertinere. Quæ ergo eſt iſta pompa vetuſtatis? quid de priſcorum Patrum, quid de Conciliorum nouorum veterumque nominibus gloriantur? Quid videri volunt, niti auctoritate illorum, quos cùm viſum eſt pro libidine contemnunt, ſed geſtat animus cum Pontifice potius ipſo agere, & hæc illi coràm in os dicere: dic ergo nobis Pie Pontiſex, qui omnia antiqua crepas, & omnes tibi vni addictos gloriaris: ex omnibus Patribus quis vnquam te vel ſummum Pontificem, vel vniuerſalem Epiſcopum, vel caput Eccleſiæ appellauit? Quis tibi traditum eſſe dixit vtrumque gladium? Quis te habere authoritatem & jus conuocandi Concilia? Quis vniuerſum mundum eſſe diœceſin tuam? Quis de tua plenitudine Epiſcopos omnes accipere? Quis tibi datam eſſe omnem poteſtatem tàm in cœlo, quàm in terra? Quis te nec à regibus, nec à toto Clero, nec ab vniuerſo populo poſſe judicari? Quis Reges & Imperatores de juſſu & voluntate Chriſti, à te accipere poteſtatem? Quis te ita exquiſita, & mathematica ratione, ſeptuagies ſepties maiorem eſſe maximis regibus? Quis tibi poteſtatem ampliorem tributam eſſe, quàm reliquis Patriarchis? Quis te Dominum Deum eſſe, aut non purum hominem, aut quiddam coagmentatum & concretum ex Deo & homine? Quis te vnum fontem eſſe omnis juris? Quis te imperium habere in Purgatorium? Quis te pro tuo arbitrio imperare poſſe Angelis Dei? Quis te eſſe Regem Regum, & Dominum Dominantium vnquam dixit? Poſſumus alia quoque eodem modo, ex omni numero veterum Epiſcoporum & Patrum. Quis vnquam vnus te docuit, vel inſpectante populo, Miſſam priuatam dicere, vel Euchariſtiam ſupra caput attollere, qua in re omnis nunc Religio tua continetur: vel Chriſti Sacramenta truncare, & contra eius inſtitutum, atque expreſſa verba, altera parte populum fraudare? vtque ſemel finem faciamus ex omnibus Patribus, quis vnus te docuit Chriſti ſanguinem, & ſanctorum Martyrum merita diſpenſare, & indulgentias tuas, atque omnia ſpatia purgatorij, ſeu merces in foro vendere? Soliti ſunt iſti, ſæpè reconditam quandam doctrinam ſuam, & multiplices variaſq; lectiones prædicare. Proferant ergo nunc aliquid ſi poſſunt, vt aliquid ſaltem legiſſe ac ſcire videantur. Clamârunt ſæpè fortiter in omnibus circulis omnes partes Religionis ſuæ antiquas eſſe, & non tantùm multitudine, ſed etiam conſenſu & cotinuatione omnium Nationum, & temporum approbatas.

110 Oſtendant ergo aliquando antiquitatem iſtam ſuam: faciant, vt appareat iſta, quæ tantopere prædicant eſſe tàm latè propagata. Doceant

Diſt. 9. Inno-
centij.
De maior. &
in obed. ſolut.
In extrauag.
Ioan. 22. cap.
cùm inter non
nullos.
In gloſſa final.
In edit. impreſ-
ſa Pariſijs.
1503.
Antonius de
Roſelijs.

ceant omnes Nationes Chriſtianas in ſuam iſtam Religionem conceſ-
ſiſſe: ſed fugiunt vt jam ante diximus à Decretis ſuis: eaque quæ ante
ita paucos annos ab ipſis in omnem æternitatem, ſancita erant, tàm
breui tempore reſciderunt. Quid ergo illis fidendum eſt in Patribus,
in veteribus Concilijs, in verbis Dei? Non habent, ô Deus bone, non
habent ea, quæ ſe habere gloriantur : non antiquitatem, non vniuerſa-
litatem, non locorum, non temporm omnium conſenſum. Idque
ipſi, etſi diſſimulatum potius cuperent, tamen non ignorant, imò
etiam interdum non obſcurè confitentur; Itaque veterum Conciliorum & patrum ſanctiones aiunt eiuſmodi eſſe, vt interdum mutari
poſſint: alijs enim temporibus Eccleſiæ, alia atque alia decreta conuenire. Atque ita ſeſe abdunt ſub nomine Eccleſiæ, & inani fuco miſeris
mortalibus illudunt. Et mirum eſt aut ita cæcos eſſe homines vt iſta
videre non poſſint: aut ſi videant,ita eſſe patientes,vt ea tàm facilè tamq́;
æquo animo poſſint ferre.

　111　Sed cùm illa tanquam nimium iam vetera & obſoleta iuberent
eſſe irrita,alia quædam fortaſſe meliora,atque vtiliora repoſuerunt. Solent enim dicere ne Chriſtum quidem ipſum, aut Apoſtolos ſi reuiuiſ-
cant, meliùs, aut ſanctiùs adminiſtrare poſſe Eccleſiam Dei, quam
quomodo nunc adminiſtratur ab ipſis. Repoſuerunt illi quidem alia :
ſed quemadmodum Hieremias ait, paleam pro tritico : eaq́; vt ait
Eſaias, quæ Deus ab illis non requiſiuit. Obturarunt omnes venas
aquæ viuæ & exciderunt populo Dei ciſternas ruinoſas, & lutulentas
plenas limo, & ſordibus, quæ nec habent aquam puram, nec eam poterant continere. Eripuerunt populo ſacram Communionem : verbum Dei vnde omnis conſolatio petenda erat : verum cultum Numinis : rectum vſum Sacramentorum & precum : dederunt autem nobis de ſuo, quibus nos interim oblectaremus, ſales, aquas, ampullas,
ſputa, ramuſculos, bullas, iubilæa, indulgentias, cruces, ſuffitus, &
infinitum numerum cæremoniarum, & ludos, vt Plautus ait, ludifica-
biles. In his illi rebus, omnem religionem collocârunt : his rebus
docuerunt Deum ritè placari poſſe : his abigi dæmones : his confirmari hominum conſcientias. Hæc videlicet ſunt pigmenta, & Myro-
thecia religionis Chriſtianæ. Hæc Deo videnti grata & accepta ſunt,
hæc oportuit in honorem venire,vt Chriſti & Apoſtolorum inſtituta
tollerentur. Atque vt olim Rex impius Hieroboam, cùm cultum Dei
ſuſtuliſſet, & populum ad aureos vitulos adduxiſſet, ne fortè poſtea
mutarent voluntatem,& à ſe dilaberentur, & redirent Hieroſolymam
ad Templum Dei,eos longa oratione cohortatus eſt ad conſtantiam.
Hi, inquiens, Iſrael ſunt Dij tui: hoc pacto Deus veſter iuſſit ſe à
vobis coli. Graue autem vobis & moleſtum erit,iter tam longinquum
ſuſcipere, & quotannis ad ſalutandum & colendum Deum aſcendere
Hieroſo--

Hierofolymam. Ita prorfus ifti, cùm femel traditionum fuarum caufâ irritam feciffent legem Dei, ne populus poftea oculos aperiret, & aliò dilaberetur, atque aliunde peteret certiorem aliquam rationem falutis fuæ. O quoties acclamârunt hunc effe illum cultum, qui Deo placeat, quemque ille à nobis exigat, quoq; iratus flecti velit! His rebus Ecclefiæ confenfum contineri: his rebus omnia peccata expiari, & tranquillari confcientias: qui difcefferit ab his, eum fibi nihil fpei ad æternam falutem reliquiffe! Graue autem ac moleftum populo effe ad Chriftum, ad Apoftolos, ad veteres Patres refpicere, quidq; illi velint aut iubeant perpetuò attendere! Hoc videlicet, eft populum Dei ab infirmis mundi elementis, à fermento Scribarum, & Pharifæorum, & ab humanis traditionibus abducere? Chrifti atque Apoftolorum iuffa loco moueri oportuit, vt ifta fuccederent? O iuftam caufam, cur vetus & multis fæculis probata doctrina antiquaretur, & in Ecclefiam Dei noua forma religionis inueheretur! Tamen quicquid eft, clamant ifti, nihil oportere immutari: his rebus hominum animis fatiffieri: Romanam Ecclefiam ifta decreuiffe: eam errare non poffe. Syluefter enim Prierias ait Ecclefiam Romanam effe normam & regulam veritatis: Sacras Scripturas ab illa, & auctoritatem & fidem accipere. Doctrina, (inquit) Romanæ Ecclefiæ eft regula fidei infallibilis, à qua facra fcriptura robur accipit. Et indulgentiæ (inquit) auctoritate fcripturæ non innotuerunt nobis, fed innotuerunt auctoritate Romanæ Ecclefiæ, Romanorumq; Pontificum, quæ maior eft. Pighius etiam non dubitat dicere, iniuffu Romanæ Ecclefiæ, ne clariffimæ quidem fcripturæ credendum effe. Prorfus, vt fi quis iftorum, qui latinè rectè ac purè loqui non poffit, aliquid tamen in ea lingua pro forenfi confuetudine celeriter & expedite balbutiat, omninò dicat ad eum nunc modum alijs etiam omnibus loquendum effe, quo ante multos annos Mammetrectus, aut Catholicon loquuti fint, quoque adhuc ipfi adhuc vtuntur in foro, fic enim fatis intelligi poffe, quid dicatur & hominum voluntati fatiffieri: ridiculum autem effe nunc tandem nouo dicendi genere turbare orbem terrarum, & Ciceronis, aut Cæfaris, veterem in dicendo puritatem atque eloquentiam reuocare.

112 Tantum, ficilicet, ifti debent infcitiæ ac tenebris fuperiorum temporum. Multa, vt ait quidam, habentur fæpe in pretio, tantùm quod *Plinius.* dicata aliquando fuerint Deorum Templis. Ita nos videmus multa hodie probari ab iftis, & magnifieri, non quòd ea tanti effe iudicent, fed tantùm quod recepta fuerint confuetudine, & quodam modo dicata Templo Dei.

113 At Ecclefia, inquiunt, noftra errare non poteft. Id opinor ita dicunt, vt olim Lacedæmonij folebant dicere, in tota fua republica nullum

*Summæ Angli-
ca.dist. Papa.*

*Theodoricus de
schismate.*

lum poſſe inueniri adulterum: cum reuera omnes potius eſſent adulteri,
& incertis nuptiis & vxoribus inter ſe communibus vterentur ; aut vt
hodie Canoniſtę ventris cauſâ , ſolent de Papa dicere : Illum cùm ſit
Dominus omnium beneficiorum , & ſi pretio vendat Epiſcopatus,
Monaſteria , Sacerdotia , & nihil a ſe gratis abire ſinat : tamen cùm ea
omnia dicat eſſe ſua,etiamſi maximè velit,non poſſe committere Simo-
niam. Quàm autem id firmum ſit, quamq; conſentaneè rationi dicatur, nos adhuc viderenon poſſumus niſi fortè, vt olim veteres Romani
victoriæ , ita iſti veritati , poſtquam ea ſemel ad nos peruenillet , alas,
quibus aduolauerat , detraxerint, ne poſſet in poſterùm auolare. Sed
quid ſi illis Hieremias dicat, vt ſupra commemorauimus , Hæc eſſe verba mendacij ? Quid ſi idem rurſus dicat , illos ipſos,quos vinitores eſſe
oportuit,diſſipaſſe ac perdidiſſe vineâ Domini? Quid ſi Chriſtus dicat :
illos quibus maximè templû oportuit eſſe curæ , ex Templo Domini feciſſe ſpeluncâ latronû? Quod ſi errare Eccleſia Romana non poteſt,fœ-
licitatè eius oportet maiorè eſſe, quàm iſtorû prudentiâ. Ea enim eſt illorû vita,doctrina,diligentia vt per eos quidê non tantùm errare Eccleſia,ſed etiâ funditùs interire, & extingui poſſit. Profectò ſi errare Eccleſia ea poteſt,quæ à verbo Dei, quæ à iuſſis Chriſti,quę ab Apoſtolorum
inſtitutis,quæ à Primitiuæ Eccleſię exemplis, quæ à veterum Patrum,&
Conciliorum ſanctionibus , quæ à ſuis ipſius decretis deceſſerit, quę
nullis , nec veteribus nec nouis , nec ſuis nec alienis , nec humanis nec
diuinis legibus teneri velit : certum eſt Eccleſiam Romanam non tantum potuiſſe errare , ſed etiam flagitioſè , & turpiter errauiſſe.

114 At de noſtris inquient, fuiſtis, nunc autem Apoſtatæ facti
eſtis , & à nobis diſceſſiſtis. Diſceſſimus quidem ab illis,& ea de re, &
Deo optimo Maximo gratias agimus , & nobis magnopere gratula-
mur. At à primitiua Eccleſia,ab Apoſtolis, à Chriſto non diſceſſimus.
Educati quidem ſumus apud iſtos in tenebris , & ignoratione Dei, vt
Moſes in diſciplinis , & in ſinu Ægyptiorum. De veſtris fuimus , inquit Tertullianus , fateor ; nec mirum : Fiunt enim inquit , non naſcuntur Chriſtiani. Sed cur ipſi de ſuis illis ſeptem montibus, in quibus
olim Roma ſtetit deſcenderunt, vt in planicie potius , in campo Mar-
tio habitarent? Dicent fortaſſe quod iam aquarum ductus , ſine quibus non poſſunt commodè viuere , in illis montibus defeciſſent. Dent
iſti ſanè eam nobis veniam de aqua æternę vitę, quam volunt ſibi
dari de aqua puteali. Aqua iam apud iſtos defecerat , ſeniores vt Hieremias ait mittebant paruulos ſuos ad aquas : At illi cum nihil inueni-
rent, miſeri, & ſiti perditi retulerunt vaſa inania. Egeni , inquit Eſaias,& pauperes quę ebant aquas,ſed eas nullas,vſpiam inuenerunt : Lingua illorû ſiti iam aruerat.Iſti omnes canales,& ductus perfregerant:Iſti
obſtruxerant omnes venas:& cœno,lutóq; oppleuerât ſontê aquę viuę:
vtq;

vtq; olim Caligula occlusis omnibus horreis, publicam populo inediã, & famem: ita illi obturatis omnibus fontibus verbi Dei, sitim populo miserabilem induxerant. Illi hominibus famem: vt ait Amos Propheta sitimq; attulerant: non famem panis; non sitim aquę, sed audiendi verbi Dei. Circumibant miseri querentes scintillam aliquam diuinę lucis, ad quam exhilararent conscientias: at ea iam prorsus extincta erat: nihil potuerunt inuenire. Hęc erat conditio, hęc erat miserabilis forma Ecclesię Dei: Miserè in ea sine Euangelio, sine luce, sine consolatione vlla viuebatur.

115 Quare etsi discessio illis nostra molesta est, tamen cogitare debent quàm iusta fuerit causa discessionis. Nam si dicent, ab ea societate in qua fueris educatus, nullo modo fas esse discedere, facilè possunt in nostro capite, & Prophetas, & Apostolos, & Christum ipsum condemnare. Nam cur hoc etiam non queruntur, Lothum è Sodoma: Abrahamum è Caldæa: Hebræos ex Ægypto: Christum à Iudæis: Paulum a Pharisęis dicessisse? Nisi enim iusta aliqua possit esse causa discessionis, nihil videmus, cur non illi quoque possint eodem modo factionis, & seditionis accusari.

116 Quòd si nos damnandi sumus pro hæreticis, qui istorum imperata omnia non facimus, quid illi? qui tandem, aut quales videri debent, qui Christi & Apostolorum imperata contemnunt? Si nos sumus Schismatici, qui discessimus ab istis, quo tandem illos nomine appellabimus, qui à Græcis, à quibus fidem acceperunt, ab Ecclesia Primitiua, à Christo ipso, ab Apostolis, tanquam à parentibus discesserunt? Nam Græci quidem, qui hodie profitentur religionem & Nomen Christi: Etsi multa habent contaminata, magnam tamen adhuc partem retinent eorum quæ acceperunt ab Apostolis. Itaque nec priuatas habent Missas, nec truncata Sacramenta, nec Purgatoria, nec Indulgentias. Pontificios verò titulos, & magnifica nomina tanti faciunt, vt quicunque eos imponat sibi, seq; vel vniuersalem Episcopum, vel Eccleliæ totius caput velit appellari, eum illi non dubitent & superbum hominem, & in omnes alios Episcopos fratres suos contumeliosum, & hæreticum esse dicere.

117. Iam verò cùm perspicuum sit, & negari non possit, istos ab illis à quibus Euangelium, à quibus fidem, à quibus religionem, à quibus Ecclesiam acceperunt defecisse, quid causæ est, cur nunc ad eosdem tanquam ad fontes nolint reuocari? Cur quasi Apostoli omnes Patrésque nihil viderint, ita illorum temporum similitudinę reformidant? An enim isti plus vident, aut Ecclesiam Dei pluris faciunt, quàm illi, qui ista tradiderunt? Nam nos quidem discessimus ab illa Ecclesia, in qua nec verbum Dei purè audiri potuit, nec Sacramenta administrari, nec Dei Nomen vt oportuit inuocari: quam ipsi fatentur multis in rebus
bus

bus esse vitiosam : in qua nihil erat quod quenquam posset prudentem hominem, & de sua salute cogitantem, retinere. Postremo, ab Ecclesia ea discessimus, quæ nunc est non quæ olim fuit: atque ita discessimus vt Daniel è cauea leonum , vt tres illi pueri ex incendio : nec tam discessimus , quàm ab istis diris & deuotionibus eiecti sumus.

118 Accessimus verò ad illam Ecclesiam, in qua ne ipsi quidem , si verè, atque ex animo loqui volunt, negare possunt omnia castè & reuerenter, & quantum nos maximè assequi potuimus, proximè ad priscorum temporum rationem administrari. Conferant enim Ecclesias nostras suásque inter se : videbunt & se turpissimè ab Apostolis, & nos ab ipsis iustissimè discessisse. Nos enim cum Christo, Apostolis, & sanctis Patribus Eucharistiam populo damus integram : Isti , contra omnes Patres, contra omnes Apostolos, contra Christum ipsum cum summo, vt Gelasius ait, sacrilegio, Sacramenta diuidunt, & alteram partem populo eripiunt.

119 Nos cœnam dominicam ad Christi institutionem reuocauimus, eámq; quàm maxime, quamq; plurimis communem, vtque appellatur, ita re ipsa Communionem esse volumus : isti contra institutum Christi omnia immutârunt , & ex sacra Communione priuatam fecerunt missam : atque ita nos cœnam præbemus populo, isti inane spectaculum.

120 Nos cùm antiquissimis Patribus affirmamus, Corpus Christi non comedi, nisi ab hominibus pijs, & fidelibus, & imbutis Spiritu Christi : Isti docent ipsissimum corpus Christi reipsa, vtque ipsi loquuntur realiter, & substantialiter non tantùm ab impijs & infidelibus, sed etiam, quod horrendum dictu est, à muribus & canibus posse comedi.

1.Cor.14.

121 Nos ita precamur in Templis, vt quemadmodum Paulus monet, populus scire possit, quid precemur, & communibus votis respondere, Amen : Isti vt æs tinniens, voces in templis ignotas, & peregrinas sine intelligentia, sine sensu , sine mente fundunt : & omninò id agunt, ne populus quidquam possit intelligere.

122 Et ne omnia discrimina commemoremus, sunt enim propè infinita, nos scripturas sacras conuertimus in omnes linguas : Isti eas vix extare patiuntur in vlla lingua. Nos inuitamus populum ad legendum, & audiendum verbum Dei: isti abigunt. Nos causam ab omnibus cognosci volumus: isti fugiunt judicium. Nos scientiâ nitimur : isti inscitiâ. Nos luci fidimus : isti tenebris. Nos colimus , vt par est voces Apostolorum & Prophetarum : Isti comburunt. Postremò nos in Dei causâ Dei vnius judicio stare volumus: isti stare volunt suo. Quod si illi hæc omnia tranquillo animo, & ad audiendum , dicendumque comparato spectare velint, non tantùm probabunt institutum nostrum

ftrum, qui relictis erroribus Chriftum ejufque Apoftolos fecuti fumus,
fed ipfi etiam à fe deficient, feque vltrò aggregabunt ad partes noftras.

123 Atque fine facro Oecumenico Concilio, nefas, inquient, fuit
ifta tentare. Ibi enim effe omnem vim Ecclefiæ, ibi Chriftum polli-
citum effe fefe femper præftò affuturum. Atqui ipfi mandata Dei &
Apoftolorum decreta violârunt, vtque jam diximus, omnia prope non
tantùm inftituta, fed etiam dogmata primatiuæ Ecclefiæ diffipauerunt,
nihil expectato facro Concilio.

124 Verùm quod aiunt, nihil cuiquâ fas effe innouare fine Concilio,
quis tandê fcriplit nobis iftas leges? Aut vnde ifti hoc edictû habuerût?

125 Ridiculè quidem fecit ille Rex, qui cum oraculo certus effet *Agefilaus.*
de fententia, & voluntate fummi Iouis, poftea rem integram retulit ad
Apollinem, vt fciret an idem illi videretur, quod Patri: Nos autem,
multò ineptius faceremus, fi cùm Deum ipfum nobis in facrofanctis
Scripturis apertè loquentem audiamus; ejufque voluntatem & mentem intelligamus, poftea quafi id nihil fit, rem integram referre velimus
ad Concilium, quod non aliud eft, quàm quærere an idem videatur hominibus, quod Deo: Et an homines velint mandata Dei, authoritate fua
comprobare. Quid enim? Nifi Concilium velit & iubeat, verum non
erit verum? aut Deus non erit Deus? Si Chriftus ab initio ita facere vo-
luiffet, vt nihil doceret, aut diceret inuitis Epifcopis, omnem autem
doctrinam fuam ad Annam & Caipham retuliffet, vbi nunc effet fides
chriftiana? aut quis vnquam audiffet Euangelium? Petrus quidem,
quem Pontifex fæpius, magifque prædicare folet, quàm Iefum Chriftum, fidenter reftitit facro Concilio: Et fatius, inquit, eft obtemperare Deo, quàm hominibus. Et Paulus, cum femel animo haufiffet
Euangelium, idque non ab hominibus, neque per hominem, fed per
folam voluntatem Dei, non deliberauit cum carne & fanguine, nec retulit ad cognatos aut fratres fuos: fed ftatim abijt in Arabiam, vt diuina
myfteria, Deo authore, publicaret.

126 Nos quidem Concilia, & Epifcoporum, doctorumq; hominum conuentus & colloquia non contemnimus: Neq; ea quæ fecimus
prorfus fine Epifcopis, aut fine concilio fecimus. Plenis Comitijs res
acta eft longa deliberatione, frequenti Synodo. De ifto verò concilio
quod nunc a Pio Pontifice fimulatur, in quo homines non appellati,
non auditi, non vifi, ita facile condemnantur, quid nobis expectandum,
aut fperandum fit, non eft difficile diuinare.

127 Nazianzenus olim, cum fuo tempore videret homines in
huiufmodi conuentibus ita effe cæcos & obftinatos, vt abducerentur af-
affectibus, & victoriam magis quærerent quam veritatem: difertè pronunciauit fe nullius Concilij vnquam exitum vidiffe bonum. Quid
ille nunc diceret, fi hodie viueret, & iftorum conatus intelligeret? Nam

E   tùm

tùm quidem,etsi studebatur partibus, tamen & causæ cognoscebantur, errores manifesti omnium partium suffragijs communibus tollebantur. Isti verò nec causam disceptari liberè volunt,nec quantumcunq; sit errorum, quidquam patiuntur immutari.

128 Id enim illi sæpè & sine fronte jactare solent Ecclesiam suam errare non posse,nihil esse in ea vitii, nihil esse nobis concedendum, aut si quid sit tamen Episcoporum & Abbatum esse hoc iudicium : illos esse moderatores rerum: illos esse Ecclesiam Dei. Aristoteles ait spurios non possefacere Ciuitatem: An autem ex istis effici possit Ecclesia Dei, ipsi videant. Certè nec legitimi sunt Abbates nec genuini Episcopi.

129 Sed sint sanè Ecclesia : audiantur in Conciliis : soli habeant ius suffragandi : olim tamen cùm Ecclesia Dei, si ad istorum quidem Ecclesiam conferatur, satis commodè regeretur, vt Cyprianus ait , aduocabantur ad Ecclesiasticarum causarum cognitionem,& presbyteri, & Diaconi & nonnulla etiam pars plebis.

130 Sed quid si isti Abbates, & Episcopi nihil sciant ? Quid si quid sit religio, quidq; de Deo sentiendum sit non intelligant ? Quid si lex perierit à Sacerdote,& consilium à senioribus ? Quid si, vt ait Micheas,nox illis sit pro visione,& tenebræ pro diuinatione ? Quid si,vt Esaias ait,omnes speculatores Ciuitatis facti sunt cæci ? Quid si sal vim suam, & saporem amiserit ? vtque Christus ait , ad nullum vsum sit accommodus,ne ad id quidem,vt abijciatur in sterquilinium ?

131 Ad Papam scilicet omnia deferent qui errare non potest. At illud primum ineptum est, Spiritum sanctum à sacro Concilio curriculo auolare Romam, vt si quid dubitet, aut hæreat, & sese explicare non possit, ab alio nescio quo Spiritu doctiore consilium capiat. Nam,si ita est,quid opus erat tot Episcopos tantis impensis, tàm longinquis itineribus,Tridentum hoc tempore conuocari ? Consultius multò erat, & satius certè multò , & breuius & commodius, vt ad Papam potiùs omnia reijcerent, & statim ad illius sacri pectoris oraculum deuenirent. Deinde etiam iniquum est causam nostrã à tot Episcopis,& Abbatibus, ad vnius hominis judicium deuoluere, eius præsertim qui à nobis grauissimis criminibus accusetur, nec adhuc causam suam dixerit, & nos antequam vocaremur ad iudicium , sine iudicio condemnarit. An ergo nos ista fingimus ? Aut ista hodie non est ratio Conciliorum ? Aut non omnia à sacro Concilio ad vnum Pontificem deferuntur : vt quasi tot sententijs, & subscriptionibus nihil sit actum , ille vnus possit addere, mutare,minuere, abrogare, approbare, relaxare,restringere,quicquid velit ? Quorum ergo hominum sunt hæc verba ? Cur Episcopi, & Abbates, non ita pridem in proximo Concilio Tridentino ita ad extremum decreuerunt : salua semper in omnibus Sedis Apostolicę auctoritate ? Aut cur Paschalis Papa ita insolenter de se scribit : Quasi, inquit,

quit, Romanæ Ecclefiæ legem Concilia vlla præfixerint: cum omnia *De electione &*
Concilia per Romanæ Ecclefiæ auctoritatem, & facta fint, & robur *electi potestate*
acceperint, & in illorum ftatutis Romani Pontificis patienter excipia- *ca. fignifica.*
tur auctoritas? Si ifta rata effe volunt, cur Concilia indicuntur? fin
ea iubent effe irrita, cur in iftorum libris, quafi integra relinquun-
tur?

132 Sed fit fanè Pontifex vnus fupra omnia Concilia, hoc eft, fit pars
aliqua maior quàm totum: plus poffit, plus fapiat, quàm omnes fui:
& vel inuito Hieronymo, fit vrbis vnius auctoritas maior, quàm orbis *Ad Euagrium.*
terrarum. At quid fi ille de his rebus nihil viderit; & nec facras Scip-
turas, nec veteres Patres, nec Concilia fua vnquam legerit? Quid fi
ille, vt olim Papa Liberius, deficiat ad Arrianos: aut vt non ante ita
multos annos, Iohannes Papa, de futura vita, & animarum immortalitate impiè & nefariè fentiat: aut vt olim Papa Zofimus Concilium
Nicenum, ita ille nunc poteftatis fuæ augendæ caufâ, alia Concilia cor-
rûpat, & quæ nec cogitata quidem vnquàm fuerint, ea à fanctis Patribus
deliberata, & conftituta effe dicat: vtque Camotenfis ait, Pontifices
folitos effe fæpè facere, vim adhibeat Sciptúris, vt habeat plenitudi-
nem poteftatis? Quid fi abijciat fidem Chriftianam, & efficiatur A-
poftata, quales, Lyranus ait, multos fuiffe Papas? Tamen ne Spiritus
fanctus ftatim illi pulfabit pectus, atque etiam nolenti, & inuito ac-
cenditlumen ne poffit errare? Aut ille erit fons omnis iuris? & omnis thefaurus fapientiæ atque intelligentiæ in illo, tanquam in fcrinio
inuenietur? Aut, fi ifta in illo non funt, poteftne de rebus tantis rectè
& commodè iudicare? Aut, fi iudicare non poteft, petit vt ifta ad fe v-
num omnia referantur? Quid fi Aduocati Pontificum, Abbates, &
Epifcopi nihil diffimulent, fed apertè fe gerant pro hoftibus Euangelij,
& quod vident videre nolint, & vim faciant Scripturis, & videntes,
& fcientes deprauent, aut adulterent verbum Dei: & ea quæ perfpicuè *Hoftien. cap.*
ac propriè dicta funt de Chrifto, nec poffunt cuiquam mortalium alij *Quanto Abbas*
conuenire, impurè, atque impiè ad Papam transferant? Quid fi dicant *de electione.*
Papam effe omnia, & fupra omnia: Aut illum ea poffe omnia, quæ *ca. Venerabili.*
Chriftus poteft: Et Papæ Chriftique vnum effe tribunal, & vnum *Cornelius E-*
Confiftorium? Aut illum effe lucem illam quæ venerit in mundum, *pifcopus in Con-*
quod Chriftus de fe vno pronunciauit, eumque qui malè agit, odiffe & *cilio Trident.*
fugere illam lucem: aut alios Epifcopos omnes de eius accipere plenitudine? Poftremò, quid fi non diffimulanter aut obfcurè, fed perfpicuè, & apertè decernant contra expreffum verbum Dei? An quic- *Durandus.*
quid illi dicunt, ftatim erit Euangelium? An ifte erit exercitus Dei?
An ibi Chriftus præfto erit? An in iftorum linguis natabit Spiritus
fanctus? aut illi poffunt verè dicere, Vifum eft Spiritui fancto & Nobis? Petrus quidem à Soto, & eius aftipulator Hofius, nihil dubitant

E 2   affirmare,

affirmare, Concilium illud ipfum, in quo Chriftus Iefus adiudica-
tus eft morti, habuiffe fpiritum prophericum, Spiritum fanctum,
fpiritum veritatis : nec falfum, aut vanum fuiffe, quod Epifcopi illi
dixerunt : Nos habemus Legem, & fecundum Legem debet mori : illos iudicaffe, fic enim fcribit Hofius, iudicij veritatem : omninóque
iuftum fuiffe illud decretum, quo ab illis pronunciatum eft, Chriftum
dignum effe qui moreretur. Mirum vero eft non poffe iftos pro fe dicere, & propugnare caufam fuam, nifi vnà etiam Annæ Caiphæq;
patrocinentur. Nam qui illud ipfum Concilium, in quo Filius Dei ad
crucem ignominiofiffimè condemnatus eft, legitimum dicent fuiffe
ac probum, quod tandem illi Concilium decernent effe vitiofum ? Tamen qualia funt iftorum Concilia ferè omnia, neceffe illis fuit, vt ifta
de Caiphæ Annæq; concilio pronunciarent. Verùm an ifti Ecclefiam
nobis inftaurabunt, ijdem ipfi Iudices, ijdémque rei ? An ifti minuent
ambitionem faftúmque fuum ? An ipfi feipfos eijcient, aut contra fe
ferent fententiam, ne Epifcopi fint indocti, ne ventres pigri, ne cumu-
lent Sacerdotia, ne gerant fe pro Principibus, ne bella gerant ? An
dilecti Pontificum filioli Abbates decernent, monachum, qui fuo fibi
labore victum non quærat latronem effe ? aut fas illi non effe, nec in
ciuitatibus, nec in turba, nec ex alieno viuere : oportere monachum
humi cubare : olufculo & ciceribus tueri vitam : incumbere literis,
difputare, orare, opus facere, ad Ecclefiæ minifterium fe parare ? Eâdem operâ Pharifæi, & Scribæ inftaurabunt Templum Dei, & ex fpe-
lunca latronum, reftituent nobis domum orationis.

133 Fuerunt ex ipfis aliqui, qui errores in Eclefia complures depre-
henderint. Adrianus Papa, Æneas Syluius, Polus Cardinalis,
Pighius, alijq; vti iam diximus. Habuerunt poftea Concilium Tri-
denti, eodem loco quo nunc indicitur. Conuenerant Epifcopi complures, & Abbates, & alij quos oportuit. Erant foli : quicquid ageretur, nemo erat qui obftreperet. Noftros enim homines ab omni
conuentu prorfus excluferunt. Sederunt ibi magna expectatione fex
annos. Primis fex menfibus, quafi id magnopere opus effet, multa de
facro fancta Triade, de Patre, de Filio, de Spiritu Sancto, pia quidem,
fed non ita illo tempore neceffaria decreuerant. Interim tamen ex tot
erroribus tàm perfpicuis, tam confeffis, tam manifeftis, quem vnum
errorem correxerunt ? A quo genere idololatriæ populum reuocârunt ?
Quam fuperftitionem fuftulerunt ? quam partem tyrannidis & pompæ
fuæ minuerunt ? quafi verò iam orbis terrarum non videat confpirati-
onem iftam effe, non Concilium : & ftos Epifcopos, quos nunc fibi
Pontifex aduocauit, prorius iuratos, & addictos effe eius nomini : nec
vnquam quidquam facturos, nifi quod illi placere, & ad eius potentiam augendam facere, & illum velle videant : Aut non ibi numerari
fenten-

fententias potiùs, quàm appendi : aut non meliorem partem
fæpe à maiore fuperari. Itaque fcimus multos fæpe bonos viros,
& Catholicos Epifcopos, cùm huiufmodi Concilia (indicerentur, &
apertè factionibus & partibus inferuiretur, & fcirent fe tantùm lufuros
eſſe operam, aduerfariorum animos prorfus eſſe obfirmatos, nihil
poſſe promoueri, manfiſſe domi. Athanaſius cum vocatus eſſet ab *Theodoretus lib.*
Imperatore ad Concilium Cæfarienfe, & videret fe ad infefta aduer- *1.cap.28.*
fariorum fuorum odia venturum eſſe, adeſſe noluit. Idem poftcà cum
veniſſet ad Concilium Syrmianum, & ex hoftium fuorum ferocia,
atque odio, animo rei euentum præfagiret, ftatim farcinas collegit
atque abijt, Iohannes Chryfoftomus quamuis quaternis literis ab *Tripar.lib.10.*
Imperatore Arcadio vocatus eſſet ad Concilium Arianorum, tamen *cap.13.*
domi fe continuit. Cum Hierofolymorū Epifcopus Maximus federet *Eufebius lib. 1.*
in Concilio Palæftino, eum fenex Paphnutius manu apprehenfum *cap.17.*
eduxit foras : Non eft fas, inquiens, nobis confultare de his rebus cum
hominibus impijs.

134 Ad Concilium Syrmianum, à quo fe fubduxit Athanaſius, oc-
cidentis Epifcopi venire noluerunt. Cyrillus ab illorum, qui Patro-
paſſiani dicebantur, Concilio per literas appellauit. At Mediolanenfe *Tripar.Zozow.*
Concilium Epifcopus Treuerenfis Paulinus, alijq; complures, cùm vi- *lib.5.cap.15.*
derent conatus & potentiam Auxentij, venire recufârunt. Fruftra
enim videbant fe ituros eò, vbi non ratio, fed factio audiretur : & vbi
cauſæ non iudicio, fed ftudio difceptarentur.

135 Atque illi quantumuis habeant infeftos & obftinatos Aduerfarios, tamen fi veniſſent, audiri faltem in Concilio liberè potuiſſent.

136 Nunc autem cùm nemo noftrûm, ne federe quidem aut omninò videri in iftorum conceſſu, ne dum liberè audiri poſſit, cùm Pontificum legati, Patriarchæ, Archiepifcopi, Epifcopi, Abbates, omnes
conjurati, omnes eâdem culpâ conftricti, omnes eodem Sacramento
obftricti, foli fedeant, & foli jus habeant ferendi fuffragij : Et poftremò,
quafi ipfi nihil egerint, omnia fua iudicia Papæ vnius voluntati libidi-
nique fubijciunt : videlicet vt ille, quem oportuit potiùs cauſam dicere, de fe ipfo pronunciet : cùm vetus illa, & Chriftiana libertas,
quam æquum erat in Chriftianis Concilijs eſſe maximam, prorfus de
Concilio fublata fit ; mirari hodie non debent homines prudentes ac
pij, fi nos id nunc facimus quod olim in fimili cauſa à tot Patribus, &
Catholicis Epifcopis factum vident : vt quoniam audiri in Concilio
non poſſumus, & Principum Legati habentur ludibrio, & nos omnes,
quafi res iam antea confecta, & conftituta fit, ante iudicium con-
demnamur, domi manere malimus, & rem omnem Deo committere, quàm eò proficifci, vbi nec locum habituri ſimus, nec quidquam poſſimus promouere. Verùm noftram iniuriam patien-
　　　　　　　　　　　　E 3　　　　　　　　　　　　ter,

ter, & fedatè ferre pollumus. Sed cur Reges Chriſtianos,&pios Principes excludunt è conſeſſu ſuo? Cur eos vel ita inciuiliter à ſe, vel contumelioſè dimittunt, vt quaſi homines Chriſtiani non ſint, aut judi-
care non poſſint, nolint eos Religionis Chriſtianæ cauſam cognoſcere,
& Eccleſiarum ſuarum ſtatum intelligere, aut ſi authoritatem ſuam in-
terponant, & faciant id quod poſſunt, quod iubentur, quod debent,
quodque & Dauidem, & Salomonem, & alios bonos principes feciſſe
ſcimus, vt ipſis aut dormientibus, aut nefariè reſiſtentibus, Sacerdotum libidinem coerceant, eoſque & ad officium faciendum adigant, &
in officio contineant: vt idola euertant: vt ſuperſtitiones minuant: vt
Dei cultum inſtaurent, Cur ſtatim clamant illos omnia turbare, in a-
lienum officium irrumpere, & improbè atque immodeſtè facere?
Quæ ſcriptura Principem Chriſtianum ab huiuſmodi cauſarum cognitione vnquam repulit? quis præter iſtos ſolos vnquam iſta iura decreuit? At ciuiles (inquient) principes Rempublicam atque arma
tractare didicerunt, Religionis myſteria non intelligunt. Quid ergo
Papa hodiè aliud èſt, quàm Monarcha, aut princeps? Quid Cardina-
les, quos nunc vix alios eſſe fas eſt, quàm principum & Regum filios?
Quid Patriarchæ? Quid magna ex parte Archiepiſcopi? Quid Epiſcopi? Quid Abbates? in regno Pontificio aliud hodiè ſunt, quàm ciuiles principes, quàm Duces, quàm Comites, quocunque incedant,
magnificè ſtipati, ſepè etiam torquati, & cathenati.

137 Amictum quidem habent illi interdum aliquem, cruces, co-
lumnas, galeros, tiaras, pallia, quam pompam veteres Epiſcopi Chryſoſtomus, Auguſtinus, Ambroſius non habebant. Preter iſta verò
quid docent, quid dicunt, quid faciunt, quid viuunt, quod deceat
non tantùm Epiſcopum, ſed etiam hominem Chriſtianum? An tanti eſt titulum inanem gerere, & mutata ſolùm veſte appellari Epiſcopum?

138 Certè illis ſolis qui iſta nec ſciunt, nec ſcire omninò volunt,
nec niſi quod ad culinam & ventrem attinet, partem vllam religionis te-
runtij faciunt, permitti rerū omnium ſummam, illos ſolos iudices fieri,
& tanquam cæcos in ſpecula collocari: Principem verò Chriſtianum,
rectè ſentientem, ſtare truncum, & ſtipitem, non ſuffragari, non ſententiam dicere, tantùm quid illi velint, aut iubeant, obſeruare, ſine
auribus, ſine oculis, ſine animo, ſine pectore: quicquid ab iſtis imponatur, ſine exceptione recipere, & cæco iudicio imperata facere,
quantumuis ea blaſphema ſint atque impia, etiam ſi eos iubeant religionem vniuerſam extinguere, & Chriſtum ipſum in crucem tollere, &
ſuperbum, & contumelioſum, & iniquum eſt, & à principibus Chriſtianis, & prudentibus non ferendum. Quid enim? an Caiphas & An-
nas iſta videre poſſunt? Dauid & Ezechias non poſſunt? Èt an Cardi-
nali,

nali homini militari & fanguinem fpiranti, in Concilio federe licet,
Imperatori, aut Regi Chriftiano non licet? Nam nos quidem nihil
noftris magiftratibus tribuimus aliud, quàm quod illis & ex verbo
Dei tributum fcimus, & optimarum rerum publicarum exemplo com-
probatum, Præterquam enim quod Principi fideli à Deo mandata eft
cura vtriufque tabulæ, vt intelligat ad officium fuum, non ciuilem
tantùm rem, fed etiam facram & Ecclefiafticam pertinere: præterquam
quod Deus fæpè Regem, ac diferte iubet lucos fuccidere, idolorum
ftatuas, & aras euertere, librum legis fibi defcribere, quodque illum
Efaias ait, Ecclefiæ patronum, & nutritium effe oportere: præter inquam hæc omnia ex hiftorijs, & optimorum temporum exemplis videmus, pios principes procurationem Ecclefiarum ab officio fuo nunquam putaffe alienam.

139 Mofes ciuilis magiftratus ac ductor populi omnem religionis *Exod. 2.*
& facrorum rationem, & accepit à Deo, & populo tradidit, & Aarone
Epifcopum de aureo vitulo, & de violata religione, vehementer & *Iof. 1.*
grauiter caftigauit. Iofua etfi non aliud erat, quàm magiftratus ciuilis,
tamen, cùm primùm inauguraretur, & præficeretur populo, accepit
mandata nominatim de religione, deq; colendo Deo.

140 Dauid Rex cum omnis iam religio, ab impio Rege Saule *1.Par. 13.*
prorfus effet diffipata, reduxit arcam Dei, hoc eft, religionem reftituit:
nec tantùm adfuit vt admonitor, aut hortator operis, fed etiam pfalmos & hymnos dedit, & claffes difpofuit, & pompam inftituit, & quodammodo præfuit facerdotibus.

141 Salomon Rex ædificauit Templum Domino, quod eius pa- *2.Par. 6.*
ter Dauid animo tantùm deftinauerat: & poftremò orationem egre-
giam habuit ad populum de religione & cultu Dei: Et Abiatharum
Epifcopum poftea fummouit, & in eius locum, Sadocum furrogauit: *3.Reg. 8.*
Cumq; poftea Templum Dei fœdum in modum effet Sacerdotum vi-
tio, & negligentia contaminatum, Ezechias illud Rex iuffit à ruderi- *2.Par. 29.*
bus & fordibus repurgari, accendi lumina, fuffitus adoleri, & veteri
ritu facra fieri: Æneum etiam Serpentem qui tùm à populo impie co- *4.Reg. 18.*
lebatur, tolli, & in puluerem redigi. Iofophat Rex, excelfa, & lucos, *2.Par. 17.*
quibus impediri videbat cultum Dei, & populum a communi Templo,
quod erat Hierofolymis, ad quod ex omni parte regni quotannis eun-
dum erat priuata fupeftitione retineri, euertit & fuftulit. Iofias Rex *4.Reg. 23.*
diligenter admonuit Sacerdotes, & Epifcopos officij fui. Ioas Rex
repreffit luxum, & infolentiam facerdotum. Iehu impios prophetas *4.Reg. 12.*
neci dedit. Et ne plura ex facris Scripturis exempla commemoremus, *4.Reg. 10.*
ac potiùs à Chrifto nato quemadmodum in Euangelio Ecclefia admi-
niftrata fit confideremus. Olim Imperatores Chriftiani indicebant
Epifcoporum Concilia: Conftantinus Nicenum: Theodofius pri-

mus Conftantinopolitanum : Theodofius fecundus Ephefinum : Martianus Calcedonenfe, cumq; Ruffinus allegaffet Synodum,quafi quæ pro fe faceret, eius Aduerfarius Hieronymus, vt eum refutaret, Doce, inquit, quis eam Imperator iuffent conuocari. Idem in Epitaphio Paulæ citat literas Imperatorum, qui Epifcopos Latinos, Gręcofq; Romam accerfiri iufferint.

142 Omninò per annos quingentos Imperator folus agebat conventus facros, & Epifcoporum Concilia celebrabat. Quò magis nunc miramur importunitatem Epifcopi Romani, qui, quod fciat integris rebus fuiffe ius Imperatoris,nunc autem poftquam Reges in partem Cefareæ maieftatis deuenerunt, effe ius commune omnium principum,id ita temerè vni adfcribat fibi,& fatis effe putet voluntatem fuam de habendo Concilio cum Principe orbis terrarum viro, tanquam cum famulo fuo communicare.

Vt Pius 4.in Bulla fua ad Imper Ferdinandum.

143 Quod fi Imperatoris Ferdinandi modeftia tanta eft fortaffe, quòd artes Pontificias non fatis nôrit, vt hanc iniuriam ferre poffit, Pontifex tamen pro fua fanctitate iniuriam illi facere, & ius fibi alienum arrogare non debebat.

144 At Conuocabat quidem tum, inquiet aliquis, Imperator Concilia, quòd Romanus Epifcopus nondum ad iftam magnitudinem peruenifl̃et, tamen ne tùm quidem, aut vnà fedebat cum Epifcopis in Concilio, aut omninò in deliberatione auctoritatem fuam vllam in partem interponebat: imò verò vt Theodoretus ait, Imperator Conftantinus in Concilio Niceno, non folum vnà fedebat, fed etiam E-

Hiff. Ecclef. lib.1.cap. 5.

pifcopos, quemadmodum caufa ex Apoftolicis, Propheticifq; literis cognofcenda eff̃et,admonebat. In difputationibus (inquit) de rebus diuinis propofitam nobis habemus, quam fequamur doctrinam Spiritus fancti. Euangelici enim, & Apoftolici libri, & Prophetarum Oracula fatis oftendunt, quid nobis de voluntate Dei fit fententiendum. Theodofius Imperator,vt ait Socrates, non folum fedit inter Epifcopos,fed etiam caufæ difceptationi præfuit,&Hæreticorum fcripta lacerauit, & Catholicorum fententiam comprobauit.

Lib.1. cap. 5.

145 In Calcedonenfi Concilio magiftratus ciuilis Diofcorum,Iuuenalè, Thalaffium Epifcopos fua fententia pro hęreticis condemnauit,eofq; de illo gradu Ecclefiæ deijciendos effe cenfuit.

Socrat.lib. 5. cap. 10.

146 In Conftantinopolitano Concilio 3. ciuilis magiftratus Conftantinus non folùm fedit inter Epifcopos, fed etiam fubfcripfit cum Epifcopis: legimus, inquit, & fubfcripfimus. In Concilio Araufcano 2. legati principum viri patricij non tantum fententiam de religione dixerunt, fed etiam inter Epifcopos fubfcripferunt: Sic enim in illo Concilio fcribitur ad extremum : Petrus Marcellinus, Felix Liberius, viri clariffimi & illuftres Præfecti Prætorij Galliarum

Actione 2.

rum

rum , atque Patricij confentientes fubfcripferunt. Syagrius , Opilio, Pantagathus, Deodatus, Cariatho, Marcellus viri clariffimi fubfcripferunt.

147 Quod fi præfecti Prætorij , & viri Patricij fubfcribere in Concilio potuerunt, imperatores, & Reges non potuerunt ? Non fané opus erat, rem ita perfpicuam, tot verbis & tàm prolixé profequi, nifi nobis res cum illis effet, qui omnia clariffima,etiam ea quæ vident, quæque oculis vfurpant, tamen contentionis , & vincendi ftudio negare folent. Imperator Iuftinianus legem tulit de corrigendis moribus, & de frænanda infolentia facerdotum, & quamuis effet Chriftianus & Catholicus Imperator,tamen duos Papas fucceffores Petri,vicarios Chrifti, Syluerium & Vigilium de Papatu deiecit.

148 Iam verò qui auctoritatem fumunt in Epifcopos qui à Deo accipiunt mandata de religione: qui reducunt arcam Dei, componunt facros Pfalmos , præfunt Sacerdotibus ædificant templa, habent conciones de cultu Dei: qui templa repurgant, demoliuntur excelfa, incendunt lucos : qui facerdotes admonent officij & illis fcribunt leges vitæ: qui Prophetas impios occidunt : qui Epifcopos fummouent: qui cogunt concilia Epifcoporum : qui cum Epifcopis vnà fedent, eofq; quid agendum fit inftituunt: qui Epifcopum hæreticum adiudicant fupplicio: qui de religione cognofcunt: qui fubfcribunt : qui pronunciant: atque hæc omnia non alieno iuffu, fed nomine fuo, & rectè & piè faciunt, an ad eos dicemus religionis curam non pertinere ? aut magiftratum Chriftianum, qui hifce rebus fe admifceat , aut improbè aut immodeftè , aut impiè facere ? His rebus Imperatores & Reges antiquiffimi, & Chriftianiffimi fefe admifcuerunt: non tamen ea caufa vnquam notati funt,aut impietatis,aut immodeftiæ. Et quis quærat vel principes magis Catholicos, vel exempla illuftriora?

149 Quod fi hoc illis licebat , cùm effent ciuiles tantùm magiftratus , & præeffent rebus publicis, quid hodie peccauerunt noftri Principes, quibus cùm eo loco fint, idem tamen non liceat ? Aut quæ tanta vis doctrinæ, iudicij, fanctitatis eft in iftis , vt præter confuetudinem omnium veterum & Catholicorum Epifcoporum , qui cum principibus viris de religione deliberârunt, nunc principes Chriftianos à caufæ cognitione & à fuo congreffu reijciant ? Sed rectè illi cauent fibi, regnoq; fuo quod alioqui vident breui effe ruiturum. Nam fi illi quos Deus in altiffimo gradu collocauit, viderent atque intelligerent iftorum artes; contemni ab illis iuffa Chrifti: obfcurari & extingui lucem Euangelij : fibi fucum fieri , imprudentibus illudi , atque obftrui aditum ad regnum Dei: nunquam illi fe vel ita fuperbè defpici , vel ita contumeliofe haberi ludibrio , ita facilè paterentur.

Nunc

Nunc autem illi eos inſcitia & cæcitate obſtrictos ſibi habent atque
obnoxios.

150   Nos quidem vti diximus de mutanda religione nihil temerè
autinſolenter, nihil niſi cunctanter, & magna cum deliberatione fecimus: neq; id vnquam animum induxiſſemus facere, niſi nos & manifeſta, atque indubitata voluntas Dei nobis in ſacroſanctis Scripturis
patefacta, & ſalutis noſtræ ratio coegiſſet. Etſi enim diſceſſimus ab illa
Eccleſia, quam iſti appellant Catholicam, & ea re nobis apud illos,
qui iudicare non poſſunt, inuidiam faciunt, tamen id ſatis eſt nobis, ſa-
tiſque eſſe debet homini prudenti, & pio, & de æterna vita cogitanti,
nos ab ea Eccleſia diſceſſiſſe, quæ errare potuerit, quam Chriſtus qui
errare non poteſt, tantò ante prædixerit erraturam; quamque nos ipſi
oculis perſpicuè videbamus à ſanctis Patribus, ab Apoſtolis, à Chriſto ipſo, à Primitiua & Catholica Eccleſia diſceſſiſſe. Acceſſimus
autem, quantum maximè potuimus ad Eccleſiam Apoſtolorum, &
veterum catholicorum Epiſcoporum, & Patrum, quam ſcimus adhuc fuiſſe integram, vtque Tertullianus ait, incorruptam virginem,
nulla dum idololatria, nec errore graui, ac publico contaminatam:
nec tantùm doctrinam noſtram, ſed etiam Sacramenta, precumque
publicarum formam, ad illorum ritus & inſtituta direximus: vtque
Chriſtum ipſum, & omnes ferè pios feciſſe ſcimus, religionem ab iſtis
turpiter neglectam & deprauatam ad originem, & ad primordia reuocauimus. Inde enim putauimus inſtaurationem petendam eſſe, vnde
prima religionis initia ducta eſſent. Hęc enim ratio inquit antiquiſſimus
Pater Tertullianus valet aduerſus omnes hærefes, Id eſſe verum quod-
cúnque primum : id eſſe adulterum quodúnque poſterius. Irenæus
ſæpe ad antiquiſſimas Eccleſias prouocauit, quæ Chriſto fuiſſent vici-
niores, quaſq; credibile vix eſſet errauiſſe. Iam verò cur ea hodie ratio non initur? Cur ad antiquarum Eccleſiarum ſimilitudinem
non redimus? Cur id à nobis hodie audiri non poteſt, quod olim in
Concilio Niceno à tot Epiſcopis, & Catholicis Patribus, nullo reclamante pronunciatum eſt, ἤθη ἀρχαία κρατείτω? Eſdras cùm reficere velit ruinas Templi, non miſit Epheſum, quamuis ibi eſſet Dianæ templum
pulcherrimum, & ornatiſſimum, cúmque vellet Sacra & cæremonias
reſtituere, non miſit Romam, quamuis fortaſſe audiſſet ibi eſſe Heca-
tombas, Solitaurilia, Lectiſternia, ſupplicationes & libros Numæ
Pompilij rituales. Satis ille ſibi putauit fore, ſi exemplar veteris Templi, quod ab initio Salomon ad Dei præſcriptum excitauerat, & veteres
illos ritus ac cæremonias, quas Deus ipſe Moſi nominatim ſcripſerat,
haberet ante oculos, & ſequeretur.

151   Aggæus Propheta, cùm iam Templum ab Eſdra refectum
eſſet,

esset, & populo causa oblata satis iusta videri potuisset, sibi de tanto Dei Optimi Maximi beneficio gratulandi, tamen excussit omnibus lacrymas quod qui erant adhuc superstites, & priora Templi ædificia, antequam à Babylonijs diriperetur, viderant, meminissent multùm adhuc ab ea pulchritudine abesse, quæ olim fuerat. Tum enim demum putassent Templum egregiè instauratum, si ad pristinum exemplar, & veterem Templi maiestatem respondisset.

152 Diuus Paulus, vt Cœnam Domini, quam Corinthij iam tum cœperant corrumperere, repurgaret; proposuit illis institutionem Christi, quam sequerentur. Id (inquit) ego vobis tradidi, quod acceperam à Domino. Et Christus vt Pharisæorum errorem refelleret, Ad initia (inquit) redeundum est : ab initio non fuit sic.

153 Vtque Sacerdotum sordes, & auaritiam coargueret, & Templum purgaret, Hæc (inquit) ab initio Domus orationis fuit, vt populus omnis piè & castè precaretur : atque ita vos oportebat nunc quoque eam instituere. Non enim ea causa extructa fuit, vt esset spelunca latronum.

154 Sic omnes in sacris Scripturis pij & laudati Principes, eo maximè nomine laudati sunt, quòd ambulassent in vijs Dauid patris sui, videlicet, quòd ad primordia, & ad fontes redijssent, & Religionem in integrum restituissent.

155 Itaque nos cùm videremus omnia ab istis prorsus esse pessundata, & in Templo Dei præter miseras ruinas nihil esse reliqui, consultissimum esse duximus, vt illas nobis Ecclesias proponeremus quas certò sciremus, & non errasse, & Missas priuatas, & preces ignotas ac barbaras, & istam Sacrorum corruptionem, atque alias ineptias non habuisse.

156 Et cùm Templum Domini cuperemus in integrum restitutum, non aliud fundamentum quærere voluimus, quàm quod iam olim ab Apostolis sciremus esse iactum, quod est, Seruator noster Iesus Christus.

157 Cùmque audiremus Deum ipsum nobis loquentem in verbo suo, & videremus exempla illustria veteris & primitiuæ Ecclesiæ, incerta autem esset Concilij generalis expectatio, & euentus multò incertior : maximè verò cùm certi essemus de voluntate Dei, & nefas esse duceremus nimiùm solicitos esse atque anxios de sententijs hominum, non potuimus amplius cum carne & sanguine deliberare : illud potius fecimus, quod & rectè posset fieri, & à pijs hominibus, & catholicis Episcopis sæpe multis factum esset : vt Prouinciali Synodo nostris Ecclesijs prospiceremus. Sic enim veteres Patres scimus solitos esse experiri, antequam ad publicum orbis terrarum Concilium veniretur. Extant hodie Canones scripti, in Concilijs municipalibus, Carthagini

gini sub Cypriano, Ancyræ, Neocæsariæ, Gangræ, etiam in Paphla-
gonia, vt quidem putant, antequam Niceni Concilij Oecumenici nomen auditum esset. Ad hunc modum olim sine Concilio generali
statim domi priuata disceptatione occursum est Pelagianis, & Donati-
stis. Sic cùm Imperator Constantinus apertè studeret Auxentio Aria-
narum partium Episcopo, Athanasius Episcopus Christianus, non ad
Concilium generale, in quo videlicet propter Imperatoris potentiam,
& studium partium videbat nihil posse fieri, sed ad clerum, populum-
que suum, hoc est, ad Prouincialem Synodum prouocauit. Sic decretum est in Concilio Niceno, vt in singulos annos bis, in Carthagi-
nensi, vt minimùm semel Episcoporum conuentus, in singulis pro-
uincijs haberentur: quod Chalcedonense Concilium ait, ea causa
fuisse factum, vt si qui errores, aut abusus vspiam emercissent, statim
in ipso vestigio, vbi nati fuissent, extinguerentur. Ita, cùm Secundus, & Palladius Aquileiense concilium, quod non esset generale ac
publicum repudiarent, Ambrosius Episcopus Mediolanensis respon-
dit, Non debere illud nouum cuiquam videri, aut peregrinum, si Oc-
cidentis Episcopi conuocent Synodos, aut agant conuentus Prouinciales, id enim anteà & ab Occidentalibus Episcopis non rarò, & à Grę-
cis sæpe factum esse. Ita Carolus magnus Imperator concilium habuit Prouinciale in Germania contra Concilium Nicenum secundum,
de tollendis imaginibus. Nec nobis quidem prorsus inaudita, aut noua est ea ratio. Nos enim habuimus aliquando in Anglia Synodus
Prouinciales, & domesticis legibus Ecclesias nostras ordinauimus.
Quid multis? Certè concilia illa plenissima, & maxima, de quibus isti
solent tantopere gloriari, si cum omnibus Ecclesijs, quæ per totum orbem terrarum agnoscunt, & confitentur nomen Christi, conferantur, quid obsecro aliud videri possunt, quàm priuata quædam
Episcoporum Concilia, & Synodi Prouinciales? Nam etsi fortè
Italia, Gallia, Hispania, Anglia, Germania, Dania, Scotia, conueniat:
absit autem Asia, Græcia, Armenia, Persia, Media, Mesopotamia,
Ægyptus, Æthiopia, India Mauritania, quibus in locis omnibus, &
Christiani homines multi sunt, & Episcopi: quomodo potest cuiquam
sano huiusmodi Concilium videri generale? Aut cùm tot partes orbis
absint, quomodo possint verè dicere, se habere consensum orbis
terrarum? Aut quale tandem erat illud Concilium proximum Tridentinum, aut quomodo dici potuit generale, cùm ad illud ex omnibus
regnis & regionibus Christianis, quadraginta tantùm Episcopi conue-
nissent, & ex illis aliqui ita diserti, vt remittendi esse viderentur ad Grā-
maticos: ita verò docti, vt nunquam perlegerint sacras literas. Quicquid est veritas Euangelij Iesu Christi, non pendet à Concilijs, aut vt
Paulus ait, ab humano die. Quod si illi, quibus Ecclesiam Dei curæ
esse

esse oportuit, sapere nolint, & officio suo defuerint, atque animos contra Deum, & eius Christum obfirmauerint, & rectas vias Domini peruertere perrexerint; Deus lapides excitabit, & pueros infantes disertos faciet, vt semper existant aliqui, à quibus istorum mendacia refutentur. Potest enim Deus non solùm sine Concilijs, sed etiam inuitis Concilijs, & tueri, & promouere regnum suum. Multæ, inquit Salomon, sunt cogitationes in humano corde: sed Domini Consilium manet firmum. Non enim est sapientia, non est prudentia, non est Consilium contra Dominum. Humanis operibus, inquit Hilarius, extructa non durant: aliter ædificanda, aliter conseruanda Ecclesia est. Ea enim posita est in fundamentis Apostolorum & Prophetarum, & continetur vno angulari lapide Christo Iesu. Multò verò clarissimè, & ad hæc tempora appositissimè D. Hieronymus: Quoscunque inquit, *In Prophetam* Diabolus deceperit, & quasi suaui, & pernicioso carmine Syrenarum *Naum, cap. 3.* illexerit ad dormiendum, eos excitat Sermo diuinus, & dcit: Surge qui dormis, eleuare, & illuminabit te Christus. In aduentu ergo Christi & Sermonis Dei, & doctrinæ Ecclesiasticæ, & consummationis Niniuæ, & speciosissimæ meretricis, eleuabitur populus, & properabit, qui sub Magistris anteà fuerat sopitus, & ibit ad montes Scripturarum: ibi inueniet montes, Mosen, Iesum filium Naue: montes, Prophetas, montes noui Testamenti, Apostolos, & Euangelistas. Et cùm ad tales montes confugerit, & in huiusmodi montium fuerit lectione versatus, si non inuenerit, qui eum doceat (messis enim erit multa, operarij pauci) tamen & populi studium comprobabitur, quòd confugerint ad huiusmodi montes, & Magistrorum negligentia coarguetur. Hæc Hieronymus ita perspicuè, vt nihil opus sit interprete, ita ad ea quæ nos iam oculis videmus euenisse, accommodatè vt nobis quidem videatur, vniuersum statum temporum nostrorum, & ornatissimæ illuis meretricis Babylonicæ ruinam, & Ecclesiæ Dei instaurationem, & cæcitatem atque ignauiam Episcoporum, & studium atque alacritatem populi, quasi Spiritu Prophetico prædicere, & ante oculos nostros constituere voluisse. Quis enim tam cæcus est, vt non videat istos illos Magistros esse à quibus populus, vt Hieronymus ait, in errorem inductus sit, & consopitus: aut Niniuen istorum Romam pulcherrimis aliquando fucatam coloribus, nunc detracta persona, & melius videri, & minoris fieri: aut homines pios excitatos tanquam è graui somno, ad lucem Euangelij, & ad voces Dei, nihil expectatis huiusmodi Magistrorum Concilijs, contulisse se ad montes Scripturarum?

158 At saltem, inquiet aliquis, iniussu Romani Pontificis ista tentari non oportuit: illum enim vnum esse nodum, vinculum societatis Christianæ: illum vnum esse Sacerdotem illum Leuitici generis, quem
Deus

Deus fignificauerit in Deuteronomio, à quo confilium in rebus ar-
duis, & veritatis iudicium petendum fit: Si quis illius iudicio non obtemperet illum in confpectu fratrum fuorum oportere interfici: illum,
quicquid agat, non poffe à quoquam mortalium iudicari: Chriftum
in cœlis regnare, illum in terris: illum vnum poffe quicquid Chriftus,
aut Deus ipfe poteft: illius & Chrifti vnum effe Confiftorium: fine illo
nullam effe fidem, nullam fpem, nullam Ecclefiam: qui ab illo difce-
dat, eum abijcere & repudiare falutem fuam. Hæc Canoniftæ parafiti
Pontificum, non nimium modeftè illi quidem. Vix enim plura, certè
non ampliora potuiffent de Chrifto ipfo dicere.

159 Nos quidem non voluptatis vllius humanæ, aut commodi
caufâ à Pontifice difceffimus. Atque vtinam potius ille ita fe gereret, ne
opus effet difceffione. Verùm ita res erat, nos nifi illo relicto, non potuimus ad Chriftum peruenire. Neque ille nunc aliud fœdus nobifcum ferire vult, quàm quale olim rex Ammonitarum Naas ferire voluit cum Iabenfibus, vt illis omnibus dextros oculos effoderet: Eripere
enim vult nobis facras Scripturas, **Euangelium** falutis noftræ, & omnem illam fpem, quam habemus in Chrifto Iefu. Alijs enim conditionibus pacem non poffe conuenire.

160 Nam quòd quidam tantoperè folent prædicare Papam folum
effe succefforem Petri, quafi eâ caufâ Spiritum Sanctum in finu gerat, & errare non poffit, leue ac nugatorium eft. Animo pio, ac Deum
timenti promiffa eft Dei gratia, non cathedris & succeffionibus. Di-
uitiæ, inquit Hieronimus, potentiorem Epifcopum facere poffunt:
omnes tamen Epifcopi quicunque funt, funt succeffores Apoftolorum.
Quod fi locus & inauguratio fola fatis eft, & Manaffes succeffit Dauidi,
& Caiaphas Aaroni, & idolum fæpe ftetit in Templo Dei. Archida-
mus olim Lacedæmonius multa de fe prædicabat quòd effet ex Hercule
oriundus: eius infolentiam ita refutabat Nicoftratus: Atqui tu ex
Hercule oriundus non videris: Nam ille malos homines interfecit, tu
ex bonis malos facis. Cumq; Pharifæi iactarent succeffiones fuas, &
genus & fanguinem Abrahami: Vos, inquit Chriftus, quæritis me in-
terficere, hominem qui veritatem vobis locutus fum, quam audiui à
Deo: hoc Abraham nunquam fecit: Vos ex patre Diabolo eftis, &
eius voluntati vultis obfequi. Tamen vt aliquid succeffioni largiamur,
An folus Papa succeffit Petro? Qua ergo in re, qua in religione, in
qua functione, in qua parte vitæ illi succeffit? Quid vnquam aut Petrus Papæ fimile habuit, aut Papa Petro? nifi hoc forte velint dicere, Petrum cum effet Romæ nunquam docuiffe Euangelium, nunquam
pauiffe gregem: abftuliffe claues regni cœlorum: abfcondiffe thefau-
ros Domini fui: tantùm fediffe in Laterano, & omnia fpatia purgatorij & fuppliciorum genera digito defcripfiffe: animas miferas alias in
cruciatum

ita
(Damage)

i Reg. 11.

cruciatum relegaſſe: alias accepta mercede repentè pro arbitrio exemiſſe: Miſſas priuatas quæ in omnibus angulis dicerentur tradidiſſe:
ſacra myſteria ſummiſſa voce & aliena lingua muſſitaſſe: Euchariſtiam in omnibus Templis & altaribus collocaſſe;eámque ante ſe quòcun-
que incederet in aſturcone gradario cum luminibus & tintinnabulis
circumtuliſſe: oleum, ceram,lanam, campanas,calices, Templa, Alta-
ria,ſacro anhelitu conſecraſſe: Iubilæa,gratias ,immunitates, expecta-
tiones, præuentiones, annatas, pallia , vſum palliorum , bullas, Indulgentias , diplomata vendidiſſe: ſeſe caput Eccleſiæ & ſummum Pontificem , & Epiſcoporum Epiſcopum,& ſolum ſanctiſsimum appellaſſe:
in alienas Eccleſias ius & auctoritatem ſibi vſurpaſſe: ab omni ſe ciuili
poteſtate exemiſſe, bella geſſiſſe: principes inter ſe commiſiſſe in aura-
ta ſella,corona lemniſcata, apparatu Perſico , regali ſceptro , aureo di-
ademate, lucentibus gemmis , in hominum nobilium ceruicibus equi-
taſſe. Hæc ſcilicet Petrus olim Romæ fecit, eáque ſucceſſoribus ſuis,
quaſi per manus tradidit. Hec enim à Papis hodie Romæ fiunt: atque
ita fiunt, quaſi aliud fieri nihil debeat. Aut niſi hoc malint fortaſſe dicere Papam ea nunc facere omnia, quæ olim ſcimus feciſſe Petrum:
diſcurrere in omnes terras: docere Euangelium, non tantùm publicè,
ſed etiam priuatim per ſingulas domus: inſtare opportunè,importunè,
tempeſtiuè, intempeſtiuè: opus facere Euangeliſtæ,implere miniſterium Chriſti: eſſe ſpeculatorem domus Iſrael : accipere oracula & voces
Dei, eáſque vt acceperit ita populo reddere: eſſe ſal terræ: eſſe lucem
mundi: non ſeipſum paſcere, ſed gregem : non implicare ſe ciuilibus
negotijs huius vitæ: non exercere dominium in populum Domini:
non querere vt id ſibi ab alijs miniſtretur, ſed ipſum potiùs alijs miniſtrare: omnes Epiſcopos putare ſocios eſſe ſuos, & pares: ſubie-
ctum eſſe principibus tanquam à Deo miſſis: reddere quod Cæſaris
eſt Cæſari : quódque veteres Epiſcopi Romani ſine exceptione
fecerunt Imperatorem Dominum ſuum appellare: Hec niſi nunc
Papę faciant, & niſi ea quę diximus Petrus fecerit , nihil eſt
quod de nomine Petri, & de iſta ſucceſsione tantopere glorientur.
Quòd autem de ſeceſſione noſtra querantur, & nos ad ſocietatem & fidem ſuam reuocent, multò minùs. Cobilonem(aiunt)quendam La-
cedæmonium , cùm fœderis feriendi cauſa miſſus eſſet legatus ad Regem Perſarum, & Aulicos fortè inueniſſet ludentes aleâ, ſtatim re in-
fectâ rediſſe domum: rogatum cur neglexiſſet ea facere quæ publicè
acceperat in mandatis, reſpondiſſe, quòd ignominioſum exiſtimaſſet
id fore Reibublicæ, ſi fœdus percuſſiſſet cum aleatoribus. At ſi nos ad
Pontificem Pontificiòſque errores redire animum induceremus, & fœdus non tantùm cum aleatoribus, ſed etiam cum hominibus longè ne-
quioribus feriremus ; eſſet id nobis non tantùm ad famam ignomini-
ſum

ofum, fed etiam ad inflammandam aduerfus nos iram Dei, & ad opprimendam extinguendámque 'confcientiam noftram, pernitiofum.
Nam nos quidem difceffimus ab illo quem videbamus multa iam fæ-
cula cæcaffe orbem terrarum. Ab illo qui nimiùm infolenter dicere
folebat fe errare non poffe, & quicquid ageret, non poffe fe à quoquam
mortalium, non à Regibus, non ab Imperatoribus, non à toto Clero,
non ab vniuerfo populo iudicari : non fi mille animas fecum abdu-
ceret ad Inferos : Ab illo qui fibi imperium fumebat, non tantùm in
homines, fed etiam in Angelos Dei, vt irent, redirent, ducerent animas
in Purgatorium, & eafdem reducerent cùm ipfe vellet, quem Gregorius clariffimè dicebat effe præcurforem & Antifignanum Antichrifti,
& à fide Catholica defeciffe, à quo Coryphæi noftri illi, qui Euangelio atque agnitæ veritati fe opponunt, ad vnum omnes iam pridem
vltro, & libenter difcefferunt : & nunc etiam ab eodem non inuiti dif-
cederent, nifi eos inconftantiæ nota, & pudor, & populi de fe exifti-
matio impediret. Poftremò ab illo difceffimus, cui obftricti non eramus, quique præter genium quendam loci, & fucceffionem, quod pro
fe diceret, nihil habuit. Et nos quidem ab illo longè omnium iuftiffimè
difcefsimus. Noftri enim Reges illi etiam qui auctoritatem & fidem E-
pifcoporū Romanenfium obferuantiffimè fequebantur, fatis iam olim
fenferunt iugum, & tyrannidem regni Pontificij. Romani enim Epifcopi ab Henrico Rege noftro eius nominis Secundo, diadema de capite
detraxerunt, eamq; abiectâ omni maieftate, priuato tantùm habitu, vt
effet fuis omnibus ludibrio, ad Legatum fuum venire demiffum & fup-
plicem voluerunt. Et in Regem noftrum Iohannem, Epifcopos, &
Monachos, & nonnullam etiam partem Nobilitatis armauerunt, & populum omnem iureiurando, quo illi erant obftricti liberârunt, eúmque
poftremò nefariè per fummum fcelus, non tantùm regno, fed etiam vitâ exuerunt : Et Henricum eius nominis Octauum, nobilifsimum
Principem diris & fulminibus defixerunt. Et in illum modò Cæfarem,
modò Gallum commouerunt, quodq; in ipfis erat, regnum noftrum
prædæ ac direptioni expofuerunt : homines infani ac fatui, qui aut tantum Regem, laruis & crepitaculis perterrefieri poffe crederent, aut tantum regnum tam facilè, vno quafi bolo deuorare. Et quafi hęc omnia
non effent fatis, vniuerfam etiam Prouinciam vectigalem habere voluerunt : & ex ea quotannis cenfus iniuftifsimos exegerunt. Tanti videlicet nobis conftitit amicitia vrbis Romæ. Quòd fi illi nobis ifta
impofturis & malis artibus extorferunt, nihil caufæ eft, cur non illis
eadem legitimis rationibus & bonis legibus pofsint eripi. At fi ea illis
Reges noftri in illa caligine fuperiorum temporum, inducti opinione
aliquâ fimulatæ illorum fanctitatis, religionis ergo, vltrò, & liberaliter donauerunt, pofteà animaduerfo errore, à pofteris Regibus qui
eàdem

eâdem poteftate funt,poffunt auferri. Irrita enim eft donatio,nifi do-natoris voluntate comprobetur. Voluntas autem videri non poteft, quam error obfufcat,atque impedit.

Habes Chriftiane Lector: Non effe nouum,fi hodie poftliminio refti-tuta,& quafi renafcens religio Chriftiana contumelijs, & conuitijs ac-cipiatur: Id enim Chrifto ipfi,Apoftolis,& primæuæ Ecclefiæ Chrifti-anis accidiffe. Tamen ne quis iftis aduerfariorum noftrorum clamori-bus abduci, & fibi imponi patiatur, expofuimus vniuerfam rationem religionis noftræ,quid de Deo Patre, quid de eius vnico filio Iefu Chri-fto, quid de Spiritu fancto,quid de Ecclefia,quid de Sacramentis,quid de Minifterio, quid de facris Scripturis, quid de Cæremonijs, quid de omni parte perfuafionis Chriftianæ fentiamus. Diximus præterea nos omnes antiquas hærefes, quas aut facrofanctæ fcripturæ, aut vetera Concilia condemnârunt,vt peftes & pernicies animorum deteftari , & in fundamentis veræ religionis, vnanimes confentire. Nos difcipli-nam Ecclefiafticam, quam aduerfarij noftri prorfus eneruârunt,quan-tum maximè poffumus reuocare: & omnem vitæ licentiam, & diffo-lutionem morum, prifcis , & auitis legibus,& ea qua par eft, quaq; poffumus feueritate vindicare. Nos regnorum ftatum eo quo accepi-mus loco, fine imminutione vlla, aut mutatione retinere, & principi-bus noftris Maieftatem,quantùm maximè poffumus,incolumem con-feruare. Nos ab illâ Ecclefiâ quàm ifti fpeluncam latronum fecerant, & in qua nihil integrum, aut Ecclefiæ fimile reliquerant, quamq; ipfi fatebantur multis in rebus errauiffe, vt Lothum olim è Sodoma, aut A-brahamum è Caldæa, non contentionis ftudio, fed Dei ipfius admo-nitu difceffiffe: Et ex facris libris quos fcimus non poffe fallere,certam quandam religionis formam quæfiuiffe, & ad veterum Patrum,atque Apoftolorum, primitiuam Ecclefiam, hoc eft, ad primordia atque initia, tanquam ad fontes redijffe. Auctoritatem autem in ea re, aut confenfum concilij Tridentini, in quo videremus nihil rectè, atque or-dine geri,vbi ab omnibus in vnius nomen iuraretur: vbi legati princi-pum noftrorum contemnerentur: vbi nemo noftrorum Theologorum audiretur: vbi apertè partibus, atque ambitioni ftuderetur, non ex-pectaffe. Quod olim fancti Patres, quodq; maiores noftri fæpe fece-runt prouinciali conuentu noftras Ecclefias reftituiffe. Epifcopi verò Romani, cui obftricti non eramus, quiq; nihil habebat, nec Chrifti, nec Petri, nec Apoftoli, nec omninò Epifcopi fimile, iugum, & ty-rannidem pro eo ac debuimus, excuffiffe. Poftremò, nos inter nos, de omnibus dogmatis & capitibus religionis Chriftianæ conuenire, & vno ore vnóque fpiritu colere Deum, & Patrem Domini noftri Ie-fu Chrifti.

161 Quare cùm videat aliquis rationes & caufas,& reftitutæ apud

nos religionis, & feceſſionis ab iſtis noſtræ, mirari non debet, ſi Chriſto noſtro obtemperare maluimus, quàm hominibus. Paulus nos admonuit, ne varijs iſtis doctrinis nos abduci pateremur: vtque illos imprimis fugeremus, qui fererent diſſentiones, præter illam doctrinam,
quam à Chriſto, & Apoſtolis accepiſſent. Iamdudum vt noctua ad O-
rientem ſolem, ita iſtorum impoſturæ dilabuntur & fugiunt ad aſpe-
ctum, & lucem Euangelij: Et quamuis ad cœlum vſque extructę, atque
exaggeratæ ſint: tamen leui momento, & quodammodo ſua ſponte
corruunt. Non enim putare debes iſta omnia temerè, aut caſu accidiſſe. Dei hæc voluntas fuit, vt inuitis propè omnibus, Euangelium
Ieſu Chriſti in orbem terrarum his temporibus ſpargeretur. Itaque diuinis vocibus admoniti homines, ſeſe vltrò ad Chriſti doctrinam con-
tulerunt. Nos quidem non gloriam ex ea re quæſiuimus, non opes,
non voluptates, non otium. Hæc enim iſti habent abundè omnia, &
nos ea, cùm apud illos eſſemus, multò largiùs, & prolixius habebamus.
Neque nos conſenſionem, & pacem fugimus: ſed pacis humanæ
cauſâ cum Deo belligerare nolumus. Dulce quidem, (inquit Hilarius) eſt nomen pacis: ſed aliud eſt, (inquit) pax, aliud ſeruitus.
Nam vt quod iſti quærunt, Chriſtus tacere iubeatur, vt prodatur veritas Euangelij: vt errores nefarij diſſimulentur: vt Chriſtianorum
hominum oculis imponatur: vt in Deum apertè conſpiretur, non ea
pax eſt, ſed iniquiſſima pactio ſeruitutis. Eſt quædam, inquit Nazianzenus, pax inutilis: eſt quoddam vtile diſſidium. Nam paci cum exceptione ſtudendum eſt, quantum fas ſit, quantúmq; liceat. Alioqui
Chriſtus ipſe non pacem in mundum attulit, ſed gladium. Quare
ſi nos Papa ſecum in gratiam redire velit, ipſe priùs in gratiam redire
debet cum Deo. Hinc enim, inquit Cyprianus, ſchiſmata oriuntur,
quia caput non quæritur, & ad fontem ſacrarum Scripturarum, non
reditur: & cœleſtis Magiſtri præcepta non ſeruantur. Non enim (inquit) pax ea eſt, ſed bellum: nec Eccleſiæ iungitur, qui ab Euangelio
ſeparatur. Iſti verò cauponari ſolent tantùm nomen pacis. Pax enim
illa, quam tantoperè quærunt, otioſorum tantùm eſt ventrum tran-
quillitas. Nam hæc omnia inter nos facilè componi poſſent, niſi am-
bitio, venter, luxus impedirent: hinc illæ lacrymæ: animus eſt in pa-
tinis. Id ſcilicet clamant, atque obſtrepunt, vt malè parta fœdiùs & ne-
quiùs tuentur. Queruntur hodie de nobis Indulgentiarij, Datarij,
quæſtores, lenones, alijque qui quæſtum putant eſſe pietatem, nec Ieſu Chriſto ſeruiunt, ſed ſuo ventri. Olim enim iſti generi hominum
fuit quæſtus vberrimus apud ſæculum prius. Nunc autem quicquid
Chriſto accidit, id omne ſibi detractum putant. Id hodie Pontifex ipſe
queritur, refrixiſſe videlicet pietatem: reditus ſuos anguſtiores iam
eſſe, quàm ſolebant. Itaque nos in odium rapit, quantum poteſt, & o-
nerat

nerat contumelijs, & condemnat pro hæreticis : vt qui caufam non intelligunt, putent nullos effe homines nequiores. Nos tamen interim eà caufâ nec pudet, nec certè pudere debet Euangelij. Dei enim gloriam pluris facimus, quàm exiftimationem hominum. Scimus ifta vera effe omnia, quæ docemus, nec poffumus aut vim facere confcientiẹ noftræ, aut teftimonium dicere contra Deum. Nam fi nos negamus partem aliquam Euangelij Iefu Chrifti coram hominibus, ille nos viciffim negabit coram Patre fuo. Quòd fi qui funt, qui offendi velint, & Chrifti doctrinam non ferant, cæci funt, & duces cæcorum : Veritas tamen prædicanda, & præ nobis ferenda eft, & patienter expectandum eft tribunal Dei. Interim ifti videant quid agant, & de falute fua cogitent, & definant odiffe ac perfequi Euangelium Filij Dei, ne illum aliquando fentiant vindicem, & vltorem caufæ fuæ. Deus fe haberi ludibrio non finet: Iamdudum homines vident, quid agatur. Ifta flamma quantò magis reprimitur, tantó magis magifq; erumpit, atque euolat. Infidelitas iftorum non fruftrabitur fidem Dei. Quòd fi duritiem iftam animorum ponere, & Chrifti Euangelium recipere recufabunt, Publicani & peccatores anteuertent illis in regno Dei.

Deus & Pater Domini noftri Iefu Crifti, illis omnibus oculos aperiat, vt videre poffint beatam illam fpem, ad quam vocati funt, vt vnà omnes glorificemus vnum illum & verum Deum, eumq; quem de cœlo ad nos demifit Iefum Chriftum, cui vnà cum Patre, & fancto Spiritu, reddatur omnis honor & gloria in omnem æternitatem.
A m e n.

F 2

DOCTRINA CATECHE-
TICA ECCLESIÆ ANGLICANÆ MA-
gis succincta, qua iuuentus & plebs rudior, à Parœcia-
rum ministris, antequam confirmentur ab Episcopo, & Eu-
charistiæ Sacramentum percipiant, sunt imbuendæ, Symbolum
Apostolicum, Decalogum, Orationem Dominicam, Doctrinam Sacramentorum complectens: cui, formæ benedictionum
ad mensam, & precationum mane & vespere, ab vnoquoque in priuatis familijs dicen-
darum subi, ciuntur.

Quæstio.

 Vod tibi nomen est?

Responsio.
N. M.
Quæstio.
Quis tibi hoc nomen tribuit?
Responsio.

Susceptores mei in Baptismo, in quo membrum Christi, filius Dei, &
hæres regni cœlorum effectus sum.
Quæstio.
Quid tuo nomine tum susceptores fecerunt?
Responsio.

Tria promiserunt: primùm, renunciaturum me Diabolo, & omnibus operibus eius, pompis & voluptatibus huius sæculi, & prauis
concupiscentijs carnis: Secundum crediturum me omnibus fidei articulis: Tertium sanctam Dei voluntatem, & omnia eius præcepta obseruaturum, in eisque per omnem vitam perambulaturum.
Quæstio.
Putásne te coram Deo deuinctum esse & obstrictum, vt ea omnia credas &
facias, quæ tuo nomine illi susceperunt?
Responsio.

Equidem puto, Deóq; adiuuante ita faciam, Patri item cœlesti gratias ago immortales, quòd me dignatus sit per Dominum Iesum Christum, ad hanc salutis viam vocare, ipsúmq; vehementer oro, vt me ita
sua gratia confirmet, in eadem vt permaneam ad finem vsq; vitæ meæ.

F 3   Quæstio

Quæstio.

Recita fidei Articulos?

Responsio.

Credo in Deum Patrem omnipotentem , Creatorem cœli &
terræ: Et in Iesum Christum Filium eius vnicum,Dominum nostrum:
Qui conceptus est è Spiritu sancto,natus ex Maria Virgine : Passus sub
Pontio Pilato, crucifixus, mortuus & sepultus : Descendit ad inferos,
tertiâ die resurrexit à mortuis : Ascendit ad cœlum , sedet ad dextram
Dei Patris omnipotentis: Inde venturus est ad iudicandum viuos &
mortuos : Credo in Spiritum sanctum: Sanctam Ecclesiam Catho-
licam:Sanctorum communionem: Remissionem peccatorum: Carnis
resurrectionem: Et vitam æternam. Amen.

Quæstio.

In illis fidei Articulis , quid præcipuè discendum arbitraris ?

Responsio.

Primùm disco credendum mihi esse in Deum Patrem, qui & me , &
vniuersum hunc mundum condidit. Secundò in Deum Filium,qui &
me & totum genus humanum redemit. Tertiò in Spiritum sanctum
Deum, qui me & omnes Dei electos sanctificat.

Quæstio.

Dixeras susceptores tuo nomine promisisse, te mandata Dei obseruaturum;
dic igitur quot sunt illa ?

Responsio.

Decem.

Quæstio.

Quæ sunt illa ?

Responsio.

Quæ Deus ipse prodidit capite vigesimo Exodi, dicens : Ego sum
Deus tuus qui te eduxi ex Ægypto , Ex domo seruitutis.

Non habebis Deos alienos coram me.

Non facies tibi simulacrum vllius rei , quæ aut suprà in cœlo sit, aut
infrà in terra , aut in aquis infrà terram : Non veneraberis eos , neque
coles : Nam ego sum Dominus Deus tuus Zelotypus , qui parentum
iniquitatem etiam in liberis vindico , ad tertiam vsq;, quartamq; progeniem osorum mei, clementiáque vtor ad millesimam vsque progeniem erga mei;amantes, meáq; præcepta obseruantes.

Nomen Domini Dei tui inaniter non vsurpabis : neque enim sinet
Deus impunitum, qui eius nomen inaniter adhibuerit.

Diem Sabbati sanctè transigere memento:sex diebus operaberis, &
facies omnia opera tua ; Septimo verò die quod est Domini Dei tui Sabbatum nullum opus facies , nec tu, nec filius tuus, nec ancilla tua, neq;
iumentum tuum , neque apud te degens peregrinus. Nam sex diebus
perfecit

perfecit Deus cœlum & terram, & mare, & quicquid in illis continetur, feptimo quieuit. Itaque diem Sabbati facrum fibíque dicatum
voluit.

Honora patrem & matrem, vt fis longæuus fupra terram, quam daturus eft tibi Dominus Deus tuus.

Non occides.

Non adulteraberis.

Non furaberis.

Non dices falfum teftimonium contra proximum tuum.

Non concupifces domum proximi tui, non vxorem, non feruum, non
ancillam, non bouem, non afinum, nec quicquid omninò aliud quod
alterius fit.

Quæftio.
Quid ex dictis mandatis tibi præcipuè difcendum arbitraris?
Refponfio.
Equidem duo ex illis difco: officium fcilicet primùm in Deum, de-
inde etiam & in proximum.

Quæftio.
Quod eft in Deum officium tuum?
Refponfio.
Vt in illum credam, illam timeam, diligam ex toto corde, ex tota
mente, ex totis viribus, vt illum colam, illi gratias agam, in illum folum fiduciam collocem, illum inuocem, illius nomen & facrofanctum
verbum adorem, illíq; omnibus diebus vitæ meæ iugiter inferuiam.

Quæftio.
Quod tuum eft in proximum officium?
Refponfio.
Vt illum æquè atque meipfum diligam: Ita me erga alios geram,
quemadmodum & illos erga me fe gerere cupio: parentes, amore, veneratione, & fubfidio complector: Regalem Maieftatem, eiufq; miniftris honore & obedientia profequar, erga omnes gubernatores, in-
ftitutores, paftores fpirituales, & magiftros, morigerum me & obedi-
entem præbeam. Submiffe me & reuerenter geram erga maiores:
Neminem verbo aut facto lædam: in omnibus me iuftum, fidelem, &
integrum oftendam: odium intus in animo occultum non foueam:
manus à furto, linguam à mendacio, calumnia, & obtrectatione con-
tineam: corpore me temperantem, fobrium, caftum præbeam: aliena
denique vt bona non concupifcam, fed proprio labore, & induftria ftu-
deam, ad victum neceffaria comparare, eíq; vitæ rationi fatiffacere ad
quam me diuina prouidentia vocauerit.

Quæftio.
Hoc velim fcias optime fili tuis te viribus, ifta præftare non poffe, neque in
F 4 *Dei*

Dei mandatis versari, & illi prout decet inseruire nisi singulari eius gratia, adiutum,quæ, quomodo ardentissimis precibus petenda sit,eas scas oportet. Audiam igitur an memoriter teneas orationem Dominicam?

Responsio.

Pater noster qui es in cœlis, sanctificetur nomen tuum: Adueniat regnum tuum: Fiat voluntas tua sicut in cœlo, & in terra: Panem nostrum quotidianum da nobis hodie: Et dimitte nobis debita nostra, sicut & nos dimittimus debitoribus nostris: Et ne nos inducas in tentationem, sed libera nos a malo. Amen.

Quæstio.

In hac Oratione quid à Deo petis?

Responsio.

Equidem contendo à Domino Deo patre cœlesti, bonorum omnium largitore, ita me, omnesq; alios sua gratia velit augere, & confirmare, vt illum colamus, illi seruiamus, & pro eo atque decet in omnibus obtemperemus: peto etiam vt omnia nobis largiatur, tum ad corporis incolumitatem, tum ad animæ salutem necessaria, vt sua nos misericordia complectatur, nobisq; nostra peccata condonet, dignetur nos ab omnibus periculis, & animæ & corporis tueri, ab omniq; peccati & sceleris contagione, ab hoste spirituali Satana, morte, & damnatione æterna liberare. Quæ quidem omnia spero pro sua misericordia, & benignitate faciet per Dominum nostrum Iesum Christum. Ideoq; in extrema clausula addo Amen.

Quæstio.

Quibus præterea medijs vtendum est nobis, ad hanc gratiam consequendam, qua & articulos fidei Christianæ firmiùs amplectamur, præcepta Dei diligentiùs obseruemus,& ardentiùs Deum inuocemus?

Responsio.

Media præcipua sunt verbum Dei, & sacra mysteria siue Sacramenta à Christo instituta.

Quæstio.

Quot Sacramenta instituit Christus in Ecclesia sua?

Responsio.

Duo tantùm tanquam in genere ad salutem necessaria, Baptismum scilicet, & sacram Cœnam.

Quæstio.

Quid intelligis per Sacramentum?

Responsio.

Externum & visibile signum intelligo spiritualis & internæ gratiæ nobis collatæ, quod etiam instituit ipse Christus, vt instrumentum esset, & pignus certissimum, quòd ipsum recipiamus.

Quæstio.

Quæstio.

Sacramenti quot sunt partes?

Responsio.

Duæ. Externum signum visibile, & spiritualis gratia inuisibilis.

Quæstio.

Quodnam est Baptismi externum & visibile signum, siue forma?

Responsio.

Aqua, qua persona baptizata intingitur, vel aspergitur in nomine Patris, & filij, & Spiritus sancti.

Quæstio.

Quænam est illa interna & spiritualis gratia?

Responsio.

Mortificatio ad peccatum, & regeneratio ad iustitiam : hac enim ratione filij gratiæ efficimur, etiamsi nascamur in peccato, & simus iræ filij.

Quæstio.

Quid requiritur à baptisandis?

R. Sponsio.

Resipiscentia, quâ denunciant peccato, & fides qua firmiter credunt Dei promissis, in illo Sacramento sibi exhibitis.

Quæstio.

Cur igitur baptisantur infantes, cùm ætatis ratione ista præstare nequeant?

Responsio.

Imò præstant ea quodam modo per Sponsores suos, qui in illorum nomine promittunt ista & vouent, quæ ipsi quoque postquam adoleue-rint, præstare tenentur.

Quæstio.

Ad quem finem instituta fuit sacra Cœna?

Responsio.

Ad perpetuam recordationem Sacrificij, & mortis Christi, nec non beneficiorum quæ percipimus ex eo.

Quæstio.

Quænam est pars externa, vel signum Cœnæ Dominicæ?

Responsio.

Panis & vinum, quæ Dominus nobis recipere præcipit.

Quæstio.

Quænam est pars interna, siue res signata?

Responsio.

Corpus & sanguis Christi, quæ verè atque reipsâ exhibentur, & à fi-delibus recipiuntur in sacra Cœna.

Quæstio.

Quale sacrificium est illud, cuius hic participes facti sumus?

· Responsio.

Responsio.

Animarum noſtrarum viuificatio,& corroboratio per corpus & ſanguinem Chriſti,quibus non minùs animę aluntur,quàm corpora noſtra pane,& vino reficiuntur.

Quæſtio.

Quid requiritur ab ijs qui ad Cœnam Dominicam accedunt?

Responsio.

Vt explorent ſemetipſos,an verè peccatorum quæ commiſerunt pæniteat,vt vitæ nouitati diligenter ſtudeant, fidémque viuam habeant in Dei miſericordia per Chriſtum: Denique vt gratam ipſius memoriam recolant,& charitatem exerceant erga omnes.

FORMÆ BENEDICTIONVM AD
menſam, & precationum manè & veſperè
ab vnoquóque in priuatis familijs dicendarum,
publicâ auctoritate editæ.

Benedictio ad menſam ante alimentorum perceptionem.

 culi omnium ſpectant in te Domine, & in bonitate tua vnicè confidunt, tu das illis eſcam tempore opportuno : Aperis tu manum tuam,& imples omne animal benedictione. Quare miſericors & cœleſtis Pater,benedic nobis & omnibus tuis donis, quæ ex benigna tua largitate ſumus percepturi, per Ieſum Chriſtum Dominum noſtrum. Amen.

Benedictio ad menſam poſt alimentorum receptionem.

DEus potentiæ & gloriæ, qui nos creauit, redemit, & in præſentia pauit,laudetur & benedicatur,nunc & in æternum.Amen. Conſeruet Deus Eccleſiam ſuam, Regem noſtrum, ac totum regnum pacémque nobis in Chriſto Ieſu perpetuò largiatur.

Precatio matutina ſurgenti è lecto dicenda.

DOmine Deus & Pater cœleſtis, quàm humillimè tibi ago gratias, quòd ex paterna tua bonitate, dignatus fueris me hac nocte ab omnibus malis & periculis tutum cuſtodire : & tuam bonitatem ardenter oro, vt me quoque hac die ab omni malo tùm agendo, tùm patiendo, velis conſeruare : tuámque gratiam mihi ſic largiri , vt omnia mea facta, atque adeò vt tota vita tibi placeant, & proximo proſint,in Nominis tui gloriam, per Ieſum Chriſtum Dominum noſtrum. Amen.   *Precatio*

Precatio vespertina conferenti se cubitum, dicenda.

GRatias tibi ago Pater cœleſtis, quòd ex gratuita tua miſericordia & bonitate, hac die me ab omnibus noxis & periculis cuſtodieris. Et ſupplex te oro, vt omnia peccata quæ perpetraui, & Maieſtatem tuam grauiter offendi, propter dilecti Filij tui Ieſu Chriſti merita velis condonare; & hac nocte gratiâ tuâ ab hoſtibus tum corporalibus, tum ſpiritualibus conſeruare. Concedas fragili meo corpori ſomnum, & quietem, animo perpetuam in te vigilantiam, vt cùm Aurora venerit, corpore & animo ſanus, hilare reſurgam, meæq́; vocationis munera peragam in Nominis tui gloriam, & proximi commodum, per Ieſum Chriſtum Dominum noſtrum.
AMEN.

DOCTRINA
CATECHETICA
MAGIS AMPLA,

QVAM ECCLESIÆ AN-
GLICANÆ CONSTITV-
TIONIBVS, OMNES PÆDA-
GOGI AC LVDI-MAGISTRI, SVOS
Difcipulos tenentur Latiné & Anglicè pro
eorum captu edocere:

CVI SVBNECTVN-
TVR MATVTINÆ, ET
VESPERTINÆ, PRECA-
tiones, ftudiofis & Scholis
accommodatæ.

PRÆCIPVA HVIVS
CATECHISMI
CAPITA.

CAP. I.
Proemium ad Catechifmum de pietate Chri-
ftianâ, eiufque partibus.

CAP. II.
De Obedientia.

CAP. III.
De Fide.

CAP. IIII.
De Jnuocatione.

CAP. V.
De Sacramentis.

DOCTRI-

DOCTRINA CATE-
CHETICA MAGIS
AMPLA.

CAP. I. *Proemium.*

Magifter.

N Arra mihi, mi fili, quam religionem colis?
Auditor.
Eandem illam quam Chriftus Seruator nofter docuit; vnde Chriftianus nominor, & ita reuera me effe confido. — Acts 11.d 26.

M. *Quænam eft Chriftiana pietas?*

A. Pietas Chriftiana, eft diuini numinis fancta veneratio, & ob-temperatio legibus illius. — Matth.4.b 16. Ioan.15.24.

M. *Vnde eft eius intelligentia capienda?*

A. Ex verbo Dei, quod veteris nouíque Teftamenti libris expli-catur. — Ioan.5.d 39. Acts 17.c 11 2.Tim 3.d 15, 16,17.

M. *Cur verbum Dei, vocabulo Teftamenti nominatur?*

A. Quia diuina voluntas de rebus expetendis fugiendifque, in eo perfectè atque immutabiliter continetur,à qua vllam in partem non eft deflectendum. — Ioan.4.d 25. Gal.3.c 15,17. Gal.1.2,8,9 Deut.4.c 2. Efa.3.d 21.

M. *Qua ratione modóque, diuinæ voluntatis in eius verbo explicatæ per-quirenda eft cognitio?*

A. Affidua diuini verbi lectione atque meditatione: aut attenta eius, ab alijs lecti puréque explicati, auditione. — Ioan.5.d 9. Acts 17.c 2,3.

M. *Satin' id eft?*

A. Quia mortalium nemo diuinæ fapientiæ, in eius verbo recondi-tæ fcientiam ingenio induftriáue fuapte confequi poteft ; à Deo precari fedulò vehementérque debemus, vt per Spiritum Sanctum fuum, men-tes noftras facri verbi fui cognitione, fidéque, & voluntati ipfius in eo-dem illuftratæ parendi ftudio ardenti, imbuere velit. — 1.Cor.1.d 21. & 3.b 7. Pfal.119.c 33, 34,35. Ioan.19.b 13

M. *Quæ funt diuini verbi partes præcipuæ.*

A. Lex & Euangelium.

M. *Hæc duo : alterum ab altero, quomodo fecernuntur ?*

A. Lex ad omne nos officij munus inftruit, tam pietatis erga De-um, quàm charitatis in proximum, vtque vtríque illud præftemus, fum-mo ftudio præcipit : & legi parentibus vitam promittens fempiternam, æternam mortem eius ruptoribus minitatur. — Ioan.1.b 17. Luc.16.d 16. Acts 13.f 39 Rom.6.c 1,a 15. M tt.22.d 37, 38,39,40. Luc.10 27,28. Rom.10.a 5 Gal.3.b 10.

M. *Euangelium verò quid?*

A, Euan-

Matt.c 1.b 15.
Luc.5.32.
Ioan.1.b 17.
Act.2. a 38,39.
& 13.f 38,39.
Rom 1.a 5,b 16
& 6.c 1,15,4.

A. Euangelium nobis confirmat, Deum, per fidem in Chriſtum, illis qui contra legem commiſerunt, miſericordem ſe præbiturum, ignoturúmque, modò animi dolore quod eum offenderint, afficiantur, & ſeipſos reprehendentes, corrigere atque emendare ſtudeant.

M. *Quot partibus conſtat vera religio?*

A. Religio, perinde ac verbum Dei, ex quo tanquam ex fonte profluit, duas habet partes.

M. *Quænam illa ſunt?*

Ioan. 14 b 15,c
21,23,24.
Rom.10,5,6,b 8

A. Obedientia, quam lex imperat, & fides quam Euangeliū requirit.

C A P. 2.   *De obedientia.*

Mar.1.b 15.
Rom.1.a 5,b 16.
Ioan.1.4.b,15,c
28,23,24.
Mar.16.d 16.
Act.2.c 21.
Rom.19.c12,13.
Ioan.14.b 13,c
12,13,24.
Gal.3.b 10.

M. VErum maioris perſpicuitatis gratia in plura te membra religionem partiri velim.

A. Videor mihi non ineptè quatuor has vt principes veræ religionis partes poſſe recenſere: obedientiàm, fidem, inuocationē, & ſacramenta.

M. *Age ergo: de iſtis quatuor, vt ea ordine recitaſti, te interrogabo: Et quoniam vera obedientia quæ prima pars eſt, ad regulam diuinæ legis, ſit dirigenda, neceſſariò primùm intelligendum eſt, quid de lege Dei ſentias?*

Exo.34 d 28,29
Pſal.19.b 6,7,8,
9,10.
Exod.20.
Deut.5.
Eſa.30.21.

A. Legem Dei, duabus expreſſam tabulis, iuſtitiæ normam eſſe perfectiſſimam arbitror, recta imperantem, vetantémq; contraria.

M. *Prior tabula quæ tractat?*

A. Debita Deo pietatis officia tradit, quatuórq; prima præcepta in ea continentur.

M. *Secunda quæ docet?*

Matt.10.c 11,12,
& 22.d 39,40.
Exod.34.b 13.
Deut.4.b 13.

A. Ad charitatem, mutuáq; inter homines officia nos inſtituit, ad quam reliqua ſex præcepta pertinent: Ita lex vniuerſa decem omnino præcepta complectitur, ex quo fit, vt decalogi nomine appelletur.

M. *Quod eſt primæ tabulæ præceptum primum?*

Exo.20 c 1,2,3.
Deut.5.1,5,6,7.

A. Deus ſic eſt eloquutus; Audi Iſrael: Ego ſum Dominus Deus tuus, qui te eduxi ex domicilio ſeruitutis Ægyptiæ: Non habebis deos alienos coram me.

M. *Quare nos primùm commonefacit ſe Dominum Deum noſtrum eſſe?*

Deut.10 b 12,13
Mal.1.b 5,6.

A. Illis verbis eius immenſa infinitáq; maieſtas, potentia, & bonitas explicantur: nóſque pariter parendi ſumma neceſſitate aſtringimur, niſi & contra potentiſſimum repugnare, & in benigniſſimum, beneficentiſſimúmq; ingrati eſſe velimus.

M. *Quid eſt quod edicit nobis, Ne habeamus deos alienos coram ſe?*

A. Idololatria omnis his verbis prohibetur, ac damnatur.

M. *Quid eſt Idololatria?*

A. Rebus

A. Rebus vllis conditis diuinum cultum tribuere, aut in illis vt Dijs quibuſdam fiduciam perfugiúmque habere : quod patrare ſcelus eſſet maximè deteſtabile. Ipſius enim ſolùm Maieſtati diuini honores, ipſius bonitati ſingularis ille noſter amor debetur: ad illius opem confugere, ab illo in terroribus periculíſque omnibus opem atque auxilium petere & expeƈtare ; illius benignitati nos noſtraq; omnia debere, gratis animis agnoſcere, ingenuéque confiteri oportet.

Pſal.119. d 89.
Matt.4.b 10.
Deut.10.b 1.
23.3.d 20,21.
Matt,12.d 37.
Pſal.50.c 14,
d 23.
Pſal.79.p 13.&
95.2,6,7.& 100
a 1.2,3.
Ioan 3.c 27.
1.Cor.4.b 7.
Iacob.1.c 17.

M. Suprema illa verba, coram me, aut in conſpeƈtu meo, quid ſibi volunt?

A. Nihil tam penitùs abſconditum eſſe, aut in occulto latere, quin Deo notiſſimum ſit, atque apertiſſimum: ac proinde non voce, manifeſtiſque ſolùm vitæ aƈtionibus atque externâ ſpecie, ſed intimâ etiam atque ſincerâ puræ mentis ſanƈtitate, Deum, illumque vnum, prætereà neminem, piè colendum eſſe atque venerandum.

Pſal.7 b 9.&
139.c 14.

Eſai.29.c 13.
Mat.1.a 8.&
15,a 8.

M. Summatim expone, quos maximè putes hanc in legem peccare.

A. Idololatræ (vt dixi) omnes, omnes arioli, augures & conieƈtores, incantatores, venefici, magi, ſagæque omnes, omnéſque qui ad illos deferunt, illiſue fidunt, prophetæ item mendaces omnes, qui falſa, vanáque docent, præterea qui verbo Dei abutuntur, aut maximam illi fidem non habent, nec illius monitis, ſed inanibus ſuis ſomnijs aut conieƈturis ducuntur: denique qui res vllas conditas ſuprà, aut æquè atque Deum conditorem metuunt, amant, aut magnifaciunt, hi omnes hiſq; conſimiles vniuerſi hanc legem violant.

Leuit.19.c 31.
Eſa.8.c 19.& 47
b 9.
Deu.28 c 19,20.
Mat 15.a 23. &
b 6.6.

M. Recita iam præceptum ſecundum.

A. Signum ſculptile aut ſimulachrum vllius rei quæ aut ſuprà in cœlo, aut infrà in terra, aut in aquis infra terrram ſit, non effinges. Ea non veneraberis, neque coles: nam ego ſum Dominus Deus tuus zelotypus, qui parentum iniquitatem etiam in liberis vindico, ad tertiam vſque quartámque progeniem oſorum mei ; clementiáque vtor ad milleſimam vſque progeniem erga mei amantes, meáque præcepta conſeruantes.

Exo.20 a 1.d 23.
Leuit 26 a 1.
Deut.4.c 15,16,
17,18,19.
Eſai.40.a 18.&
44 9,&c.

M. Videri poſſit hac lege piƈtorum fiƈtorúmque artificia condemnari, ita vt fas non ſit vllas omninò imagines habere.

A. Nequaquam : in prima enim hac tabula minimè de rebus artificioſis, quæ ad humanos ciuiléſque vſus expetuntur, ſed de ijs tantùm, quæ ad Dei cultum pertinent agitur.

Mat.22.c 20,21,
d 36,37.

M. Quænam eſt igitur huius præcepti ſententia?

A. Hoc ſecundo præcepto prohibet Deus, primùm, ne imagine vllâ ipſum imitari, vel adumbrare, quærere, aut colere conemur. Secundò, ne ſimulacra ipſa veneremur, aut illis quoquo modo ad Idololatriam aut ſuperſtitionem abutamur, interdicit: Verùm vt Deum ſolùm, non ad noſtrum arbitrium libidinémque, ſed purâ atque integrâ mente,

Eſai 40.d 18.&c.
Deut.5.a 8,9.
Pſal 97.b 7.
Eſa.44 17.

G   veréque

veréque, quemadmodum nobis fuo ipfius verbo præfcriptum eft, colamus & veneremur.

M. *Quam ob caufam Deum corporeâ fpectabilíque formâ effingere nefas eft?*

Pfal.11 3,a c 4,
5.& 1.15,23.
Efa.40.c 18, &c.
Io.n.4 c 24
Rom.1,c 20,23,
&c.

A. Quia corporea, infirma, inanima, vanáque effigies aut imago nullam cum Deo, qui Spiritus eft immortalis, infinitâ, immenfâ, incomprehenfibili magnitudine, maieftatéque, communitatem habere, nec vllam eius fimilitudinem fpeciemue gerere poteft.

M. *Quemnam colendi morem hic condemnat?*

Leuit.26.a 11.
Deu 4.c 9.&
5.b 9.
Pfal.97 b 7. &
115 b 8.
Efa.44.c 17.
Acts 7.f 38.
Exod.20 a 5,
Deu 5.b 9.
& 6.15.
Pfal.76.f 38.

A. Quum precatione vfuri, nos ad fimulacra vertimus, fupplices nos coram illis abijcimus, nudato capite aut aliâ fignificatione illis honorem tribuimus, perinde quafi Deus in illis nobis præfens adeffet.

M. *Claufulam huic præcepto additam repete.*

Deu.10 b 12,13.
2.Reg.18.f 39.
Mala 1.b 5,6.
1.Tim.6 c 15,16
Exod.34.14.
Efa.42 b 8.

A. Nam ego (inquit) fum Dominus Deus tuus, zelotypus, qui parentum iniquitatem etiam in liberis vindico, ad tertiam vfque quartamq́; progeniem oforum mei.

M. *Quamobrem hæc commemorat Deus?*

A. Dei atque Domini vocabulis fefe nuncupans, etiam atq; etiam monet, vt tum ad Maieftatem, tum ad benignitatem fuam, ficuti antè dictum eft, refpectum habentes, ad ipfius arbitrium nos totos accommodemus. Zelotypiæ vero nomine declarat, participem aut confortem fecum venerationis fuæ fe nullo modo tolerare poffe.

M. *Ecquid præterea additum ad prohibendum Idololatriam?*

Exod.34 b 7.
Efa.14.c 20.

A. Quo nos magis ab Idololatriæ peccato, quod tam vehementer deteftatur, refrænet, minatur fe non in maleficos tantum, fed in eorum etiam liberos pofterofq; vindicaturum effe.

M. *Perge porrò, quod reliqui eft in hac lege explicare.*

A. Quemadmodum Deus grauiter minando terret, ne ipfius voluntati repugnare audiamus: Ita prolixius adhuc de fua clementia, bonitateque promittendo, nos ad fibi parendum allicit, confirmans cum

Deut.5.b 10.
Exod.34.b 6,7.

ijs omnibus, qui fe amant, fuifque præceptis obfequuntur, tum ipforum etiam pofterorum multis millibus, mifericordiam fe fingularem effe impartiturum.

M. *Quum antea vltionem tertiæ, aut ad fummum quartæ generationis denunciet: quid eft, quòd hic clementia fua aliquot millia comprehendat?*

Pfa 30.2,5.& 10
3 b 8,& 145.b 8.
Efa.54 b 7,8,10

A. Vt demonftret ad facilitatem fe beneficentiamque, quàm ad acerbitatem atque afperitatem impendiò magis effe propenfum.

M. *Perge iam ad tertium mandatum.*

Exod 20.b 7.
L.u t.16.b 12.

A. Nomen Domini Dei tui inaniter non vfurpabis: neque enim finet impunitum Dominus qui eius nomen inaniter adhibuerit.

M. *Quid eft inaniter vfurpare nomen Dei?*

Efa.8.c 19.
& 52.b 5.

A. Eo ad blafphemiam, incantationem, veneficium, execrationem, periurium,

periurium, aut ad temerarium, inconsultum, vel non necessarium iusiurandum abuti: Deumue nisi iusta de causa, magnaque abhibita reuerentia vel semel nominare.

M. *Non potest ergo Dei nomen in iureiurando recte adhiberi?*

A. Potest profectò, cùm graui de causa, iusiurandum iuramus, vt
aut verum testimonio confirmemus, præcipue legitimæ alicuius potestatis accitu ad id euocati: aut ob alias res magnas atque graues, vt vel
Deo suus honos atque gloria conseruetur, aut cumulatiùs etiam augeatur & amplificetur, vel hominum inter homines coniunctio beneuo-
lentiaq; retineatur. Huiusmodi aliqua oblata occasione, Sacramento
contendere licebit, venerando verendoq; Dei tantùm nostri, non vllius
cuiusquam alterius, nomine adhibito.

M. *Quid deinceps in lege est?*

A. Neque enim impunitum (inquit) sinet Dominus, qui nomen
eius inaniter adhibuerit.

M. *Cur in diuinum nomen iniuriosis peculiares hìc minæ proponuntur?*

A. Ostendere voluit quanti nominis sui decus æstimaret, vt im-
pendentem vindictam cernentes, eò studiosiùs, ne iniuriam illi faciamus,
caueremus.

M. *An ergo nefas esse putas diuorum, aliorumue hominum, aut rerum nomina in Sacramento interponere.*

A. Omnino: iusiurandum enim dare idem est, atque eum, per
quem iuramus, & veritatis testem, & si peierimus, periurij nostri vltorem, punitoremque constituere: quam laudem intelligendi vindi-
candique maleficia omnia, diuinæ solùm sapientiæ atque maiestati debitam, alijs personis rebusuè impartiri immane scelus esset.

M. *Recita iam proximum præceptum.*

A. Præceptum quartum, quod & primæ tabulæ est postremum, sic
habet: Diem Sabbati sanctè agere memento, sex diebus operaberis, &
facies omnia opera tua: septimo verò die, quod est Domini Dei tui
Sabbatum, nullum opus facies, nec tu, nec filius tuus, nec filia tua, nec
seruus tuus, nec ancilla tua, neque iumentum tuum, neque apud te degens peregrinus: nam sex diebus perfecit Deus cœlum & terram, &
mare, & quicquid in illis continetur, septimo quieuit. Itaque diem sabbati sacrum, sibiq; dicatum esse voluit.

M. *Sabbati vocabulum quam habet significationem?*

A. Sabbatum, interpretatione explicatum, vocatio aut quies dici
potest: nam eo die pij humana opera omnia missa facere debent, vt
diuina religionis sanctitatisq; studia diligenter colere possint.

M. *Quamobrem suum nobis factum Dominus ad imitationem exposuit?*

A. Quia insignia preclaraque exempla humana mentibus penitùs

insident,

Leuit.19.b 12.
Acts 19 c 13.
1.Tim.1.b 10.
Matt. 5.f 33, 44.
Psal.11.3.a 1,2.

Exod.22.b 11
Ioan.2.b 12.
Psal.15.b 5.
& 63.b 12.
2.Cor. 1. d 23.
Heb.6.d 16.

Exod.20.b 7.
Leuit.16.b 12

Leuit.19.c 12.
Ezec.20.b 9,
c 14.

Exod.12.b 11.
Psal.9.3.b 12.
Heb.6.b 16.
Deut.9.d 13.&
10.d 10.
Iosua 23 b 9.
Esa.58.c 16.

Exod.16.c 23.
& 20.b 8,9,10,
11 & 13.a 3.
Leuit.23.c 3.
Deut.5.c 21.13,
14,15.
Ezec.20 b 12.
Gen.2.a 1,2,3.
Heb.4 a 3, c 9,10

Exod.16.d 2,3.
Leuit.16.c 31.
Iere.27.c 21.
Leuit.13.c 56.
Eze.46.a 3.
Marc.6.a 2.

Tob. 2.b 12.
Ioan.13.b 13.1.

1.Cor.1.b 15,16
& 11.2.1.
Ephe. 5.a 1.
1.Pet.2.d 21,f41 insident, stimulosque admouent acriores. Dominos enim serui, & parentes liberi perlibenter imitando exprimunt. Maximè verò omnibus est optabile, vt mortales Deum sibi ante oculos mentis proponentes, ipsius sese imitatores similesque pæberent.

M. *Sabbati piè colendi quænam est ratio?*

Mar.9.a 4.Lu.4 c
16,Act.13.b 27.
Mat.10.b 37.
Psal.95. a 2. Esa.
56.c 7. Matt.21.
c 13. Eph.3,d 21.
1.Cor.11,d 18.
& 14.c 29. *A.* Populus in vnum locum congregari debet, vt disciplinam Christi intelligat, vt fidei suæ confessionem edat, vna voce communia vota Deo faciat, vt diuinorum factorum memoriam conseruet, vt Deo pro suis diuinis erga se meritis gratias agat, & vt mysteria sacra à Christo instituta concelebret.

M. *Ecquid præterea requiritur, vt diem Sabbati sanctè agamus?*

A. Externa hęc est requies, celebratioǫ; Sabbati: præterquam, quies est colendique Sabbati ratio quædam spiritualis.

M. *Quænam ea est?*

Esa.1.c 14,16,
& 58.d 13.
Heb.4. d 9,10.

Gal.5,d 24
Col.3. a 2. *A.* Quum à rerum humanarum occupationumque, & studiorum nostrorum cura vacantes, Dei nos arbitrio, vt is ad suum nos sensum formet, penitùs tradimus: quumque (vt sacrarum literarum verba vsurpem) carnem nostram crucifigimus, & affectionibus commotionibusque tanquam frænos inijcimus, vitiosam naturam nostram comprimentes, vt ad diuinam nos voluntatem accommodemus: eo enim pacto sabbati nostri dies, quam in hac terra celebramus, aptè & conuenienter exemplar, & similitudinem requietis illius imitabitur, quam in cœlo sempiternam & perpetuæ sanctæque oblectationis plenissimam sumus habituri.

M. *Satin erit ista septimo quoquo die exequi?*

Psal.1.a 2. & 84
a 4.
Luc. 18. a 1.
Ephe.5. c 19,20. *A.* Oportet sanè quemq; separatim ista secum quotidiè recordari atque meditari, humanæ tamen infirmitatis desidiéque effugiendæ gratia, certus dies ad hanc rem propriè designatus est.

M. *Hactenus prioris tabulæ præcepta percensuisti, quibus vera Dei veneratio, quæ fons est omnis boni atǫ origo, breui explicatur: noxaǫ omnes, quæ ad Deum directò spectant, prohibentur: nunc verò quæ sint charitatis beneuolentiæque in homines nostræ partes, quæ ex eodem illo fonte fluunt atque hauriuntur, & secunda tabula continentur, perge declarare.*

Exod.20.b 12
Deut.5.b 16
Matth.15.a 4 *A.* Secunda tabula hoc habet principium: Honora patrem & matrem, vt sis longæuus super terram, quam daturus est tibi Dominus Deus.

M. *Honoris vocabulum, quam hic habet significationem?*

Pro.1.a 8.Mat.7
b 10,12. Col.3.
c 20.Heb.11.c 9 *A.* Honor parentum, eorum amorem, timorem obseruantiamque comprehendit: & parendo, inseruiendo, opem ferendo illis eosque tuendo, alendo etiam atque sustinendo, quid ipsis opus fuerit, situs est.

M. *Hæc lex naturale sne solùm parentes attingit?*

A. Qui authoritatem habent omnes, omnes aduersus quos reuerentia

rentia est aliqua adhibenda, vt Magistratus ministri Ecclesiastici, præ- *Deut.1.b 9,10.*
ceptores, doctrina, sapientia, ætate, honore, aut alia aliqua dignitate *Rom.13.a 1.*
antecedentes, parentum nomine designantur. *Leuit.19.c 32.*
1.Tim.5.a 1.

M. *Principes, magistratus, cæterique qui alijs præsunt, cur Parentum no-* *Pro.5.c 13.*
mine notantur.

A. Vt declaretur, quòd Deus eos nobis nostro reipublicæque com- *Rom.13.a 4.*
modo, donauerit: atque ita parentum nomine, quod principibus, ma- *Heb.13.c 17*
gistratibus, alijsque superioribus tribuitur, commonemur, vt illis
non pareamus solum, verùm etiam vt eos reuereamur, atque amemus.

M. *Quid deinceps in hac lege est?*

A. Longam eos beatamquè vitam, Dei beneficio esse victuros, qui *Exod.20.b 12.*
parentibus, principibus, magistratibus, alijsque superioribus dicto au- *Deu.5.b 16*
dientes fuerint, debitumque ipsis honorem tribuerint. Contráque *Ephes.6.a 23.*
consequens est, qui parentibus, principibus, magistratibus, aut superioribus alijs minus se obedientes præbuerint, aut contumeliosi in eos fuerint, illos aut citò repentinoque cum ignominia morituros, aut vitam
quauis morte acerbiorem, turpioremque traducturos esse; qui etiam
ad extremum contumaciæ scelerisque sui pœnas apud inferos sempiter-
nas sustinebunt.

M. *Sextum iam quod sit præceptum dicito?*

A. Non occides. *Exod.29.b 13.*

M. *Satisne legem hanc obseruabimus, si manus ab homicidio, sanguineque* *Deut.5.c 21.*
integras seruabimus? *Matth.5.c 21.*
& 10.c 18.

A. Prohibentur etiam ea quæ cædis occasionem aliquam habent, *Iacob.2.d 11.*
vt ludibria, irrisiones, maledicta, probra, conuitia, rixæ, pugnæ, & simi- *Matth.5.d 21.*
lia omnia. *22,23,24.*
Rom.3.c 13.

M. *Ecquid est amplius?* *14,15.*
Gal.5.d 20,21.

A. Deus sua lege non externis tantum actionibus, sed animorum *Ia.3.c 14, d 16.*
etiam affectionibus, iisque vel maximè cauit: apud Deum enim iudi- *Matth.5.d 21.*
cem iracundia, odiumque, & occidendi, vindicandi, aut nocendi voluntas omnis, homicidium esse decernitur. Hoc ergo iure diuino ista *Gal.5.d 20.21.*
etiam vetantur. *1.Ioa.2.b 9,*
10,11.

M. *Si neminem ergo oderimus, abundè legi huic erit satisfactum?*

A. Deus cùm odium reprobat, beneuolentiam nobis in omnes *Luc.6.d 27,28.*
mortales, hostes etiam, requirit: idque adeò quidem vt maleuolis inui- *Rom.12.c 14.*
disque nostris, qui infenso, crudeliterquè infesto in nos sunt animo, sa- *d 17,19,20.*
lutem, & tranquillitatem, omniaque faustè, fœliciter, prosperè euenire
optemus, beneficijs illos etiam, si facultas in nobis fuerit, afficiamus,
Deoque pro illis vota faciamus.

M. *Quod est septimum præceptum?*

A. Non adulteraberis.

M. *Hoc præceptum quam sententiam habere putas?* *Exod.20.b 14.*
Deut.5.c 28.
Matth.19.18

G 3 *A.* Ob-

Pro.6.d 2,25
Mat.5.d 27,28,
29.
Rom.13.d 13
1.cor.6.b 2,10.
1.Cor.13.16,
18,19
1.Thef 4 a 3,4,
5,7.& 5 d 22.
Efa.16.g 46,56.
Eccle.3 5.c 26.
1.Cor.3.16,17
& 6.c 15,16.

A. Obscœnarum voluptatum vniuerfum genus, omnis verborum turpitudo, oculorum, geftufque petulantia omnis, omnes impuritatis notæ atque indicia quæcunque, hac lege condemnantur. Defidia etaim inertiaque, in cibo, potu, veftitu, luxus & luxuries, ludi, lufufque impudici, & quæcunque præterea ad corporis animiue fœditatem folicitare, aut commouere poffunt, hoc præcepto vetantur. Naɪn, vt mentes etiam noftras ab appetitionibus defiderijfque impudicis puras conferuemus, præcipitur, propterea quòd tam animæ quàm corpora noftra templa funt diuino fpiritui confecrata.

M. *Profequere reliqua.*

A. Octauum præceptum eft, Non furaberis.

M. *Hoc præcepto quæ prohibentur?*

Exod.20.16
Mat.9.c 18.
Pro.11.a 1. &
20.h 10,d 23.
1.Thef.4.b 6.
Tit.2.c 20.
Pfal.92.b 20.
Pro.17.d 23.
Efa 5.d 2 (.
Ezek.22.b 13.
Malac 3 b 5.
1.Tim.5.c 18.
Pro.14.d 20,
21,c 31.
Ifa.2.a 3,3,9.
& 5 5,19,20.
Leuit.19.b 9.
10,& 23,d 22.
Deut.22.a 1,2.
31.4. & 24 c
15,17,19. &
27,c 17,18,19.

A. Non ea folum furta vetantur, quæ humano iure plectuntur: fed etiam edicitur, ne nundinatione aut venditione fraudulēta, menfuris dolofis, parumue legitimis ponderibus, aut adulterinis fucatifque mercibus quenquam fallamus: neue iudicijs pecuniâ tentatis, precioque & largitione corruptis, aut vlla alia fraude, doloue malo adhibito, quenquam circumueniamus. Præterea, qui officium debitumue alteri fubducunt, vt qui laborum mercedem operarijs non perfoluunt, qui per auaritiam pauperibus egentibufque opem ferre, viduis fuccurrere, orbis pupulifque fubuenire, peregrinis, atque aduenis opitulari recufant: quique rudes atque ignaros rerum non inftituunt atque erudiunt, qui concilij expertes concilio non iuuant, qui vagos errantefque ab errore non auertunt: neque in rectam viam reuocant atque reducunt; qui afflictis mœrentibufque confolationem non adhibent: omnefque horum fimiles hac lege condemnantur.

M. *Hoc præcepto an quicquam adhuc prætereà continetur?*

A. Omninò. Nam ex alienis damnis vtilitates noftras aucupandɪ

Zac.8.c 16,17.
Act.10.g 33.

aliquam etiam voluntatem cogitationémue fufcipere hac lege prohibemur. Nam quod in homines iniuriofum eft, id vel optare, aut expetere vitiofum eft, in confpectu Dei.

M. *Recita iam nonum præceptum.*

Exod.20 c 16.
Deut.5.c 20.
Mat.19.c 18.
Exod 13.a 1.
Leuit.9.b 11.
Deut.9.d 18.19.
Pfal.15.a 3.
Soph.3.b 13.
Luc.3.c 14.
Mat.19.c 18.
1.Pet.2.a 1,2.
Pro.3.a 3.& 12.c
17.& 23.d 23.
Eccle.37.c.15.
2.Cor.3.c.8.
1 Ephe.4.d 25.

A. Non eris aduerfus proximum tuum teftis mendax.

M. *Hæc lex quam habet fententiam?*

A. Hac lege non apertum folum euidénfque periurium, iufiurandíque violatio, fed omnis etiam vanitas, calumnia, obtrectatio, maledictio, affentatio, fimulatio, difsimulatióque omnis quæ fint aut contra rem, aut exiftimationem proximi, generatim vetantur: Præcipitúrque, vt nec ipfi vnquam mendacium, falfúmue quicquam dicamus, neque in alijs, verbo, fcriptura, reticentiáue comprobemus: fed vt veritatem femper colamus: tutemur, exquiramus atque fuftentemus.

M. *Nihilne vltra requiritur hac lege?*

A. Deus,

A. Deus, qui intimos animorum noſtrorum ſenſus penitus perſpe-
ctos habet, à maledicendo nos prohibens, aliquid etiam mali temerè
de proximo vel ſuſpicari opinariue prohibet, adeóq; præcipit, vt quoad
per veritatem licebit, bene de alijs exiſtimemus, bonámq; ipſis famam,
quantum quidem efficere poterimus conſeruemus.

Mat.7,a 1.
Rom.14.a 4.
1.Cor.13.b 5 7.

M. *Reſtat iam poſtremum præceptum.*

A. Non concupiſces cuiuſquam domum, non vxorem, non ſeruum,
non ancillum, non bouem, non aſinum, nec quicquam omninò aliud
quod alterius ſit.

Exod.20.c 17.
Mich.2.a 1,2.
Rom.7.b 7.
& 13.d 14.
1.Cor.10.b 6.

M. *Hoc præceptum, quid vltra quàm ſuperiora, imperat?*

A. Anteà Deus maleficia, deprauatáſque animorum affectiones ve-
tuit: iam vero innocentiam omnibus ſuis numeris expletam à nobis
exigit, adeò quidem vt nullum omninò vel tenuiſsimum deſiderium, vel
leuiſsimæ cogitationis motum, à virtute quicquam deflectentem in
mentes noſtras irrepere patiamur. Æquum námqueeſt, vt in animis
etiam, & mentibus noſtris, ſumma coram Deo caſtitas ſanctimoniáq;
reſplendeat. Ab illo enim bonitas atque æquitas non niſi perfectè abſoluta probari poteſt; cuius etiam legem hanc ſuam norman omni ex parte perfectiſsimam nobis ante oculos conſtituit.

Eſa.1.c 16.

Gal.5.d 24.
Ier.4 b 14.
Ezek.18.c 32.
Mat.5.a 8.
Rom.12.a 2.
Pſ l.5.a 4,5.
1.Cor.6.c 14.

M. *Poſteaquam decem iam præceptorum ſententiam interpretatione bre-*
ui explanaſti: dic mihi, cunctáne ea quæ ſeparatim articulatimque explicu-
iſti, in pauca conferri, breuitérque & ſummatim deſcribi nequeunt?

A. Poſſunt ſanè; nam & Chriſtus, diuinus ille doctor, totam legis
vim atquerationem coarctans, eius ſummam quàm breuiſsimè his verbis expoſuit, Diliges Dominum Deum tuum, ex toto corde tuo, ex tota
anima tua, ex tota mente tua, & ex totis viribus tuis: hoc maximum
eſt præceptum in Lege: Secundum autem eſt huic ſimile: Diliges proximum ſicut teipſum. Ad hæc enim duo mandata vniuerſa Lex & Prophetę referuntur.

Mat.22.c 37.
Mar.12.c 30.
Luc.10.c 27.

M. *Amorem in Deum cuiuſmodi hìc à nobis deſiderari putas?*

A. Qui Deo ſit idoneus: hoc eſt, vt ſumma poteſtate Dominum,
ſumma parentem bonitate, conſeruatorem noſtrum ſumma miſericordia prędicum eum eſſe confiteamur. Ad amorem itaque erga Deum
noſtrum accedere debet, vt & reuereamur maieſtatem illius, & eius pareamus voluntati, eiuſque bonitati confidamus.

Deut.10.c 12.7,
20.
Pſal.25.a 1. &
31.a 1. & 96.b
7,8,9. & ,118.
b 8.

M. *Totum cor, anima tota totáq, vires quid declarant?*

A. Eam videlicet amoris flagrantiam, & incorruptam integritatem,
vt cogitationibus, cupiditatibus, conſiliis, actionibus vllis quæ Dei
amori repugnant, nihil proſus loci relinquatur. Etenim Deum non modò pluſquam ſua omnia, ſed multò etiam magis quàm ipſe ſe, quiſque
plus diligit.

Deut.6.c 17,18.
& 30.b 6.
Ioſ.23.c 11.
Ioan.14.b 15.
c 21,23,24. &
15.b 10.
Mat.13.d 37,38.
Luc.14.f 26.

M. *Nunc de proximi amore quid habes dicere?*

G 4   *A.* Chriſtus

A. Chriſtus voluit Chriſtianos ſuos ſummæ inter ſe coniunctionis vinculis arctiſſimè aſtringi: Et quum noſtri nobis amor naturalis ſit, atq; in animis penitùs inſitus, nulla expeditior, contractior nulla, nulla iuſtior fraterni amoris norma, nec quæ plus habeat efficacitatis, reperiri poteſt; quàm quæ ab ipſo humano ingenio deducta, nobis à domino præſcribitur, vt vnuſquiſque ſcilicet proximum eodem, quo ſe ipſum amore, complectatur. Cui conſequens eſt, vt ne quid agamus contra proximum, ne quem ſermonem, nequam cogitationem de illo habeamus, quod nobis ab aliis fieri, vel de nobis dici cogitariue nollemus.

Ioan.13.b 34,35
1.Cor.13.b 4,5,
&c.
Eph.1.26,27.
Phil.1.a 2.3
1.Theſ.b 9.10.
Mat.7.b 12.& 9,
29.
Luc 6.d 3.
Rom.13.c 8.
1.Cor.13,&c.

M. Proximi vocabulum quàm longè patet?

A. Non tantúm prope nos habitantes, aut cognationis, affinitatis, amicitiæ, amoris, ciuiliſue alicuius conſuetudinis vinculis aſtricti; ſed & ignoti, atque etiam hoſtes hac voce proximi continentur.

Mat.5.g 43,44
Luc.10.f 33,36
37.
1.Theſ.4.b 9.10

M. Quando igitur Lex diuini numinis piè ſanctéque venerandi, & caritatis atque beneuolentiæ erga homines habendæ rationem abſolutam præſcribit, an non adilius normam tota eſt vita noſtra dirigenda?

A. Omninò, atque hoc tantopere, vt Deus mores ad legis ſuæ regulam conformantibus vitam paciſcatur, & a legis præſcriptione aberrantibus, è contrario, ſicuti ſupra diximus, mortem minetur.

Deut.8.a 1.& 11.
d 28.& 30 a 15
17.
Mat.19.c 17.
Ioan.12.g 50.
Rom.6.d 23.
& 10.a 5.

M. Iuſtos ergo eos eſſe putas, qui à iure diuino nulla ex parte diſcedunt?

A. Certè quidem: ſi qui ad legem Dei vſquequaque ſeruandum valerent, iure illi quidem iuſti cenſeri poſſent: ſed ingenita naturæ noſtræ corruptione, ita ex inſcitia, debilitate, prauitate, laboramus vniuerſi; vt officium iure diuino debitum neque intelligamus, neque illi ſatiſfacere aut valeamus, aut velimus. Tametſi enim inueniatur vnus aliquis, qui in aliqua re vna & altera externa legem obſeruet, tamen is in multis aliis à recto diſcedit, & humanus animus ab illa iuſtitia atq; innocentia interiori, quam Lex requirit, perpetuò aberrat. Quamobrem nemo iure iuſtus eſſe poteſt in conſpectu Dei, qui de omnibus (qui non omnia, iure diuino deſcripta exequitur) ſententiam fert, eoſque deteſtatur, atquè execratur.

Rom.10.a 5.
Gen.6.b 5.& 8.d
21.
Prou.20.b 9.
Rom.7. c 14.15.
Gal.2.d 16.
Pro.20 b 9.

Deut.17 d 26.
Gal 3.b 10.
Iaco.2.c 10,11.

M. Num igitur Lex, cunctos omnino mortales miſerrima hac conditione ſine vllo prorſus remedio aſtringit?

A. Deo diffidentibus, & à religione pietateque remotis, Lex hanc quam memoraui, conditionem conſtituit, illis ab omni omninò ſpe derelictis: qui vt ne tenuiſſimam quidem particulam legis præſtare poſſunt; ita nihil quicquam Dei miſericordiæ per Chriſtum confidunt: Piis verò lex aliarum vtilitatum fructus præbet.

Deut.27.d 26.
Rom.3.b 10.
& 8.b 7,8.
Ephe.5 b 5.6.
Iacob.2.b 10.

M. Quinam illi ſunt, dicito?

A. Primum omnium, Lex vitæ regulam perfectè abſolutam nobis
ante

Deut.6.b 6.7.
Ioſ.1.b 7,8,

ante oculos proponens, diligentiam noſtram excitat, vt moreṣ noſtros ad illum dirigamus. Pſal.1.a 2.
& 119.totum.

M. *Quid praterea?* Rom.3.c 19.&

A. Secundò, quia legem, vltra quam mortalium vires præſtare poſſunt, requirere, nobiſq; poteſtatem tanti oneris ſuſtinendi deeſſe animaduertimus; ad auxilium à Deo flagitandum Lege exuſcitamur. 7.c 14,15.
2.Cor.3.b 5.
Pſal.119.a 5,12,
27,28.b 33.34,
&c.

M. *Perge.*

A. Porrò autem, quum turpitudinis noſtræ labes atque fœditatem in Lege, vt in ſpeculo, cernimus, tanquam frænos nobis inijcit, reprimítque : ne integritate noſtrâ confiſi, ſuperbos nos in conſpectu Dei præbeamus. Rom.3.b 10.11,
12.c 19.20.&
7.b.7.

M. *Proſequere.*

A. Quando peccati, quod diuinæ legis eſt violatio, conſcientiâ ſtimulamur atque conuincimur, intelligimúſque nos per peccatum in execrationem, acerbiſſimum odium, grauiſſimámque Diuini numinis offenſionem, atque indignationem incurriſſe ; mercedémque atque ſtipendium, quod peccatum meretur, eſſe, vt non ſolùm omnibus calamitatibus atque miſerijs huius vitæ, morbíſque & morte corporis afficiamur ; verum etiam vt damnatione atque interitu ſempiterno multemur : ſimul atque ex Lege agnoſcimus, nos per peccatum in hunc condemnatorum ſtatum, quo nihil tetrius cogitari poteſt, perueniſſe; toto pectore, totâ mente, toto corde, animóque cohorremus, & contremiſcimus, atque ita, vt caſum noſtrum ſalutariter doleamus, & vt noſmet noſtri pœniteat, Lex efficit ; impellítque vt peccatorum veniam, iuſtitiam & vitam ſempiternam (quæ ex Lege adipiſci non poſſumus) à Chriſto Seruatore tantùm, & per Chriſtum expetamus, atque expectemus. Pro.20.b.9.
1.Ioan.3.a 4.
Deut 27.d 26.
Gal.3.b 10.
Rom.1.c 18.&
2.b 8.& 4.c
15.& 6.d 23.
2.Cor.3.b 7,9.

Ephef.5.b 5,6.

Rom.3.c 20.
21,22.& 5.c
15,16.&c.
Gal.2.c 16.

M. *Legem igitur, quantum intelligo, tanquam magiſtrum ſe ducémque ad Chriſtum præbere affirmas, qua nos notitiâ noſtri, pœnitentiáque & fide, rectâ ad ipſum viâ perducat?* Rom.10.2,4.
Gal.3.b 10,11.
& d 24.

A. Sané ita eſt, ſimulq; ex his perſpicuum eſt illud, Legem non fruſtra latam eſſe, tametſi mortales ab officij, quod Lex requirit, præſtandi facultate longiſſimè abſint. Rom. 3.d.33.
& 7.c 1.13,16.
Gal.3.c 10.

C A P. 3. *De fide.*

M. **V**Erum dicis. *Nunc dilecte fili quando de Lege & obedientia ſatis vt in hac contractione breuitatéque dictum ſit, ratio flagitat, vt proximè dicatur de Euangelio, quod diuina per Chriſtum miſericordiæ promiſſa eis, qui contra Legem commiſerunt, modò ipſos commiſſi pœniteat, facta complectitur,*

complectitur, ad quod Euangelium fides præcipuè referenda est : hoc enim secundo loco in nostra distributione propositum fuit ; & eorum quæ tractauimus continuatione, quasi manu eò deducti sumus. Dic ergo quæ sit Euangelij, fideíque nostræ summa?

A. Eadem illa, quæ Christianæ fidei principes articulos, vnà olim arctè contractos, comprehendit : quamq́; vulgus ex prima voce nominat, **The Creed,** id est, Fidem nostram.

M. *Fidem tuam pronuntia.*

A. Credo in Deum Patrem omnipotentem, Creatorem cœli & terræ : Et in Iesum Christum Filium eius vnicum, Dominum nostrum: Qui conceptus est è Spiritu sancto, natus ex Maria Virgine : Passus sub Pontio Pilato, crucifixus, mortuus & sepultus : Descendit ad inferos, tertiâ die resurrexit à mortuis : Ascendit ad cœlum, sedet ad dextram Dei Patris omnipotentis: Vnde venturus est ad iudicandum viuos & mortuos : Credo in Spiritum sanctum: Sanctam Ecclesiam Catholicam: Sanctorum communionem: Remissionem peccatorum: Carnis resurrectionem: Et vitam æternam. Amen.

M. *Vniuersam hanc fidei confessionem, in quæ membra dispartiris?*

A. In quatuor principalia : in quorum primo, de Deo Patre, & rerum omnium creatione : in secundo, de eius Filio Iesu Christo, quod & humanæ redemptionis summam omnem continet : in tertio, de sacro Spiritu : in quarto de Ecclesia, & de Dei donis Ecclesiæ per Christum datis, explicatur.

M. *Age igitur, hunc ordinem in explanandis istis quatuor partibus conseruato : principio verò* Credendi *verbum in primo Christianæ fidei introitu, quam vim habeat, expone.*

Mat.10.c 32.
& 28. d 19.
Ioan.1.b 12,13.
Rom.1.b 17.
& 10. b 9.
Gal.3. d 26.
Heb.1. d 14.

A. Hac voce significo, veram me atque viuam, hoc est, Christiani hominis fidem, in Deum Patrem, Deum Filium, & Deum Spiritum sanctum habere ; eamq́; me fidem, hac confessionis formulâ profiteri, firmissiméque asseuerare.

M. *Viua ea veráue & Christiana fides quæ sit, mihi quàm potes apertissimè declarato?*

Ioan.1.b 12, 13.
Ioan.8. a 1.b
14,g 38,39.
Col. 2. a 12,3.
Heb.10.22,23.
& 11. a 1.
Psal.1. a 3.
Mat.7. c 17,18.
& 13. c 23.
Gal. 5. a 6.
1.Pet.1. c 13,
14,15.

A. Fides est certa cognitio paternæ Dei erga nos per Christum beneuolentiæ, fiduciáque in eodem, sicuti in Euangelio testatum est; quæ studium piæ vitæ, id est, Dei Patris voluntati obsequendi semper coniunctum habet.

M. *Intelligis igitur, nullos impios, qui aut de Dei misericordia desperant, aut eius iustitiam non pertimescunt, sed vitam vitiosam animo securo viuunt, hanc veram Christianam fidem habere posse, tametsi eius verba pronuntient?*

A. Ita omnino intellexi.

M. *Quum non nisi vnus sit Deus, dic quare in Christianæ fidei confessione tres nominentur,* Pater, Filius, & Spiritus sanctus.

A. Non variorum Deorum hæc sunt nomina, sed trium diuersarum in vna diuinitate personarum : nam Deus Pater, Deus Filius, & Deus Spiritus sanctus, tres personæ vnus tantum Deus sunt, sicuti edocti sumus ex sacris literis, quibus prom ptam potiùs fidem adiungere, quàm tam penitus reconditi & abditi mysterij infinitam altitudinem curiosè scrutari debemus.

M. Verissimè loqueris: perge porro. Quamobrem Deum Patris nomine nuncupas?

A. Primum omnium, maximéque quòd vnici Filij sui Iesu Christi natura Pater sit : Deinde quòd noster etiam sit pater, tum quia nos condidit, omnibusque vitam dedit, tum etiam quòd nos iterum diuinè per spiritum sanctum generauit, per fidem in verum suum atque naturalem filium Iesum Christum nos elegit; sibique filios & regni coelestis, atque sempiternæ vitæ hæredes, per eundem instituit.

M. Cur Deum omnipotentem appellas?

A. Quòd & fabricatus est omnia, & omnes res ex sua voluntate moderandi summam potestatem habet.

M. Spiritusne etiam malitiosi impijque homines in Dei potestate continentur?

A. Nunquam alioquin sine summa solicitudine essemus, si quam illi lędendi nos facultatem, contra diuinam voluntatem haberent. Verùm ea nos consolatione sustentamur, quòd neque dæmones, neque conscelaratissimi homines, nihil quicquam, nisi Dei arbitratu vel permissione tentare omnino valeant : quodque nos adeò in tutela patris omnium rerum præpotentis sumus, vt ne vllus quidem capitis nostri pilus, nisi ipsius voluntate qui nobis optimè vult, in terram decidere possit.

M. Cur adiungitur, Deum coeli & terræ creatorem esse?

A. Quòd diuinam potentiam, sapientiam atque bonitatem (quæ per se intelligentia comprehendi non possunt) in eius operibus, vt in speculis intueri liceat. Nam quum immensam illam mundi magnitudinem contuemur, eamque esse partium omnium constitutionem, vt neque ad aspectum magis decoræ, neque magis ad vtilitates omnes accommodatè excogitari possent; artificis illico effectorisque infinita potentia, sapientia, bonitas nobis ante oculos mentìs obuersantur.

M. Qua ratione vniuersa à Deo condita esse affirmas?

A. Deum Patrem Opt. Max. à principio, & ex nihilo, per potentiam sui verbi, hoc est, Iesu Christi Filij sui, totum hunc spectabilem mundum & vniuersa in eo inclusa, atque spiritus etiam corporis expertes (quos nuncupamus angelos) fabricatum esse & construxisse.

M. Num censes tamen satis piè asseuerari, Deum spiritus omnes malitio-
sos,

Matt.3.c16,1.
& 28.d 19.
1.Ioan. 5.b 7.
Ioan.10.f 30,&
14.b 7,9,8,11.
1.Cor.1.a 5,6.
Pro.2.5.d 26.
Psal.2.b 7.
Matt.3 c 17.
Ioan.1.b 14.
Rom.1 5.b 6

1.Cor.1 2.3.
Gen.1.d 27.
Malac.1.a 6.
& 3.b 10.
Io.1.b 1,12.&
3.a.3.5.
Ro.8.c 15,16,17
Gal. 4.a 5,6
Ephe.1.a 5,6
Tit.3.b 7
1.Pet.1.2,3 4,
d 23.
Esa.40.c 21,22,
&c.
Mat.5 g 45.
& 10.c 29.
Ephe.1.b 1.
Heb.1.a 3
Ioan.1.b 10,
11,12.
Mat.8.d 31,32.
Luc.22.d 31.32.
Ioan.10.f 28,29
& 19.b 10,11.
Act.2.d 23.24
& 4.f 27,28.
& 12.c 11
Luc.11.b 7.
& 21.d 18.
Psal.19 a 1.
& 50.b 6.
Rom.1.c 10,20

Gen 1.a 1. & 6.
Psal.33 b 6,7.
& 39.b 11.
Ioan 1.a 3.
Act.14 c 15
1 Cor.8.a 6
Heb.1.a 2.
Col.1.c 16.

Gen. 1. d 31
Ioan. 8. f 44
Iud. b 6

sos, etiam eos (qui à nobis diaboli nominantur) feciße?

A. Deus illos tales non effecit; verùm illi à prima creatione, suo ipsorum vitio omni restitutionis spe perditâ, defecerunt: proinde non creatione & naturâ, sed naturæ corruptelâ deprauati sunt.

M. Satiſne Deo fuit cuncta ſemel creaße, poſtea verò omni rerum curatione vacaße?

Pſal. 75. a 3. &
104. b 8, 9, & c. &
145. c 14, 15. &
147. a 5, 6. & c.
Col. 1, b 16, 17.
Heb. 1. a 2, 3
Gen. 1 c 26, 29
Pſal. 8. b 6. 7. &
10. 4, 5, 14, 15,
& c.
Prou. 6. a 4
Eſa. 43. b 7
Rom. 11. a 39.
Col. 1. c 16.

A. Nequaquam. Deus enim vt omnia fecit, ita omnia fulſit, & moderatur : alioqui vniuerſa in nihilum ſubitò occiderent.

M. Quem ſibi finem Deum Opt. Max. in condendis gubernandiſꝗ, rebus omnibus propoſuiße putas?

A. Hominum gratia fabricatus est mundus : & quæ in eo continentur cuncta, comparata ſunt, vt vtilitati commodiſque humanis ſeruirent. Et vt cætera vniuerſa humani generis cauſâ, ita hominem ipſum Deus ad ſuam propriè gloriam fecit.

Gen. 1. 15. & 12.
b. 7. c 8. 20.
d 21, 23.

M. Ediſſere quis primus fuerit hominis ortus atque fabricatio.

A. Deus, vt à *Moſe* in ſcriptis relictum est, primo homini è limo terræ formato, animam atque vitam inspirauit : fœminam exinde deductam ex viri ſomno conſopiti latere, & in lucem editam, cum viro ſociauit, vt adiutrix, vitæque illi conſors eſſet.

Gen. 1. d 26.
27. 31.
Col. 3. b 10.

M. Cum in viris ſimul & fœminis prauitas, nequitia, diſtortioque adeo ſumma nunc appareat, num à principio Deus eos eiuſmodi fabricauit?

A. Minimò omnium : Nam Deus perfectiſſimè bonus, nihil aliud quàm bonum facere poteſt. Deus igitur ad ſuam imaginem ſimilitudinemque, hominem initio formauit.

Deut. 23. a 13. 4.
Rom. 9. c 14.
Col. 4. b 10.
1. Ioa 1. b 5. c
2. d 29. & 3. a 3.
Sop. 1. c 13, 14.

M. Quænam est illa imago, ſecundùm quam hominem factum eſſe dicis?

A. Ea est iuſtitia omni ex parte perfecta ſummáque ſanctitas, quæ ad ipſam diuinam naturam propriè pertinet ; quæ homini cùm Deo ſimilitudo vſque eò fuit, quoad eam homo peccatorum maculis fœdauit.

Gen. 3. a 2, & c.

M. Qua ratione iſtud factum eſſe dicis?

A. Fœmina à Diabolo circumuenta, virum impulit, vt fructum quo illi à Deo interdictum fuerat, comederit ; quo illorum facto, imago, ſecundum quam creati ſunt, est obliterata : & cùm ipſi, tum ipſorum poſteri, Deo aduerſarij, peruerſi, imbecilleſque ad omne bonum effecti, non in omnes ſolum vitæ huius miſerias, corporis morbos atque mortem, ſed & in interitum etiam ſempiternum perpetuámque damnationem inciderunt.

Sap. 1. c 13, 14.
1. Cor. 1. d 14.
Rom. 8. b 7, 38.
2. Cor. 3. b 15.
Rom. 6. d 23.
Ephes. 5. b 5, 6.

M. Vtrum tamen exiſtimari non queat, grauiter nimis Deum pomi vnius guſtatum vindicaße?

Gen. 6. a 3. 4, 5,
9. b 11, d 2. 2.

A. Deteſtabile illud hominis facinus quaſi leuis culpa fuerit, nemo verbis extenuare, aut ex pomo & immoderata modo edacitate rem æſtimare velit. Ipſe enim pariter cum vxore ſua fallacibus Satanæ
blan-

blandimentis illectus illaqueatuſq; infidelis à Dei veritate ad vanitatem declinauit : falſis ſerpentis criminationibus, quibus de mendacio , inuidentia, & maleuola commodi alicuius ſubductione Deum accuſabat, fidem adiunxit; innumerabilibus beneficijs ornatus, ingrato in Deum, qui ea contulit, animo fuit : homulus ex terra modò lutoque fictus, non ſatis eſſe putans, quod ſimilitudo illi cum Deo eſſet, per intollerandam inſolentiam & arrogantiam exæquare ſe cum diuina Maxeſtate expetiuit : poſtremò, creatoris ſe ditioni ſubtraxit, iugum etiam eius à ſuis ceruicibus proteruè repulit. Inaniter igitur Adæ maleficium minuitur.

Gen.1.d.26.2.
Pſal.8.b.4.5,6.
&c. & 104.c.
14,15.

Gen.1. d. 26,27.
Col.1.b.10,
Oſe.6.b.7.

M. *Verùm cur ob parentum ſcelera , poſteri omnes de tam beato vitæ ſtatu deiecti, in omnes calamitates inciderunt?*

A. Deus Adamum illis honoris inſignibus ornauit, vt ea cum ſibi, tum ſuis, id eſt, toti humano generi, aut ſeruaret, aut amitteret. Neque aliter fieri potuit, quin ſicut ex arbore mala mali fructus eduntur : Ita Adamo peccati corruptela deprauato, omnis eius progenies ingenito illo peccato (quod originale vocant) corrumperetur. Quanquam quid opus eſt tam grauiter de Parente Adamo conqueri? quando nos etiam ipſi ob plurima noſtra maximáque vitia, calamitatibus omnibus, damnatione, mortéque digniſſimè mulctemur : à quibus malis vt liberemur, nihil in nobis, aut in vlla alia creatura opis aut auxilij omninò ſupereſt.

Mat.7.c.18.
& 22.c.33.1
Rom.5.b.12.
& 14 17,&c.
Oſe.6.b.7.
Rom 6,c.24.
1.Cor.11.a.3.
Ephe.5.b.5,6.

M. *Quæ ſpes eſt igitur, conſolatioque reliqua, & in quo ſita?*

A. Promiſit Deus fore, vt ſemen mulieris, qui eſt Ieſus Chriſtus filius virginis Mariæ, Serpentis, hoc eſt, Diaboli, qui eos decepit, caput contereret : ipſoſque atque eorum poſteros, qui promiſſo illi fidem haberent, liberaret. Atque hoc illud eſt, quod in ſecunda iam Symboli parte ſequitur : credo in Ieſum Chriſtum.

Gen.3.c.14,15.
Rom 5.c.15.
16.&c.
Gal.3.c.16 19.
Heb. 2.d.14,15,
16.,

M. *Nomen Ieſu quid ſignificat?*

A. Ieſus Sermone noſtro idem eſt quod ſeruator. Ieſus enim Chriſtus filius Dei, idemque Virginis filius, nos qui ſcelere deuincti, & ſub antiqui ſerpentis diaboli ſeruili iugo captiui, ſempiternæque mortis vinculis conſtricti turpiſſimè miſerriméque iacebamus, in libertatem vindicauit, atque ad ſalutem reduxit.

Mat.1.d.21.
Acts 10.f.54.
Col.1.c.13,14.
H.b.1.b.14,15.
1.Ioa.3.b.8.

M. *Quis nomen Ieſu illi impoſuit?*

A. Angelus ex Dei ipſius precepto.

Mat.1.d 2.
Luc.1.c 3. &
2.c.21.

M. *Explica nunc quid Chriſti nomen ſignificet.*

A. Chriſtus idem eſt, atque ſi Vnctum appellares : quo nomine indicatur, eùm Spiritus ſancti vnctione maximum Regem, Sacerdotem, atque Prophetam creatum eſſe.

Pſal.1.a 6.
Eſa.61.a 1.
Dan.9.d 24,25
Luc.24.25.

M. *Chriſti regnum eſt ne mundanum?*

A. Nequaquam : verum ſpirituale & ſempiternum,cuius regni gubernacula,

Luc.4.c 18.
Act.4.c 27.
Act,10.c.38.
Heb.c 9.

Luc.1.c 32,33.
Ioan.18.f 36.
Col.1. c 13,14.
2,Tim.2. a 1.

bernacula, funt Dei verbum, atque Spiritus, quę tum iuſtitiam, tum vitam ſecum afferunt.

M. *Quam nobis vtilitatem præbet hoc Chriſti regnum?*

Rom.12. d 12.
&c. & 16. c 20.
2.Cor.10. a 1,5.
Eph.6. b 10,
11,&c.

A. Vires nobis armáque ſpiritualia quibus atroces & truculentos animarum noſtrarum hoſtes, carnem, mundum, peccatum, diabolum, profligemus, adiumentáque ad vitam cum virtute & ſanctitate, degendum ſubminiſtrat.

M. *Cuiuſmodi Sacerdos eſt Chriſtus?*

Pſal.110. b 4,5.
Heb.4. d 14-15,
&c. & 5. b 6,7.
& 7. a 2,3. b 11.
21,&c. & 9. d
13,14.

A. Summus atque æternus; qui ſolus in conſpectum Dei venire, ſolus ſacrificium, quod Deo placeat ſatisfaciatq́; conficere, ſolus iratum Deum placatum efficere poteſt.

M. *Cui nobis vtilitati ſunt?*

Ioan.14. d 27.
Act.10. f 36.
Eph.1. c 14,
15.&c.
Col.1. c 20.
Heb.2. d 24.15.
1.Tim.9 c 5.
Rom.8. c 15.
& 12. a 1.
Gal.4. a 5,6.
Ephes.3. b 12.
Heb.4. d 15,16.

A. Nobis vt pacatus propitiúſque ſit Deus, poſtulat & deprecatur; nobis offenſum Deum lenit, nóſque in gratiam cum Patre reducit. Solus enim Chriſtus pacificator nobis propoſitus eſt, qui nobis Dei gratiam reconciliet: Immo veró Sacerdotij etiam ſui nos quaſi conſortes eſſe voluit, nobis introitum ad Patrem patefaciens; vt illius præſentia cum ſpe ſumma comparere, nóſque & noſtra omnia veluti hoſtias ad ſacrificium Deo Patri ipſum præbere non dubitemus.

M. *Qualis Propheta eſt Chriſtus?*

Luc.7. c 16.
Act.7. c 17.
Heb.1. a 1,2.
Ioan.8. d 26.c
10.& 15.c 15.
& 17. a 6,&c.
& 18.g. 37.

A. Quum reliquos omnes Prophetas atque doctores Dei ſeruos deſpicerent mortales, Chriſtus ipſe Dei Filius, & Prophetarum omnium Dominus, Patris interpres & nuntius de cœlo ad homines deſcendit, vt paternam voluntatem planè explicaret, mortaléſque rectà Dei atque omnis veritatis intelligentiâ informaret. Atque ita Chriſti nomine tria illa officia comprehenduntur, quæ Dei Filius ſibi à Patre debita perſoluit, vt omnis eorum fructus nos ſecum participes faceret. Filius enim Dei non ſolum nominatur, & eſt reuerà Ieſus Chriſtus, hoc eſt, Seruator, Rex, Sacerdos, Propheta; ſed & nobis ita eſt, ad noſtramq; vtilitatem atque ſalutem.

M. *Qua ratione Chriſtum Filium Dei vnicum profiteris, quando qui pij ſunt, omnes filij Dei vocentur?*

Mat.2 c 31.5.
& 3. d 17.
Ioan.1. b 1.4.c 3
& 14. b 10,11.
Heb.1. a 2 3.
& 5. b 1.
Rom.8. c 14,15.
Gal.4.14,15.
Eph.1. a 5.
1.Ioan 3. a 1.

A. Quòd ſolus Chriſtus naturalis Dei Filius, eiuſdemq́; ſit cum Patre ſubſtantiæ. Nos veró quum naturâ Adami veri filij ſimus, gratiâ tamen beneuolentiáque, qua nos per Chriſtum Seruatorem noſtrum proſequitur, filij Dei adoptamur.

M. *Quam ob cauſam Chriſtum Filium Dominum noſtrum nuncupas?*

Mat.9 a 6.&
10. a 1.& 21. c
18.& 28. d 18.
Luc.,1. d 32.33.
Ephel.1. d 20,.
21,&c.

A. Proptereà quòd Angelorum, hominum, rerumq; omnium dominatus ſit illi à Patre traditus: quódque ſuo arbitratu atque potentiâ regnum Dei, tum in cœlo, tum in terra, moderaretur.

M. *Num quidnam reſtat?*

Deut.10. b 12
c 20.

A. Hac cogitatione commonefiunt pij omnes, non ad ſuum ſibi

arbitrium

arbitrium viuere licere, verùm oportere eos corporibus simul & ani- mis, in vita pariter atque in morte, totos sese ad Domini sui nutum ac- commodare, ipsiq; in rebus omnibus obtemperare, & fideliter in- seruire.

M. *Quid tum inde?*

A. Declaratur quemadmodum naturam humanam susceperit, cun- ctáque perfecerit, quæ saluti nostræ opus erant.

M. *Eratne ergo necessarium Filium Dei hominem esse?*

A. Maximè : nam quod homo in Deum nefariè commisit, id ho- minis etiam supplicio luendum erat, atque expiandum : quod onus longè grauissimum solus Iesus Christus, idem Deus, & idem homo suscipere poterat : quin nec potuit alius mediator inueniri, qui à Deo pacem atque veniam hominibus impetraret, nisi Deus simul & homo, Iesus Christus.

M. *Quid deinde sequitur?*

A. Christum è Spiritu sancto conceptũ, ex Maria Virgine natũ esse.

M. *Quamobrem vulgari hominum consuetudine, naturaliterque gene- ratus non est?*

A. Proptereà quod per quem peccatorum nostrorum maculæ e- rant delendæ, eum ab omni omninò peccato integrum conseruari par erat. Ob eam igitur ipsam causam castissimus ille Agnus Dei Iesus Christus admirabili Spiritus sancti virtute, ex incorrupta Virgine Ma- ria purus ab omni peccati labe, conceptus atque natus est.

M. *Quare Virginis Mariæ nomen commemoratur?*

A. Vt agnoscamus Christum esse verum illud semen Abrahæ atque Dauidis, de quo Prophetæ oraculis instinctu diuino editis, prænun- ciârunt atque præmonuerunt : ex Abrahami enim, & Dauidis stirpe Maria Virgo directo est ordine procreata.

M. *Reliqua, vt instituisti, deinceps persequere.*

A. Passus sub Pontio Pilato, crucifixus, mortuus, & sepultus est.

M. *Verum cur Symbolum, Christi vita silentio præterita, protinus ab eius ortu ad mortem transit?*

A. Quòd in Symbolo summa solùm redemptionis nostræ capita memorentur, quæq; illi adeò sunt peculiaria, vt illius vim omnem in se inclusam teneant.

M. *Mortis eius rationem paulo adhuc apertiùs explicato.*

A. A discipulo suo Iuda, qui corruptus, pretióque conductus ad id fuerat, est perfidiosè proditus, à reliquis discipulis desertus, à Petro denegatus, eiuratúsque, à Iudæis, falsis criminibus obiectis, malitiosè accusatus, à Pontio Pilato Romano præside condemnatus est, pug- nis lorísque cæsus, contextis spinis coronatus, togâ purpureâ indu- tus, alijśq; multis modis indignissimè crudelissiméque tractatus est,

&lu-

Mal.b 6.
Luc 9. c 23.24.
& 14.f 26.27.
Heb.2.d 5,6,
&c.

Mat.8. c 17 &
17.d.22,23.&
20. d 18,19.
Ioan 1.b 14.&
. 1.f 50,51.
Rom.5.c 15.
1.Cor.1. 5.c 21,
22.
Phil2. à 6,7,&c.
Heb.2.b 9.
8.Tim.2 b 5.
Heb.9.b 14,15.
& 9 d 24.
1.Pet.2. d 21;24.

Ioh.1. c 16.d 36.
1.Cor.7 b 7,8.
Heb.4.d 15.
& 9.d 14.
Mat.1. c 23.
Luc 1. c 31,35.

Gen.22.d 18.
Eśa 1. a 1.
Mat.1 a 1,&c,
& 22.d 42.
Rom.1.a 2.

Mat.26.b 14,15
&c.& 27. totum.
Mar..14. c 45.
& 15. totum.
Luc.25 d 45,
&c.& 23. totum.
Ioan.28.& 16.
totum.

& ludificatus : tandemque cruce ceruicibus impolita, extra vrbem in locum qui Caluaria apellabatur, ad fupplicium tractus eſt : vbi medium inter duos latrones ignominioſiſſimè cruci ſuffixerunt : in qua ſummo cruciatu confectus, crudeliſſimam probroſiſſimamque mortem oppetijt : animi interim dolores, quauis morte acerbiores perpeſſus.

M. *Suáne voluntate, an vi coactus, iſta ſuſtinuit Chriſtus?*

Mat.26.d 36,38,
39,41,42,53, &
20.d 28.
Mar.10.f 45.
Ioa.10.c 11. 15.
d 17.18.
Phil.2.b 8.
Luc 33.c 34.

A. Tametſi probroſa hæc ſæuiſſimaque mors humanæ ſuæ naturæ maximè terribilis erat ; voluntati tamen patris ſui qui iſti ipſum morti addixerat, totum ſe permiſit : itaque contumelioſa illa in ſe probra, tormenta mortemque atrociſſimam ſponte, & patientiſſimè pertulit ; tum patri obtemperans, tum veniam ijs, à quibus eſt in crucem actus, à Deo precatus.

M. *Quamobrem voluit Deus innocentiſſimum filium ſuum tam ignominioſo truculentoque genere mortis affici?*

Eſa.13.totum.
Rom.3.23.
2.Cor. 5 fd 21.
Gal.1.a 4.
Ephe.1.a 3, &c.
b 7, &c.
Col.1.c 13,14.
& 2.c 13,14.
1.Pet 3.d 18, &
4.a 1.
Ioa.3.c 16
2.Cor,15 d 21.

A. Chriſtus Deo Patri pro nobis ſe obligauit, atque ſpoſpondit : quicquid ergò nos debebamus, aut eramus commeriti, id omne ſibi præſtandum, ſoluendum, & dependendum Chriſtus in ſe recepit. Et proindè ipſe tametſi maximè innoxius, pro nobis nocentiſſimis luit. Deuſque pater onus illi noſtrum imponens, ſumma iuris iudicijque ſeueritate in eum animaduertit, vt nobis ipſius cauſâ, ſummam miſericordiam impartiretur.

M. *Summam igitur beneficiorum illorum quæ ex Chriſti morte capimus, mihi explicato.*

Rom.5.b 8.10,
11.
2 Cor. 5.d 18.
19,20,21.
Ephef.1.c 12.13,
14,17,&c.
Heb.7.d 26.27.
& 9.d 12 14. &
10.c 12.14.17
Rom.8.a 1,2.c
33,34.
Col.1.c.13.14.
&c.d 20.21.

A. Chriſtus, quemadmodum ante attigi noſtri nomine locoq; Deo Patri ſatiſdedit, ſe pro noſtris peccatis ipſi eſſe ſatiſfacturum : ſe ipſius iram in nos ob contumaciam noſtram conceptam ſuauiſsimo obedientiæ ſuæ ſacrificio placaturum, noſq; in gratiam cum Deo reſtituturum eſſe. Atque ita Chriſtus innocentiſsimus ille Dei agnus vinculis conſtrictus eſt, vt nocentes nos, qui Sathanæ, morti & damnatione eramus mancipati, in libertatem vindicaret : Chriſtus qui extra omnem omninò culpam erat, accuſatus, condemnatuſque fuit iudicis terreſtris ſententia, vt nos, qui culpa tenebamur maximè, damnationeq; eramus digniſſimi, pro cœleſti tribunali abſolueret Chriſtus, pretioſo ſanguine ſuo pro nobis fuſo, peccatorum noſtrorum maculas ſordeſque eluit atque deleuit : Chriſtus poſtremò, contumelijs, quibus eſt immeritiſſimè

Pſal 51.6,7.
Heb.9.d 14
1.Ioan.1.b 7.
Apoc.1.b 5.
1.Pet.2.d 21.
22,&c.
Rom.4.b 7,8.
Col 2.c 13,14
Heb.10.c 17.
Rom.8.a 1, 2.

vexatus, acerbiſſimaq; atque ignominioſiſſima morte, qua eſt affectus, nos à pœna, ignominia, morteque ſempiterna, quæ noſtris ſceleribus eramus maximè commeriti, liberauit : adeoque peccata omnia noſtra obliuione ſepulta, procul à Dei conſpectu per Chriſtum amota ſunt. Atque ita miſeriarum omnium noſtrarum, in quas vel origine per Adamum, vel poſtea propriis noſtris peccatis incidimus, Chriſti perpeſſio

medicina

medicina eft, atque remedium; modò fiduciam omnemq; fpem in illo collocemus,amoreq;'illum amplectamur.

M. Morte tamen corporis, quæ pœnæ peccato debita pars aliqua eft, nos nihilominus mulctamur.

A. Corporis mors, quæ fine Chrifto atrium Inferorum fuerat, iam per Chriftum omnibus illi fidentibus, ianua aditúfque in cœlum eft effecta : quemadmodum & Chriftus ipfe per mortem fuum eft regnum ingreffus : ita vt mors quæ anteà peccati pœna erat, iam per Chriftum in maximo fit lucro ponenda.

M. Ecquem alium nobis vtilitatis fructum præbet Chrifti mors?

A. Chrifti fupplicium & mors non folum ærumnarum noftrarum, vt antè dixi, falutare medicamentum, fed & exemplar etiam eft nobis ad imitandum.

M. Idem iftud planiùs expone.

A. Debemus & nos ad exemplum Chrifti, voluntati Dei cœleftis noftri Patris obedire, iniuriáfque omnes nobis ab alijs illatas patienter accipere: vitiofos carnis appetitus,cruci fuffigere, peccatífque omnibus quafi mortuos fepultófque effe; ita vt pofthac nihil mali admittamus; idque exemplo Chrifti, qui propter peccatum in crucem fublatus, mortuus & fepultus eft. Et reuera deprauatæ affectiones (quæ alioqui indomitæ funt) in ijs, qui Chrifto 'per fidem adhærent, ita virtute mortis eius quafi cruci fuffiguntur, illarumque incendia ipfius fanguine ita reftringuntur, vt Spiritu multò obfequentiores reddantur. Atq..e ita virtute mortis eius ad ea præftanda confirmamur, atque vitæ, mortifq; eius exemplis excitamur.

M. An non & de noftro etiam in Chriftum officio commonemur?

A. Commonemur profectò non in noftra nos effe poteftate, vt quécunque velimus noftro arbitratu faciamus, verùm Chrifti, qui nos tam magno redemit, nos totos effe, illius voluntati parere, ad illius nos nutum accommodare oportere : Chriftum, qui nos adhuc hoftes amore tanto prior amplexus eft vt redamemus, maximè nos effe obligatos : paratiffimos etiam effe debere Chrifto, qui ita fe nobis totum dedit, omnia noftra, nófque adeo ipfos totos viciffim reddere : Chrifti caufâ non omnia folum mundana commoda, huiúfque vitæ voluptates negligere, fed & vitam adeò ipfam deferere potiùs quàm Chriftum amittamus, noftrumq; erga ipfum officium pietatémque non præftemus. Beata eft enim cenfenda mors, quæ mortalis vitæ conditioni debita, Chrifti maximè gratiâ oppetita eft, gratiâ dico Chrifti, qui fuâ fponte vitam profudit, mortémque pro nobis occubuit; quíque vitæ author, mortuos nos à morte reuocatos & vult & poteft immortalitate donare.

M. Quare adiungis Eum fuiffe etiam fepultum?

H   *A.* Cor-

Luc. 13. f 43.
Ioan. 6. 2 5,26
1. Cor.1 5. c 18,
21. g 54,55,&c.
1.Thef. 4. c 13,
14.
Phil.1. c 21,23.
Apoc.14. c 13.
Ephef. 5. a 1.
1.Pet.2. d 21,
&c. & 4. a 1,
2, &c.

Ioan.13. b 15,
&c.
Ephef 5. a 2.
1.Pet.2. d 21,
&c.
1.Pet.2. d 21,
&c. & 4. a 1,
2, &c.
1.Ioan.2. a 6.
Rom.6. a 2.4,7
b 21.
Gal.2. d 20.& 5.
Col.2. c 13,&c.

Rom.14.'b 7,8.
1 Cor 6. d 20.
& 2.Cor. 5. d 10.
1.Thef. 5. 8,10.
Rom.5. b 8,10.
Mat.10. d 37.
& 16. d 25.
Luc.9. c 20,21,
&c. 16. f 29.

Mat.16. d 15.
Mar. 8. d 3 5.&c.

Mat.26 d 40 &
27.g 59,60,&c.
1.Cor.15.a 4.

A. Corpus exanime sepultura est affectum, vt omnes eius mortem, exploratam magis, penitúsque cognitam haberent; nam si rediuiuus subitò extitisset, mors eius in quæstionem a multis dubitationemq; auducta, scrupulusque hominibus aliquis fuisset iniectus.

M. *Eius ad inferos descensus quam habet sententiam?*

1.Pet.1.d 16.
Ioan 8 d 24.
1.Cor. 15.g 54,
55.&c.
Heb.2.d 14,15.

A. Quòd Christus, vt corpore in terræ viscera, ita anima corpore separata ad inferos descendit; pariterque mortis eius vis ad mortuos, inferosque adeò ipsos vsque eò permanauit, v. & animæ incredulorum tristissimæ, ipsorumque incredulitati maximè debitæ condemnationis sensum perceperunt, ipseque Satanas inferorum princeps, tyrannidis suæ, & tenebrarum potentiam omnem afflictam, profligatam, & ruina oppressam esse animaduerteret.

M. *Reliqua nunc persequamur.*

A. Tertia die resurrexit à mortuis.

M. *Satisne ergo effectum non erat, quod Christi morte, nobis culpâ libera-tis, venia data sit?*

Rom.1.a 4.& 6.
a 4 b 9. o. &
8.a 1,2,&c.
1.Cor.15.d 26.
g 54.&c.
Apoc 1.d 2.
Phil.2.b 9.

A. Id non sat fuisse constabit, si vel ipsius, vel nostram conditionem nobiscum reputemus: Nam si in vitam non redijsset, nequaquam Dei filius fuisset habitus; neque nos morti eripere potuisset: At à mortuis ad vitam sempiternam excitatus, & diuinitatis suæ vim ostendit, pariterque peccati, & mortis atque ipsius etiam diaboli domitorem se esse comprobauit.

M. *Quæ adipiscimur commoda ex eo quòd Christus rediuiuus fuit?*

Gal.2 d 19,20.
Rom.4 d 25. &
5 c 15 & c 6.a 4
5.b 11,12,&c.
1.Cor.15.c 20.
&c.

A. Plurima, maximaque. Etenim illinc desiderium nobis facultásq; atque adiumenta, ad vitam cum virtute pietateque degendam suppeditantur. Illinc nos Christus iustitia, quæ nobis anteà defuit, imbuit. Et Christus à mortuis ad vitam exurgens, vitæ nobis auctor existit: illinc

1 Thes.4 d 14.
&c.
Col 1.d 18.
2.Tim.2.b 11.

enim spes nobis ostenditur, fore aliquandò tempus, cùm & mortalia corpora nostra à morte ad vitam reducentur: quòd Christus nos resurrectionis, vitæque suæ fecit participes. Fieri enim omninò non posset, vt Christus caput nostrum reuiuiscens, nos sui corporis membra, morte in nihilum recidere, funditúsque interire patiatur.

M. *Perge.*

Rom 6 a 4.&c.
b 9.10,11.&c.
Ephe.5.d 2 ?.
Col.3.a 1,2,&c.

A. Sicuti sacræ literæ declarant, Christum propter iustitiam nostram excitatum fuisse, ita nos etiam docent, vt Christi exemplo de mortiferis peccatorum operibus exurgentes, Iustitiæ posthac, atque sanctitati viuamus: ad quod præstandum virtute potentiaque gloriosæ resurrectionis suæ nos Christus corroborat.

M. *Quid in fidei confessione deinde sequitur?*

A. Ascen-

A. Afcendit ad cœlum, fedet ad dexteram Dei Patris omnipotentis. Marc.16.d 19.
M. *Hoc, quemadmodum fit accipiendum expone.* Luc.24 g 5.
Act.1. b.9,10.
&c.

A. Planiffimè, quòd Chriftus corpore in Cœlum afcendit, in quo Ioan 12.b 8 &
16.b 10.c 16.d
anteà corpore non aderat : quòdq; è terra, in qua priùs corpore prefens 28, & 20.d 17.
fuerat, difceffit.

M. *An non ergo nobiſcum amplius in terris adeſt?*

A. Præmonuit ipfe Apoftolos fuos, non femper.cum illis præ- Ioan 12.b 8.
fentem futurum, quod de corporea eius præfentia eft intelligendum. Ioan 17 a 5.
Matt.18.c 20.
Diuina enim natura fua, qua vniuerfa complet tum in cœlo femper & 18.d 20.
aderat, tum eadem, & fpiritus fui virtute, prefens, Ecclefiæ fuæ in terris Ioan 14 d 8.
& 16 b 7.
perpetuò adeft, & adfuturus eft, vfque eo dum mundana omnia ad ex- Rom.8 b 9.&c.
itum perueniant.

M. *Minimè ergo deferti fumus ab auxilio, defenfioneque Chrifti, tametfi*
corpore præfentem illum non habeamus.

A. Nequaquam. Chriftus enim patri ad dextram affidens, poteftate, Matt.28 d 18.
fapientia, prouidentiaque fua mundum regit, & moderatur : mouet, Ioan 6 b 7. &
17.c 2.&c.
gubernat, temperat vniuerfa: facrum etiam fpiritum fuum, vt maximum Ephe 1 d 10.&
charitatis in nos fuæ pignus, de cœlo, vt eft pollicitus, in animos no- 4.b 8.&c.
Ph 1.2.b 9. o,
ftros dimittit; cuius fui fpiritus clariffimo lumine mentes noftras tene- Col 1.c 18.
bris cæcifque nubibus circumfufas, illuftrat: ab animis etiam noftris æ- Apoc 11 d 15.
Rom.5.a 5.& 8.
gritudinem repellit, confolationeque nos leuat, atque fuftentat; eadem 2.45.b 9.&c.
p. æftiturus, quòd hic mundus exitum habebit.

M. *Nunc autem dicito, quid præcipuè de Chrifti afcenfu, feffioneq, à*
dextra patris confideres quod quidem ad Chriftum ipfum propriè pertineat.

A. Æquum fuerat, vt Chriftus qui ab altiffimo decoris, & amplitu- Ephe.1.d 20,&c
dinis loco, ad infimum ferui gradum, dedecufque condemnationis, & Ph·l 2.b 8,9.
&c.c.1 3.a 5.
ignominiofę mortis fefe demiferat, ad illuftriffimum viciffim honorem,
celfiffimamque dignitatis fedem afcenderet, & in antiquum ftatum re-
ftituetur : vt contemptio videlicet illatáque ipfi probra, gloria & maieftate, quafi paria paribus, compenfarentur.

M *Nobis verò Chrifti in cœlum afcenfus, feffioque à patris dextera, quam*
adfert vtilitatem?

A. Principio, Chriftus, vt hominum gratia è cœlo in terram, tan- Ioan.14 a 2,3,
&c.
quam ad exulandum, venit : ita & in cœlum patrimonium fuum, homi-
num vice afcendit, viam qua nobis fit ingrediendum in cœlum muni- Ioan.16 : 6.
ens cœliq; portas nobis priùs ob peccatum occlufas referans. Porrò Rom.8 f 3 4.
præfens coram Deo nofque illi commendans, & veniam nobis ab illo H·b 7 d 25 &
petens, caufæ noftræ patrocinium fufcipit, quo defenfore caufam nun- 9 g 24.
1.Ioan.1.a 2.
quam amittemus.

M. *Verùm qua ratione afcenfus Chrifti in cœlum imitatores effe poffumus?*

A. Sufpicere in pofterum, mentemque & animi aciem in cœlum, v- 1.Cor.5 48 &c.
bi Chriftus patri dexter affidet intendere debemus cogitationes omnes, Col.3.a 1,2. &c,

H 2 & curas

& curas noſtras in rebus diuinis, cœleſtibus, ſempiternis; non in humanis, terrenis, atq; fragilibus defigentes.

M. *Et quid præterea?*

A. Commonemur etiam, vt Chriſto Domino cœli iam imperium tenenti, non mundano ritu, aut futilibus commentis humanis honorem habeamus : ſed vt diuino, plánèque ſpirituali cultu, qui & nobis, qui tribuimus, & illi cui tribuitur, potiſſimum conueniat, eum piè ſanctéq; veneremur.

Eſa.1.b 11,&c,
c 16,17,&c.
Mat.5. a 8.&c.
Ioan.4 c 20,
&c, d 24.

M. *Nunc te volo quæ de ſupremo iudicio mundíque exitu didiceris, mihi breuiter enarrare.*

A. Chriſtus cùm illuſtriſſimæ dignitatis ſplendore, magnificentiæq; præcellentiſſimâ amplitudine, in cœli nubibus adueniet, cinctus ſeptúſque copijs & coronâ cœleſtium ſtipatorum, & ad terribilis buccinæ ſignum clangorémque formidoloſum mortales vniuerſi qui ab ortu mundi ad illud vſque tempus ex hac vita migrârunt, tum animis, tum corporibus integri reuiuiſcent, & pro Chriſti tribunali iudicandi adducentur, vnuſquiſque de factis ſuis rationem redditurus quæ æquiſſimus atq; acerrimus Iudex ad ſummæ veritatis regulam requiret.

Mat.21.c · 9,
30,31.& 25,c
51,52,&c.
1.Cor. 15. g
52,&c
2.Theſ.4. d 16,
&c.
2.Pet.3.c 10,
&c.
Lo.14.b 10,12.
1.Cor.4. a 4,t 5.
2.Cor 3, b 10,
11.

M. *At cùm natura mortem omnibus certò impoſuerit, quomodo in fidei confeſſione victuros tum eſſe aliquos affirmas?*

A. Diuus Paulus declarat, eos qui eo tempore in vita commorabuntur, repentinâ mutatione renouandos, & omni corruptione corporibus abſterſâ, remotâq; mortalitate immortales eos exorituros eſſe : & iſta ipſis commutatio, mortis eſt futura loco, quòd mortalis vitæ occaſus fiet ortus immortalis.

1.Cor.15.g 53.
2.Theſ.4. d 17.

M. *Num igitur pios metu perterritos memoriam illius diei perhorreſcere debere, aut eam ipſis pertimeſcendam, & fugiendam eſſe putas?*

A. Nequaquam : quin etiam illius expectatio piorum animos ad ſpem optimam eriget, ſolatióque maximo permulcet. Is enim ſententiam pronunciabit, qui noſtro loco ſententiâ iudicis eſt condemnatus, ne nos in ſeuerum Dei iudicium vocati conuincamur, ſed indemnati iudicio liberemur.

1.Cor.15. g
53,&c.

Rom.8. a 1.c 15,
p 22 g.38,39.
1.Cor 1, b 7.
Phil.3. d 20.
Tit 2. d. 13.
2.Pet.3. c 12.

M. *Quando igitur de Deo Patre Creatore, Filióq; eius Ieſu Chriſto liberatore hactenus ſit dictum, duabus iſtis Chriſtianæ profeſſionis partibus ad exitum iam perductis : tertia nunc, quòd videlicet de Spiritu ſancto credas, eſt declaranda.*

A. Eum tertiam eſſe ſacroſanctæ Trinitatis perſonam profiteor, à Patre & Filio ex omni æternitate procedentem, vtríq; parem, atq; eiuſdem omninò ſubſtantiæ, ſimulque cum vtróq; venerandũ & implorandum.

Mat.18, d 19.
1.Ioan, 5. b 7.
Ioan.1 4. d 36.
& 15.d 26. &
16. b 7. & 23,
f 23.
Act. 5. a 3,4.

M. *Sanctus quare vocatur?*

A. Non ſolùm propter ſuam ipſius ſanctimoniam, quæ eſt omninò maxima; verùm etiam, quòd electos à Deo, & Chriſti membra ſanctitate

tate

tate imbuat : quamobrem sacra Scriptura ipsum sanctificationis spiritum nuncupat.

M. *Quibus in rebus sanctificationem hanc sitam esse putas?*

A. Principio, eius virtute diuinitùs renascimur : hoc enim est quod Christus dixit, necessarium esse, vt ex aqua & spiritu de integro nascamur. Eius etiam numine afflati, Dei Patris filij adoptione instituimur: ex quo fit, vt spiritus adoptionis meritissimé nominetur : qui electionem etiam nostram quasi consignat in animis nostris, nobis confirmans atque persuadens, diuina beneficia vniuersa nostra per Christum fieri.

M. *Prosequere.*

A. Spiritus Sanctus coelestia mysteria animis nostris interpretando explanat, mentiumque nostrarum oculis, vt illorum intelligentiam capere possint, lumina præfert: ad ipsius porrò arbitrium peccatis venia vel tribuitur, vel negatur; eius virtute naturæ vitiositas comprimitur & edomatur, peruersique appetitus frænantur atque franguntur, ipsius arbitratu varia beneficia diuinitùs in pios conferuntur.

M. *Ecquid habes præterea quod de hac re dicas?*

A. Inter vitæ huius multiplicia diuersaque malorum, solicitudinum, & calamitatum genera, piorum dolores & mœrores (quarum in hoc mundo conditio plerumque miserrima, luctusque vix alioqui consolabilis esse solet) Spiritus Sanctus occulté consolando, fiduciamque afferendo minuit, leuat, atque mollit; & ex eo Paracletus, hoc est consolator, verè propriéque nominatur. Postremò, Spiritus Sancti potentia, mortalia nostra corpora à mortuis excitata ad vitam reuocabuntur. Summa autem quantacunque nobis bona Deus per Christum largitur, ea vniuersa Spiritus Sancti efficentia cognoscimus, percipimus, comprehendimus. Tantorum igitur datori beneficiorum meritissimé confidimus & spem in eo reponimus, ipsumque veneramur, atque opem ab illo petimus.

M. *Reliqua est pars quarta, de sancta Ecclesia Catholica, de qua sententiam tuam iam intelligere cupio.*

A. Summatim dici potest, Ecclesiam esse Corpus Christi.

M *Verùm magis hoc perspicuè pluribusque verbis dicito.*

A. Ecclesia est corpus Reipublicæ Christianæ, hoc est, vniuersa multitudo consociatioque piorum omnium, quos Deus per Christum ad vitam sempiternam ex omni æternitate designauit.

M. *Quam ob causam hunc Articulum Symbolo additum esse putas?*

A. Quoniam quidem non solùm nequicquam Christus mortem oppetijsset, si non existeret Ecclesia : sed etiam, quæ hactenus dicta sunt vniuersa, superuacanea forent, & ad nihilum recasura.

M. *Quam-*

Rom.1.a 4, &
15.d 16.
2.Thes.3.c 13.
Tit.3.d 5.
1.Pet.1.a 2,
Ioan.3.a 5.6.
Rom.8.c 15.
d 13.
Gal.4.a.5.6.
Rom.8.c 14,15,
&c.
2.Cor.1.d 22.&
5.a 5.
Ephe.1.c 14.

Io.14.b.7.d
26. & 16. b 13.
& 20.f 22.23.
1.Cor.2.c.10.
11.d 13.15.
Ephe.5.d 17.
Rom.8.a 5.b 9.
&c.
Act.2.a 4.c 17.
&c.
1.Cor.12.a 17.

Ioan.14.b.16,
a 26 & 15.d
26, & 16.a 7.

Rom.8.b 11.
2.Cor.12. d 4.7.
&c.b.11.13.

Symboli pars 4.

1 Cor.12 d 27.
Eph.1. d 22. 23.
Col.1.c 18 d 24.
Rom.12.b 5. &c.
1.Cor.12. b 12.
13,&c.c 10.d 26
Eph.1. c 4 5.& 3
b 9.10.
Mat.15.34.

Mat.16.c18.
Act.20 f26.
1.Cor.12.b12,
13,&c.
Eph.1.a 3,4.5,
&c.d 11,&c. &
3. b 9,10.p.21.
& 5.d 25.
1.Ti.3,d 15,&c.

M. *Quamobrem?*

A. A principio ad hunc vſque locum ſalutis cauſas recenſuimus, radiceſque ipſas conſiderauimus; nominatim verò quòd Deus nos, propter Chriſti meritum diligat, & beneuolentia complectatur: præterea, quod huius gratię, in quam cum Deo reconciliati ſumus, efficacitate, Spiritus Sancti participes reddimur: Verùm iſta hunc vnicum habent exitum, vt inſtituatur Eccleſia, hoc eſt conſilium fidelium, in quos diuina hęc munera conferantur.

M. *Quare hanc Eccleſiam vocas ſanctam?*

Rom.7. c 29.30,
1.Cor.14.f 33,
Eph.1.a 4.5,
b 11.12.

A. Vt hac nota ab impia incredulorum turba internoſcatur. Quotcunq; enim delegit Deus, eoſdem pietate morumq; integritate imbuit.

M. *Iſta, quam Eccleſię aſſignas, ſanctitas, eſt iam in omni genere perfectè abſoluta?*

Rom.4.3 f 26.
1.Cor.13.c 9.
&c.
2.Cor.12.b 5.9.
1.Cor.13.c 10.
&c. & 15. g.52.
53,&c.
Ephe.5.d 26,27.
Apoc.19 b 8.&
2.a 1.c 10.11.
&c.g 27.

A. Nondum. Quam diu enim mortali hic conditione viuitur, ea eſt humanæ naturæ infirmitas, vt parum validis viribus ſimus, ad omnem vſquequaq; culpam effugiendam. Proinde Eccleſię ſanctimonia non eſt adhuc plenè cumulateq; perfecta, veruntamen probè inſtituta. Sed quando cum Chriſto, à quo nitorem & ſplendorem omnem obtinet, penitus copulata fuerit; iam tandem innocentia & ſanctitudine omnibus ſuis numeris planè expleta, vt veſtitu quodam candidiſſimo nitidiſſimoq; exornabitur.

M. *Eccleſiam cur appellas Catholicam?*

Mat 28.d 19.
Act.2.a 2 5.9.
b 10,&c.
1.Cor.12.b 12,
13,&c.
Eph.1.d 22.23.
& 2.a 12.&c.
& 4.a 4.5,&c.
15.16.
Col. c 18.

A. Idem valet, atque ſi vniuerſalem vocarem. Hęc namque multitudo & conuentus piorum non habet definitam aliquam regionem aut tempus, cuius terminis ceptus teneatur: verùm piorum, qui à mundi fabricatione, omnibus locis atque temporibus vixerunt, viuuntue aut victuri ſunt, numerum integrum comprehendit: vt vnum ſit Eccleſię corpus, ſicut vnus eſt Chriſtus, corporis illius vnicum caput.

M. *Nunc te explicare volo quamobrem ſancta Eccleſia Catholica continuò ſubiungas, nos credere ſanctorum Communionem.*

1.Cor.12.b 12,
&c. c 20. & d
26.
Eph.4.c 2 5.20.
Col 1.c 18.&
d 19.
Eph 4.a 3. 4.
c 15.
Col.2.d 19.
Mat.22.c 39,
Ioan.13.14. 15.
Rom.b 5. &c.
1. Cor.10.f 24.
& 13.b 5 &c.
2 Cor 2. 8.f 29.
Gal.6. a 2
Pſal.52.a 1,2,
&c.

A. Quum vbique terrarum & gentium, omnibuſque temporibus & ſeculis habeat Deus qui piè ipſum ſancteque colant; vniuerſi illi, quamuis interuallis locorum & temporum longè diſiuncti, vnius tamen eiuſdemque corporis (cuius eſt Chriſtus caput) partes ſunt ſumma inter ſe coniunctione deuinctę: Tanta eſt ſanctis hominibus & cum Deo, & inter ſe communio. Namque Spiritus, fidei, ſacrorum myſteriorum, precationum, condonationis criminum, beatitudiniſque ſempiternę, atque adeò vniuerſorum diuinorum bonorum (quibus Eccleſia per Chriſtum fruitur) communicatione, ſunt inter ſe quam maximè coniuncti. Charitate præterea amicitiàquenon ſimulatâ, ſed concordi ſeſe mutuò complectuntur. Quoniam verò iſta piorum communitas in ſenſum intelligentiamq; humanam, perinde atque alię coniunctiones

iunctiones confociationefq; hominum, non cadit, iure hic inter ea, quę creduntur, locum habet.

M. *Hæc quam memoras Ecclefia confpicuáne?*

A. In hac fidei confefsione precipuè tractatur de cœtu illorum quos Deus occulto arbitrio fibi per Chriftum delegit; quę Ecclefia neque in confpectum cadit, neque eius oftendi indicia femper poffunt. Eft tamen afpectabilis quædam quæque cerni poffit Ecclefia Dei, cuius nobis notiones atque infignia palàm profert & proponit.

Rom.8. c29. 30 33. Ephe.1. a 4.5. &c.b 11.12. Col.3.b 3.

M. *Quænam ea funt?*

A. Vbicunque gentium Euangelium Chrifti feruatoris purè declaratur, Deo Chrifti nomine preces verè adhibentur, facra myfteria rectè celebrantur, ille Chriftianorum hominum cœtus ibi congregatus, eft afpectabilis Chrifti Ecclefia.

Efa. 55 b.10.11. Luc.24 c 47. Ioan.14.b 13. 14 & 15.16 & 16.c 23. Rom.13.b 8.9. 1.Cor.11.d.20. 21.23.&c. Mat.18.c 16.17.

M. *Suntne igitur vniuerfi, qui in hanc fpeCtabilem Ecclefiam conueniunt, numero deftinatorum ad vitam fempiternam accenfendi?*

d 19.20 & 28. d 19.

A. Hypocritæ nonnulli fpecie quadam affimulatæ fanctitatis in hunc fefe conuentũ infinuant, qui tamen longiffimè abfunt à veris Ecclefiæ membris. Quanquam, quoniam vbicunque verbum Dei verè explicatur, & facra myfteria fanctè celebrantur, ibi femper funt aliqui faluti per Chriftum deftinati; vniuerfam illam frequentiam, Ecclefiam Dei effe interpretamur: quum & Chriftus ipfe duobus tribufue, qui ipfius nomine conuenerint, præfentem fefe adfuturum fpondeat.

Mat.13 c 19. &c. d 23.&c.f 47.&c. Efa.55 b.10.11 Mat.28.d 19. &c, vt fupra.

M. *Quare Ecclefiæ remiffionem peccatorum fubijcis?*

A. Principio quod claues, quibus cœlum tum clauditur, tum aperitur, hoc eft, ius illud obligandi & foluendi, referuandi & condonandi crimina (quod in cenfurarũ Ecclefiafticarũ adminiftatione, publica pœnitentiũ, priuata ægrotantiũ abfolutione, & verbi diuini prędicatione pofitũ, Chrifti munere donatũ & commiffũ Ecclefiæ poteftati) in ipfa propriè refideat. Deindè, quod nullus condonationem criminum impetrare poffit, nifi qui Ecclefiæ, quæ eft Corpus Chrifti, pars verè fuerit: quique communem Ecclefiafticæ focietatis coniunctionem diligenter, integrè pièque, continenter etiam, & ad extremum feruat, & defendit.

Mat.18.d 19.20. Mat.16.c 18.19. & 18.c 17.18. Ioa. 20.f 21,23. 1. Tim.3.d 15. Mat.24. b 13, Ioan 15. a 4.5, &c. Col.2 p. 19.19.

M. *Ab Ecclefia igitur alienis non fupereft fpes villa falutis.*

A. Extra Ecclefiæ limen omnia funt damnationi, morti, atque exitio obnoxia. Membra enim dictracta, diuulfaque à capite atque corpore, omni fpe vitæ orbata funt.

Io.15.a 4 5, &c. Col.2.d 18,19. 2,Tim.3.d,15.

M. *Vocabulum remiffionis quam fignificationem habet?*

A. Quod videlicet à Deo impetret fidelis, vt peccata fibi ignofcat: Deus enim Chrifti gratia, qui pro peccatis fatisfecit, omnibus ipfi fidentibus gratuitam dat criminum veniam, & ex damnatione, atque iudicio ereptis, commeritam pœnam remittit.

Pfal.32. a 1. 3 Ioa.3.c 16.17. Act 1.f 38.39. & 26 d 18. Rom.3. d 24. 25 28. Ephe.1.b.7. Col.1. c 13.14

M. *Ad promerendam ergo peccatorum impunitatem, nonne benefactis noftris Deo fatisfieri poffe putas.*

H 4   A. Vnus

Vt supra & Esa.
35.a 4.5.
Rom.5.b 8. 10.
Gal.1. c 16.
Col.1.c 20.21.
2.Ti.1.c 9.10.
Heb, 9. d 14.15.

A. Vnus omnino Christus cruciatu & morte sua, quibus est affectus, supplicium nostris maleficijs constitutum luit atque persoluit, simulque Deo, nostro nomine satisfecit. Solus igitur Christus aditum nobis ad diuinam clementiam patefacit. Penes nos, summo hoc munere, sola ipsius bonitate beneficentiaque gratis donatos, nihil est omninò quod ipsi inuicem mercedis remunerationisue loco vel deferamus, vel referamus.

M. Nihilne ergò prorsus superest à nobis præstandum, vt criminum condonationem consequamur?

Iere.18.b.8.
Eze.18.d 51.
c 30.31.32, &
33.c 14.&c.
Mat.4.c 17.
Luc. 5.f. 31.
Psal.32.a 3,4,5,
& 51.a 3,4.
Prou.18.c 13.
Lu.15.d 18.21.
1.Ioa.1.d 8 9.
Psal.6.b 6,7,&.
31.b 9.10.&
38.a 3,4.&c.b
8.&c.
c.17,18.&c.&
51.c17,
1.Cor.11.g.31.
2.Cor.7.c.9.
10.11,&c.

A. Deus nocentibus se crimina condonaturum pollicetur, modò pœnitendo errorem corrigant, atque deponant; mentesque à vitæ nequitia reuocent ad ipsius obsequium. Quamobrem pœnitentia, correctioque vitæ nobis est necessaria, vt peccatorum impunitatem exoremus.

M. Pœnitentia quas partes complectitur?

A. Crimina primùm nostra agnoscere, ac confiteri coram Deo; acerbissimo animi dolore angi, pudoreque affici, quòd illius maiestatem offenderimus: peccati odium intimum suscipere, illudque detestari, sanctam in posterum vitæ nostræ institutionem, iuxta Dei mandata seriò ac constanter proponere.

M. An in tantam formidinem, atque in has angustias, adductus homo, se ipse eripere valet?

A. Nequaquam. Solus namque Deus hominem ab omni spe derelictum coroborat, prostratum & iacentem excitat, & in spem salutis restituit, cuius solius virtute peccator ad eam, quam memoraui fiduciam, sensumque atque cogitationem reuocatur.

1.Ti.1.c 15.16.
Psal.23.a.3.&
30.b.10.& 51.
b7.8.10.11,12,
& 8.a.3.b 7.c.
18.&c.
Act.11,c 18.
2.Cor.2.a 3,4.
2.Thes.2.d 16.
17.
2.Tim.2.d.15.
Mat.22.d.30.
&c.6.11.c 25.
26.&c,
2.Cor.15.totū.

M. Reliqua Symboli iam recense.

A. Credo resurrectionem carnis, & vitam æternam.

M. De istis pauca sciscitabor, quòd quædam de illis, cum de supremo iudicio ageres, suprà dixeris. Quorsum demum hæc, aut quamobrem creduntur.

1.Cor.15.c 14.
17, 18,19.
Luc.16.c 12.
23.f 45.

A. Quamuis humanas animas indissolubiles & æternas esse persuasum sit; mentes tamen in nobis omninò conciderint, si existimaremus corpora nostra morte in nihilum interitura: ex alterius enim nostri partis desiderio laborantes, perfecto gaudio atque immortalitate, nullo vnquam tempore plenè potiremur. Proindè nobis certò persuadeamus; non animas tantùm nostras, quum hanc vitam deserimus à corporum consociatione solutas, sinceras atque incorruptas sursum

continuò

continuò in cœlū ad Chriſtum ferri : ſed & corpora etiam noſtra omni
liberata corruptione, & in fœliciorem vitæ conditionem reuocata, cum
animis iterum ſuis ſocianda, & inſtar corporis Chriſti ſplendidæ futura :
atque ita ad perfectam beatitudinis abſolutionem integri peruenie-
mus, immortali vita, ſempiternaque fœlicitate in perpetuum per-
fruentes.

Rom.8. b 11.
1.Cor.15.f 42.
&c. g 53.&c.
Phil.3 d 21.
2.Cor.5.a 1.2.
1.Theſſ.4.c13.
14 &c.

M. *Mortem ergo corporis pijs pertimeſcendam non eſſe putas?*

A. Certè præceptor. Eſt enim nobis perſuaſiſſimum non eſſe mortem rerum deletricem, quæ omnia omninò perdit ac perimit, verùm
ducem nobis in cœlum eſſe, qui curſum noſtrum ad placidam, quietam,
fœlicem, perpetuamque vitam dirigit.

Vt ſupra &
Luc.23.f 41.
Ioan.18.c 25.
&c.
Phil.1, c 21, 23,
&c.
Apoc.14. d 12.

M. *Cum verò Symboli, hoc eſt, ſumma fidei Chriſtianæ declarationem
iam abſolueris, narra mihi, quem fructum ex iſta fide percipimus?*

A. Ex ea iuſtitiam in conſpectu Dei conſequimur, qua vitæ ſempiternæ hæreditatem adimus.

Rom.3 c 21.
22. &c.
Gal.2. c 16.&c.

M. *Nonne igitur ſanctitas, quam diuino numini tribuimus, vitáque inter
homines honeſtos & innocentia nos Deo integros exhibet?*

A. Iſtuc anteà ſub legis explicationem alijſque item locis, breuiter
attigi. Summa autem, ſi ex legum diuinarum præſcripto vitam quis
ſanctè agere omnino poſſet, iure ille, bonorum operum ratione, iuſtus
haberetur : ſed quia ab illa perfectione, noſtra omnium vita longiſſimè
aberrat, ſcelerumque noſtrorum conſcientia conuicti, animis ſuccum-
bimus, aliam ſequi rationem, viam indagare aliam debemus, qua in gratiam cum Deo reducamur, quàm noſtris in ipſum promeritis.

Rom.7 7.c 14.
15. et 8.a 3.et
10.a 5, 11. a 6.
Gal.2.c 6.& 3.
b 10.&c.

M. *Quænam ea eſt?*

A. Vnum perfugium reliquum eſt, diuina per Chriſtum clementia,
qua nullum omnino ad noſtra opera, meritaue reſpectum habens, gratuita nos propter Chriſtum charitate amplectitur ; non criminum modò noſtrorum veniam, ſed & iuſtitiam Chriſti, per fidem in ipſum, ita
nobis tribuens, vt per eam, haud aliter ac ſi noſtra eſſet, gratioſi apud
ipſum ſimus. Dei igitur in Chriſto miſericordiæ vniuerſam noſtram
iuſtitiam acceptam referri oportet.

Luc.8.c 11.12.
13.14.
Rom. 3. d 24.
&c.et 4.a 4.&c.
c 36.
Eph.2.a 4. 5.
2.Tim.1. b 9.
Tit.3.b 4.5.

M. *Quomodo rem ſic ſe habere cognoſcimus?*

A. Ex Euangelio, in quo diuina promiſſa nobis Chriſti nomine facta continentur, quibus cum fidem tribuimus, hoc eſt, plane penituſq;
perſuaſum habemus de diuina erga nos bonitate, quemadmodum anteà
in toto Symbolo eſt explicatum ; iſtius, quam memoraui iuſtitiæ quaſi
poſſeſſionem occupamus.

Rom.4.b 9.11.
c 14.16.d 20.
21.
Gal.2.c 16.d
20. et 3.b 11.
Heb.10.g 38.&c

M. *Non igitur affirmas Fidem præcipuam eſſe huius iuſtitiæ cauſam, ita vt
propter illius merita Dei iudicio iuſti cenſeamur?*

A. Nihil minùs : nam illud eſſet fidem in Chriſti locum ſupponere.
Verùm hæc iuſtitia primùm à diuina clementia, vt a fonte, fluit, vnde

Eph.1.a 4.5.6.
&c. et 2.a 4 &c.
Tit.3.b 4.5, 6.

riui

Mar. 1. b 14 15.
Ioan. 1. b 12.
Ro. 3. d 22. &c.
& 4. c 16. d 29.
&c.
1. Cor. 1. d 30.
Heb. 9. d 4. &c.

riui ad nos per Chriſtum deducuntur : per Euangelium verò defertur, nos autem eam fide, tanquam manu apprehendimus. Itaque fides non origo, ſed inſtrumentum eſt iuſtitiæ, quia videlicet Chriſtum, qui eſt iuſtitia noſtra, complectitur, vinculis nos ita arctis cum Chriſto conſtringens, vt is omnia ſua bona nobiſcum per ipſam communicet.

M. *Verùm cui hæc fides adeſt, illi deeſſe bona opera poſſunt ?*

Rom. 6. a 4. &
7. b 6 & 8. a &c.
b 9. 10. &c.
2. Cor. 1. c 17.
Eph. 2. c 15. &
4. d 23. 24.
Col. 3. b 9. 10.
Rom. 5. a 1. 2.
1. Cor. 13. a 2.
Ephe 3. d 17
Iacob. 2. d 20.
1. Pet. 1. d 19.
21. &c.

A. Minimè. Nam fide Chriſtum complectimur, qui nos non ſolùm a delictis morteque liberos reddit, & cum Deo reconciliat, verùm etiam diuino Spiritus Sancti numine, ac poteſtate, de integro nos generat, & reuocat ad integritatis pietatiſque deſiderium atque curam, quam nos vitæ nouitatem nominauimus.

M. *Iuſtitiam igitur, Fidemque & bona opera naturalem quandam inter ſe coniunctionem habere affirmas, ob eamque cauſam non magis eſſe diſiungenda, quam Chriſtus, eorum in nobis effector, à ſeipſo eſt ſeparandus.*

A. Veriſſimum eſt.

M. *Iſta ergo Fidei explicatio humanos animos ab operibus officijſque pietatis minimè auocat ?*

Pſa. 1. a 3.
Mat. 7. 17. 18.
& 12. d 33. 35.
Ro. 6. a 1. 2. 3.
4. &c.
Gal. 5. a 6.
Eph. 3. c. 17. &c.
Col. 2. a 6. 7.
Tit. 3. c 8.
Deu. 4 2 1. 2. &
5. d 31 32. &c.
Mar. 7. b 6. 7. 8.
9. & 10. c 17.
&c. 19.
Ioa 14. b 15. c.
21. 23. & 15. b
10.
Ro 8. f 31. 30.
& 14. d 13.
Heb. 11. b 5.

A. Nequaquam : bona enim opera, fidei, vt ſtirpi ſuæ inhærent. Fides igitur mentes noſtras in ſtudio vitæ cum virtute colendæ adeò non reddit hebetes, vt illarum potius aciem ad id quàm maximè exacuat : planequein numero verè fidelium non eſt habendus, niſi qui, quantum viribus eniti poteſt, & vitijs omnibus repugnat, & ad omnes virtutes aſpirat, ita ſe perpetuo gerens, vt qui vitæ ſuæ rationem à ſe eſſe repetendam intelligat.

M. *Apertè igitur dicito, qua ratione actiones noſtræ Deo placeant, & quomodo ille eas remuneret ?*

A. In officijs pietatis duæ res ſunt maximè neceſſariæ. Prior, vt ea agamus quæ iure diuino præcipiuntur : altera, vt in illis obeundis eum animum fidemque præſtemus quam à nobis Deus requirit. Neque enim vlla ſiue opera, ſiue conſilia Deo grata eſſe queunt, niſi fide commendentur.

M. *Si ergo & eadem illa bona opera, eaque etiam mente ac fide, quam Deus nobis præfiniuit, faciamus: quare operum piorum merito in iuſtorum numero habendi non ſumus.*

Luc. 1. 8. c. 11.
12 14.
Rom. 3. c 20 &
4 a 2.
Io. 4 d 18. 19 &
15 b 14. 15 16.
& 25 b 4. 5. 6.
Eſa. 6 4 b 6
Pſal. 143. a 2.

A. Iuſtitiam, quam Deus approbat, planè cumulatèque perfectam, iuri diuino vſquequaque congruentem eſſe oportet : at noſtra opera etiam abſolutiſſima longè multumque à legis diuinæ præſcriptione diſcrepant, plurimiſque de cauſis tum accuſanda ſunt, tum condemnanda : Proinde iuſti cenſeri diuino iudicio, factorum noſtrorum ratione nequaquam poſſumus.

M. *Verùm iſta declaratio hominum interim mentes à ſanctitatis ſtudijs auertere,*

auertere, aut ſi non remiſſiores negligentioreſque in obeundis virtutis muneri-
bus, aut minùs ſaltem ad ea hilares atque impigras facere videtur.

A. Nullo modo : edocuerunt enim nos ſacræ literæ, quòd quemad- Gal.2 2.c 16.
modum vitioſæ noſtræ actiones Deum ignominia afficiunt, ita bona Mat.1.b 16.
opera noſtra illius honori inſeruiunt : nullius igitur inferorum damna- 1.Pet. 2.c 12.
tioniſque terror, nulla cœli gaudiorumque omnium expectatio, nos
vel à vitijs adeò auocare, vel ad rectè faciendum allicere deberet, æque
atque formido contumeliam aliquam maieſtati diuinæ imponendi, ſtu- Rom.8. d 14.
diumque amplificandæ illius gloriæ, quam ſupra omnia ſemper mag- 1.Tim. 6.2.
nificare oportet. Nam ſicuti peccati peſtis, eſt ob eam rem maxime 1. Tit. 2.a 5.
horribilis, quòd Deo, & eius ſacroſancto verbo ſit dedecori ; ita virtu- 2. Pet.2.2.
tis ſumma laus decuſque in eo conſiſtit, quòd Deo per illam honos habeatur. Præterea, opera bona proximis noſtris tum reipſa, tum etiam Mat.5.b 16
exemplo proſunt : Diuinique erga nos amoris, noſtræque pariter in 1 Pet. 2.12.
Deum gratitudinis, dum eius præceptis paremus, clara indicia oſten- Mat.2.d 23.&c.
dunt ; fidei item, vt vnà ſalutis etiam noſtræ ſigna patefaciunt. Non er- 10.14.b 15 c.
go inania nullique prorſus vſui eſſe bona opera cenſebimus, propiereà 22.23. & 15.
quòd iuſtitiam ex illis non adipiſcamur. Phil.2.b 12.
2.Pet.1.c 9.10.
&c.

M. *Verùm cùm opera noſtra vel optima, vt ipſe aſſeris, imperfecta ſint,*
quomodo Deo, cuius iuſtitia eſt perfectio ipſa, accepta eſſe poſſunt ?

A. Fides eſt, quæ Deum operibus noſtris facit beneuolum, dum perſuaſum habet, eum legibus nos & iudiciali Iure perſequuturum non Rom 9.f 31.32.
eſſe, nec factorum noſtrorum rationem ſtrictè à nobis repetiturum, at- Gal. 5. a 6.
que acerrima Iuſtitiæ ſuæ norma ea examinaturum eſſe : verum cunctis Heb.11.a 4.6.
eorum defectibus condonatis, Chriſti gratia, vt plenè perfecta eſſe ac- &c totum.
cepturum. Pſa.130.a 3.11.
143.a 2.

M. *Quando igitur Deus per fidem, tum vt iuſti habeamur, nobis largi-*
tur : tum opera etiam noſtra per eam ſine offenſione accipit : narra mihi ingens- Mat.16.c 17.
tamne naturæ virtutem, an gratuitum Dei munus eſſe fidem exiſtimas. Mat.9.c 23.24.
Ioa.9.g 38 39.

A. Donum Dei, idque eximium certè atque præcellens, fides eſt. 1.Pet.1.d 21.
Nam Deus nos verbo ſuo inſtituens, & mentibus noſtris ſancti ſpiritus Lu.24.c 24.27.
ſui lumen clariſſimum præferens, aptos nos efficit ad ea diſcenda cre- g 45.46.
dendaque, quæ alioquin obſcuræ intelligentiæ noſtræ vis nullo modo Rom.10.b 8.c
capere poſſet. Quod percipientes Apoſtoli, à Domino precantur, vt 14 d 16 7.
fidem ipſis adaugeat. Col 1.b 9.
1.Tim.2 a 7.
Luc. 17.a 5.

Cap. 4. *De Inuocatione*.

M. **I**N tempore ipſo in precationis mentionem incidiſti : Poſtquam enim
legis diuinæ Symbolique, hoc eſt, profeſſionis Fidei Chriſtianæ
declaratio

declaratio est à te iam perfecta : superest vt proximo loco de oratione, gratia-
rúq; actione dicatur. In expositione verò orationis quæ est seruanda distributio?

A. Hæc, nisi aliter tibi visum fuerit, magister : vt primum, à quo :
deinde, qua fidentia : tertiò, quo mentis affectu ; postremò, quid sit precandum, declaretur.

M. *Principio igitur narra mihi, quem putes precibus appellandum esse ?*

A. Vnum Deum, præterea neminem.

M. *Quamobrem?*

Psal.17.b 7. &c.
28. & 46. & 78.
& 104. & 107.
totus.
A. Quoniam Deus, vitam, præsidium, salutem nostram, bonaque
vniuersa solus in potestate ditioneque sua tenet ; par est vt omnia quæ
nobis opus erunt ab illo postulemus, expectemus, & vt in cunctis periculis in eius tutela perfugium habeamus.

M. *Quare diuos siue pios homines, qui ex hac vita migrârunt, aut etiam*
angelos non precabimur ?

Psa.50.c 15. &
89.b 26.
Ioa. 16.c.23.24.
Esay 48.b 11.
A. Quia Deus nostram sui solius implorationem, vt cultum qui ad
ipsius maiestatem propriè & priuatim spectat, requirit, quam non licet
alteri cuiquam attribuere.

M. *Ecquid præterea?*

Rom.10.b 8. c
14 d 16.17.&
14. d 23.
Heb. 11, b 6.
A. Si in precatione alium aliquem præter solum Deum appellare-
mus, sine authoritate verbi diuini, & quod consequens est, sine fide,
quæ verbo Dei nititur, id faceremus: quod facere, non esset Dei numini
pietatem tribuere, sed in eius grauem offensionem incurrere.

M. *Perge nunc exponere, qua fidentia mortales miselli, qui multis modis*
sumus indignissimi, Deum immortali gloria præcellentem compellare au-
deamus.

Psa.79.b 8. 9.
Dan.9.c 18.
Ioan 14.h 13.
& 16.c 23.24.
Eph.2, d 18.
2.Tim.2.b 5.
Heb.4.d 14.1.
& 10.d 19.22.
Ma.21.c 21. 23.
Ma.11.d 22.24.
Ioa.14 b 13 &
19.c 23 24.
Heb.10.d 19.
22.23.
Iac.1. a 6.7. &
4.a 3.
A. Precaturi, non in Dei conspectum insolenter nos damus, quasi
promeriti vt exaudiamur : Verùm nostram indignitatem agnoscentes,
Christi Mediatoris nomine aditum habemus, quo deprecatore, diuinæ
maiestatis beneuolentiam nobis non esse defuturam confidimus.

M. *Qua ratione in hanc, quam dicis spem adduceris ?*

A. Promissis diuinis nobis in sacris literis per Christum factis fidem
habeo, nihil dubitans, quæcunque certa fide à Deo Patre Christi nomine precamur, quin ea, quantum quidem nobis conducent, exoraturi
simus.

M. *Iam quo mentis sensu Deus implorandus sit declara.*

Psa.6 & 38 to-
tus. & 50.c 15.
& 124. totus.
Ro.7.d 18. &c.
& 8.d 22.23.c
26. & 12.c 12.
2.Cor.3.b 4.5.
Luc.18.a 1. 5.7.
Eph.6.c 18.
Col.4.a 12.
1.Tim.2.a 1.
A. Si miseriarum scelerumque nostrorum, quæ nos opprimunt recordatio, acerbissimos, ita vti par est, animorum dolores nobis com-
moueat ; fieri aliter non potest quin omnibus exoptemus votis, vt ex illa conscientiæ solicitudine, quæ nos ita vexat, eripiamur : atque ita omni obsecratione, obtestatione, summoque mentis ardore, diuinam misericordiam & auxilium efflagitabimus.

M. *In precatione igitur verba solùm ex ore fundere, satis non erit ?*

A. Polli-

A. Pollicetur Dominus se prope adfuturum, auxiliumq; laturum ijs solùm qui verè ipsum, hoc est, memori mente implorant, eorum enim vota sibi pergrata esse: quamobrem necessarium est eam orationem, qua in precatione vtimur, nobis esse cognitam, vt lingua atque mens vno consensu iungantur.

Psal.34.c.15.&
145.c.18.19.
1.Cor:14.b.7.
c.11.14.15.

M. Fasne est, quæcunque, quorum desiderio aliquo tenemur, à Deo precari?

A. Deus prohibeat, vt Christiani homines Christi nomine quicquam à Deo postulent, quod sit contra Dei & Christi voluntatem, atque ita & indignum sit quod largiatur Deus, & nobis etiam accipere perniciosum. Quam ob causam, ne affectione animi impulsi inconsideratè in precatione aberremus, certa nobis formula regulaque est ab ipso Christo expressa, ad quam preces nostras perpetuo debemus accommodare.

Mat.7.b11.&
20,22.
Ioan.16.c.23.
24.
Iac.4.a.3.
1.Ioh.5.c.14.15.

M. Quænam ea est?

A. Eadem nimirum ipsa, quam diuinus ille præceptor auditoribus suis, nobisque per eos vniuersis præscripsit: in qua cuncta, quæ à Deo postulari licet, quæque nobis impetrare expedit, breuiter comprehensa perpaucis sententijs complexus est, quæ precatio de conditoris nomine, Dominica nuncupatur. Si igitur cœlestem magistrum diuina voce præmonentem audiemus, haud vnquam à precationis rectæ præscripto deerrabimus.

Mat.6.b.9.10.
&c.
Luc.11.c.12.&c.

M. Dominicam igitur precationem pronuncia.

A. Precaturi, inquit Dominus, ita loquimini. Pater noster qui es in cœlis, sanctificetur nomen tuum. Veniat regnum tuum. Fiat voluntas tua, sicut in cœlo, sic etiam in terra. Panem nostrum quotidianum da nobis hodie. Et remitte nobis debita nostra, sicut & nos remittimus debitoribus nostris. Et ne nos inducas in tentationem, sed libera nos à malo. Quia tuum est regnum & potentia & gloria in sæcula. Amen.

Mat.6.b.9.&c.
Luc.11,a,2,&c.

M. An existimas nos ista ad verbum expressa semper debere recitare, ita vt vno verbo aberrare non liceat?

A. Licitum est sine vlla dubitatione, verbis alijs Deo preces adhibere, si modo à precationis huius sensu non declinemus, eaque fiducia atque mente, quam antè dixi, Deum imploremus.

M. Quot sunt dominicæ precationis partes?

A. Postulata quidem sex, aut vt quidam partiuntur, septem complectitur; ex duabus tamen vniuersè partibus constat: ex quibus vna priores tres postulationes continens, ad diuinam gloriam directò spectat: altera ad nostram peculiariter vtilitatem attinet, & tres aut quatuor posteriores petitiones comprehendit.

Partes Dominicæ precationis

M. Cur Deum ita nominatim compellas, dicens, Pater noster?

A. Quoniam non vt absenti, surdóue verba facio, sed Deum patrem,

Ps.33.b.13.14.

vt

Pſal.33.b 13.14.
& 34. c 15.17,
18. & 42. b 9,
10,11.& 139.
a 1.2,&c. &
145. c 18,19.

vt præſentem inuoco, pro certo habens, preces illum meas audire : nequicquam eniꝑ alioquin opem ab eo peterem.

M. *Verba ſigillatim paulo accuratiùs excutiamus : Deum quare nuncupas Patris nomine ?*

Mat.21.c21,22.
Mar.11. d22,
23,24.
Ioa.16.c23,24
Heb.10. d 10,
22,23.
Iac.1. a 6 7.
Ro.8. c 15,16.
Galat.4. a 6.
Mat.7. b 7.11.

A. Quia recté precandi fundamentum, vt ſuperiùs diximus, in ex-
orandi ſpe firma poſitum eſt ; voluit Deus ſuauiſſimo nos Patris vocabulo ipſum appellare, vt fidenter ad ſe, ſuíque auxilij ſumma cum expectatione, haud aliter ac ſuum filij parentem aſſolent, accederemus :
immò vt ſæpé tam multò meliore, quàm vlli liberi de natuarali patre
habere poſſunt, ipſum adeamus ; quàm longé Deus cœleſtis ille Pater,
poteſtate, bonitate, propenſáque ad iuuandum voluntate, terreſtribus
parentibus vniuerſis excellit.

M. *Nunquid nos aliud commonefacit paternum hoc nomen ?*

Luc.11.b 9 13.
Mal.1.b 6.
Mat.16.d 39,42.

A. Vt in precando debitam à liberis Patri cœleſti pietaté, honorem,
obſequium præſtemus, eóq; animo, qui filijs Dei conuenit, affecti ſimus.

M. *Quare Deum promiſcuè noſtrum Patrem, potiùs quàm tuum propriè nominas?*

Pſal.22.21,2.
Rom.1. a 8.
1.Cori. a 4.
Rom.2.b 4,5.c
10 d 16.
1.Cor.10. f 24.
& 13.b 5. & 12.
b 13,&c. c 21,
&c. d 25,26,&c.

A. Pio cuique licitum eſſe fateor, Deum appellare ſuum : is tamen
amoris inter Chriſtianos ardor eſſe deberet, vt vnuſquiſque, quod ad
omnium commune commodum attinet, ſpectaret : quam ob cau-
ſam, in vniuerſa iſta poſtulatione, nihil à reliquis ſeparatim, verùm publico cunctorum nomine omnia efflagitantur.

M. *Ecquid amplius?*

Mal.2 b 10.
Ioan.8. c 41.
Eph.4. a 5,6.
Iac.2. a 1,2,3.
Deut.10. c 7,&c.
Pſa 10 c 17,18.
& 68. a 5,6.&
46.b 6,7,8.

A. Diuites & optimates commonefiunt, ne pauperes humilioreſq;
contemnant, ſed vt eos tanquam germanos fratres, beneuolentiâ com-
plectantur, quibus Deus filiorum honorem, tribuere, non dedignatur.
Rurſum verò tenuiſſimi quique miſellíque homines, qui in hac vita
maximé neglecti eſſe ſolent, hac interea ſpe mentes ſuas poſſunt recre-
are, quòd Patrem in cœlo ſummâ præditum poteſtate, ſibíque beneuo-
lentiſſimum habeant.

M. *Quare Deum ais in cœlo eſſe?*

Pſal.11.b 4,5,
&c. & 20.b 6.
33.b 13,14. &
13 a 4 5,6.&
115. a 3.

A Propterea quòd credam Deum in ſempiternæ, & fœliciſſimæ beatitudinis excelſiſſimo gradu, cœlq; quaſi arce altiſsimâ imperium ge-
rentem, rerum ſimul omnium præpotentem eſſe, & ſupera, intera, media, vniuerſa, vt in præſentia ſua, conſpectúque poſita, intelligere atque
gubernare.

M. *E quid præterea?*

Col.3. a 1,&c.
Rom.8. c 17.
Eph.1. c 14. d 18
Heb 9. d 5.
1.Pet.1. a 3,4.

A. Monemur ne quicquam Deo non dignum poſtulemus, ſed vt
cœleſtem Patrem alloquentes, mentes à terra rebuſq; terrenis exuſcite-
mus atque auocemus : ſuperáque & cœleſtia meditantes, fœliciſsimam
illam parentis noſtri beatitudinem, cœlúmque, vt paternam per Chriſtum hæreditatem, ſummâ cupiditate expetamus.

M. *Aper-*

M. *Aperto igitur nobis nunc tam fœliciter vestibulo hoc primo, ingressione-que ad precandum, perge ad primam petitionem.*

A. Principio petimus, vt Dei nomen sanctificetur.

M. *Hoc quam habet sententiam?*

A. Postulamus primúm vt diuinum nomen mortalibus quàm maxime cognitum manifestumque reddatur, eiusque honor atque decus vbique terrarum & gentium, ita vt conuenit, illustretur. Vtque fictorum futilium, quae deorum nominibus prorsus obliteratis & abolitis, solius Dei cœlestis Patris diuinum nomen atq; maiestas in honore habeatur, atque ab omnibus omnium ætatum hominibus, vbicunque locorum atque gentium, puris integríque mentibus imploretur.

M. *Quid adhuc superest?*

A. Optamus, ne in sacrosanctum Dei nomen ob aliqua delicta nostra maledicta conferantur, illíque quasi infamia quædam inferatur: sed vt potius per nostram in Deum religionem, beneficentiamque erga homines diuinum nomen omni laude cumuletur.

M. *Perge porrò.*

A. Proximo loco postulamus, vt Dei regnum adueniat, hoc est, ne diuinam sui verbi, atque Euangelij Christi veritatem, per quam in innocentium piorumque hominum cordibus Deus regnat; obscura caligine tectam latere patiatur: sed vt eius notitia mortalibus in dies clariùs illucescat, cœlesti eos doctrina erudiens: Optamúsque, vt Deus se velit opponere versutis fallacijs, & frangere atque extinguere furentes impetus Satanæ, sceleratorumque hominum, qui veritatem, vel commentitijs fabulis obscurare, vel sæuitia oppressam radicitùs tollere moliuntur.

M. *Prosequere.*

A. Oramus vt Deus per sacrum suum spiritum illustrare & moderari velit mentes omnium, qui sunt de ipsius Ecclesia, in qua, vt in regno suo, propriè dominatur; eosque vt suos milites, ope atque virtute sua roborare velit, quo strenuè contra diabolum, mundum, appetitusque vitiosos arma capere possint, illísque deuictis, Dei in terris imperium dilatare: & ad extremum, omnibus ipsius pariter atque nostris hostibus conculcatis, atque protritis, Deus vniuersa sub ditionem dominationemque suum subiungat, gloriosissiméque triumphum agat, & nos etiam vt suos per Christum liberos atque hæredes, sempiterni tandem sui regni participes faciat.

M. *Quid est deinceps in oratione dominica?*

A. Dei voluntas fiat: par enim est, vt liberi ad parentum arbitrium totos se accomodent, non è contrario, vt parentes filiorum arbitratu viuant.

M. *Quare adiungis, vt in terra fiat, itidem ac in cœlo, Dei voluntas?*

A. Quum

Iof.24.a14.d
23.
Pf.89 a 5.6.&c.
Pf.96. a 11.2,3,
&c. & 97. b 79.
& 113.& 134.
& 135. toto.
Ioa.4. c 23.24.
Ro.1. c 23. &
11. c 36.& .6.
d 27.
1. or.10. g 31.
Eph.3. d 20 21.
Eph.3. d 20,21.
1.Tim.1. d 17.
Eia.52. a 5.
Eze.36. d 20,21.
Rom.2. d 24.
Mat.5. c 16.
2 Thef.1. d 11,
12.
Mat.9. d 38.&
24. b 14. & 28.
d 19,20.
Luc.4. c 18,19.
Ioa.17. c 17,20.
2.Cor.3. d 4 5.
16.& 4 &c.
Eph 6. c 18.19.
2.Thef.3. a 1.
Mat.13. d 15. c
38,39.& 15.a 2,
3,5,6,&c.
Mar.7. a 3,4,
&c.b 7 8,9,&c.
Ioan.16. a 2,
3,&c.
& 17. b 14,15.
Ioan 16 c 13.
Ephe.3 b 21 .
Lu.22. d 31,32.
Rom 6. b 12,
&c & 8. a 5.b 9
&c.16. c 20
Gal.5. c 25,26,
&c.
Eph.6. b 10,&c.
& d 17,18,19,
&c.
1.Pet.5. c 8,9.
Mat.25. c 34,d
41,46.
Rom 8 c 6,
17;18.
1.Pet.1. a 3,4.
Tit 3. c 7.
Pial.40. b 8.
Mat.26. d 39,
41.
Ioh.5. d 30. &
6 d 38.
Ephe.6. a 1.
Ro.8. a 5,7,&c.

contra
(Damage)

Rom.8 a 5,7,
&c.
Rom.8.a 2. 5.b
9.1,&c.c 14.
15,&c.
1.Cor.2.c 12,
&c. & 3.d 16.
Act. 21.c 14.
1.Pet.3.a 7. & 4.
c 12.13,&c.
Pſal.20.a 1,&c.
91.b 11,&c. &
103.d 20,&c.
101.2 4.135.b
7,&c. & 136.b
7,8,9.
Heb.1.b 6.7.d
34.
Apoc.1.c 11,&c.
& 19.b 13, &
22.c 9.

A. Quum terrenorum hominum animi varijs ardentes deſiderijs, ad ea expetenda perficiendaq; concitentur, quæ Deum grauiſſimè offendunt : precamur, vt diuino Spiritu ſui inſtinctu noſtras omnium mentes ad Maieſtatis ſuæ nutum ita totas conuertere, atque formare velit, vt nihil vnquam, quod ſit contra diuinam ipſius voluntatem, appetamus aut exoptemus.

M. Perge.

A. Oramus etiam, vt quæcunque nobis de diuina voluntate obuenire animaduertimus, ea non tantùm toleranter, ſed & libenter etiam feramus & perferamus. Præterea,quia Angeli ipſius,cœleſtes illę mentes, præclariſſima item aſtra, Sol, Luna, cæteraque Sydera ab ipſo condita,diuinæ eius voluntati aſſiduè obtemperent;optamus, vt vniuerſi in terris mortales exemplar hoc obedientiæ, nobis ante oculos in cœlo propoſitum, imitantes, Maieſtatis ſuæ nutum intueamur, noſque totos ad illum accommodemus, vt quemadmodum in cœlo,ita & in terra nullus reperiatur,qui ſacro ſanctę Dei volūtati aduerſetur aut reclamet.

M. Ecquid amplius ?

Deut.4. a 1,& 5.
c 32. & 28.b 24.
Mat.7.c 11,&
12. d 50,& 15.a
a 3,&c.
2.Col.3.b 6.14.
Gal.3.c 15,17.

A. Quando Deus voluntatem ſuam in ſacris literis apertiſſimè declarauit, quod etiam vocabulo Teſtamenti, hoc eſt, ſupremæ ſuæ voluntatis eas nuncupans,clarè indicauit,minimè eſt dubitandum eos,qui de ſcripturarum ſententia diſcedunt,à Dei etiam ſenſu omnino aberrare.

M. Quando ad ea, quæ quæſita ſunt de priore Dominicæ precationis parte, qua tres illæ petitiones ad diuinam gloriam propriè ſpectantes continentur, ſatis iam reſpondiſti; ad poſteriorem nunc partem quæ ad res nobis vtiles reſpectum habet, commodè tranſibimus ?

A. Poſterioris partis primum poſtulatum eſt: Panem noſtrum quotidianum da nobis hodiè.

M. Panis vocabulum quid ſignificat ?

Pſal.104.c 15.d
27,& 105.b 6.
10,11,&c.&
144. c 10. 11,
&c.145.c 14,
15,16.

formidine
(Damage)

A. Non ea ſolùm quæ victum nobis veſtitumque neceſſarium ſubminiſtrant,ſed & alia vniuerſa quæ ad ſubſidia conſeruationemque vitæ, & ad ætatem quietam ac ſine formidine traducendam neceſſariò pertinent.

M. Nunquid præterea nobis ſuggerit nomen panis ?

Pſa.78.c 18 &c.
d 29,30,& 106.
c 14,15.
Mat.6.d 25. &c.
Luc.16.10,&c.
1.Cor.10.b 6.
1.Tim.6.b 7,8,9
Heb.13. a 5.

A. Ne ad delicias epularum lautiſſima quæque, neue magni veſtimenta pretij, aut ſumptuoſum apparatum voluptatis cauſa, ſolicitè confectemur, ac congeramus : ſed vt lautitiam luxuriemque aſpernantes,modico,temperato, & ſalutari victu,cultuque paruo & commodo contenti ſimus.

M. Qua ratione panem vocas noſtrum,quum eum à Deo tibi donari flagites ?

Mat.7.b 7.8.
1.Cor.4 b 7.
1.Tim.6. d 17.
Iacob.2.c 17.

A. Dei dono noſter efficitur, quum ipſe eum, meritis licet noſtris non debitum, in ſingulos dies ad veſcendum nobis largiatur.

M. An ob aliam aliquam cauſam noſter panis nuncupatur ?

A. Com-

A. Commonefacit nos hoc vocabulum, vt victus quærendi causa in laboribus nos corporis exerceamus, aut alijs eum bonis modis iustè nobis acquiramus; vtque eo contenti, nunquam alienum quicquam a-uarè aut dolosè aucupemur. Gene.3 d 19. Eph.4.d 28. 2.Thef.3.b 8 c 10,11,12.

M. *Quando vt industria nostra victum comparemus Deus nobis manda-uit, quare panem ab illo petis?*

A. Quia inutiliter tempus ætatis omne laboriosè solicitéque con-tereremus, nisi sedulitas nostra Dei munere prosperos exitus conse-quatur. Pfal 127 a 1,2 1,Cor.3.b 9

M. *Opulentofne etiam homines diuitijs copijfq, omnibus affluentes, victum quotidianum à Deo postulare debere putas?*

A. Nequicquàm rerum omnium, quas natura desiderat, abundan-tiam comparabimus, nisi diuina virtute salutares nobis vitalesque fiant. Qua etiam de causa, post cœnam quoque, vt cibum quotidianum, quo iam vsi sumus, Deus nobis largiatur, hoc est, vt eum vitalem nobis, salu-taremque faciat, precamur. Deut.8.a 3 Pfal.34.b 9,10. & 78.d 29,30. a 4.& 12.c 15 1.Tim.6.d 17 Apoc.3.d 17

M. *Quare hæc v rba quotidianum & hodiè adiunguntur?*

A. Vt à curis & auiditate omni abhorrentes, studioseq; munera no-stra exequentes, à beneficentissimo ea parente quotidie flagitemus, ad quę ille quotidie largienda promptissimus esse solet. Matth.6 d 6 &c 24. Luc.10 g 4 Phil.4.b 6 1.Tim.6.c 9,10 1.Pet.5.b 7

M. *Perge ad reliqua.*

A. Quinto postulatu peccatorũ nobis veniam à Deo dari petimus.

M. *Estne hæc venia omnibus necessariò petenda?*

A Omnirò: nemo enim omnium hominum reperiri potest, qui non crebrò à debito officio declinet, sæpenumeroque in diuini numinis grauem offensionem non cadat. Proinde, qui peccata sua non agnos-cunt, neque Deum vt illis ignoscat, precantur, sed Pharisaico illo more atque exemplo, quasi integros se atque sanctos, coram Deo, aut vt verè loquar, contra Deum gloriando efferunt; illi de numero piorum, qui-bus ista precationis norma, ad quam dirigantur, est præscripta, & à spe veniæ peccatis suis tribuendæ, quæ in sola Dei per Christum miseri-cordia atque benignitate sita est, sese omninò eximunt. Isthuc nam-que est, quod Christus non ad innocentes, sed ad nocentes (vt peccata scilicet pœnitendo corrigant) vocandos, se in mundum hunc venisse profitetur. Pfal 14.a 1,3 & 53.a 1,2,3 Rom.3.b 10, 11,&c.d 23 Ioan.8 a 7. Iaco.2.b 10 11 1.Ioan.1.b 18, 10. Luc.18 b 9,11 &c c 3,14 2.Cor.5 c 15 d 18.&c. Ioan.1.c 7.d 9 & 2.a 1,2,b 12. Matt.9.b 13 1.Tim.1.c 13

M. *Conditio illa quamobrem addita est?*

A. Rationi maximè consentaneum est, vt precemur, à Deo ita no-bis veniam dari, sicuti nos eis, qui nos offenderunt, ignoscimus. Nisi enim ad alijs ignoscendum propensi reperiamur, & Dei parentis nostri imaginem misericordiam exprimentes, ita nos geramus, vt eius esse liberi agnoscamur; apertè testificatur, non esse à se quicquam aliud expectan-dum, nisi grauissimi supplicij acerbitatem. Nam, qui vt clementia in alios Matt.5 a 7.& 6. b 24.15. & 7.a 1,10.& 8.d 28.&c c 35. Luc 6 c 36, 27.38. Iacob.2.b 23

I

alios vtatur,in animum inducere non poteſt,eadem ſummi iuris norma
ſententia de illo ſine vlla venia feretur.

M. *An non ergo,noſtra lenitas à Deo promereri vt nobis ignoſcat,aut quæ-*
dam quaſi gratia illi relata videri poſſit?

Rom.3. d 24,25
& 11.a 5,6.
Gal.5.a 4.

A. Nequaquam: gratuitò enim tum Deus veniam non daret,neque
ſolus Chriſtus ſupplicio ſuo peccata noſtra expiaſſet; pro quibus nemo
aliud vlla re alia compenſare,aut Deo quicquam retribuere poteſt.

M. *Tranſeamus iam ad ſextum poſtulatum, quod quidam in duo par-*
tiuntur?

Mat.12. d 42,
44,45.
Ioan.5.b 14
& 8.b 11.
2.Pet.2. d 20,
21,22.
Matt.10.b 16,
&c.& 16.d 41.
Luc.22.d 31,32.
1.cor.1.d 27.&c
2.cor.11.a 13.
Ephe.6.b 10,11,
12,&c.
Iac.1.b 14.
& 3.a 1.
1.Pet.5.c 8,9.
1.Ioa.2.c 15,16.
Rom.16.d 20.
2.Tim.4.d 17,18

A. Eo petimus,Ne nos inducat in tentationem, ſed à malo liberet.

M. *Quare ita precamur?*

A. Sicuti anteà vt præteritis ignoſcat, precati ſumus; ita nunc obſecramus,ne à nobis vnquam poſthac peccetur. Nobis verò naturaliter
mentes ita ſunt ad proſpiciendum improuidè,ita infirmis ſumus viribus
ad propulſandum multiplices inſidias,incurſiones, atque illecebras Satanæ, mundi, concupiſcentiæque noſtræ propriæ, vt fieri aliter non
poſſit,quin ſuccumbamus,niſi Deus ſuo nos numine corroboret,ſuæq;
potentiæ armis tegat: perfugium ergo vnum ſalutis eſt, vt nos optimi,
maximi patris tutelę ſuppliciter commendantes, eum obteſtemur, ne
nos malitioſis vllis machinationibus ſuperari patiatur, ſed vt ex omnibus nos malis eripere & perpetuò conſeruare velit.

M. *Reliqua eſt adhuc dominica precationis clauſula.*

A. Quoniam tuum eſt regnũ,& potentia,& gloria in ſecula.Amen.

M. *Quamobrem precationem ſuam hoc modo concluſit Chriſtus?*

Mat.7.b 10,11.
& 12.c 22.
Ioan.16.c 23.
2.Cor.1.b 9,10.d
20.& 9.c 8.&c.
Ephe.3.d 20.
1.Tim.6.c 15,16
Iacob.1.a 6.

A. Vt nobis confirmaret,diuinam potentiam atque bonitatem tam
infinitè immenſam eſſe, vt nihil omnium rerum ſit, quod Deus nobis
id ritè poſtulantibus,dare non poſſit,aut non velit;quod etiam vocabulum Amen,hoc eſt,ita fiat, vt oppoſita ad extremum veritatis nota, in
animis noſtris quaſi conſignat.

M. *Quam ob cauſam gloria diuina poſtremò memoratur?*

1.Cor.10.g 31.
Ephe.3.d 20,21
Phi.1.b 11.
1.Tim.1 .d 17.
Iudæ.5.f 25.

A. Vt preces omnes noſtras laudatione diuini numinis concluden-
das eſſe intelligamus: hic namque eſt finis ille quo omnia, quæ rogatu
noſtro à Deo impetrare cupimus, noſtraq; conſilia, ſermones,opera atque vniuerſa omninò dirigenda ſunt. Huius enim rei cauſa à Deo con-
diti,atque in hoc mundo collocati ſumus.

M. *Proſequere.*

Pſal.29 a 1.2. &
34.a 1,2,3.&c.
& 50.c 14,15.d
23.& 92.a 1,2.&
95,96,105.toto
Rom.15.b 6.
1.Theſ.1.a 2,
& 5.d 18.
1.Theſ.1.a 3,
Luc.17.d 7.
Ioan.5.d 44.

A. Huc accedit,quòd de Dei benignitate,iuſtitia,ſapientia,potentia,
magnificè, glorioſeque prædicare, illique noſtrâ, & vniuerſi generis
humani cauſâ gratias perſoluere, pars ſit honoris diuini, ad illius
maieſtatem pariter cum precatione,peculiariter ſpectans: qua niſi illum
piè veneremur,non tantùm tam magna eius multiplicique beneficentia
nos minimè dignos ob ingratitudinẽ præbebimus,verum etiam debitas

tantæ

tantæ in Deum impietatis pœnas, meritiſſimè in perpetuum ſufferemus.

M. *Quando homines etiam in nos benigni beneficique eſſe ſolent, nonne liceat illis quoque gratiam habere?*

A. Quotquot ab hominibus apud homines benefacta collocantur, ea Deo accepta referenda ſunt, proptereà quòd in illis tribuendis homines ſe re ipſa miniſtros tantùm Deo præbent: atque ita gratus noſter in homines animus, in Dei authoris gloriam, yt ad proprium atque vltimum rerum omnium finem, refertur.

Rom.1.c21.d25
1.Pet.4.c12.

1.Cor.1.2,a6.
d11.
2.Cor.9.c8. &
11.d12.
Mat.5,a6.
1.Pet.2.6,12.&
4,c11.12.

C A P. 5. *De Sacramentis.*

M. QUando de *lege Dei*, *Symboloque; hoc eſt profeſſione fidei Chriſtiana, de precatione etiam atque gratiarum actione, quæſtio omnis ad exitum iam eſt adducta, an non commodè poſtremo de ſacramentis agemus?*

A. Commodiſſimè præceptor: nam ea precationis ſecum & gratiarum actionis coniunctionem perpetuò habent.

M. *Dic mihi igitur, quot in Eccleſia ſua Sacramenta deſignauit Chriſtus?*

A. Duo, baptiſmum atque cœnam dominicam.

M. *Sacramenti nomen quid ſignificat?*

A. Sacramentum eſt externa diuinæ erga nos per Chriſtum beneuolentiæ beneficentieque teſtificatio, ſigno aſpectabili arcanam ſpiritualemque gratiam repreſentans; qua Dei promiſſiones de remiſſione peccatorum, & æterna ſalute per Chriſtum data, conſignantur, & earum veritas in cordibus noſtris certiùs confirmatur.

M. *Sacramentum quot habet partes?*

A. Duas: extraneum elementum, ſiue rem creatam, quod eſt ſignum aſpectabile, & arcanam gratiam, que conſpicua non eſt.

M. *In Baptiſmo quod eſt ſignum extraneum?*

A. Aqua, qua babtizatus tingitur, vel perfunditur, In nomine Patris, & Filij, & Spiritus Sancti.

M. *Qua eſt occulta & cœleſtis gratia?*

A. Venia criminum & regeneratio: has ambas per mortem & reſurrectionem Chriſti conſequimur; & illarum eſt hoc ſacramentum nobis quaſi obſignatio quædam atque pignus.

M. *Baptiſmi vim & effectum paulo adhuc apertiùs explicato?*

A. Quum naturaliter filij iræ, hoc eſt in grauiſſima apud Deū offenſa, & ab eius Eccleſia ſiue familia alienati ſimus; per Baptiſmum in Eccleſiam recipimur, certumque habemus nos iam Dei filios eſſe, & cum Chriſti corpore copulatos, in illudque quaſi inſitos eſſe, eiuſque membra factos, in eadem cum ipſo corpore concreſcere.

Mat.16.c6, &c.
& 28.d9.
Ioan.3.a5.
Acts 2.f38,&c.
1.Cor.11.c23,
&c.
Tit.3.b5.
Mat.3.c11,&c.
& 6.c26,27,28
Mat.6.d16.
Ioan.3.c5.
Acts 2.f38.
1.Cor.10.d.6
& 11.c24,&c.
Gal.3 d26.27.
Mat.3.c11,&c.
& 26.c16.&c.
Ioa.3.a5.10.
1.Cor.d16.
Mat.c11.12.
& 28.d19.
Ioan.3.2.5
1.Cor.10.d16.
Acts 8.d36,37,
38.
Mar.1.a4.
Acts 2.f38,&c.
& 22.c16.
Rom.6.a3, &c.
Gal.3 d26.27.
1.Pet.3,d21.
Ep.1.a3.d19,20
Tit.3.b3.4,5,&c.
Mat.28.d19.
Ioan.3.a5.
Rom.6.a3.&c.
1 Cor.12.13.
1.Pet.3,d21,.

I 2 M. *Q·a*

M. *Quæ ab eis, qui baptismo sunt initiandi, requiruntur?*

A. Pœnitentia & fides.

M. *Hæc paulò copiosiùs declarato.*

A. Anteactæ primò vitæ nobis est grauiter pœnitendum, certáque est habenda fides, Christum suo sanguine peccatorum nostrorum maculas eluisse,& ita nos Deo acceptos redidisse,eius etiam spiritum in nobis habitare. Deinde secundum hanc fidem, promissumq; in baptismo factum, elaborandum est, vt cupiditates omnes coerceamus, vtque vitæ integritate nos Christo quasi indutos , & eius diuino numine instinctos esse perspicuum faciamus.

M. *Quare igitur infantes baptizantur, qui ista propter infirmitatem ætatis efficere nequeunt?*

A. Quia de Dei Ecclesia sunt , diuinaque benedictio atque promissio Ecclesiæ per Christum (in cuius fide baptizantur) facta, ad eos pertinet. In quarum rerum cognitione, & fide, ipsi ineunte pueritia imbuendi sunt, vt agnoscant , quid in Baptismo sposponderint, atque professi sint, illique sponsioni vitæ etiam sanctitate, quantum quidem conniti possunt, satisfaciant.

M. *Cœna Domini qui est ordo?*

A. Idem ipse videlicet, qui est à Christo Domino assignatus : qui eadem qua proditus est nocte, accepit panem , & postquam gratias egisset, fregit & dedit discipulis suis, dicens. Accipite, edite , hoc est Corpus meum, quod pro vobis datur. Hoc facite in mei commemorationem. Ad eundem modum & poculum , peracta cœna, accipit :& quùm gratias egisset, dedit eis dicens,bibite ex hoc omnes : hic est enim sanguis meus noui Testamenti, quod pro vobis & pro multis effunditur in remissionem peccatorum : hoc facite quotiescunque biberitis, in mei commemorationem. Quotiescunque enim comederitis hunc panem, & de poculo biberitis , mortem Domini annunciabitis donec venerit. Hanc præscriptionem atque hunc ordinem sequi, summáq; fide seruare atque ex præscripto cœnam Domini celebrare oportet, vsque dum ipse redeat.

M. *Quem ad finem?*

A. Vt mortis Domini,beneficijque maximi in nos per eam collati, recordationem grati & memores in perpetuum habeamus;vtque quemadmodum per baptismum de integro nati sumus, ita cœnæ Dominicæ nutrimentis educati, ad spiritualem æternamque vitam assiduè conformemur. Atque ob eam ipsam causam vt semel in lucem edi, ita & baptismo semel expiari sat est : sed vt nutrimenti, itidem & cœnæ dominicæ vsus frequenter est iterandus.

M. *Quot sunt partes huius Sacramenti?*

A. Vt in Baptismo sic & in cœna dominica duæ sunt partes;quarum
vna

Mar.1.a 4.b 15.
& 16 d 16
Act.2 f 38.&c.
& 8.d 36 37,
&c. & 16.d 31.
33,34. & 19.a
4.5.& 22.c. 6.
1.Cor. 2 b 13.
Rom. 6. a 3 &c.
c 13.d 12, 3.14
Gal.3 d 26 27.
Ephe.4.d 20,21,
&c.
Col.2.b 12,

Gen.9 b.9 &
17.17.8.
Mar.10,b 14.
16.
Rom 3 23 & 4.
d 22,21,&c. &
6.a 3,&c.
Gal 3 d 17.
Ephe.4.d 20.
21,&c.
Col.2,b.11.

Matt.26.c 26,
&c.
Mar.14.c 22,
&c.
Luc,22.c 19.
&c,
1.Cor.11.c.23,
24,&c.

Luc.22 c 19.
1.Cor.11.c 24.
26,&c.
Ioa.6 d 17,32.
35.b 48,&c.f
54,55,&c.
1.Cor.10.d,16.

vna terreſtris eſt, & quæ ſenſibus percipi poteſt : altera cœleſtis eſt, & quæ ſub externos ſenſus non cadit.

M. *Quæ eſt terrena atque aſpectabilis pars?*

A. Panis & vinum, quæ vtraque expreſſo iuſſu Domini ſunt ab omnibus accipienda.

Mat. 26 d 26, 27
Mar. 4. c 22, 23
Luc. 12. c. a. 19.
20.

M. *Cœleſtis pars, & ab omni ſenſu externo longè diſiuncta, quænam eſt?*

A. Corpus & ſanguis Chriſti quæ fidelibus in Cœna Dominica præbentur, ab illiſque accipiuntur, comeduntur, & bibuntur, cœleſti tantùm & ſpirituali modo, verè tamen atque reipſa : adeo quidem, vt veluti panis ſuſtentandi corpora, ſic corpus Chriſti animas noſtras ſpiritualiter per fidem paſcendi maximam habeat facultatem : vt veluti vino mentes hominum lætitia excitantur, & reficiuntur vires, ſic & animæ noſtræ Chriſti ſanguine per fidem recreatæ releuantur : hoc enim modo corpus & ſanguis Chriſti in Cœna Dominica recipiuntur. Chriſtus enim omnibus, qui ipſi fidunt, tam certò corpus & ſanguinem ſuum impertit, quàm pro certo habent, panem ſe atque vinum ore ſtomachoque accepiſſe : Cœna etiam Dominica vitæ nobis ſempiternæ ſigna communicans, immortalitatis nobis noſtræ pignus, atque reſurrectionis obſes exiſtit.

1. Cor. 12. a 33,
35.

Ioan. 6. d 27, 35,
& c. 48. & c. g 63.
1. Cor. 10. d 19.

Pſal. 104. c 15.

Ioan. 6. f 51.

M. *An igitur panis & vinum in ſubſtantiam corporis & ſanguinis Chriſti conuertuntur?*

A. Nequaquam : nam hoc eſſet naturam Sacramenti, in quo tum cœleſtis, tum terrena materia continetur, delere : veritatemque corporis Chriſti in dubitationem adducere : illiſque etiam, qui Sacramentum ſunt accepturi, reformidandi atque refugiendi occaſionem offerre.

Mat. 26. d 26, 27
Mar. 14 c 22. c 3
Luc 22. a. 19, 20.
1. Cor. 11. c 13
24, 25, 26, 27, 28

M. *An fuit inſtituta à Chriſto Cœna, vt Deo patri hoſtia pro peccatis expiandis imolaretur?*

A. Minimè : nam Chriſtus mortem in cruce occumbens, vnicum illud ſempiternum ſacrificium ſemel in perpetuum pro noſtra ſalute obtulit, nobis verò vnum hoc tantum reliquum eſſe voluit, vt maximum vtilitatis fructum, quem ſempiternum illud ſacrificium nobis præbet, grati ac memores percipiamus : quod quidem in Cœna Dominica præcipuè præſtare debemus.

Heb. 7. d 26. & c.
& 9 d 12 & c. g
25. & c. & 10. c
10, 12, 14. d 18
Luc. 22. c 19.
1. Cor. 11. c 24,
25, 26.
Heb. 13. c 15, 16.

M. *Quomodo officio noſtro ſatiſfaciemus vt ritè cœnam Dominicam celebremus?*

A. Si noſmetipſos excutiamus, exquiramúſque, nunquid verè Chriſti membra ſimus.

1. Co. 11. f 28, 29
Iere 24. b 7. & c
29 b 1 .13.
Ioel. 2. b 12, 13
& c c 15, 16, & c.
Luc. 22 c 19.
1. Cor. 11. f 24,
25, 26.

M. *Illud quibus ſignis cognoſcimus?*

A. Initio, nobis ob admiſſa peccata, vehementer eſt pœnitendum : deinde certa diuinæ per Chriſtum miſericordiæ fiducia nixis atque confiſis bene ſperandum, partaque nobis per illius mortem ſalus gratiſſimis eſt animis proſequenda : præterea, integrè in poſterum,

Rom. 5. a 5, 8, 9
& 8. a 4, 5, & c.
1. Tim. 1. c 14,
15, 16.
1. Pet. 1. c 13, 14
& c d 21, 22.
& 4. a 1, 2, 3.

fancteque viuendi ftudium nobis & voluntas propenfa atq; conftans fufcipienda elt; deinq; quando cœna Domini hominum inter homines confociationis atq; amoris clara indicia oftendit; proximis, hoc eft, toti humano generi,beneuolentia, remoto procul omni odio atque inuidia,fraterne eft præftanda.

M. *Quum de præcipuis fidei Chriftianæ capitibus fatis multa, ficuti exiftimo,te iam interrogarim: experiri adhuc volo quam breuiter atq; expreffe fummam omnium,quæ funt hactenus tractata, poffis exponere.*

A. Principio, lex diuina, decem explicata præceptis, perfectam mihi ante oculos piè viuendi regulam proponit, ad quam vitam meam dirigere atque formare debeo,conftitutam, & fi vfpiam aberrem, æternæ in me damnationis pœnam: per legem igitur peccata mea, Deumq; ob ea ira in me incenfum, & fempiternam. mortem diuina mihi iuftitia debitam eſſe agnofco: que cogitatio horribili formidine,timoreque; ex peccatorum confcientia animum meum percellit: vnde quum neque prudentia, neque viribus aut poteftate mea, neque vlla humana, angelicâue ope,aut auxilio, neque vllo alio modo aut ratione poſſe me omnino liberari intelligam: Euangelium me edocet, hriftum Dei filium hominem fine peccato factum, morte fua, meritas debitafque peccatis meis pœnas perfoluiſſe, Dei patris fui in me iram fuo fanguine reftrinxiſſe,& me rurfum in gratiam ipfius reconciliâſſe, fuæque iuftitiæ feciſſe participem, & æternæ fecum vitæ hæredem inftituiſſe: quæ omnia Chrifti beneficia mihi per fidem communicantur: quam fidem fpiritus factus in animo meo per prædicationem Euangelij infeuit, eamque per facra myfteria fua, afpectabilia certiſsimâque indicia & pignora diuinæ erga me per Chriftum bonitatis confirmauit. Quæ etiam fides, vt viua quædam atque ferax arbor, pietatis, iuftitiæ, aliorumque bonorum operum fructus in me per omnem vitam procreare deberet ad gloriam Dei, qui tot & tantis me beneficijs affecit,& ad vtilitatem etiam atque exemplum falutare proximi. Cuius fidei incrementum, facultatemque placendi Deo, & ifta omnia præftandi, me qui ex me ipfo maximè fum infirmus, atque imbecillus, continuis atque ardentifsimis precibus a Deo patre bonorum omnium authore,in nomine filij Iefu Chrifti feruatoris noftri efflagitare,gratiafque illi maximas pro vniuerfis ab eo acceptis beneficijs afsiduè agere oportet.

M. *Intelligo (mi fili) Chriftianæ pietatis præceptiste benè inftitutum eſſe, eiuſq̃ fummam memoria tenere. Reliquum eft,vt ad iftam rectæ intelligentiæ normam mores tuos ita formes atq; commodes,ne fine caufa videri poffis harum rerum fcientiam eſſ cnfequutus.*

A. Deo mihi auxilium ferente, omnem adhibebo diligentiam,honorate magifter, neque quicquam omittam, quantum quidem à me elaborari queat, quo appellationem titulumq; verè Chriftiani pofsim fuftinere:

suftinere: quin etiam humili afsiduáque prece atque obsecratione a Deo opt. max. fuppliciter petam, ne diuinam fuorum præceptorum fementem, propter animi mei quafi nihil ferentis agri fterilitatem, interire patiatur, fed menti meæ tanquam macro & infœcundo folo, cœlefti fuæ gratiæ imbre rigato, eam fertiliatem dare velit, vt vberimas edam fanctitatis fruges, in cœlefti horreo granarióque recondendas atque conferuandas.

M. Perge, mi fili, tenere iftam viam, quam inftituifti, nihil hæfitans, quin ficuti hoc confilium atque propofitum diuino inftinctu motus cœpifti: ita ad exitum optabilem rationis atque inftituti iftius tui, iam fanctis à te initijs orfi, fœliciter fis ipfius ductu peruenturus, ad æternam tuam falutem, & Dei Opt. Max. gloriam: cui omnis laus, honor, gloria, fempiternis eft feculorum ætatibus tribuenda.

FINIS.

13.& a.1.b.7. Iac.1.a 5,6.&c. Mat.13.c.19.20.&c, Ioh.15.c,18. Pfal.1.a.3. 1.Cor.3.b.97. 1.Cor.9.c.10 d 14.& 3.d. 16,17,18. Mat.3.c.12.& 13 c.23. Ioa.4.c 36.&c. Gal.5.d.22 23.&c. 2.Cor.8.b.10. 11,&c. Phi.1.a.6.9.&c.& 2.b.x. 5. Rom.6.d.22.23. Mat,5.b 16. 2.Cor.9.c.10,11,d.12.&c. Phil.1,b.11. 1.Pet.a.c.12.

Matutina Precatio.

Gratiam tibi quantam maximam animi noftri capere poffunt, habemus, Deus Pater cœleftis, qui nos ab omni præteritæ noctis periculo atque difcrimine faluos atque incolumes vfque ad hodiernum diem conferuafti; precamúrq; vt hodie etiam atque perpetuò in pofterum falutis noftræ defenfionem, atque patrocinium fufcipere velis: & quemadmodum difcuffa noctis caligine, folis luce mundum omnem compleuifti,& nos è fomno excitafti,ita & mentes noftras è tenebris internis ignorantiæ in lucem vocatas, & è vitiorum fopore fufcitatas diuinis radijs facrofancti fpiritus tui, notitiæq; dilecti filij tui Iefu Chrifti feruatoris noftri,veri illius folis, illuftrare digneris: vt ab operibus tenebrarum declinantes, omnemque viuendi curfum ad diuinam verbi tui veritatem dirigentes, nos, vt in clara luce, atque in confpectu tuo honefte, iuftèque & fanctè, vt diei filios geramus, tandemque ad beatifsimam illam lucem, in qua tu habitas, duce eodem filio tuo Iefu Chrifto peruniamus. Cui tecum & cum fancto fpiritu vni venerandæ maieftatis Deo, laus atque honor omnis in perpetuum debetur. Amen.

Precatio matutina ftudiofis accommodata.

Maximas tibi ex animis gratias agimus, Deus Pater luminum, bonorum omnium largitor, quod parentibus patronifque noftris hanc mentem dedifti, vt nos ea ætate, quæ maximè flexibilis eft, & ad

I 4 optima

Marginal references (right column):

Ioa.14.b.13.& 15.b.16,&.16. c.23.
1.Cor.10.g.31.
Eph.3.d.20.21.
Iud f.25.
Mat.13.c.23.
Luc.12.c 47.
Rom.1.c.21. & 2.b.13.
Eph.4.d.20,21. & 5.8,9.
Phi.1.b.9,10,11.
Col.1.a.5,6,b. 9,10.
Tit.1.d.16.
Iac.1.d.22,23. 25.&c & 4.d. 17
2.Pet.2.d.20. 21.
Luc.11.b.9.c.

Pfal.3.b.1.&c. & 4.b.8.

Pfal.9.1.2.1,2,3 &c.toto.
Pfal.74.c.16.
Pfa.4.b.6.&.36. b.9.
Ioa.14.d.26.& 16 b.13.
Act.26.c.18.
2 Cor.1.b 6.
Ioa.1.a 5.9.& 8.b. 2.& 12. e.35.
Rom.13.d.12. 13.
Eph 5 b.8.c.11.
Pfal.119 v.105.
Lnc 1 g.74.75.
1.Tim.6.d.16.

Iac.1.c 17.
Ec.12.a.2.&c.
Pro 6,a.6.&c.
9 & 24.c.26.
Pfal.127.c.2.
Ioa.15.a.4 5.
Pfal.4 b.6.&
36.b.9.
2.Cor.4.b.6.
Deut.6.b.9 10.
& 32.b.12.13.
Pfal.78.a.3,4.
Mat.19.b.13,14
2.Tim.3 d.15.

optima quæque difcendum opportunifsima, in bonarum literarum difciplinam traderent : fuppliciter à te petentes, ne illorum bonam de nobis fpem, noftræque ætatis optimam partem, propter noftram ingenij tarditatem,negligentiam & inertiam perire finas. Et quia noftra vigilantia, iuduftria, atque ftudium nihil fine diuino inftinctu tuo proficere valent,dignare cœleftibus tuis radijs mentibus ingenijfque noftris ita illucere, nofque eo defiderio & amore bonarum literarum, fapientia atque virtute afficere, eaque docilitate ad percipiendum, memoriaque ad percepta retinendum donare, vt in pueritia atque adolefcentia noftra, bonis literis artibufque & virtutis præceptis liberaliter inftituti,viri docti & pij, reique publicæ, atque fanctæ Ecclefiæ tuæ vtiles euadamus, ad

Ioh.15.c.15.

fanctiffimi nominis tui gloriam amplificandam. Hæc à te Pater cœleftis, nomine vnici tui Filij IefuChrifti feruatoris noftri efflagitamus, obfecrantes vt ea nobis ipfius caufâ largiri velis : tibi vero, cum eodem filio tuo, fanctoque fpiritu laus omnis & gloria perpetuò tribuatur, Amen.

1.Tim,1.d 17.

Matutina Precatio alia fcholis apta.

Luc.2.g 46.

Eccl.12.a,2,&c.

LArgire Domine Deus, Pater cœleftis, vt diuino fpiritu tuo afflati, & delectiffimi filij beatiffimique pueri tui Iefu Chrifti clariffimum illuftriffimumque exemplum nobis ad imitandum ante oculos proponentes, hoc pueritiæ atque adolefcentiæ noftræ tempore, nos totos ad bonarum literarum ftudium & virtutem applicemus,atque ad tuam voluntatem conformemus : & ficuti ætate progredimur, ita in dies magis

Luc.2.g.29.53.

magifque fcientia,fapientia, & virtute proficiamus: tum hominum piorum, tum verò tuam maximè cœleftem gratiam atque amorem (in quo fumma fita eft fœlicitas) nobis conciliantes atque confequentes : idque per eundem filium tuum Iefum Chriftum,feruatorem noftrum, cui vnà tecum & cum fancto fpiritu honor eft atque gloria fempiterna tribuenda, Amen.

Precatio vefpertina.

Pfal.91.& 146.
147.
Luc.8.g.52.
Ioan.11,c.11.
12.&c.
1.Thef.4 c.13.14
Ephe.6,b.22.
2.Cor.11.b.13.
Eph.5.b.11,12.
&c.
1.Thef.5,a 5,6.
b.10,

DOmine Deus in cuius tutela eft falus hominum,atque rerum omnium ; quando nox mundum oppreſſerit, & corpora mox noftra fomno, quo nihil eft morti fimilius,refoluta languidaque iacebunt: nos totos tibi in tutelam tradimus,fuppliciter orantes,vt à poteftate malitiofofum fpirituum, caliginis principum, qui ad nos fallendos in angelos fe lucis transformare valent, & à peccatis, tenebrarum operibus, atque alijs omnibus tum corporis tum animæ periculis nos tueri, & conferuare velis: atque totos nos fopore opprimi, & quafi fepultos iacere, aut mentibus interim noftris caligine ita offundi non patiaris, vt tui nos obliuio capiat ; verùm vt corporibus fopitis, animi vigiles aſſiduè noctes diefque tibi intenti excubent. Et cùm requies corpora fimul atque

animos

animos noſtros ſatis quantum natura quæret, refecerit, craſtina aurora
aptiores nos atque propenſiores reddat ad tibi ſeruiendum in eo vitæ
ſtatu, quem nos tenere voluiſti, ad animarum noſtrarum ſalutem, noſtrorum proximorum commodum, tuique ſanctiſſimi nominis gloriam,
per Ieſum Chriſtum ſeruatorem noſtrum, qui, vnà tecum, & cum
ſancto ſpiritu,omni laude,& gloria, omnibus ſeculorum ætatibus eſt ab
omnibus afficiendus. Amen.

1.Cor.7.d.20.
Eph.4.a.1.&c.
1.Theſ.1,d,12.
13.

Precatio veſpertina alia.

OMnipotens Deus,cuius beneficio, ſicuti dies hominibus ad negotia obeunda illuceſcit, ſic & nox ad corpora atque animos labore
& contentione defeſſos, quiete relaxandos,atque recreandos conceditur; ſupplici à te precatione petimus, vt quemadmodum nox tenebris
omnia obſcurat, ita & peccata etiam noſtra illi dilecto filio condonans,
occultare, & ab oculis tuis remouere,atque illorum memoriam ſempiterna obliuione delere velis : vt veluti corpora ſomno & requiete refici-
entur, itidem animi noſtri miſericordiæ tuæ fiducia, à ſcelerum conſcientia ſoluti tranquillentur : atque ita toti recreati craſtino quum diluceſ-
cet, reliquiſque vitæ noſtræ diebus experrecti ad tibi ſeruiendum excite-
mur. Et quando mors ipſa, à qua tam eſt tibi facile nos atque è ſomno
corporis excitare, imminebit,in ſpe lætiſſimæ illius reſurrectionis (qua
corpora noſtra ad ſempiternũ illum diem nullis vnquam tenebris inter-
ruptum expergefacies)requieſcamus: quando hæreditatis ſanctorum in
lumine participes reddemur, in cœleſti Hieruſalem, beatiſſima illa ciuitate, quæ neque Lucernæ, neque Solis, neque Lunæ lumine, quo il-
luſtretur, indigebit : tua enim ô Deus gloria illi illuceſcet, tuuſque Filius agnus ille noſtrum erit decus ac lumen ſempiternum.   Ad quam
glorioſiſſimam lucem, & regnum dilecti Filij tui, vt nos velis perducere, te per eundem illlum Seruatorem noſtrum obteſtamur,atque obſecramus, qui vnà tecum,& cum ſancto Spiritu, maximis & immorta-
libus honoribus, ſummiſque & perpetuis laudibus efferendus eſt atque
celebrandus. Amen.

Eſa.45.b.7.&
50.2.3.
Eccl.5.b.11.

Pſal.25.a.5.&
32.a 1.&.51.
a.2.b.9.
Eſay.43 d 25.
Eze.18.a.22.
Acts 3.d.19.
Col.2.b.13.14.
Pſal.127.a.2.
Luc.8.g.52.54.
&c.
Ioan.11.b.11.
c.25.f.43.44.
Col.1.b.12.
Gal.4.d.46.
Apoc.21.g.23.
& 22.b.5.
Col.1.c.13.

FINIS.

ECCLESIÆ AN-GLICANÆ DOCTRI-NA, AD CVIVS ANALO-

giam, omnes Diaconi, & Presbyteri ab Episcopis ordinandi examinantur, diuisa in 39.

Articulos vnanimi consensu Archiepiscoporum,
Episcoporum, & vniuersi cleri Anglicani,
Anno 1562. approbatos.

ET REGIA AVCTORITATE

stabilitos, ad Sabelianorum, Manichæo-rum, Arianorum, Tritheitarum, Macedoniano-*rum, Ebionitarum, Nestorianorum, Eutychia-*norum, Nouatianorum, Donatistarum, Pela-gianorum, Semipelagianorum, Ponti-ficiorum, Seruetianorum, Anabaptistarum,

Et reliquorum insignium hæreticorum, hæreses &
errores condemnandos, tollendam opinionum
dissensionem, & consensum in vera
religione confirmandum.

DOCTRINA

DOCTRINA ECCLE-
SIÆ ANGLICANÆ.

De fide in sacrosanctam Trinitatem.

Nus est viuus & verus· Deus, æternus, incorporeus, **1.**
impartibilis, impassibilis, immensæ potentiæ, sapientiæ
ac bonitatis: creator & conseruator omnium tum visi-
bilium, tum inuisibilium. Et in vnitate huius diuinæ
naturæ tres sunt personæ, eiusdem essentiæ, potentiæ, ac
æternitatis, Pater, Filius, & Spiritus sanctus.

De verbo, siue Filio Dei, qui verus homo factus est.

FIlius qui est Verbum Patris, ab æterno a patre genitus, verus & æter- **2.**
nus Deus, ac patri consubstantialis in vtero beatæ Virginis, ex
illius substantia naturam humanam assumpsit, ita vt duæ naturæ, diuina
& humana integrè atque perfectè in vnitate personæ fuerint insepara-
biliter coniunctæ, ex quibus est vnus Christus, verus Deus, & verus
homo, qui verè passus est, crucifixus, mortuus, & sepultus, vt Patrem nobis reconciliaret, essetque hostia non tantum pro culpâ originis, verum etiam pro omnibus actualibus hominum peccatis.

De descensu Christi ad inferos.

QVemadmodum Christus pro nobis mortuus est & sepultus, ita est **3.**
etiam credendus ad inferos descendisse.

De resurrectione Christi.

CHristus verè à mortuis resurrexit, suumque corpus cum carne, **4.**
ossibus, omnibúsque ad integritatem humanæ naturæ pertinen-
tibus, recepit, cum quibus in cœlum ascendit, ibique residet quoad
extremo die ad iudicandos homines reuersurus sit.

De spiritu Sancto.

SPiritus sanctus a patre & filio procedens, eiusdem est cum patre & **5.**
filio essentiæ maiestatis & gloriæ, verus ac æternus Deus.

De

De diuinis Scripturis quòd sufficiant ad salutem.

6. SCriptura sacra, cum sit ordinarium instrumentum salutis, continet omnia, quæ ad salutem sunt necessaria, ita vt quicquid in ea nec legitur, nec inde probari potest, non sit a quoquam exigendum, vt tanquam articulus fidei credatur, aut ad salutis necessitatem requiri putetur.

Sacræ Scripturæ nomine eos Canonicos libros veteris & noui Testamenti intelligimus, de quorum auctoritate in Ecclesia nunquam dubitatum est.

De nominibus & numero librorum sacræ Canonicæ Scripturæ veteris Testamenti.

Genesis, Exodus, Leuiticus, Numeri, Deuteron. Prior liber Paralipomenon, Secundus liber Paralipomenon, Primus liber Esdræ, Secundus liber Esdræ, Liber Esther, Iosuæ, Iudicum, Ruth, Prior liber Samuëlis, Secundus liber Samuëlis, Prior liber Regum, Secundus liber Regū liber Iob, Psalmi, Prouerbia, Ecclesiastes vel Concionator, Cantica Salomonis, 4. Prophetæ maiores, 12. Prophetæ minores.

Alios autem libros (vt ait Hyeronimus) legit quidem Ecclesia, ad exempla vitæ, & formandos mores, illos tamen ad dogmata confirmanda non adhibet, vt sunt,

Tertius liber Esdræ, Quartus liber Esdræ, Liber Tobiæ, Liber Iudith, Reliquum libri Esther, Liber Sapientiæ, Liber Iesu filij Sirach, Baruch Propheta, Canticum trium puerorum, Historia Susannæ, De Bel & Dracone, Oratio Manasses, Prior lib. Machabæorum, Secundus liber Machabæorum.

De veteri Testamento.

TEstamentum vetus nouo contrarium non est, quandoquidem tam in veteri quam in nouo per Christum, qui vnicus est mediator Dei & hominum, Deus & homo, æterna vita humano generi est proposita. Quare male sentiunt, qui veteres tantùm in promissiones temporarias sperasse confingunt. Quanquam lex a Deo data per Mosen (quoad ceremonias & ritus) Christianos non astringat, neque ciuilia eius præcepta in aliqua republica necessario recipi debeant, nihilominus tamen ab obedientia mandatorum (quæ moralia vocantur) nullus quantumuis Christianus est solutus.

De

De tribus Symbolis.

Ymbola tria, Nicenum, Athanaſij, & quod vulgò Apoſtolorum 8. appellatur, omnino recipienda ſunt, & credenda: nam firmiſſimis Scripturarum teſtimonijs probari poſſunt.

De peccato originali.

PEccatum originis non eſt, (vt fabulantur Pelagiani) in imitatione 9. Adami ſitum, ſed eſt vitium, & deprauatio naturæ cuiuslibet hominis ex Adamo naturaliter propagati, qua fit, vt ab originali iuſtitia quàm longiſſimè diſtet, ad malum ſuâ naturâ propendeat, & caro ſemper aduerſus ſpiritum concupiſcat, vnde in vnoquoque naſcentium iram Dei, atque damnationem meretur. Manet etiam in renatis hæc naturæ deprauatio: qua fit vt affectus carnis (Græci ϕϱόνημα σαϱϰὸς, quod alij ſapientiam, alij ſenſum, alij affectum, alij ſtudium carnis interpretantur) Legi Dei non ſubijciatur. Et quanquam renatis & credentibus nulla propter Chriſtum eſt condemnatio, peccati tamen in ſeſe rationem habere concupiſcentiam, fatetur Apoſtolus.

De libero Arbitrio.

EA eſt hominis poſt lapſum Adæ conditio, vt ſeſe naturalibus ſuis 10. viribus, & bonis operibus, ad fidem & inuocationem Dei conuertere ac præparare non poſſit. Quare abſque gratia Dei, quæ per Chriſtum eſt, nos præueniente vt velimus, & cooperante, dum volumus, ad pietatis opera facienda, quæ Deo grata ſunt & accepta nihil valemus.

De hominis iuſtificatione.

TAntùm propter meritum Domini ac Seruatoris noſtri Ieſu Chriſti 11. per fidem, non propter opera & merita noſtra, iuſti coram Deo reputamur. Quare ſolâ fide nos iuſtificari doctrina eſt ſaluberrima, ac conſolationis pleniſſima, vt in Homilia de Iuſtificatione hominis fuſiùs explicatur.

De bonis operibus.

BOna opera quæ ſunt fructus fidei, & iuſtificatos ſequuntur, quan- 12. quam peccata noſtra expiare, & diuini iudicij ſeueritatem ferre non poſſunt, Deo tamen grata ſunt, & accepta in Chriſto, atque ex vera & viua fide neceſſariò profluunt, vt planè ex illis æquè fides viua cognoſci poſſit, atque arbor ex fructu iudicari.

De ope-

De operibus ante iustificationem.

13. OPera quæ fiunt ante gratiam Christi, & Spiritus eius afflatum, cùm ex fide Iesu Christi non prodeant, minimè Deo grata sunt, neque gratiam (vt multi vocant) de congruo merentur. Immo cùm non sint facta, vt Deus illa fieri voluit, & præcepit, peccati rationem habere non dubitamus.

De operibus Supererogationis.

14. OPera quæ Supererogationis appellant, non possunt sine arrogantia, & impietate prædicari. Nam illis declarant homines, non tantùm se Deo reddere quæ tenentur, sed plus in eius gratiam facere quam deberent, cùm apertè Christus dicit, Cum feceritis omnia quæcunque præcepta sunt votis, Dicite, Serui inutiles sumus.

De Christo qui solus est sine peccato.

15. CHristus in nostræ naturę veritate per omnia similis factus est nobis excepto peccato, a quo prorsus erat immunis, tum in carne, tum in spiritu. Venit vt agnus absque macula, qui mundi peccata per immolationem sui semel factam tolleret, & peccatum (vt inquit Ioannes) in eo non erat: sed nos reliqui etiam baptizati, & in Christo regenerati, in multis tamen offendimus omnes. Et si dixerimus quia peccatum non habemus, nos ipsos seducimus, & veritas in nobis non est.

De peccato post Baptismum.

16. NOn omne peccatum mortale post Baptismum voluntariè perpetratum, est peccatum in Spiritum sanctum, & irremissibile. Proinde lapsis a Baptismo in peccata, locus pœnitentiæ non est negandus: post acceptum Spiritum sanctum possumus à gratia data recedere, atq; peccare: denuoque per gratiam Dei resurgere ac resipiscere: ideoq; illi damnandi sunt, qui se quandiu hîc viuant, ampliùs non posse peccare affirmant, aut verè resipiscentibus, veniæ locum denegant.

De Prædestinatione & Electione.

17. PRædestinatio ad vitam est æternum Dei propositum, quo ante iacta mundi fundamenta suo consilio, nobis quidem occulto, constanter decreuit, eos, quos in Christo elegit, ex hominum genere à maledicto.

dicto & exitio liberare, atque (vt vafa in honorem efficta) per Chriftum ad æternam falutem adducere. Vnde qui tam præclaro Dei beneficio funt donati, illi Spiritu eius, opportuno tempore operantes, fecundum propofitum eius vocantur, vocationi per gratiam parent, iuftificantur gratìs, adoptantur in filios Dei, vnigeniti eius Iefu Chrifti imagini efficiuntur conformes, in bonis operibus fanctè ambulant, & demum ex Dei mifericordia pertingunt ad fempiternam fœlicitatem. Quemadmodum prædeftinationis & electionis noftræ in Chrifto pia confideratio, dulcis, fuauis, & ineffabilis confolationis plena eft verè pijs, & ijs qui fentiunt in fe vim Spiritus Chrifti, facta carnis & membra quæ adhuc funt fuper terram mortificantem, animúmque ad cœleftia & fuperna rapientem : tum quia fidem noftram de æterna falute confequenda per Chriftum plurimùm ftabilit, atque confirmat, tum quia amorem noftrum in Deum vehementer accendit. Ita hominibus curiofis, carnalibus, & fpiritu Chrifti deftitutis, ob oculos perpetuò verfari prædeftinationis Dei fententiam, perniciofiffimum eft præcipitium, vnde illos Diabolus protrudit, vel in defperationem, vel in æquè perniciofam impuriffimæ vitæ fecuritatem. Deinde promiffiones diuinas fic amplecti oportet, vt nobis in facris literis generaliter propofitæ funt, & Dei voluntas in noftris actionibus ea fequenda eft, quam verbo Dei habemus difertè reuelatam.

De fperanda æterna falute tantùm in Nomine Chrifti.

SVnt & illi anathematizandi, qui dicere audent, vnumquémque in **18.**
Lege aut fecta quam profitetur effe feruandum, modò iuxta illam & lumen naturæ acuratè vixerit,cùm facræ literæ tantùm Iefu Chrifti Nomen prædicent,in quo faluos fieri homines oporteat.

De Ecclefia.

ECclefia Chrifti vifibilis eft cœtus fidelium, in quo verbum Dei pu- **19.**
rum prædicatur,& Sacramenta quoad ea quæ neceffariò exiguntur, iuxta Chrifti inftitutum rectè adminiftrantur. Sicut errauit Ecclefia Hierofolymitana, Alexandrina & Antiochena : ita & errauit Ecclefia Romana, non folùm quoad agenda, & cæremoniarum ritus, verùm in ijs etiam quæ credenda funt.

De Ecclefiæ auctoritate.

ECclefiæ non licet quicquam inftituere, quod verbo Dei aduerfetur, **20.**
neque vnum Scripturæ locum fic exponere poteft, vt alteri contradicat.

K

tradicat. Quare licèt Ecclesia sit diuinorum librorum testis, & conseruatrix, attamen vt aduersus eos nihil decernere, ita præter illos, nihil credendum de necessitate salutis debet obtrudere.

De auctoritate Conciliorum generalium.

21. GEneralia Concilia sine iussu & voluntate Principum congregari non possunt, & vbi conuenerint, quia ex hominibus constant, qui non omnes Spiritu & verbo Dei reguntur, & errare possunt, & interdum errârunt etiam in his quæ ad normam pietatis pertinent: ideoq́; quæ ab illis constituuntur, vt ad salutem necessaria, neque robur habent neque authoritatem, nisi ostendi possint è sacris literis esse desumpta.

De Purgatorio.

22. DOctrina Romanensium de Purgatorio, de Indulgentijs, de veneratione & adoratione tum imaginum, tum reliquiarum, nec non de inuocatione Sanctorum, res est futilis, inaniter conficta, & nullis Scripturarum testimonijs innititur, imò verbo Dei contradicit.

De vocatione Ministrorum.

23. NOn licet cuiquam sumere sibi munus publicè prædicandi, aut administrandi Sacramenta in Ecclesia, nisi prius fuerit ad hęc obeunda legitimè vocatus & missus. Atque illos legitimè vocatos & missos æstimare debemus, qui per homines, quibus potestas vocandi Ministros, atque mittendi in Vineam Domini publicè concessa est in Ecclesia, coaptati fuerint & asciti in hoc opus.

De precibus publicis dicendis in lingua vulgari.

24. LInguâ populo non intellectâ publicas in Ecclesia preces peragere, aut Sacramenta administrare, verbo Dei, & Primitiuæ Ecclesiæ consuetudini planè repugnat.

De Sacramentis.

25. SAcramenta à Christo instituta, non tantùm sunt notæ professionis Christianorum, sed certa quædam potiùs testimonia, & efficacia signa gratiæ atque bonæ in nos voluntatis Dei, per quæ inuisibiliter ipse in nos operatur, nostramq́; fidem in se non solùm excitat, verùm etiam confirmat.

Duo

Duo à Chrifto Domino noftro in Euangelio inftituta funt Sacramenta, fcilicet Baptifmus & Cœna Domini.

Quinque illa vulgò nominata Sacramenta: fcilicet, Confirmatio, Pœnitentia, Ordo, Matrimonium, & Extrema vnctio, pro Sacramentis Euangelicis habenda non funt, vt quæ partim à praua Apoftolorum imitatione profluxerunt, partim vitæ ftatus funt in Scripturis quidem probati: fed Sacramentorum eandem cum Baptifmo & Cœna Domini rationem non habentes, vt quæ fignum aliquod vifibile, feu ceremoniam à Deo inftitutam non habeant. Sacramenta non in hoc inftituta funt à Chrifto vt fpectarentur, aut circumferrentur, fed vt ritè illis vteremur, & in ijs duntaxat qui dignè percipiunt, falutarem habent effectum: qui verò indignè percipiunt, damnationem (vt inquit Paulus) fibi ipfis acquirunt.

De vi Inftitutionum diuinarum, quòd eam non tollat malitia hominum.

Quamuis in Ecclefia vifibili, bonis mali femper funt admixti, atque 26. interdum minifterio verbi & Sacramentorū adminiftrationi præfint: tamen cùm non fuo fed Chrifti nomine agant, eiúfque mandato & auctoritate miniftrent, illorum minifterio vti licet, cùm in verbo Dei audiendo, tum in Sacramentis percipiendis. Neque per illorum malitiam effectus inftitutorū Chrifti tollitur, aut gratia donorum Dei minuitur, quoad eos qui fide & ritè fibi oblata percipiunt, quæ propter inftitutionem Chrifti, & promiffionem efficacia funt, licet per malos adminiftrentur.

Ad Ecclefiæ tamen difciplinam pertinet, vt in malos miniftros inquiratur, accufenturq; ab his, qui eorum flagitia nouerint, atque tandem iufto conuicti iudicio deponantur.

De Baptifmo.

Baptifmus non eft tantùm profeffionis fignum, & difcriminis nota, 27. quâ Chriftiani à non Chriftianis difcernantur: fed eft fignum regenerationis, per quod tanquam per inftrumentum, rectè Baptifmum fufcipientes, Ecclefijs inferuntur, promiffiones de remiffione peccatorum atque adoptione noftra, in filios Dei per Spiritum fanctum vifibiliter obfignantur, fides confirmatur, & vi diuinæ inuocationis gratia augetur. Baptifmus paruulorum omninò in Ecclefia retinendus eft, vt qui cum Chrifti inftitutione optimè congruat.

De

De Cœna Domini.

28 Cœna Domini non est tantum signum mutuæ beneuolentiæ Christianorum inter se, verùm potius est Sacramentum nostræ per mortem Christi redemptionis. Atq; adeò ritè dignè & cum fide sumentibus panis, quem frangimus, est communicatio corporis Christi : similiter poculum benedictionis est communicatio sanguinis Christi. Panis & vini transubstantiatio in Euchariftia ex sacris literis probari non potest, sed apertis Scripturæ verbis aduersatur, Sacramenti naturam euertit, & multarum superstitionum dedit occasionem.

Corpus Christi datur, accipitur, & manducatur in Cœna tantùm cœlesti & spirituali ratione. Medium autem quo Corpus Christi accipitur & manducatur in Cœna, fides est. Sacramentum Euchariftiæ ex institutione Christi non seruabatur, circumferebatur, eleuabatur, nec adorabatur.

De manducatione corporis Christi, & impios illud non manducare.

29 IMpij & fide viua destituti licet carnaliter, & visibiliter (vt Auguft. loquitur) corporis & sanguinis Christi Sacramentum dentibus premant, nullo tamen modo Christi participes efficiuntur ; sed potius tantæ rei sacramentum seu symbolum ad iudicium sibi manducent & bibunt.

De vtraque specie.

30 CAlix Domini, laicis non est denegandus, vtràque enim pars dominici sacramenti, ex Christi institutione, & præcepto, omnibus Christianis ex æquo administrari debet.

De vnica Christi oblatione in cruce perfecta.

31 OBlatio Christi semel facta perfecta est redemptio, propitiatio & satisfactio pro omnibus peccatis totius mundi, tam originalibus, quam actualibus. Neque præter illam vnicam est vlla alia pro peccatis expiatio : vnde Missarum sacrificia quibus vulgò dicebatur sacerdotem offerre Christum , in remissionem pœnæ aut culpæ pro viuis & defunctis, blasphema figmenta sunt, & perniciosæ imposturæ.

De coniugio Sacerdotum.

32 EPiscopis, Presbyteris, & Diaconis nullo mandato diuino præceptum est, vt aut cœlibatum voueant, aut à matrimonio abstineant.

Licet

Licet igitur etiam illis, vt cæteris omnibus Chriſtianis vbi hoc ad pietatem magis facere iudicauerint, pro ſuo arbitratu matrimonium contrahere.

De excommunicatis vitandis.

Qvi per publicam Ecclesiæ denunciationem ritè ab vnitate Eccle- 33.
ſiæ præcisus eſt, & excommunicatus, is ab vniuerſa fidelium multitudine (donec per pœnitentiam publicè reconciliatus fuerit arbitrio Iudicis competentis) habendus eſt vt ethnicus & publicanus.

De traditionibus Ecclesiaſticis.

TRaditiones atque Ceremonias eaſdem non omninò neceſſarium 34.
eſt eſſe vbique aut prorſus conſimiles, nam & variæ ſemper fuerunt, & mutari poſſunt pro regionum, temporum, & morum diuerſitate, modo nihil contra verbum Dei inſtituatur.

Traditiones & ceremonias Ecclesiaſticas, quæ cum verbo Dei non pugnant, & ſunt auctoritate publica inſtitutæ atque probatæ, quiſquis priuato conſilio volens, & datâ opera publicè violauerit, is, vt qui peccat in publicum ordinem Ecclesiæ, quiq; lædit auctoritatem magiſtratus, & qui infirmorum fratrum conſcientias vulnerat, publicè, vt teri timeant, arguendus eſt.

Quælibet Ecclesia particularis, ſiue nationalis, auctoritatem habet inſtituendi, mutandi, aut abrogandi Ceremonias, aut ritus Ecclesiaſticos, humana tantum auctoritate inſtitutos: modò omnia ad ædificationem fiant.

De Homilijs.

TOmus ſecundus Homiliarum continet piam & ſalutarem doctri- 35.
nam, & his temporibus neceſſariam, non minus quam prior tomus Homiliarum, quæ editæ ſunt tempore Eduardi ſexti: itaq; eas in Ecclesijs per miniſtros diligentèr & clarè vt a populo intelligi poſſint recitandas eſſe iudicauimus.

K 3 *Nomina*

Nomina Homiliarum vtriufq; Tomi, & enunciata didafcalica ijs contenta.

Tomi primi, Homiliæ primæ.
De Sacra Scriptura.

1. Nunciat : Sacra Scriptura perfectè tradit quid faciendum, quid vitandum, credendum quid, quid diligendum, quid a Deo fperandum, omnemq; veritatem, ac doctrinam, ad noftram iuftificationem,& æternam falutem,neceffariam.

2. Enunciat : Sacrę literæ prouectæ ætatis hominibus cibos, infantibus lac, & omni hominum generi, cuiufcunque ordinis aut ætatis funt, confentanea, abundè & fufficienter fuppeditant.

3. Enunciat : Sacra Scriptura diligenter audita, & animis noftris recondita, cor obduratum emollit minis pœnarum, miferum fuftentat, mifericordiæ promiffis fanctificat, humilibus dat intellectum,confcientiam exhilarat, & confolatur.

4. Enunciat: Nemo fincerè profitetur Chriftianam religionem,qui in libris, quibus doctrina Chriftiana continetur, perlegendis, fedulò non nauat operam.

5. Enunciat: Scientia, & lectio facrarum Scripturarum cum humilitate, zelo, Deum, non vero nofmetipfos, glorificandi, affidua ad Deum precatione,& cum fobrietate coniunctæ ; non funt caufæ errorum ; in quos potius Scripturarum ignoratione incidimus.

6. Enunciat: Sicut Sacrę Scripturæ quibufdam in locis funt difficiles, & obfcuræ, fic in alijs clarę, & perfpicuæ : nempe, in ijs quæ ad falutem neceffaria funt ; ita vt vnufquifque eos legere,perdifcere,memorię mandare, & ad illarum amuffim vitam componere teneatur.

Homiliæ fecundæ, de humani generis per peccatum miferia.

1. Nunciat: Omnes homines, etfi iufti, & fanctificati, quales fuerunt Iob,Dauid,Ioannes Baptifta,Diuus Paulus, miferi,& ærumnofi funt peccatores.

2. Enunciat: In preftantifsimis noftris bonis operibus, quidam funt defectus, & imperfectiones,vt nequeant coram Dei iudicio confiftere.

Homiliæ

Homiliæ tertiæ de salute generis humani tantum per Chriſtum.

1. E Nunciat: Iuſtitia cuius ex Dei miſericordia, per merita Chriſti fide apprehenſa, ſumus participes, a Deo pro plena, & perſecta noſtra iuſtitia acceptatur.

2. Enunciat: Tria concurrunt in noſtra coram Deo iuſtificatione; ex parte Dei, eius miſericordia & gratia; ex parte Chriſti, diuinæ iræ per corporis ſui oblationem, & ſanguinis effuſionem ſatisfactio, vnà cum perfecta legis impletione; ex parte noſtri, vera, & viua fides in Ieſu Chriſti meritis.

3 Enunciat: Vera & viua fides, quæ Dei donum eſt, ſola ex parte noſtri iuſtificat, & non bona opera: fides interim, non eſt ſine reſipiſcentia, ſpe, charitate, & reliquis pietatis operibus: quia tametſi fides, & bona opera non concurrant ſimul in actione iuſtificandi, tamen ſunt neceſſariò ſimul in iuſtificato.

Homiliæ quarta, de verâ & viuâ fide Chriſtianâ.

1. E Nunciat: Duplex eſt fides, mortua, aut viua. Fides mortua, eſt otioſa & bonorum operum ſterilis, quæ Iacobo Dæmonum fides dicitur, et qua tantum Dei verbum verum eſſe creditur. Viua fides, ſemper eſt actuoſa, efficax per charitatem, & non ſolum generalis eſt aſſenſus fidei Chriſtianæ articulis; ſed eſt vera fiducia, ac firma confidentia in Dei miſericordia per Ieſum Chriſtum, & per huius merita & paſſionem, noſtra peccata eſſe remiſſa, noſque ab eorum inquinamentis eſſe purgatos.

2. Enunciat: Fides viua, & pia vita nequeunt ſeiungi, & ideo vnicuique incumbit, ſe diligenter explorare, vt per bonorum operum fructus ſibi conſtet, an veram habeat fidem.

Homiliæ quintæ, de bonis operibus.

1. E Nunciat: Bona opera ſine fide viuifica, & iuſtificante ſunt tantum apparentèr bona, & in hominum conſpectu, & non verè bona coram Deo, ideoque ei minimè placent.

2. Enunciat: Bona opera, à vera fide manantia, ſunt illa quæ Deus in verbo ſuo mandat, & non quæ homines, ex ignara deuotione, cœco zelo, & ex ſuo cerebro, abſque verbi diuini directione, excogitârunt.

Homiliæ sextæ, de Christiana charitate enunciata didascalica.

1. ENunciat: Charitas omnia pietatis & iustitiæ opera in se complectitur, & est vel in Deum vel in hominem.

2 Enunciat: Ex Charitate in Deum ei confidimus, in eo delectamur, & illius, plus quam omnium rerum creatarum obsequio, sumus addicti.

3 Enunciat: Ex Charitate in proximum, tum boni, & amici, tum mali & inimici diligendi sunt: boni, & amici, quia boni, mali & inimici vt ipsi fiant boni, facietas ciuilis nihil detrimenti capiat, & ne Deus offendatur.

Homiliæ septimæ, contra temeraria iuramenta & periurium.

1 ENunciat: est iuramentum assertorium, est iuramentum promissorium: Iuramentum promissorium, de publicis inter principes pactis, legibus ad ciuilium societatum incolumitatem conditis, obseruandis; de obedientia Magistratui præstanda, de officio aliquo sincerè exequendo, in Matrimonio contrahendo, honestas ob causas susceptum, est licitum: sed in priuatis nostris emptionis & venditionis contractibus, & quotidianis, de rebus minutis, colloquijs, est temerarium & inaniter vsurpatum.

2 Enunciat: Si quis Magistratus Tribunali se sistere mandatur, ad veritatem declarandam, & asserendam, ei licet vti iuramento his cum cautelis. Primò, in veritate: amore, odio, omnique affectu seposito. Secundò, in iudicio: nempe, maturâ cum deliberatione, & non temerè. Tertiò, in iustitia: id est, ex iustitiæ amore, & illius promouendæ zelo. Atque iuramento his conditionibus præstito, Deus honoratur, & glorificatur.

Homiliæ octauæ, de defectione a Deo.

1 ENunciat: Homines impij præcipuè à Deo deficiunt per Idololatriam, infidelitatem, nimiam quam ex rebus humanis capiunt, voluptatem, & diuinorum mandatorum contemptum.

2 Enunciat: quando nos Deum, ille quoque nos deserit, omnique poenarum genere seuerissimè affligit.

3 Enunciat: Quidam fide destituuntur ex desperatione, alij ex præsumptione; hi solam Dei misericordiam, illi solam iustitiam contemplantur. Quare vt rectam habeamus in Deum fidem, oportet nos sæpius,

pius, & feriò meditari tum de Dei iuftitia, ne præfumamus, tum de mifericordia, ne defperemus.

Homiliæ nonæ, contra mortis metum.

1 ENunciat: Tres præcipuæ funt caufæ, quare homines mortem
pertimefcunt, propter fuorum in hoc mundo honorum, diui-
uitiarum, poffeffionum amifsionem: acerbiffimos morborum cruciatus, quos in mortis articulo patiuntur: fed præfertim ex æternæ mortis,
& damnationis fenfu, & horrore.

2 Enunciat: Nullo tamen ex iftis pij terrentur: quia viua fide, per
Charitatem confummatâ, & certâ cœleftis gloriæ fpe, fe fuftentant, &
confolantur.

Homiliæ decimæ de Obedientia.

1 ENunciat: Reges, & Principes, à Deo ordinati, eius vice iu-
dicant, & ab illo folo, & immediatè totam fuam authoritatem
accipiunt.

2 Enunciat: Omnes fubditi tenentur Magiftratibus etfi malis &
impijs obedire, tanquam Dei miniftris, & ab illo vnctis, non folùm
ex metu, fed propter confcientiam.

3 Enunciat: Iuxta obfequium & reuerentiam Dauidis in Saulem,
vel in noftri tutelam, impio principi vis non eft inferenda; quia eius
perfona propter fui muneris dignitatem folius Dei punitioni, & iudicio
fubdita eft.

Homiliæ vndecimæ contra Adulterium.

1 ENunciat: Sacræ litteræ, vt fcortationes, Adulteria vitemus,
vitæque puritatem amplectamur, acriter inftant.

2 Enunciat: Deus fornicationem, adulterium, omnemque impuritatem pœnis tum corporalibus tum fpiritualibus feueriffimè caftigat.

Homiliæ duodecimæ contra contentiones, & diffidia.

1 ENunciat: Cum omnia contentionum genera fint perniciofa,
& deteftanda, tum vel maximè Religionis caufâ fufcepta.

2 Enunciat: Præcipua contentionem caufa circa Religionis dogmata, eft ab illis ingenijs, quæ in quæftionibus parúm aut nihil ad ædificationem facientibus agitandis delectantur. Sed omnibus verè Chriftianis legendæ funt Scripturæ, vt inde difcant potiùs piè viuere, quam
fubtiliter differere, & diffidia feminare.

3 Enunciat:

3 Enunciat: Diffidiorum fomes funt conuitia, calumniæ, verba contentiofa, à quibus ad vnitatem in vinculo Charitatis conferuandam, eft abftinendum; & Chrifti exemplo, pro maledictionibus benedictiones funt retribuendæ.

Tomi Secundi Homiliæ primæ de vero vfu Templorum, fiue Ecclefiarum, enunciata didafcalica.

1 Nunciat: Etiamfi immenfa, & æterna Dei Maieftas, qui Thronum fuum in cœlis habet, & fcabellum pedum in terris, nullis Templis, aut ædificijs opera humana fabrefactis includi poterit ; materialis tamen Ecclefia, fiue Templum partim propter cultus Religiofos gloriofo ipfius Numini ibi loci exhibitos, quales funt verbi eius S. Sancti prædicatio, atque auditio, nominis eius inuocatio, gratiarum actio pro immenfis, atque innumeris eius beneficijs, & Sacramentorum legitima adminiftratio: partim propter gratiæ cœleftis efficacem præfentiam, qua per verbi fui & Sacramentorum Minifterium populum ibi congregatum imbuere folet, rectè in S. Vet. ac Noui Teftamenti literis Domus Dei, fiue Templum Domini indigitatur.

2 Enunciat: Ad iftud Templum, fiue Domum Dei fingulis diebus auctoritate publica conftitutis, omnes verè pij cum fummo ftudio tenentur fefe conferre, ibique modeftè, fobriè, ac religiofè fefe gerere, in fanctorum cœtu debitum obfequium omnipotenti Deo præftantes: Deus enim non modò temporalis, fed etiam æternas pœnas in domu fua negligenter, & irreuerenter fe gerentibus minatur.

Homiliæ fecundæ, contra fuperftitionis, & Idololatriæ pericula.

1 Nunciat: Rectus ac fincerus Dei cultus eft veriffimum, ac genuinum Domus Dei ornamentum, non Imaginum multitudo, quæ auro, argento, gemmifque, atque coloribus varijs ornantur. Talia vtique ornamenta nihil aliud funt, quam fpiritualis fornicationis illecebræ.

2 Enunciat: Imagines Dei Patris, Filij, & Spiritus Sancti feparatim, ficut etiam Imagines totius Trinitatis coniunctim, claris & expreffis S. Scripturarum teftimonijs prohibentur.

3 Enunciat: Non tantum Simulachra Idolorum Gentilium, fed
Imagines

Imagines etiam quorumcunque Sanctorum, & Martyrum (quamuis in priuatis Christianorum ædibus historicum aut ciuilem vsum habere possunt) in Templis & Ecclesijs, vbi Deus solus adorandus est, permitti non debent. Quoniam Imagines in Templis publicè collocatæ necessariò secum trahunt periculum Idololatricæ adorationis, propter propensam hominis naturam ad spiritualem fornicationem.

Homiliæ tertia de reparandis & ornandis Ecclesiis.

1 ENunciat : Templum, siue Domus Dei omnibus in locis decenter ornari debet sedilibus idoneis, suggestu prædicationis publicæ causâ, Mensâ ad celebrandam S. Cœnam, Baptisterio ad lauacrum Sacrum: Ea demum mundities, nitor, ac pulchritudo ibi appareat, quæ illiciat plebis animos ad libenter illi conueniendum.

Homiliæ quartæ, de bonis operibus, & speciatim de Ieiunio.

1. ENunciat : In bonis nostris operibus nullam omnino fiduciam collocare debemus, quasi illorum gratiâ & merito, aut nobismetipsis, aut quibusuis alijs remissionem peccatorum, & consequenter vitam æternam consequi valeamus. Hoc enim effusioni sanguinis Domini nostri Iesu Christi insignem contumeliam adferret.

2. Enunciat : Bona opera non præcedunt hominem iustificandum, sed sequuntur iustificatum, quæ quidem præstare nos oportet ob varias causas. 1. vt obedientes filios nosmet præbeamus Patri cœlesti, qui nobis ea præparauit in eum finem, vt in eis ambularemus. 2. vt sint testimonia & indicia iustificationis nostræ. 3. vt alij homines nostra bona opera cernentes, ipsi vicissim excitentur ad Deum glorificandum.

3. Enunciat : Duplex Ieiunij genus in sacris literis inuenitur : alterum externum, tantùm ad corpus, internum alterum, ad animum & cor spectans. Prius, vti constat per exempla, vtriusque Testamenti, abstinentia est ab vsu cibi, potus, & cuiuscunque corporei alimenti ; imò quoad fieri poterit, ab omnibus delicijs, mundanisque voluptatibus tam priuatis, quàm publicis.

4. Enunciat : Huius autem Ieiunij exercitium si fiat cum hac persuasione', per eius virtutem nos iustificatos, ac cœlum adepturos esse, meritis Christi, mortique eius multùm detrahitur.

5. Enunciat : Externa Ieiunij actio res per se quidem est ἀδιάφορος, & res bona censeri debet tantùm propter fines, ad quos dirigitur. Hi autem tres præcipuè numerantur. 1. ad carnem castigandam, & perdomandam, vt spiritui subijciatur. 2. ad excitandum Spiritum ad Deum feruen-

feruentiori ſtudio inuocandum. 3 ad perhibendum teſtimonium coram Diuina Maieſtate indubitatæ humiliationis noſtræ, ac veræ pœnitentiæ pro peccatis noſtris.

6. Enunciat: Leges & conſtitutiones, ſiue Eccleſiaſticæ ſiue Ciuiles de ciborum, alimentorum, aliarúmque rerum vſu, quæ ſunt ἀδιάφορα
& mediæ naturæ, non obligant conſcientias Chriſtianorum ad perpetuam earum obſeruantiam; Quin penes poteſtates ſuperiores ius ſit
de eiſdem ſtatuendi pro arbitrio ſuo, & prout temporis ac loci ratio
poſtulabit.

7. Enunciat: Poſitiuæ leges Principum cohibentium ſubditos
ſuos, ſtatis quibuſdam temporibus ab vſu quorundam, ciborum, & po-
tuum (non quòd plus religionis ponant in huius quam illius cibi vſu,
ſed in Reipublicæ bonum) obligant conſcientiam: conſcientiam dicimus, non rei ipſius, quæ per ſe ἀδιάφορος exiſtit, ſed obedientiæ noſtræ,
quàm lege Diuina Magiſtratui præſtare tenemur, tanquam Dei miniſtro boni publici cauſâ.

Homiliæ quintæ, contra gulam & ebrietatem.

1. ENunciat: Gula atque Ebrietas inter grauiſſima peccata ſunt re-
cenſenda, quæ excludunt nos à regno cœlorum, quæ Dei maledictionem inducunt, obſequij noſtri erga Deum immemores reddunt,
ignominia & opprobrio nos operiunt, abundantiam noſtram conuer-
tunt in egeſtatem ac penuriam , & occaſionem præbent nobis in exe-
cranda prolabendi ſcelera; qualia ſunt homicidium, adulterium, ince-
ſtus: morbis deniq; inficiunt contagioſis, fœdis, ac noxijs poſteritati;
malo denique exemplo lædunt proximos, & vniuerſæ Dei Eccleſiæ
ſcandalum præbent.

Homiliæ ſextæ, contra luxum in veſtitu.

1. ENunciat: Veſtimentorum vſum nobis conceſſit Deus Omnipotens non modò neceſſitatis, ſed etiam honeſti decoris atque ornatus cauſâ: quemadmodum videmus herbas atque plantas creatas
non ſolum ob neceſſarios vſus, ſed ad oculos etiam paſcendos iucundo
aſpectu, ad producendos odores naribus gratos, & ad alia id generis ob-
lectamenta. Cauendum autem eſt in primis, vt veſtitu hoc atque or-
natu ſine luxu, ſine vanitate, modeſtè, ac ſobriè vtamur, & cum gratiarum actione. Talis demùm ſit noſter habitus & veſtitus, qui vniuſ-
cuiuſq; noſtrum vocationi, gradui, & conditioni probè conueniat.

Homiliæ septimæ de Oratione.

1. ENunciat: Ea est orationis piæ, ac deuotæ necessitas, vt absque huius subsidio nihil boni obtineri liceat à bonitate Diuina. Tantas vires habet, vt in vniuerso mundo nihil potentius, nihil fortius reperiatur homine pijs & ardentibus precibus dedito.

2. Enunciat: Quotiescunq; earum rerum inopiâ premimur, quæ vel animi, vel corporis salutem spectant, recurrendum est ad fontem omnium bonorum ipsum Deum, non ad Sanctum vllum, aut Angelum, quia isti neque cognoscunt cordis arcana, neque preces nostras exaudiunt.

3. Enunciat: Duo inprimis spectare quisque pius debet in precibus suis, suam nempe necessitatem, & Dei gloriam. Ita tamen respiciat suam necessitatem, vt primo loco statuat spiritualia bona, deinde temporalia à Deo petenda.

4. Enunciat: Pro omnibus hominibus, cuiuscúnque status, gradus aut ordinis fuerint, preces nuncupandæ sunt: Etsi sciamus eos odio mortali nos prosequi: Præsertim verò nobis orandum est pro Magistratibus, & Euangelij Ministris.

5. Enunciat: Nullum extat verbi Diuini mandatum, quo iubemur pro ijs, qui ex hac vita decesserunt, preces effundere: Quia duo tantùm loca agnoscunt sacræ Scripturæ post hanc vitam, alterum electis, alterum reprobis destinatum.

Homiliæ octauæ de Orationis loco, ac tempore.

1. ENunciat: Quamuis præceptum de obseruando Sabbatho apud Iudæos non tam præcise obstringat populum Christianum, quod ad externas ceremonias spectat, quales sunt, abstinere ab omni labore, etiam tempore summæ necessitatis, & obseruatio diei septimi præcise secundum morem Iudaicum. (Nos enim ab ipsis Apostoloru temporibus eoru praxin secuti, primum diem Septimanæ Sabbathu nostru statuimus in honorem Christi, qui illo die à mortuis resurrexit) Quicquid tamen in eo præcepto ad Legem moralem spectat, tanquam pium ac salutare ad promouendam Dei gloriam ab omnibus Christianis retineri debet, & obseruari. Oportet igitur ex vi huius mandati de sanctificatione Sabbathi, vnam Hebdomadis diem seligere, in qua à laboribus, atque operibus nostris abstinendum est, sanctisque studijs, ac pijs exercitijs incumbendum.

2. Enunciat: Etiamsi tam corpora, quàm animæ Electorum præcipua sunt Dei Templa: precésque nostras vbiuis locorum Deus exaudiat: exemplo tamen Christi, & Apostolorum templum materiale

tanquam

tanquam domus Dei cum zelo, ac ardenti defiderio nobis freqentandum eft; vbi fe præfentem fore promifit, & exauditurum eorum preces, qui ipfum verè inuocant.

3. Enunciat: Grauiter ijs fuccenfet Deus, qui eius domum intrant fine vefte nuptiali, fine recto corde, & alacri mente, eófque feuerè caftigat.

Homiliæ nonæ de precibus publicis, & Sacramentis adminiſtrandis.

1. **E**Nunciat: Inter varia Chriftianæ pietatis exercitia, nullum cenferi debet cuiufcúnque conditiouis hominibus magis neceffarium ac falutare, quàm precum publicarum vfus, & Sacramentorum perceptio. Per alterum enim ea petimus ab eius bonitate, quæ alioqui nullâ ratione impetrare poffemus, per alterum vero ipfe iefe nobis fruendum,& amplectendum proponit.

2. Enunciat: Cùm varia fint precum genera, Publicæ, Priuatæ, Mentales, Vocales, publicæ preces maximam vim habent ad mifericordiam à Patre cœlefti confequendam, & ad liberandum nos à malis quibufcúnque.

3. Enunciat: Sacramentum, eft vifibile fignum inuifibilis gratiæ, exhibens afpectui noftro, alijfque fenfibus, operationem internam gratuitæ Dei mifericordiæ, & obfignans cordibus noftris gratiofas Dei promiffiones.

4. Enunciat: Si vocabulum Sacramenti ftrictiori fignificatione accipiatur, hoc eft, pro figno vifibili in Nouo Teft. inftitutionem habente, cui per expreffum Dei verbum promiffio gratuitæ remiffionis peccatorum, fanctificatio naturæ corruptæ, & coniunctio noftri cum Chrifto adnexa eft : Duo tantum funt Sacramenta, i. Baptifmus, & Cœna Domini. Idcirco licet abfolutio promiffionem habeat remiffionis peccatorum, item impofitio manuum in Ordinatione Miniftrorum, & fignum vifibile, & promiffionem : tamen neque Abfolutio Sacramentum eft, quia non habet vifibile fignum in Nouo Teft. inftitutum; Neque Miniftrorum ordinatio Sacramentum eft, quia non habet promiffionem de remiffione peccatorum, vifibili figno per expreffum Dei verbum annexam, ficut nec reliqua, quæ falfo nominantur Sacramenta.

5. Enunciat: Docemur tam ex S. literis, quam exemplis Primæuæ Ecclefiæ, atque veterum Doctorum auctoritate, in adminiftratione precum publicarum, & Sacramentorum nullam linguam peregrinam, vel auditoribus incognitam, vfurpari oportere.

Homiliæ decimæ, ad eorum instructionem, qui locis S. Scripturæ offenduntur.

1. Enunciat S. Scripturæ phrasis, siue locutio, etiamsi curiosis quo-rundam hominum ingenijs incompta interdum, ac rudis videa-tur, tales tamen locutiones non absque graui causa, & sensu commodo à Sp. Sancto traduntur. Quamobrem loquendi formulæ à S. Scripto-ribus vsurpatæ cum sancta reuerentia sunt accipiendæ, non ioco aut lusu ad iustam nostram condemnationem tractandæ.

2. Enunciat: Polygamia, siue pluralitas vxorum peculiari quodam priuilegio Patribus vet. Testa. quondam fuit permissa: non ad explen-dam carnis libidinem, sed ad prolem augendam: quia spem concipie-bant de benedicto semine ab eorum progenie nascituro, tum etiam pre-cibus suis petebant, vt illud veniret in mundum ad caput Serpentis con-culcandum.

3. Enunciat: Cum legimus in S. literis de Noæ ebrietate, Loti in-cestu &c. Hæc non traduntur in eum finem, vt nos illorum exemplo similia committamus: hoc potius documentum inde debemus sumere: Quod si tanti ac tales viri timore Dei alioqui imbuti, a tantis flagitijs perpetrandis semet proprijs viribus cohibere non potuerint: sed tam grauiter lapsi fuerint, vt sine misericordiæ Diuinæ interuentu in æter-num perijssent: quanto magis nobis miseris peccatoribus, qui vix ali-quo Dei sensu tangimur, metuendum est iugiter, ne non solum incida-mus in peccata, quod ipsis contigit, sed ne peccatis plane subigamur, & obruamur, quod illis non contigit. Ita eorum lapsus contemplan-tibus dabitur nobis occasio Dei bonitatem afsiduè inuocandi, vt gra-tiam suam salutarem nobis impertiri velit, qua corroborari possimus, & ab omni malo conseruari.

4. Enunciat: Etiamsi pij per ignorantiâ, aut infirmitatem labuntur, non tamen ex animo in peccatis ambulant, non persistunt pertinaciter in peccatis, neque peccant sicut homines omni Dei timore exuti, quem sciunt iustissimè omnia scelera punire: Sed per Dei gratiam & infini-tam misericordiam resurgunt a peccatis, & rursum illis bellum animo-sè indicunt.

5. Enunciat: Præcepta nobis a Christo tradita in Euangelio, Ordi-ni Politico in republica administranda non aduersantur? Quicquid e-nim Deus tradidit in verbo suo sapientissimè atq; commodissimè præ-cipitur, vtcunque homines vani, vacui Dei cognitione, & rerum diui-narum ignari aliter sentiant.

6. Enunciat: Qua ratione Iesus Christus reprobis scandalum dici-tur, siue lapis offensionis, cum tamen propria sua culpa pereant: eadem

ratione

ratione S. literæ eifdem exitij ipforum præbent occafionem propter fuam incredulitatem. Porrò, ficut Chriftus dicitur Refurrectio, at illis
folum, qui per adoptionem adfcifcuntur in filios Dei. Ita S. Scriptura
eft potentia Dei ad falutem, fed credentibus tantùm.

7. Enunciat: Nihil traditum inuenitur in vniuerfo S. Codice tam
parui momenti (ex prauo fcilicet humani iudicij fenfu) quod non con-
ducat ad fpiritualem intelligentiam, illis nimirum qui in talium locorum fenfibus enucleandis, diligentem operam & ftudium adhibebunt.

8. Enunciat: Quoties Dauid in Pfalmis, Dei hoftibus precatur ig-
nominiam, opprobrium, confufionem, atque interdum exoptat vt
eorum pofteritas intereat inopinato aliquo exitio: Huiufmodi imprecationibus nemo offendi debet. Is enim Propheta cùm effet, inflatus
diuino Spiritu, & incenfus zelo ardentiffimo gloriæ Dei, talia effatus
eft, non ex priuato fuo erga perfonas odio, fed errorum, fcelerum, &
corruptelarum (quæ non fine maximo Ecclefiæ periculo graffari indies cernebat & augefcere) internecionem in aduerfarijs Dei cupiebat:
Vt etiamfi corporali exitio perirent, tamen eorum animæ faluarentur.
Quo modo etiam Paulus Apoftolus infignem illum fornicatorem Satanæ tradidit. Sed quoniam eiufmodi precandi formæ eâdem animi
rectitudine, ac finceritate à nobis concipi nequeunt, propter illam af-
fectuum noftrorum corruptionem, quâ laboramus, ab illis abftinendum effe cenfemus, præfertim cùm noftra res priuata agitur.

Homiliæ vndecima de Eleemofynis.

1. ENunciat: Beneficentiam erga pauperes, & opera mifericordiæ
exigit à nobis Deus in verbo fuo. Sunt autem etiam nobifmet
ipfis vtilia atque frugifera: Quæ fi ftudiofe ac diligenter exerceamus
paupertatis mala nunquam formidabimus. His quodam modo (nempe
declaratiuè) remittuntur peccata noftra, & via nobis ad cœlum munitur.
Hæc etiam Deo tam grata & accepta funt, ac fi fibi ipfi ea præftarentur,
quę indigentibus elargimur.

Homiliæ duodecima, de Chrifti Natiuitate & Incarnatione.

1. ENunciat: Cùm homines vniuerfi peccatores euaferant ex primo Adami peccato, atque hæredes facti effent æternæ damnationis, placuit Deo ex infinita fua mifericordia, promiffum fuum edere
de Meffia vel Mediatore in hunc mundum mittendo, qui & iram Dei
aduerfus peccatum placaret, hominémque ex miferiæ abyffo, in quam
fuerat lapfus, liberaret.

2 Enun-

2. Enunciat : Iste autem Meſſias , ſiue Mediator Ieſus Chriſtus fuit natus ex Maria Virgine. Neceſſitas enim noſtræ ſatutis talem nobis requirebat Mediatorem exhiberi , qui vtriúſque naturæ , humanæ ac diuinæ particeps , ſub vna & eadem perſona , verè Θεάνθρωπος eſſet, hoc eſt , Deus & Homo. Hominem oportuit eſſe , quoniam ſicut per hominem tranſgreſſio orta eſt, ita æquum erat, vt per hominem ſatiſfactio fieret. Porrò Chriſtus indutus carne in cœlum aſcendens exhibet nobis certiſsimum teſtimonium, omnes fideles in eum credentes, in eandem manſionem tandem peruenturos. Ingens quoque ſolatium percipitur ex illius Incarnatione , dum vel preces noſtras offerimus, vel rerum anguſtijs premimur , quando conſideramus eum fuiſſe hominem, eiſdem quibus nos, in firmitatibus obnoxium.

3. Enunciat : Quinetiam Deum eſſe æquè neceſſarium fuit , quia nulla creatura pura poteſtatem habet, vel habere potuit Mortem abſorbendi, vitámque reſtituendi, Infernum vincendi, & Cœlum aſſequendi. Eius autem ἀνσαρκώσεως vel aſſumptionis carnis noſtræ finis erat , vt Legem noſtri cauſâ impleret, & oppreſſos peccati onere liberaret, Principem huius ſeculi foras eijceret , nos Deo reconciliaret, ac opera Diaboli deſtrueret, vt ſeſe denique propitiationem præberet pro peccatis noſtris, neque verò noſtris tantùm, ſed pro totius mundi peccatis.

Homiliæ decimæ tertiæ De Paſsione Chriſti.

1. E Nunciat : Chriſti paſſio non modò λύτρον exiſtit , & compenſatio pleniſſima pro peccatis noſtris : ſed & inſuper præbet nobis perfectiſsimum omnis charitatis, & patientiæ exemplum.

2. Enunciat : Paſſionis Chriſti tum demum memores ſumus , & fructum ex eo percipimus, quando firmâ fide ipſius meritis adhæremus, quando operam noſtram, facultates ac vires noſtras impendimus ad vtilitatem proximi procurandam. Sic enim Chriſtus ſeipſum exhauſit, & exinaniuit, vt nos diuites redderet.

3. Enunciat : Quantum peccati odium in nobis excitare debuit hæc mortis Chriſti contemplatio : dum cogitamus ad expianda delicta noſtra oportuiſſe vnigenitum Dei Filium indumento carnis noſtræ veſtiri , mortem acerbiſsimam obire , imò mortem crucis viliſsimam & maximè ignominioſam.

4 Enunciat : Mors Chriſti, eiuſque Paſſio tanquam ſalutare remedium vulneribus noſtris applicatur per firmam , & viuificam fidem. Hæc autem eſt fiducia in Dei miſericordia , qua ſumus perſuaſi Deum nobis propitium eſſe, peccatis noſtris ignoſcere, noſque in gratiam accipere, idque ſolum pro mortis ac Paſſionis Chriſti meritis.

L   Ho-

Homiliæ decima-quarta, de Chriſti Reſurrectione.

1 ENunciat : Conſtat tanti ponderis eſſe hunc Articulum de
Chriſti Reſurrectione, vt maioris eius confirmationis cauſâ
non reculauerit Seruator noſter poſt glorioſam ſuam Reſurrectionem
à morte ad vitam, per ſpacium quadraginta dierum in terris commo-
rari : quo ſcilicet altiores radices ageret in cordibus diſcipulorum ſuorum, atque adeo fidelium omnium, iſtius Articuli veritas.

2 Enunciat : Non erat nobis ſatis ad plenam beatitudinem, vt per
mortem Chriſti liberaremur à peccatis, niſi virtute illius Reſurrectionis, iuſtitiâ quoque Chriſti indueremur. Neque prodeſſet,nos è mortis faucibus ereptos eſſe, niſi ipſe reſurgens aperuiſſet cœli portas, vt
nos etiam ad vitam æternam ingrediremur.

3 Enunciat : Ea eſt vis & efficacia Reſurrectionis Chriſti, vt ſi
vera, & viua fide nobis applicetur, poſſit nos conformes ipſi Chriſto
facere vitæ nouitate, hoc eſt, ac Sanctimonia.

Homiliæ decima-quinta, de digna S. Cœnæ
perceptione.

1 ENunciat : Memoria mortis Chriſti ad Menſam Domini à fidelibus ritè celebrata, non modo illorum gratitudinem excitat,verum etiam internum quoque hominem afficit Spirituali quodam
gaudio, animique tranquillitate, cogitque quodammodo fideles Dei
ſeruos Redemptori tam benifico ſe gratos oſtendere per vitæ Sanctitatem, & pietatis ſtudium.

2 Enunciat : Tria cenſentur ei neceſſaria, qui cùm fructu cupit
ad Menſam Dominicam accedere. Primò, vt rectè iſtud Myſterium
intelligat, hoc eſt, non eſſe nudum ſignum rei abſentis, ſed corporis, &
ſanguinis Domini participationem,per fidem & Spiritus Sancti operationem. Ex quo fit, vt non ſolum animæ ad vitam æternam enutriantur, ſed etiam ſpe certa ſuo tempore corpora reſurgant ad immortalitatem. Deinde ei cauendum, ne Sacrificium commemorationis conuertat in Sacrificium proprium, ſiue materiale, vel communem Cœnam mutet in conuiuium priuatum, vel alteram partem cœnæ ſumat,
alteram omittat,vel illud præpoſterè applicet defunctis, quod in beneficium viuorum inſtitutum eſt. Tertiò requiritur, vt ad S. Menſam
accedat firma fide munitus, qua Chriſtum ſibi proprium efficit, dum
ipſius merita ſibi ipſi applicat. Poſtremò, dignum huius cœnæ con-
uiuam adferre ſecum oportet vitæ nouitatem, probitatis, & ſanctimo-
niæ ſtudium.

Homiliæ

Homiliæ decima-sexta, de descensu Spiritus Sancti, & eius donis in Festo Pentecostes.

1 ENunciat : Spiritus Sancti est essentia Diuina & spiritualis, Tertia deitatis in Trinitate persona, à Patre atque Filio distincta, ab vtroque tamen promanans.

2 Enunciat : Inter opera mirabilia Spiritus Sancti, quibus palam orbi patefecit diuinam suam potentiam, primum occurrit Patriarcharum & Prophetarum prisci temporis inspiratio & illuminatio, qui Prophetiæ dono præditi, atque futuri Messiæ quadam cognitione imbuti de rebus, multis pòst seculis, euenturis verissimè prædixerunt. Secundò, Spiritus Sancti admirabilis virtus apparuit in Seruatoris nostri conceptione ac incarnatione. Tertio in humani generis interna παλιγγενεσία siue regeneratione atque sanctificatione. Eius enim solius instinctu piorum corda excitantur ad bona opera facienda, quæ Deo habentur grata, vtpote voluntati eius conformia. Quare si quis perspiciat opera sua ad normam verbi Diuini congruere, potest certò sibi persuadere, se Spiritu Sancto imbutum esse.

3 Enunciat : Cum Christus Seruator pollicitus esset discipulis suis, se missurum illis alium Paracletum, qui in omnem veritatem eos perduceret, non solis Apostolis suis alligauit hanc promissionem, sed eam pertinere voluit ad vniuersam Ecclesiam, quam per omnes mundi ætates præsentia sua conseruat, & gubernat.

4. Enunciat : Vtcunque vero Spiritus Sancti præsentia Ecclesiæ promissa est, Romana nihilominus Ecclesia eum sibi nullo iure potest vendicare. Quoniam Ecclesia vera, cui facta est ista promissio, fidelium est congregatio, & Electus Dei populus : Domus est superstructa fundamento Prophetarum & Apostolorum, cuius præcipuus & angularis lapis est ipse Christus : & huius Ecclesiæ sunt duæ notæ, quibus præcipuè dignoscitur, Sana nimirum, & incorrupta doctrina, & Sacramentorum iuxta institutionem Christi recta administratio. At ab istiusmodi Ecclesia plurimùm abhorret Ecclesia Romana, qualis iam existit, quia neque retinet Christi doctrinam ab humano fermento puram, neque Sacramenta eius administrat eo modo, quo ipse præscripsit Verbo suo.

Homiliæ 17. pro Rogationis Septimana.

1. ENunciat : Omnes spirituales gratiæ, & dona, & quodcunque bonum siue ad animam spectans, siue ad corpus, siue extra corpus a solo Deo tanquam omnis bonitatis fonte & authore dimanant.

Homiliæ

Homiliæ decima-octauæ, de Matrimonii statu.

1. ENunciat: Matrimonium a Deo inſtitutum eſt, vt vir & fœmina in legitima & amica ſocietate vitarent fornicationem, liberos procrearent ad Chriſti regnum & Ecclesiam propagandam.

2. Enunciat: Concordia inter coniuges eſt res adeo cœleſtis,& diuina, vt diligenti & deuota ad Deum oratione præcipuè ſit fouenda.

Homiliæ contra otium decimæ-nonæ.

1. ENunciat: Homo ad otium, & quietem minimè naſcitur, ſed vt iuxta ſuam vocationem, aut mente, aut corpore, aut vtroque ad huius vitæ compendia honeſtè paranda, & bonum proximi promouendum, ſudet & laboret.

Homiliæ vicesimæ, de pœnitentia.

1. ENunciat: Medium pacandi Deum iratum, quando pœnas nobis infligere decreuerit, eſt toto corde à peccatis noſtris ad Deum, per pœnitentiam & fidem in Chriſtum, noſmet conuertere.

2. Enunciat: Qui veritatem agnitam penitus deſerendo, Chriſtum eiuſque verbum odio proſequendo peccant in Spiritum Sanctum, deſperationis barathro immerguntur,& nequeunt reſipiſcere.

3. Enunciat: Quatuor ſunt pœnitentiæ partes. 1. Cordis contritio propter peccata. 2. Syncera & ſeria peccatorum agnitio, & confeſſio coram Deo. 3. Viua fides in promiſſionibus Euangelij. 4. Noua vita, & in edendis fructibus pœnitentia dignis, actuoſa.

4. Enunciat: Vtcunque fideles iuxta Dei verbum, ſibi inuicem confiteri peccata teneantur, ad fraternam reconciliationem ineundam ; tamen auricularis confeſſio Sacerdoti enunciata nullum habet fundamentum in ſacris literis.

5. Enunciat: Quatuor præcipua ſunt reſipiſcentiæ motiua. 1. Dei mandatum. 2. gratioſæ promiſſiones factæ peccatoribus reſipiſcentibus. 3. Peccati fœditas & ſpurcities. 4. Vitæ noſtræ breuitas & fragilitas,

De

De Episcoporum & Ministrorum consecratione.

Libellus de confecratione Archiepifcoporum,& Epifcoporum, & ordinatione Presbyterorum,& Diaconorum,editus nuper temporibus Eduardi fexti , & auctoritate Parliamenti illis ipfis temporibus confirmatus, omnia ad eiufmodi confecrationem & ordinationem neceffaria continet : & nihil habet quod ex fe fit aut fuperftitiofum aut impium : itaque quicunque iuxta ritus illius libri confecrati aut ordinati funt, ab anno fecundo prædicti Regis Eduardi vfque ad hoc tempus, aut in pofterum iuxta eofdem ritus confecrabuntur aut ordinabuntur, ritè atque ordine atque legitimè ftatuimus effe & fore conferuatos & ordinatos. 36.

De ciuilibus Magiftratibus.

Regia maieftas in hoc Angliæ regno,ac cæteris eius dominijs fummam habet poteftatem, ad quam omnium ftatuum huius regni, fiue illi Ecclefiaftici funt, fiue Ciuiles in omnibus caufis fuprema gubernatio pertinet , & nulli externæ iurifdictioni eft fubiecta , nec effe debet. 37.

Cùm Regiæ Maieftati fummam gubernationem tribuimus , quibus titulis intelligimus animos quorundam calumniatorum offendi , non damus Regibus noftris, aut verbi Dei,aut Sacramentorum adminiftrationem , quod etiam iniunctiones ab Elizabetha Regina noftra nuper editæ, apertiffimè teftantur. Sed eam tantùm prærogatiuam quam in facris Scripturis à Deo ipfo, omnibus pijs Principibus videmus femper fuiffe attributam: hoc eft, vt omnes ftatus atque ordines fidei fuæ à Deo commiffos, fiue illi Ecclefiaftici fint, fiue Ciuiles in officio contineant, & contumaces ac delinquentes gladio ciuili coerceant. Romanus Pontifex nullam habet iurifdictionem in hoc regnum Angliæ. Leges regni poffunt Chriftianos propter capitalia & grauia crimina morte punire. Chriftianis licet ex mandato magiftratus arma portare & iufta bella adminiftrare.

De illicita bonorum communicatione.

Facultates & bona Chriftianorum non funt communia quoad ius & poffeffionem,(vt quidam Anabaptiftæ falfo iactant) debet tamen quifq; de his quæ poffidet,pro facultatum ratione pauperibus eleemofynas benignè diftribuere. 38,

De

De Iureiurando.

39. QVemadmodum iuramentum vanum & temerarium à Domino noſtro Ieſu Chriſto & Apoſtolo eius Iacobo, Chriſtianis hominibus interdictum eſſe fatemur : ita Chriſtianorum Religionem minimè prohibere cenſemus, quin iubente magiſtratu in cauſa fidei, & charitatis iurare liceat, modò id fiat iuxta Prophetæ doctrinam, in iuſtitia, in iudicio, & veritate.

Confirmatio Articulorum.

HIc liber antedictorum articulorum iam denuò approbatus eſt per aſſenſum & conſenſum ſereniſſimæ Reginæ Elizabethæ Dominæ noſtræ, Dei gratia Angliæ, Franciæ, & Hiberniæ Reginæ, defenſoris fidei, &c. retinendus, & per totum regnum Angliæ exequendus. Qui articuli & lecti ſunt, & denuò confirmati ſubſcriptione D. Archiepiſcopi, & Epiſcoporum ſuperioris domus, & totius cleri inferioris domus in conuocatione, Anno Domini 1571.

LIBER

LIBER
PRECVM
PVBLICARVM,
ADMINISTRATIO-
NIS SACRAMEN-
TORVM:

Aliorumq̃ Rituum,
ET CEREMONIARVM
IN ECCLESIA
ANGLICANA.

IHIL vnquam fuit humanâ fapientiâ tam bene con-
ftitutum, aut conftabilitum firmièr, quod p roceſſu
temporis non vergit in deterius, & à prima integritate
multùm diſcedit. Et vt alia exempla taceamus, hoc
manifeſtum eſt in publica diuini cultus forma, quam
veteres Liturgiam vocare conſueuerunt. De huius
origine ſi quis conſulat authenticos Scriptores, inueniet
non alia ratione inſtitutam eſſe, quàm vt fides, pietas,
ac Religio creſcerent, & doctrina Chriſtiana latiùs propagaretur. Nam ſancti
Patres ita illam ordinârunt, vt tota Sancta Biblia, aut maior horum pars
in eâ ſemel in anno perlegeretur, hoc conſilio, vt clerici, & præſertim Eccleſiæ Miniſtri frequenti ſacræ Scripturæ lectione, & meditatione, ſeipſos
excitarent ad pietatem, inſtructiores redderentur ad Eccleſiam verbo vitæ
paſcendam, & ad ſanæ doctrinæ aduerſarios coarguendos. Deinde, vt populus ex quotidiana Sacrorum librorum lectione in Templis adoleſceret ſubinde magis ac magis in vera cognitione Dei, & Domini noſtri Ieſu Chriſti,
& veræ Religionis ſtudio ac amore accenderetur. Sed multis retrò abhinc
annis, hæc pia & ſalutaris Patrum conſtitutio ita neglecta, & immutata
fuit additione inanium repetitionum incertarum hiſtoriarum, Reſponſorio-
rum, lectionem ex Patribus, vt Synodalibus conſtitutionibus, vt ſemper
ferè cum inciperetur liber aliquis ſacer legi, priuſquam trium aut quatuor
capitum lectiones abſoluerentur, pro reliqua libri parte legendâ nihil temporis ſupereſſet. Exempli gratia; Viſio Eſaiæ Prophetæ incipiebatur prima Dominica Aduentus, ſimiliter liber Geneſios, Dominica Septuageſima: ſed incipiebatur tantùm, quia nunquam finiebatur, & ad hunc modum reliqui ſacræ Scripturæ libri mutilatè legebantur. Præterea etiamſi Paulus iubeat ſacram lectionem fieri linguâ vulgari & notâ, vt indè Eccleſia ædificetur, tamen aliquot ſeculis ſacri Libri prelegebantur Anglis Latinè, vt is qui legeret plerunque daret ſine mente ſonum, & vox tantum aërem & aures feriret, cor verò & Spiritus fructu vacarent. Adhæc, etſi Sancti
Patres diuiſerunt Pſalmos in ſeptem partes, quas nocturnas preces vocant, vt Pſalterium integrum ſingulis ſeptimanis abſolueretur, rarò
tamèn his poſterioribus ſeculis huic ordinationi fuit ſatisfactum, ſed
ſingulis diebus ijdem Pſalmi repetebantur, alijs interim omninò omiſſis.
Poſtremò, tantus fuit numerus, tanta varietas regularum, vt loquebantur
Picæ, tot mutationes in officio Eccleſiaſtico, vt reuolutio libri ad inueniendum
quid legeretur, plus negotij & difficultatis faceſſeret, quàm lectio eius quod
fuerat inuentum. Horum & ſimilium incommodorum conſideratione, officium Eccleſiaſticum iuxta ſanctorum Patrum conſilium ad primam inſtitutionem reuocauimus. Et vt omnia ſint in promptu, præfixum eſt Calendarium
facile intellectu, & in quo quantum fieri potuit, totius Scripturæ continua lectio ordine proponitur, ita vt nulla ſit interruptio àut ſeparatio locorum in ſacris,

cris Biblys coniunctorum. Hoc vt commodè fieret; necesse fuit omittere Antiphonas, Responsoria, Imitatoria, & alia quædam similia, quibus perpetuus contextus, & continua Scripturæ lectio fuit interrupta. Et quia conducit ad huius ordinis & perpetui contextus sacrorum librorum intellectum, præmittere quosdam Canones, ideò aliquos huic operi præfigimus, qui vt numero pauci, ita intellectu sunt facillimi: quamobrem hic sacrarum lectionum ordo, ita dispositus, proprius ad sanctorum Patrum instituta accedit, & multò commodior & vtilior est, quàm fuerit ille quo anteà vsi sumus. Quod autem maiorem habet vtilitatem, vel ex eo facilè intelligi potest, quòd in eo multa incerta, quædam conficta, nonnulla superstitiosa expunguntur, & nihil iam contineat præter purum Dei verbum, & sacras literas, vel quòd euidenti & necessarià consecutione ex istis deducitur, idque tam perspicuâ methodo, & eo idiomate, vt à lectoribus & auditoribus haud difficilè percipi & retineri possit. Est præterea hæc ordinatio commodior propter breuitatem, regularum paucitatem & perspicuitatem. Et quia Ecclesiæ Ministri hoc tantùm libro, & diuinis codicibus vtuntur in peragendis sacris, plebs in libris ad publicum Dei cultum necessarijs coemendis minori quàm anteà sumptu onerabitur. Est & illud in hac ordinatione laudabile & decorum, quòd in omnibus huius regni Ecclesijs, eædem sunt lectiones & cautiones, cùm anteà singulæ Diœceses suam habuerint ordinationem, dum alij Salisburiensem, alij Herfordiensem, alij Eboracensem, aut Lincolniensem vsum &c. sequerentur.

Si autem quispiam queratur difficilem esse hanc ordinationem, proptereà quòd oportet illic iam omnia ex libro recitari, cùm anteà ex solo auditu propter crebram repetitionem multa addisci potuissent: is si vtilitatem & scientiam, quam ex quotidiana sacrorum librorum lectione consequeretur, cum labore conferet, facilè hanc molestiam deuorabit. Quia verò nulla ordinatio tam perspicuè institui potest, de qua in quotidiano vsu non oriantur interdum dubitationes, constitutum est, vt quoties inter Ministros huiusmodi dubia occurrunt, deferantur ad Diœcesis Episcopum, aut illo ambigente, ad Archiepiscopum, quorum iudicio in hac re acquiescent, modò nihil constituant, quod palam huic ordinationi aduersetur.

Et quamuis hâc Præfatione constitutum est, vt in Ecclesia omnia linguâ Anglicanâ psallantur & legantur, eum scilicet in finem, vt tota Congregatio ex eo ædificetur, neutiquâ tamen prohibetur, quin qui preces Matutinas & Vespertinas priuatim recitant, easdē in lingua quacunq̃ sibimet intellectâ recitare possint. Omnes item Ministri & Diaconi preces Matutinas & Vesperitnas singulis diebus publicè vel priuatim perlegere obstringentur, nisi aut prædicando, aut studio Theologiæ incumbendo, aut aliâ aliquâ graui causâ impediantur. Parochi similiter qui in Ecclesijs Parochialibus aut Sacellis ministrant, domi existentes, & nullâ legitimâ causâ impediti, in Ecclesia Parochiali, vel Sacello vbi ministrant, easdem preces perlegent, & aliquantisper antequam incipiunt, campanam pulsabunt, ab alijs necessarijs occupationibus liberi, ad verbū Dei audiendum, & comprecandum conuocentur.

Index

Index & Calendarium quo exprimitur ordo Pſalmorum & Lectionum, ad preces Matutinas & Veſpertinas

per totum annum, exceptis quibuſdam feſtis proprijs, quemadmodum regulæ ſubſequentes planiùs explicabunt.

TOtum Pſalterium prælegitur ſingulis menſibus : & quia non eſt idem numerus dierum in omnibus, ſed aliqui plures, aliqui pauciores dies habent, placuit eos pares facere, quantum ad numerum dierum, hac ratione.

Cuilibet Menſi, quantum ad noſtrum inſtitutum attinet, deputantur triginta dies.

Et quia Ianuarius & Martius vnum & triginta habent dies in Calendarijs, & horum medio Februarius viginti octo tantùm, ideò is ab vnoquoque illorum vnum mutuabitur diem. Ita vt Pſalterium quod legi debet menſe Februario, incipiatur vltimo Ianuarij, & finiatur primo Martij.

Cum autem Maius, Iulius, Auguſtus, October & December, ſinguli triginta & vnum dies habeant, conſtitutum eſt, vt Pſalmi qui penultimo die leguntur, ſequente etiam die, id eſt, vltimo, repetantur, vt Pſalterium primo die ſequentium menſium poſſit incipi.

Iam ad intelligendum qui Pſalmi ſingulis diebus debeant prælegi, inſpice numerum in Calendario, qui adſcriptus eſt Pſalmis, & tunc quære eundem numerum in hac tabula, quo inuento, videbis, qui Pſalmi ad preces Matutinas & Veſpertinas debeant recitari.

Quia vero Pſalmus 119. diuiſus eſt in 22. periodos, & prolixior eſt, quàm vt vno tempore legatur, conſtitutum eſt, vt vna vice quatuor aut quinque periodi tantum legantur, vt in tabula ſignatum deprehendes.

Hoc autem conſiderandum eſt, quod in hac tabula, & in tota ordinatione, vbi mentio fit de numero Pſalmorum, ſequuti ſimus ſupputationem Hebræorum.

Sequitur tabula monſtrans ordinem Pſalmorum, ad Matutinas & Veſpertinas preces.

Pſal.

P S A L M I.

Dies.	Matutinæ.	Vespertinæ.
1	1.2.3.4.5.	6.7.8.
2	9.10.11.	12.13.14.
3	15.16.17.	18.
4	19.20.21.	22.23.
5	24.25.26.	27.28.29.
6	30.31.	32.33.34.
7	35.36.	37.
8	38.39.40.	41.42.43.
9	44.45.46.	47.48.49
10	50.51.52.	53.54..55.
11	56.57.58.	59.60.61.
12	62.63.64.	65.66.67.
13	68.	69.70.
14	71.72.	73.74.
15	75.76.77.	78.
16	79.80.81.	82.83.84.85.
17	86.87.88.	89.
18	90.91.92.	93.94.
19	95.96.97.	98.99.100.101.
20	102.103.	104.
21	105.	106.
22	107.	108.109.
23	110.111.112.113.	114.115.
24	116.117.118.	119. Inde.4.periodi.
25	Inde 5.periodi eiusdem.	Inde 4.periodi eiusdem.
26	Inde 5. periodi eiusdem.	Inde 4.vltimi eiusdem.
27	120.121.122.123.124.125.	126.127.128.129.130.131.
28	132.133.134.135.	136.137.138.
29	139.140.141.	142.143.
30	144.145.146.	147.148.149.150.

Ordo quo reliqua Scriptura præter
Psalterium perlegatur.

VETVS Testamentum, tam in Matutinis quàm in Vesperis primis lectionibus destinatur, & singulis annis totum absolui debet, quibusdam tantùm libris & capitibus exceptis, quæ omittuntur, propterea quod ad ædificationem minùs ac reliqua conferre videantur.

Nouum Testamentum, alteri lectioni inseruit in Matutinis & Vesperis : & singulis annis ter perlegetur, vnà cum Epistolis & Euangelijs, excepta Apocalypsi, ex qua lectiones aliquot depromptæ Festis quibusdam proprijs designantur.

Vt autem scias quæ lectiones quolibet die legi debeant, quære diem Mensis in sequenti Calendario. Isthic enim libros & capita inuenies lectionum, quæ ad Matutinas & Vesperas recitabuntur.

In Festis mobilibus, immobilibus, & Dominicis quæ proprios habent Psalmos & Lectiones, omittentur Psalmi & Lectiones nominatæ in Calendario.

Sciendum est etiam, Collectam, Epistolam, & Euangelium Dominicæ diei, repeti per totam septimanam, nisi inciderit Festum quod proprium habet officium.

In Bolismo vel Bissextili, quo vicesimus tertius dies Februarij in duos diuiditur, vtriusque diei idem est officium.

Vbicunque principium Lectionis, Epistolæ vel Euangelij non exprimitur, incipiendum est a principio capitis.

Et vbicunque non exprimitur finis Lectionis, legendum est ad finem capitis.

Quoties primum caput diui Matthæi legitur, vel pro Lectione, vel pro Euangelio, incipies ab his verbis : *Iesu verò Christi Natiuitas sic habet, &c.* Et tertium caput Euangelij secundum diuum Lucam : legetur ad hæc verba : *Vt putabatur filius Ioseph.*

Lectiones

Lectiones propriæ quæ pro primis Lectionibus recitabuntur, per totum annum, diebus Dominicis, ad Preces Matutinas, & Vespertinas. Et pro quibusdam etiam diebus solennioribus *Lectiones Secundæ.*

¶ Dominicæ de Aduent.	¶ Matutinæ.	Vespertinæ.	¶ Dominicæ post Pascha.	¶ Matutinæ.	¶ Vespertinæ.
1	Esa.1.	Esa.2.	1	Num.16.	Num.22.
2	5	24	2	23	25
3	25	26	3	Deut.4.	Deut.5.
4	30	32	4	6	7
¶ Dominicæ post Natalé Domini.			5	8	9
1	37	38	¶ Dominica post Ascensionem.	Deu.12	Deu.13.
2	41	43			
¶ Dominica post Epiphaniam.			¶ Die Pentecostes.		
1	44	46	1.Lectio.	Deut.16	Sap.1.
2	51	53	2.Lectio.	Act.10.	Act. 19.
3	55	56		Aperiés autem Petrus os,&c.	Factû est autê cû Apollo esset cor &c. vsq; ad his autê expletis
4	57	58	¶ Dominica Trinitatis.		
5	59	64	1.Lectio.	Gen.18.	Iosue.1.
¶ Septuagesima.	Gen.1.	Gen.2.	2.Lectio.	Matt.3.	
¶ Sexagesima.	3	6			
¶ Quinquagesima.	9	12	¶ Dominica post Trinitatem.		
¶ Quadragesima.			1	Iosu.10.	Iosu.13.
1	19	22	2	Iudic.4.	Iudic.5.
2	27	34	3	1.Reg.2.	1.Reg.3
3	39	42	4	12	13
4	43	45	5	15	16
5	Exo.3.	Exo.5.	6	2.Reg.22	2.Reg.21
6	9	10	7	22	24
¶ Pascha.			8	3.Reg.13.	3.Reg.17
1.Lectio.	Exo.12.	Exo.14	9	18	19
2.Lectio.	Rom.6.	Act.2.			

Dominica post Trinitatem.	Matu-tinæ.	Vesper-tinæ.
10	3.Reg. 21.	3.Reg.22.
11	4.Reg..5	4.Reg.9.
12	10	18
13	19	23
14	Iere.5.	Iere. 22.
15	35	36
16	Ezec. 2.	Ezec. 14
17	16	18
18	20	24
19	Dan.3.	Dan.6.
20	Ioel 2.	Mich.6.
21	Abac.2.	Pro. 1.
22	Pro. 2.	3
23	11	12
24	13	14
25	15	16
26	17	19

Propriæ Lectiones Festorum dierum.

Dies.	Matutinæ	Vespertinæ
Andr. Apost.	Pro.20.	Pro. 21.
Tho. Apost.	23	24
¶ Natalis Domini.		
1.Lectio.	Esa.9.	Esa. 7. ver. 10.ad finem.
2.Lectio.	Luc.2. vsq; ad hominibusbonæ voluntatis.	Tit.3. v.4.ad fin.
Stephani protho-martyris.		
1.Lectio.	Pro. 28.	Eccle. 4
2.Lectio.	Act.6.& 7 Stepha.plenus vsq; ad Et post.40.	Act. 7. versf.30.ad versf.55.
Iohannis Euangelist.		
1.Lectio.	Ecclef.5	Eccles.6
2.Lectio.	Apo.1.	Apo.22

Dies.	Matutinæ.	Vespertinæ
Innocentum.	Iere. 31. ad versf.18	Sap. 1.
Circumcisio.		
1.Lectio.	Gen.17.	Deu. 10. v.12.ad fin.
2.Lectio.	Rom.2.	Col. 2.
¶ Epiphaniæ.		
1.Lectio.	Esa. 40.	Esa. 49.
2.Lectio.	Luc.3. ad v.23.	Ioan.2. ad ver.12.
Conuers.Pauli.		
1.Lectio.	Sap.5.	Sap. 6.
2.Lectio.	Act.22. ad ver. 22	Act. 26.
¶ Purificationis Mariæ Virg.	Sap.9.	Sap. 12.
Matthiæ Apost.	Sap.19.	Eccles.1
Annun. Mar.	Eccles. 2.	Eccles 3
Fer.4. ante Pa.	Osee 13.	Osee.14
Cœnæ Dom.	Dan.9.	Iere.31.
Parasceues.	Gen.22.	Esa. 53.
Vigilia Pasch.	Zach.9.	Exo. 13.
Feria 2.post Pascha.		
1.Lectio.	Exo.16.	Exo.17.
2.Lectio.	Matt.28	Act.3.
Feria 3. post Pascha.		
1.Lectio.	Exo.20.	Exo.32.
2.Lectio.	Luc.24. vsq; ad Et ecce duo.	1.Cor.15.
Marci Euang. Phil.& Iacob.	Eccle.3. 7	Ecclef.5 9
Ascensionis Domini.	Deu. 10	4.Reg.2

Dies.	Matutina.	Vespertina
Feria 2. post Pentecostes.		
1. Lectio.	Gen. 11. ad ver. 10.	Nom. 11 verf. 16. ac verf. 30.
2. Lectio.	1. Cor. 12.	
Feria tertia.	1. Reg. 19. verf. 8. ad fin.	Deu. 30.
Barnabæ Apostoli.		
1. Lectio.	Eccle. 10.	Eccles. 12
2. Lectio.	Act. 14.	Act. 15. ad ver. 36.
Iohannis Baptistæ.		
1. Lectio.	Mal. 3.	Mal. 4.
2. Lectio.	Mat. 13.	Mat. 14. ad ver. 13.

Dies.		
Petr. Apostoli.		
1. Lectio.	Ecclu. 15	Ecclus. 19
2. Lectio.	Act. 3.	Act. 4.
Iacobi Apostoli.	Ecclu. 21	Ecclus. 23
Bartholom.	25	29
Matthæi Apost.	35	38
Michaelis Archangeli.	Ecclus. 39	Ecclus. 44
Lucæ Euang.	51	Iob. 1.
Sim. & Iudæ.	Iob 24. 25	Iob. 42.
Omnium Sanctorum.		
1. Lectio.	Sap. 3. ad ver. 13	Sap. 5. ad ver. 17
2. Lectio.	Heb. 11. verf. 34 cha. 12 verf 7.	Apo. 19 d verf. 7.

Psalmi proprij Festorum.

	Matutina.	Vespertina.
Die Natalis Domini.	Pfal. 19. 45. 85.	88. 110. 132.
Die Pafchæ.	Pfal. 2. 57. 111.	113. 114. 118.
Die Afcenfionis Domini.	Pfal. 8. 15. 21.	24. 68. 108.
Die Pentecoftes.	Pfal. 46. 67.	104. 145.

DE

ANnus proprie eſt illud ſpatium teﬧporis,quo Sol totum ſuum Zo-
diacum ſiue ſigniferum peragrat : quod tempus comprehendit
dies 365. & ſex horas ferme : Qui dies efficiunt hebdomadas 52. & diem præterea vnum.

Sex illæ horæ quater collectæ, integrum diem, quarto quoque anno efficiunt intercalandum. Qui dies ita inferendus videbatur, vt temporum ratio Solis itineri perpetuo congrueret,vtque Solſtitia & Æqui-
noctia, cæteraque anni tempora, eoſdem menſes tanquam ſedes obtinerent : quodque dies reliqui omnes, adeoque feſta Immobilia, quæ
vocant,eaſdem literas retineant, nec ſuis ſedibus pellantur.

Quare in anno quarto,legendum eſt in fine menſis Februarij,videli-
cet 25.die, in ſede litera F, bis Mat. Mat. vt ſextus dies Kalendarum
(inde anno nomen Biſſexto vel Biſſextili) bis nominetur, propter diem illum quarto quoque anno ibidem inferendum. Vnde prima ex
duabus illius anni literis Dominicalibus ſeruit vſque ad diem 24.Febru-
arij,ſecunda vero inde vſque ad anni finem.

Hebdomadæ ſiue Septimanæ.

Annus Solaris ſiue Communis habet Hebdomadas 52. & vnum diem. Præterea Hebdomada habet dies ſeptem. Horum appellationes
partim à recepto vſu Eccleſiæ, partim à Iudæis & Aſtrologis ad nos
tranſmiſſæ ſunt, quorum diuerſitatem hæc tabella oſtendit:

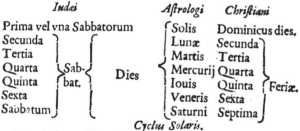

Iudei		*Aſtrologi*	*Chriſtiani*	
Prima vel vna Sabbatorum		Solis	Dominicus dies.	
Secunda		Lunæ	Secunda	
Tertia		Martis	Tertia	
Quarta	Sab-	Mercurij	Quarta	
Quinta	bat. Dies	Iouis	Quinta	Feriæ.
Sexta		Veneris	Sexta	
Saobatum		Saturni	Septima	

Cyclus Solaris.

Mutatio literæ Dominicalis partim contingit ob reliquum diem ſuper integras hebdomadas, partim ob ἐμβόλιμον quaternis annis recur-
rentem, non poteſt ipſa in ſua principia reuolui citius, quam viginti
octo annorum perpetuo interuallo. Quater enim 7. efficiunt 28. Proinde hic Cyclus literarum Dominicalium complectitur 28. annos,
& vocatur Solaris, quia ab ipſius ambitu per ſigniferum pendet. Cuius
initium a Biſſextili anno, in quo prior litera Dominicalis G eſſet, poſterior F, non inconcinne factum eſt, nempe vt anticipatio illa à po-
ſtrema litera in primam recurreret.

M

Ipſum

Ipſum Cyclum hic in tabella ſubijcimus.

1	2	3	4	5	6	7	8	9	10	11	12	13	14		Cyc. Sola.
G	E	D	C	B	G	F	E	D	B	A	G	F		D	Lit. Dom.
F				A				C					E		Biſſextil.

15	16	17	18	19	20	21	22	23	24		Cyc. Solar.
C	B	A	F	E	D	C	A	G	F		Lit. Dom.
	G					B					Biſſextil.

25	26	27	28		Cyc. Solar.
E	C	B	A		Lit. Dom.
D					Biſſext.

Iam vt huius tabellæ vſus ſit, tribue anno Domini 1560. vnitatem, proximo binarium, tertio inde ternarium, donec ad finem peruenias. Itaque annus hic præſens 1560. currentis Cycli Solaris eſt, 1, qui pariter cum 1587. anno terminabitur, ita vt anno 88. ſupra 1500, ordo iterum redeat ad vnitatem, atq; ita deinceps, quam diu hic mundus durauerit.

Litera Dominicalis ea eſt, quæ ſub ipſo aureo numero poſita, inuenitur. Si duæ occurrerint, eſt annus Biſſextilis. Et litera quæ ſuperiorem locum occupat, eſt Dominicalis, vſque ad ferias Matthiæ, quæ inferiorem, vſque ad finem anni.

Eadem ratione indagatur Aureus numerus & Epactæ, de quibus vide ſubiectam tabellam.

Aureus nu.	3	4	5	6	7	8	9	10	11	12	13
Epacta.	3	14	25	6	17	28	9	20	1	12	23

Aureus nu.	14	15	16	17	18	19	1	2
Epacta.	4	15	26	7	18	29	11	22

De

Litera Dominicalis.

Aureus numer.	A	B	C	D	E	F	G
1	April.9.	10	11	12	6	7	8
2	Mar.26.	27	28	29	30	31	April.1.
3	April.16.	17	18	19	20	14	15
4	April.9.	3	4	5	6	7	8
5	Mar.26.	27	28	29	23	24	25
6	April.16.	17	11	12	13	14	15
7	April.2	3	4	5	6	M.31	April.1.
8	April.23.	24	25	19	20	21	22
9	April.9.	10	11	12	13	14	8
10	April.2.	3	M.28	29	30	31	April.1.
11	April.16.	17	18	19	20	21	22
12	April.9.	10	11	5	6	7	8
13	Mar.26	27	28	29	30	31	25
14	Apr.16.	17	18	19	13	14	15
15	Apr.2	3	4	5	6	7	8
16	Mar.26	27	28	22	23	24	25
17	Apr.16.	10	11	12	13	14	15
18	Apr.2.	3	4	5	M.30	31	April.1.
19	Apr.23.	24	28	19	20	21	22

In loco correſpondente numero aureo & litera Domi-
nicali, inuenies quota die Martij vel Aprilis erit
Paſchatis dies, Martius notatur hoc modo Mar.
vel M. Aprilis vero hac nota, Apr. vel Ap.

Inuento

De festis Mobilibus.

Inuento tempore Paschatis, reliquorum Festorum, quæ mobilia nuncupantur, tempora, sine vllo negotio præfiniri possunt, quoniam eodem semper interuallo aut præcedunt Pascha, aut sequuntur, vt ex hac tabella patet:

Septuagesima	} antecedit	} 9	}
Sexagesima	{ festum	} 8	} Hebdoma-
Quinquagesima	{ Pascha-	} 7	} dibus.
Quadragesima	} tis	} 6	}
Rogationes	} sequun-	} 5	}
Pentecoste	} tur Pas-	} 7	} Hebdomadis.
Trinitatis	} cha	} 8	}

Festum Ascensionis Domini sequitur Dominicam Rogationum proximo die Iouis, seu feria quinta.

Interuallum vocant vulgo spatium inter festum Natiuitat. Domini & Dominicam Quinquagesimæ comprehensum, quod plerumque præter integras hebdomadas dies aliquot continet, quos appellant concurrentes.

Dominica prima Aduentus, semper ea est, quæ Barbaræ festum proximè antecedit.

Immobilia Festa.

Reliqua festa dicuntur Immobilia, quia singula eisdem tum diebus mensium, tum literis septenariis, velut perpetuis sedibus adfixa sunt. De quibus in genere hi versus, quamuis inconditi, non tamen inutiles vulgo circumferuntur.

Sex sunt ad Puri. bis sex sunt vsque Philippi,
Ad Iacobum totidem, nouem sunt ad Michaelem,
Sex ad Martini, sex ad Natalia Christi,
Adde dies octo, totus complebitur annus.

Ianuar.

✠ Januarius habet 31. dies.

					P/.	Lect. 1.	2.	Lect. 1.	2.
						q Matu-tinæ.		**q Vesper-tinæ.**	
3	A		Kalend.	Circ. Dom.	1	Gen. 17.	Rom. 2.	Deut. 10.	Col. 1.
	b	4	No.		2	Gen. 1.	Mat. 1.	Gen. 2.	Rom. 1.
11	c	3	No.		3	3	2	4	2
	d		Prid. No.		4	5	3	6	3
19	e		Nonas.		5	7	4	8	4
8	f	8	Id.	Epiph. Dom.	6	Esa. 60.	Luc. 3.	Esai. 49.	Ioan. 2.
	g	7	Id.		7	Gen. 9.	Mat. 5.	Gen. 12.	Rom. 5.
16	A	6	Id.		8	13	6	14	6
5	b	5	Id.		9	15	7	16	7
	c	4	Id.		10	17	8	18	8
13	d	3	Id		11	19	9	20	9
2	e		Prid. Id.	Sol in Aqua.	12	21	10	22	10
	f		Idus.		13	23	11	24	11
10	g	19	kl.	Februarij.	14	25	12	26	12
	A	18	kl.		15	27	13	28	13
18	b	17	kl.		16	29	14	30	14
7	c	16	kl.		17	31	15	32	15
	d	15	kl.		18	33	16	34	16
15	e	14	kl.		19	35	17	37	1. Cor. 1.
4	f	13	kl.		20	38	18	39	2
	g	12	kl.		21	40	19	41	3
12	A	11	kl.		22	42	20	43	4
1	b	10	kl.		23	44	21	45	5
	c	9	kl.		24	46	22	47	6
9	d	8	kl.	Con. Pauli	25	Sap. 5.	Act. 22.	Sap. 6.	Act. 26.
	e	7	kl.		26	Gen. 48.	Mat. 23.	Gen. 49.	1. Cor. 7.
17	f	6	kl.		27	50	24	Exo. 1.	8
6	g	5	kl.		28	Exod. 2.	25	3	9
	A	4	kl.		29	4	26	5	10
14	b	3	kl.		30	7	27	8	11
3	c		Prid. kl.		31	9	28	10	12

					¶ Matu-tinæ.		¶ Vesper-tinæ.	
				Ps.	Lect.1	2.	Lect.1.	2.
	d	Kalend.	Hic ieiunan.	2	Exod.11.	Marc.1.	Exo.12	1.Cor.13
11	e	4. No.	*Puri. Mar.*	3	Sap.9.	2	Sap.12.	14
19	f	3. No.		4	Exo.13.	3	Exo.14.	15
8	g	Prid.No.		5	15	4	16	16
	A	Nonas.		6	17	5	18	2.Cor.1.
16	b	8. Id.		7	19	6	20	2
5	c	7. Id.		8	21	7	22	3
	d	6. Id.		9	23	8	24	4
13	e	5. Id.		10	32	9	33	5
2	f	4. Id.		11	34	10	Leui.18.	6
	g	3. Id.	*Sol.in Piscib.*	12	Leuit.19.	11	20	7
10	A	Prid. Id.		13	26	12	Num.11.	8
	b	Idus.		14	Nu.12.	13	13	9
18	c	16. kl.	Martij.	15	14	14	16	10
7	d	15. kl.		16	17	15	20	11
	e	14. kl.		17	21	16	22	12
15	f	13. kl.		18	23	Luc.di.1.	24	13
4	g	12. kl.		19	25	di.1.	27	Galat.1.
	A	11. kl.		20	30	2	31	2
12	b	10. kl.		21	32	3	35	3
	c	9. kl.		22	36	4	Deut.1.	4
	d	8. kl.		23	Deut.2.	5	3	5
9	e	7. kl.	Hic ieiunan.	24	4	6	5	6
	f	6. kl.	*Matthiæ Ap.*	25	Sap.12.	7	Eccle1.	Ephes.1.
17	g	5. kl.		26	Deut.6.	8	Deut.7	2
6	A	4. kl.		27	8	9	9	3
	b	3. kl.		28	10	10	11	4
14	c	Prid. kl.		29	12	11	15	5

☙ Martius habet 31. dies.

				Ps.	Matutinæ		Vespertinæ	
					Lect. 1.	2.	Lect. 1.	2.
3	d	Kalend.		30	Deu. 16.	Luc. 12	Deu. 17	Ephes. 6.
	e	6 No.		1	18	13	19	Phil. 1.
11	f	5 No.		2	20	14	21	2
	g	4 No.		3	22	15	24	3
19	A	3 No.		4	25	16	26	4
8	b	Prid.No.		5	27	17	28	Col. 1.
	c	Nonas.		6	29	18	30	2
16	d	8 Id.		7	31	19	32	3
5	e	7 Id.		8	33	20	34	4
	f	6 Id.	Æqui. vern.	9	Iosue 1.	21	Iosue. 2.	1.The.1.
13	g	5 Id.	Sol. in Ariet.	10	3	22	4	2
2	A	4 Id		11	5	23	6	3
	b	3 Id.		12	7	24	8	4
10	c	Prid. Id.		13	9	Ioan. 1.	10	5
	d	Idus.		14	23	2	24	2.The.1.
18	e	17 kl.		15	Iudic.1.	3	Iudic.2.	2
7	f	16 kl.	Aprilis.	16	3	4	4	3
	g	15 kl.		17	5	5.	6	1.Tim.1
15	A	14 kl.		18	7	6	8	2. 3
4	b	13 kl.		19	9	7	10	4
	c	12 kl.		20	11	8	12	5
12	d	11 kl.		21	13	9	14	6
1	e	10 kl.		22	15	10	16	2.Tim.1
	f	9 kl.	Hic ieiunan.	23	17	11	18	2
9	g	8 kl.	An.Mar.Vi.	24	Eccle. 2.	12	Eccle.3.	3
	A	7 kl	Init.reg.Iac.	25	Iud. 19.	13	Iudi.20.	4
17	b	6 kl.		26	21	14	Ruth.1.	Titus 1.
6	c	5 kl.		27	Ruth.2.	15	3	2.3
	d	4 kl.		28	4	16	1.Reg.1.	Phil.1.
14	e	3 kl.		29	1.Reg. 2.	17	3	Heb.1
3	f	Prid. kL		30	4	18	5	2

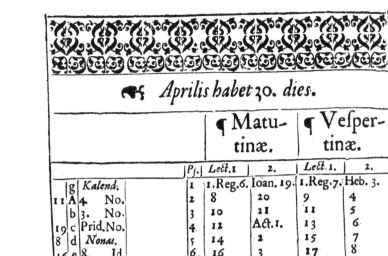

❧ Aprilis habet 30. dies.

				Ps.	¶ Matutinæ. Lect.1	2.	¶ Vespertinæ. Lect.1	2.
	g	Kalend.		1	1.Reg.6.	Ioan.19.	1.Reg.7.	Heb.3.
11	A	4. No.		2	8	20	9	4
	b	3. No.		3	10	21	11	5
19	c	Prid.No.		4	12	Act.1.	13	6
8	d	Nonas.		5	14	2	15	7
16	e	8. Id.		6	16	3	17	8
5	f	7. Id.		7	18	4	19	9
	g	6. Id.		8	20	5	21	10
13	A	5. Id.		9	22	6	23	11
2	b	4. Id.		10	24	7	25	12
	c	3. Id.		11	26	8	27	13
10	d	Prid. Id.	Sol.in Tauro.	12	28	9	29	Iacob. 1.
	e	Idus.		13	30	10	31	2
18	f	18 kl.		14	2.Reg.1.	11	2 Reg. 2.	3
7	g	17 kl.		15	3	12	4	4
	A	16. kl.		16	5	13	6	5
15	b	15. kl.		17	7	14	8	1.Pet.1.
4	c	14. kl.	Maius.	18	9	15	10	2
	d	13. kl.		19	11	16	12	3
12	e	12. kl.		20	13	17	14	4
1	f	11. kl.		21	15	18	16	5
	g	10. kl.		22	17	19	18	2.Pet.1.
9	A	9. kl.		23	19	20	20	2
	b	8. kl.		24	21	21	22	3
17	c	7. kl.	Marci Eua.	25	Eccle.4.	22	Eccle.5.	1.Ioa.1.
6	d	6. kl.		16	2.Re.23.	23	2.Re.24.	2
	e	5. kl.		27	3.Reg.1.	24	3.Reg 2.	3
14	f	4. kl.		28	3	25	4	4
3	g	3. kl.		29	5	26	6	5
	A	Prid. kl.		30	7	27	8	2. 3.Ioa.

❧ Maius habet 31. dies.

				❡ Matutinæ.		❡ Vespertinæ.	
			Pſ.	Lect.1.	2.	Lect.1.	2.
11	b	Kalend. Phil, & Iac.	1	Eccle. 7.	Act.8.	Ecc...	Iudas.1.
	c	6 No.	2	3.Reg.9.	28	3.Re. 10.	Rom.1.
19	d	5 No.	3	11	Mat.1.	12	2
8	e	4 No.	4	13	2	14	3
	f	3 No.	5	15	3	16	4
16	g	Prid.No.	6	17	4	18	5
	A	Nonæ.	7	19	5	20	6
	b	8 Id.	8	21	6	22	7
13	c	7 Id.	9	4.Reg.1.	7	4.Reg.2.	8
2	d	6 Id.	10	3	8	4	9
	e	5 Id.	11	5	9	6	10
10	f	4 Id. Sol in Gemi.	12	7	10	8	11
	g	3 Id.	13	9	11	10	12
18	A	Prid Id.	14	11	12	12	13
7	b	Idus.	15	13	13	14	14
	c	17 kl.	16	15	14	16	15
5	d	16 kl. Iunius.	17	17	15	18	16
	e	15 kl.	18	19	16	20	1.Cor.1
	f	14 kl.	19	21	17	22	2
12	g	13 kl.	20	23	18	24	3
1	A	12 kl.	21	25	19	1.Eſdr.1	4
	b	11 kl	22	1.Eſdr.3.	20	4	5
9	c	10 kl.	23	5	21	6	6
	d	9 kl.	24	7	22	9	7
17	e	8 kl.	25	2.Eſdr.1.	23	2.Eſdr.2.	8
6	f	7 kl.	26	4	24	5	9
	g	6 kl.	27	6	25	8	10
4	A	5 kl.	28	9	26	10	11
	b	4 kl.	29	13	27	Heſt.1.	12
	c	3 kl.	30	Heſt.2.	28	3	13
11	d	Prid. kl.	30	4	Mar.1.	5	14

✛ Junius habet 30. dies.

					Pſ.	¶ Matutinæ.		¶ Vespertinæ.	
						Lect.1.	2.	Lect.1.	2.
	e	Kalend.		1		Heſt.6.	Mar.2.	Heſt.7.	1.Cor.15
19	f	4 No.		2		8	3	9	16
8	g	3 No.		3		Iob. 1.	4	Iob.2.	2. Cor.1.
16	A	Prid.No.		4		3	5	4	2
5	b	Nonas.		5		5	6	6	3
	c	8 Id.		6		7	7	8	4
13	d	7 Id.		7		9	8	10	5
2	e	6 Id.		8		11	9	12	6
	f	5 Id.		9		13	10	14	7
10	g	4 Id.		10		15	11	16	8
	A	3 Id.	Barna. Apo.	11		Eccle.10.	Act.14.	Eccle.11.	Act.15.
18	b	Prid. Id.	Sol. in Canc.	12		Iob17.18	Mar.12.	Iob.19.	2.Cor.9.
7	c	Idus.	Solſti. æſtiu.	13		20	13	21	10
	d	18 kl.	Iulius.	14		22	14	23	11
15	e	17 kl.		15		24.25.	15	26.27.	12
4	f	16 kl.		16		28	16	29	13
	g	15 kl.		17		30	Luke1.	31	Galat. 1.
12	A	14		18		32	2	33	2
1	b	13 kl.		19		34	3	35	3
	c	12 kl.		20		36	4	37	4
9	d	11 kl		21		38	5	39	5
	e	10 kl.		22		40	6	41	6
18	f	9 kl.	Hic ieiunan.	23		42	7	Prou.1.	Epheſ. 1.
6	g	8 kl.	Nat. Io. Bap.	24		Mala.?.	Mat.3.	Mala.4.	Mat.14.
	A	7 kl.		25		Prou.2.	Luke.8.	Prou.3.	Epheſ.2.
14	b	6 kl.		26		4	9	5	3
3	c	5 kl.		27		6	10	7	4
	d	4 kl.	Hic ieiunan.	28		8	11	9	5
11	e	3 kl.	Petri Apoſt.	29		Eccle.15.	Act. 3.	Eccle.19.	Act.4.
	f	Prid. kl.		30		Prou.10.	Luke 12.	Prou.11.	Epheſ.6.

❧ *Julius habet* 31. *dies.*

				Pſ.	¶ Matu-tinæ. Lect. 1.	2.	¶ Veſper-tinæ. Lect. 1.	2.
19	g	Kalend.		1	Prou.12.	Luc.13.	Prou.13.	Philip.1.
8	A	6 No.	Viſi.Ma.Vi.	2	14	14	15	2
	b	5 No.		3	16	15	17	3
6	c	4 No.		4	18	16	19	4
15	d	3 No.		5	20	17	21	Col.1.
	e	Prid.No.	Di.Can.inc.	6	22	8	23	2
13	f	Nonas.		7	24	19	25	3
2	g	8 Id.		8	26	20	27	4
	A	7 Id.		9	28	21	29	1.The.1.
10	b	6 Id.		10	31	22	Eccle.1.	2
	c	5 Id.		11	Eccle.2.	23	3	3
18	d	4 Id.		12	4	24	5	4
7	e	3 Id.		13	6	Ioan.1.	7	5
	f	Prid. Id.	Sol in Leone.	14	8	2	9	2.The.1.
15	g	Idus.		15	10	3	11	2
4	A	17 kl.		16	12	4	Ierem.1.	3
	b	16 kl.		17	Ierem.2.	5	3	1.Tim.1.
12	c	15 kl.		18	4	6	5	2.3
1	d	14 kl.		19	6	7	7	4
	e	13 kl.		20	8	8	9	5
9	f	12 kl.		21	10	9	11	6
	g	11 kl.	Mar. Magd.	22	12	10	13	2.Tim.1.
17	A	10 kl.		23	14	11	15	2
6	b	9 kl.	Hic ieiunan.	24	16	12	17	3
	c	8 kl.	Iacob. Apo.	25	Eccl.21.	13	Eccle.23	4
14	d	7 kl.	An.ma.Mar.	26	Ierem.18	14	Ierem.19	Titus 1.
3	e	6 kl.		27	20	15	21	2.3
	f	5 kl.		28	22	16	23	Philip.1.
11	g	4 kl.		29	24	17	25	Hebr.1.
	A	3 kl.		0	26	18	27	2
19	b	Prid. kl.		30	28	19	29	3

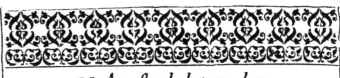

Augustus habet 31. dies.

				Pf.	Matutinæ.		Vespertinæ.	
					Lect.1.	2.	Lect.1.	2.
	c	Kalend.	Petri ad vin.	1	Iere. 30.	Ioan. 20.	Ierem.31	Hebr.4.
8	d	4 No.		2	32	21	33	5
16	e	3 No.		3	34	Act. 1.	35	6
5	f	Prid.No.		4	36	2	37	7
	g	Nonis.		5	3	3	39	8
13	A	8 I.	Transf. Dó.	6	40	4	41	9
2	b	7 I.	Feit. no. Ief.	7	42	5	43	10
	c	6 I.		8	44	6	45.46.	11
10	d	5 Id.		9	47	7	48	12
	e	4 I.d		10	49	8	50	13
18	f	3 Id.		11	51	9	52	Iacob.1.
7	g	Prid. Id.		12	Lam.1.	10	Lame.2.	2
	A	Idus.		13	3	11	4	3
15	b	19 kl.	Solin Vir.Se.	14	5	2	Ezec. 2.	4
4	c	18 kl.		15	Ezec.3.	13	6	5
	d	17 kl.		16	7	14	13	1.Pet.1.
12	e	16 kl.		17	14	15	18	2
1	f	15 kl.		18	33	16	34	3
	g	14 kl.		19	Dan. 1.	17	Dan.2.	4
9	A	13 kl		20	3	18	4	5
	b	12 kl.		21	5	19	6	2.Pet.1.
17	c	11 kl.		22	7	20	8	2
6	d	10 kl	Hic ieiunan.	23	9	21	10	3
	e	9 kl.	Barthol. Apo.	24	Eccle.25.	22	Eccle.29.	1.Ioan.1.
14	f	8 kl		25	Dan.11.	23	Dan.12.	2
3	g	7 kl.		26	13	24	Prou.30.	3
	A	6 kl.		27	Ose.1.	25	Ose 2.3.	4
11	b	5 kl.		28	4	26	5.6.	5
	c	4 kl.	Decolat. Io.	29	7	27	8	2.3.Ioan.
19	d	3 kl.		30	9	28	10	Iudæ.1.
8	e	Prid. kl.		30	11	Mat. 1.	12	Rom.1.

Animaduertendum est caput decimum tertium Danielis, vbi historia habetur de Susanna, legendum esse vsque ad hæc verba: *Et rex Astyages.*

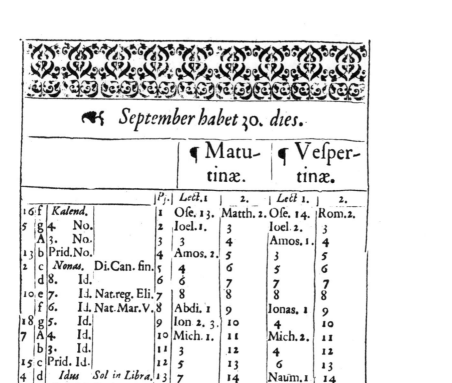

			Pj.	Matutinæ. Lect.1	2.	Vespertinæ. Lect 1.	2.
16 f	Kalend.		1	Ose. 13.	Matth. 2.	Ose. 14.	Rom. 2.
5 g	4 No.		2	Ioel. 1.	3	Ioel. 2.	3
A	3. No.		3	3	4	Amos. 1.	4
13 b	Prid. No.		4	Amos. 2.	5	3	5
2 c	Nonas.	Di. Can. fin.	5	4	6	5	6
d	8. Id.		6	6	7	7	7
10 e	7. Id.	Nat. reg. Eli.	7	8	8	8	8
f	6. Id.	Nat. Mar. V.	8	Abdi. 1	9	Ionas. 1	9
18 g	5. Id.		9	Ion 2. 3.	10	4	10
7 A	4. Id.		10	Mich. 1.	11	Mich. 2.	11
b	3. Id.		11	3	12	4	12
15 c	Prid. Id.		12	5	13	6	13
4 d	Idus	Sol in Libra.	13	7	14	Naum. 1	14
e	18 kl.	Exal. cru. oc.	14	Naum. 2.	15	3	15
12 f	17 kl.	Æq. autum.	15	Abac. 1.	16	Abac. 2	16
1 g	16. kl.		16	3	17	Soph. 1.	1. Cor. 1.
A	15. kl.		17	Soph. 2.	18	3	2
9 b	4. kl.		18	Agge. 1.	19	Agge. 2.	3
c	13. kl.		19	Zach. 1	20	Zach. 2.	4
17 d	12. kl.	Hic ieiuna.	20	4 5.	21	6	5
6 e	11. kl.	Matt. Apost.	21	Eccl. 35.	22	Eccl. 38.	6
f	10. kl.		22	Zach. 7.	23	Zach. 8.	7
14 g	9. kl.		23	9	24	10	8
3 A	8. kl.		24	11	25	12	9
b	7. kl.		25	13	26	14	10
11 c	6. kl.		26	Mala. 1.	27	Mala. 2.	11
d	5. kl		27	3	28	4	12
19 e	4. kl.		28	Tob. 1.	Marc. 1.	Tob. 2.	13
8 f	3. kl.	Mich. Arch	29	Eccl. 39.	2	Eccl. 44.	14
g	Prid. kl.		30	Tob. 3.	3	Tob. 4.	15

☙ October habet 31. dies.

					Ps.	Matutinæ. Lect.1.	2.	Vespertinæ. Lect.1.	2.
16	A		Kalend.		1	*	Mar.4.	Iosu.20.	1.Co.16
5	b	6	No.		2	Tob.7.	5	22	2.Cor.1.
13	c	5	No.		3	9	6		2
2	d	4	No.		4	11	7		3
	e	3	No.		5	13	8		4
10	f		Prid.No.		6	Iudi.1.	9	Iudic.2.	5
	g		*Nonas.*		7	3	10	4	6
18	A	8	Id.		8	5	11	6	7
17	b	7	Id.		9	7	12	8	8
	c	6	Id.		10	9	13	10	9
15	d	5	Id.		11	11	14	12	10
4	e	4	Id		12	13	15	14	11
	f	3	Id.		13	15	16	16	12
12	g		Prid. Id.	*Sol in Scorp.*	14	Sap.1.	Lu.di.1.	Sap.2.	13
1	A		*Idus.*		15	3	di.1.	4	Gala.1.
	b	17	kl.	Nouember.	16	5	2	6	2
9	c	16	kl.		17	7	3	8	3
	d	15	kl.	*Lucæ Euang.*	18	Eccle.5.	4	Iob.1.	4
17	e	14	kl.		19	Sap.9.	5	Sap.10.	5
6	f	13	kl.		20	11	6	12	6
	g	12	kl.		21	13	7	14	Ephef.1.
14	A	11	kl.		22	15	8	16	2
3	b	10	kl.		23	17	9	18	3
	c	9	kl.		24	19	10	Eccl.1.	4
11	d	8	kl.		25	Eccle.2.	11	3	5
	e	7	kl.		26	4	12	5	6
19	f	6	kl.	Hic ieiunan.	27	6	13	7	Phil.1.
8	g	5	kl.	*Sim.& Iudæ.*	28	Io.24.25	14	Iob.42.	2
	A	4	kl.		29	Eccle.8.	15	Eccl.9.	3
16	b	3	kl.		30	10	16	11	4
5	c		Prid. kl.	Hic ieiunan.	30	12	17	13	Coloff.1.

Sextum Exodi caput primo die Octobris fit prima lectio in precibus matutinis ad ea verba verf. 14 *Ista sunt capita.*

Nouember habet 30. dies.

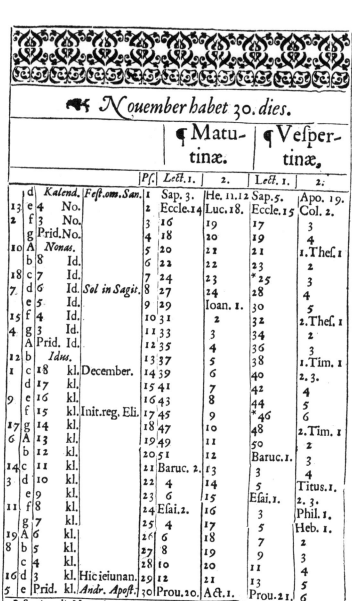

				¶ Matutinæ.		¶ Vespertinæ.	
			Ps.	Lect.1.	2.	Lect.1.	2.
	d	Kalend.	Fest.oms.San.	1 Sap. 3.	He. 11.12	Sap. 5.	Apo. 19.
13	e	4 No.		2 Eccle.14	Luc.18.	Eccle.15	Col. 2.
2	f	3 No.		3 16	19	17	3
	g	Prid.No.		4 18	20	19	4
10	A	Nonas.		5 20	21	21	1.Thes.1
	b	8 Id.		6 22	22	23	2
18	c	7 Id.		7 24	23	*25	3
7	d	6 Id.	Sol in Sagit.	8 27	24	28	4
	e	5 Id.		9 29	Ioan. 1.	30	5
15	f	4 Id.		10 31	2	32	2.Thes. 1
4	g	3 Id.		11 33	3	34	2
	A	Prid. Id.		12 35	4	36	3
12	b	Idus.		13 37	5	38	1.Tim. 1
1	c	18 kl.	December.	14 39	6	40	2.3.
	d	17 kl.		15 41	7	42	4
9	e	16 kl.		16 43	8	44	5
	f	15 kl.	Init.reg. Eli.	17 45	9	*46	6
17	g	14 kl.		18 47	10	48	2.Tim. 1
6	A	13 kl.		19 49	11	50	2
	b	12 kl.		20 51	12	Baruc.1.	3
14	c	11 kl.		21 Baruc. 2.	13	3	4
3	d	10 kl.		22 4	14	5	Titus.1.
	e	9 kl.		23 6	15	Esai.1.	2. 3.
11	f	8 kl.		24 Esai.2.	16	3	Phil. 1.
	g	7 kl.		25 4	17	5	Heb. 1.
19	A	6 kl.		26 6	18	7	2
8	b	5 kl.		27 8	19	9	3
	c	4 kl.		28 10	20	11	4
16	d	3 kl.	Hic ieiunan.	29 12	21	13	5
5	e	Prid. kl.	Andr. Apost.	30 Prou.20.	Act.1.	Prou.21.	6

* Septimo die Nouembris precibus vespertinis, principium capitis vicesimi sexti Ecclesiastici legatur cum cap. vicesimo quinto. * Decimoseptimo die Nouembris precibus vespertinis quadragesimum sextū Ecclesiastici legatur ad vltimum versum exclusiuè.

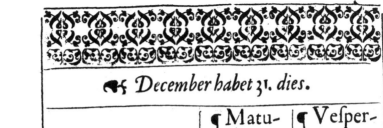

❧ December habet 31. dies.

			¶ Matu- tinæ.		¶ Vesper- tinæ.	
			Psf.	Lect. 1.	2.	Lect. 1.	2.

	f	Kalend.		1	Esai.14.	Act.2.	Esai. 15.	Heb. 7.
13	g	4 No.		2	16	3	17	8
2	A	3 No.		3	18	4	19	9
10	b	Prid.No.		4	20. 21.	5	22	10
	c	Nonas.		5	23	6	24	11
18	d	8 Id.		6	25	di. 7.	26	12
7	e	7 Id. Sol in Capri.	7	27	di. 7.	8	13
	f	6 Id. Con.Ma.Vi.	8	29	8	20	Iacob. 1.
15	g	5 Id. Solst.hyber.	9	31	9	32	2
4	A	4 Id.		10	33	10	34	3
	b	3 Id.		11	35	11	36	4
12	c	Prid. Id.		12	37	12	38	5
1	d	Idus.		13	39	13	40	1.Pet.1.
	e	19 kl. Ianuarius.	14	41	14	42	2
9	f	18 kl.		15	43	15	44	3
	g	17 kl.		16	45	16	46	4
17	A	16 kl.		17	47	17	48	5
6	b	15 kl.		18	49	18	50	2.Pet.1.
	c	14 kl.		19	51	19	52	2
14	d	13 kl. Hic ieiunan.	20	53	20	54	3
3	e	12 kl. Thom. Apost.	21	Pro.23.	21	Prou.24	1.Ioan. 1
	f	11 kl		22	Esai.55.	22	Esai.56.	2
11	g	10 kl.		23	57	23	58	3
	A	9 kl. Hic ieiunan.	24	59	24	60	4
16	b	8 kl. Natiu. Dom.	25	Esai.9.	Luc. 2.	Esai.7.	Tit. 3.
8	c	7 kl. Steph. Proth.	26	Prou.28	Act.6. 7.	Eccle. 4.	Act.7.
	d	6 kl. Ioan. Euang.	27	Eccle.5.	Apoc. 1.	Eccle. 6.	Apo. 22.
16	e	5 kl. S. Innocent.	28	Iere.31.	Act.25.	Sap.1.	1 Ioan. 5
5	f	4 kl.		29	Esai.61.	26	Esai.62.	2.Ioan 1
	g	3 kl.		30	63	27	64	3.Ioan. 1
1	A	Prid. kl.		31	65	28	66	Iudæ 1

LIBER PRECVM PVBLICARVM IN
ECCLESIA ANGLICANA.

Ordo in Matutinis & vespertinis pre-cibus seruandus.

*M*Atutinæ preces & Verspertinæ, celebrabuntur in locis Ecclesiarum, Capellarum, & Chororum, consuetis, nisi aliter loci istius Ordinario visum fuerit. Chorus etiam manebit eadem forma, qua superiorum temporum fuit.

In principio Matutinarum & Vespertinarum precum, Administrator Sacrorum, clara & aperta voce pronunciabit vnam aliquam ex sacræ Scripturæ sententijs, quæ consequuntur. Post quam subijciet orationem, quæ sententijs est apposita.

SENTENTIÆ.

*S*I impius egerit pœnitentiam pro omnibus peccatis suis quæ operatus est, & custodierit omnia præcepta mea, & fecerit iudicium & iustitiam, vita viuet,& non morietur: omnium iniquitatem eius quas operatus est,non recordabor: dicit Dominus.   Ezech.18.

Iniquitatem meam agnosco , & peccatum meum contra me est semper.   Psal.51.

Auerte faciem tuam à peccatis nostris : & omnes iniquitates nostras dele.   Psal.51.

Sacrificium Deo, spiritus contribulatus: cor contritum & humiliatum,ô Deus,ne contemnas.   Psal.52.

Scindite corda vestra, & non vestimenta vestra, & conuertimini ad Dominum Deum vestrum, quia benignus & misericors est, patiens & multæ clementiæ, & pœnitens super malum.   Ioel.2.

Tui Domini Dei nostri est misericordia & propitiatio, quia recessimus à te, & non audiuimus vocem Domini Dei nostri, vt ambularemus in legibus eius,quas posuit coram nobis.   Daniel.9.

N   Corripe

Iere.2.
Pſal.6.

Corripe nos Domine, veruntamen in iudicio, & non in furore tuo, ne forte ad nihilum redigas nos.

Matt.3.

Pœnitentiam agite, appropinquat enim regnum cœlorum.

Luc.15.

Surgam, & ibo ad patrem meum, & dicam ei : Pater peccaui in cœlum, & coram te. Iam non ſum dignus vocari filius tuus.

Pſal.42.

Non intres in iudicium cum ſeruis tuis Domine, quia non iuſtificabitur in conſpectu tuo omnis viuens.

1.Ioan.1.

Si nos peccati expertes eſſe dicimus, fallimus nos ipſos, nec eſt in nobis veritas.

CHariſſimi fratres : ſacra Scriptura multis in locis nos commonefacit, vt multiplices noſtras offenſiones, & infinita peccata confiteamur & agnoſcamus, nec vllam in conſpectu Dei diſſimulationem adhibeamus, ſed errata, quocunque ex genere ſint, vniuerſa coram Deo denudemus, animo demiſſo ſynceroq; conteſtemur, vt culpæ tam ſalutaris agnitio, veniam ex ſumma Dei clementia conſequatur. Et quanquàm promptos & paratos nos eſſe ſemper oportet, ad peccata noſtra Deo confitenda, hoc tamen muneris nobis tunc temporis potiſſimùm incumbit, cùm conuenimus ad agendas Deo gratias pro ſuis in nos maximis collatis beneficijs, ad debitas ipſius laudes depraedicandas, ad auſcultandum verbo ſuo ſacratiſſimo, & ea efflagitanda, quæ tum ad corporis ſtatum, tum ad ſalutem animæ cenſentur neceſſaria. Quapropter quotquot adeſtis vos obnixè rogo, vt puro ac ſincero corde ad cœleſtis clementiæ thronum mecum conuoletis, poſt me dicentes.

Generalis confeſsio, ab vniuerſa congregatione dicenda genibus flexis.

OMnipotens & clementiſſime Pater, tanquàm oues perditæ peregrinati ſumus, & à vijs tuis aberrauimus. Inuentis & concupiſcentijs cordis noſtri nimium indulſimus : Sacroſanctas leges tuas violauimus. Quæ à nobis facienda fuerant omiſſimus, & quæ facienda non fuerant, admiſſimus. In nobis nulla eſt ſalus : quapropter, ô Domine, propitius eſto nobis miſerrimis peccatoribus. Parce, ô Deus, peccata ſua confitentibus : miſericordiam concede reſipiſcentibus, iuxta promiſſiones tuas humano generi in Chriſto Ieſu Domino noſtro benigniſſimè reuelatas. Amplius etiam concede nobis, ô clementiſſime Pater, propter filium tuum & ſeruatorem noſtrum Ieſum Chriſtum, vt poſthac piè, iuſtè, ſobrièq; vitam noſtram inſtituamus, ad ſanctiſſimi tui nominis gloriam. Amen.

Abſolutio per Miniſtrum ſolum pronuncianda.

OMnipotens Deus, pater Domini noſtri Ieſu Chriſti, qui non vult mortem peccatoris, ſed potius vt recedat à malis ſuis moribus &

viuat :

viuat: deditque poteſtatem ſuis Miniſtris, imò præcipit, vt populo ſuo
pœnitenti, abſolutionem, remiſſionemque peccatorum ſuorum planè
annunciarent; ipſe ſingulis verè pœnitentibus, & ſacroſanƈto Euangelio haud fiƈtè credentibus, condonat, eoſque certiſſimè abſoluit. Rogamus ergo, vt ille nobis veram pœnitentiam largiatur, ſanƈtumque
ſuum ſpiritum impartiat, vt quod hoc tempore agimus, id illi totum
placeat: & reliqua etiam noſtra vita adeò pura ſit in hoc mundo, &
ſanƈta, vt in futuro gaudium conſequamur æternum, per Chriſtum
Dominum noſtrum.

Populus reſpondebit. Amen.

Tum Miniſter ordietur alta voce Orationem Dominicam.

PAter noſter qui es in cœlis, ſanƈtificetur nomen tuum. Adueniat Matt. 6.
regnum tuum. Fiat voluntas tua ſicut in cœlo, & in terra. Panem Luc. 11.
noſtrum quotidianum da nobis hodiè. Et dimitte nobis debita noſtra,
ſicut & nos dimittimus debitoribus noſtris. Et ne nos inducas in tentationem, ſed libera nos à malo. Amen.

Deinde Miniſter dicit.

Domine, labia noſtra aperies.

Reſponſio.

Et os noſtrum annunciabit laudem tuam.

Miniſter.

Deus in adiutorium noſtrum intende.

Reſponſio.

Domine ad adiuuandum nos feſtina.

Gloria Patri, & filio, & Spiritui Sanƈto.

Sicut erat in principio, & nunc & ſemper, & in ſecula ſeculorum. Amen.

Alleluia.

Tunc canatur Pſalmus ſequens.

VEnite, exultemus Domino, iubilemus Deo ſalutari noſtro.
Præoccupemus faciem eius in confeſſione: & in Pſalmis iubi- Pſal. 95.
lemus ei.

Quoniam Deus magnus Dominus, & Rex magnus ſuper omnes
deos.

Quia in manu eius ſunt fines terræ: & altitudines montium ipſius ſunt.

Quoniam ipſius eſt mare, & ipſe fecit illud: & ſiccam manus eius
formauerunt.

Venite, adoremus, & procidamus, & ploremus ante Dominum qui fecit nos: quia ipſe eſt Dominus Deus noſter, & nos populus paſcuæ e-
ius, & oues manus eius.

Hodiè

Hodie si vocem eius audieritis, nolite obdurare corda vestra, sicut in irritatione secundum diem tentationis in deserto.

Vbi tentauerūt me patres vestri: probauerunt, & viderunt opera mea.

Quadraginta annis offensus fui generationi illi : & dixi, semper hi errant corde.

Et isti non cognouerunt vias meas : vt iuraui in ira mea, si introibunt in requiem meam.

Gloria Patri, & Filio, & Spiritui sancto :

Sicut erat in principio & nunc & semper, & in secula seculorum. Amen.

Tunc sequentur Psalmi, ordine præmonstrato in tabula, nisi diei assignentur propry Psalmi. Et ad finem vniuscuiusque Psalmi, per totum annum, nec non in fine hymnorum, Benedictus, Benedicite, Magnificat, & Nunc dimittis, subsequetur, Gloria Patri & Filio.

Post Psalmos, duæ Lectiones distincte & clarà voce pronuncientur, vt à populo audiantur, prior ex veteri, posterior ex nouo Testamento, vt in Calendario proponuntur, nisi diei assignatæ fuerint propriæ Lectiones.

Minister Lectionem pronuncians, eo modo versa facie stabit, quo commodiùs audiri possit.

Et initio cuiuslibet Lectionis, librum & Caput noui & veteris Testamenti, vnde Lectio sumitur, indicabit hoc modo : Primum, secundum, tertium vel quartum, &c. Caput Geneseos, Exodi, &c. Mathæi, Marci, &c. *vt in Calendario præmonetur.*

Et ad finem cuiuslibet Capitis, sic : Finitur hoc vel illud Caput talis Libri vel Euangelij, &c.

Et vt facilius intelligatur, in his locis vbi Musica figuralis cani solet, Lectiones, Epistolæ & Euangelia, simpliciter & naturali tono, in modum perpetuæ dictionis distincte legantur.

Post primam Lectionem sequetur, per totum annum.

Canticum D. Ambrosy & Augustini.

TE Deum laudamus : te Dominum confitemur.

    Te æternum Patrem : omnis terra veneratur :

Tibi omnes Angeli, tibi coeli & vniuersæ potestates:

Tibi Cherubin & Seraphin, incessabili voce proclamant,

Sanctus, sanctus, sanctus Dominus Deus Sabbaoth.

Pleni sunt coeli & terra Maiestatis gloriæ tuæ.

Te gloriosus Apostolorum chorus.

Te Prophetarum laudabilis numerus.

Te Martyrum candidatus laudat exercitus.

Te per orbem terrarum, sancta confitetur Ecclesia,

Patrem immensæ maiestatis.

Venerandum tuum verum, & vnicum Filium.

                  Sanctum

Sanctum quoque paraclitum Spiritum,

Tu Rex gloriæ Chriſte.

Tu Patris ſempiternus es Filius.

Tu ad liberandum ſuſcepturus hominem, non horruiſti Virginis vterum.

Tu diuicto mortis aculeo, aperuiſti credentibus regna cœlorum.

Tu ad dextram Dei ſedes, in gloria Patris.

Iudex crederis eſſe venturus.

Te ergo quæſumus, tuis famulis ſubueni, quos pretioſo ſanguine redemiſti.

Æterna fac cum Sanctis tuis in gloria numerari.

Saluum fac populum tuum Domine: & benedic hæreditati tuæ.

Et rege eos, & extolle illos vſq; in æternum.

Per ſingulos dies benedicimus te.

Et laudamus Nomen tuum in ſeculum, & in ſeculum ſeculi.

Dignare Domine, die iſto ſine peccato nos cuſtodire.

Miſerere noſtri Domine, miſerere noſtri.

Fiat miſericordia tua Domine ſuper nos, quemadmodum nos ſperauimus in te.

In te Domine ſperaui, non confundar in æternum.

Aut Hymnus.

BEnedicite omnia opera Domini Domino, laudate & ſuperexaltate Dan. 3. eum in ſecula.

Benedicite Angeli Domini Domino, laudate & ſuperexaltate eum in ſecula.

Benedicite cœli Domino, laudate & ſuperexaltate eum in ſecula.

Benedicite aquæ omnes quæ ſuper cælos ſunt Domino, laudate & ſuperexaltate eum in ſecula.

Benedicite omnes virtutes Domini Domino, laudate & ſuperexaltate eum in ſecula.

Benedicite Sol & Luna Domino, laudate & ſuperexaltate eum in ſecula.

Benedicite ſtellæ cœli Domino, laudate & ſuperexaltate eum in ſecula.

Benedicite omnis imber & ros Domino, laudate & ſuperexaltate eum in ſecula.

Benedicite omnes ſpiritus Dei Domino, laudate & ſuperexaltate eum in ſecula.

Benedicite ignis & æſtus Domino, laudate & ſuperexaltate eum in ſecula.

Benedicite Frigus & Æſtas Domino, laudate & ſuperexaltate eum in ſecula.

Bene-

Benedicite rores & pruina Domino , laudate & superexaltate eum in secula.

Benedicite gelu & frigus Domino , laudate & superexaltate eum in secula.

Benedicite glacies & niues Domino, laudate & superexaltate eum in secula.

Benedicite noctes & dies Domino , laudate & superexaltate eum in secula.

Benedicite lux & tenebræ Domino, laudate & superexaltate eum in secula.

Benedicite fulgura & nubes Domino , laudate & superexaltate eum in secula.

Benedicat terra Dominum,laudet & superexaltet eum in secula.

Benedicite montes & colles Domino , laudate & superexaltate eum in secula.

Benedicite vniuersa germinantia in terra Domino , laudate & super-exaltate eum in secula.

Benedicite fontes Domino, laudate,& superexaltate eum in secula.

Benedicite maria & flumina Domino , laudate & superexaltate eum in secula.

Benedicite cete & omnia quæ mouentur in aquis Domino : laudate & superexaltate eum in secula.

Benedicite omnes volucres cœli Domino , laudate & superexaltate eum in secula.

Benedicite omnes beftiæ & pecora Domino , laudate & superexaltate eum in secula.

Benedicite filij hominum Domino , laudate & superexaltate eum in secula.

Benedicat Israel Dominum,laudet & superexaltet eum in secula.

Benedicite *Sacerdotes* Domini Domino , laudate & superexaltate eum in secula.

Benedicite serui Domini Domino , laudate & superexaltate eum in secula.

Benedicite spiritus & animæ iuftorum Domino, laudate & superex-altate eum in secula.

Benedicite sancti & humiles corde Domino , laudate & superexal-tate eum in secula.

Benedicite Anania, Azaria,Misael Domino , laudate & superexaltate eum in secula.

Gloria Patri & Filio : & Spiritui sancto.

Sicut erat in principio, & nunc & semper : & in secula seculorum. A-men.

Deinde

Deinde sequatur Lectio secunda, quâ finitâ, canatur Hymnus Zachariæ.

Luc. 1.

Benedictus Dominus Deus Israel: quia visitauit & fecit redemptionem plebi suæ.

Et erexit cornu salutis nobis: in domo Dauid pueri sui.

Sicut loquutus est per os Sanctorum: qui a seculo sunt Prophetarum eius.

Salutem ex inimicis nostris: & de manu omnium qui oderunt nos.

Ad faciendam misericordiam cum patribus nostris: & memorari testamenti sui sancti.

Iusiurandum quod iurauit ad Abraham patrem nostrum: daturum se nobis.

Vt sine timore de manu inimicorum nostrorum liberati: seruiamus illi,

In sanctitate & iustitia coram ipso: omnibus diebus nostris.

Et tu puer Propheta Altissimi vocaberis: præibis enim ante faciem Domini, parare vias eius.

Ad dandam scientiam salutis plebi eius: in remissionem peccatorum eorum.

Per viscera misericordiæ Dei nostri: in quibus visitauit nos Oriens ex alto.

Illuminare his qui in tenebris & in vmbra mortis sedent: ad dirigendos pedes nostros in viam pacis.

Gloria Patri & Filio: & Spiritui sancto.

Sicut erat in principio, & nunc & semper: & in secula seculorum. Amen.

Aut Psalmus.

Psal. 100.

Iubilate Deo omnis terra: seruite Domino in lætitia.

Introite in conspectu eius: in exultatione.

Scitote quoniam Dominus ipse est Deus: ipse fecit nos, & non ipsi nos.

Populus eius & oues pascuæ eius, introite portas eius in confessione, atria eius in hymnis: confitemini illi.

Laudate nomen eius quoniam suauis est Dominus, in æternum misericordia eius: & vsque in generatione & generationem veritas eius.

Gloria Patri, &c.   Sicut erat, &c.

Deinde dicatur, Ministro & populo stantibus

Credo in Deum Patrem omnipotentem, creatorem cœli & terræ. Et in Iesum Christum filium eius vnicum Dominum nostrum. Qui conceptus est de Spiritu Sancto, natus ex Maria virgine. Passus sub Pontio Pilato: crucifixus, mortuus & sepultus, descendit ad inferna. Tertia die resurrexit a mortuis, ascendit ad cœlos, sedet ad dexteram

N 4   Dei

Dei Patris omnipotentis. Inde venturus est iudicare viuos & mortuos. Credo in Spiritum sanctum. Sanctam Eccleliam Catholicam. Sanctorum communionem. Remissionem peccatorum. Carnis resurrectionem. Et vitam æternam, Amen.

Post hæc sequuntur per totum annum, ad Matutinas & Vespertinas, hæ preces, omnium genibus religiose flexis.

Minister.

Dominus vobiscum.

Responsio.

Et cum spiritu tuo.

Minister.

Oremus.   Kyrie eleyson, Christe eleyson, Kyrie eleyson.

Deinde à Ministro & tota Ecclesia dicatur alta voce.

Pater noster qui es in cœlis, &c.

Minister erigens se dicet.

Ostende nobis Domine misericordiam tuam.

Responsio.

Et salutare tuum da nobis.

Minister.

Domine saluum fac Regem.

Responsio.

Et exaudi nos cum inuocamus te.

Minister.

Sacerdotes tui induantur iustitia.

Responsio.

Et sancti tui exultent.

Minister.

Saluum fac populum tuum Domine.

Responsio.

Et benedic Hæreditati tuæ.

Minister.

Da pacem Domine in diebus nostris.

Responsio.

Quia non est alius qui pugnet pro nobis, nisi tu Deus noster.

Minister.

Cor mundum crea in nobis ô Deus.

Responsio.

Et Spiritum sanctum tuum ne auferas à nobis.

Has preces sequuntur quotidie tres Collectæ. Prima de die, ea scilicet, quæ assignatur

signatur dicenda ad Communionem, eo die. Altera pro Pace. Tertia pro gratia Dei, perseuerantia in fide, & vera doctrina. Posteriores autem, duæ nunquam mutantur, sed per integrum annum dicuntur ad Matutinas & Vesperas.

Collecta pro pace.

Minister.

¶ Oremus.

DEus author pacis & amator, quem nosse, viuere: cui seruire regnare est: protege ab omni oppugnatione supplices tuos, vt qui in tua protectione confidimus, nullius hostilitatis arma timeamus. Per Christum Dominum nostrum. Amen.

Collecta pro gratia.

DOmine sancte Pater omnipotens æterne Deus, qui nos ad principium huius diei peruenire fecisti, tua nos hodie serua virtute, vt in hac die ad nullum declinemus peccatum, nec vllum incurramus periculum, sed semper ad tuam Iustitiam faciendam, omnis nostra actio, tuo moderamine dirigatur.   Per Iesum Christum Dominum nostrum. Amen.

In festis Natalis Domini, Epiphaniæ, Matthiæ, Paschatis, Ascensionis, Pentecostes, Trinitatis, Ioannis Baptistæ, S. Iacobi, S. Bartholomæi, S. Matthæi, Simonis & Iudæ, & S. Andreæ, ad Matutinas statim post Benedictus, canetur Symbolum Athanasij.

QVicunque vult saluus esse: ante omnia opus est vt teneat Catholicam fidem.

Quam nisi quisq; integram inuiolatámq; seruauerit: absque dubio in æternum peribit.

Fides autem Catholica hæc est, vt vnum Deum in Trinitate, & Trinitatem in vnitate veneremur.

Neque confundentes personas: neque substantiam separantes.

Alia est enim persona patris: alia filij, alia Spiritus sancti.

Sed patris & filij & Spiritus sancti vna est Diuinitas: æqualis gloria, coæterna Maiestas.

Qualis Pater, talis Filius: talis Spiritus Sanctus.

Increatus Pater, increatus Filius: increatus Spiritus sanctus.

Immensus Pater, immensus Filius: immensus Spiritus sanctus.

Æternus Pater, æternus Filius: æternus Spiritus sanctus.

Et tamen non tres æterni: sed vnus Æternus.

Sicut non tres increati, nec tres immensi: sed vnus increatus, & vnus immensus.

Similiter

Similiter omnipotens Pater, omnipotens Filius: omnipotens Spiritus Sanctus.

Et tamen non tres omnipotentes: sed vnus omnipotens.

Ita Deus Pater, Deus Filius: Deus Spiritus sanctus.

Et tamen non tres Dij: sed vnus est Deus.

Ita Dominus Pater, Dominus Filius: Dominus Spiritus sanctus.

Et tamen non tres Domini: sed vnus est Dominus.

Quia sicut singulatim vnamquamq; personam Deum ac Dominum confiteri Christiana veritate compellimur: ita tres Deos aut Dominos dicere, catholica religione prohibemur.

Pater à nullo est factus: nec creatus nec genitus.

Filius à patre solo est: non factus, nec creatus, sed genitus.

Spiritus sanctus a patre & filio est: non factus, nec creatus, nec genitus, sed procedens.

Vnus ergo pater, non tres patres, vnus filius, non tres filij: vnus Spiritus sanctus, non tres Spiritus sancti.

Et in hac Trinitate nihil prius aut posterius: nihil maius, aut minus, sed totæ tres personæ coæternæ sibi sunt & coæquales.

Ita vt per omnia, sicut iam supradictum est: & vnitas in trinitate, & trinitas in vnitate veneranda sit.

Qui vult ergo saluus esse: ita de Trinitate sentiat.

Sed necessarium est ad æternam salutem: vt incarnationem quoque Domini nostri Iesu Christi fideliter credat.

Est ergo fides recta, vt credamus & confiteamur: quòd Dominus noster Iesus Christus Dei filius, Deus & homo est.

Deus est ex substantia patris ante secula genitus: & homo ex substantia matris in seculo natus.

Perfectus Deus, perfectus homo: ex anima rationali & humana carne subsistens.

Aequalis patri secundum diuinitatem: minor patre secundum humanitatem.

Qui licet Deus sit & homo: non duo tamen, sed vnus est Christus.

Vnus autem non conuersione diuinitatis in carnem: sed assumptione humanitatis in Deum.

Vnus omninò non confusione substantiæ: sed vnitate personæ.

Nam sicut anima rationalis & caro vnus est homo: ita Deus & homo vnus est Christus.

Qui passus est pro salute nostra: descendit ad inferos, tertia die resurrexit à mortuis.

Ascendit ad cœlos, sedet ad dexteram Dei patris omnipotentis: Inde venturus est iudicare viuos & mortuos.

Ad cuius aduentum omnes homines resurgere habent cum corporibus

bus fuis : & redditurifunt de factis proprijs rationem.

Et qui bona egerunt, ibunt in vitam æternam: qui vero mala, in ignem æternum.

Hæc eft fides Catholica, quam nifi quifque fideliter, firmiterque crediderit : faluus effe non poterit.

Gloria Patri & filio : & Spiritui fancto. Sicut erat in principio, & nunc & femper : & in fecula feculorum. Amen.

Ordo Vesperarum, per totum annum.

Sacerdos fiue Minister dicet.

Ater nofter qui es in cœlis, &c.
Deinde.
Domine labia noftra aperies.
Responfio,
Et os noftrum annunciabit laudem tuam.
Minifter.
Deus in adiutorium noftrum intende.
Responfio.
Domine ad adiuuandum nos feftina.
Gloria, &c.   Sicut, &c.
Alleluia.

Poftea canuntur Pfalmi præmonftrati in tabula, nifi feftum fuerit quod proprios habeat Pfalmos. Hos fequitur prima Lectio ex veteri Teftamento, nifi fuerint propriæ Lectiones fefti.

Deinde canitur.

Magnificat anima mea Dominum.   Luc.1.
Et exultauit Spiritus meus : in Deo falutari meo.
Quia refpexit humilitatem ancillæ fuæ : ecce enim ex hoc beatam me dicent omnes generationes.
Quia fecit mihi magna qui potens eft : Et fanctum nomen eius.
Et Mifericordia eius à progenie in progenies : timentibus eum.
Fecit potentiam in brachio fuo : difperfit fuperbos mente cordis fui.
Depofuit potentes de fede : Et exaltauit humiles.
Efurientes impleuit bonis : Et diuites dimifit inanes.
Sufcepit Ifrael puerum fuum : recordatus mifericordiæ fuæ.
Sicut locutus eft ad Patres noftros : Abraham & femini eius in fecula.
Gloria Patri & Filio, &c.   Sicut erat, &c.

Vel

Vel Pfalmus.

Pfal.93.
Antate Domino canticum nouum : quia mirabilia fecit.
Saluauit fibi dextera eius : Et brachium fanctum eius.

Notum fecit Dominus falutare fuum: in confpectu gentium reuelauit iuftitiam fuam.

Recordatus eft mifericordiæ fuæ : Et veritatis fuæ domui Ifrael.

Viderunt omnes termini terræ : falutare Dei noftri.

Iubilate Domino omnis terra: cantate,& exultate & pfallite.

Pfallite Domino in cithara , in cithera, & voce Pfalmi : in tubis ductilibus, & voce tubæ corneæ.

Iubilate in confpectu regis Domini : moueatur mare & plenitudo eius : orbis terrarum, & qui habitant in eo.

Flumina plaudent manu, fimul montes exultabunt à confpectu Domini : quoniam venit iudicare terram.

Iudicabit orbem terrarum in iuftitia : Et populos in æquitate.

Gloria Patri , &c.   Sicut erat , &c.

Lectio Secunda ex nouo Teftamento : poft quam finitam, canatur
Canticum Simeonis.

Luc.2.
Vnc dimittis feruum tuum Domine : fecundum verbum tuum in pace.

Quia viderunt oculi mei : falutare tuum.

Quod parâfti : ante faciem omnium populorum.

Lumen ad reuelationem gentium : & gloriam plebis tuæ Ifrael.

Gloria Patri , &c.   Sicut erat , &c.

Vel.

Pfal.67.
Eus mifereatur noftri, & benedicat nobis : illuminet vultum fuum fuper nos, & mifereatur noftri.

Vt cognofcamus in terra viam tuam : in omnibus gentibus falutare tuum.

Confiteantur tibi populi Deus : confiteantur tibi populi omnes.

Lætentur & exultent gentes, quoniam iudicas populos in æquitate : & gentes in terra dirigis.

Confiteantur tibi populi Deus, confiteantur tibi populi omnes : terra dedit fructum fuum.

Benedicat nos Deus, Deus nofter, benedicat nos Deus : & metuant eum omnes fines terræ.

Gloria Patri, &c,   Sicut erat, &c.

His finitis, adduntur Symbolum cum aliis fuffragiis fupra ad Matutinas
prefcripta, cum tribus Collectis, quarum Prima fit de die : Secunda pro
pace : Tertia pro Dei adiutorio aduerfus omnia pericula.

                                                      Collecta

Collecta secunda ad vesperas, pro pace.

DEus à quo fancta defideria, recta confilia, & iufta funt opera, da feruis tuis pacem illam quam mundus dare non poteft, vt corda noftra ad preceptorum tuorum obferuantiam applicemus, & nos ab inimicorum noftrorū metu liberati, vitam tranquillam, & quietam tranfigamus, per merita Iefu Chrifti faluatoris noftri. Amen.

Collecta tertia pro Dei adiutorio aduerfus omnia pericula.

ILlumina quæfimus Domine Deus, tenebras noftras, & per immenfam tuam mifericordiam, ab omnibus huius noctis periculis, & infidijs nos protege, propter amorem vnigeniti tui Filij, Saluatoris noftri, Iefu Chrifti. Amen.

Hæ duæ fuprafcriptæ Collectæ, dicuntur ad Vefperas per totum annum, abfque variatione.

Finis Vefpertinarum precum.

Sequitur Letania & Supplicationes, cantandæ diebus Dominicis, ferijs quartis & fextis, atque alijs temporibus, cum per Ordinarios ordinatum fuerit.

PAter de cœlis Deus, miferere nobis miferis peccatoribus.

Pater de cœlis Deus, miferere nobis miferis peccatoribus.

Fili Redemptor mundi Deus, miferere nobis miferis peccatoribus.

Fili Redemptor mundi Deus, miferere nobis miferis peccatoribus.

Spiritus Sancte Deus, à Patre & Filio procedens, miferere nobis miferis peccatoribus.

Spiritus Sancte Deus, à Patre & Filio procedens, miferere nobis miferis peccatoribus.

Sancta, beata, & gloriofa Trinitas, tres perfonæ, & vnus Deus, miferere nobis miferis peccatoribus.

Sancta, beata, & gloriofa Trinitas, tres perfona, & vnus Deus, miferere nobis miferis peccatoribus.

Ne memineris Domine iniquitatum noftrarum vel parentum noftrorum, neque vindictam fumas de peccatis noftris, parce Domine, parce populo tuo, quem redemifti pretiofo fanguine tuo, & ne in perpetuum irafcaris nobis.

Parce nobis Domine.

Ab omni peccato malo & infortunio, ab infidijs diaboli, ab ira tua & æterna damnatione.

Libera

Libera nos Domine.

A cæcitate cordis, Superbia, Ambitione, Hypocrifi, Ira, Odio, Malitia & Difcordia.

Libera nos Domine.

A fornicatione & alijs omnibus peccatis mortalibus, & à tentationibus carnis, mundi, & diaboli.

Libera nos Domine.

A fulgure & tempeftate, à plaga & peftilentia, fama, bello, latrocinio, & morte fubitanea.

Libera nos Domine.

Ab omni feditione & confpiratione, a falfis & hæreticis dogmatibus, à duritia cordis & contemptu verbi & mandati tui:

Libera nos Domine.

Per myfterium fanctæ incarnationis, natiuitatis, circumcifionis, baptifmi, ieiunij, & tentationis tuæ:

Libera nos Domine.

Per agônem & fanguineum fudorem, per crucem & paffionem, per pretiofam mortem & fepulturam, per gloriofam refurrectionem, & afcenfionem tuam in cœlos, & aduentum Spiritus fancti:

Libera nos Domine.

In tempore tribulationis & profperitatis noftræ, in hora mortis, & in die iudicij:

Libera nos Domine.

Te rogamus, ô Deus, nos peccatores exaudias, vt Ecclefiam tuam fanctam Catholicam regere & gubernare digneris:

Te rogamus audi nos.

Vt famulum tuum *Iacobum* Regem & gubernatorem noftrum clementiffimum, in vera tui adoratione, in iuftitia & fanctitate vitæ confirmare & cuftodire digneris:

Te rogamus audi nos.

Vt eius mentem in tua fide, tui amore & timore, vt femper in te confidat, & vt in omnibus honorem & gloriam tuam quærat & promoueat, dirigere digneris:

Te rogamus audi nos.

Vt eum feruare & defendere, & ei victoriam contra omnes hoftes fuos largiri digneris:

Te rogamus audi nos.

Vt benedicas & conferues fereniffimam noftram Reginam *Annam,* *Carolum* Principem, *Fredericum* Principem Palatinum, & *Elizabetham* eius coniugem:

Te rogamus audi nos.

Vt Epifcopos, paftores & miniftros Ecclefiæ, vera cognitione & recto

recto intellectu verbi tui illuminare, & vt tam doctrina quam vita illud promoueant:

Te rogamus audi nos.

Vt consiliarios regios, & totam nobilitatem Regni, gratia, sapientia & intellectu imbuere digneris:

Te rogamus audi nos.

Vt Magistratui nostro benedicere, & in eum gratiam conferre vt exequatur iustitiam & custodiat veritatem:

Te rogamus audi nos.

Vt populo tuo vniuerso benedicere, eumque seruare digneris:

Te rogamus audi nos.

Vt omnibus gentibus vnitatē, pacem, & concordiam donare digneris:

Te rogamus audi nos.

Vt mentes nostras ad verum amorem & timorem tui inflammare, & ad mandatorum tuorum obseruantiam inclinare velis:

Te rogamus audi nos.

Vt populo incrementum gratiæ, vt verbum tuum humiliter audiat, & puro corde amplectatur, & fructus spiritus proferat, donare digneris:

Te rogamus audi nos.

Vt errantes & deceptos in viam veritatis reuocare digneris:

Te rogamus audi nos.

Vt stantes confirmare, imbecilles sustentare, & cadentes erigere, ac Sathanam sub pedibus nostris conculcare velis:

Te rogamus audi nos.

Vt defendas, iuues, consoleris omnes in periculis, necessitatibus & molestijs constitutos:

Te rogamus audi nos.

Vt peregrinantibus terra mariq; parturientibus, ægrotantibus, & infantibus, captiuis & incarceratis succurrere velis:

Te rogamus audi nos.

Vt pupillis & orphanis, viduis, desolatis & oppressis, prospicere digneris:

Te rogamus audi nos.

Vt omnibus hominibus miserearis:

Te rogamus audi nos.

Vt inimicis & pesecutoribus nostris ignoscas, & eorum corda ad pœnitentiam conuertere velis:

Te rogamus audi nos.

Vt fructus terræ dare & conseruare digneris, vt suo tempore eis fruamur:

Te rogamus audi nos.

Vt veram pœnitentiam & remissionem peccatorum nobis largiri,

negligentias

negligentias & ignorantias nobis condonare, gratiam sancti spiritus, & emendationem vitæ nobis donare digneris:

Te rogamus audi nos.

Fili Dei te rogamus audi nos.

Fili Dei te rogamus audi nos.

Agnus Dei qui tollis peccata mundi.

Da nobis pacem.

Agnus Dei qui tollis peccata mundi :

Miserere nobis.

Chriſte audi nos.

Chriſte audi nos.

Kyrie eleyſon.

Kyrie eleyſon.

Chriſte eleyſon.

Chriſte eleyſon.

Kyrie eleyſon.

Kyrie eleyſon.

Pater noſter qui es in Cœlis, ſanctificetur &c.

Et ne nos inducas in tentationem.

Sed libera nos à malo.

Domine non ſecundum peccata noſtra facias nobis.

Neq, ſecundum iniquitates noſtras retribue nobis.

Oremus.

DEus miſericors Pater, qui contritorum non deſpicis gemitum, & mœrentium non ſpernis affectum, adeſto precibus noſtris, quas tibi in angoribus noſtris effundimus, eaſque clementer ſuſcipere dignare, vt quicquid contra nos diabolicæ atque humanæ moliuntur aduerſationes, ad nihilum redigatur, & conſilio tuæ pietatis elidatur, vt nos tui ſerui nullis infeſtationibus lęſi, in Eccleſia tua ſancta tibi gratias referamus, per Ieſum Chriſtum Dominum noſtrum.

Exurge Domine, adiuua nos, & libera nos propter nomen tuum.

Deus, auribus noſtris audiuimus, & patres noſtri annuntiauerunt nobis opera admiranda, quæ operatus es in diebus eorum, & in diebus antiquis.

Exurge Deus, adiuua nos, & libera nos propter honorem tuum.

Gloria Patri, &c. Sicut erat, &c. Amen.

Ab inimicis noſtris libera nos Chriſte.

Reſpice clementer afflictiones noſtras.

Aſpice dolorem cordis noſtri.

Propitius eſto peccatis populi tui.

Benignè audi orationes noſtras.

O Fili Dauid, miſerere nobis.

Et nunc & femper dignare exaudire nos ô Chrifte.

Chrifte exaudi nos: Exaudi nos clementer Domine Iefu Chrifte.

Oftende nobis Domine mifericordiam tuam.

Sicut fperamus in te.

Oremus.

INfirmitates noftras quæfumus Domine, benignè refpice,& propter gloriam Nominis tui, mala omnia quæ iufte pro peccatis noftris meremur, à nobis clementer auerte: & præfta, vt in cunctis aduerfitatibus, omnem noftram fiduciam collocemus in mifericordia tua, & tibi femper in puritate vitæ feruiamus, ad gloriam tui Nominis : per vnicum Mediatorem noftrum,& Aduocatum Iefum Chriftum Dominium noftrum. Amen.

Mediatorem
(Damage)

Pro Rege.

ODomine Pater nofter cœleftis,qui maximus potétiffimúfq; es Rex regum, & Dominus dominantium, omnium principum folus & vnicus moderator & gubernator, qui ab excelfo & fummo throno tuo,omnes mundi incolas intuëris, fuppliciter te rogamus, vt Regem noftrum Iacobum, clementer & benigno vultu refpicere digneris, & eum tui Spiritus fancti gratiâ ita adimplere, vt femper ad tuam voluntatem perficiendam deditus, in vijs tuis ambulet. Accumula in eum cœleftia tua dona : vitam illi fœlicem & diuturnam largire, vt diu fœliciterque regnet, hoftes omnes fuperet fuos, & poft hanc vitam gloria perfruatur æterna, per Chriftum Dominum noftrum. Amen.

Pro Regina & Regia prole.

OMnipotens Deus, qui pollicitus es Patrem te fore tuis electis, adeóque femini illorum, humillimis precibus imploramus bonitatem tuam, vt benedictionem tuam fupernam largiri digneris ferenifsimæ Annæ Reginæ noftræ, Carolo Principi, Elizabethæ, eiúfque coniugi Frederico Principi Palatino. Imbue illos fancto tuo Spiritu, adorna cœlefti gratiâ, omnia illis profpera concedas, tandemq; ad æternum tuum regnum perducas eos, propter meritum Iefu Chrifti Domini noftri. Amen.

OMnipotens fempiterne Deus, qui facis mirabilia magna folus, effunde in Epifcopos & Miniftros, & in cunctas Congregationes illorum fidei commiffas, Spiritum gratiæ falutaris, & vt in veritate tibi complaceant, perpetuo eos rore tuæ benedictionis afperge, per Aduocatum & Mediatorem noftrum Iefum Chriftum. Amen.

Precatio Diui Chryfoftomi.

OMmnipotens fempiterne Deus, qui nobis gratiam dedifti, vt hoc tempore vnanimiter congregati, preces noftras ad te offerremus, quíque polliceris,vt vbi duo vel tres congregati fuerint in tuo Nomine, te eorum fupplicationes clementer exauditurum, petimus vt vota &

O

preces

preces tuorum famulorum, prout tibi videbitur eorum ſaluti maximè
expedire, perficias , & præſta nobis in hac vita tuæ veritatis cognitionem,& in futura vitam æternam. Amen.

ij. Corinth xiij.

Ratia Domini noſtri Ieſu Chriſti,charitas Dei,& communicatio
Sancti Spiritus ſit ſemper cum omnibus nobis. Amen.

Pro pluuia petenda tempore neceſſitatis.

Eus Pater cœleſtis , qui per Filium tuum vnigenitum promiſiſti
vniuerſis tuum regnum & eius iuſtitiam quærentibus, omnia
huic vitæ neceſſaria, da nobis quæſumus in hac noſtra neceſſitate, plu-
uiam & imbres tempeſtiuos , vt terræ fructus ad corporis noſtri conſolationem & tui Nominis honorem , recipere poſſimus : per Ieſum
Chriſtum Dominum noſtrum. Amen.

Pro Aeris ſerenitate.

Omine Deus , qui propter peccata hominis ſemel ſubmerſiſti
mundum vniuerſum , octo hominibus ſolùm exceptis, & poſteà
ſingulari ductus miſericordiâ , promiſiſti te nunquam denuo illum penitus ſubmerſurum,ſupplices te rogamus , etſi ob iniquitates noſtras
has pluuiæ & aquarum inundationes ſumus commeriti , digneris tamen nos ad veram pœnitentiam conuertere , & talem nobis tribuere
cœli ſerenitatem , vt terræ fructus tempore opportuno recipiamus,
tuóque hoc ſupplicio admoniti , vitam noſtram emendare diſcamus,
atque ob tuam in nos clementiam, tuas laudes & honores pepetuò celebrare valeamus, per Ieſum Chriſtum Dominum noſtrum. Amen.

tempore
(Damage)

Tempore caritatis & famis.

Eus Pater cœleſtis, cuius beneficio pluuia decidit , terra ſit frugi-
era, animantia creſcunt,& piſces multiplicantur:intuere quæſumus afflictiones populi tui,& largire, vt hæc penuria caritaſque anno-
ræ, quam nunc iuſtiſſimè propter peccata noſtra patimur, bonitate miſericordiæ tuæ vertatur in copiam & abundantiam. Hæc nobis clementiſſime Pater concede, propter amorem Ieſu Chriſti Domini noſtri , cui tecum & ſancto Spiritui, laus, honor , & gloria in omnem æ-
ternitatem. Amen.

Tempore belli.

Mnipotens Deus, Rex regum, & omnium gubernator, cuius potentiæ nulla creatura reſiſtere poteſt, cui proprium eſt peccatores
punire, & eorum miſereri, qui verè agunt pœnitentiam, ſerua,& libera
nos , ſuppliciter te petimus, a manu inimicorum : reprime eorum ſu-
perbiam , minue malitiam, diſſipa illorum machinationes & aſtutias,
vt nos tuis armis muniti, ſemper ſeruemur ab omnibus periculis, ad
glo-

glorificandum te, qui es vnicus victoriæ largitor: propter merita vnigeniti Filij tui Domini noſtri Ieſu Chriſti. Amen.

Tempore peſtis, mortalitatis, ſiue morbi.

OMnipotens Deus, qui in tempore Regis Dauid, in ira tua, ſep-
tuaginta millia hominum peſte interfeciſti, & tamen tuæ miſericordiæ memor, conſeruâſti reliquos, miſerere noſtri miſerorum, qui
nunc varijs morbis & graui mortalitate affligimur, vt quemadmodum
Angelum tuum à ſupplicio inferendo ceſſare iuſſiſti, ita quoque nunc
& hanc peſtem à nobis amouêre digneris: per Ieſum Chriſtum Dominum noſtrum. Amen.

inferendo
(Damage)

DEus, cui proprium eſt miſereri ſemper & parcere, ſuſcipe has precationes noſtras, vt quos delictorum catena miſerè conſtringit,
clementia tuæ miſericordiæ liberè abſoluat, propter merita Ieſu Chriſti
noſtri Mediatoris vnici. Amen.

Gratiarum actio pro pluuia.

DEus omnipotens, Pater cœleſtis, qui per gratioſam tuam prouidentiam efficis, vt pluuia temporanea atque ſerotina ſuper tellu-
rem deſcendens frugiferam illam reddat, & humanis vſibus accommo-
dam; agimus tibi gratias quàm poſſumus maximas, quod in hac noſtra indigentia ſumma, dignatus tandem fueris tam exoptata pluuia
hæreditatem tuam exhilarare, eamq; iam areſcentem reficere, ad inſig-
ne ſolatium noſtrum, qui indigni planè ſumus tanto beneficio, & ad
maximam gloriam ſanctiſſimi nominis tui per miſericordias tuas in
Chriſto Ieſu Domino noſtro. Amen.

Pro ſerenitate gratiarum actio.

DOmine Deus, qui nuper iuſtiſſimo tuo iudicio per immoderatam
pluuiarum & aquarum copiam nos humiliare voluiſti, nunc vero è contra miſericordia commotus lætitiam animis noſtris infundere
per hanc tam ſalubrem & iucundam ſerenitatem, nos propter hanc tuam inſignem bonitatem ſanctum tuum Nomen glorificamus, atque
celebramus, neque vnquam ceſſabimus tuam clementiam & benignitatem prædicare à generatione in generationem, per Ieſum Chriſtum
Dominum noſtrum. Amen.

Pro annonæ copia gratiarum actio.

CLementiſſime Pater, qui ex gratioſa tua bonitate ſupplices eccleſiæ tuæ preces exaudiuiſti, noſtrámq; penuriam in copiam & a-
bundantiam conuertiſti, humillimè tibi gratias agimus pro iſta ſingulari erga nos beneficentia tua, precantes Maieſtatem tuam, vt eandem
nobis ſtabilem & continuam eſſe velis, terráq; noſtra copioſè reddat

fructum

fructum suum, ad nominis tui gloriam, noſtrámq; ſuſtentationem, per Dominum noſtrum Ieſum Chriſtum. Amen.

Pro pace ac victoria gratiarum actio.

DEus omnipotens qui ſeruis tuis contra faciem hoſtium ſuorum, & inimicorum omnium teipſum præbereſoles munimentum & propugnaculum fortiſsimum : ampliſsimas tibi gratias, ſummáſque laudes referendas agnoſcimus, quod non ita pridem liberare nos non ſis dedignatus a periculis tam manifeſtis, tam propinquis, quibus modò tenebamur circumſepti. Tuæ ſoli◌ bonitati acceptum ferimus, quod non fuerimus traditi tanquam præda dentibus illorum, quam tuam inſignem erga nos clementiam, atque miſericordiam, precamur perpetuam eſſe velis, vt vniuerſus cognoſcat mundus, te noſtrum eſſe vindicem & liberatorem : per Ieſum Chriſtũ Dominum noſtrum. Amen.

solius
(Damage)

Pro peſte ceſſante gratiarum actio.

DOmine Deus, qui propter peccata noſtra vulnus nobis inflixiſti, & propter iniquitates noſtras, emiſsis contra nos iræ tuæ ſagittis, per peſtilentiam nuper graſſantem conſumpſiſti, nunc autem in medio iudiciorum tuorum haud oblitus miſericordiæ tuæ animas noſtras periclitantes è faucibus mortis redemiſti : offerimus nos totos paternæ tuæ bonitati tanquam hoſtiam viuam, vt & animi & corpora noſtra tua ſolius dextra à periculo liberata nunquam ceſſent celebrare tuas laudes, tuáſque miſericordias prædicare in medio piorum cœtu, per Ieſum Chriſtum Dominum noſtrum. Amen.

Alia precatio eiuſdem argumenti.

AGnoſcimus humiliter coram Maieſtate tua, Pater clementiſsime, dum immenſa noſtra peccata, atque duritiem cordium noſtrorum reſpicimus, meritò infligi nobis potuiſſe omnia ſupplicia, omnéſque diras in lege tua comprehenſas : Sed quandoquidem tibi placuerit ad hanc noſtram humiliationem indignam licèt & imperfectam, furorem peſtis tam ſæuæ, quâ fuimus grauiter afflicti, pro ſolita tua miſericordia mitigare, vocémque gaudij atque ſolatij in tabernaculis noſtris renouare, offerimus diuinæ tuæ Maieſtati ſacrificiũ laudis & gratiarum actiones, neque vnquam deſinemus nomen tuum glorioſum ob hanc tam propitiam bonitatem, & prouidentiam tuam prædicare : per Ieſum Chriſtum Dominum noſtrum. Amen.

COL-

COLLECTÆ, EPISTOLÆ,
AC EVANGELIA, AD SACRAM
Communionem, fiue in Cœna Domi-
ni dicenda per totum Annum.

Dominica j. Aduentus.

Collecta.

A nobis quæfumus omnipotens Deus, vt abiectis operibus tenebrarum, induamur armatura lucis in hac mortali vita, in qua Iefus Chriftus Filius tuus cum magna humilitate ad nos vifitandos aduenit, vt in extremo die quo
rediturus eft cum gloria Maieftatis fuæ ad iudicandos viuos & mortuos, refurgamus ad vitam immortalem, per Chriftum
Dominum noftrum, qui tecum viuit & regnat in vnitate fancti Spiritus, per fecula feculorum. Amen.

Epiftola ad Rom. cap. xiij. a ver. 8. inclufiuè ad finem capitis.

Euangelium Matthæi xxj. a principio cap. vfq; ad ver. 14. exclufiuè.

Dominica ij. Aduentus.

Collecta.

BEnedicte Deus, qui effecifti, vt quæcunque fcripta funt, ad noftram
doctrinam fcriberentur, concede nobis vt ita Scripturam attentè
audiamus, legamus, difcamus, & intelligamus, fincerèque obferuemus,
vt per patientiam & confolationem Scripturarum amplectamur, & re-
tineamus fpem æternæ vitæ, quam dedifti nobis in Seruatore noftro Iefu Chrifto, cui tecum & Sancto Spiritui, fit honor & gloria, per omnia fecula feculorum. Amen.

Epiftola ad Rom. cap. xv. a ver. 4 inclufiuè ad ver. 13. inclufiuè.

Euangelium Lucæ xxj. a ver. 23. inclufiuè ad ver. 13. inclufiuè.

Dominica iij. Aduentus.

Collecta.

AVrem tuam quæfumus Domine, pre ibus noftris accommoda, &
mentis noftræ tenebras, gratia tuæ vifitationis illuftra. Per Dominum noftrum Iefum Chriftum, &c.

O 3   Epi-

Epiſtola 1. Cor. 4. a verſ. 1. incluſiuè, ad verſ. 6. excluſiuè.

Euangelium Matthæi cap. 11. a verſe 1. excluſiuè ad v. 10. incluſiuè.

Dominica iiij. Aduentus.

Collecta.

EXcita quæſumus Domine potentiam tuam & veni,& magna nobis virtute ſuccurre, vt per auxilium gratiæ tuæ, quod noſtra peccata præpediunt, indulgentia tuæ miſerationis acceleret. Per Chriſtum Dominum noſtrum. Amen.

Epiſtola Philip. iiij. a ver. 4. incluſiuè,ad ver.7 excluſiuè.

Euangelium Ioannis 1. a ver. 19. incluſiuè,ad ver.29. excluſiuè.

In die Natalis Domini.

Collecta.

OMnipotens Deus, qui vnigenitum filium tuum nobis dediſti, vt noſtram naturam aſſumeret, hodiernaque die de pura virgine naſceretur, præſta quæſumus, vt nos regenerati, filijque tui per adoptionem & gratiam facti, tuo Sancto Spiritu quotidie renouemur, per eundem Dominum noſtrum,&c.

Epiſtola ad Hebræos, cap. 1. a ver. 1. incluſiuè, ad ver. 11. incluſiuè.

Euangelium Ioan. 1. a ver. 1. incluſiuè ad ver. 14. incluſiuè.

Die Sancti Stephani.

Collecta.

DA nobis Domine quæſumus, vt exemplo Sancti Stephani diſcamus inimicos diligere, qui pro perſecutoribus ſuis precatus eſt Dominum noſtrum filium tuum,qui tecum viuit & regnat,&c. Amen

Tunc ſequetur Collecta de Natiuitate Domini quaquotidie dicetur vſque ad Circumciſionem.

Epiſtola Act. vij. a ver. 54. excluſiuè ad finem capitis.

Euangelium Matth. xxiij. a ver. 34. incluſiuè ad finem capitis.

Die

Die Ioannis Euangelistæ.

Collecta.

ECclesiam tuam quæsumus Domine benigne illustra, vt beati Ioannis Apostoli tui & Euangelistæ illuminata doctrinis, ad dona perueniat sempiterna. Per Dominum nostrum Iesum Christum. Amen.

Epistola 1. Ioan. 1. a ver. 1. inclusiuè ad finem capitis.

Euangelium Ioan. xxj. a parte ver. 19. inclusiuè ad finem capitis.

Die Innocentium.

Collecta.

DEus, cuius hodierna die præconium Innocentes Martyres non loquendo sed moriendo confessi sunt, omnia in nobis vitiorum mala morti dede, vt fidem tuam quam lingua nostra loquitur, etiam vita moribus fateatur. Per Dominum nostrum Iesum Christum, &c. Amen.

Epistola Apocal. xiiij. a ver. 1. inclusiuè, ad ver. 6. exclusiuè.

Euangelium Mat. ij. a ver. 13. inclusiuè ad ver. 19. exclusiuè.

Domin. post Festum Natiuitatis.

Collecta.

OMnipotens Deus qui vnigenitum filium tuum nobis dedisti, &c
Vt supra in festo Natiuitatis.

Epistola Galat. iiij. a ver. 1. inclusiuè, ad ver. 8. exclusiuè.

Euangelium Matthæi 1. ab initio capitis ad finem.

Die Circumcisionis.

Collecta.

OMnipotens Deus qui vnigenitum filium tuum carnis circumcisionem pati, & legi subditum esse voluisti, propter hominem, da corda nostra, vera & spirituali circumcisione ita discindi, vt mactatis mundanis & carnalibus concupiscentijs, obediamus per omnia diuinæ voluntati tuæ. Per eundem Dominum nostrum. Amen.

Epistola Roman. iiij. a ver. 7. inclusiuè, ad ver. 15. exclusiuè.

Euangelium Lucæ ij. a ver. 15. inclusiuè, ad ver. 22. exclusiuè.

O 4

Si fuerit Dominica inter festum Epiphaniæ & Circumcisionis, tum recitabitur ipsa Collecta, Epistola & Euangelium quæ dicebantur in die Circumcisionis.

Die Epiphaniæ.

Collecta.

DEus, qui vnigenitum tuum gentibus stella duce reuelasti, concede propitius, vt qui te iam ex fide cognouimus, tua gloriosa deitate post hanc vitam perfruamur. Per Iesum Christum Dominum nostrum. Amen.

Epistola Ephes. iij. a ver. 1. inclusiuè, ad ver. 13. exclusiuè.

Euangelium Mat. ij. a ver. 1. inclusiuè, ad ver. 13. exclusiuè.

Dominica I. post Epiphaniam.

Collecta.

VOta quæsumus, Domine supplicantis populi, cœlesti pietate prosequere, vt ea quæ agenda sunt, videant & ad implenda quæ viderint, tuâ gratiâ ac virtute commoueantur. Per Iesum Christum, &c.

Epistola Rom. xij. a ver. 1. inclusiuè, ad ver. 6. exclusiuè.

Euangelium Lucæ ij. a ver. 41. inclusiuè, ad finem capitis.

Dominica ij. post Epiphan.

Collecta.

OMnipotens sempiterne Deus, qui cœlestia simul & terrestria moderaris, supplicationes nostras clementer exaudi, & pacem tuam nostris concede temporibus. Per Christum Dominum nostrum. Amen.

Epistola ad Rom. 12. a ver. 6. inclusiuè, ad ver. 17. exclusiuè.

Euangelium Ioan. ij. a principio capitis ad ver. 11. exclusiuè.

Dominica iij. post Epiphan.

Collecta.

OMnipotens æterne Deus, infirmitatem nostram propitius respice, atque in omni necessitate ad protegendum nos, dexteram tuæ maiestatis extende. Per Dominum nostrum Iesum Christum. Amen.

Epistola.

Epiſtola Rom. xij. a ver. 17. incluſiuè ad finem capitis.

Euangelium Mat. viij. a ver. 2. incluſiuè, ad ver. 14. excluſiuè.

Dominica iiij. poſt Epiphan.

Collecta.

DEus, qui nos in tantis periculis conſtitutos propter humanam fra-
gilitatem ſcis non poſſe ſubſiſtere. Da nobis ſalutem mentis & corporis, vt ea quæ pro peccatis noſtris patimur, te adiuuante, vincamus.
Per Dominum noſtrum Ieſum. &c.

Epiſtola Rom. xiij. a ver. 1. incluſiuè, ad ver. 8. excluſiuè.

Euangelium Mat. viij. a ver. 23. incluſiuè, ad ver. vltimum incluſiuè.

Dominica v. poſt Epiphan.

Collecta.

FAmiliam tuam quæſumus Domine continua pietate cuſtodi, vt quę
ſola fiducia gratiæ cœleſtis innititur, tua ſemper protectione muniatur. Per Chriſtum Dominum noſtrum. Amen.

Epiſtola Coloſſ. iij a ver. 11. incluſiuè, ad ver. 18. excluſiuè.

Euangelium Mat. xiij. a ver. 24. incluſiuè, ad ver. 30. incluſiuè.

Dominica ſexta poſt Epiphaniam quando ſit, legentur
Collecta, Epiſtola & Euangelium quæ in
Dominica præcedenti.

Dominica Septuageſima.

Collecta.

PReces populi tui quæſumus Domine, clementèr exaudi, vt qui iuſtè
pro peccatis noſtris affligimur, pro tui nominis gloria, per miſeri-
cordiã tuâ liberemur. Per Dominum noſtrum Ieſum Chriſtum. Amẽ.

Epiſtola 1. Cor. ix. a ver. 24. incluſiuè ad finem capitis.

Euangelium Matt. xx. a ver. 1. incluſiuè, ad ver. 17. excluſiuè.

Do-

Dominica Sexagesima.

Collecta.

DEus, qui confpicis quod in noftris operibus minimè confidimus, concede propitius vt contra aduerfa omnia, protectionis tuæ benignitate muniamur. Per Iefum Chriftum Dominum noftrum. Amen.

Epiftola ii. Cor. xj a ver. 19. inclufiuè, ad ver. 31. inclufiuè.

Euangelium Luc. viij. a ver. 4. inclufiuè, ad ver. 16. exclufiuè.

Dominica Quinquagesima.

Collecta.

DEus, qui nos per Apoftolum tuum docuifti, quod omnia opera noftra fine charitate nihil fint, da nobis Spiritum tuum fanctum, qui diffundat in cordibus noftris excellens donum charitatis, verum vinculum pacis & omnium virtutum, & fine qua omnis viuens coram te eft mortuus, hoc largire : per Dominũ noftrum Iefum Chriftũ. Amen.

Epiftola 1. Cor. xiij. a principio capitis ad finem.

Euangelium Luc. xviij. a. ver. 31. inclufiuè, ad finem capitis.

Feria quarta poft Quinqua.

Collecta.

OMnipotens æternè Deus, qui nihil odifti eorum quæ fecifti, & remittis peccata omnibus pœnitentibus : crea in nobis cor contritum, vt dignè peccata noftra defleamus, & agnofcamus iniquitates noftras, & à te Deo omnis mifericordiæ, perfectam peccatorum remiffionem confequamur. Per Dominum noftrum Iefum Chriftum. Amen.

Lectio Ioel's, ji. a ver. 11. inclufiuè ad ver. 18. exclufiuè.

Euangelium Matt. vj. a ver. 16. inclufiuè, ad ver. 22. exclufiuè.

Dominica j. Quadragesimæ.

Collecta.

DOmine Iefu Chrifte, qui noftrâ cauſâ quadraginta diebus & quadraginta noctibus ieiunafti, Da nobis huiufmodi vti abftinentia, vt caro noftra fpiritui fit fubiecta, & mandatis tuis femper obfequamur

in

in vera iuſtitia & ſanctitate, ad gloriam & honorem nominis tui, qui viuis & regnas in ſecula, &c.

Epiſtola 2.Cor.6.a ver.1.incluſiuè, ad ver.11.excluſiuè

Euangelium Mat. iiij. a ver. 1. incluſiuè ad ver.12. excluſiuè.

Dominica ij. Quadrageſimæ.

Collecta.

DEus, qui conſpicis omni nos virtute deſtitui, interius exteriuſque cuſtodi, vt ab omnibus aduerſitatibus muniamur in corpore, & à prauis cogitationibus mundemur in mente. Per Dominū noſtrum.&c.

Epiſtola j.Theſſ iiij. a ver. 1.incluſiuè, ad ver.9.excluſiuè.

Euang. Mat.xv. a ver.21.incluſiuè, ad ver. 29.excluſiuè.

Dominica iij. Quadrageſimæ.

Collecta.

QVæſumus omnipotens Deus, vota humilium reſpice, atque ad defenſionem noſtram aduerſus omnes inimicos noſtros dexteram tuæ Maieſtatis extende. Per Chriſtum Dominum noſtrum. Amen.

Epiſt. Epheſ. v. a ver.1.incluſiuè ad ver. 15.excluſiuè.

Euangelium Luc. xj. a ver.14. incluſiuè ad ver.29.excluſiuè.

Dominica iiij. Quadrageſima.

Collecta.

COncede quæſumus omnipotens Deus, vt qui ex merito noſtræ prauitatis affligimur, tuæ gratiæ conſolatione reſpiremus. Per Ieſum Chriſtum Dominum noſtrum. Amen.

Epiſt. Galat. iiij. a ver. 21. incluſiuè, ad finem capitis.

Euangelium Ioan. vi. a ver.1. incluſiuè ad ver. 15.excluſiuè.

Dominica v. Quadrageſimæ.

Collecta.

POpulum tuum quæſumus Domine benigne reſpice, vt tua magna bonitate dirigatur, & corpore ac animo conſeruetur. Per Dominum noſtrum Ieſum Chriſtum. Amen.

Epiſt.

Epiſtola Heb. ix. ver. 11. incluſiuè, ad ver. 16. excluſiuè.

Euangelium Ioan. viij. a ver. 46. incluſiuè ad finem capitis.

Dominica proxima Paſchæ.

Collecta.

OMnipotens ſempiterne Deus , qui humano generi ad imitandum numilitatis exemplum, Saluatorem noſtrum carnem aſſumere, & cruçem ſubire feciſti , concede propitius, vt & patientiæ ipſius habere documenta, & reſurrectionis conſortia mereamur. Per eundem Chri-ſtum Dominum noſtrum.

Epiſtola Philip. ij. a ver. 5. incluſiuè, ad ver. 12. excluſiuè.

Euang. Mat. xxvi. a ver. 1. incluſiuè, ad ver. 57. cap. 27. excluſiuè.

Feria ij. ante Paſcha.

Lectio Eſaiæ Prophetæ, cap. lxiij. a ver. 1. incluſiuè ad finem capitis.

Euangelium Mat. xiiij. a ver. 1. incluſiuè ad finem capitis.

Feria tertia ante Paſcha.

Lectio Eſaiæ Prophetæ, cap. 1. a ver. 5. incluſiuè, ad finem capitis.

Euangelium Mar. xv. a ver. 1. incluſiuè ad finem capitis.

Feria quarta ante Paſcha.

Epiſtola Heb. ix. a ver. 16. incluſiuè ad finem capitis.

Euangelium Luc. xxij. a ver. 1. incluſiuè ad finem capitis.

Feria quinta ante Paſcha.

Epiſt. 1. Cor. xi. a ver. 17. incluſiuè ad finem capitis.

Euan. Luc. xxiij. a ver. 1. incluſiuè ad finem capitis.

Die Paraſceues.
Collecta.

OMnipotens Deus, familiam tuam quæſumus benignè reſpice, pro qua Dominus noſter Ieſus Chriſtus non dubitauit tradi manibus nocentum,

nocentum, & crucis fubire tormentum. Qui tecum viuit & regnat cum Sancto Spiritu, in fecula feculorum. Amen.

Alia Collecta.

OMnipotens æterne Deus, cuius fpiritu vniuerfum corpus Ecclefiæ fanctificatur & regitur, exaudi nos pro vniuerfis ordinibus fupplicantes, & præfta, vt ab omnibus tibi dignè & laudabiliter feruiatur. Per Dominum noftrum Iefum, &c.

MIfericors Deus, creator omnium hominum, qui nihil odifti eorum quæ condidifti, neque vis mortem pecc itoris, fed vt magis conuertatur & viuat, miferere Iudæorum, Turcarem, Infidelium & Hæreticorum : aufer ab eis ignorantiam & duritiem cordis, & contemptum verbi tui, & reduc eos, mifericors Domine, ad gregem tuum, vt feruentur inter reliquias veri Ifraelis, vt fiat vnum ouile & vnus paftor Iefus Chriftus Dominus nofter, qui viuit & regnat, &c.

Epiftola Heb. 10. a ver. 1. inclufiuè ad ver. 16. exclufiuè.

Euan. Ioan. xviij. a ver. 1. inclufiuè ad finem capitis proximii.

Vigilia Pafchæ.

Epiftola 1. Pet. iij. a ver. 17. inclufiuè ad finem capitis.

Euangelium Mat. xxvij. a ver. 57 inclufiuè ad finem capitis.

Die Pafchæ.

Ad Matutinas, loco Pfal. Venite exultemus Domino, *Antiphonæ fequentes cantabuntur, aut dicentur.*

CHriftus refurgens à morte iam non amplius moritur, mors illi vltrà non dominabitur. Quod enim mortuus eft, femel mortuus propter abolitionem peccati, quod autem viuit, viuit Deo. Ita exiftimate vos ipfos mortuos quidem effe peccato; viuentes autem Deo, per Iefum Chriftum Dominum noftrum.

NVnc autem Chriftus refurrexit à mortuis primitiæ eorum qui dormierunt. Poftquam enim per hominem mors, etiam per hominem refurrectio mortuorum. Quemadmodum enim omnes per Adam moriuntur, ita per Chriftum omnes viuificabuntur.

Collecta.

Collecta.

Deus, qui per vnigenitum æternitatis nobis aditum, deuicta morte,
eferalti: vota nostra quæ præueniendo aspiras, etiam adiuuando
prosequere. Per eundem Iesum Christum Dominum nostrum, qui, &c.

Epist. Colosf. iij. a ver. 1. inclusiuè ad ver. octauum exclusiuè.

Euang. Ioan. xx. a ver. 1. inclusiuè ad ver. 11. exclusiuè.

Feria ij. post Pascha.

Collecta.

Deus qui per vnigenitum, &c.   *Vt supra in die Pascha.*

Epist. Act. x. a ver. 34. inclusiuè ad ver. 44. exclusiuè.

Euang. Luc, xxiiij. a ver. 13. inclusiuè ad ver. 36. exclusiuè.

Feria tertia post Pascha.

Collecta.

OMnipotens pater qui dedisti filium tuum, vt pro peccatis nostris
moreretur, & pro iustitia nostra resurgeret, præsta, vt abiecto
fermento malitiæ & nequitiæ, in puritate fidei & vitæ, tibi perpetuo
seruiamus. Per Dominum nostrum, &c.

Epistola Act. xiij. a ver. 26. inclusiuè ad ver. 4?. exclusiuè.

Euang. Luc. xxiiij. a ver. 26. inclusiuè ad ver. 49. exclusiuè.

Dominica prima post Pascha.

Collecta.

Deus qui per vnigenitum, &c.   *Vt supra in die Pascha.*

Epistola 1. Ioan. v. a ver. 4. inclusiuè ad ver. 13. exclusiuè.

Euang. Ioan. xx. a ver. 19. inclusiuè ad ver. 24. exclusiuè.

Dominica ij. post Pascha.

Collecta.

OMnipotens Deus qui dedisti nobis filium tuum vt esset sacrificium
pro peccato, & exemplum nouæ & æternæ vitæ, da vt gratis mentibus hoc inestimabile beneficium agnoscamus, & exempla vitæ ipsius
sanctissimæ, perpetuo imitari studeamus. Per eundem Christum, &c.

Epist.

Epiſt. 1. Pet. ij. a ver. 19. incluſiuè ad finem capitis.

Euang. Ioan. x. a ver. 11. incluſiuè ad ver. 17. excluſiuè.

Dominica iij. poſt Paſcha.

Collecta.

DEus, qui errantibus vt in viam poſsint redire, iuſtitiæ veritatis tuæ lumen oſtendis, da cunctis qui Chriſtiana profeſsione cenſentur, & illa reſpuere quæ huic inimica ſunt nomini, & ea quæ ſunt apta ſecta- ri. Per Ieſum Chriſtum Dominum &c.

Epiſt. 1. Pet. ij. a ver. 11. incluſiuè ad ver. 18. excluſiuè.

Euang. Ioan. xvi. a ver. 16. incluſiuè ad ver. 23. excluſiuè.

Dominica iiij. poſt Paſcha.

Collecta.

DEus, qui fidelium mentes vnius efficis voluntatis, da populo tuo id amare quod præcipis, id deſiderare quod promittis, vt inter mun- danas varietates, ibi noſtra fixa ſint corda, vbi vera ſunt gaudia. Per Chriſtum Dominum noſtrum.

Epiſtola Iacobi j. a ver. 17. incluſiuè ad ver. 22. excluſiuè.

Euan. Ioan. xvi. a ver. 1 incluſiuè ad ver. 16. excluſiuè.

Dominica v. poſt Paſcha.

Collecta.

DEus, à quo bona cuncta procedunt, largire ſupplicibus tuis, vt cogitemus te inſpirante, quæ vera ſunt, & te gubernante faciamus. Per Ieſum Chriſtum Dominum noſtrum. Amen.

Epiſtola Iacobi j. a ver. 22 incluſiuè ad finem capitis.

Euang. Ioan. xvi. a ver. 23. partim incluſiuè ad finem capitis.

Die Aſcenſionis Domini.

Collecta.

COncede quæſumus omnipotens Deus, vt qui vnigenitum tuum, redemptorem noſtrum, ad cœlos aſcendiſſe credimus, ipſi quoque mente illuc aſcendamus, & cum illo in cœleſtibus perpetuò habitemus. Per eundem Dominum noſtrum, &c. Epiſt.

Epiſtola Act. j. a ver. 1. incluſiuè, ad ver. 12. excluſiuè.

Euangelium Mar, xvj. a ver. 14. incluſiuè, ad finem capitis.

Dominica poſt Aſcenſion.

Collecta.

DEus Rex gloriæ, qui filium tuum vnigenitum Ieſum Chriſtum
cum ingenti triumpho in cœleſte tuum regnum exaltâſti:petimus
nè relinquas nos orphanos, ſed mitte nobis Spiritum Sanctum paracletum, qui nos conſoletur, & vt nos euehat ad illam gloriam, ad quam
Dominus & Seruator noſter Ieſus Chriſtus prior aſcendit. Qui tecum
viuit, &c.

Epiſtola 1. Pet. iiij. a ver. 7. incluſiuè, ad ver. 12. excluſiuè.

Euang. Ioan. xv. xvj. a ver. 26. incluſiuè ad ver. 5. excluſiuè. ca. proximi.

Die Pentecoſtes.

Collecta.

DEus, qui corda fidelium Sancti Spiritus illuſtratione docuiſti, da
nobis eodem ſpiritu recta ſapere, & de eius ſemper ſancta conſolatione gaudere. Per merita Seruatoris noſtri Ieſu Chriſti, qui tecum
viuit & regnat in vnitate eiuſdem Spiritus Sancti Deus, per omnia ſecula ſeculorum, Amen.

Epiſtola Act. ij. a ver. 1. incluſiuè, ad ver. 12. excluſiuè.

Euang. Ioan. xiiij. a ver. 15. incluſiuè, ad ver. vlt. incluſiuè partim.

Feria ij. poſt Pentecoſt.

Collecta.

Deus qui corda fidelium, &c. *Vt ſupra in die Pentecoſtes.*

Epiſtola Act. x. a ver. 34. incluſiuè ad finem capitis.

Euangelium Ioan. iij. a ver. 16. incluſiuè ad ver. 22. excluſiuè.

Feria iiij. poſt Pentecoſt.

Collecta.

Deus qui corda fidelium, &c. *Vt ſupra in die Pent.*

Epiſtola Act. viij. a ver. 14. incluſiuè ad ver. 18. excluſiuè.

Euang

Euangelium Ioan. x. a ver. 1. incluſiuè, ad ver. 11. excluſiuè.

Dominica Trinitatis.

Colle&a.

O Mnipotens ſempiterne Deus, qui dediſti nobis famulis tuis gratiam in confeſsione veræ fidei, æternæ Trinitatis gloriam agnoſcere, & in potentia Maieſtatis vnitatem adorare, quæſumus, vt eiuſdem
fidei firmitate, ab omnibus ſemper muniamur aduerſis. Qui viuis &
regnas Deus, per omnia ſecula ſeculorum. Amen.

Epiſtola Apoc. iiii. ab initio cap. ad finem.

Euang. Ioan. iii. a ver. 1. incluſiuè ad ver. 16. excluſiuè.

Dominica j. poſt Trinit.

Colle&a.

D Eus, in te ſperantium fortitudo, adeſto propitius inuocationibus
noſtris, & quia nihil ſine te poteſt mortalis infirmitas, præſta auxilium gratiæ tuæ, vt in exequendis mandatis tuis, & voluntate tibi &
actione placeamus. Per Ieſum Chriſtum Dominum noſtrum. Amen.

Epiſtola 1. Ioan. iiij. a ver. 7. incluſiuè ad finem cap.

Euang. Luc. xvj. a ver. 19. incluſiuè ad finem cap.

Dominica ij. poſt Trinit.

Colle&a.

S Ancti nominis tui Domine, timorem pariter & amorem, fac nos
habere perpetuum, quia nunquam tua gubernatione deſtituis, quos
ſemel in ſoliditate tuæ dilectionis inſtituis. Per Ieſum Chriſtum Dominum noſtrum. Amen.

Epiſt. 1. Ioan. iii. a ver. 13. incluſiuè ad ver. 24. incluſiuè.

Euang. Luc. xiiij. a ver. 16. incluſiuè ad ver. 25. excluſiuè.

Dominica iij. poſt Trinit.

Colle&a.

Q Væſumus nos Domine, clementer exaudi, & quibus ſupplicandi
præſtas affectum, tribue defenſionis auxilium. Per Chriſtum
Dominum noſtrum. Amen.

Epift. 1. Pet. v. a ver. 5. partim incluſiuè ad finem cap.

Euang. Luc. xv. a ver. 1. incluſiuè ad ver. 10. excluſiuè.

Dominica iiij. poſt Trinit.

Collecta.

PRotector omnium in te ſperantium Deus, ſine quo nihil eſt ſanctum nihil validum, multiplica ſuper nos miſericordiam tuam, vt te rectore, te duce, ſic tranſeamus per bona temporalia, vt non amittamus æterna. Per Ieſum Chriſtum Dominum. &c.

Epiſtola Rom. viij. a ver. 18. incluſiuè ad ver. 24. excluſiuè.

Euang. Luc. vi. a ver. 36. incluſiuè ad ver. 43, excluſiuè.

Dominica v. poſt Trinit.
Collecta.

DA nobis quæſumus vt & mundi curſus pacificè nobis tuo ordine dirigatur, & eccleſia tua tranquilla deuotione lætetur. Per Ieſum Chriſtum Dominum noſtrum.

Epiſtola 1. Pet. iij. a ver. 8. incluſiuè ad ver. 15. partim incluſiuè.

Euan. Luc. v. a ver. 1. incluſiuè ad ver. 11. excluſiuè.

Dominica vj. poſt Trinit.

Collecta.

DEus, qui diligentibus te bona inuiſibilia præparâſti, infunde cordibus noſtris tui amoris affectum, vt te in omnibus & ſuper omnia diligentes, promiſſiones tuas, quæ omnium deſiderium ſuperant, conſequamur. Per Ieſum Chriſtum Dominum noſtrum. Amen.

Epiſt. Rom. vj. a ver. 3. incluſiuè ad ver. 12. excluſiuè.

Euang. Mat. v. a ver. 20. incluſiuè ad ver. 27. excluſiuè.

Dominica vij. poſt Trinit.

Collecta.

DEus virtutum, cuius eſt omne quod eſt optimum, inſere pectoribus noſtris amorem tui nominis, & præſta nobis religionis incrementum, vt quæ bona ſunt nutrias, & quæ ſunt nutrita cuſtodias. Per Ieſum Chriſtum Dominum noſtrum. Amen.

Epiſt.

Epift. Rom.vj. a ver. 19. inclufiuè ad finem capitis.

Euangelium Mar. viij. a ver. 1. inclufiuè, ad ver. 10. exclufiuè.

Dominica viij. poſt Trinit.

Collecta.

Deus, cuius prouidentia in fua difpofitione non fallitur, te fupplices exoramus, vt noxia cuncta fubmoueas, & omnia nobis pro-
fitura concedas. Per Iefum Chriftum Dominum noftrum. Amen.

Epiftola Rom. viij. a ver. 11.inclufiuè ad ver. 18.exclufiuè.

Euangelium Mat. vij.a.ver.15.inclufiuè,ad ver.22.exclufiuè.

Dominica ix. poſt Trinit.

Collecta.

Largire nobis, quæfumus Domine, femper fpiritum cogitandi quæ
recta funt, pariter & agendi, vt qui fine te effe non poffumus,
fecundum te viuere valeamus. Per Iefum Chriftum Dominum noftrum.

Epiftola 1. Cor.x a ver. 1. inclufiuè, ad ver. 14.exclufiuè.

Euangelium Luc. xvj. a ver. 1. inclufiuè, ad ver. 10. exclufiuè.

Dominica x. poſt Trinit.

Collecta.

Pateant aures mifericordiæ tuæ Domine precibus fupplicantium, &
vt petentibus defiderata concedas, fac eos quæ tibi placita funt, poftulare. Per Chiftum Dominum, &c.

Epift.1.Cor.xij.a ver. 1.inclufiuè, ad ver.12.exclufiuè

Euangelium Luc.xix.a ver.41.inclufiuè ad ver.47. inclufiuè.

Dominica xj. poſt Trinit.

Collecta.

Deus, qui omnipotentiam tuam parcendo maximè & miferendo
manifeftas, multiplica fuper nos mifericordiam tuam, vt ad tua
promiffa currentes, cœleftium bonorum facias effe participes. Per
Iefum Chriftum Dominum noftrum.

P 2   Epiſt,

Epift. 1.Cor. xv. a ver. 1.inclufiuè ad ver. 12.exclufiuè.

Euangelium Luc. xviij. a ver. 9. inclufiuè ad ver. 15.exclufiuè.

Dominica xij. poft Trinit.

Collecta.

OMnipotens fempiterne Deus, qui abundantia pietatis tuæ & merita fupplicum excedis & vota, effunde fuper nos mifericordiam tuam, vt dimittas quæ confcientia metuit, & adijcias quæ oratio poftulare non audet. Per Iefum Chriftum Dominum noftrum. Amen.

Epiftola 2.Cor.iij. a ver. 4. inclufiuè, ad ver. 10.exclufiuè.

Euang. Mar.vij. a ver. 31. inclufiuè, ad finem capitis.

Dominica xiij. poft Trinit.

Collecta.

OMnipotens & mifericors Deus, a cuius beneficentia proficifcitur, vt tibi à fidelibus tuis dignè & laudabiliter feruiatur, tribue quæfumus nos, vt ad promiffiones tuas fine offenfione curramus. Per Iefum Chriftum Dominum noftrum.

Epiftola Gal.iij. a ver. 16.inclufiuè, ad ver. 23.exclufiuè.

Euangelium Luc. x. a ver. 23. inclufiuè ad ver. 38. exclufiuè.

Dominica xiiij. poft Trinit.

Collecta.

OMnipotens fempiterne Deus, da nobis fidei, fpei & charitatis incrementum: & vt mereamur affequi quod promittis, fac nos amare quod præcipis: per Iefum Chriftum Dominum noftrum. Amen.

Epift. Galat. v. a ver. 16. inclufiuè ad ver. 25. exclufiuè.

Euang. Luc. xvij. a ver. 11. inclufiuè ad ver. 20. exclufiuè.

Dominica xv. poft Trinit.

Collecta.

CVftodi quæfumus Domine Ecclefiam tuam, miferatione perpetua: & quia fine te labitur humana fragilitas, præfta auxilium gratiæ tuæ, vt ab omnibus abftrahatur noxiis, & ad falutaria cuncta dirigatur. Per Iefum Chriftum, &c.   Epift.

Epiſtola Gal. vj. a ver. 11. incluſiuè ad finem capitis.

Euangelium Matth. vj. a ver. 24. incluſiuè ad finem capitis.

Dominica xvj. poſt Trinit.

Collecta.

ECcleſiam tuam Domine, miſeratio continuata mundet & muniat, & quia ſine te non poteſt ſalua conſiſtere, tuo ſemper munere gubernetur. Per Ieſum Chriſtum Dom. &c.

Epiſtola Epheſ. iij. a ver. 13. incluſiuè, ad finem capitis.

Euangelium Luc. 7. a ver. 11. incluſiuè ad ver. 18. excluſiuè.

Domin. xvij. poſt Trinit.

Collecta.

TVa nos Domine, quæſumus gratia ſemper præueniat & ſequatur, ac bonis operibus præſtet eſſe intentos. Per Ieſum Chriſtum, &c.

Epiſtola Epheſ. iiij. a ver. 1. incluſiuè, ad ver. 7. excluſiuè.

Euangelium Luc. xiiij. a ver. 1. incluſiuè, ad ver. 12. excluſiuè.

Domin. xviij. poſt Trinit.

Collecta.

DA quæſumus Domine populo tuo, diabolica vitare contagia, & te ſolum verum Deum pura mente ſectari. Per Ieſum Chriſt. &c.

Epiſtola 1. Cor. 1. a verſ. 1. incluſiuè, ad verſ. 9. excluſiuè.

Euangelium Matthæi xxij. a verſe 34. incluſiuè ad finem capitis.

Domin. xix poſt Trinit.

Collecta.

DIrigat corda noſtra queſumus Domine tuæ miſerationis operatio: quia tibi ſine te placere non poſſumus. Per Ieſum Chriſtum Dominum noſtrum.

Epiſtola Epheſ. iiij. a ver. 17. incluſiuè, ad finem capitis.

Euangelium Mat. ix. a ver. 1. incluſiuè, ad ver. 9. excluſiuè.

Dom.

Dominica xx. post Trinit.

Collecta.

OMnipotens & misericors Deus, vniuersa nobis aduersantia misericors exclude, vt mente & corpore pariter expediti, quæ tua sunt liberis mentibus exequamur. Per Christum Dominum nostrum.

Epistola Ephes. v. a ver. 15. inclusiuè, ad ver. 22. exclusiuè.

Euangelium Matthæi xxij. a ver. 1. inclusiuè ad ver. 15. exclusiuè.

Domin. xxj. post Trinit.

Collecta.

LArgire quæsumus Domine, fidelibus tuis veniam placatus & pacem, vt pariter ab omnibus mundentur offensis, & secura tibi mente deseruiant. Per Iesum Christum Dominum nostrum.

Epistola Ephes. vj. a ver. 10. inclusiuè, ad ver. 20. exclusiuè.

Euangelium Ioan. iiij. a ver. 46. partim inclusiuè ad finem capitis.

Domin. xxij post Trinit.

Collecta.

FAmiliam tuam quæsumus Domine, continua pietate custodi, vt à cunctis aduersitatibus, te protegente sit libera, & in omnibus actionibus tuo nomini sit deuota. Per Dominum nostrum Iesum Christum, &c.

Epistola Phil. 1. a ver. 3. inclusiuè ad ver. 12. exclusiuè.

Euangelium Mat. xviij. a ver. 21. inclusiuè ad finem capitis.

Domin. xxiii. post Trinit.

Collecta.

DEus nostrum refugium & virtus, adesto pijs Ecclesiæ tuæ precibus, autor ipse pietatis, & præsta, quod fideliter petimus, efficaciter consequamur. Per Iesum Christum Dominum nostrum.

Epist. Phil. iiij. a ver. 17. inclusiuè ad finem capitis.

Euang. Mat. xxij. a ver. xv. inclusiuè ad ver. 23. exclusiuè.

Domin. xxiiii. poſt Trinit.

Colletta.

ABſolue quæſumus Domine, tuorum delicta populorum, vt à pec-catorum noſtrorum nexibus, quæ pro noſtra fragilitate contraxi-mus, tua benignitate liberemur. Per Chriſtum Dominum noſtrum.

Epiſtola Coloſſ. j. a ver. 3. incluſiuè ad ver. 13. incluſiuè.

Euangelium Mat. ix. a ver. 18. incluſiuè ad ver. 27. excluſiuè.

Domin. xxv. poſt Trinit.

Colletta.

EXcita quæſumus Domine tuorum fidelium voluntates, vt diuini operis fructum propenſiùs exequentes, pietatis tuæ præmia maiora percipiant. Per Ieſum Chriſtum Dominum noſtrum. Amen.

Lectio Iere. xxiij. a ver. 5. incluſiuè, ad ver. 9. excluſiuè.

Euang. Ioan. vj. a ver. 5. incluſiuè, ad ver. 15. excluſiuè.

Si ante Dominicam aduentus Domini plures iſtis xxv. acciderint Do-minicæ, Colletta, Epiſtola & Euangelium dicantur, quæ Do-minicis inter Epiphaniam & Septuageſimam aſsig-nata ſunt, & erant omiſſa.

Die S. Andreæ Apoſtoli.

Colletta.

OMnipotens Deus, qui dediſti beato Andreæ Apoſtolo tuo, vt a-cerbam & ignominioſam crucis mortem duceret ſibi pro magna gloria, tribue vt omnia nobis aduerſa pro nomine tuo, ducamus profu-tura ad æternam vitam conducibilia. Per Chriſtum Dominum, &c.

Epiſtola Rom. x. a ver. 9. incluſiuè, ad finem capitis.

Euang. Mat. iiij. a ver. 18. incluſiuè ad ver. 23. excluſiuè.

Die S. Thomæ Apoſtoli.

Colletta.

OMnipotens æterne Deus, qui pro confirmatione fidei noſtræ be-atum Thomam Apoſtolum de reſurrectione filij tui dubitantem

confirmâſti,

confirmâsti, concede nobis vt verè & sine vlla dubitatione credamus in filium tuum Dominum nostrum Iesum Christum, & vt fides nostra coram te, nunquam mereatur reprehensionem. Per eundem Dominum nostrum Iesum Christum filium tuum, qui tecum viuit & regnat in vnitate Spiritus Sancti Deus, per omnia secula seculorum.

Epist. Ephes. ij.a ver. 19. inclusiuè, ad finem cap.

Euangelium Ioan. xx. a ver. 24. inclusiuè ad finem cap.

Die Conuersionis S. Pauli.

Collecta.

DEus qui vniuersum mundum beati Pauli Apostoli prædicatione docuisti, da nobis quæsumus, vt cuius conuersionem recolimus, doctrinam, quam proposuit, sequamur, & factis exprimamus. Per Iesum Christum Dominum, &c.

Epistola Act. ix a ver. 1. inclusiuè, ad ver. 21. exclusiuè.

Euang. Mat. xix. a ver. 27. inclusiuè, ad finem cap.

Die purificat. Mariæ Virgin.

Collecta.

OMnipotens Deus, maiestatem tuam supplices exoramus, vt sicut vnigenitus filius tuus cùm carnis nostræ substantia hodiè tibi in templo est præsentatus, ita nos facias purgatis mentibus tibi præsentari, & vitam obtinere æternam. Per eundem Iesum Christum Dominum, &c.

Epist. Eadem cum illa, quæ assignatur diei Dominico.

Euang. Luc. ij.a.ver. 22.inclusiuè, ad ver. 27. partim exclusiuè.

Die Matthiæ Apostoli.

Collecta.

OMnipotens Deus, qui in locum Iudæ traditoris elegisti fidelem seruum tuum Matthiam, vt esset vnus ex numero duodecim Apostolorum, defende ecclesiam tuam a doctrina pseudoapostolorum, & tribue vt à veris pastoribus gubernetur. Per Iesum Christum Dominum nostrum. &c.

Epist.

Epiſt. Act.j. a ver. 15. incluſiuè ad finem capitis.

Euang. Mat. xj. a ver. 25. incluſiuè, ad finem cap.

Annunt. beatæ Mariæ.

Collecta.

M Entibus noſtris, quæſumus Domine, gratiam tuam benignus infunde, vt qui Angelo annuntiante filij tui incarnationem cognouimus, per paſſionem eius & crucem, ad reſurrectionis gloriam perducamur : Per eundem Chriſtum Dominum noſtrum.

Lectio. Eſai. vij. a ver. 10. incluſiuè ad ver. 16. excluſiuè.

Euangelium Luc. j. a ver. 26. incluſiuè ad ver. 39. excluſiuè.

Die S. Marci Euangeliſt.

Collecta.

D Eus, qui beatum Marcum Euangeliſtam tuum, ad Euangelicæ prædicationis gratiam euexiſti, tribue quæſumus, nos ſemper ſancto tuo Euangelio proficere, & fidei conſtantia ſtabiliri, vt non ſimus ſemper pueri, fluctuantes omni vento doctrinæ. Per Ieſum Chriſtum Dom. &c.

Epiſtola Epheſ. iiij. a ver. 7. incluſiuè ad ver. 17. excluſiuè.

Euan. Ioan. xv. a ver. 1. incluſiuè ad ver. 12. excluſiuè.

Die Phil. & Iac. Apoſt.

Collecta.

O Mnipotens Deus, cuius vera cognitio vita æterna eſt, fac nos credere filium tuum Dominum noſtrum Ieſum Chriſtum, eſſe viam & veritatem & vitam, id quod ſancti Apoſtoli tui Philippus & Iacobus crediderunt & docuerunt. Per eundem Dominum noſtrum Ieſum, &c.

Epiſtola Iac. j. a ver. 1. incluſiuè, ad ver. 12. excluſiuè.

Euangelium Ioan. xiiij. a ver. 1. incluſiuè, ad ver. 15. excluſiuè.

Die

Die Barnabæ Apostoli.

Collecta.

OMnipotens Domine, qui Sanctum Apostolum tuum Barnabam singularibus donis sancti Spiritus ornâsti, quæsumus, ne sinas nos destitui multiplicibus donis tuis aut gratia tua, vt illis rectè vtamur ad laudem & gloriam sanctissimi nominis tui. Per Iesum Christum Dominum nostrum. Amen.

Epist. Act. xj. a ver. 22. inclusiuè ad finem cap.

Euangelium Ioan. xv. a ver. 12. inclusiuè ad ver. 17. exclusiuè.

Die Ioannis Baptistæ.

Collecta.

OMnipotens Deus, cuius prouidentia præcursor Ioannis Baptista miraculosè natus est, & missus vt præpararet viam filio tuo prædicatione pœnitentiæ : fac nos eius doctrinam & sanctam vitam ita imitari, vt agamus veram pœnitentiam iuxta ipsius doctrinam, & exemplo eius constanter fateamur veritatem, & liberè crimina reprehendamus, ac patienter pro confessione veritatis mortem perferamus acerbam. Per eundem Iesum Christum Dominum, &c.

Lectio Esai. xl. a ver. 1. inclusiuè, ad ver. 12. exclusiuè.

Euangelium Luc. 1. a ver. 57. inclusiuè ad finem cap.

Die S. Petri Apostoli.

Collecta.

OMnipotens Deus qui per filium tuum Dominum nostrum Iesum Christum beato Petro Apostolo excellentia dona contulisti, & vt gregem tuum diligenter pasceret tertiò præcipisti, præsta quæsumus, vt omnes Episcopi & pastores diligenter doceant Euangelium & vt populus doctrinæ sit obsequens, quatenus vitam consequatur æternam. Per Iesum Christum Dominum nostrum.

Epist. Act xij. a ver. 1. inclusiuè ad ver. 12. exclusiuè.

Euang. Mat. xvj. a ver. 13. inclusiuè ad ver. 20. exclusiuè.

Die

Die S. Iacobi Apoſt.

Collecta.

M Iſericors Deus, concede, vt ſicut ſanctus Iacobus Apoſtolus tuus, relicto patre & omnibus quæ habebat, continuò obediens
fuit vocationi filij tui,& eum eſt ſecutus: Ita nos relictis omnibus mundanis & carnalibus affectibus, ſemper pareamus mandatis tuis. Per
Dominum noſtrum Ieſum Chriſtum. Amen.

Epiſt. Act. xj. & xij.a ver. 27. incluſiuè ad ver.4. cap ſeq. excluſiuè.

Euang. Mat, xx. a ver. 20. incluſiuè ad ver. 28. excluſiuè.

Die S. Barthol. Apoſt.

Collecta.

O Mnipotens ſempiterne Deus qui dediſti Apoſtolo tuo Bartholo-
mæo, vt crederet Euangelio, illudque doceret, da quæſumus Eccleſiæ tuæ & amare quod credidit, & prædicare quod docuit. Per Ieſum Chriſtum Dominum noſtrum. Amen.

Epiſtola Act.v. a ver. 12. incluſiuè ad ver. 17. excluſiuè.

Euang. Luc. xxij. a ver. 24. incluſiuè ad ver. 30. incluſiuè.

Die S. Matthæi Apoſt.

Collecta.

O Mnipotens Deus, qui per filium tuum vocâſti beatum Matthæ-
um,vt ex publicano Apoſtolus fieret & Euangeliſta,da nobis gratiam,vt ſtudium pecuniæ & opum amorem inordinatum,relinquamus,
& ſequamur filium tuum Dominum noſtrum Ieſum Chriſtum, qui
tecum viuit & regnat in vnitate Spiritus Sancti Deus, per omnia ſecula ſeculorum.

Epiſtola 2. Cor 4.a ver. 1. incluſiuè ad ver. 7. excluſiuè.

Euang. Mat.ix.a ver.9. incluſiuè ad ver. 14. excluſiuè.

Die Michaelis & omnium Angelorum.

Collecta.

D Eus, qui miro ordine Angelorum miniſteria hominumque diſ-
penſas, concede propitius, vt à quibus tibi miniſtrantibus in cœlo

lo femper affiftitur, ab his in terra vita noftra muniatur. Per Chriftum Dominum noftrum. Amen.

Epift. Apoc. xij. a ver. 7. inclufiuè ad ver. 17. exclufiuè.

Euang. Mat. viij. a ver. 1. inclufiuè ad ver. 11. exclufiuè.

Die S. Lucæ Euangelistæ.

Collecta.

OMnipotens Deus, qui Lucam medicum, cuius laus eft in Euange-lio, vt animarum quoque curam fufciperet, ad te vocâfti, præfta quæfumus, vt falubribus eius doctrinæ medicinis, omnes animarum noftrarum morbi fanentur. Per Iefum Chriftum Dominum noftrum.

Epiftola 2. Timoth. iiij. a ver. 5. inclufiuè ad ver. 16. exclufiuè.

Euan, Luc. x. a ver. 1. inclufiuè ad ver. 8. exclufiuè.

Die Simonis & Iudæ Apoft.

Collecta.

OMnipotens Deus qui Ecclefiam fuper fundamento prophetarum & Apoftolorum in ipfo fummo angulari lapide Chrifto Iefu ædi-ficâfti, da nobis vt per eorum doctrinam in vnitate fpiritus coniunga-mur, vt fimus tibi femper templum acceptabilè. Per eundem Iefum Chriftum Dominum noftrum.

Epiftola Iud. j. a ver. 1. inclufiuè ad ver. 9. exclufiuè.

Euang. Ioan. xv. a ver. 17. inclufiuè ad finem cap.

Die omnium Sanctorum.

Collecta.

OMnipotens Deus, qui coniunxifti electos tuos in vna communio-ne & focietate myftici corporis filij tui Domini noftri Iefu Chri-fti, da vt fanctos tuos in omnibus virtutibus & bonis operibus imite-mur, vt ad ineffabile gaudium quod præparâfti iis, qui verè te diligunt, perueniamus. Per Iefum Chriftum Dominum noftrum.

Epift. Apoc. vij. a ver. 2. inclufiuè ad ver. 12. inclufiuè.

Euang. Mat. v. a ver. 1. inclufiuè ad ver. 13. exclufiuè.

Finis Collectarum, Epiftolarum, & Euangeliorum
totius anni.

Ordo adminiſtrandi Cœnam Domini
ſiue Sacram Communionem.

QVotquot cupiunt fieri participes ſacræ Communionis, indicabunt nomina ſua Paſtori, pridiè aut manè, priuſquam inchoentur Matutinæ, vel immediatè poſt principium Matutinarum precum.

Si quis autem eorum fuerit manifeſtè criminoſus, ita vt Eccleſia per eum ſit offenſa, vel afficit proximum iniuriâ verbis aut facto, Si paſtor hoc intellexerit vocabit eum, & commonefaciet, ne vllo modo audeat accedere ad menſam Domini, donec præbuerit clara indicia ſuæ recipiſcentiæ, & ſatisfecerit Eccleſiæ, ac illis quos affecit iniuria : vel ad minimum, promittat ſe illis ſatisfacturum, quàm primum commodè fieri poteſt.

Eodem ordine, admonebit paſtor eos, inter quos intelligit eſſe ſimultates, ac odia, nec permittet eos communicare menſæ Domini, donec certior redditus fuerit de eorum reconciliatione. Quod ſi altera pars litigantium dixerit ſe velle ex animo alteri ignoſcere, & ei etiam ſatisfacere, & altera noluerit accipere ſatisfactionem, aut deponere iram & odium, Paſtor admittet pœnitentem at non pertinacem.

Cùm Cœna Dominica celebrabitur, menſa mundo panno lineo operta ſtabit in medio vel Templi vel Chori, vbi Matutinæ & Veſpertinæ preces dicendæ ſunt : ad cuius menſæ ſeptentrionalem partem Miniſter ſtans orabit precationem Dominicam.

PAter noſter qui es in cœlis, &c.
Cum Collecta ſequente.

OMnipotens Deus, cui omne cor patet, & cui omnes affectus animorum cogniti ſunt, & quem nihil latet, purifica cogitationes cordium noſtrorum, per inſpirationem Sancti Spiritus, vt te ex animo amemus, & debita veneratione celebremus nomen tuum Sanctum. Per Ieſum Chriſtum Dominum noſtrum.

Tunc recitabit Sacerdos clarè Decem Præcepta : & vniuerſus populus poſt ſingula mandata, genibus flexis, miſericordiam Dei implorabit, pro violatione illorum, in hunc qui ſequitur modum.
Miniſter.

LOquutus eſt Deus verba iſta dicendo : Ego ſum Dominus Deus tuus. Deos nullos alios habebis præter me. **Exod. 20. Deut. 5.**
Populus.

Domine, miſerere noſtri, & dirige corda noſtra ad ſeruandam hanc legem. **Miniſter.**

Minister.

Non facies tibi sculptile, neque vllam similitudinem vllius rei quæ est supra in cœlo, aut infra in terra, aut in aquis sub terra : non adorabis ea nec coles. Ego enim Dominus Deus tuus, Deus zelotes sum, visitans iniquitates patrum in filios, in tertiam & quartam generationem eorum qui oderunt me, & faciens misericordiam in millia, ijs qui diligunt me, & custodiunt præcepta mea.

Populus.

Domine, miserere nostri, &c.

Minister.

Non assumes nomen Domini Dei tui in vanum : non enim habebit insontem Dominus eum, qui assumpserit nomen eius in vanum.

Populus.

Domine miserere nostri, &c. -

Minister.

Memento vt diem Sabbati sanctifices. Sex diebus operaberis & facies omnia opera tua, septimo autem die Sabbatum Domini Dei tui est, nullum in eo facies opus, tu & filius tuus, & filia tua, seruus tuus & ancilla tua, iumentum tuum, & aduena qui est intra portas tuas. Sex enim diebus fecit Dominus cœlum & terram, mare & omnia quæ in eis sunt, & requieuit die septimo. Idcirco benedixit Dominus diei Sabbati, & sanctificauit eum.

Populus.

Domine, miserere nostri, &c.

Minister.

Honora patrem tuum & matrem tuam, vt prolongentur dies tui super terram, quam Dominus Deus tuus dat tibi.

Populus.

Domine, miserere nostri, &c.

Minister.

Non occides.

Populus.

Domine, miserere nostri, &c.

Minister.

Non committes adulterium.

Populus.

Domine, miserere nostri, &c.

Minister.

Non furtum facies.

Populus.

Domine, miserere nostri, &c.

Minister.

Minister.

Non loquêris contra proximum tuum falsum testimonium.

Populus.

Domine, miserere nostri, &c.

Minister.

Non concupisces domum proximi tui, nec concupisces vxorem eius, non seruum non ancillam, non bouem, non asinum, nec quicquam eorum quæ illius sunt.

Populus.

Domine, miserere nostri, & quæsumus hasce omnes leges tuas cordibus nostris inscribas.

Tunc per Ministrum stantem ad sacram mensam, legetur Collecta siue oratio diei assignata, vna cum altera duarum Collectarum sequentium, pro fœlici statu Regis.

Oremus.

OMnipotens Deus, cuius regnum est æternum, & potentia infinita, miserere vniuersæ Ecclesiæ, & sic dirige cor electi famuli tui Iacobi Regis ac gubernatotis nostri, vt ipse (cuius minister sit sciens) ante omnia quærat gloriam & honorem tuum: & nos ei subiecti, agnoscentes vt decet, eum à te habere imperium, fideliter ei seruiamus, eum honoremus, & obsequamur ipsi cum omni submissione, in te, & propter te, iuxta præceptum & ordinationem tuam. Per Iesum Christum filium tuum, Dominum nostrum, qui tecum vnà cum Spiritu Sancto viuit & regnat semper vnus Deus in secula seculorum. Amen.

Alia Collecta.

OMnipotens & æterne Deus, docemur ex sacrosancto verbo tuo corda Regum in manu tua esse, teque ea dirigere & inclinare, prout sapientiæ tuæ diuinæ optime videbitur, suppliciter petimus cor Iacobi famuli tui, Regis & gubernatoris nostri ita inclinas atque dirigas, vt in omni sua cogitatione, verbo & opere, super omnia tuum quærat honorem & gloriam, & seruare studeat populo tuo sibi commisso prosperitatem & pacem cum pietate, hæc concede misericors pater, propter filium tuum dilectum Iesum Christum Dominum nostrum. Amen.

Post has Collectas, Sacerdos, siu quis alius Minister ad id deputatus, legat Epistolam, in loco ad id assignato, & sic incipiat.

Epistola sancti N. Apostoli, scripta ad N. capite, &c.

Epistola finita legatur Euangelium.

Euangelium N, scriptum cap. N. &c.

Post

Poſt Euangelium ſequetur Symbolum.

CRedo in vnum Deum patrem omnipotentem, factorem cœli & terræ, atque viſibilium omnium & inuiſibilium. Et in vnum Dominum Ieſum Chriſtum filium Dei vnigenitum, ex patre natum ante omnia ſecula Deum de Deo, Lumen de Lumine, Deum verum de Deo vero genitum non factum: conſubſtantialem Patri, per quem omnia facta ſunt. Qui propter nos homines & propter noſtram ſalutem deſcendit de cœlis. Et incarnatus eſt de Spiritu Sancto ex Maria virgine, & homo factus eſt. Crucifixus etiam pro nobis ſub Pontio Pilato, paſſus & ſepultus eſt. Et reſurrexit tertia die ſecundum Scripturas, & aſcendit in cœlum, ſedet ad dexteram Patris, Et iterum venturus eſt cum gloria, iudicare viuos & mortuos: cuius regni non erit finis. Et in Spiritum Sanctum Dominum viuificantem, qui ex patre filioque procedit. Qui cum patre & filio ſimul adoratur & conglorificatur, qui loquutus eſt per Prophetas. Et vnam ſanctam Catholicam, & Apoſtolicam Ecclesiam. Confiteor vnum baptiſma in remiſſionem peccatorum. Et expecto reſurrectionem mortuorum, & vitam venturi ſeculi. Amen.

Poſt Symbolum ſequatur Concio, ſine legatur vna Homiliarum iam editarum aut in poſtero publica autoritate edendarum.

Finita Homilia aut ſermone ad populum Paſtor indicabit Feſtos ac ieiunos dies, ſi qui fuerint, ſequenti ſeptimana.

Imprimiſq̃, hortabitur, vt pauperum meminerint, & eorum inopiam ſubleuent. Deinde cantentur vel recitentur vna vel plures ex ſententiis ſequentibus prout ipſe videbitur.

Mat. 5.

SIc luceat lux veſtra coram hominibus, vt videant veſtra opera bona, & glorificent patrem veſtrum qui in cœlis eſt.

Mat. 6.

Ne reponatis vobis theſauros in terra, vbi erugo & tinea corrumpit, & vbi fures perfodiunt & furantur, ſed recondite vobis theſauros in cœlo, vbi neque erugo neque tinea corrumpit, & vbi fures non perfodiunt, neque furantur.

Mat. 7.

Quæcunque volueritis vt faciant vobis homines, ſic & vos facite illis. Hæc enim eſt Lex & Prophetæ.

Mat. 7.

Non omnis qui dicit mihi Domine, Domine, intrabit in regnum cœlorum, ſed qui fecerit voluntatem Patris mei qui in cœlis eſt.

Luc. 19.

Zachæus ſtans dicebat ad Dominum, Ecce dimidium bonorum meorum Domine, do pauperibus, & ſi quid aliquem defraudaui, reddo quadruplum.

Quis

Quis militat fuis ftipendijs vnquam? Quis plantat vineam, & de fru- 1.Cor.9.
ctu eius non edit? Aut quis pafcit gregem, & de lacte gregis non edit.

Si nos vobis fpiritualia feminauimus, magnum eft fi nos veftra car- 1.Cor.9.
nalia meffuerimus?

An nefcitis quod ij qui in facris operantur, ex facrificijs viuant? Qui 1.Cor.9.
facrario affiftunt, vna cum facrario partem accipiunt. Sic & Dominus
ordinauit, vt qui Euangelium annuntiant, ex Euangelio viuant.

Qui fementem facit parcè, is parcè meffurus eft. Et qui fementem 2.Cor.9.
facit libentèr & benignè largiendo, copiosè meffurus eft; vnufquifque
fecundum propofitum cordis, non ex moleftia aut neceffitate : nam hi-
larem datorem diligit Deus.

Communicet qui catechizatur fermone, ei qui fe catechizat, omni- Gal. 6.
bus bonis. Ne erretis, Deus non irridetur. Quicquid enim femina-
uerit homo, hoc & metet.

Cum tempus habemus, operemur bonum erga omnes, maximè au- 1.Tim.6.
tem ad domefticos fidei.

Eft autem quæftus magnus, pietas cum animo fua forte contento. 1.Tim.6.
Nihil enim intulimus in mundum, videlicet nec efferre quicquam poffumus.

Præcipe ijs qui diuites funt, vt prompti fint ad largiendum & diftri- 1.Tim.6.
buendum, thefaurizantes fibi ipfis thefaurum, fundamentum bonum
in pofterum, vt apprehendant æternam vitam.

Non eft Deus iniuftus, vt obliuifcatur operis veftri, & laboris ex cha- Heb.6.
ritate fufcepti, quam exhibuiftis erga nomen illius, qui miniftráftis facris, & miniftratis.

Beneficentiæ autem & Communionis nolite obliuifci : talibus enim Heb.13.
victimis placetur Deo.

Qui habuerit fubftantiam huius mundi, & viderit fratrem fuum ege- 1.Ioan.3.
re, & clauferit vifcera fua ab eo, quomodo charitas Dei manet in eo.

Fac eleemofynam ex fubftantia tua, & noli auertere faciem tuam ab Tob.4.
vllo paupere : ita enim fiet, vt nec à te auertatur facies Domini.

Quo modo potueris ita efto mifericors. Tob.4.

Si multum tibi fuerit, abundanter tribue : fi exiguum tibi fuerit, etiam exiguum libentèr impartiri ftude. Præmium enim bonum tibi the-
faurizas in die neceffitatis.

Fœneratur Domino, qui mifere tur pauperis, & viciffitudinem fuam Pro.13.
reddat ei.

Beatus vir qui intelligit fuper egenum & pauperem, in die mala libe- Pfal.41.
rabit eum Dominus.

Intereà ædiles feu alij, quibus illud munus affignabitur, colligent oblatam
à populo eleemofynam, & in ciftam ad pauperum vfum reponent. Singuli item
confuetas oblationes & decimas, fuo tempore Paftori perfoluent.

2   *Poft*

Poſt hæc Miniſter dicet.

Oremus pro ſtatu vniuerſalis Eccleſiæ, hîc in terra
militantis.

1. Tim 2. OMnipotens æterne Deus, qui per Apoſtolum tuum iubes facere
orationes, obſecrationes, deprecationes, & gratiarum actiones
pro omnibus hominibus, humiliter te petimus, vt clementer accipias
Si nulla largia- (hæc munera, atque) has preces noſtras, quas offerimus diuinæ maie-
tur eleemoſyna, ſtati tuæ, ſupplicantes vt vniuerſam Eccleſiam tuam ſpiritu veritatis &
omittitur (hæc concordiæ perpetuò inſpires & conſerues : præſta etiam vt omnes qui
munera atq;) nomen tuum ſanctum confitentur, conſentiant in fide, & vera doctrina Euangelij, & viuant inter ſe concordes in charitate. Precamur te
pro omnibus Regibus, Principibus ac gubernatoribus Chriſtum profi-
tentibus. Inprimis autem te oramus, vt ſerues & defendas famulum
tuum Iacobum Regem noſtrum, vt ſub ipſo quietam vitam degamus
cum omni pietate & honeſtate. Da ſuis conſiliarijs & vniuerſis qui
magiſtratum gerunt, vt veram ſine perſonarum acceptione adminiſtrent iuſtitiam, qua vitia & nequitiæ puniantur & corrigantur : pietas,
religio, & virtus creſcant, & afficiantur dignis præmijs. Da gratiam,
cœleſtis pater, omnibus Epiſcopis, paſtoribus, & his qui curam gerunt
animarum, vt tam vitâ quàm doctrinâ ornent miniſterium Euangelij,
& adminiſtrent Sacramenta, iuxta inſtitutionem filij tui. Tribue vniuerſo populo tuo gratiam tuam, præſertim huic congregationi iſtic
præſenti, vt humili animo & qua decet reuerentia, audiant & percipiant ſanctum verbum tuum, & tibi ſeruiant in ſanctitate & iuſtitia, omnibus diebus vitæ ſuæ. Submiſsè etiam te petimus, propter bonitatem
tuam Domine, vt conſoléris & ſuccurras omnibus, qui ſunt in anguſtijs, doloribus, infirmitatibus vel alijs aduerſitatibus conſtituti. Hæc
nobis largire ô Pater, propter Ieſum Chriſtum Mediatorem noſtrum
vnicum & Aduocatum. Amen.

Tunc ſequetur hæc exhortatio, certis temporibus quando presbyter
videbit populum negligenter accedere ad ſacram
Communionem.

EIa fratres dilectiſſimi, iam Dominica cœna eſt agitanda, ad quàm
Dei nomine vos omnes, quotquot adeſtis inuito, voſque obſecro
per Ieſum Chriſtum Dominum noſtrum, per beatam ſpem aduentus
eius & fœlicitatê æternam, quam expectamus, vt ſic benignè atque hu-
maniter vocati & inuitati à Deo, non detrectetis accedere. Nôſtis quàm
graue ſit atque moleſtum, iam parâſſe ſplendidum conuiuium, menſam
apparatu

apparatu magnifico inſtruxiſſe, atque dum nil aliud ſupereſt, quàm vt
accumbatur, conuiuas nullâ iuſtâ legitimaque cauſâ renuntiare ſe non
eſſe acceſſuros. Quis veſtrûm ibi non commoueretur? Quis non arbi-
traretur grauiſſimam iniuriam ſibi eſſe factam? Quamobrem vos quoque in Chriſto chariſſimi, cauete; ne hanc ſacram cœnam detrectando
prouocetis contra vos indignationem Dei, & acerbiſſimam eius iram
incurratis. Facile eſt dicere hominibus, Non communico, quia non
poſſum: At eſt difficillimum, imò impoſſibile, vt huiuſmodi excuſatio
coram Deo approbetur. Fac Deum interrogare, cur non potes? Quid
obſecro reſpondebis? Peccatis ſum contaminatus. Cur non te pœnitet? Ad reſipiſcendum non exiguntur longa temporum ſpatia. Potes
noua ſpe lucri aut commodi ſtatim mutare propoſitû, potes conſilium
inuertere, potes contra quæ inſtitueras, agere. At quum a peccato eſt
recedendum, ais; non poſſum: quum ad Deum eſt redeundum, excu-
ſas; non valeo. Cogitate etiam atque etiam, tales excuſationes non
profuturas. Qui conuiuium patris familias recuſârunt, quòd villam
emiſſent, quòd eſſent probaturi iuga boum, aut duxiſſent vxores: minimè fuerunt excuſati, ſed cœleſti vocatione atque inuitatione habiti
ſunt indigni. Equidem hic adſum, & pro officio legationis meæ, Dei
nomine vos inuito, per Chriſtum voco, per veſtram ſalutèm vos adhor-
tor, vt communicetis. Et quemadmodum filius Dei eſt dignatus ob
veſtram ſalutem in cruce animam ponere; ita vos dignemini memoriam eius mortis hic vna cum cæteris fratribus, prout ipſe iuſſit, agitare.
Quod ſi non vultis omnino facere, atque ab obfirmato & obdurato
propoſito vos non patimini abduci, vobiſcum bene reputate, quantam
Deo iniuriam faciatis, & quanta propterea vltio vos maneat. Atque
cum iſtud ſacrum conuiuium detrectando, ſatis ſuperque Deum offen-
datis; vos moneo & hortor atque obſecro, ne peccato huic aliud præterea coniungatis: quod eſſet, ſi non communicaturi aſtaretis, ceu ſpe-
ctatores communicantium. Quid hoc aliud erit, quàm Deo maiorem
iniuriam facere? Eſt quidem contumelia repulſam dare inuitanti, ſed ea
longè fit maior dum aſtatur, & interim cum aliis non diſcumbitur, nec
editur neque bibitur. Hoc porro eſt ludibria haberi Chriſti miſteria.
Dicetur cunctis; Accipite, & edite: Accipite & bibite ex hoc omnes:
Hoc facite in memoriam mei. Quo ore? qua fronte? quo animo hæc
audietis? Quid erit aliud negligere, contemnere ac irridere Teſtamentum Chriſti, niſi hoc fuerit? Quare potius abite, atque ſanctis date locum. Sed abeundo, quæſo vobiſcum reputate mature ac grauiter, vnde-
nam diſcedatis: nempe à Deo, à Chriſto, à fratribus & epulo ſummæ
charitatis. Hæc ſi fideliter cogitaueritis, & ad cor & in viam fortaſſe re-
dibitis. Quod vt nobis diuina miſericordia concedatur, nos hic precabimur dum vnà communicabimus.

Ali-

Aliquando etiam dicetur hoc, pro arbitratu presbyteri.

Dilectissimi, quandoquidem nostrum est ex animo reddere omnipotenti Deo, cœlesti Patri nostro, gratias, quia dedit filium suum Seruatorem nostrum Iesum Christum, non solùm vt moreretur pro nobis, verum etiam vt esset nostrum spirituale pabulum & alimentum, quemadmodum proditum est nobis, verbo Diuino, tum sacramentis sanctissimi corporis & sanguinis sui, tam salutaribus ijs qui dignè recipiunt, & tam tremendis, è contrà ijs, qui recipiunt indignè : meum est exhortari vos, vt diligenter trutinetis amplitudinem & dignitatem huius sancti mysterij, & ingens periculū indignæ receptionis eius, & non secus descendere in vos, & explorare conscientias vestras, quam si deberetis, sancti ac impolluti adire diuinissimum & cœleste epulum, sic vt nullo modo adire liceat vobis, destitutis veste illa nuptiali, quam Dominus poscit in sacra scriptura, dummodo recipi velitis vt digni conuiuæ huiusmodi cœlestis mensæ: Ratio autem et via ad hanc rem, hæc est quam subdo.

Primum oportet explorare vitam & mores vestros ad normam mandatorum Dei, & quicunque intelligetis vos neutiquam satisfecisse, voluntate, dicto, vel opere, in eo gemere & deplorare impiam vestram vitam, confitentes vos omnipotenti Deo, cùm firmo & constanti proposito resipiscendi.

Quòd si deprehenderitis vestra iniquè facta eius farinæ esse, vt non solùm in Deum, sed in proximos etiam commissa sint, tum illis quidem conciliabitis vos ipsi, parati ad satisfaciendum pro virili, in omnes iniurias & iniustitias, illis per vos illatas : nec minus parati ad condonandum omnibus in vos iniquè patratis, similiter ac veniam erratorū consequi velletis ipsi a Domino. Nam absque hoc, receptio huius sacræ Communionis non solùm non conducit, sed adauget potius vestram cōdemnationem. Et propterea quod nō est fas quenquā accedere hæc mysteria, nisi solidâ fiduciâ misericordiæ diuinæ, & sedata & tranquilla conscientia eò incitatum: Idcircò si quisquam è vobis sit, qui superioribus rationibus non possit pacare suam conscientiam, verùm eget ampliore consolatione, tum me petat, aut aliquem alium consultum & eruditum ministrum verbi diuini, & nudet vulnus, vt possit recipere spirituale consilium, admonitionem & solatium, vt conscientiæ leuetur onus, & vt ministerio verbi diuini consequatur fomentum & beneficium absolutionis, ad pacificationem conscientiæ, & amotionem omnis scrupuli ac hæsitationis.

Tunc Minister recitabit hanc exhortationem.

Dilecti in Domino, qui constituistis communicare corpori & sanguini Domini nostri Iesu Christi, necesse est vt ad memoriā reuocetis,

reuocetis, quid scripserit Sanctus Paulus Corinthijs, & quomodo ex- 1.Cor. 11.
hortetur eos vt quilibet seipsum probet,& sic de pane illo edat, & de calice bibat. Nam sicut magnum beneficium est spiritualiter manducare
corpus, & bibere sanguinem Chisti, manere in Christo, & habere
Christum in se habitantem, ac vnum effici cum ipso, quod contigit illis qui dignè accedunt, id est, corde contrito & humiliato, cum vera
fide ac fiducia certa misericordiæ promissæ per Christum. Ita præsens
periculum est, si indignè accedamus, quia efficimur rei corporis & sanguinis Christi Seruatoris nostri, & ad iudicium & condemnationem
manducamus, propterea quòd non discernimus corpus Domini, sed
ipsius iram & indignationem nobis accersimus, ac prouocamus eum,
vt nos puniat diuersis plagis, morbis, & morte. Quare si quis blasphe-
mus verbi Dei, hostis, adulter, flagrans ira, odio, aut reus alterius criminis sit, is non audeat accedere ad mensam Domini. Sed antè defleat
peccata sua, quàm accedat, ne post acceptum illud salutare Sacramentum, simul intret in eum Satanas, sicut in Iudam, & eum repleat omni
iniquitate, & perducat ad exitium corporis & animæ. Quare fratres
vos ipsos iudicate, ne à Domino iudicemini: pœniteat vos serio præteritorum peccatorum, toto pectore confidite Seruatori nostro Christo.
Emendate vitam, & diligite omnes homines ex animo, ita enim efficie-
mini verè participes horum mysteriorum. Sed ante omnia necesse est,
vt maxima cum humilitate, & ex corde agamus gratias Deo Patri, &
Filio, & Spiritui Sancto, quòd redemit mundum per passionem &
mortem Seruatoris nostri Iesu Christi, veri Dei, & veri hominis, qui se
humiliauit vsque ad mortem, mortem autem crucis, pro nobis miseris
peccatoribus, habitantibus in tenebris & vmbra mortis, vt nos effice-
ret filios Dei, & hæredes vitæ æternæ. Ad hunc enim finem institutum
est Sacramentum, vt semper memores essemus infiniti amoris, magistri
& vnicè mediatoris nostri Iesu Christi hoc pacto pro nobis morientis,
& innumerabilium beneficiorum, quæ per effusionem pretiosi sui sanguinis nobis obtinuit, & instituit & ordinauit sacra mysteria, quasi pignus amoris & perpetuum monumentum mortis suæ, ad magnam & æ-
ternam consolationem nostri. Ei autem vnà cum Patre & Spiritu sancto agamus gratias, vt merito debemus, & humiliemus nosmetipsos,
ac subijciamus eius sanctissimæ voluntati, & studeamus ei obsequi in
vera sanctitate & iustitia omnibus diebus vitæ nostræ.

Deinde Minister alloquetur Communicaturos his
verbis.

VOs quos verè & serio pœnitet de peccatis vestris coram Deo, &
reconciliati estis proximis, ac diligitis omnes homines ex animo, &
Q 3 constituistis

ſtituiſtis poſthac ducere vitam nouam iuxta præcepta Dei, & deinceps ſoliciti eſtis ambulare in viis eius ſanctis : accedite propiùs, vt percipiatis hoc ſalutare Sacramentum ad veſtram conſolationem , confitemini humiliter peccata veſtra Deo & Eccleſiæ hic congregatæ in nomine ipſius, ſuppliciter flectentes genua.

Tunc fiat hæc generalis confeſsio , nomine eorum qui communicaturi ſunt, vel per eorum aliquem, vel per vnum ex Miniſtris , aut per ipſum Sacerdotem, omnibus ſubmiſsè genua flectentibus.

Omnipotens Deus pater Domini noſtri Ieſu Chriſti, conditor omnium rerum, iudex vniuerſorum mortalium , nos confitemur & deploramus noſtra multiplicia peccata, & iniquitates, quas ſubinde per omnem vitam contumaciter deſignauimus, cogitatione, verbis, facto, contra diuinam maieſtatem tuam , prouocantes iuſtiſſimam iram & indignationem tuam aduerſus nos : verè enim ex animo dolemus, & ſerio nos pœnitet de peccatis noſtris : eorum commemoratio eſt nobis acerbiſſima, illorum grauitatem ferre non poſſumus. Miſerere noſtri, miſerere noſtri, miſericordiſsime Pater, propter filium tuum Dominum noſtrum Ieſum Chriſtum. Condona nobis peccata præterita, & concede, vt ſemper poſthac ſeruiamus & placeamus tibi in nouitate vitæ, ad laudem & gloriam nominis tui, Per Ieſum Chriſtum Dominum noſtrum.

Deinde eriget ſe Sacerdos, (aut Epiſcopus ſi adſit) & connerſus ad populum ſic loquetur.

Omnipotens Deus Pater noſter cœleſtis , qui pro immenſa ſua miſericordia pollicitus eſt omnibus ſerio pœnitentibus, & vera fide ad illum conuerſis, peccatorum ſuorum remiſsionem, miſereatur veſtri, remittat & condonet vobis omnia peccata veſtra , confirmet & corroboret vos in omni opere bono, & peruucat vos ad vitam æternam. Per Ieſum Chriſtum Dominum noſtrum. Amen.

Sic Miniſter etiam dicet.

Avdite quomodo Chriſtus ad ſe inuitat peccatores, & eos conſoletur verbis omni conſolatione pleniſſimis.

Venite (inquit) ad me omnes qui laboratis, & onerati eſtis , & ego vos reficiam.

Sic Deus dilexit mundum, vt filium ſuum vnigenitum daret, vt omnis qui credit in eum, non pereat ſed habeat vitam æternam.

Au-

Audite etiam quid S. Paulus dicat.

Fidelis fermo, & omni obferuatione digniffimus, Chriftus Iefus venit in hunc mundum vt faluos faceret peccatores.

Audite etiam quid Diuus Ioannes dicat.

Si quis peccauerit, aduocatum habemus apud Patrem, Iefum Chriftum iuftum, & ipfe eft propitiatio pro peccatis noftris.

Quo finito, Minifter procedendo dicet.

Surfum corda.

Refponfio.

Habemus ad Dominum.

Minifter.

Gratias agamus Domino Deo noftro.

Refponfio.

Dignum & iuftum eft.

Minifter.

Verè dignum & iuftum eft, quodque iure debemus, nos tibi femper & vbique gratias agere, Domine, Sancte Pater, omnipotens, æterne Deus.

Sequetur propria præfatio, fi quæ fit affignata, alioqui
ftatim fubiungetur.

Ideò cum Angelis, &c.

Propriæ Præfationes.

Die Natiuitatis & feptem diebus fequentibus.

QVia dedifti nobis vnicum filium tuum Dominum noftrum Iefum Chriftum, quem hodierna die pro nobis nafci voluifti. Et per operationem Sancti Spiritus fieri verum hominem ex virgine Maria matre fua, fine labe peccati, vt nos ab omni peccato mundaret. Ideò cum Angelis & Archangelis, &c.

Die Pafcha & feptem diebus fequentibus.

IN primis autem, laudamus te propter gloriofam filij tui Iefu Chrifti Domini noftri refurrectionem. Ipfe enim verè pafchalis eft agnus, pro nobis oblatus, qui abftulit peccatum mundi : qui mortem moriendo deftruxit, & refurgendo nobis vitam æternam reparauit. Ideoque cum Angelis, &c.

Die Afcenfionis, & feptem diebus fequentibus.

PEr dilectiſſimum filium tuum Ieſum Chriſtum Dominum noſtrum, qui poſt glorioſam reſurrectionem ſuam omnibus diſcipulis ſuis manifeſtus apparuit, & ipſis cernentibus eleuatus eſt in cœlum, vt nobis præparet locum: & vbi ipſe eſſet, iſtic nos aſcendamus, & cum eo regnemus in gloria. Ideò cum Angelis, &c.

Die Pentecoftes, & fex diebus fequentibus.

PEr Ieſum Chriſtum Dominum noſtrum, iuxta cuius certiſſimam promiſſionem Spiritus Sanctus hodierna die cum ſubito & vehementi ſonitu de cœlo deſcendit,& ſuper Apoſtolos in figura linguarum ardentium reſedit, vt eos doceret,atque induceret in omnem veritatem: contulitque eis donum linguarum, & fortitudinem confitendi & prædicandi Euangelium omni nationi, vt ex tenebris erroris ad ueram lucem, & ad cognoſcendum te Ieſumque Chriſtum filium tuum rite peruenīremus. Ideò cum Angelis, &c.

In feſto Trinitatis tantùm.

VEre dignum & iuſtum (vt ſupra) qui vnus es Deus, vnus es Dominus, non in vnius ſingularitate perſonæ, ſed cum Trinitate perſonarum, in vnitate ſubſtantiæ. Quod enim de gloria patris credimus, hoc de filio tuo, hoc de Spiritu Sancto, ſine differentia diſcretionis ſentimus. Ideò cum Angelis, &c.

Poſt quas præfationes ſequetur immediatè.

IDeò cum Angelis & Archangelis, cumque omni militia cœleſtis exercitus, hymnum glorioſo tuo nomini canimus, te ſine fine laudantes ac dicentes: Sanctus, Sanctus, Sanctus Dominus Deus Sabaoth. Pleni ſunt cœli & terra gloria tua, Oſanna in excelſis.

Tum Sacerdos apud Dominicam menſam nomine eorum, qui communicare volunt, ſic orabit genibus flexis.

NOn accedimus ad hanc menſam, ô miſericors Domine, fiduciâ iuſtitiæ noſtræ, ſed in multitudine miſerationum tuarum. Neq; enim ſumus digni, vt colligamus micas de menſa tua. Sed tu es idem Dominus, cuius ſemper proprium eſt miſereri. Concede igitur miſericors Domine, vt ſic edamus carnem dilecti filij tui Ieſu Chriſti, & bibamus

bamus eius fanguinem, vt noftra corpora peccatis inquinata, munda
fiant, perceptione facratiffimi corporis fui, & noftræ animæ lauentur
in pretiofo fanguine fuo : vt perpetuò habitemus in eo, & ipfe in nobis.
Amen.

Pofteà Sacerdos erigens fe, dicet.

O Deus omnipotens pater nofter cœleftis, qui ex immenfa tua mifericordia, dedifti nobis vnicum filium tuum Iefum Chriftum,
pro noftra redemptione mortem in cruce pati, ibique vnica illa oblatio-
ne qua fefe femel obtulit, perfeċtum, plenum, & fufficiens facrificium,
hoftiam & fatisfaċtionem integram faceret pro peccatis totius mundi:
quique inftituit, ac in fuo facrofanċto Euangelio præcepit, perpetuam
memoriam pretiofæ fuæ mortis celebrare, vfquedum rediret. Exaudi
nos quæfumus mifericors pater, & concede vt nos fumentes has tuas
creaturas panis & vini, iuxta facrofanċtam inftitutionem filij tui, Seruatoris noftri Iefu Chrifti, in memoriam eius mortis & paffionis, participes fimus fanċtiffimi corporis & fanguinis eius. Qui eadem noċte
qua tradebatur, accepit panem & gratias agens, fregit, ac dedit difcipulis fuis, dicens : Accipite, comedite, hoc eft corpus meum, quod pro
vobis datur, hoc facite in meam commemorationem. Simili modo
poftquam cœnatum eft accepit calicem, & gratias agens, dedit illis, dicens : Bibite ex eo omnes : hic eft enim fanguis meus noui teftamenti,
qui pro vobis & pro multis effunditur, in remiffionem peccatorum.
Hoc facite quotiefcunque biberitis, in mei commemorationem.

*Tunc Minifter ipfe primò recipiet Euchariftiam fub vtraque fpecie, pro-
ximo loco tradet idem reliquis Miniftris, fi qui adfint, vt præcipuum Miniftrum adiuuent.*

*Deinde Minifter tradet Euchariftiam populo in manus, genibus flexis, &
cum exhibet panem, dicet.*

Corpus Domini noftri Iefu Chrifti, quod pro te traditum eft, con-
feruet corpus tuum & animam tuam in vitam æternam.
Et Accipe & ede hoc, in memoriam quod Chriftus mortuus fit pro
te : fide illum ede, in corde tuo, cum gratiarum aċtione.

Minifter cum exhibet poculum, dicet.

Sanguis Domini noftri Iefu Chrifti, qui pro te effufus eft, confer-
uet corpus tuum, & animam tuam in vitam æternam.

Et

Et Bibe hoc in memoriam Chrifti fanguinem pro te effufum effe, & gratias age.

Tunc Minifter dicet orationem Dominicam, Et populus recitabit poft illum fingulas petitiones.

Deinde dicetur oratio fequens.

O Domine cœleftis Pater, nos humiles ferui tui fupplices rogamus paternam tuam bonitatem, vt hoc noftrum facrificium laudis & gratiarum actionis, benigne accipias : humiliter fupplicantes, vt propter merita & mortem filij tui Iefu Chrifti, & per fidem in illius fanguinem, concedas, vt nos cum vniuerfa Ecclefia, remiffionem peccatorum, cæteraque beneficia paffionis illius confequamur. Atque hic etiam offerimus, & præfentamus tibi Domine, nos ipfos, animas noftras, & corpora noftra, hoftiam rationalem fanctam & viuam : te humiliter obfecrantes, vt quotquot participes fumus huius facrofanctæ Communionis, tua gratia & cœlefti benedictione repleamur. Et quanquam indigni fumus, propter multitudinem peccatorum noftrorum, qui tibi vllum facrificium offeramus, tamen fupplicamus vt acceptum habeas hanc noftram feruitutem & debitum obfequium, non intuendo noftra merita, fed condonando noftra peccata. Per Iefum Chriftum Dominum noftrum, per quem, & cum quo, in vnitate *Sancti Spiritus*, fit tibi omnipotens pater, omnis honor & gloria, in omnem æternitatem. Amen.

Vel ifta Oratio.

O Mnipotens æterne Deus, immortales tibi ex animo gratias agimus, quòd nos qui hæc facrofancta myfteria ritè percepimus, pafcere digneris fpirituali cibo pretiofifsimi corporis & fanguinis Filij Seruatoris noftri Iefu Chrifti, nofque certos reddis, horum participatione de tuo fauore & gratia erga nos, & quod fumus vera membra in corpore tuo myftico incorporata, quod eft fancta communio omnium fidelium, quodque hæredes fumus fecundum fpem vitæ æternæ, per merita pretiofifsimæ mortis & pafsionis dilectifsimi filij tui. Nos ergo fupplices rogamus, ô pater cœleftis, ita nos tua gratia femper adfis, vt in hac fanctifsima communione perfeueremus, & omnia huiufmodi opera bona faciamus, quæ tu præparâfti vt in eis ambulemus, per Iefum Chriftum Dominum noftrum, cui cum Spiritu Sancto, tibi fit omnis honor & gloria in omnem æternitatem. Amen.

Deinde

Deinde dicatur aut canatur.

GLoria in excelſis Deo. Et in terra pax, hominibus bonæ voluntatis. Laudamus te, Benedicimus te, Adoramus te, glorificamus te,
gratias agimus tibi, propter magnam gloriam tuam. Domine Deus rex
cœleſtis, Deus Pater omnipotens, Domine Filɩ vnigenite, Ieſu Chriſte,
Domine Deus agnus Dei, filius patris, qui tollis peccata mundi, miſerere nobis. Qui tollis peccata mundi, ſuſcipe deprecationem noſtram.
Qui ſedes ad dextram Dei patris, miſerere nobis. Quoniam tu ſolus
ſanctus, tu ſolus Dominus, tu ſolus altiſſimus, Ieſu Chriſte. Cum Sancto Spiritu, in gloria Dei patris. Amen.

Poſtremo Sacerdos vel Epiſcopus ſi adſit, dimittet eos hac
benedictione.

PAx Dei, quæ ſuperat omnem intellectum, conſeruet corda veſtra,
& mentes veſtras, in cognitione & amore Dei, & filɩj eius Ieſu Chriſti Domini noſtri : & fauor omnipotentis Dei, Patris, Filii, & Spiritus
Sancti, vobis adſit, ſemperque vobiſcum maneat.

Sequuntur Collectæ dicendæ poſt off.rtorium, quando non adſunt Commu-
nicantes, quolibet tali die vna, quoties occaſio datur, poſt Collectas Matuti-
narum & Veſpertinarum precum vel Letania, quæ etiam dici poſſunt
pro arbitrio Miniſtri.

ADeſto ſupplicationibus noſtris miſericors Deus, & viam famulorum tuorum in ſalutis tuæ proſperitate diſpone, vt inter omnes
huius vitæ varietates & caſus, tuo ſemper protegantur beneficentiſſimo
& prompto auxilio. Per Dominum noſtrum Ieſum Chriſtum, &c.

Drigere & ſanctificare & regere dignare, Domine Sancte Pater
omnipotens æterne Deus, corda & corpora noſtra in lege tua, &
operibus mandatorum tuorum, vt hic & in æternum, te auxiliante,
ſemper ſani corpore, ſalui animo ſimus. Per Ieſum Chriſtum Dominum noſtrum.

LArgire quæſumus omnipotens Deus, vt verba quæ exterius auribus
hodie percepimus, ita cordibus noſtris per tuam gratiam intus in-
ferantur, vt fructum bonæ vitæ ſemper in nobis proferant, ad laudem
& gloriam tui nominis. Per Ieſum Chriſtum Dominum noſtrum.
Amen.

Actiones

ACtiones noſtras quæſumus Domine, aſpirando præueni, & adiuuando proſequere, vt in omnibus noſtris actionibus inceptis,
continuatis & in te finitis ſacroſanctum nomen tuum glorificemus,&
tandem tua benignitate gaudiis perfruamur æternis. Per Ieſum Chriſtum, Dominum noſtrum.

OMnipotens Deus fons omnis ſapientiæ, qui non ſolùm quibus rebus opus nobis ſit, antequam quicquam petimus noueris, ſed
etiam noſtram in petendo ignorantiam vides: rogamus tuam clementiam, miſereſcat te noſtrarum infirmitatum,& quæ vel propter indignitatem noſtram non audemus, vel propter cæcitatem noſtram petere
non poſſumus, tu ea nobis largiri digneris, per merita Filij tui Domini noſtri Ieſu Chriſti,qui tecum viuit & regnat Deus, in omnem æternitatem. Amen.

OMnipotens Deus, qui promiſiſti te auditurum preces eorum, qui
in nomine filii tui poſtulant : aures tuas clementer precibus noſtris accommoda & præſta, vt quæ pro voluntate tua fideliter à te petimus, efficaciter conſequamur, ad noſtram neceſſitatem ſubleuandam,
& gloriam tuam promouendam. Per Ieſum Chriſtum Dominum noſtrum. Amen.

Diebus feſtis, ſi non adſint Communicantes, dicentur tamen omnia quæ præ-
ſcripta ſunt, vſq, ad finem homiliæ, addendo orationem illam generalem pro
vniuerſali ſtatu totius militantis Eccleſiæ, atque vnam aut alteram è Collectis
præcedentibus, vt occaſio erit.
    Ac ipſa quidem cœna Domini nunquam celebrabitur, niſi iuſtus ſit homi-
num numerus, qui cum Miniſtro communicent, prout ipſi videbitur.
    Quòd ſi non ſint plures in Parœcia, quàm viginti maturæ ad communican-
dum diſcretionis, nulla tamen Communio erit, niſi quatuor, vel minimùm tres
cum Miniſtro communicent.
    In Eccleſiys verò Cathedralibus & Collegiatis, in quibus plures exiſtant
Miniſtri ac Diaconi, omnes ſingulo die Dominico, ad minimum cœnam vnà
cum Miniſtro, niſi legitima excuſatio intercedat, participabunt.
    Ad tollendam autem ſuperſtitionem, quam quiuis in pane vel vino collo-
care poterit, ſufficiet eiuſmodi eſſe panem, qui ad menſam cum reliquis cibis ſu-
mi ſolet, ſed tamen optimus ac puriſſimus, qui è tritico confectus commodè pa-
rari poſſit. Si vero quicquam panis vel vini ſuperfuerit, Miniſter ſibi ad ſu-
os vſus capiet. Panis autem ac vinum in communionem præparatum, per Mini-
ſtrum atq, edituos Parœciæ ſumptibus parabuntur, ipſaq, Parœcia eiuſmodi
pecuniarum ſummis, reliquiſq, impenſis quas donatim hactenus ſingulis die-
bus

bus Dominicis pro eisdem erogarunt, liberabitur.

Atque hic obserua vnumquemque è Parœcia ter ad minimum singulis annis communicare oportere, nominatim verò ac Pascha, ac Sacramenta cæterosque ritus, iuxta huius libri formam percipere. Vnusquisque porro ad Pascha computum cum suo Rectore, vicario, vel Ministro, eiusque vel eorum deputatis annuatim instituet, eisdemque omnia Ecclesiastica debita, eo tempore solita numerari, persoluet.

Hic sequatur Ordo Baptismi Publici.

Ordo Baptismi tenendus in Ecclesia.

EX *vetustis scriptoribus apparet Sacramentum Baptismi apud veteres, duobus tantum anni temporibus, Paschatis scilicet, & Pentecostes, vulgo ministrari solitum. Quibus quidem temporibus publicè celebrabatur in præsentia totius Ecclesiæ, hanc consuetudinem iam quidem exoletam, quamuis propter multas causas non possit commodè restitui, visum est tamen quàm proximè poterimus sequi. Quamobrem admonendus est populus commodissimum esse, vt Baptismus Dominicis tantum & reliquis Festis diebus administretur, cùm maxima populi frequentia confluxerit : tum vt congregatio præsens recens Baptisatos testetur, recipi in numerum Ecclesiæ Christi : tum vt omnes qui adfuerint ex infantium tinctione propriæ professionis in Baptismo factæ admoneantur. Quibus etiam de causis aptissimum videtur, vt Baptismus Anglico Idiomate administretur. Quod si tamen necessitas vrgere videbitur, nihil prohibet quominùs domi infantes baptizentur. Cum die Dominico aut aliquo Festo infantes fuerint babtizandi, Parentes eorum vel præcedenti vesperi vel Mane, ante initium matutinarum precum Ministrum eius rei admonebunt, & dèinde susceptores vnà cum Populo, vt infantibus ad baptisterium parati sint, statim à finita posteriori lectione vel Matutinaram, vel si commodius Ministro videbitur, vespertinarum precum. Quo in loco cum adfuerint, Minister interrogabit vtrum infantes Baptisati sint, necne. Quàd si respondeant non esse baptisatos : Addet.*

QVoniam, dilectissimi fratres, omnes homines in peccatis concepti sint & nati, & seruator noster Christus dicat, neminem ingredi posse in regnum Dei, nisi renatus fuerit ex aqua & Spiritu sancto : obsecro vos vt Deum Patrem per Dominum nostrum Iesum Chistum inuocetis, vt pro benigna sua misericordia dignetur istis infantibus concedere, quod à sua natura habere non possint, hoc est, vt baptizati aqua & Spiritu sancto, recipiantur in sanctam Christi Ecclesiam, & eiusdem viua & vera membra efficiantur.

Tunc

Tunc dicet Miniſter. Oremus.

OMnipotens æterne Deus qui pro ingenti miſericordia tua ex a-
quarum periculo Noha & familiam eius Arca liberaſti, & Iſrae-
lem populum tuum per mare rubrum traduxiſti incolumem, effigiem
ea re præbens ſacri Baptiſmatis, & per Baptiſmum dilecti filij tui Ieſu Chriſti, ad miſticam ablutionem peccatorum Iordanis fluuium &
reliquas omnes aquas ſanctificâſti, te ſuppliciter quæſumus, pro infinita miſericordia tua, vt benigniter hos infantes reſpicias, ſanctifices, ab-
luas tuo ſancto Spiritu, vt hoc pacto ab ira tua liberati, in arcâ Eccleſiæ
Chriſti recipiantur : & fide firmi, ſpe læti, charitate radicati, ita fluctus
huius turbulentiſsimi ſeculi tranſeant, vt tandem veniant, ad terram
vitæ perennis, ibi tecum perpetuò regnaturi, per Dominum noſtrum
Ieſum Chriſtum. Amen.

OMnipotens immortalis Deus, auxilium indigentiũ, patrocinium
ad te confugientium, vita credentium, reſurrectio mortuorum, te
oramus pro his infantibus, vt accedentes ad ſacrum Baptiſma tuum, per
ſpiritualem regenerationem, peccatorum remiſsionem conſequantur.
Recipe eos (Domine) prout promiſiſti per dilectum Filiũ tuum, dicentem: Petite, & accipietis, quærite, & inuenietis, pulſate & aperietur vobis. Da igitur nobis nunc petentibus, inueniamus quærentes, apperia-
tur pulſantibus, vt iſti infantes benedictionem cœleſtis ablutionis
conſequantur, & ad æternum regnum tuum perueniant, quod promiſiſti. Per Chriſtum Dominum noſtrum. Amen.

Tunc dicet Miniſter.

Audite verba Euangelij ſcripti per diuum Marcum,
capite decimo.

QVodam tempore attulerunt ad illum pueros, vt tangeret illos : diſ-
cipuli vero increpabant eos qui adducebant. Cum vidiſſet autem
Ieſus indignatus eſt, & dixit illis : *Sinite pueros venire ad me : ne pro-*
hibete illos, talium enim eſt regnum Dei. Amen dico vobis, quicun-
que non acceperit regnum Dei tanquam puer, haud quaquam ingredi-
etur in illud. Et cum cepiſſet eos in vlnas ſuas, impoſitis manibus ſuper illos, benedixit eis.

Perlecto Euangelio, hac breui exhortatione vtetur Mini-
ſter ſuper verbis Euangelij.

AVditis (chariſsimi) in hoc Euangelio verba ſeruatoris Chriſti,
quòd præceperit pueros ad ſe adduci, quomodò Diſcipulos re-
prehenderit,

prehenderit, qui voluissent eos à se prohibere, quemadmodum omnes exhortatus sit, vt eorum imitarentur innocentiam. Intelligitis, vt externo gestu, & facto suo benignam animi propensionem in ipsos declarauit, vlnis complexus est, Manus super eos imposuit & benedixit. Nolite igitur dubitare, sed confidite potius illum pari benignitate, & hos infantes comprehensurum, vlnis misericordiæ suæ complexurum, benedictione vitæ cœlestis donaturum, & immortalis regni participes redditurum. Quamobrem nos hunc in modum persuasi de benigna voluntate cœlestis patris erga hos infantes, per filium suum Christum Iesum, nec quicquam dubitantes hoc pietatis nostræ officium illi gratum fore, summa cum fide & pietate gratias agamus, dicentes.

OMnipotens æterne Deus cœlestis pater, suppliciter tibi gratias agimus, quod nos dignatus sis ad fidem in te, & cognitionem gratiæ tuæ vocare, auge quæsumus & hanc in nobis fidem & cognitionem in perpetuo confirma. Spiritum sanctum tuum his infantibus concede, vt renati æternæ salutis hæredes fiant, per Iesum Christum Dominum nostrum, qui tecum viuit & regnat vna cum sancto Spiritu, nunc & in æternum. Amen.

Tunc Minister hac oratione ad susceptores vtetur.

HOs infantes (dilectissimi) baptizandos adduxistis, orastis, vt Dominus noster Iesus Christus dignaretur eos accipere, manus super eos imponere, regnum cœleste & vitam æternam condonare. Audistis præterea Dominum Iesum Christum in Euangelio promisisse hæc omnia pro quibus orâstis se concessurum. Quod ille quidem pro se procul dubio præstabit. Itaque cum hac promissione Christus se obstrinxerit, infantes etiam istos oportet per vos vades, & fideiussores suos polliceri renunciaturos se Diabolo & omnibus operibus eius, constanter fidem habituros in sancto Dei verbo, obedienterque eius mandata obseruaturos.

Tunc Minister, vt sequitur, susceptores interrogabit.

Renunciásne Diabolo, & omnibus operibus eius, inani pompæ & gloriæ huius seculi, cum omnibus eiusdem avaris desiderijs & carnis concupiscentijs, vt nec sequi eas volueris, nec te ab illis abduci sinêris.

Responsum.

Illis ego omnibus renuntio.

(Minister.

Credis ne in Deum patrem omnipotentem creatorem cœli & terræ, & in Iesum Christum filium eius vnicum Dominum nostrum,

conceptum

conceptum ex Spiritu fancto, natum ex Maria virgine? Credis eundem
paffum fuiffe fub Pontio Pilato, crucifixum, mortuum, fepultum: ac
defcendiffe ad inferos, & tertia die refurrexiffe a mortuis? Credis eum
afcendiffe in cœlum, & fediffe ad dextram Dei Patris omnipotentis,
& illinc venturum effe in fine feculi, ad iudicandum viuos & mortuos? Credis item in Spiritum fanctum? Credis fanctam Catholicam
Ecclefiam, fanctorum communionem, remiffionem peccatorum, carnis refurrectionem, & æternam vitam poft mortem.

Refponfum.

Omnia hæc firmiter credo.

Minifter.

Cupifné in hanc fidem baptizari?

Refponfum.

Cupio.

Tunc Minifter dicet.

COncede quæfumus mifericors Deus, vt vetus Adam ita in iftis
infantibus fepeliatur, & nouus homo in eifdem excitetur.
Amen.

Concede vt omnes carnales affectiones in ipfis moriantur, & omnia fpiritualia viuant & crefcant. Amen.

Concede illis vim & poteftatem vincendi & triumphandi de Satana, Mundo, & Carne. Amen.

Concede vt quicunque hìc per noftrum officium & minifterium
tibi dicatus fit, donetur etiam cœleftibus virtutibus & æterno præ-
mio, per tuam mifericordiam benigniffime Deus, qui viuis & regnas
in omne æuum. Amen.

OMnipotens immortalis Deus, cuius chariffimus Filius Iefus
Chriftus, ex pretiofo latere aquam fimul & fanguinem profudit, in remiffionem peccatorum noftrorum, & difcipulis præcepit, vt
euntes docerent omnes gentes, baptizantes eos in nomine Patris, &
Filij, & Spiritus fancti: refpice quæfumus preces Ecclefiæ tuæ &
concede vt omnes ferui tui, in hac aqua baptizandi, accipiant plenitu-
dinem gratiæ tuæ, & femper maneant in numero fidelium & electorum filiorum tuorum. Per Dominum noftrum Iefum Chriftum.
Amen.

*Tunc Minifter infantem in manus accipiens, nomen interroga-
bit, & ipfum nomine compellans, in aquam cautè & circumfpectè im-
merget, dicens.*

N. Ego baptizo te in nomine Patris, & Filij, & Spiritus Sancti.
Amen.

Quòd

Quòd si infans infirmus sit, satis fuerit aquam illi leniter infudisse, dicens, vt suprà.

N. Ego baptizo te in nomine Patris & Filij & Spiritus Sancti. Amen.

Deinde Minister facto crucis signo in fronte infantis, dicet:

Nos recepimus hunc infantem in cœtum gregis Christi, & illum notamus signo crucis, in testimonium quòd ipsum post hac non pudebit confiteri fidem in Christum crucifixum, & sub eius signo contra peccatum, mundum, & Satanam viriliter pugnare, fidelemque eius ministrum & militem ad vitæ finem vsque permanere. Amen.

Tunc Minister dicet.

CVm iam (Charissimi) isti infantes renati sint & insiti in corpus Ecclesiæ Christi, gratias agamus De opro istis beneficijs, & vnanimi consensu Deum omnipotentem comprecemur, vt secundum hoc initium, in vniuersa reliqua vita dirigantur.

Tunc dicetur.

Pater noster qui es, &c.

Minister autem addet.

INgentes tibi gratias agimus (misericors Pater) quòd dignatus sis tuo sancto Spiritu hunc infantem regignere, in Filium tuum adoptiuum admittere, & ad Ecclesiam tuam aggregare, suppliciter rogantes, concedas vt ipse peccato mortuus, viuens iustitiæ, & cum Christo sepultus in mortem, crucifigat veterem hominem, & penitùs aboleat corpus peccati, vt quemadmodum mortis Filij tui, ita etiam & resurrectionis fiat particeps, vt tandem cum reliqua Ecclesia æterni regni tui hæreditatem consequatur: Per Christum Dominum nostrum, Amen.

Denique susceptoribus conuocatis, Minister hanc admonitionem addet.

QVoniam infantes isti per vos promiserint, renuntiaturos se Diabolo & omnibus eius operibus, in Deum autem credituros, & illi soli ieruituros, meminisse vos oportet vestri muneris esse & officij diligenter videre, vt quàm primum per ætatem poterint, instituantur quàm solenne votum quàm sanctam professionem per vos fecerint, quoque ista melius cognoscant, sæpe commonebitis, vt Sacras conciones audiant. Imprimìs vero curabitis, vt Anglico sermone discant

R   articulos

articulos fidei, orationem Dominicam, & decem præcepta Decalogi,
cæteraque omnia quæ ad animæ salutem Christianum decet cognos-
cere. Prospicietis denique vt ad piam & Christianam vitam studiose
educentur, semper memores Baptismum effigiem nobis ob oculos
proponere professionis nostræ, vt scilicet Christi seruatoris exemplum
imitemur, & ad eius similitudinem conformemur, vt quemadmodum
ille pro nobis mortuus est, & resurrexit, ita nos etiam, qui baptizamur,
peccato quidem moriamur, resurgamus autem ad vitæ nouitatem &
rectitudinem, semper mortificantes prauas & corruptas carnis con-
cupiscentias, eximiosque progressus facientes in omni virtute &
pietate.

*Mandabit etiam Minister, vt pueri ad Episcopum adducantur confir-
mandi quam primùm edidicerint Articulos fidei, orationem Dominicam &
præcepta Decalogi, & in Catechismo eum in finem promulgato, pleniùs ali-
quantum instituantur: prout in eodem præscriptum est.*

Priuatus Baptismus.

*De his, qui necessitate vrgente in priuatis ædibus baptizantur per Mini-
strum Parochiæ, vel per alium legitimum Ministrum, cuius operâ pro-
ratione temporis vti licebit.*

Ecclesiarum Pastores & Ministri subinde populum admonebunt, ne
Baptismum Infantium longiùs differant, quàm in diem Dominicam, aut festum diem proximè sequentem natales infantium, nisi grauis admodùm causa per Ministrum approbata coegerit.

Commonefaciant etiam, vt sine graui & necessaria causa domi intra pri-
uatos parietes Infantes non baptizent. Cum autem magna illos & dura necessitas vrgebit hunc in modum facient.

Primùm legitimus Minister & qui præsentes fuerint, Dei gratiam &
auxilium inuocabunt, dicentes orationem Dominicam, si temporis angustia
permiserit. Deinde verò vnus nomine ipsum compellans, vel in aquam im-
merget, vel aqua perfundet, dicens.

N.   Ego baptizo te in nomine Patris, & Filij, & Spiritus sancti.
Amen.

*Ne dubitent autem, quin puer hunc in modum legitimè & plenè bapti-
zatus sit: nec debet postea in Ecclesia baptismus repeti, quodsi tamen infans
ad hanc rationem baptizatus vixerit, vehementer expedit, vt in Ecclesia ad-
ducatur, quò Minister experiatur & probet, num legitimè domi baptziatus sit.*

Quod

Quod si illi qui infantem sistent, respondebunt iam baptizatum esse, vlterius interrogabit,

Per quem sit baptizatus?
Qui præsentes fuerint cum baptizaretur?
Vtrum Dei gratiam & auxilium in illa angustia inuocauerint?
Quo liquore illum baptizârint?
Quibus verbis baptizatus sit?
Vtrùm credant infantem legitimè & plenè baptizatum?

Quòd si Minister ex responsionibus adferentium Infantem intelligit omnia ritè & legitimè facta, baptismum non repetet, sed assumet illum in gregem & populum Christianum: dicens.

EGo vos certiores facio, quòd rectè præstitistis vestrum officium hac in re, iustumque ordinem retinuistis in baptismo huius infantis qui natus in originali peccato, & sub ira diuina, nunc est per Lauacrum regenerationis in Baptismo, in numerum filiorum Dei relatus, & hæres factus æternæ vitæ. Dominus enim noster Iesus Christus gratiam suam huiusmodi infantibus adeò non denegat, vt eos amanter & benigniter inuitet, quemadmodum in Sacrosancto Euangelio, cum ingenti nostra consolatione habetur.

Euangelium. Marc. x.

Quodam tempore attulerunt ad illum pueros vt tangeret illos, &c.
Vt supra in Publico baptismate

Sequetur etiam hortatiuncula superius præscripta, donec peruentum fuerit ad postremam sententiam, quæ sic se habebit.

Quamobrem nos minimè nescij fauoris, quem cœlestis noster Pater gerit in hos Infantes, illustrati & patefacti per Filium eius Iesum Christum, agamus illi gratias per fidem & pium affectum, & dicamus orationem quam dominus ipse docuit, & ad testificationem Fidei nostræ, recitemus articulos comprehensos in Symbolo.
Hic Minister cum susceptoribus dicet.
Pater noster qui es in cœlis. &c.
Deinde Minister quod sit nomen Infantis interrogabit, quod cùm susceptores pronuntiauerint, Minister addet.
Tunc istius Infantis nomine, reŭntias Diabolo, & omnibus eius operibus, inani pompæ & gloriæ huius seculi, cum omnibus auaris eiusdem cupiditatibus & carnis concupiscentijs, vt nec sequi illa, nec ab eis abduci volueris?

R 2 *Responsum.*

Reſponſum.

Iſtis omnibus renuntio.

Miniſter.

Tune iſtius infantis nomine, hanc fidem profiteris? nempe te credere in Deum Patrem omnipotentem, &c.

Reſponſum.

Hæc omnia ego conſtanter credo.

Tunc dicet Miniſter.

Oremus.

OMnipotens ſempiterne Deus cœleſtis pater, ſupplices tibi gratias
agimus quòd dignatus ſis nos ad fidem in te & cognitionem gratiæ tuæ vocare: Auge quæſumus & hanc in nobis fidem & cognitionē
in perpetuum confirma. Spiritum ſanctum tuum huic infanti concede, vt is renatus, & hæres ſalutis æternæ factus, per Dominum noſtrum Ieſum Chriſtum, tuus vſque famulus perſeueret, tuamque promiſſionem conſequatur. Per eundem Dominum noſtrum Ieſum
Chriſtum filium tuum, qui tecum viuit & regnat in vnitate eiuſdem
Spiritus ſancti in omnem æternitatem. Amen.

Addetur etiam admonitio ad Suſceptores, vt ſuprà.

Quoniam infans iſte, per vos promiſerit renútiaturum ſe Diabolo, &c.

Vt ſuprà in Publico Baptiſmo.

Quod ſi vt aliquando contingit, infantem adferentes incertas reſponſiones
fecerint: affirmauerint que ſe neſcire quid in tanta mentis conſternatione
cogitârint, fecerint, dixerint, tum Miniſter ad rationem Publici Baptiſ-
mi ſuperius præſcriptam omnia peraget, niſi quod in immergendo infante
ſic inquiet.

Quod ſi anteà non ſis baptizatus. N. Ego baptizo te in nomine Patris, & Filij, & Spiritus ſancti. Amen.

Confirmatio, in qua Catechiſmus ad pueros
inſtituendos continetur.

VT confirmatio maiore cum puerorum ædificatione adminiſtretur, iuxta
Pauli doctrinam, præcipientis vt omnia ad ædificationem in Eccleſia fiant, viſum eſt, neminem ad confirmationem admittendum, niſi qui materna
lingua Fidei Articulos, Orationem Dominicam, Decalogi præcepta expedite poterit, & memoriter pronuntiare, & ad reliquas item quæſtiones bre-
uis illius Catechiſmi reſpondere, quas Epiſcopus, vel pro illius arbitrio, a-
lius quicunque propoſuerit, hæc autem ratio plurimis de cauſis obſeruatu com-
modiſſima videtur.

Primùm, quia cum pueri ad maturiorem ætatem peruenerint & didicerint,

                                                  quæ

quæ & quantà susceptores ipsorum nomine in Baptismo promiserint, ipsi proprio ore, proprio consensu, publicè in conspectu Ecclesiæ eadem agnoscant & confirment, profiteanturque se diuina gratia adiuuante conaturos ea omnia fideliter obseruare, quibus iam suis verbis, sua confessione assenserint.

Secundò quoniam confirmatio illis adhibetur qui iam Baptisati sunt, vt per impositionem manuum & orationem, vires & defensionem accipiant contra omnes insultus peccati, mundi, & Diaboli, commodissimè adminstratur cum pueri eam ætatem attigerint, qua tum per suam carnis infirmitatem, tum per varios huius mundi & Diaboli insultus, in maximo periculo constituuntur, ne in grauissima peccata prolabantur.

Tertiò, quòd non alienum sit a consuetudine Primitiuæ Ecclesiæ, qua susceptum erat, vt confirmatio adhiberetur illis, qui ad ætatem maturiorem peruenissent, vt ipsi iam in religione Christiana instituti suam ipsorum fidem publicè profiterentur, & promitterent se diuinæ voluntati, & mandatis eius obtemperaturos.

Ne quisquam verò putet ex dilatione confirmationis quicquam detrimenti Filijs suis accessurum, sed apud animum constituat ex Dei verbo clarum & perspicuum esse infantos Baptisatos omnia habere ad salutem necessaria, certoque certius salutem consequi.

Catechismus memoriter à pueris ediscendus

antequam ad confirmationem adducantur, quem reperias initio
huius voluminis tanquàm limen ad Ecclesiæ Anglicanæ doctrinam, & ideo hìc non inseritur.

Quamprimùm pueri maternâ linguâ memoriter teneant Articulos fidei, orationem Dominicam, & præcepta Decalogi, poteruntque respondere ad quæstiones istius Catechismi, vel ab Episcopo vel ab alio quouis pro illius arbitrio proposito, tum vt testem habeant, confirmationis suæ per aliquem susceptorem ad Episcopum confirmandi adducentur.

Episcopus autem hoc modo pueros confirmabit.

Confirmationis ratio.

Episcopus.
Auxilium nostrum in nomine Domini.
Responsum.
Qui fecit cœlum & terram.
Episcopus.
Sit nomen Domini benedictus.
Responsum.
Ab hoc præsenti tempore in omne vsque æuum.

Episcopus.

Episcopus,

Domine exaudi quæsumus orationem nostram.

Responsum,

Et clamor noster ad te perueniat.

Episcopus. Oremus.

Omnipotens æterne Deus, qui hos seruos tuos per aquam & Spiritum sanctum regenerare dignatus es, omniaque iis peccata condonare, confirma eos quæsumus Domine, Spiritu paracleto, muneraque Diuinæ gratiæ tuæ in illis auge, Spiritum sapientiæ & intellectus, Spiritum consilij & fortitudinis, Spiritum scientiæ, & veræ pietatis; Denique Spiritu sancti timoris tui animos eorum semper reple. Per Dominum nostrum Iesum Christum. Amen.

omniaque
(Damage)

Tunc Episcopus manum in singulorum capita imponens, sic dicet,

Defende, Domine, hunc puerum cœlesti gratia, tuus vt semper maneat, quotidieque magis tuo sancto Spiritu augeatur, donec ad æternum regnum perueniat. Amen.

Episcopus addet.

Oremus.

Omnipotens æterne Deus, qui & voluntatē nobis & facultatē addis ad ea facienda, quæ bona sunt, & tuæ maiestati grata, supplices tibi preces fundimus pro his pueris, super quos ad exemplum sanctorū Apostolorum tuorum manus imposuimus, vt certiores eos hoc signo redderemus tuæ in ipsos benignæ voluntatis, Paterna tua manus quæsumus semper eos protegat, & defendat Spiritus sanctus eos perpetuò, & sic in scientiam & obedientiam verbi tui inducat, vt tandem vitam æternam consequantur. Per Dominum nostrum Iesum Christum, qui tecum viuit & regnat verus Deus in omne æuum. Amen.

Episcopus tandem benedicet pueris, inquiens.

Gratia Dei omnipotentis Patris, Filij, & Spiritus sancti sit super vos, maneatque semper vobiscum. Amen.

Cuiusque parochia Minister, vel alius quisquam ab eo designatus, Dominicis & Festis diebus paulò ante vespertinas preces publicè in templo pueros eò missos, pro temporis ratione diligenter instituet & examinabit in aliqua parte istius Catechismi, prout ipsi commodum & oportunum videbitur.

Parentes simul & Domini curabunt vt fily & serui nondum in Catechismo instituti, tempore constituto ad Templum veniant obedienter audituri, & etiam Ministris obtemperaturi, donec in hoc libro præscripta memoriter didicerint.

Quoties Episcopus indicauerit pueros aliquo oportuno in loco ad confirmationem coram se esse adducendos, tum cuiusque Parochia administer, omnium puerorum in sua Parochia nomina, qui articulos fidei, orationē Dominicam, ac

Decalogi

Decalogi præcepta recitare poſſunt, aut ipſe afferet, aut per ſcripta ad Epiſco-
pum mittet: tum etiam ſignificabit, quot eorum ſint. qui cæteris quæſtionibus
hoc Catechiſmo deſcriptis accommodatè poſſunt reſpondere.

   Nemo autem ad ſacroſanctam Communionem prius admittatur, quàm
& Catechiſmum didicerit, & confirmatus fuerit.

Forma ſolemnizandi Matrimonium.

Primum Banna edenda ſiue promulgãda ſunt tribus diebus Dominicis vel
Feſtiuis diuinorum officiorum tempore, populo præſente iuxta antiquum mo-
rem. Quod ſi perſonæ Matrimonio coniugandæ in diuerſis degant Parochijs,
Banna promulgari in ſingulis debent: Nec præſumat Miniſter vnius Paro-
chiæ ſacram Matrimonij ceremoniam, ſeu ſolemnizationem peragere, niſi
ab alterius Parochiæ Miniſtro, certior factus fuerit in ſcriptis, de Bannis tri-
bus vicibus promulgatis. Conſtituto nuptiarum die, in nauem Eccleſiæ, ſiue
frequentiorem cœtum venient qui ſunt connubio copulandi, vna cum amicis &
vicinis; Ac ibidem tum Miniſter incipiet ſic.

COnuenimus in hunc locum (dilectiſſimi) córam Deo atque in
conſpectu Eccleſiæ eius, vt hunc virum mulieremque hanc ſacro
ſociemus coniugio: quod viuendi genus honorabile, primùm ab ipſo
Deo in Paradiſo (dum adhuc homo in innocentia perſiſteret) inſtitutum eſt, myſticam illam inter Chriſtum & eius Eccleſiam nobis præ-
figurans vnionem: Qui deinde ſacer ſtatus a Chriſto etiam ſua præſentia ſignoque illo primo, quod in Cana Galilææ fecerat adornatus atque condecoratus: eſt poſtremò a Diuo Paulo hac nota commenda-
tus, quod honorabilis ſit inter omnes homines. Quapropter nec aggre-
diendum, nec ſuſcipiendum eſt inconſultò, temerè, petulantèr, ad ſatiſ-
faciendum carnalibus hominum concupiſcentijs & affectibus, (quod
eſt animantium ratione ac intelligentia carentium) verùm reuerenter, modeſtè, conſultè, ſobriè, inque Dei timore, ipſis cauſis prius
iuſtè multumque verſatis, propter quas coniugium fuerat ab initio decretum. Quarum prima liberorum propagatio eſt, in timore diſci-
plinaque Domini, & ad Dei laudem educandorum. Secundo Matrimonium inſtitutum fuit, vt eſſet contra peccatum, & ad vitandam
fornicationem remedium, vt qui continentiæ donum non accepiſſent,
nuberent, atque ſeſe corporis Chriſti membra incontaminata conſer-
uarent. Tertiò conſtitutum fuit, ad mutuam vitæ ſocietatem auxilium
ac cóſolationé vtriuſque erga ſe in rebus tùm proſperis, tùm aduerſis.
Atque in hunc ſacrú coniugij ſtatum vt conſocientur, acceſſerunt huc
iſti duo, quos præſentes videtis. Quare ſi quiſquam ſit, qui iuſtam cauſam proferre poterit, cur legitimè iſti coniungi neqeant, aut iam palàm
denuntiat, aut in futurum reticeat perpetuò.

Atque

Atque personas coniungendas Matrimonio alloquens
Minister dicet.

MAndo præcipioq; vobis, ſicut tremendo illo iudicij die (cum arcana omnium cordium referentur) rationem eſtis reddituri, vt ſi
quis vtriuſque veſtrum impedimentum aliquod ſciat, quo minùs matrimonio legitimè copulari queatis, vt illud modò confiteatur. Nam
hoc vobis perſuaſiſſimum ſit, quotquot aliter coniunguntur quàm Dei
verbum approbat, nec à Deo illos copulari, nec eorum eſſe matrimonium legitimum.

Quo nuptiarum die, ſi quiſquam allegabit & denuntiabit impedimentum
quodcunq, quo minus iſti nequeant ex Dei lege aut huius regni ſtatutis ma-
trimonio coniungi, & ſeipſum vnà cum fideiſſoribus idaneis obligare velit
perſonis ſic copulandis, vel ſufficientem cautionem deponat, ad ſatisfaciendum
plenè pro omnibus ſumptibus, quos perſonæ copulandæ ſint factura, ſe cauſam
probaturum, tum ſolemnizatio proroganda eſt in illud tempus, dum rei veritas
planè conſtet. Si nullum impedimentum denuncietur, tum Miniſter vi-
rum alloquetur.

NVis habere hanc mulierem in ſponſam, vt cum illo in ſacro coniugij ſtatu iuxta Dei ordinationem ſimul viuas? vis eam diligere,
conſolari, honorare & tam infirmam quàm ſanam conſeruare, atque
repudiatis alijs omnibus, illi ſoli adhærere, quàm diu vita vtriuſque veſtrûm durauerit?

Reſpondebit vir.

Volo.

Tum Miniſter mulierem alloquetur.

NVis habere hunc virum in ſponſum, vt in ſacro coniugij ſtatu iuxta Dei ordinationem ſimul viuas? vis ei obedire, & ſeruire, eum
diligere honorare & tam infirmum quàm ſanum cuſtodire, atque repudiatis alijs omnibus illi ſoli adhærere, quamdiu vita vtriuſque veſtrûm durauerit?

Reſpondebit mulier.

Volo.

Tunc dicet Miniſter.

Quis hanc mulierem tradit, vt huic viro nubat?

Tum Miniſter mulierem de manu parentis vel amicorum acceptans, ad-
monebit virum vt dexteram mulieris prehendat, & ſic vterque alteri mutu-
am fidem præſtabit, viro ſic dicente.

Ego

Ego N. accipio te N. in vxorem mihi, vt te ab hoc tempore in futurum præ aliis melioribus ſiue deterioribus, ditioribus ſiue pauperioribus habeam, teneam, diligam & foueam tam ſanam quàm infirmam, donec mors nos diſiunxerit iuxta Dei decretum, atque in huius rei confirmationem fidem meam tibi aſtringo.

Tunc manus diſſoluent, & mulier rurſum viri dexteram apprehendens, dicet.

Ego N. accipio te N. mihi in maritum, vt ab hoc tempore in futurum te tam ſanum quàm infirmum præ aliis melioribus ſiue deterioribus, ditioribus ſiue pauperioribus habeam, teneam, diligam, colam atque obediam donec mors nos diſiunxerit, iuxta Dei decretum, atque in huius rei confirmationem, fidem meam tibi aſtringo.

His rebus ſic geſtis, coniunctas manus relaxabunt, & maritus annulum vxori dandum libro imponet vnà cum pecunijs Miniſtro ac ſibi ſeruienti debitis : & Miniſter acceptum annulum tradet marito vt eo digitum annularem ſiniſtræ manus vxoris exornet, & vir a Miniſtro inſtructus dicet.

Ego te hoc annulo mihi ſpondeo, te corpore meo honoro, & bonorum meorum omnium participem facio. In nomine Patris, & Filij, & Spiritus Sancti. Amen.

Poſtquam annulum vir reliquerit in annulari digito, videlicet quarto ſiniſtra manus mulieris, dicet Miniſter.

Oremus.

AEterne Deus creator conſeruatorque totius generis humani, omniſque gratiæ ſpiritualis largitor, & autor vitæ æternæ, mitte deſuper benedictionem tuam ſuper hos famulos tuos, hunc virum atque hanc mulierem, quos in tuo nomine benedicimus, vt ſicut Iſaac & Rebecca ſumma fide inter ſe viuebant, ſic iſti duo firmius perſoluant, cuſtodiantque votum ac fœdus inter ſe initum (cuius eſt annuli hæc datio acceptioque argumentum & arrha) & vt in mutuo amore & pacis vinculo perſeuerent, atque reliquam vitam vniuerſam ad legum tuarum normam dirigant. Per Ieſum Chriſtum Dominum noſtrum. Amen.

His dictis, Miniſter eorum dexteras iunget dicendo.

Quos Deus coniunxit homo ne ſeparet.

Ad

Ad populum vero Minister loquetur sic:

QVandoquidem N. & N. in sacrum consenserint coniugium, idque coram Deo atque hac Ecclesia sint contestati, cùmque ad eius rei connrmationem mutuò sibi fidem spospponderint, datoque & accepto annulo, atque dexteris coniungendis idem palam declârarint : idcircò eos maritum vxoremque inter se esse pronuntio. In nomine Patris, & Filij, & Spiritus Sancti. Amen.

Insuper addet & hanc Benedictionem,
Minister.

DEus Pater, Deus Filius, Deus Spiritus Sanctus vos benedicat, tueatur & protegat : misericors Dominus suo vos fauore benignè respiciat atque omni vos benedictione spirituali & gratia repleat, vt in hac præsenti vita, sic mutuò diligatis, quo in futuro seculo, vita fruamini æterna.

His ad hunc modum finitis, Ministri vel Clerici Dominicam mensam
versus procedentes, sequentem Psalmum vel dicent
vel cantabunt. Psal.128.

BEati omnes qui timent Dominum qui ambulant in viis eius. Labores manuum tuarum quia manducabis, beatus es, & benè tibi erit.

Vxor tua sicut vitis abundans, in lateribus domus tuæ.

Filij tui sicut nouellæ Oliuarum, in circuitu mensæ tuæ.

Ecce sic benedicetur homo, qui timet Dominum.

Benedicat tibi Dominus ex Sion, & videas bona Hierusalem omnibus diebus vitæ tuæ.

Et videas filios filiorum tuorum, pacem super Israel.

Gloria Patri, & Filio, & Spiritui, &c.

Vel hunc Psalmum. Psal. 67.

DEus misereatur nostri & benedicat nobis : illuminet vultum suum super nos, & misereatur nostri.

Vt cognoscamus in terra viam tuam, in omnibus gentibus salutare tuum.

Confiteantur tibi populi Deus, confiteantur tibi populi omnes.

Lætentur & exultent gentes, quoniam iudicas populos in æquitate, & gentes in terra dirigis.

Confiteantur tibi populi Deus, confiteantur tibi populi omnes : terra dedit fructum suum.

Bene-

Benedicat nos Deus, Deus noſter, benedicat nos Deus : & metuant
eum omnes fines terræ.

Gloria Patri, & Filio, & Spiritui, &c.

Finito Pſalmo, & genu flectentibus viro ac muliere ante menſam
Dominicam , Miniſter etiam ad eandem ſtans & in
eos reſpiciens, dicet.

Kyrie eleyſon.

Reſponſum.

Chriſte eleyſon.

Miniſter.

Kyrie eleyſon.

Pater noſter qui es in cœlis, &c.

Et ne nos inducas in tentationem.

Reſponſum.

Sed libera nos à malo. Amen.

Miniſter.

Domine, ſaluum fac ſeruum tuum, & ancillam tuam.

Reſponſum.

Qui ſperant in te.

Miniſter.

Mitte eis Domine, auxilium de ſancto.

Reſponſum.

Et eos ſemper protege.

Miniſter.

Eſto eis turris fortitudinis.

Reſponſum.

A facie inimici.

Miniſter.

Domine exaudi preces noſtras.

Reſponſum.

Et clamor noſter ad te perueniat.

Miniſter.

Deus Abraham, Deus Iſaac, Deus Iacob, benedic hos famulos tuos, & ſemina ſemen vitæ æternæ in mentibus eorum, vt quicquid
à ſacroſancto verbo tuo vtiliter didicerint, hoc ipſum opere comple-
ant. Reſpice Domine, propitius ſuper eos de cœleſti habitaculo tuo,
& eos benedic : & ſicut ſuper Abraham & Saram ad eos mirificè con-
ſolandos miſeris benedictionem tuam : ita mittere digneris tuam benedictionem ſuper hos famulos tuos voluntati tuæ ſubiecti, atque de protectione tua ſecuri, in tui amoris dilectione (dum viuant) firmiter con-
ſiſtant. Per Ieſum Chriſtum Dominum noſtrum.

Se-

Sequens precatio omittetur, si mulier parere desierit.

MIsericors Domine, ac cœlestis Pater, cuius munere gratioso genus humanum propagatur, prosequere quæsumus hos famulos tuos benedictione tua, vt & liberorum procreatione sint fœcundi, & sancta dilectione & honestate vitam prorogent, donec filios filiorum videant in tertiam & quartam generationem, ad laudem & gloriam tuam. Per Iesum Christum Dominum nostrum. Amen.

DEus, qui potestate virtutis tuæ de nihilo cuncta fecisti, quique etiam dispositis vniuersitatis exordiis, decreuisti, vt de viro ad imaginem & similitudinem tuam creato, mulier sumeret viuendi principium, atque eos copulando statuisti, nunquam licere separare, quos tu matrimonij lege vnum fecisti: Deus qui tam excellenti mysterio coniugalem copulam consecrâsti, vt in ea spirituale coniugium, & vnionem Christi & Ecclesiæ significares & repræsentares, respice propitius super hos famulos tuos, vt non solum hic vir iuxta verbum tuum vxorem diligat, sicut Christus Ecclesiam suam, qui seipsum pro ea tradidit amando atque fouendo vt suam ipsius carnem : verùm etiam hæc mulier viro suo sit amans vt Rachel, sapiens vt Rebecca, fidelis & obediens vt Sara, atque in quietis, sobrietatis, ac pacis studio, sanctarum piarumq; matronarum imitatrix permaneat. Benedic ambos Domine, & vitæ æternæ hæreditatem illis tandem concede, per Christum Dominum nostrum. Amen.

Tum dicet Minister.

OMnipotens Deus qui in principio primos nostros parentes Adam & Euam sua virtute creauit, eos sanctificauit, & matrimonio inter se copulauit, effundat super vos diuitias gratiæ suæ, sanctificet & benedicat, vt ei corpore pariter ac mente complacere, & in veræ dilectionis amore ad vitæ vsque finem perseuerare valeatis. Amen.

Incipiet posteà Communio, & post lectum Euangelium concio sequetur, in qua de more quoties nuptiæ erunt celebrandæ, mariti & vxoris officia debita explicabuntur, iuxta sacras Scripturas. Quod si non sit qui concionetur, ipse Minister populum alloquetur verbis sequentibus.

QVicunque iam matrimonio iuncti estis, vel qui sacrum coniugij statum vobis suscipiendum proponitis, attendite quid de maritorum in vxores, & vxorum in maritos officiis debitis (vel obseruantia) sacrosancta edoceat Scriptura. Diuus Paulus in eius ad Ephesios epist. cap. quinto in hunc modum maritis omnibus præcipit : Viri diligete vxores vestras, sicut & Christus dilexit Ecclesiam, & semetipsum exposuit

Ephes. 5.

fuit pro ea, vt illam fanctificaret, mundatam lauacro aquæ per verbum, vt adhiberet eam fibiipfi gloriofam, Ecclefiam non habentem maculam aut rugam, aut quicquam eiufmodi : fed vt effet fancta & irreprehenfibilis. Sic debent viri diligere fuas vxores vt fua ipforum corpora. Qui diligit fuam vxorem, feipfum diligit. Nullus enim vnquam fuam ipfius carnem odio habuit, imo nutrit, ac fouet eam, ficut & Dominus Ecclefiam. Quoniam membra fumus corporis eiufdem, ex carne eius & ex offibus eius. Huius rei gratia relinquet homo patrem ac matrem, & adiungetur vxori fuæ, atque è duobus fiet vna caro. Myfterium hoc magnum eft, verùm ego loquor de Chrifto & de Ecclefia. Quanquam & vos fingulatim hoc præftate, vt fuam quifq; vxorem diligat tanquam feipfum.

Similiter Diuus Paulus ad Coloffenfes, fcribens, maritos omnes fic alloquitur. Viri, diligite vxores, & ne fitis amarulenti aduerfus illas. **Coloff. 3.**

Audite etiam, quid Diuus Petrus Chrifti Apoftolus, qui & ipfe maritus fuerat, ad omnes maritos dixerit.

Viri fimiliter cohabitent fecundum fcientiam, velut infirmiori vafi muliebri, impartientes honorem, tanquam etiam cohæredes gratiæ vitæ, ne interrumpantur preces veftræ. **1. Pet. 5.**

Hucufque maritorum in vxores officia accepiftis, iam viciffim vxores attendite & difcite officia veftra erga maritos veftros quemadmodum in Scripturis facris planiffimé exponitur.

Diuus Paulus, in prædicta epiftola ad Ephefios docet fic : Vxores propriis viris fubditæ fitis, veluti Domino quoniam vir eft caput vxoris, Quemadmodum Chriftus eft caput Ecclefiæ ; & idem eft qui falutem dat corpori : Itaque quemadmodum Ecclefia fubdita eft Chrifto, fic & vxores fuis viris fubditæ fint in omnibus. Et iterum dicit, Vxor autem vt reuereatur virum. Diuus etiam Paulus in epiftola ad Coloffenfes, fic vos breuiter exhortatur. Vxores fubditæ eftote propriis viris, ficuti conuenit in Domino. **Ephef. 3.** **Coloff. 3.**

Diuus etiam Petrus, vos admodum piè inftruit, dicendo : Similiter vxores fubditæ fitis veftris viris, vt etiam qui non obtemperant fermoni, per vxorum conuerfationem abfque fermone lucrifiant, dum confiderant cum reuerentia coniunctam caftam conuerfationem veftram: quarum ornatus fit, non externus, qui fitus eft in plicatura capillorum & additione auri, aut in palliorum amictu, verum occultus, qui eft in corde homo, fi is careat omni corruptela : ita ut fpiritus placidus fit & quietus, qui fpiritus in oculis Dei, magnifica & fumptuofa res eft. Nam ad eum modum olim & fanctæ illæ mulieres fperantes in Deo comebant fefe, & fubditæ erant fuis viris, quemadmodum Sara obediuit Abrahæ, **1. Pet. 3.**

Dominum

Dominum illum appellans : cuius factæ estis filiæ, dum benefacitis, &
& non terremini vllo pauore.

Qui sacro coniugio copulantur, eodem nuptiarum die, debent
sacram Synaxim recipere.

☙ Ordo visitationis Infirmorum.

Ingrediens Sacerdos domum infirmi, dicat.
Pax huic domui & omnibus habitantibus in ea.
Tunc accedens ad ægrotum, flexis genibus, dicat.
NE reminiscaris Domine, iniquitates nostras, vel peccata paren-
tum nostrorum. Parce nobis Domino, parce populo tuo, quem
redemisti pretiosissimo sanguine tuo, ne in æternum irascaris nobis.
　　Kyrie eleyson.
　　Christe eleyson.
　　Kyrie eleyson.
　　Pater noster qui es in cœlis, &c.
Minister.
　　Et ne nos inducas in tentationem.
Responsum.
　　Sed libera nos à malo.
Minister.
　　Domine saluum fac seruum tuum.
Responsum.
　　Qui suam fiduciam in te collocat.
Minister.
　　Mitte ei auxilium de Sanctuario tuo.
Responsum.
　　Et eum perpetuò potenter defende.
Minister.
　　Nihil præualeat inimicus in eum.
Responsum.
　　Et filius iniquitatis non noceat ei.
Minister.
　　Esto ei Dominus turris fortitudinis.
Responsum.
　　A facie inimici eius.
Minister.
　　Domine exaudi orationem nostram.

Re-

Responsum.

Et clamor noster ad te perueniat.

Oremus.

R Espice Domine de cœlo, visita & succurre seruo tuo, respice eum
oculis misericordiæ tuæ, consolare eum vt in te certò confidat:
defende eum ab insidijs inimici,& serua eum in pace perpetua & quiete.
Per Iesum Christum Dominum nostrum. Amen.

E Xaudi nos omnipotens & misericors Deus ac Seruator, extende
consuetam misericordiam tuam, ad hunc seruum tuum ægrotan-
tem: visita illum Domine, vt inuisisti socrum Petri,& seruum Centuri-
onis: sic visita & restitue hunc ægrum pristinæ sanitati, si ita tibi visum
fuerit: vel fac eum ita perferre hanc afflictionem, vt post hanc ærum-
nosam vitam tecum viuat in æternum. Amen.

Utatur autem Minister ista ad ægrotum exhortatione,
vel consimili.

H Oc scias (charissime frater) omnipotentem Deum esse Dominum
vitæ & mortis, eorumque omnium quæ ad eas pertinent, nempe
iuuentutis, fortitudinis, sanitatis, senectutis, debilitatis & infirmitatis.
Quare persuasum tibi sit, quod quicunque tuus fuerit morbus, is, Deo
volente & sciente, tibi contingat,& quacunque tandem de causa, siue
vt probet tuam patientiam, siue ad exemplum aliorum, vt fides tua in
die Domini inueniatur, ad laudem, gloriam, & honorem Dei, & aug-
mentum fœlicitatis vitæ æternæ; siue etiam ad correctionem & castigationem de aliquo, quod offendit oculos cœlestis patris. Noueris
certò, quòd si verè te pœniteat peccati, & æquo animo feras hanc afflictionem, confisus in misericordia Dei, promissa propter filium suum
Dominum nostrum Iesum Christum, gratias agens pro hac paterna visitatione, & te humiliter subijcias diuinæ eius voluntati, tibi proderit
ad salutem, & promouebit te in recta via, quæ ducit ad vitam æternam.

Si ægrotus fuerit admodum debilis, poterit Minister hic facere finem
exhortationis.

Quare in optimam partem accipias hanc correctionem Domini;
Quem enim diligit Dominus, hunc castigat. Imò vt D. Paulus inquit;
Flagellat omnem filium quem recipit. Item, si fertis castigationem,
offert semetipsum vobis vt proprijs filijs. Quis enim est filius, quem
pater non castigat? Si non estis subiecti correctione, cuius omnes ger-
mani

mani filij ſunt participes, nothi eſtis & ſpurij, non legitimi filij. Quare cùm patres noſtri carnales nos caſtigent,& nihilominus obſequimur
illis cum omni reuerentia, nunquid multò magis debemus obedire
ſpirituali patri, vt viuamus ? Et illi quidem paucis diebus nos correxerunt pro ipſorum voluntate: Ipſe verò nos caſtigat propter noſtram
vtilitatem, vt participes ſimus ſuæ ſanctitatis. Hæc verba chariſſime
frater, Dei verba ſunt, propter noſtram conſolationem & inſtructio-
nem, ſcripta: vt patienter & cum gratiarum actione, feramus cœleſtis
Patris correctionem quancunque & per quæcunque aduerſa placuerit
illi nos viſitare. Neque enim maior conſolatio Chriſtiano eſſe debet,
quam vt ſimilis fiat imaginis Filij Dei, in perferundis ærumnis & aduerſis ac infirmitatibus. Quemadmodū igitur Chriſtus ipſe, non ante
ingreſſus eſt in gloriam quàm pateretur, ſed ante crucifixus eſt quàm
glorificaretur : Ita profecto via ad gloriam, eſt patientia tribulatio-
num: & tranſitus ad vitam eſt libenter cum Chriſto mori, vt vnà cum
ipſo reſurgamus a morte, & perfruamur vita æterna. Feras igitur tuam
infirmitatem hoc modo tibi ſalutarem, æquo animo : adhortorque in
Domino, vt memineris profeſſionis tuæ in Baptiſmo. Cum autem
poſt hanc vitam reddenda ſit ratio iuſto Iudici, à quo omnes ſine reſpe-
ctu perſonarum oportet iudicari, exhortor te, vt examines teipſum,
& quomodò cum Deo & cum omnibus hominibus tecum conuenit,
vt dum teipſum accuſas & iudicas, pro peccatis tuis inuenias miſericordiam apud cœleſtem patrem, propter Chriſtum, & non accuſeris
nec damneris in tremendo iudicio. Recitabo igitur articulos fidei, vt
nôris vtrum verè credas illa quæ Chriſtanum credere oportet.

Hic Sacerdos recitabit articulos Symboli, dicens
in hunc modum.

CRedis in Deum Patrem omnipotentem, creatorem cœli &
terræ? &c.
   Quemadmodum fit in Baptiſmate.

Tunc examinabit illum Sacerdos, num ſit in charitate cum omnibus homini-
bus, exhortans illum vt ex toto corde cōdonet illis à quibus iniuria affectus fue-
rit. Et ſi aliquos ipſe offenderit aut iniuria affecerit, precetur vt ſibi condonent,
& pro ſua facultate illis ſatisfaciat.

   Et ſi ante non condiderit teſtamentum, tunc condat , & dicat quæ ei deben-
tur, & viciſſim quæ debeat, propter quietem poſteritatis & amicorum. Sæpe
autem in concionibus diuites & potentes moneat, de condendo teſtamento dum
valent. Hæc verba ſuperius repetita, ante enunciari poſſunt quàm Miniſter
precationem ordiatur, prout ſibi viſum fuerit.

   Hic ne omittatur, quin Miniſter agat cum infirmo de eleemoſyna danda
pauperibus.

Si

Si ægrotus sentit suam conscientiam grauatam esse aliqua in re, de illa Sacerdoti priuatim confiteatur: & finita confessione, Minister vtetur hac forma absolutionis.

DOminus noster Iesus Christus qui dedit potestatem Ecclesiæ, absoluendi à peccatis verè pœnitentes, & credentes in eum, ipse ex infinita misericordia indulgeat tibi peccata tua : ego verò autoritate ipsius mihi commissa, absoluo te ab omnibus peccatis, in nomine Patris, & Filij, & Spiritus sancti. Amen.

Deinde Minister recitabit subsequentem Collectam, dicens.

Oremus.

O Misericordissime Domine, qui iuxta multitudinem misericordiæ tuæ deles peccata pœnitentium, ita vt eorum ampliùs non memineris, aperi oculos misericordiæ tuæ, super hunc famulum tuum, qui petit misericordiam & remissionem peccatorum ex toto pectore. Renoua, amantissime Pater, quicquid in eo subuersum est, fraude & malitia Satanæ, vel carnali concupiscentia, & fragilitate humana : serua & custodi hoc ægrotum membrum in vnitate Ecclesiæ : vide contritionem eius, respice lachrymas, pœnasque mitiga aut amoue, vt placet diuinæ voluntati tuæ. Et quia in tua misericordia tantùm confidit, noli imputare ei priora peccata, sed cum eo in gratiam redi, propter merita dilectissimi Filij tui Domini nostri Iesu Christi.

Tunc oret Minister hunc Psalmum. xxj.

IN te Domine speraui non confundar in æternum : in iustitia tua libera me, & eripe me.

Inclina ad me aurem tuam : & salua me.

Esto mihi in Deum protectorem : & in locum munitum & saluum me facias.

Quoniam firmamentum meum : & refugium meum es tu.

Deus meus eripe me de manu peccatoris : & de manu contra legem agentis & iniqui.

Quoniam tu es patientia mea Domine : Domine, spes mea à iuuentute mea.

In te confirmatus sum ex vtero : de ventre matris meæ, tu es protector meus.

In te cantatio mea semper : tanquam prodigium factus sum multis, & tu adiutor fortis.

Repleatur os meum laude : vt cantem gloriam tuam, tota die magnitudinem tuam.

Ne proijcias me in tempore senectutis : cum defecerit virtus mea, ne derelinquas me.

S   Quia

Quia dixerunt inimici mei mihi: & qui cuftodiebant animam meam, confilium fecerunt in vnum.

Dicentes Deus dereliquit eum, perfequimini & comprehendite eum: quianon eft qui eripiat.

Deus, ne elongeris à me: Deus meus in auxilium meum refpice.

Confundantur & deficiant detrahentes animæ meæ: operiantur confufione & pudore qui quærunt mala mihi.

Ego autem femper fperabo:& adijciam fuper omnem laudem tuam.

Os meum annuntiabit iuftitiam tuam: tota die falutare tuum.

Quoniam non cognoui literaturam, introibo in potentias Domini: Domine, memorabor iuftitiæ tuæ folius.

Deus docuifti me à iuuentute mea: & vfque nunc pronuntiabo mirabilia tua.

Et vfque in fenectam & fenium: Deus ne derelinquas me.

Donec annuntiem brachium tuum: generationi omni quæ ventura eft.

Potentiam tuam & iuftitiam tuam Deus, vfque in altiffima quæ fecifti magnalia: Deus quis fimilis tibi?

Quantas oftendifti mihi tribulationes multas & malas,& conuerfus viuificâfti me: & de abyffis terræ iterum reduxifti me.

Multiplicâfti magnificentiam tuam: & conuerfus, confolatus es me.

Nam & ego confitebor tibi in vafis Pfalmi veritatem tuam Deus: pfallam tibi cythara, fanctus Ifrael.

Exultabunt labia mea, cùm cantauero tibi: & anima mea, quam redemifti.

Sed & lingua mea tota die meditabitur iuftitiam tuam: cùm confufi & reueriti fuerint qui quærunt mala mihi.

Gloria Patri, & filio. &c.

Antiphona.

Saluator mundi, falua nos. Qui per crucem & pretiofum fanguinem redemifti nos, adiuua nos, te rogamus ô Deus.

Collecta.

OMnipotens Deus, qui eft fortitudo omnium in fe fperantium, cui omnia in cœlo & in terra,& fubter terram obediût, nunc & femper fit tibi protector,& faciat cognofcere & fentire, quòd non fit aliud nomen datum fub cœlo hominibus, in quo & per quod tu recipias falutem & fanitatem, præter nomen Domini noftri Iefu Chrifti. Amen.

Communio

Communio infirmorum.

Cùm omnes mortales subiecti sint infinitis periculis, infirmitatibus & ærumnis, & semper incerti sint quando ex hac vita erit emigrandum: ideo vt semper sint parati, & in expectatione mortis, quandocunque Deus voluerit. Pastor subinde sed præsertim pestis tempore, admoneat parochianos, vt frequenter communicent sacramento corporis & sanguinis Domini. Sic enim cauebitur, ne cùm subito fuerint correpti morbo, soliciti sint pro sacra communione.

Verùm si infirmus non poterit venire in Ecclesiam, & petit sibi dari Sacramentum in domo sua, significabit tum demùm postridie, aut primo mane parocho, quot cum ipso vnà velint communicare.

Nactusque idoneum in ægrotantis domo locum, in quo reuerenter administrare queat, ac præsenti sufficienti hominum numero, qui cum ægro sacram Communionem (omnibus ad hæc necessarijs) participare possint, ibidem administer sacrosanctam Communionem celebrabit.

Oremus.

Omnipotens æterne Deus, conditor humani generis, qui quos diligis corrigis, & castigas omnem filium quem recipis, quæsumus, vt miserearis huic seruo tuo infirmo, & præsta, vt patienter hanc infirmitatem ferat, & recuperet sanitatem, si ita tibi videbitur, & quandocunque anima eius è corpore migrauerit, possit coram te sine labe repræsentari. Per Iesum Christum Dominum nostrum. Amen.

Epistola. Heb. xij.

Filii mi, ne neglexeris correptionem Domini, neque deficias cùm ab eo argueris. Quem enim diligit Dominus, corripit: flagellat autem omnem filium quem recipit.

Euangelium. Ioan. 5:

Amen, amen dico vobis, qui sermonem meum audit, & credit ei qui misit me, habet vitam æternam, & in condemnationem non veniet, sed transiuit à morte in vitam.

Minister.
Dominus vobiscum.
Responsum.
Et cum Spiritu sancto.
Minister.
Sursum Corda : &c.

S 2   *Vsque*

Vsque ad finem, vt suprà dictum est.

Cum venitur ad distributionem Sacramenti corporis & sanguinis Christi, Sacerdos primo communicet, deinde alij cum ægroto, qui sese ad hoc præparàrunt. Verùm si quis, quòd periculosissimè ægrotet, vel quòd ministrum suo tempore non admonuerit, vel quòd iusto communicantium numero egeat, vel propter aliud quodcunque legitimum impedimentum, Sacramentum corporis & sanguinis Christi non percipiat tum eum Minister ita instituet, vt si verè de peccatis resipiscat, & Iesum Christum in cruce morte pro eo pertulisse, & propter eius redemptionē suum sanguinē fudisse firmiter credat, beneficiorū ex eo acceptorum diligenter recolens, immortale(q; grat iasagens:eum corpus & sanguinem seruatoris Christi (quantumuis ore Sacramentum non percipiat) ad suæ animæ salutem vtilissimè manducare & bibere.

Si eodem tempore visitatur & recepturus sit sacram Communionem æ-grotus, licebit sacerdoti (quò citius officium vtrumque absoluat) visitationis finem facere, cum ventum fuerit ad Psalmum, In te Domine speraui. *At-que mox inchoare officium Sacræ Communionis.*

Pestis, sudoris, vel similibus valetudinis & morborum infestis temporibus, cum nemo parochianorum, aut vicinorum propter contagionis metum ad communicandum vnà in ædibus ægroti adduci possint, minister (si æger id enixè petat) cum eo solo communicare poterit.

Sepultura.

Sacerdos procedet obuiam feretro, ad ingressum Cœmiterij & dicat, aut ministri & clerici qui cum eo sunt, canant, euntes vel ad Templum, vel ad sepulchrum, has Antiphonas.

Ioannis. xj.

EGo sum resurrectio & vita, dicit Dominus. Qui credit in me etiam si mortuus fuerit, viuet, & omnis qui viuit & credit in me, non morietur in æternum.

Iob. xix.

SCiò quod redemptor meus viuit, & in nouissimo die de terra surrecturus sum. Et rursum circumdabor pelle mea & in carne mea videbo Deum. Quem visurus sum ego ipse : & oculi mei conspecturi sunt & non alius.

i. Timoth. vi.

Iob 1.   NIhil intulimus in Mundum, videlicet nec efferre quicquam possumus. Dominus dedit, Dominus abstulit : sicut Domino placuit, ita factum est : sit nomen Domini benedictum.

Cum

Cum ventum est ad sepulchrum, dum cadauer paratur imponendum, dicatur aut canatur.

Iob. xiiij.

HOmo natus de muliere, breui viuens tempore, repletur multis miserijs. Qui quasi flos egreditur, & conteritur, & fugit velut vmbra, & nunquam in eodem statu permanet.

Antiphona.

MEdia vita in morte sumus, quem quærimus adiutorem, nisi té Domine? qui pro peccatis nostris iuste irasceris? Sancte Deus, Sancte fortis, Sancte & misericors Saluator, amaræ morti ne tradas nos. Tu Domine qui cognoscis occulta cordium nostrorum, precibus nostris misericordiæ tuæ aures ne obstruas; sed parce nobis Domine sanctissime, Deus fortis, misericors Saluator, & iudex æquissime ne patiaris nos in extrema hora vllis mortis doloribus à te excidere.

Dum cadauer terra iniecta operitur Sacerdos dicat.

CVm Deo visum sit ex immensa sua misericordia animam charissimi fratris nostri nunc defuncti, ad se suscipere, corpus suum sepulchro committendum curamus, terram terræ, cinerem cineribus, puluerem pulueribus, cum certa & constanti spe resurrectionis ad vitam æternam. Per Dominum nostrum Iesum Christum, qui transformabit corpus humilitatis nostræ, configuratum corpori claritatis suæ, iuxta potentiam operationis suæ, qua potest sibi subijcere omnia.

Tum recitatur Antiphona.

AVdiui vocem de cœlo, dicentem mihi, Scribe: Beati mortui, qui in Domino moriuntur amodò. Etiam dicit spiritus, vt requiescant à laboribus suis. Apoc. 14.

Deinde legatur Lectio. i. Cor. xv.

CHristus surrexit ex mortuis: primitiæ eorum qui dormierant, fuit. Postquam enim per hominem mors, etiam per hominem resurrectio mortuorum. Quemadmodum enim per Adam omnes moriuntur, ita per Christum omnes viuificabuntur, vnusquisque autem in proprio ordine, primitiæ Christus: deinde ij qui sunt Christi in aduentu ipsius: mox finis, cùm tradiderit regnum Deo & Patri: cùm aboleuerit omnem principatum, & omnem potestatem ac virtutem. Nam oportet eum regnare, donec posuerit om- Coloss. 1. 2. Thess. 4.

res

Pfal 109.
Heb.2.

nes inimicos fub pedes fuos. Nouiſſimus hoſtis aboletur mors.
Nam omnia fubiecit fub pedes illius. Atqui cum dicat, quòd omnia fubiecta ſint, palàm eſt, excipiendum eum, qui fubiecit illi omnia.
Cùm autem fubiecta fuerint illi omnia, tunc & ipſe filius fubijcietur ei,
qui illi fubiecit omnia, vt ſit Deus omnia in omnibus. Alioqui
quid facient ij, qui baptizantur pro mortuis, ſi omninò mortui
non refurgunt? Cur & baptizantur pro mortuis? Quid & nos
periclitamur omni tempore? Indies morior, per noſtram gloriatio-
1.Cor.16.
Menander.
Eſa. 22.
Sap.2.
nem, quam habeo in Chriſto Ieſu Domino noſtro. Si fecundum
hominem cum beſtijs depugnaui Epheſi, quæ mihi vtilitas, ſi mortui non refurgunt? Edamus & bibamus, cras enim morimur.
Ne decipiamini. Mores bonos colloquia corrumpunt mala. Ex-
pergifcimini iuſtè, & ne peccetis. Nam ignorationem Dei nonnulli
habent. Ad pudorem vobis loquor. At dicet aliquis: quomodo refurgunt mortui? Quali autem corpore venient? Stulte, Tu quod
Ioan.12.
feminas, non viuificatur, niſi mortuum fuerit. Et hoc quod feminas,
non corpus quod nafcetur feminas, fed nudum granum: exempli
cauſâ tritici, aut alicuius ex cæteris. Sed Deus illi dat corpus vt voluit, & vnicuique feminum fuum corpus. Non omnis caro eadem
caro: fed alia quidem caro hominum; alia verò caro pecorum, alia verò
pifcium; alia verò voluerum. Et funt corpora cœleſtia, & funt corpora terreſtria. Verum alia quidem cœleſtium gloria, alia verò terre-
ſtrium: alia gloria Solis, & alia gloria Lunæ, & alia gloria ſtellarum.
Mat.13.
Stella ſiquidem à ſtella differt in gloria. Sic & refurrectio mortuorum. Seminatur in corruptione, refurgit in incorruptibilitate: feminatur in ignominia, refurgit in gloria: feminatur in infirmitate, refurgit in potentia. Seminatur corpus animale, refurgit corpus fpirituale. Eſt corpus animale, & eſt corpus fpirituale; quemadmo-
Gen.1.
dum & fcriptum eſt. Factus eſt primus homo Adam in animam
viuentem, extremus Adam in fpiritum viuificantem. At non primùm
quod fpirituale, fed quod animale, deinde quod fpirituale. Primus homo de terra, terrenus: fecundus homo ipſe Dominus de
cœlo. Qualis terrenus ille, tales & hi qui terreni funt: & qualis
ille cœleſtis, tales & hi qui cœleſtes funt. Et quemadmodum geſta-
uimus imaginem terreni, geſtabimus & imaginem cœleſtis. Hoc autem
dico fratres, quòd caro & fanguis regni Dei hæreditatem confequi
non poſſunt. Neque corruptio, incorruptibilitatis hæreditatem ac-
1.Theſ.4.
Phil.3.
cipit. Ecce myſterium vobis dico. Non omnes quidem dormiemus,
omnes tamen immutabimur, in puncto temporis, in momento o-
culi, per extremam tubam. Canet enim & mortui refurgent incor-
ruptibiles, & nos immutabimur. Oportet enim corruptibile hoc
induere incorruptibilitatem, & mortale hoc induere immortalitatem.

　　　　　　　　　　　　　　　　　　　　　　　　　　　Cùm

Cùm autem corruptible hoc induerit incorruptiblitatem, & morta- Efa.25.
le hoc induerit immortalitatem, tunc fiet fermo qui fcriptus eft : Ab- Ofe.13.
forpta eft mors in victoriam. Vbi tuus mors aculeus ? vbi tua inferne Heb.2.
victoria? Aculeus autem mortis, peccatum : potentia verò peccati,
lex. Sed Deo gratia qui dedit nobis victoriam, per Dominum no- 1.Ioh.5.
ftrum Iefum Chriftum. Itaque fratres mei dilecti, ftabiles fitis, im-
mobiles, abundantes in opere Domini femper, cùm fciatis quòd labor
vefter non eft inanis in Domino.

Finita Epiftola Minifter dicet.

Kyrie eleyfon.
Chrifte eleyfon.
Kyrie eleyfon.
Pater nofter qui es in cœlis, &c.
Minifter.
Et ne nos inducas in tentationem.
Refponfum.
Sed libera nos à malo. Amen.
Minifter.

Oremus.

OMnipotens Deus, apud quem viuunt fpiritus illorum, qui hinc
deceſſerunt in Domino, & quo cum animæ electorum poftquam exuerunt onus huius carnis, lætitia & felicitate fruuntur : gratias agimus tibi immenfas, propterea quòd expedire voluifti. N·
fratrem noftrum, ex ærumnis huius mundi impij, precantes vt placeat infinitæ tuæ bonitati, breui explere numerum electorum tuorum, & maturare gloriam regni tui, vt nos vnà cum fratre noftro, & omnibus alijs vitæ defunctis, in verâ fide & confeffione nominis tui, confequamur perfectam abfolutionem & beatitudinem
tum corporis tum animæ, in tua perpetua & fempiterna gloria.
Amen.

Collecta.

MIfericors Deus Pater Domini noftri Iefu Chrifti, qui eft refurrectio & vita, in quem quicunque crediderit, viuit,
etiamfi moriatur ; & quicunque viuit & credit in ipfum, in omnem æternitatem, non morietur. Qui nos docuit etiam per fanctum Apoftolum fuum Paulum, vt non triftaremur, tanquam ij,
qui fpem non habent, illorum caufâ qui dormiunt in ipfo : fupplices te
petimus, ô Pater, vt nos fufcites à morte peccati ad vitam iuftitiæ, vt

cum discedimus ab hac vita, quiescamus in ipso, prout spes est nostrum
fratrem quiescere, & vt in communi illa resurrectione extremi diei reperiamur accepti coram te, & recipiamus illam benedictionem, quam di-
lectus filius tuus enuntiabit, omnibus ijs qui diligunt ac verentur te, dicens: Venite benedicti filij patris mei, recipite regnum illud, quod vobis paratum fuit ab origine mundi. Largire hoc, quæsumus te misericors pater, per Iesum Christum mediatorem ac seruatorem nostrum.
Amen.

Gratiarum actio pro mulieribus
post partum.

*Accedet mulier in Ecclesiam, ibiq, in loco conuenienti genua flectet iuxta
eum locum, in quo mensa Domini collocata est, & Minister mulieri propè
astans, hæc verba dicet, vel similia, sicuti ipsa occasio postulabit.*

Quandoquidem omnipotenti Deo ex sua bonitate visum sit, tibi saluam liberationem dedisse, inque magno partus periculo præseruâsse,
maximas propterea gratias Deo ages & orabis.
Deinde hunc Psalmum dicet Minister.

Psal. 121.
Leuaui oculos meos in montes: vnde veniat auxilium meum.
 Auxilium meum venit à Domino: qui fecit cœlum & terram.
Non sinet pedem tuum vacillare: neque dormitet qui custodit te.
Ecce non dormitabit: neque dormiet, qui custodit Israel.
Dominus custodit te, Dominus protectio tua super manum dexte-
ram tuam.
Per diem Sol non vret te: neque Luna per noctem.
Dominus custodit te ab omni malo: custodiat animam tuam Do-
minus.
Dominus custodiet introitum tuum, & exitum tuum, ex hoc nunc
& vsque in seculum.
Gloria Patri, & Filio, & Spiritui Sancto.
Sicut erat in principio, & nunc, & semper, & in secula seculo-
rum. Amen.

Kyrie eleyson.
Christe eleyson.
Kyrie eleyson.
Pater noster qui es in cœlis, &c.
Et ne nos inducas in tentationem

Re:

Responsum.
Sed libera nos à malo. Amen.
Minister.
Saluam fac Domine, hanc mulierem famulam tuam.   Pfal. 85. v. 2.
Responsum.
Quæ sperat in te.
Minister.
Esto illi turris fortitudinis.   Pfal. 60. v. 3.
Responsum.
A facie inimici eius.
Minister.
Domine exaudi preces nostras.   Pfal. 101. 1.
Responsum.
Et clamor noster ad te perueniat.

Minister.

Oremus.

Omnipotens Deus, qui liberâsti mulierem hanc famulam tuam à magna pœna & in partus periculo, Concede quæsumus, misericordissime Pater, vt ipsa tuo auxilio & fideliter viuat, & ambulet in sua vocatione, secundum voluntatem tuam in hac præsenti vita : ac etiam particeps fiat æternæ gloriæ in vita futura. Per Iesum Christum Dominum nostrum. Amen.

Mulier quæ venit ad gratias agendas, solitas oblationes offerre debet: & si celebrata fuerit Communio, conuenit, vt ipsa sanctam quoque Communionem recipiat.

Comminatio in Peccatores, cum precibus

quibusdam, vtendis diuersis anni temporibus.

Post Matutinas preces, populo conuocato per Campanæ pulsationem, & in Ecclesiam conueniente, Litania Anglica iuxta morem assuetum dicenda erit: qua finita Minister suggestum ascendet, ac sic dicet.

Fratres, in primitiua Ecclesia, pia erat disciplina, vt in initio Quadragesimæ, tales personæ, qui peccatores erant manifesti ad publicam pœnitentiam essent coacti, & in mundo hoc correpti, quo eorum animæ fierent saluæ in die Domini : & vt eorum exemplo alij admoniti, magis extimescerent peccare. In cuius loco (donec eadem disciplina iterum restitui possit quod maximè est optandum) visum est, vt hoc tempore

pore

pore coram vobis legerentur generales maledictiones Dei sententiæ,
aduersus impœnitentes peccatores, collectæ ex vicesimo septimo capite Deuteronomij, aliisque Scripturæ locis:& vt vos ad singulam quamque sententiam respondeatis Amen : in hunc finem, vt vos admoniti
magnæ Dei indignationis in peccatores, citiùs vocemini ad seriam atq;
veram pœnitentiam , & cautiùs ambuletis in hisce periculosis diebus,
fugientes ab huiusmodi vitiis, quibus Dei maledictionem esse debitam
ore vestro affirmatis.

Maledictus homo, qui aliquam facit sculptilem & conflatilem imaginem, abominationem Domino, opus manuum artificum , ponetque
illum in abscondito, vt eam adoret.

Et respondebit Populus ac dicet.

Amen.

Minister.

Maledictus is est, qui patri suo & matri maledicit.

Responsum.

Amen.

Minister.

Maledictus qui transfert terminos proximi sui.

Responsum.

Amen.

Minister.

Maledictus qui errare facit cæcum in itinere.

Responsum.

Amen.

Minister.

Maledictus qui peruertit iudicium aduenæ, pupilli & viduæ.

Responsum.

Amen.

Minister.

Maledictus qui clàm percusserit proximum suum.

Responsum.

Amen.

Minister.

Maledictus qui dormit cum vxore proximi sui.

Responsum.

Amen.

Minister.

Maledictus, qui accipit munera , vt percutiat animam sanguinis in-
nocentis.

Responsum.

Responsum.

Amen.

Minister.

Maledictus qui confidit in homine, & ponit carnem brachium suum, cuius cor à Domino recedit.

Responsum.

Amen.

Minister.

Maledicti qui sunt immisericordes, scortatores, adulteri, & auari homines, simulachrorum cultores, maledici, ebriosi, & rapaces.

Responsum.

Amen.

Minister.

IAm cùm illi omnes maledicti sint, (sicut testimonium perhibet Propheta Dauid) qui errant & declinant à mandatis Dei, nos (memores terribilis iudicij quod nostris capitibus imminet, quodque semper instat) reuertamur ad Dominum Deum, cum omni contritione & humilitate cordis, plangentes & lugentes vitam nostram peccatricem : delicta nostra agnoscentes & confitentes, dignósque pœnitentiæ fructus facere quærentes. Iam enim securis ad radicem arborum posita est, sic vt omnis arbor quæ non facit fructum bonum exciditur & in ignem mittitur. Horrendum est incidere in manus Dei viuentis. Ipse pluet super peccatores laqueos, ignem, sulphur, & spiritus procellarum erit pars calicis eorum. Ecce enim Dominus egredietur de loco suo, vt visitet iniquitaté habitatoris terræ. Sed quis diem aduentus eius sustinere poterit? Quis, cum se conspiciendum præbet, consistet? Cuius ventilabrum in manu sua est, & ipse repurgabit aream suam, & congregabit triticum suum in horreum : paleam autem exuret igni inextinguibili. Dies Domini venit vt fur in nocte : Et cùm dixerint homines, pax & tuta omnia, tunc repentinus eis imminet interitus, sicuti dolor partus mulieri prægnanti, nec effugient. Tunc apparebit ira Dei, in die vindictæ, quàm obstinati peccatores iuxta duritiam cordis eorum sibi ipsis collegerunt, qui bonitatem, tolerantiam, lenitatemque Dei, quum eos assiduè ad pœnitentiam inuitauerat, contempserunt. Tunc inuocabunt me (dicit Dominus) sed non exaudiam, manè quærent me & non inuenient me, eò quod exosam habuerint disciplinam, & timorem Domini non susceperint, neque acquieuerint consilio meo, castigationem meam fuerint aspernati. Tunc serum nimis erit pulsare, cum clausa sit ianua : & serum misericordiam petere, cum iustitiæ tempus adsit. O terribilis vox iustissimi iudicij, quod super eos denunciandum erit, cum illis dicetur. Discedite à me maledicti in ignem æternum, qui paratus est Diabolo & Angelis eius. Proinde fratres, dum tempus est caueamus, dum

dies

dies salutis remaneat : quia venit nox, quando nemo poteſt operari : Sed cùm lucem habeamus credamus in lucem , & vt filij lucis ambulemus, ne mittamur in tenebras exteriores, vbi fletus eſt & ſtridor dentium. Ne Dei bonitate abutamur, qui clementer ad vitæ emendationem nos inuitat, & ex infinita ſua miſericordia pollicetur nobis præteriti peccati remiſſionem, ſi ex toto animo , & vero corde reuertamur ad eum. Nam etſi peccata noſtra fuerint vt coccinum, quaſi nix dealbabuntur : Si rubent inſtar purpuræ , velut lana alba erunt. Conuertimini ſyncerè (ait Dominus) ab omnibus iniquitatibus veſtris , & non erit vobis in ruinam iniquitas veſtra. Proijcite à vobis omnes iniquitates veſtras, in quibus præuaricati eſtis, & facite vobis corda noua, & ſpiritum nouum, & quare moriemini domus Iſrael ? quandoquidem non delector morte morientis, dicit Dominus Deus : reuertimini ergo & viuetis. Etſi peccauerimus tamen aduocatum habemus apud patrem Ieſum Chriſtum Iuſtum , & ipſe eſt propitiatio pro peccatis noſtris. Ipſe enim vulneratus eſt propter iniquitates noſtras, attritus eſt propter ſcelera noſtra. Reuertamur igitur ad eum qui ſuſceptor miſericors eſt omnium peccatorum verè reſipiſpiſ, pro certo nobiſipſis perſuaſum habentes, quòd ille ſit paratus ad recipiendum nos, & libentiſſimus erit ad condonandum nobis, ſi cum fideli pœnitudine ad eum acceſſerimus , ſi noſmet ipſos ei ſubiecerimus, & poſthæc in viis eius ambulauerimus. Si iugum eius commodum, & onus leue ſuſtulerimus ad ſequendum eum in humilitate, patientia & charitate, & vt eius ſancti ſpiritus gubernatione dirigamur, eius gloriam ſemper quærentes, eique debitè ſeruientes in noſtra vocatione, cum gratiarum actione. Hoc ſi fecerimus, Chriſtus nos liberabit ab execratione legis, & ab externa maledictione, quæ in eos cadet, qui à ſiniſtris ſtatuentur, & nos ſtatuet à dextris ſuis, nobiſque dabit beatam patris benedictionem, iubens vt glorioſi regni eius poſſeſſionem capiamus, ad quod ipſe dignetur nos omnes perducere, propter infinitam ſuam miſericordiam. Amen.

Et tunc omnes genua flectent, & Miniſter ac clerici genibus flexis, vbi aſſueuerunt Litaniam dicere, hunc Pſalmum dicent.

Pſal. 50. **M**Iſerere mei Deus , ſecundum magnam miſericordiam tuam : & ſecundum multitudinem miſerationum tuarum , dele iniquitatem meam.

Amplius laua me ab iniquitate mea : & à peccato meo munda me.

Quoniam iniquitatem meam ego cognoſco : & peccatum meum contra me eſt ſemper.

Tibi ſoli peccaui, & malum coram te feci : vt iuſtificeris in ſermonibus tuis, & vincas cùm iudicaris.

Ecce

Ecce enim in iniquitatibus conceptus ſum : & in peccatis concepit
me mater mea.

Ecce enim veritatem dilexiſti : incerta & occulta ſapientiæ tuæ mani-
feſtâſti mihi.

Aſperges me Domine hyſopo, & mundabor : lauabis me, & ſuper
niuem dealbabor.

Auditui meo dabis gaudium & lætitiam:& exaltabunt oſſa humiliata.

Auerte faciem tuam a peccatis meis: & omnes iniquitates meas dele.

Cor mundum crea in me Deus : & ſpiritum rectum innoua in viſce-
ribus meis.

Ne proijcias me à facie tua : & Spiritum ſanctum tuum ne auferas
à me.

Redde mihi lætitiam ſalutaris tui : & ſpiritu principali confirma me.

Docebo iniquos vias tuas, & impij ad te conuertentur.

Libera me de ſanguinibus Deus, Deus ſalutis meæ : & exaltabit lingua mea iuſtitiam tuam.

Domine, labia mea aperies,& os meum annuntiabit laudem tuam.

Quoniam ſi voluiſſes, ſacrificium dediſſem : vtique holocauſtis non
delectaberis.

Sacrificium Deo ſpiritus contribulatus : cor contritum & humiliatum Deus, non deſpicies.

Benignè fac Domine, in bona voluntate tua Sion : vt ædificentur
muri Hieruſalem.

Tunc acceptabis ſacrificium iuſtitiæ, oblationes & holocauſta : tunc
imponent ſuper altare tuum vitulos.

Gloria Patri, & Filio, &c.
Sicut erat in principio, &c.

Kyrie eleyſon.
Chriſte eleyſon.
Kyrie eleyſon.

Pater noſter qui es in cœlis, &c.
Et ne nos inducas in tentationem.
Reſponſio.
Sed libera nos à malo.
Miniſter.
Saluos fac Domine, famulos tuos.
Reſponſio.
Qui ſperant in te.

Mi-

Minister.

Mitte illis auxilium de alto.

Responsio.

Et omni tempore potenter eos defende.

Minister.

Adiuua nos Deus salutaris noster.

Responsio.

Et propter gloriam nominis tui libera nos: propitius esto nobis peccatoribus, propter nomen tuum.

Minister.

Domine exaudi preces nostras.

R-sponsio.

Et clamor noster ad te veniat.

·Oremus.

O Domine, misericorditer vt preces nostras audias, te rogamus, &
parce omnibus illis, qui tibi peccata sua confiteantur, vt ilii (quorum conscientiæ de peccato accusantur) per clementem tuam condonationem absoluantur. Per Christum Dominum nostrum. Amen.

O Mnipotentissime Deus, & misericors Pater, qui omnium miserearis, & nihil eorum quæ fecisti odio habeas, qui non vis mortem peccatoris, sed vt potiùs à peccato se conuertat, & vt saluus fiat:
clementer remitte nobis delicta nostra, recipe & consolare nos, qui peccati onere laboramus & onerati sumus; tuum est misereri, tibi soli conuenit peccata condonare: parce igitur nobis bone Domine, parce populo, quem redemisti; ne introeas in iudicium cum seruis tuis, qui vilis
puluis sumus, & miseri peccatores, sed ita iram tuam à nobis auerte, qui
humiliter agnoscimus nostram corruptionem, & verè pœnitentiam a-
gimus delictorum nostrorum, sic festina ad adiuuandum nos in hoc seculo, vt in æternum tecum viuamus in seculo futuro. Per Iesum Christum Dominum nostrum. Amen.

Tunc populus dicet hoc quod sequitur, post Ministrum.

C Onuerte nos, ô bone Domine, & sic conuertemur: propitius esto
Domine, propitius esto populo tuo, qui conuertuntur ad te in lu-
ctu, ieiunio & oratione: quia tu misericors Deus, plenus clementiæ,
patiens & multæ misericordiæ. Parcis tu cùm nos pœnam mereamur,
& in ira tua de misericordia cogitas. Parce populo tuo bone Domine,
parce:

parce : & ne des hæreditatem tuam in opprobrium. Audi nos Domine, propter magnam misericordiam tuam, & propter multitudinem miserationum nos respice.

Hic ex Ecclesiæ *Anglicanæ* consuetudine, liber *Psalmorum* tanquam pars *Liturgiæ* sacræ adjiciendus esset, quia ad *Matutinas* & *Vespertinas* Preces totus prælegitur singulis mensibus iuxta ordinem præscriptum initio *Calendarij* quod huic formæ publicarum precum, & administrationis Sacramentorum præfigitur. Sed hunc librum non adiecimus in hac *Latina Liturgiæ* nostræ editione, quia omnibus pijs *Latinè* callentibus liber *Psalmorum* fit aliàs ad manum, & nulla *Latina* *Psalmorum* versio præ alijs, publica autoritate in Ecclesia *Anglicana*, recipiatur.

FORMA
CONSECRANDI
ARCHIEPISCOPOS
ET EPISCOPOS, ET
ORDINANDI

Presbyteros & Diaconos in Ecclesia
Anglicana.

Vicunque in S. Scripturæ lectione, scriptif-
que veterum Theologorum euoluendis paulò diligentiùs verfantur, non ignorant in
Ecclefia Christiana istos Ministrorum Ordines ab initio extitisse : Episcopos, Presbyteros, Diaconos : porrò eum illis hono-
rem ac reuerentiam femper fuisse habitam, vt nemini fas esset
fuapte authoritate, vel priuato confilio in quamcunque illarum
functionum administrationem temerè fefe ingerere : quin priùs vocatus, examinatus, ac probatus fuisset, ac denique repertus talibus ornatus dotibus, quales illius vocationis dignitas necefsariò poftularet.   Hac ratione probatus tandem cum
publica diuini Numinis inuocatione, & manuum impofitione
folebat ad muneris fui administrationem admitti. Quapropter
vt in hac noftra Anglicana Ecclefia perpetuus harum functionum, & religiofus vigeret cultus, confentaneum vifum eft,
ne quifquam, qui nondum Episcopus, Presbyter, vel Diaconus fuerit factus, vllam ex iftis functionibus audeat exercere, priufquam vocatus, probatus, & admifsus fuerit fecundum Ritum ordinationis publicæ, qui mox fequetur.   Diaconatum vero fufcipiat nemo ante vicefimum primum ætatis
annum, Presbyteratum ante vicefimum quartum, Epifcopatum ante tricefimum plenè exactum. Quod fi quis Episcopus
vel per fe, vel per idonea teftimonia cognouerit, quempiam
moribus probatis præditum, vitamque absque fcandalo degen-
tem, adhæc Latinas literas callentem, & S. Scripturæ fcientiâ
fuffic eter inftructum; poteftatem habeat huiufmodi perfonam
in Die Dominica, vel in fefto aliquo Diaconum ordinandi,
iuxta modum ac formam fequentem.

O R-

ORDINATIO
DIACONORVM.

Rimùm, die ſtatuto per Epiſcopum iam aduen-
tante, fiat exhortatio pia, munus & officium
exponens eorum, qui miniſterium quoduis
Eccleſiaſticum ſuſcepturi ſunt, quàmque neceſſaria ſunt in Eccleſia Chriſtiana huiuſmodi Miniſteria, luculenter oſtendatur, nec non
quo in pretio haberi debeat eorum vocatio
apud populum Chriſtianum. Exhortatione
peractà, Archidiaconus vel qui vicem ipſius
gerit, eos, qui ad Epiſcopum veniunt admittendi, præſentabit, huiuſmodi verba præfatus.

Euerende Pater in Chriſto, præſento tibi perſonas hic adſtantes, vt
admittantur ad munus Diaconatus.
Epiſcopus excipiens ait.
Os verò ſummopere caueatis perſonas iſtas iam nobis præſenta-
tas tam doctrinâ, quàm probitate morum dignas eſſe & habiles,
qui munus ſuum exerceant ad gloriam Dei, & ædificationem Eccleſiæ.
Archidiaconus reſpondet.
Go quidem tales eos comperio tum ex aliorum de illis iudicio, tum
ex meo ipſius examine.
Tum Epiſcopus ita populum alloquetur.
Ratres ſi quis veſtrûm ſciat impedimentum aliquod, vel quoduis
crimen enormius in iſtis perſonis, quę nunc ad officium Diaconatus preſentantur, quo minus ad ipſum admitti debeant, iam prodeat in
Dei nomine, & impedimentum illud ſiue crimen, quodcunque tandem
fuerit, oſtendat.

*Quod ſi crimen aliquod, vel impedimentum fuerit obiectum eorum alicui,
abſtinebit Epiſcopus ab eius ordinatione, donec reus a tali criminatione ſe liberum eſſe probauerit.*

*Poſthac Epiſcopus eos, qui digni fuerint reperti, commendans precibus v-
niuerſi cœtus, vnà cum Clericis, & plebe præſente, Litaniam * cum precatio-
nibus ſequentibus recitabit.*

Precatio.
Mnipotens Deus, qui diuina tua prouidentia diuerſos Miniſtrorum ordines in Eccleſia tua conſtituiſti, & ſanctos Apoſtolos
tuos

* Litania pe-
tenda eſt è li-
bro precum
publicarum
Eccleſiæ An-
glicanæ,
pag. 189.

T 2

tuos infpirâfti diuinitùs quo tempore illi, S. *Stephanum* Protomar-
tyrem, vnà cum alijs ad iftud Diaconatus munus eligebant; dignere,
quæfumus, viciffim iftos famulos tuos, qui nunc ad fimilem adminiftrationem vocantur, mifericordiæ tuæ vultu clementer intueri : ita
inftrue illos facrofanctæ veritatis tuæ doctrina, ita morum innocentia, & vitæ integritate adorna, vt & verbo, & exemplo in hoc fuo
munere fidelem tibi præftare poffint operam, ad nominis tui gloriam & incrementum Ecclefiæ, propter meritum Iefu Chrifti Saluatoris noftri, qui viuit, & regnat tecum vnà cum Spiritu Sancto,
& nunc & in æterna fecula. Amen.

Hic fequantur precationes, quæ propriæ funt eius diei in celebratione
S. Cœna. Epiftola verò legatur ex priore ad Timoth. cap. 3.
a verfu octauo ad finem Capitis. vel ex Act. cap.
6. a ver. 2. ad 8.

Ante lectionem autem Euangelij, Epifcopus in cathedra fedens curabit
Iuramentum de fuprema Regis poteftate contra iurifdictionem, & authori-
tatem quarumcunque Poteftatum & Principum externorum fingulis, qui
ordinandi funt adminiftrari, atque fufcipi fub hac verborum formula.

EGO *A. B.* palam teftor, & ex confcientia ea declaro, quod
Maieftas Regia, vnicus eft fupremus gubernator huius Regni,
omniumque aliorum fuæ Maieftatis Dominiorum ac territoriorum,
tàm in omnibus Spiritualibus fiue Ecclefiafticis rebus aut caufis,
quàm in Temporalibus : & quòd nullus extraneus Princeps, Perfona, Prælatus, Status, aut Potentatus, habet aut habere debet vllam Iurifdictionem, poteftatem, fuperioritatem, præeminentiam, vel auctoritaté
Ecclefiafticâ fiue Spirituale infra hoc Regnum; & proinde renuntio
penitùs & reijcio omnes extraneas Iurifdictiones, poteftates, fuperio-
ritates, & authoritates : Et promitto, me deinceps fidem, & veram obedientiam, Regiæ Maieftati, eiufque Hæredibus, ac legitimis Succeffo-
ribus præftiturum : & pro virili meâ adiuturum ac propugnaturum
omnes Iurifdictiones, priuilegia, præeminentias, & auctoritates Regiæ Maieftati, Hæredibus fuis, ac fucceffioribus conceffas, vel debitas, fiue Imperiali huius Regni Coronæ vnitas & annexas. Ita me Deus
adiuuet, & per huius libri contenta.

Iuramentum Fidelitatis.

EGO *A. B.* verè & fyncerè agnofco, profiteor, teftificor &
declaro in confcientia mea coram Deo & mundo, quod fupremus Dominus nofter Rex *Iacobus*, eft legitimus & verus Rex
huius regni, & omnium aliorum Maieftatis fuæ Dominiorum &
terrarum : Et quòd Papa nec per fe-ipfum, nec per vllam aliam
auctori-

auctoritatem Ecclefiæ, vel fedis Romanæ, vel per vlla media cum quibufcunque alijs aliquam poteftatem, nec auctoritatem habeat Regem deponendi, vel aliquorum Maieftatis fuæ Dominiorum vèl Regnorum difponendi, vel alicui Principi extraneo ipfum damnificare, aut terras fuas inuadere auctoritatem concedendi, vel vllos fubditorum fuorum ab eorum fuæ Maieftatis obedientiâ & fubiectione exonerandi, aut vllis eorum licentiam dare arma contra ipfum gerendi, tumultus feminandi, aut aliquam violentiam aut damnum Maieftatis fuæ Perfonæ, Statui, vel Regimini, vel aliquibus fuis fubditis infra fua Dominia offerendi. Item, iuro ex corde, quòd non obftante aliquâ declaratione, vel fententiâ Excommunicationis, aut depriuationis factâ vel concefsâ, aut fiendâ vel concedendâ, per Papam vel fuccefſores fuos, vel per quamcunque auctoritatem deriuatam vel deriuari prætenfam ab illo, feu à fuâ fede contra dictum Regem, hæredes aut fuccefſores fuos, vel quacunque abfolutione dictorum fubditorum ad eorum obedientiâ; fidelitatem tamen & veram obedientiam fuæ Maieftati, hæredibus, & fuccefſoribus fuis præftabo; Ipfumque & ipfos totis meis viribus contra omnes confpirationes & attentata quæcunque, quæ contra Perfonâ illius, vel illorum, eorumque Coronam & dignitatem, ratione vel colore alicuius fententiæ vel declarationis, aut aliàs facta fuerint, defendam: omnémq; operam impendâ reuelare, & manifeftum facere fuæ Maieftati, hæredibus & fuccefſoribus fuis omnes proditiones, & proditorias confpirationes, quæ contra illum aut aliquos illorū ad notitiam, vel auditum meum peruenerint. Præterea iuro, quòd ex corde abhorreo, deteftor, & abiuro tanquam impiam & hæreticam, hanc damnabilem doctrinam & propofitionem, Quòd principes per Papam excommunicati vel depriuati, pofsint per fuos fubditos, vel aliquos alios quofcunque deponi, aut occidi. Et vlteriùs credo, & in confcientiâ meâ refoluor, quòd nec Papa, nec alius quicunque poteftatem habet, me ab hoc Iuramento, aut aliquâ eius parte abfoluendi: quod Iuramentum agnofco rectâ ac plenâ auctoritate effe mihi legitimè miniftratum, omnibufque indulgentijs ac difpenfationibus in contrarium renuncio. Hæcque omnia planè ac fyncerè agnofco & iuro iuxta expreffa verba per me hìc prolata, & iuxta planum ac communem fenfum & intellectum eorundem verborum, abfque vllâ æquiuocatione, aut mentali euafione, vel fecreta referuatione quacunque. Hancque recognitionem & agnitionem facio cordialiter, voluntariè & verè, in vera fide Chriftiani viri: Sic me Deus adiuuet.

His

His peractis, eorum singulos ordine suo in præsentia plebis hoc modo per-
contabitur Episcopus.

TVne credis te interno S. Spiritus instinctu vocatum esse
ad istud munus suscipiendum, in quo Deo seruias ad promouendam eius gloriam, & gregem eius ædificandum?

Resp. Ita credo.

Episc. Nunquid persuasum habes te iuxta voluntatem Domini
nostri Iesu Christi, & legitimam huius regni constitutionem vocatum esse ad Ecclesiasticum ministerium?

Resp. Ita mihi persuasum est.

Episc. An omnes S. Scripturæ libros Canonicos tam Veteris: quàm
Noui testamenti firma fide amplecteris?

Resp. Amplector.

Episc. Num statuis in ea, quæ tibi mandata fuerit Ecclesia, diligenter illas ad populum ibi congregatum perlegere?

Resp. Statuo.

Episc. Diaconi munus in eo præsertim consistet, vt præstò sit
Presbytero dum sacris administrandis incumbit in Ecclesia sibi assignata, suamque præstet operam in celibratione S. Cœnæ, ac distributione Sacramenti. Item S. Scripturas, atque Homilias populo
perlegere, Iuniores in Articulis fidei erudire, Infantes baptizare, necnon verbum Dei prædicare, dummodo ab Episcopo censeatur idoneus, qui ad id muneris admittatur: spectat insuper ad eius officium
siquidem talis etiam cura erit necessaria, inquirere de conditione æ-
grotantium, pauperum, & infirmorum in sua parochia degentium,
vt eorum cognomina, domicilia, inopiamque innotescat pastori, qui
sua ad gregem religiosa cohortatione curabit piorum animos excitare
ad necessaria vitæ subsidia, aliasque eleemosynas in illorum sustenta-
tionem subministrandas. Hæccine tu libenter & alacriter præstabis?

Resp. Præstabo, Deo auxiliante.

Episc. Anne omni studio & diligentia curabis sic tuam ipsius, &
familiæ tuæ vitam ad norman doctrinæ Christianæ dirigere, vt quantum in vobis fuerit, salutaria ouibus Christi exempla vosmetipsos
præbeatis?

Resp. Ita faciam, Domino iuuante.

Episc. Nunquid Ordinario tuo, alijsq; præcipuis Ecclesiæ Ministris obedientiam cum reuerentia præstabis, pijs eorum monitis libenti animo obtemperans?

Episc. Conabor hoc facere, adiuuante Domino.

Tunc

Tunc Episcopus, manibus singulorum capitibus separatim impositis, hæc verba pronunciet.

Potestatem habeto Diaconatus officium administrandi in illa Ecclesia, quæ tibi fuerit commendata : In nomine Patris, Filij, & Spiritus sancti Amen.

Hoc facto, tradet Episcopus singulis in manus N. Testamenti codicem, huiusmodi vtens verbis.

Habeto quoque potestatem Euangelium in Ecclesia Dei legendi, nec non prædicandi, si quando more legitimo ad id muneris admittaris.

Sequatur statim Euangelij, quod eius diei proprium fuerit, Lectio per eum præstanda, quem Episcopus designauerit. Mox ad Sacram Cœnam se accingat Episcopus, omnibus, qui ordinantur, manentibus, Cœnamque S. vnà cum eo percipientibus.

S. Cœnà peractà, post Collectam vltimam, & immediatè ante benedictionem, ista quæ sequitur precatio adhibeatur.

OMnipotens Deus, largitor bonorum omnium, qui per immensam tuam bonitatem dignatus fueris tuos hosce seruos ad munus Diaconorum gerendū in Ecclesia suscipere, instrue illos, te quæsumus, Domine, ea animi modestia, humilitate, atque constantia in obeundo suo munere, vt ad omnis disciplinæ spiritualis obseruantiam parati, ac synceræ conscientiæ testimonio muniti, in Christo filio tuo perpetuò stabiles, ac firmi permaneant : eaque fide, atque integritate in hoc inferiori munere sese gerant, vt digni aliquando reperiantur, qui ad grauiora in Ecclesia tua Ministeria suscipienda vocentur. Hoc nobis concedas propter eundem filium tuum Iesum Christum Seruatorem nostrum, cui honor, laus, & gloria debetur in omnem æternitatem. Amen.

Hîc demum oportet Diaconum intelligere, permanendum ei esse in suo recens suscepto munere, ad minimum per integrum anni spatium; nisi fortè ob causas non leues aliter visum fuerit Ordinario suo. Ita enim in rebus ad Ecclesiasticam disciplinam spectantibus promptior & peritior euadet: Si verò fidelis repertus fuerit in munere suo fungendo, poterit post modum in Ordinem Presbyterij cooptari a suæ Diœceseus Episcopo.

Forma siue Ritus ordinandi
Presbyteros.

Post exhortationem, qualis describitur in Ordinatione Diaconorum, sequatur statim S. Cœna administratio. Epistola verò prælegatur ex Act. cap.

T 4   *vicesimo*

vicesimo à versu decimoseptimo ad tricesimum sextum, vel si fortè contingat eodem die, & Diaconos, & Presbyteros ordinari totum cap. 3. 1. ad Timoth. Postea legatur etiam pars Euangelij extrema secundum Matth : à versu decimo octauo ad finem : vel illud Ioan: 10 à vers: primo ad decimum septimum, vel Ioan. 20. à versu 19. ad 24.

Euangelio lecto, recitetur vel decantetur sequens hymnus.

VE N I Creator Spiritus,
  Mentes tuorum visita,
Imple supernâ gratiâ,
Quæ tu creâsti pectora :
Qui paracletus diceris,
  Donum Dei altissimi,
Fons viuus, ignis, charitas,
Et Spiritualis vnctio:
Tu septiformis munere,
  Dextræ Dei tu digitus,
Tu rité promisso Patris,
Sermone ditans guttura:
Accende lumen sensibus,
Infunde amorem cordibus,

Infirma nostri corporis,
  Virtute firmans perpeti :
Hostem repellas longiùs,
  Pacemque dones protinus,
Ductore sic te præuio,
  Vitemus omne noxium.
Per te sciamus, da, Patrem,
  Noscamus atque Filium,
Te vtriusque Spiritum,
  Credamus omni tempore.
Sit laus Patri cum Filio,
  Sancto simul Paracleto,
Nobisque mittat Filius
  Charissima Sancti Spiritus.

Hymno finito, Archidiaconus eos omnes qui Presbyteratum illo die sunt suscepturi, præsentabit Episcopo, hisce verbis vsus :

REuerende Pater in Christo, præsento tibi Personas hic adstantes, vt ad Ordinem Presbyterij admittantur.

Hic vero adhibeantur interrogationes & responsiones quæ suprà præmittuntur in Ordinatione Diaconorum.

Tumque Episcopus ad populum conuersus dicet.

DIlecti fratres, hi sunt illi, quos annuente Deo, statuimus hodie in Sacrum Presbyterij ministerium cooptare, Nihil enim inuenimus post examinationem debitam obstare, quo minus censeamus eos aptos & idoneos ad illud munus obeundum, adeòque legitimè ad idem vocatos esse. Si quis autem vestrûm in eorum quouis, grauius vllum crimen, vel impedimentum cognoscat, cuius causa ad sacrum istud ministerium non debeat recipi, ne grauetur id exemplò in Dei nomine patefacere.

Quod

Quod fi granius aliquod crimen, vel impedimentum obiectum
fuerit. &c. Sicut fupra in Ordinatione Diaconi, vfque
ad finem Litaniæ, cum hac precatione.

OMnipotens Deus, largitor bonorum omnium, qui per Sanctum
tuum Spiritum diuerfos miniftrorum ordines in Ecclefia tua
conftituifti, dignere quæfumus, benigno mifericordiæ tuæ afpectu hos
famulos tuos intueri, qui hodierno die ad Presbyterij functionem
vocantur. Ita illos veritate tuæ doctrinæ inftruas, ita vitæ innocentia
communias, vt in hoc fuo munere præftando fidelem tibi operam præftare poffint tam verbo quàm exemplo ad nominis tui gloriam, & e-
molumentum Ecclefiæ, propter merita faluatoris noftri Iefu Chrifti,
qui viuit & regnat tecum, & cum Spiritu S. in fecula feculorum
Amen.

Hic fingulis ordinandis Iuramentum de fuprema Regis poteftate
ficut præfcribitur in Ordinatione Diaconorum, proponet
Epifcopus. Quo facto, huiufmodi eos
oratione alloquetur.

AVdiuiftis, fratres, tam in priuata vniufcuiufque veftrûm exami-
natione, & exhortatione ad vos factâ, quàm ex facris etiam lectionibus ex Euangelio, fcriptifque Apoftolicis defumptis, quæ fit
amplitudo & dignitas eius functionis, ad quâ hodierno die vocati eftis.
Vos igitur in nomine Domini noftri Iefu Chrifti obteftamur, vt ferio
apud animos veftros cogitetis de onere, magnitudineq; officij veftri:
vtpote qui appellamini in S. literis Legati, Excubitores, Paftores, ac
Difpenfatores Domini, ad docendum, præmonendum, pafcendum, &
curandum familiam Domini : vt Oues Chrifti difperfas & palantes
perquiratis, eiufque filios per mundum hunc malignum vagantes in
viam reducatis, quo tandem æternam falutem per Chriftum confe-
quantur. Ex animis veftris nunquam excidat quàm immenfus thefaurus commifsus fit veftræ fidei : ipfius fcilicet Chrifti oues, quarum
gratiâ fanguinem fuum effunderenon recufauit, vt eas redimeret mortis fuæ pretio. Imò Ecclefia, hoc eft, ouile Chrifti, cui vos debetis
minifterium veftrum impendere, ipfius fponfa, ipfius corpus exiftit.
Quod fi hæc Ecclefia, vel quoduis eius membrum ex veftra negligentia, vel incuria, detrimenti quid capiat, tanti criminis magnitudinem,
& emergentis inde fupplicij grauitatem haudquaquam ignorare pote-
ftis. Finem igitur atque fcopum Minifterij veftri fumma cum animi at-
tentione perpendite, labore, cura, & induftria veftrâ nunquam ceffan-
tes quotquot fidei veftræ committuntur oues, vel in pofterum commit-
tentur, ad veram Dei cognitionem perducere, & in vnitate fidei con-
iungere,

iungere, ac fouere: vt erroribus explofis, fana doctrina enutriantur, donec tandem ad plenam, & perfectam ætatem in Chrifto excrefcant, excellentes ea morum fanctitate, quæ Chrifti corpus & fponfam decet. Hæc cum ita fint, videtis quanta vobis neceffitas incumbit, gratitudinem veftram erga Dominū declarandi, qui vos ad tam fublimē honoris gradum.euexit. Vobis idcirco cauendum eft omni ftudio ac diligentia, ne vel ipfi fcandalum vllum, vel occafionem, fcandali alijs præbeatis. Hæc autem cùm proprijs viribus præftare non poffitis, quoniam & poffe & velle à folius Dei poteftate promanat, veftrum erit affiduis, & enixis precibus ab ipfius bonitate contendere, vt ad ea præftanda mentes veftras & vires excitare velit. Cùm verò tantum iftud opus de faluandis hominibus, non alia ratione peragitur, quàm fanæ doctrinæ beneficio, & exhortationum ftimulis, quæ in S. Scripturis abundé fuppeditantur, adhibita infuper vitæ morumque integritate; fatis intelligitis quanto ftudio tum in S. Literis perlegendis & perdifcendis verfari vos oporteat, tum in formandis ad earum normam veftris atque veftrorum moribus : abiectis interea nimijs fallacis mundi curis, & vanis illecebris, quibus abduci, & retardari pofsitis ab officio veftro. Nos quidem fpem bonam concipimus, ifta vos iam diu ante hac apud animos veftros euoluiffe, atque per Dei gratiam ftatuiffe apud vos ad hanc vocationem veftram, omni ftudio atque induftria vofmetipfos accingere, huic vni curæ, quantum in vobis fuerit, incumbentes. Speramus etiam vos nunquam defituros auxilium fupernum S Spiritus implorare a Deo Patre per interceffionem Seruatoris noftri Iefu Chrifti, vnici Meditatoris Dei & hominum, vt per afsiduam S. Scripturæ lectionem ac meditationem indies maturiores euadatis, & peritiores; eamque innocentiam, & fanctimoniam per totum vitæ curfum vofmet, & familia veftra declaretis, quæ reliquo gregi tanquam falutare exemplum ad imitandum proponatur. Verum vt de mente ac voluntate veftra meliùs iftis de rebus conftare poffit, huic vniuerfo cœtui Chriftiano, adeòque agnofcatis vofmetipfos arctiori vinculo obftringi ad fidem præftandam promiffi veftri, agite, refpondeatis iam clarè ac dilucidè ad ea, quæ de hoc negotio vice ac nomine cœtus iftius ex vobis percontabimur.

Epifo. Nunquid tibi pleniffimè perfuafum eft te iuxta voluntatem Dei, ac Domini noftri Iefu Chrifti, & legitimam huius regni conftitutionem vocatum effe ad Presbyterij Minifterium ?

Refp. Ita mihi perfuafum eft.

Epifc. Num credis vniuerfam doctrinam Chriftianam, quæ ad falutem æternam per fidem in Iefum Chriftum neceffariò requiritur, in S. Literis fufficienter contineri ? Anne populum quoque fidei tuæ commif-

commiſſum eiſdem erudiendum, atque inſtruendum curabis, nihil docens tanquam ad æternam ſalutem neceſſarium, quod tibi non liquidò
conſtet S. Literarum teſtimonio concludi, & confirmari poſſe?

Reſp. Illud credo, atque ita facere per Dei gratiam decreui.

Epiſc. Nunquid fidelem & aſsiduam nauabis operam in doctrinæ,
Sacramentorum, atque diſciplinæ Chriſtianæ diſpenſatione, iuxta præceptum Domini, & receptum morem huius regni, gregemque tuæ fidei commendatum docebis eadem omni ſtudio obſeruare?

Reſp. Hoc faciam Deo auxiliante.

Epiſc. Num omnem adhibebis diligentiam in exterminandis qui-
buſcunque erroribus, & doctrinis verbo Dei contrariis? Item tam priuatis quàm publicis admonitionibus, & ſalutaribus vteris exhortatio-
nibus apud infirmos & ſanos intra limites tuæ Parochiæ, quoties ne-
ceſsitas poſtulabit?

Reſp. Ita faciam, Domino auxiliante.

Epiſc. Num aſsiduus eris in precibus, in S. Literarum lectione ſe-
dulus, illiſque te ſtudijs addices, quæ conducere poterunt ad genuinum
earum ſenſum percipiendum, abdicatis carnis & mundi cupiditatibus?

Reſp. Studebo per Dei gratiam hoc facere.

Epiſc. Anne diligenter laborabis tum tuam ipſius, tum familiæ
tuæ vitam, quantum in vobis fuerit, ad normam Chriſtianæ doctrinæ
ita componere, vt ſalutare ouibus Chriſti teipſum præbeas exemplum?

Reſp. Conabor, Domino dante, hoc efficere.

Epiſc. An omni ſtudio, quantum in tua poteſtate fuerit ſitum, pacem, tranquilitatem, charitatemque inter Chriſtianos omnes procurabis atque fouebis, imprimis inter eos, qui fidei tuæ vel nunc ſunt,
vel in poſterum erunt commendati?

Reſp. Ita faciam, adiuuante Domino.

Epiſc. Nunquid Ordinario tuo, alijſque præcipuis Eccleſiæ
Miniſtris, quorum iuriſdictioni te ſubeſſe contigerit, obedientiam cum
debita reuerentia præſtabis, libenti animo ſalutaribus eorum monitis
obtemperans, pijſque cenſuris acquiſcens?

Reſp. Hoc quoque faciam, Domino auxiliante.

Tunc Epiſcopus dicat hoc modo.

OMnipotens Deus, qui voluntatem hanc mentibus veſtris inſtil-
lare dignatus eſt, vires viciſſim ac facultaté concedat vobis ad hæc
officia præſtanda, atque implenda, vt bonum illud opus ſuum, quod
incepit in vobis, fœliciter perficiat vſque, ad ſupremum illum diem,
quo venturus eſt ad iudicandum viuos & mortuos.

Poſt hæc rogabitur vniuerſa congregatio, vt velint tacitis ſuis precibus
&

& votis ardentibus istud negotium, eiusque successum Deo commendare.
Cuius rei gratia pauxillum temporis spacium, pròut visum erit expedire, silen-
tio transigatur.

Quo facto precabitur Episcopus hoc modo.

DEus Omnipotens, ac Pater cœlestis, qui ex infinita tua erga nos
charitate filiū tuū vnigenitū Iesum Christū, in quo solo tibi com-
lacitū est, dignatus es exhibere, vt nobis esset propitiator, & vitæ æternæ
auctor: qui immenso illo pretio redemptionis nostræ persoluto, in cœlum ascendens, Apostolos, Prophetas, Euangelistas, Doctores, &
Pastores in hunc modum emisit, quorum labore ac ministerio ex
singulis orbis terrarum partibus ingentem fidelium gregem collegit,
ad immortalem nominis sui gloriam declarandam: gratias tibi agimus, quas possumus maximas pro hac tanta erga maiores nostros
benignitate, atque beneficentia tua. Inprimis vero ex toto cordis affectu ineffabilem tuam erga nosmetipsos misericordiam agnoscimus,
& prædicamus, quòd hosce seruos tuos coràm hîc adstantes vocare dignatus sis ad id munus ac ministerium, quod in æterna salute
comparanda versatur. Concedas quæsumus, per & propter eundem
filium tuum & nobis ipsis, & alijs vbiuis gentium sanctum tuum
nomen inuocantibus, vt animorum nostrorum gratitudinem pro hoc
tanto beneficio studiosè declaremus per obedientiam nostram: vtque
maiorem indies in vera fide & agnitione filij tui profectum faciamus
per salutarem S. tui Spiritus assistentiam. Ita tandem fiet, vt non solum per hos tuos ministros, sed per eos etiam in quorum gratiam
ministerio suo funguntur, sanctum tuum nomen perpetuò glorifice-
tur, finesque regni tui benedicti longiùs ac latiùs propagentur, per
eundem filium tuum Iesum Christum Dominum nostrum, qui
viuit & regnat tecum in vnitate eiusdem S. Spiritus in secula seculorum. Amen.

Hac finita precatione, Episcopus & Presbyteri præsentes manus
suas imponant singulorum, qui ordinantur, capitibus
separatim. Quibus in genua submisse procum-
bentibus, Episcopus hæc verba
pronuntiabit.

ACcipito Spiritum Sanctum: cuius remiseris peccata, erunt ei
remissa, & cuius ligaueris peccata, erunt ei ligata. Tu verò
fidelem age dispensatorem verbi Dei, & sacramentorum, In nomine
Patris, & Filij, & Spiritus Sancti.

Episcopus

Episcopus item singulis eorum in manus tradens S. Scripturæ codicem, sic dicet ;

HAbeto tu auctoritatem prædicandi verbum Dei, & administrandi Sacramenta in illa Ecclesia, quæ tibi fuerit commendata.

Hoc peracto, Symbolum fidei decantetur per cœtum : statimque se ad S. Communionem accingant, quam omnes, qui Ordines suscepturi sunt, pariter percipiant, in eodem permanentes loco, vbi manuum impositionem acceperunt, donec S. Cœna fuerit peracta.

Tunc autem post vltimam Collectam, immediatè ante benedictionem sequatur ista precatio.

MIsericors Pater, obsecramus humillimè clementiam tuam, vt è sancta tua sede cœlestem benedictionis tuæ rorem super hosce seruos tuos facias descendere : vt omni vitæ sanctimonia, iustitiaque tanquam veste decora induantur; Quo verbum tuum illorum voce prædicatum semper vim suam & efficaciam obtineat, nec vllo tempore inutile auditoribus, vel infructuosum reperiatur. Nobis quin etiam gratiam concedas audiendi verbum tuum studio propenso, illudque fideliter amplectendi tanquam instrumentum æternæ nostræ salutis, & animarum nostrarum pabulum. Vt in omnibus dictis, factisque nostris gloriam tuam vnicè quæramus, & incrementum regni tui per Iesum Christum Dominum nostrum, Amen.

Si Diaconatus & Presbyterij Ordines eodem die conferantur, tum omnia in S. Cœnæ celebratione eodem modo peragantur, quo præscribitur in Ordinatione Presbyterorum, nisi quòd loco Epistolæ legatur cap. tertium 1. ad Timoth. Post Epistolam vero statim ordinentur Diaconi, & Litaniam semel decantare vel recitare sufficiat.

Modus consecrandi Archiepiscopum vel Episcopum.

Legatur Epistola ex 1. ad Timoth. cap. 3. a versu 1. ad 8.
Euangelium sit Christi verba ad Petrum de pascendis Ouibus. Ioan. 21. vers. 15. & 16. vel illud Ioan. 10. vt habetur supra in Ordinatione Presbyterorum. Euangelio & Symbolo finitis, primùm electus Episcopus per duos alios Episcopos præsentabitur illius Prouinciæ Archiepiscopo, vel alicui Episcopo ex ipsius consensu vices suas gerenti, sub hac verborum forma. Reueren-

REuerendiſſime in Chriſto Pater, præſentamus tibi hunc pium, & doctum virum, vt in Epiſcopum conſecretur.

Tunc Archiepiſcopus mandatum Regium de illius conſecratione produci, & publicè recitari curabit. Deinde Iuramentum de ſuprema Regis poteſtate agnoſcenda Electis miniſtrabitur, ſicut in Ordinatione Diacon. Poſtremò iuramentum ſuſcipiat de obedientia debita Archiepiſcopo præſtanda, eo modo quo ſequitur.

IN Dei nomine, Amen. Ego I. N. Eccleſiæ, atque Sedis N. electus Epiſcopus profiteor, atque polliceor omnem reuerentiam, atque obedientiam debitam Archiepiſcopo, & Eccleſiæ Metropoliticæ N. & ſucceſſoribus ſuis, ſicut me Deus adiuuet per Ieſum Chriſtum.

Hoc Iuramentum non ſuſcipitur in conſecratione Archiep. Mox Archiepiſcopus cœtum præſentem ad auxilium diuinum implorandum hortatus, ſi os alloquetur.

SCriptum eſt, fratres, in Euangelio S. Lucæ, Chriſtum Seruatorem noſtrum totam noctem precatione conſumpſiſſe, antequam Apoſtolos ſibi elegerat, atque in mundum miſerat. Scriptum eſt etiam in Actis Apoſtolicis, diſcipulos, qui Antiochiæ fuerunt, ieiunio & oratione vſos eſſe, priuſquam Paulo & Barnabæ manus impoſuerant, & ad munus ſuum eos ablegauerant. Nos igitur ſecundum Saluatoris Chriſti exemplum, & Apoſtolorum ſuorum, ad preces nuncupandas nos conferamus, anteaquam perſonam hanc nobis præſentatam admittamus, vel opus ei demandemus, ad quod eum confidimus à S. Spiritu vocatum eſſe.

Hic, ſicut in ordinatione Diaconi decantetur Litania; in qua poſt ea verba [vt Epiſcopos, Paſtores, & Miniſtros Eccleſia, &c.] addatur & hæc Petitio.

TE rogamus, vt huic fratri noſtro electo Epiſcopo benedictionem, & gratiã tuam largiri digneris, quo munus iſtud, ad quod vocatus eſt, diligenter exequi poſſit ad ædificationem Eccleſiæ, & ad honorem, laudem & gloriam nominis tui.

Reſp. Exaudi nos, obſecramus te, Domine.

Hac verò oratione Litania concludatur.

OMnipotens Deus, largitor bonorum omnium, qui per S. tuum Spiritum diuerſos Miniſtrorum ordines in Eccleſia tua conſtituiſti, dignere quæſumus hunc ſeruum tuum ad Miniſterium Epiſcopa-

tus

tus iam vocatum clementer intueri. Ita illum instruas doctrinæ tuæ
veritate, ita vitæ innocentia adornes, vt in hoc suo munere obeundo fidelem operam præstare possit & verbo & exemplo, ad nominis tui gloriam, atque emolumentum Ecclesiæ tuæ per merita Saluatoris nostri
Iesu Christi , qui regnat tecum, & cum Spiritu Sancto in secula seculorum. Amen.

Tunc Archiepiscopus in cathedra sedens , hunc in modum alloquetur eum,
qui consecrandus adstat.

FRater, quandoquidem tam veteres Canones, quàm S. Scriptura
nos admonent, haud temerè manus cuiquam imponendas esse, vel
quenquam subitò admittendum ad gubernandam Christi Ecclesiam,
quam is non minore sanè pretio , quam proprij sanguinis effusione sibi acquisiuit: idcirco priusquam te ad hanc administrationem, ad quam
vocaris, admittam, æquum fuerit quædam abs te sciscitari in eum finem, vt presens iste coetus intelligat, & testimonium etiam ferat mentis
ac propositi tui, quo modo statueris te gerere in Ecclesia Dei.

Archiep. Anne tibi persuasum habes te ad hanc administrationem
verè vocatum esse, iuxta voluntatem Domini nostri Iesu Christi, &
constitutionem huius regni ?

Resp. Ita mihi persuasum habeo.

Archiep. Nunquid tibi persuasum habes S. Scripturas sufficienter
continere omnem doctrinam, quæ necessariò ad salutem requiritur?
Itemque statuis per easdem S. Scripturas populum fidei tuæ commis-
sum instruere, nihil præterea docendo vel astruendo tanquam ad salutem necessarium, quod per easdem credas confirmari, vel demonstrari
non posse ?

Resp. Ita mihi persuasum habeo, atque ita mecum statui facere per
Dei gratiam.

Archiep. Ergone in eisdem S. literis studiosè teipsum exercebis,
Deum inuocando, vt aperiat tibi verum ac genuinum earum intellectum, quo poteris alios per easdem sana doctrinà erudire, atque exhortari, nec non conuincere ac refellere veritati contradicentes ?

Resp. Sic faciam ope diuina.

Archiep. Nunquid paratus es fidelem ac diligentem operam impendere ad exterminandam , & extirpandam quamcunque peregrinam, er-
roneam, verboque diuino contrariam doctrinam : aliosque tam priuatim, quàm publicè ad idem faciendum prouocabis atque excitabis ?

Resp. Etiam ad hoc præstandum paratus sum, diuino confisus auxilio.

Archiep. Num omni impietati, mundanisque concupiscentijs re-
nunciabis, piè, iustè, ac sobriè vitam in hoc mundo instituens, vt in rebus

bus omnibus bonorum operum te præbens exemplum aliis, aduerfarium pudefacias, cum nihil habeat, quod tibi merito obijciat ?

Refp. Ita faciam per Dei auxilium.

Archiep. An in te quantum fuerit, pacem, concordiam, & charitatem inter omnes homines procurabis & promouebis. Si quos autem turbulentos effrænes, vel criminofos intra fines Diœcefeôs tuæ offenderis, caftigabis eos ac punies iuxta authoritatem tibi ex Dei verbo, Regnique huius fanctionibus conceffam ?

Refp. Sic faciam, fauente Dei gratia.

Archiep. An pauperibus, egenis, & aduenis, auxilioque indigentibus, propter Chrifti meritum mifericordem teipfum, atque beneficum præbebis ?

Refp. Me talem præbebo, Deo dante.

Archiep. Deus omnipotens, Pater nofter cœleftis, qui hanc tibi voluntatem conceffit, concedat infuper vires ac facultatem ad hæc omnia efficaciter præftanda, vt opus illud fuum, quod incepit in te abfoluat, teque integrum, & inculpabilem inueniat in illo fupremo die, per Iefum Chriftum Dom. noftrum. Amen.

Hic pfallatur vel recitetur, Veni Creator &c. *ficut fupra in Ordinat. Presbyterorum.*

Hoc peracto dicet Archiepifcopus.

Exaudi Domine precationem noftram.

Refp. Et clamor nofter ad te perueniat.

Precemur.

OMnipotens Deus, & mifericors Pater, qui ex infinita tua bonitate Iefum Chriftum vnicum, ac dilectiffimum filium tuum nobis donâfti Redemptorem, & æternæ falutis authorem : qui poftquam fua morte perfeciffet opus Reconciliationis noftræ, atque in cœlum afcendiffet, dona fua abundè largitus eft hominibus, conftituens alios Apoftolos, alios Prophetas, alios Euangeliftas, alios Paftores, & Doctores ad ædificationem, & confummationem Ecclefiæ : concedas, quæfumus, huic feruo tuo eam gratiam, vt femper fit paratus ad Euangelium, lætumque noftræ tecum Reconciliationis nuncium promulgandum. Præterea, vt authoritate fibi conceffa non ad deftructionem, fed ad ædificationem, non ad detrimentum, fed ad emolumentum Ecclefiæ vtatur : Itaq; familiæ tuæ, ficut fidum ac prudentem decet œconomum, pabulum fuo tempore diftribuens, recipiatur tandem in cœlefte gaudium

per

per Iefum Chriftum Dominum noftrum, qui tecum, & cum Sp.S. viuit & regnat vnus Deus in omnem æternitatem. Amen.

Archiepifcopus & Epifcopi præfentes, manus fuas imponant fuper caput Epifcopi electi, fic dicente Archiepifcopo.

Accipe Spiritum Sanctum, & excitare memineris gratiam Dei, quæ in te eft per manuum impofitionem. Dedit enim nobis Deus Spiritum non timoris, fed poteftatis, charitatis & fobrietatis.

Porro Archiepifcopus S. Codicem accipiens, eique tradens, hæc dicat verba.

Attendas lectioni, exhortationi, atque doctrinæ. Quæ in hoc libro continentur ferio meditere. Ea vtaris diligentia, vt profectus tuus in iftis rebus omnibus fiat manifeftus. Attendas, inquam, tibi, & doctrinæ tuæ. Hoc enim fideliter præftando & teipfum feruabis, & eos qui te audiunt. Erga oues Chrifti non te lupum geras, fed Paftorem, gregem non deuorans, fed pafcens. Infirmos fuftentes, ægrotos fanes, contritos vincias, extorres reducas, perditos quæras. Ita fis mifericors, ne fias remiffus; ita difciplinam exerceas, ne fis crudelis. Vt cum fummus ille animarum Paftor apparuerit, immarcefcibilem gloriæ coronam accipias per Iefum Chriftum Dominum noftrum. Amen.

Archiepifcopus hîc fe accingat ad S. Cœnam, quocum recens confecratus Epifcopus, alijque communicabunt. Inftar vltimæ verò Collectæ, immediatè ante benedictionem concludat cum hac precatione.

CLementiffime Pater, oramus te fupplices, vt fuper iftum feruum tuum benedictionem tuam fupernè facias defcendere; itaq; illum Sancto tuo Spiritu imbuere digneris, vt prædicando verbum tuum fedulam operam præftare poffit doctrinæ, reprehenfioni, caftigationi, obteftationi cum omni tolerantia, fiatque falubre fidelibus exemplum tam in fermone, quam in moribus fuis; amore, fide, caftitate, vitæque integritate excellens. Vt poft hunc fuum curfum exactum in illo fupremo die coronam iuftitiæ confequatur, quam fuis Dominus iuftus ille Iudex repofuit, qui viuit & regnat vnus Deus tecum, & cum Sp. Sancto in omnem æternitatem. Amen.

V   EC-

ECCLESIÆ
ANGLICANAE
DISCIPLINA ET
POLITIA. *↓

V 2   *An-*

* Ms: DISCIPLINA |ET| Politeia |Ecclesiae Anglicanae.

* MS: Huius Politeiae Ecclesiae Capita.

A N.

ꟾ ANGLIÆ
DIVISIO IN SVAS
PARTES ET MEMBRA
RATIONE ECCLESIÀSTICÆ
IVRISDICTIONIS.

CAP. I.

[handwritten: ꟾ MS: 95 Rᵒ]

Vamprimum Romani ultra Italiæ oram Imperii sui fines propagaverant, illud regiminis causâ in varias Provincias partiti sunt : & postea Ciceronis seculo, (ut constat ex ejus epistola ad L. Servilium de Proconsule ita scribentis ; *ex Provincia mea Ciliensi , cui scis tres Diœceses Asiaticas attributas fuisse*) singulas Provincias in suas Diœceses , seu administrationes diviserunt. Hæ vero Provinciæ, Romano Imperio crescente,ita fuere auctæ,ut(teste Onuphrio)sub Trajano quadraginta extiterint. Et hinc Trajani successor Hadrianus, quò tot ac tam dissita membra firmiori ligamine devincirentur, totum Imperium in aliquot Diœceses distribuit:&,contra quàm Ciceronis seculo, quando Provinciæ singulæ divisæ sunt in Diœceses ; unamquamque Diœcesin in plures Provincias dispescuit.

[handwritten: ꟾ MS, ᵒ16: ∧ se]
[handwritten: MS, 16: scribente]

Et hæc Romani Imperii in Diœceses , & Diœceseôn in Provincias partitio mansit sub Constantino Magno , qui tamen ita utræunique numerum auxit,vt *Notitia Provinciarum* 13 Diœceses, & 120 Provincias recensuerit. Hæc autem orbis Romani divisio politica , in Ecclesiam imitatione quadam derivata est:*Siqua* (inquit Concil.Chalced.can. 25) *civitas* (multò magis si aliquæ Regiones amplæ)*potestate Imperiali innovata sit ,vel deinceps innovata fuerit; civiles & publicas formas Ecclesiasticarum quoque Parœciarum ordo consequatur.* Et hinc passim in sacris anti-

V 3   quorum *[handwritten: ×↓]*

*[handwritten footnote: * This catchword has to be read as part of the text.]*
[handwritten: In ᵒ16 it is , correctly, antiquo tum]

Note a : added '16.   ** Damaged word: arctissimis

a Vide Act.
Concil. Con-
ſtant. pri can.
2. Act. Concil.
Epheſ. can. 8.
Et Chalce-
don. can 9.
※ 16.

MS, '16:
nomine
Civitates ſignifica-
bat non tantum
urbium mœnibus
cinctas ſed
Regiones

MS: ſingulae fere.
Dioeceſes
in Archi-
diaconatus
quibus Epi-
ſcoporum
oculi invi-
gilant
Archidia-
coni
quandoque

* Minores e-
nim aliquot
unum tantum
habent Archi-
diaconatum,
vt Cantuari-
enſis, Roffen-
ſis, Wigorni-
enſis, Glou-
ceſtrenſis, Bri-
ſtolienſis, &
aliæ. ※↓

¶ MS: ⋀ libera,
'17: ſunt +

rum Conciliorum ᵃ canonibus frequens fit mentio Diœceſeôn & Provinciarum , quibus Primates , Exarchi, Metropolitani præeſſe, & è quibus ad Synodos congregari perhibentur. Neque hic acquievit Eccleſia, ſed ulterius diſtribuit Provincias in ſuas Epiſcopales Parœcias, quarum nomine non tantum Civitates ſignificabat, urbium mœnibus cinctas, ſed etiam Regiones ſeu territoria Ciuitatibus adſcripta: *Vnuſquiſque*
(ait Canon 9. Concilij Antiocheni) *Epiſcopus poteſtatem habeat ſua Pa-*
rœcia, eamque adminiſtret pro ſuo quiſque ſtudio ac Religione, & curam ge-
rat Regionis, quæ ſuæ Vrbi ſubeſt.

Verum ſeculis ſubſequentibus, tametſi Eccleſia Diœceſeôn, Provinciarum , Parœciarum nomina retinuerit; tamen (quod Gratiani rhap-
ſodiæ clarè indicant) earum uſum immutavit, Provinciam partiens in
Diœceſes , & Parœcias arctiſſimis Pagorum limitibus circumſcribens.
Quæ diviſio in Eccleſia Anglicana, in hunc uſque diem obtinuit. Etenim totum Angliæ Regnum ratione Eccleſiaſticæ in eo iuriſdictionis
dividitur in duas Archiepiſcopales Provincias, *Cantuarienſem*, & *Ebo-*
racenſem; & utraque Provincia in ſuas Epiſcopales Diœceſes ; ſingulæ
propemodum Diœceſes, præſertim quæ *majores in Archidiacona-
tus, (quibus Archidiaconi Epiſcoporum oculi invigilant,) quandoque
quartam, ſæpe quartâ minus aut magis amplam Diœceſis partem com-
plectentes : *Decanatus*, quibus præficiuntur rurales Decani antiquis
Archipreſbyteris non multùm diſſimiles, & comprehendentes aliquando decem Parœcias, quas Concilium Chalcedonenſe *Rurales & Regio-*
nales uocat, ſæpius plures, rarò pauciores : Denique in *Cathedrales, Col-*
legiatas Eccleſias, & *Hoſpitalia*; quæ Archidiaconatuum & Decanatuum cancellis eximuntur, & tamen concluduntur Epiſcopalibus Diœceſibus, cùm Epiſcoporum viſitationibus, modò non ſint ex Regia fundatione, nec certus alius ſtatuatur viſitator, ſubijciantur.

Præterea, in ſingulis ferè Diœceſibus Epiſcopalibus, ſunt Eccleſiaſticæ juriſdictiones exemptæ, aut ab Archidiaconatibus, & Diœceſi E-
piſcopali ; aut a Diœceſi Epiſcopali, & Provinciæ Archiepiſcopali, vel
denique à Provincia Archiepiſcopali ¶ & Regiæ Majeſtati, ratione Appellationum, immediatè ſunt ſubditæ. Cæterùm quò Eccleſiaſtica hæc
Regni Anglicani diviſio exteris hominibus , meliùs adhuc innoteſcat,
ejus politica in ſuas partes & membra diviſio, paucis repetenda eſt.

Vniverſum Anglię Regnum (quo *Wallia* principatum includimus)
dividitur in quinquaginta duos Comitatus, quorum minimus in circuitu habet milliaria plus minus quinquaginta , maximus milliaria plus
quàm ducenta : horumque Comitatuum, hæc vnâ cum numero Parœciarum ijs contentarum ſunt nomina : *Cantium* habens 398 Parœcias ;
Southſexia 312. *Surria* 140. *Middleſexia* extra urbem Londinenſem,
73. Ipſa vero vrbs 101. *Southamptonia* 248. *Dorceſtria* 248. *Wilche-*
ria

95vᵈ

96Rᵒ

* MS (in place of this note): Nota : Aliquae enim ſunt Dioceſes
quae unum tantum habent Archidiaconatum ut Cantuarienſis,
Roffenſis, Gloucestrenſis, Briſtolenſis.

ria 304. *Somerſetum* 385. *Devonia* 394. *Cornubia* 161. *Eſſexia* 415.
Hertfordia 120. *Oxfordia* 208. *Buckingamia* 185. *Bercheria* 140. *Gloce-*
ſtria 280. *Norfolcia* 625. *Rutlandia* 47. *Northamptonia* 326. *Huntingto-*
nia 78. *Bedfordia* 110. *Cantabrigia* 163. *Warwicum* 158. *Leiceſtria* 200.
Staffordia 130. *Worceſtria* 152. *Salopia* 170. *Herefordia* 176. *Lincolnia*
630. *Notinghamia* 168. *Derbia* 160. *Ceſtria* 97. *Eboracum* 459. *Rich-*
mondia 104. *Lancaſtria* 36. *Dunelmenſis ager* 62. *Weſtmoria* 26. *Cumbria*
58. *Northumbria* 40. *Monumethemia* 142. *Glathmorgania* 151. *Radno-*
ria 43. *Brechinia* 70. *Cardigania* 77. *Carmaridunum* 81. *Pembrochia* 142.
Montgomeria 42. *Merionithia* 34. *Denbighia* 53. *Flintenſis comitatus* 24.
Carnarvinum 73. Denique *Angliſey Inſula* 83. Parœcias complectens:
ita vt omnes Parœciæ per hos Comitatus ſparſæ ſint 9725.

MS: Penbrokia

MS: Anglesi
insula 83 paroecias

Iam verò Epiſcopales Diœceſes viginti ſex ſunt, quarum aliquæ per **↑*
unum, aliæ per duos, nonnullæ per plures iſtorum comitatuum exten-
*96v*duntur. Diœceſis *Cantuarienſis* (eſt enim *Cantuarienſis* tum Diœceſis,
tum Provincia; quarum huic ut Archiepiſcopus, illi vt Epiſcopus, præ-
eſt Archipræſul *Cantuarienſis*) cum *Roffenſi Cantium* continet; *Londinen-* *↑MS: Roffensi*
ſis Eſſexiam, *Midleſexiam*, partemque *Hertfordienſis* comitatus; *Cice-* **↑* *ipsum*
ſtrenſis Southſexiam; *Wintonienſis Southamptoniam* comitatum, *Surriam*, *Cantium*
& *Vectem Inſulam*; *Salisburienſis Wilcheriam*, & *Bercheriam*; *Exon-* *comitatum*
enſis Devoniam & *Cornubiam*; *Bathonienſis* & *Wellenſis* jam ſimul junctæ *continet*
Somerſetum; *Gloceſtrenſis Gloceſtriam* comitatum; *Wigornienſis Wigor-*
riam comitatum, & *Warvicenſis* partem; *Herefordienſis Herefordiam* comitatum, & partem *Salopiæ*; *Coventrienſis*, & *Lichfeldienſis* jam unà co-
pulatæ, *Staffordiam* & *Derbiam* comitatus, & reliquas *Warvicenſis* &
Salopienſis partes; *Lincolnienſis*, omnium Diœceſeôn maxima, comitatus *Lincolniæ*, *Leiceſtriæ*, *Huntingtonia*, *Bedfordia*, *Buckingamiæ*, & reliquam partem comitatûs *Hertfordienſis*; *Elienſis Cantabrigiam* comita-
tum, ipſamque *Elis* Inſulam; *Nordivicenſis*, *Norfolciam* atque *Suffolciam*; *MS: '16 Oxfordiensis*
Oxfordienſis Oxfordiam comitatum; *Peterburgenſis Northamptoniam* at- *[...] Petriburgensis*
que *Rotelandiam*; *Briſtolienſis* ciuitatem *Briſtoliam* & *Dorceſtriæ* comitatum complectuntur. Et hæ 18 Diœceſes ſunt infra Angliæ confinia:
quibus quatuor Walliæ Diœceſes *Menevenſis* ſeu *Sancti Davidis* per *↑*↓*
Penbrochiam, *Carmaridunum*, *Cardigamiam*, *Brechiniam*, minorem
partem *Glathmorganiæ*, & portiunculam *Monumethemiæ*; *Landavenſis*
per totam ferè *Monumethemiam*, & majorem partem *Glathmorganiæ*;
Bancorenſis per *Angliſey* Inſulam, *Carnarvinum*, minorem partem
Montgomeriæ; *Aſſeuenſis* per *Denbichiam*, majorem partem *Flintenſis*
comitatûs, *Merionithiam*, partem *Montgomeriæ* dilatatæ, ſi adijciantur:
habemus omnes infra totum Angliæ regnum Diœceſes Provinciæ *Can-*
tuarienſi ſubditas.

Reliquæ Epiſcopales Diœceſes, nempe *Eboracenſis Eboracum*, &
V 4   No-

* MS: <u>Davidis</u> [GAP] Landavensis, per [GAP]
Bancorensis, per [GAP] Assevensis, per
[GAP] dilatatae

Notinghamiam comitatus ; *Ceſtrenſis* comitatum *Ceſtriæ, Richmondia,* & *Lancaſtriæ,* partemque *Flint* , & *Denbygh,* in Wallia comitatuum ; *Dunelmenſis Dunelmenſem* comitatum, & *Northumbriam* ; *Carlienſis Cumbriam* & *Weſtmoriam* comitatus ; Denique *Sodorenſis* Inſulam Manniæ cingens, Provinciæ *Eboracenſi* ſubjiciuntur. Et hæc Eccleſiaſtiea ampliſſimi ac florentiſſimi hujus regni diviſio eſt tanquam baſis omnis Eccleſiaſticæ juriſdictionis, quæ in eo hodie ſub pio & Sereniſſimo Monarcha *Iacobo* exercetur, & cujus adminiſtratio & politia infra delineabitur.

ms: Monam

ms: sub nostro religioso Constantino exercetur,

97R°

Quænam ſint in genere Eccleſiæ Anglicanæ leges Eccleſiaſticæ.

C A P. II.

QVemadmodum leges civiles in commodum reipublicæ,ſic & Eccleſiaſticæ in Eccleſiæ bonum ab initio naſcentis religionis Chriſtianæ extiterunt. Divus Paulus in externis ritibus ad promovendum Dei cultum, hunc **tulit** Canonem ; *Omnia fiant ordine & decenter.* Idem fecerunt & reliqui Apoſtoli, vt ex Canonibus,qui Apoſtolorum dicuntur, apparet ; quorum etſi nonnulli ſint manifeſtè ſpurii, aliqui tamen Apoſtolicam ſapere diſciplinam, & puriorem antiquitatem redolere videntur. Ordinarii Apoſtolorum Succeſſores primævæ Eccleſiæ Epiſcopi, in Conciliis *Ancyrano, Neocæſarienſi, Gangrenſi, Antiocheno, Laodicenſi, Nicæno* primo, *Conſtantinopolitano* primo, *Epheſino,* plures eundem in finem canones condiderunt, qui in unam collectionem digeſti, & in ordinem redacti in Concilio Chalcedonenſi, Codex ſeu Corpus Canonum appellantur. Nam hujus Concilii actione decimâ tertiâ, ad dirimendam controverſiam inter quendam Eunomium Nicomedienſem, & Anaſtaſium Nicænum Epiſcopum, *Glorioſiſſimi iudices dixerunt ; Canones legantur. Beronicianus Secretarius divini Conſiſtorij legit ex Codice,* id eſt, collectione canonum ex prioribus Conciliis excerptorum, & in unum volumen congeſtorum.

ms: Canonibus qui adscribuntur iis apparet, quorum etsi nonnulli sint spurii, tamen aliqui disciplinam Apostolicam redolent. Ordinarii **↓

*↑

Et hujus Codicis tam eximius in Eccleſiæ regimine erat uſus, ut Imperator Iuſtinianus novella 131. illum confirmaverit, & ex eo omnes ferè ſuas de rebus Eccleſiaſticis Conſtitutiones, mutuatus fuerit. Nec ſolum Orientalis Eccleſia, ſed etiam Occidentalis (ut divinarum lectionum cap. 23. author eſt Caſſiodorus) uſa eſt eodem Codice ex Latina interpretatione Dionyſii Exigui, qui ſuæ interpretationi Canones qui dicuntur Apoſtolorum, Sardicenſe,& Africana Concilia adjecit. Huic poſtea quędam Romanorum Pontificum epiſtolæ à Leone 4. recitatæ, apud Gratianum inſertæ ſunt. Deinde ſequutæ ſunt collectiones,& Decreta Burchardi Wormatienſis,Iuonis Carnotenſis,deniq; Gratiani,

97V

ex

An.Chriſt.
527.

An. 847.
An. 110
An. 1

+ '17.

↳ damaged numbers:
1102.
1131.

** Two lines in the margin of the ms. draw attention to this passage.

ex variis antiquorum Conciliorum canonibus veterumque Patrum
fententiis confarcinata.

Verum in noviffimis feculis, vnà cum humana pravitate & per-
vicacia, indies creuêre in facris caufis diffidia, & imposturæ : & his
tollendis, illis fedandis fanctiffimi priorum feculorum Canones erant
impares. Quare Romani Pontifices fuo faftu & ambitione, fupremâ
in totam Ecclefiam præfertim Occidentalem, jurifdictione potiti, novis contentionibus exortis, more veterum Imperatorum, de jure con-
fulentibus refponderunt per decretales epiftolas & refcripta : quæ juffu
Gregorij noni in *Decretalibus*, Bonifacii octavi in *Sexto Decretalium*,
Clementis quinti in *Clementinis*, Ioannis 22. in *Extravagantibus* funt
repofita. Et hinc tandem natum immenfum Iuris Canonici Corpus,
ex his quinque principiis, facrâ Scripturâ, Canonibus Apoftolorum, Conciliorum Conftitutionibus, Scriptis Patrum, Pontificum Decretis compofitum. In quo cap. 1. Extra. de no. oper. nunciat. hoc unum inter reliqua extat decretum ; *Sacrorum ftatuta Canonum, principum conftitutionibus* (quibus Imperatorium jus accenfendum)
adiuvantur ; ut hinc (inquit Alciatus L. privileg. 12 Codice de facrofancta Ecclefia) *fi quid obfcuriùs aut minùs explicatè conftitutum fit in iure
Canonico, quod apertum in Iure Civili, alterum ab altero interpretationem
mutuetur.*

Et ficut Vniverfum canonum Ius, Romanorum Pontificum authoritate fuit ftabilitum, fic unaquæq; particularis Ecclefia fuas peculiares habuit fanctiones : quales fuerunt Conftitutiones Nationales Ecclefiæ Anglicanæ à *Ioanne de Anthon*, & Provinciales à *Gulielmo Lyn-
wood* in ordinem redactæ, & commentariorum luce illuftratæ. Sed tametfi Ecclefiæ Canones in tantam molem excreviffent ; tamen quia hominum erant decreta omnes futuros eventus minimè profpicientium,
uno vel altero feculo elapfo novis difsidiis adaptata, obfcura, ambigua,
& mutila evaferunt : ut in iis extendendis, & explicandis plurimi doctores infudârint, & immenfa volumina ediderint. Celebres in hoc genere
doctores & fcriptores, ab iis qui in his examinandis judicio pollent,
ad quatuor claffes ita revocantur : ut in prima claffe collocentur *Innocen-
tius* quartus, *Henricus de Segufia* vulgò dictus *Hoftienfis, Gulielmus Durandus* vulgò *Speculator* : in fecunda claffe, *Guido de Bayfio* vulgò *Archidiaconus, Baldus Perufinus* in quinque libros Decretalium, *Ioannes
Andreæ Bononienfis, Fredericus Senenfis, Paulusde Leazaris, Oldradus,
Ioannes de Lignano, Aegidius de Bellamera, Bonifacius de Vitalinis* : in
tertia claffe, *Dominicus de S. Geminiano, Ioannes Antonius* vulgò *Præpo-
fitus, Francifcus de Accolitis, Petrus de Ancharano, Antonius de Butrio,
Ioannes de Imola, Francifcus de Zabarellis, Nicolaus de Tudefchis* vulgò
Abbas & Panormitanus, Ioannes de Turrecremata, Andreas Siculus vulgò
                                        Barbatius :

Marginalia (handwritten):
'16: each date in margin linked to name in text by an asterisk.
An.1230.
An.1295.
An.1308.
An.1320.

MS: ope.; '16: opere

1 MS: fierat
'16: fuit +

MS. quà

1 MS: + magis

MS: collocant, with all the following names in accusative from Innocentium Quartum to (p.296) Philippum Francum

Barbatius : in quarta cla ffe *Ioannes Selua, Auguflinus Berous, Felinus, Phi-lippus Decius , Petrus Rebuffus, Ludovicus Gomezius, Fortunius Garzia, Philippus Francus.*

In his verò Doctoribus & ipfo juris Canonici corpore, ficut pluri-ma propter æquitatem, juftitiam, ingenii fubtilitatem , judicii gravita-tem, præclara funt ; fic multa occurrunt ad Antichriftianam tyranni-dem, fuperftitionem, idololatriam ftrenuè ftabiliendam : quæ omnia in Ecclefia Anglicana partim ftatutis latis in publicis Regni Comitiis fub 98 Vo *Henrico* octavo, *Edovardo* fexto, Regina *Elizabetha* ; partim novis Ec-clefiafticis Conftitutionibus eorundem ftatutorum authoritate fub fœ-liciffimo Reginæ *Elizab.* & Serenif. Regis *Iacobi* regimine conditis ; partim juribus noftris municipalibus ; denique partim Regiâ præroga-tivâ, tanquam putrida membra excifa funt & amputata. Etenim 25. *Hen-rici* octavi, & 1. *Elizabetha* in publicis Regni Comitiis fancitum eft, ut illi duntaxat *Canones, Conftitutiones & Decreta Synodalia vim obtinerent, quæ anteà in ufu fuerunt, & non funt Regni ftatutis legibus repugnantia , aut Regiæ prærogativæ incommodantia.*

Cujus ftatuti mens quò magis fit perfpicua, brevi declarandum eft, quid in eo *Canonum, Conftitutionum , legum Regni, & prærogativæ Regiæ* nomine intelligatur. *Canones* (falvo faniore eorum, penes quos eft ftatu-torum Regni interpretatio, judicio) funt jus Canonicum jure civili u-bi deficit auctum, ab ejufdem juris Doctoribus explicatum , & ante la-tum hoc ftatutum in noftris Curiis Ecclefiafticis ufitatum. *Conftitu-tionum* nomine comprehenduntur Nationales & Provinciales Con-ftitutiones Ecclefiæ Anglicanæ peculiares , fimiliter quæ in ufu fuere. Nam plurima funt Canonum decreta, quæ Ecclefia Anglicana minimè confuevit obfervare, qualia funt, *Nemo feriâ quintâ ieiunet. c. pervenit.* diftinct. 3ª. de feriis. *Mulier ad ferendum teftimonium adverfus Pref-byterum ne admittatur.* 15. queft. 3. cap. 3. *Sententia condemnatoria in E-pifcopum non eft ferenda abfque 72 teftibus.* 2. q. 5. cap. nullam & alia in-finita ejufdem farinæ, quorum repetitio juftum ferè volumen exigeret. *Regni leges* funt jura ejus municipalia , quorum tria funt præcipua ful-cra ; *Primum, generales totius Regni confuetudines,* cujufmodi funt ifta ; *Bona quæ legari poffunt mortuo teftatore, non funt Hæredis, fed executoris,* 99 Ro *quem Teftator deputauit ad exequendam voluntatis fuæ extremam ordina-tionem: Vxor dotem fuam vivo marito nequit legare: Natus ante Sponfalia fpu-rius eft, & non poteft effe Hæres,* & innumera id genûs alia. Deinde com-munia principia, quas *Maximas* feu *Axiomata vocant,* qualia funt ifta ; *Præfcriptio in feudo non acquirit ius : Vigilantibus & non dormientibus iu-ra fubueniunt ,* & fimilia. Poftremò, *Arbitria & Refponfa Iudicum* grauiffimis rationum momentis innixa : quorum plurima fcriptis man-data & jam per aliquot volumina diffufa , fi perinde Latinâ togâ, ac an-
tiqu

tiquâ Gallicanâ donarentur ; jurium noftrorum municipalium profefforibus, nec deeffe in caufis agendis acumen & argumentorum pon-
dera, nec acerrimum in ftatu caufæ difcernendo ferendaque fententia
judicium, exteræ Nationes perfentifcerent.

Denique *Regia Prærogativa* complectitur ampliffima privilegia, Regiam Majeftatem ab ufitata juris normâ eximentia, quæ aliquibus cancellis circumfcribere eft difficile. Itaque tandem jus Ecclefiafticum
Anglicanæ Ecclefiæ, comprehendit omnes Canones in vafto Iuris Canonici corpore, à jure Civili ubi deficiunt adjutos , per Canonum Doctores explicatos, omnefque conftitutiones ac decreta Nationalia ac
Provincialia in Ecclefiafticis noftris Curiis olim ufitata , quæ nec
ftatutis aut juribus municipalibus Regni, nec nuperis Ecclefiafticis
conftitutionibus ftatutorum authoritate conditis repugnant, neque
privilegiis Regis incommodant. Ex quibus perfpicere licet , quantos
debeant exantlare labores tum in Iure civili tum Canonico, eorumque
interpretibus evolvendis, qui Canonum Ecclefiæ Anglicanæ periti effe
volunt. Et hinc Iudices & Advocati in eminentioribus Ecclefiafticis
Curiis Reverendiffimi Domini Archiepifcopi Cantuarienf. ad quos ab [MS. *quas*]
omnibus inferioribus Curiis Ecclefiafticis per totam provinciam Can-
tuarienfem fiunt Appellationes, juris civilis peritiâ ne illarum Regio- [-+]
num Caufidicis quæ hoc ipfo jure reguntur, cedunt : fed fi quando in [MS; '16:]
publicis cum aliis Regnis fœderibus ineundis minutifsimi *Cæfarei* juris [*ineundis*]
apices veniunt difcutiendi, cum illorum fummis profefforibus manus [*minutissimae*]
valent conferere ; quod Regno Anglicano apud exteros honorem non [*Caesarei iuris*]
mediocrem conciliat. [*apices veniunt*]
[*discutiendae,* cum]

Quam Regis authoritatem in perfonas & caufas Ecclefiafticas
agnofcat Ecclefia Anglicana.

C A P. III.

AVthoritatem agnofcit Anglicana Ecclefia Supremam ; qua, po- [MS: Agnoscit]
teftatem ut ftatuat de perfonis & caufis Ecclefiafticis pro fuo ar- [*Supremam,* qua]
bitratu minimè intelligit, fed infra fuas ditiones præeminentiam fuper [*potestatem*]
omnes magiftratus ab omni temporalium pœnarum côactione libe-
ram, folique Deo hac ratione fubditam : quam apud fecula priora, *Chri-*
ftianorum nomine Imperatori detulit *Tertullianus* ; *Colimus Imperatorem.*
vt hominem à Deo fecundum, & folo Deo minorem. Sed tamen hæc poteftas, non eft vfque adeo libera, quin quibufdam cancellis circumfcriba- [damaged word:]
tur, qui multiplici authoritate, quæ poteft effe in perfonas & caufas Ec- [*cancellis*]
clefiafticas, priùs declaratâ, tutiùs figentur.

Authoritas circa perfonas Ecclefiafticas (caufas pofteà attingemus)
versatur

verfatur aut in illis eligendis & nominandis ad dignitates & beneficia
Ecclefiaftica, aut manuum impofitione facrandis, aut in pœnis ftatu-
endis & infligendis. Deinde, hæc puniendi poteftas, vel caftigat eos
pœnis civilibus, ut carcere, mulctis pecuniariis, morte ; vel pœnis Ecclefiafticis, quales funt excommunicatio, Anathematifmus. Denique authoritas pœnis civilibus coercens, aut congregat perfonas
Ecclefiafticas ad nationalia & provincialia Concilia, aut eas in pacem
Regni & Regiam dignitatem delinquentes, coram Iudice civili fiftit &
condemnat.

Et fimiliter authoritas in caufis Ecclefiafticis fecundùm illarum varietatem varia eft : & ideo ab ipfarum caufarum partitione eft aufpican-
dum. Ampliffima eft dictionis [*caufa*] fignificatio ; vt eam jus Cæfa-
reum L.juri.gent.§.Sed cum nufquam D. de pactis, pro *re* pofuerit. Res
autem Ecclefiafticæ funt vel contentiofæ & judiciales, vel non contentiofæ & extrajudiciales. Res contentiofæ & judiciales funt, quæ per litis
conteftationem inter actorem & reum, veniunt in difceptationem ; &
teftium, inftrumentorum, judiciorum adminiculis, à legitimo judice de-
finiuntur : cujufmodi funt lites de Decimis, oblationibus, diffolvendo
matrimonio propter præcontractum, de intentatis criminibus Simoniæ, blafphemiæ, hærefis, idololatriæ, adulterii, inceftus, &c. Res Ecclefiafticæ non contentiofæ & extrajudiciales, etfi deliberativum, tamen propriè juridicum examen nunquam fubeunt. Et hæ non funt u-
nius ordinis : funt enim primæ, vel primarum appendices. Res Ecclefiafticæ primæ funt, quas Deus in verbo fuo tanquam neceffarias ad interi-
orem animi noftri fanctificationem docet & præcipit; vt fidei dogmata
quorum efficaci notitiâ, & facramenta quorum fideli ufu falutem adi-
pifcimur. Horum appendices funt externi ritus ac ceremoniæ ordinis
& decori causâ, qualia funt ftata ad verbum audiendum loca, ftatæ horæ, genuflexio in precibus apud Deum effundendis & Euchariftia percipienda. &c.

Iam vero multiplex in has caufas feu res Ecclefiafticas authoritas ad
hæc capita redigatur. Circa res Ecclefiafticas non contentiofas & extrajudiciales, eft authoritas aut eas, fi fidei dogmata fint, publicè pro concione docendi, & hominum confcientiis per exhortationes & redargutiones applicandi ; fi Sacramenta, adminiftrandi ; aut poteftas de iis fi
fidei fint dogmata vel ritus & ceremoniæ, deliberandi, earumque veritatem & æquitatem fcrutandi juxta divini verbi normam ; aut denig;
authoritas eft per publicas leges & edicta illas promulgandi & ftabi-
liendi, vt has populus fidelis religiosè obfervet & amplectatur. Sic &
circa Ecclefiafticas res contentiofas & judiciales eft authoritas vel illas, quando per plures fubordinatas Appellationes ad fupremum judicium delatæ fuerint, definiendi, vel abfq; omni Appellationum medio
determi-

nandi, & reos aliofque immorigeros, qui huic tribunali fe fiftere tenen-tur, carcere & mulctâ pecuniariâ caftigandi.

Variis poteftatum generibus in perfonas & caufas Ecclefiafticas ita diftributis, hæc præcipua in Ecclefia Anglicana Regiæ Majeftatis in u-trafque jura funt: & primùm in perfonas.

Has Regia Majeftas, nec manuum impofitione ad munera fua Ecclefiaftica exequenda confecrat, nec in illas, ficut neque in reliquam plebem cenfuras Ecclefiafticas, excommunicationem, anathematifmum tanquam poteftatem ᵃ clavium habens denunciat, licet vt denuncientur imperet ac decernat. Hæc enim munia Epifcoporum propria funt, nec magis Regiæ Majeftati conveniunt, quàm Ozæ poteftas Arcam attrectandi, aut Oziæ adolendi incenfum. Veruntamen perfonas Ecclefiafticas nominat ad beneficia & dignitates: ad has, quando Decano & capitulo concedit facultatem eligendi Epifcopum, iifdem nominat idoneum ad Epifcopatum quem eligant, & electo regium affenfum adhibet: ad illa, quando propter fuum fupremum jus patronatûs, ex lapfu temporis beneficiorum collatio ad eum devolvitur.

a Nam poteftas clavium Matth. 16. eft poteftas *regni cœlorum*, & non *terrarum*, poteftas *ligandi & folvendi. Solvendi* autem munus (vt docet Apologia Ecclefiæ Anglicanæ) in eo fitum eft, ut Minifter deiectis animis, & verè refipifcentibus per Euan. gelij prædicationem, abfolutionem offerat, ac certam peccatorum condonationem ac fpem falutis æternæ denunciet: aut vt eos qui gravi fcandalo & notabili publicoque aliquo delicto fratrum animos offenderint, & fefe à communi focietate Ecclefiæ et à Chrifti corpore quodammodo abalienârint, refipifcentes reconciliet et in fidelium cœtum atque unitatem recolligat ac reftituat. Similiter *ligandi* poteftatem (vt eadem oftendit Apologia) minifter tum exercet, *quando vel incredulis et contumacibus regni cœlorum ianuam occludit, illifque vindictam Dei et fempiternum fupplicium edicit, vel publicè excommunicatos ab Ecclefiæ gremio excludit.* Atque hoc ex Euangeliftis Matth. & Iohan. perfpicuum eft. Poteftas enim clavium feu poteftas *ligandi* & *folvendi* exercenda in exteriori foro Curiæ per excommunicationem, quia *cum excommunicat Ecclefia, in cœlo* (inquit Auguft. tract. 50. in Ioannem) *ligatur excommunicatus;* & poteftas clavium in interiori confcientiæ foro per verbi prædicationem Matth. 16. in perfona Petri omnibus Apoftolis conceditur, feu potius promittitur; *Sicut enim Petrus* (ait Anfelmus) *unus pro omnibus refpondet, fic Chriftus in Petro dedit omnibus hanc poteftatem: Et tibi* (inquit Chriftus) *dabo claves,* non do. Vbi igitur hæc promiffio impletur? Theophylactus docet: *Quamvis Petro foli dictum fit, tibi dabo claves; tamen Apoftolis conceffæ funt.* Quando? cum dixit Iohan. 20

Quodcunque remiferitis, &c. Poteftas igitur clavium eft poteftas remittendi & retinendi peccata. Matth. 16. in perfona Petri non Regibus, fed reliquis Apoftolis eorumque fucceffibus Epifcopis & Presbyteris promiffa, & Iohan.20. iifdem reipfa donata.

Prius illud jus defignandi Epifcopos, pofterius hoc conferendi beneficia, tanquam major prærogativa minorem in fe complectitur: illudque Regia authoritas fibi affumit antiquâ & univerfâ fere praxi Chriftianorum Principum. Nam licet olim primæva Ecclefia admiferit in Epifcoporum electione confenfum populi, tamen cum hac occafione factiones, fchifmata, feditiones, Ecclefiæ & Reipublicæ paci admodum exitiofæ à populo fæpiùs concitatæ fuerint; Chriftiani principes hanc populi poteftatem primùm coercuerunt, & tandem penitus fuftulerunt. *Maximiano Epifcopo Conftantinopolitano vitâ defuncto* (inquit Socrates lib.

Marginal handwritten notes:

a : MS: Similiter ligandi illum claudendique poteftatem exercere docet Apologia quoties vel incredulis & contumacibus regni Coelorum ianuam occludit

MS: vel λ

a ⊤

b ↓

c ↓

d ↓

MS: Prius ius eligendi Episcopos, poterius in conferendis beneficiis tanquam magis ampla praerogativa angustiorem in se

b: MS: clavium Matt. 16 exercenda

c: MS: excommunicatus et interiori conscientiae

d: MS: phrases transposed, Apostolis to inquit Christus '16 adds the Et before tibi

MS: [from p. 301, bottom line]:

inquit
Socrates
lib. 7 cap. 40)
et tumultus
denuo cieretur,
Theodosius Impe-
rator abiecta,
cunctatione dum
adhuc

lib. 7. cap. 40.) *ne controuersia & tumultus denuò cieretur, dum adhuc Maximiani corpus insepultum iaceret,* Imperator Theodosius per Episcopos *quiibi aderant, Proclum in sede Episcopali collocandum curauit.* Et postea tempore Pelagii secundi, qui floruit ante annum Christi sexcentesimum, *nihil ab ipso Clero (teste Platina) in eligendo Romano Episcopo actum erat, nisi eius electionem Imperator approbâsset.* Neque soli Imperatores Romani, Constantinopoli & Romæ hanc Episcopos constituendi authoritatem habuerunt: alii etiam Principes idem factitârunt. In Gallia (si Gregorio Turonensi fides) Theodorus Proculus à Regina Chrodielde, Dionysius Regis Clodouei, Omatus Clodomeri iussu ordinati erant Turonenses Episcopi. Et Hispaniæ Principes ex sexto decreto Toletani Concilii duodecimi, idem planè jus exercuerunt. In Anglia verò Malmesburiensis lib. 1. de gestis Pontif. Ang. de Eduardo Confessore ante Normannorum dynastiam imperante scribit; *Robertum quem ex Monacho Gemeticensi Londoniæ fecerat Episcopum, Archiepiscopum creauit.*

Atque multò antiquius est jus regium in congregandis conciliis personarum Ecclesiasticarum earunque conuentibus religionis causâ indicendis, & horum conuentuum decretis stabiliendis. Sub veteri fœdere, Dauid 1. Chron. 13. Sacerdotes Leuitas congregauit ad arcam è Kiriath Ieharimis in domum Hobed Edom deducendam; Ezechias 2. Chron. 19. imperauit Sacerdotibus, vt sanctificarent domum Iehouæ, quod *secundùm præceptum Regis congregati* præstiterunt. Sub fœdere nouo Constantinus Magnus primam Nicænam Synodum contra Arianos, Theodosius senior primam Constantinopolitanam contra Macedonii sectatores, Theodosius iunior & Valentinianus Ephesinam primam aduersus Nestorium, Valentinianus & Martianus Chalcedonensem ad Eutychen damnandum conuocârunt; harumque canones authoritate sua imperiali confirmârunt.

Non canonica aliqua degradatione eos ipsa sacerdotali potestate (quam iis minimè donauit) quasi priuando, sed tantùm externum huius potestatis in suos subditos infra suas ditiones exercitium inhibendo, sicut Iustin. Nou. 6. decreuit, Si patriarcha, Metropolitanus, Episcopus aut Clericus Ecclesiastica decreta violauerit, quòd Sacerdotali officio excluderetur.

MS: quasi
spoliando,
sed

↑ MS: /\et
* ↓

MS: sit

Et quos Regia Majestas in vnum congregat, eosdem in Regni pacem & contra Regiam dignitatem delinquentes judicis ciuilis tribunali sistere potest, eosque deponere (sicut Salomon Abiathrum) * & in illos gladio animaduertere. Diuus Paulus primus inter Apostolos Act. 25. inquit, *Ad tribunal Cæsaris sto,* οὗ μα δεῖ κρίνεσθαι *vbi oportet me indicari,* ac si lege aliqua vt ad hoc ciuile tribunal staret, necessariò obligaretur. Idemque Paulus Rom. 13. legem ipsam tulit; *Omnis anima potestatibus superioribus subdita esto:* Omnis anima, etiamsi (inquit Chrysost. in hanc legem) *Apostolus, etiamsi Euangelista, etiamsi Propheta, siue tandem quisquis fuerit.* Quibus potestatibus? *Vectigalia & censum recipientibus, & gladium non frustra gerentibus,* scilicet, secularibus. Rationem August. in expo. propo. epist. ad Roman affert; *Cùm animâ constemus etiam nos* (Apostoli, Euangelistæ, Episcopi, aliique Clerici) *& corpore, quamdiu in hac*

/16: +

vita

* MS: tribunali sistat, quemadmodum Solomon Abiathrum
deponat et in illis gladio evaginato animadvertat.
Divus Paulus

vita temporali sumus, oportet nos (non nobis liberum est) ex ea parte quæ ad hanc vitam pertinet subditos esse potestatibus, id est, hominibus res humanas cum aliquo honore administrantibus. Et hinc Rex Angliæ ab Episcopis electis & regio ejus assensu confirmatis, *homagij* jusjurandum exigit; eique omnes presbyteri in quæcunq; beneficia ecclesiastica instituendi, juramentum fidelitatis præstant.

MS: recipit;

Atque ita habemus Regis jura in Ecclesiasticas personas : sequuntur in res & causas. In quas extrajudiciales & non contentiosas Maiestas Regia, si fidei dogmata sint, nullam habet authoritatem illa pro concione publicè docendi, aut hominum conscientiis per exhortationes & redargutiones applicandi; nec, si Sacramenta, ea administrandi : tamen de ijs, licèt fidei sint dogmata aut ritus ac ceremoniæ decori & ordini Ecclesiastico inservientes, potest deliberare, & eorum veritatem ac æquitatem ad verbi divini stateram expendere. Etenim Diui Pauli mandatum est, 1. Thess. 5. 21. *Omnia explorate, quod bonum est retinete;* Sancti Iohannis 1. epist. 4. 1. *Probate Spiritus an ex Deo*: quæ omnes Christianos obligant, multò magis Reges, quibus speciali mandato præcipit Deus, Deut. 17. vt *describant sibi legis exemplar, secum habeant semper, legant sedulò, dies noctesque meditentur*, ne cùm sint vtriusque tabulæ Custodes, toti ab alieno ore pendeant, ipsíque à se nihil dijudicent. In his tamen, Dei quoque præcepto, Num. 27. 21. *os Eleazari* debent *consulere*: & Malach. 2. consiliis vti Sacerdotum, *quorum labia scientiam custodiunt.* Sic Constantinus (vt refert Eusebius lib. 3. de vita Constantini cap. 13.) in confessibus Episcoporum, *omnibus animum placide attendebat, studio acri prolatas sententias sensim excipiebat, conferebat cum singulis comiter & benignè sermonem, ad veritatem controuersam indagandam.* Et postquam Regia Majestas de his rebus vnà cum illarum consultissimis maturè deliberauerit, de eisdem potest condere publica edicta & leges adigentes populum ad eas religiosè obseruandas & reuerenter amplectendas. Ita legem tulit Rex Niniue, Ionæ 3. vt Deus ieiunio placaretur: Ester cap. 9. Est. vt festo honoretur: & de innumeris rebus Ecclesiasticis eiusdem ordinis in Codice Theodosiano à Theodosio, in Authenticis à Iustiniano leges latæ leguntur: vt Augustinus lib. 3. cap. 51. contra Cresconium meritò asseruerit, in hoc *Reges Deo seruire in quantum Reges sunt, si in suo Regno bona iubeant, mala prohibeant, non solùm quæ pertinent ad humanam societatem, verùm etiam quæ pertinent ad diuinam religionem.*

'17: + aut td

Postremo, Regia Majestas sibi vendicat jus definiendi lites circa res Ecclesiasticas contentiosas & judiciales, qualia sunt intentata crimina blasphemiæ, perjurij, incestus, idololatriæ, sacrilegij &c. postquam per plures subordinatas Appellationes ad supremum ejus judicium deuoluuntur. Nam ad has lites tunc dirimendas, Iudices delegatos canonum

MS: sortilegii

&

& juris Ecclefiaftici peritos per fummum Angliæ Cancellarium fub
magno figillo conftituit. Neque hoc jus Regum Angliæ nuperum eft. **163**
Nam (*vt* author Matthæus Paris Anno 1164.) regnante *Henrico* fe- **℞**
cundo, fic decretum fuit de *Appellationibus*; *Si emerferint ab Archidia-*
cono, debet procedi ad Epifcopum, ab Epifcopo ad Archiepifcopum, & fi Ar-
chiepifcopus defuerit in iuftitia exhibenda, ad Dominum Regem peruenien-
dum eft poftremò, vt præcepto ipfius in Curia Archiepifcopi controuerfia ter-
minetur, ita quod non debeat vltrò procedi abfque affenfu Domini Regis. Et
longe ante *Henrici* fecundi tempora frequentes erant in ipfa primæua
Ecclefia hujufmodi Appellationes. Annis à Chrifto plus minus 300.
elapfis, quidam Ariani, vt Author Socrates lib. 1. ca. 20. & 21. Athanafium *manu* hominis demortui *ad magicas præftigias vfum fuiffe*, & Macarium Athanafij presbyterum, quò ipfum Athanafium magis adhuc criminibus grauarent, *in altare infultaffe, menfam Domini enertiffe, poculum*
myfticum confregiffe, apud Imperatorem Conftantinum conquefti funt,
qui Epifcoporum Synodo Tyri coactæ imperauit, vt judicium de A-
thanafio exercerent. Coram his igitur comparuit Athanafius, & *accu-*
fationem fibi intentatam abfque vllâ *exceptione euitauit*: fed cum *in ca-*
lumnijs contra Macarium allatis diluendis, exceptionibus, quas leges præfcri-
bunt, vfus fuerat, neque tamen ejus defenfionem aduerfarii admitterent;
interpofuit Appellationem, & recta fe contulit ad Imperatorem: qui
(eodem Socrate lib. 1. cap. 22. tefte) Synodum Epifcoporum ad fe ac-
cerfendam per epiftolam curauit, vt ipfe quæ Athanafio objectarentur,
accuratius examinaret.

Neque Rex Angliæ tantùm, quando ab inferioribus Curiis Ecclefiafticis ad fupremum ejus judicium fiunt Appellationes, fed abfque omni Appellationum interftitio, authoritatem habet lites commemoratas
dirimendi, & in his litibus reos ac immorigeros carcere, & mulctâ pe- **103**
cuniariâ caftigandi. Cujus authoritatis exercitium ordinariè quibufdam **℣**
Commiffariis Ecclefiafticis, inter quos duo Archiepifcopi folent effe
primi, demandat, ad ordinariam Epifcoporum & Archidiaconorum
jurifdictionem vbi deficit, fupplendam & corroborandam. Quandoque enim fit vt propter inferiorum judicum ecclefiafticorum negligentiam & conniventiam, aut impiam delinquentium peruicaciam in con-
temnendis Ecclefiæ cenfuris, propter illorum fugam ab vna Epifcopali
Diœcefi in aliam, & potentiam in Comitatu vbi degunt, aut criminum
atrocitatem, multi ordinariâ Archidiaconorum & Epifcoporum jurifdictione, vel non omninò, vel non pro meritis plectantur: qui hac
Regiorum Commiffariorum poteftate per univerfum Angliæ & Hiberniæ Regnum protenfâ, & non modò cenfuris Ecclefiafticis, fed etiam
pœnis temporalibus munitâ, multò ocyus in ordinem rediguntur & a-
criùs puniuntur.

Neque

Damaged word:
eodem

Damaged word:
conniventiam

* MS:
usus ejus defensionem non admitterent

Neque hoc regium jus antiquitùs erat inuſitatum. Ioſaphat.2.Chro.
19. *In Hieruſalem conſtituit Levitas & Sacerdotes & Patriarchas ex Iſ-*
rael, ut iudicium & cauſam dominiiudicarent habitatoribus eius. Cujus Eccleſiaſtici Concilij (quod Græci ϲυνέδριον, & inde Thalmudiſtæ Sanhe-
drim nominârunt) hunc in judiciis fuiſſe ordinem, ex Scripturis, Ioſe-
pho, Talmudiſtis collegit doctiſſimus Sigonius: *Qui nomen deferre al-* De Rep. Heb.
terius cupiebat, (ſi crimen religionem attingebat) *Pontificem & Princi-* lib.6.c.7.
pes adibat, reumque denunciabat. Quo facto, illi miniſtros ad hominem capien-
dum mittebant; & ſi res tuliſſet, cohortem etiam à præfecto templi acceptam
adiiciebant: eumque ad ſe adductum fermè in carcere, atque in cuſtodia mili-
104 *tari habebant, donec de illo iudicaretur. Inde uniuerſo conuocato Concilio ope-*
Rᵒ *ra cognitioni dabatur. Intendebatur autem ab accuſatore crimen, & pœna his*
verbis; Iudicium tale, vel talis pœna eſt viro huic, quia hoc aut illud fecit. Re-
pellebatur autem à defenſore his; Iudicium alicuius pœnæ non eſt viro huic,
quia illud non fecit, aut quia non iniuſtè fecit. Ubi verò perorata utrinque
cauſa erat, tum iudicibus ſuffragia dabantur, atque ille pro numero ſententia- MS: tunc
rum, aut condemnabatur aut abſolvebatur. Atque idem ferè ordo hodiè
in Anglia à Regis Eccleſiaſticis Commiſſariis in judiciorum ſuorum
proceſſibus obſervatur.

Sic tandem habemus Regiam in Eccleſia Anglicana authoritatem
in perſonas & cauſas ſacras, quam in hoc Regno vulgò dicunt Eccleſiaſticam. Qua appellatione ne Pontificiorum calumniis occæcati of-
fendantur, operæ pretium erit ejus rationem paucis explicare. Quemadmodum ars vel ſcientia mutuatur ſuum nomen, aut ab objecto circa
quod verſatur, ut ſcientia Phyſica à rerum quas contemplatur φύσις; aut MS: Physi. '66: physi.
ab immediato ſuo fine ſeu effecto, ut Medicina à medendo; vel à modo
ſecundùm quem occupatur circa ſuum objectum, ut Metaphyſica à ſu-
pernaturali & abſtracta rerum ſpeculatione: ſic poteſtas aliqua dici po- MS: dicatur
teſt Eccleſiaſtica, vel propter ſacras cauſas & perſonas in quas exercetur;
vel propter proximum ſuum finem vel effectum ſacrum, qualis eſt peccatoris juſtificatio, ſanctificatio, totaque animæ ſalus; aut deniq; ratione
modi ſecundùm quem verſatur circa res ſacras, nempe illas pro concione explicando, adminiſtrando, & ut ſint inviolatæ, ſpirituali excommunicationis mucrone ſacrilegos transfigendo. Iam hæc Regia poteſtas (cujus in hoc capite recenſentur jura) in Eccleſia Anglicana uſitatè
104 nominatur Eccleſiaſtica, non quòd proximus ejus finis, ſeu immedia-
Vᵒ tus effectus ſacer ſit & ſpiritualis, cùm peculiaris presbyterorum præ-
rogatiua ſit divini verbi & Sacramentorum miniſterio penetrare in hominum animas, illaſque, ſpiritu cooperante, ſanctificare: neque Eccleſiaſtica eſt ratione modi ſecundùm quem circa res ſacras occupatur; illas
enim minimè præſtat ſartas tectas, de iis concionando, eas propriis manibus fideli populo diſtribuendo, excommunicationis ſententiam tan-
X quam

quam clavium poteſtatem habens pronunciando : ſed hanc tantum de-
cernendo (ſicut *Theodoſius* junior, & *Valentinianus* in Codice Iuſtinia-
neo ſanxerunt, ut Neſtoriani anathematizentur)& externa pœnarum
civilium vi, profanos hujus cenſuræ & iſtarum rerum violatores coer-
cendo. Atque hanc declarationem anno 1562. nationalis Archiepiſcoporum, Epiſcoporum & uniuerſi Cleri Anglicani Synodus in publica
fidei confeſſione ab iis unanimi conſenſu edita, tradidit his verbis ; *Cum
Regiæ Maieſtati ſummam gubernationem tribuimus omnium ſtatuum, ſive
illi Eccleſiaſtici ſint, ſive Civiles, & in omnibus cauſis: non damus Regibus noſtris aut verbi Dei aut Sacramentorum adminiſtrationem ; (quod etiam Iniunctiones ab Elizabetha Regina noſtra nuper editæ apertiſſimè teſtantur)ſed e-
am tantùm prærogativam quam à Sacris Scripturis, & à Deo ipſo, omnibus pijs
Principibus videmus ſemper fuiſſe attributam : hoc eſt, ut omnes Status atque
Ordines fidei ſuæ commiſſos, ſive illi Eccleſiaſtici ſint, ſive Civiles, in officio contineant, & contumaces ac delinquentes gladio civili coerceant.*

Archiepiſcoporum in Anglia dignitas & poteſtas.

C A P. IIII.

A Poſtolorum ætate omnes ferè Eccleſiæ in urbibus & oppidis fre-
quentioribus ab iis plantatæ plures habuerunt Presbyteros. Divus Paulus Actor. 20. nuncijs à Mileto miſſis Epheſum, celebrem urbem, non unum ſed plures hujus *Eccleſiæ Presbyteros accerſivit.* His autem Presbyteris unus è reliquis externæ politiæ cauſâ, & ut omnia fierent ordine, præficiebatur. Sic in Eccleſia Epheſina modò nominata,
Presbyterorum qui ibi fuere cœtui unus præfuit, quem Chriſtus ipſe
Apocal. 2. appellat hujus Eccleſiæ a *Angelum,* & ad illum ſcribit quæ
ex illo reliqui Presbyteri è ſubditi ediſcerent. Atque hìc eſt quem
in primæva Eccleſia hiſtoriæ Eccleſiaſticæ Epiſcopum nominant.
Cornelius Epiſcopus Romanus, Anno Chriſti 254. apud Euſeb. lib.
6. cap. 42. ad Novatum ſcribit, eum ignorâſſe in *Catholica Eccleſia* ſuæ
curæ mandata, *Presbyteros eſſe quadraginta ſex, & unum debere eſſe E-
piſcopum.*

Poſtea Eccleſiâ per plures urbes & regiones diffuſâ ; Epiſcopi
numero aucti, Metropolis ſive primariæ in illa provincia quam in-
colebant, urbis Epiſcopum, ad Chriſtianam unitatem fovendam ſuum elegerunt Metropolitanum : cujus regimini ita ſe ſubmiſerunt,
ut patres Concilii Antiocheni Anno 341. celebrati, canone 9. ſtatu-
erint, ut Epiſcopi ſecundum *antiquum à Patribus conſtitutum canonem nihil magni momenti ſine ipſo agerent, & ipſe curam & ſolicitudinem*

a *Si Dominus
verba hæc de
Angelo ſuperio-
rum cœlorum,
& non de Præ-
poſitis Eccleſiæ
vellet intelligi,
non conſequen-
ter diceret; Sed
habeo aduer-
ſum te, quòd
charitatem tu-
am primam re-
liquiſti. Memor
eſto itaque vn-
de excideris &
age pæniten-
tiam. Hoc de
ſuperioribus
Angelis dici*
non poteſt, qui perpetuam retinent charitatem, vnde qui defecerunt & lapſi ſunt, Diabolus eſt, & Angeli ejus.
Auguſt.Epiſt.162. Quamobrem divina voce laudatur ſub Angeli nomine Præpoſitus Eccleſiæ.

ms: 16:
**↓
*↓

* ut Concilii Antiochen. Anno 341 celebrati patres, canone 9
statuerint quod Episcopi

** Text : tr : 17.

totius Provincia susciperet. Et ita cum per plures Romani Imperii provincias Christiana Religio & disciplina essent propagatæ, plures tandem Metropolitani extiterunt.

Sed quia Romanum Imperium (ut supra capite primo ostensum est) divisum fuit in diœceses, quarum singulis aliquot Provincias complectentibus Imperator suos principes Magistratus, in jure Cæsareo Præfectos & Comites appellatos, præficiebat : inde factum est, ut Episcopi illarum urbium in quibus hi diœceseôn Comites residebant, (statu Ecclesiastico statum civilem imitante,) creverint potestate. Nam obtinuerunt, ut *Exarchi, Primates, Patriarchæ, Archiepiscopi* indigitarentur ; & ut *Metropolitani* Provinciarum suæ diœcesis, ipsis parêrent, quemadmodum Episcopi Metropolitanis. Concilij Constantinopolitani anno 383. congregati canone 2. *Diœcesis* (non provinciæ)Episcopo (qui ab Œcumenici Concilii Ephesini patribus, non ad Christi honorem [a] minuendum, sed contra Nestorium asserendum congregatis, Archiepiscopus vocatur) integra Diœcesis plures provincias & ideo Metropolitanos continens, traditur *gubernanda.* Et Concilij Chalcedonensis canone 13. decernitur ; *Si quis a suo Episcopo vel Metropolitano iniuriâ afficiatur, apud Exarchum seu Primatem Diœceseos litiget.*

Verùm etsi nostri hodie *Archiepiscopi & Primates* in Anglia solùm Episcopos habent sibi subditos ; tamen insigniuntur tùm *Archiepiscoporum & Primatum* titulis, tùm horum perinde ac *Metropolitanorum* officiis funguntur. Quæ officia unà cum illis privilegiis & dignitatibus, quibus ad potestatem suam spiritualem contra homines impios & profanos muniendam ex Christianorum Regum clementia, aut Regni statutis & jure municipali, aut recentiore jure Ecclesiastico potiuntur, jam ordine sunt describenda.

Ab illorum honoribus ac dignitatibus exordium sumendum, quæ quidem sunt amplissimæ : & vel utrique Archiepiscopo communes, ut habere titulum *clementiæ*, quam Anglicè Ⓖⓡⓐⓒⓔ vocamus, præcedentiam supra omnes Duces Regni, immunitates, libertates in latifundiis propriis : vel alterutri peculiares, quales sunt, Eboracensi, habere præcedentiam supra omnes Officiarios, præter Dominum Cancellarium ; Cantuariensi, tanquam Primo *Pari* Regni, præcedentia uti præ omnibus magnis Officiariis, inaugurare Regem in Coronatione, reditus suorum fundorum qui jure Hominij de se tenentur, recipere, dum Hæres minor est 21. annis, etiamsi alios fundos in *Capite* de *Corona* teneat. Istiusmodi honores legimus Archiepiscopis antiquitus delatos à Christianis Imperatoribus, qui teste Codice Iustinianeo, annis abhinc mille ferè ducentis, illos Præfectis Prætorio summis Imperii Magistratibus, civili dignitate exæquarunt.

X 2 Hujus

[a] Nam hi Patres, antiquæ Diœcesis Episcopum ἀρχιεπισκόπε titulo insignientes non magis Christum suo honore spoliârunt, quàm D. Paulus. 1. Cor. 3. 10. se ἀρχιτέκτονα nominans.

Marginal notes:

106 Rᵒ

MS: residebant (statum civilem imitante ecclesiastico) creverint

*↓

'17: officia
+
MS: quas [...] eorum
MS: aut
**↓

MS: describenda. Atque ab his exordium [...] amplissima: & vel

! MS: Atque ⋀

* MS: Concilii Constantino Politani primi anno 383 congregati

** MS: αρχιτεκτον (this, and αρχιεπισκοπου (above) without breathings or accents in MS.

Hujus generis plura occurrunt in ipſis purioris antiquitatis monumentis, quibus ſuperſedemus, & aggredimur Eccleſiaſtica. Quorum nonnulla (ſicut & ſeculi honores quos attigimus) ſunt utrique Archiepiſcopo communia, cujuſmodi ſunt in eorum ordinatione, ſi non fuerint priùs Epiſcopi, ut conſecrentur à quatuor Epiſcopis; ſi fuerint, ut eorum electio à totidem Epiſcopis confirmetur. Poſt ordinationem, quatenus ſunt *Metropolitani,* ut electiones Epiſcoporum ſuæ provinciæ confirment; eoſque unà cum duobus aliis Epiſcopis conſecrent, conſecratorum in regimine Epiſcopali defectus & negligentias ſuppleant, iiſque infirmis coadjutores aſſignent; Provinciales Synodos juxta reſcriptum Regium convocent, convocatas moderentur, ultimum in iis ferant ſuffragium: in quantum ſunt *Archiepiſcopi,* ut recipiant Appellationes, iiſque reſcribant interpoſitis ab Epiſcopis ſuis Suffraganeis, totam ſuam *Provinciam* juxta leges & conſuetudines viſitent: in eo quod *Primates* & primores *Patriarchæ,* Appellationes admittant ab inferioribus Iudicibus, etiam omiſſo medio, vacante quavis Archiepiſcopalis ſuæ Provinciæ ſede Epiſcopali, cuſtodiam habeant Eccleſiaſticæ juriſdictionis ad eam ſpectantis. Porro, uterque Archiepiſcopus ipſo jure hujus Regni Municipali, hanc in rebus Eccleſiaſticis habet *Prærogativam,* ut approbet & inſinuet teſtamenta, concedat ab inteſtato ſuccedentibus adminiſtrationes bonorum cujuſlibet habentis mortis tempore, in diverſis provinciæ ſuæ diœceſibus vel juriſdictionibus *bona notabilia.* 1. juxta recentiores Eccleſiæ canones, bona ad ſummam quinque librarum ad minus. Atque præter hæc, quædam ſunt Privilegia Archiepiſcopi Cantuarienſis propria: ut quod quilibet Epiſcopus ab ipſo confirmatus exhibeat unum Capellanum, donec ſufficiens aliquod ei beneficium proſpexerit; & quia ipſe totius Angliæ *Primas* eſt, *literas tuitorias* concedat, per quas ei qui appellauerit abſque moleſtia interea ei exhibenda, Appellationem ſuam proſequi liceat. Poſtremò, ex Regni ſtatutis, neceſſitatis aut majoris utilitatis cauſa, (ſummaria hujus, tum illius cognitione prius habita) [a] gratiam facit Canonum aliarumque legum Eccleſiaſticarum per univerſum Angliæ Regnum. Qua etiam poteſtate deſignat *publicos Notarios,* qui, licet ſingulares, hoc nomine ſunt in teſtimonio perhibendo inſtar duorum teſtium; diſpenſat cum valetudinarijs, puerperis, ſenio confectis, ægrotis, ut carnibus diebus quibuſdam ob politicas ſolum rationes vetitis veſcantur; cum nupturis, ut matrimonium celebrent, etſi trinundina ejus denunciatio non præceſſerit; in cauſis beneficialibus, vt irregularitas abſque dolo malo contracta, & Simoniacus quandoque ambitus aboleantur, ut beneficium vacans fiduciario titulo (quam *Commendam* vocant) ad tempus vel durante vita concedatur, filius in beneficio patri immediatè poſſit ſuccedere, beneficiatus ad aliquod

quod

a Communia jura rebus in genere conſideratis adaptata, in iiſdem rebus per particulares circumſtantias determinatis ſecundum æquitatem ſubeunt relaxationes, & privilegia ſingularia admittunt: Cùm Privilegium. (Paul. digeſt. de legib.) ſit ſingulare ius contra tenorem rationis, tâtum per exceptionem, & non oppoſitionem, propter aliquam utilitatem authoritate conſtituentium introductum.

quod tempus (ob gravem aliquam caufam) refidere non teneatur, fed per alium idoneum defervire, laicus literis operam navans prebendam poffit retinere, Sacris initiatus & juxta leges ac ftatuta regni idoneus, duo beneficia curata intra certam diftantiam, quò commodiùs in vtrifque munus fuum obeat, non curata abfque diftantia poffit retinere; præparatus ad facros ordines queat ordinem diaconatûs & presbyteratûs fimul & tempore non ftatuto fufcipere : Denique in omnibus caufis verbo Dei non repugnantibus, modò folitę fuerint in Curia Romana obtineri.

In his omnibus, ne quid detrimenti capiat Ecclefia, fideliter adminiftrandis, etfi noftri hodie Reuerendiffimi Archiepifcopi (præfertim Cantuarienfis, quia ampliorem habet provinciam, & à fecretioribus confilijs Regi eft) perpetuis Regiminis occupationibus plurimùm fint diftricti; tamen fingulis per totum annum diebus dominicis, maximo cum audientium fructu, & Archiepifcopalis fui ordinis honore facrofanctum Chrifti Evangelium fedulò concionantur.

Atque cuncta ferè hæc ampliffima munera, vel faltem eorum præcipua, primævæ Ecclefiæ Patriarchæ, Primates, Metroplitani exercuerunt. Nam imprimis Epifcoporum fuæ Provinciæ electiones confirmârunt, cum canone 6. Nicæni Concilij primi, Imperatoris authoritate ftabiliti decretum fit, *Si quis præter fententiam Metropolitani factus fit Epifcopus, eum non oportere effe Epifcopum.* Deinde unà cum alijs fuæ Provinciæ Epifcopis novos Epifcopos confecrârunt: Concilii enim Antiocheni can. 19. *Epifcopus non potuit ordinari abfque Synodo Epifcoporum per Metropolitani literas congregata, & ipfius Metropolitani præfentiâ.* Præterea Concilia etiam Nationalia Imperatorū Chriftianorum juffu ipfi Patriarchæ indixerunt. Leo primus Romanorum Patriarcharum non humillimus, Turibium facit certiorem, *fe dediffe literas ad fratres fuos & coepifcopos, ij'q3 Concilium Synodi generalis.* *(1. Non verè Oecumenici fed Nationalis) *indixiffe.* Sed hanc Synodum illum Imperatoris authoritate congregâffe conftat ex ejus 24. Epift. ad Theodofium, ad quem fimili occafioneita fcribit; *Omnes, omnes Manfuetudini veftræ cum gemitibus, & lachrymis fupplicant Sacerdotes, ut generalem Synodum iubeatis intra Italiam celebrari.* Denique Primates receperunt Appellationes à fuæ Diœcefeos Metropolitanis: Nam Concilii Chalcedonenfis canone 12. decretum eft; *Si quis à fuo Epifcopo vel Metropolitano iniuriâ afficiatur, apud Exarchum feu Primatem Diœcefeos litiget.* Quamobrem æqui rerum æftimatores Archiepifcopalem noftram in Anglia *Hierachiam,* non tam ab Antichriftiana & Papali tyrannide fuiffe derivatam, quàm ab ea vindicatam, & quà ferunt difpares diverfarum ætatum, locorum, & rerumpublicārum conditiones, primævæ Ecclefiæ praxi reftitutam, vel conniventibus oculis perfpiciant.

X 3 C A P.

marginal notes:

107 Vᵒ

?17: decretum sit +

MS, 16: factus fuerat episcopus, ordinatio erat irrita. Deinde

MS: congregato

?16: +

* Eadem notione Concilia Toletana generalia & vniuerfalia vocantur. Concilio Toletano.3.cap.18. *Præcipit hæc fancta & vniuerfalis Synodus.* Toleta.4. in exordio, *Quoniam Concilium generale agimus.*

Note added, ?16.

Episcoporum in Ecclesia Anglicana Potestas & munera.   108

CAP. V.

MIsericors noster Servator Christus postquam suis hostibus potenter domitis in Cœlum ascendisset, dona sua varie distribuit in communem corporis sui mystici, id est Ecclesiæ, utilitatem. Ad Ephes. 4°. *Dedit alios Apostolos,* id est, interprete Ambrosio [a] *Episcopos; alios Prophetas,* pollentes dono vaticinandi de futuris; *alios Evangelistas,* Apostolorũ Comites, & adjutores in Ecclesiis plantandis, qui propterea omnes (ut inquit *Chrysostomus*) obibant regiones; *alios Pastores, & Doctores,* inferiores (ut *Chrysostomus* docet) Evangelistis, quia in uno loco erant occupati, immò & in eodem munere: non enim (inquit *August.* Epist. 59) *alij sunt Pastores, alij Doctores,* sed cum Divus Paulus prædixisset [*Pastores,*] subiunxit [*Doctores,*] ut intelligerent *Pastores* ad officiũ suum pertinere doctrinam; ad *concinnationem integram* (non tamen uno, sed suo cujusque tempore) *sanctorum, ad opus ministerij.*

a Nam sicut Ioannes Baptista, Matth. 11. 9. erat *plùs quàm Propheta,* tamen Matt. 21. 26 *Propheta erat ;* Sic Apostoli plus quàm Episcopi erant, tamen Episcopi extiterunt. Cyprianus Epist. 65. admonens Diaconos, ut Episcopis sint morigeri, sic ait; *Meminisse autem Diaconi debent, quoniam Apostolos id est Episcopos Dominus elegit, Diaconos autem post ascensum Domini in Cælos Apostoli sibi constituerunt Episcopatus sui & Ecclesiæ Ministros.* Etenim potestas imponendi manus & excommunicandi penes Apostolos erat; qui initio Ecclesiæ propagandæ, ne discipulorum suorum honori potiùs quàm fidelium conversioni studere viderentur, illam ad tempus sibi retinuerunt, donec (ut docet Hieronymus in Epist. ad Titum) *Diaboli instinctu studia in religione fierent, & diceretur in populis, ego sum Pauli, ego Apollo.* Tunc enim Apostoli hanc potestatem quibusdam Presbyteris eminentioribus, quos scriptores Ecclesiastici appellant Episcopos, tradiderunt. Et ideo idem Hier. loco citato dicit Episcopos *magis Ecclesiæ consuetudine* ab ipsis Apostolis introducta, (per quorum *traditiones,* inquit ille Epist. ad Evagrium, *sumptas de veteri testamento, quod Aaron & filij eius atq; Levita in Templo fuerunt, hoc sibi Episcopi, Presbyteri, & Diaconi vendicant in Ecclesia*) quàm dispositionis dominicæ *veritate,* id est, immediato Domini Salvatoris precepto *Presbyteris esse maiores, & in communi debere Ecclesiam regere;* (non authoritate quia hæc Episcoporum propria est, sed consilio, quoniam, cum salus sit in multitudine consiliariorum, Presbyterorum consilium adhibere Episcopos oportet, quando publicum Ecclesiæ bonum, hoc postulaverit;) *imitantes Mosen qui cùm haberet in potestate solus præesse Populo Israel, Septuaginta tamen elegit, cum quibus populum iudicaret.*

Inter quos sacros Dei ministros, Apostoli sicut ordine, sic authoritate erant primi; quippe quorum hæ prærogatiuæ, hæc munera numero plura, dignitate amplissima, in novo Testamento recensentur. Vocati erant non *ab hominibus, neque per* [b] *homines, sed per Iesum Christum,* (ad Galatas 1°.) à quo legati erant in universum orbe, ad omnes nationes, *omnes gentes edocendas;* (Matth. vltimo.) *Spiritu Sancto deducente in omnem veritatem* ita afflati, vt in

b Nam immediatè vocati sunt, à Deo, vt constat Act. 1°. vbi Apostoli, non discipulorũ multitudo (vt ex ipso contextu probabile est) *statuerunt duos Ioseph, & Matthiam,* ut alter eorum fieret unà cum illis *testis resurrectionis Christi:* & Apostoli orantes dixerunt ; *Domine qui corda omnium nosti, ostende vtrum elegeris ex his duobus, ut accipiat sortem ministerij huius Apostolatus,* quibus verbis declarant electionem ad Apostolatum non ab hominum suffragijs, sed immediatè a Deo dependere; licet eodem capite *Matthias* postquam a Deo per sortes jam ad Apostolatum electus esset, a Discipulis agnitus est pro Apostolo, & *cum vndecim annumeratus.*

[Marginal notes:]

MS: *plentandis,*
et ideo linquit Chrysostomus)
omnes obibant

MS: *concinnationem*
(*suo quoque tempore*)
integram sanctorum

17: *verbis* +

in doctrina cœlesti tradenda, quam (ad Galatas 1°) *acceperunt per reve-lationem Iesu Christi,* labi non potuerint; admirabili edendorum mira-culorum potestate præditi ad convertendos Infidelés, ad confirmandos fideles, redarguendos contradicentes, denique castigandos immorige-ros. Sed hæc omnia in Apostolis erant extraordinaria, ad Ecclesiam novam plantandam, & maximis angustiis conclusam dilatandam ne-cessaria. Reliqua eorum munera ad Ecclesiam donec omnes suas rugas, & máculas deposuerit regendam & sustentandam sunt permansura; divini nempe verbi prædicatio, sacramentorum administratio, manu-um impositio, & clavium potestas in foro exteriori. Quorum duo pri-ora, quia sunt *ordinaria* Spiritûs sancti instrumenta, & *quotidiana* orga-na, quibus Deus omnium hominum salutem operatur ; Apostoli om-nibus pastoribus & presbyteris commiserunt: posteriora, quæ faciunt ad Ecclesiam gubernandam, quò vitarent ataxiam multitudinis regimen comitantem, quibusdam eminentioribus presbyteris, quos Ecclesia posteà vocavit Episcopos, delegarunt.

[marginal note: ms: operatur, ideo haec Apostoli]

Titus cum individuus Apostolorum ab una regione in aliam ad no-vas Ecclesias plantandas migrantium comes ac Evangelista esse desi-erat, & Ecclesiæ commodo id exigente, Cretæ affigeretur; eum, D. Paulum hujus Insulæ Episcopum constituisse, antiquissimi Patres & historiæ ecclesiasticæ (quibus, in quæstionibus facti apud priora Eccle-siæ secula proximè post sacrã paginam fides meritissimò debetur) quasi unanimi consensu tradiderunt. Eusebius lib. 3. hist. Eccles. cap. 4. *Titus Cretensium Ecclesiarum Episcopatum sortitus.* Hieronymus seu Sophro-nius, qui videtur omnia Ecclesiasticæ antiquitatis monumenta dili-genter perlustrasse, in Catalogo Ecclesiasticorum Scriptorum; *Titus E-piscopus Creta a Divo Paulo ordinatus est.* Chrysostomus Præfatione in primam ad Timotheum, rationem assignans quare B. Paulus ex omni Discipulorum numero ad Titum duntaxat & Timotheum Epistolas scripserit, cûm Silas & Lucas ei quoque in disciplinam se tradidissent; hos, (inquit) *Euangelistæ munere fungentes secum adhuc circumduce-bat: illis Ecclesiæ gubernacula curamque tradiderat.* Et ideò *homilia* 10. in eandem Epistolam, omnia [a] præcepta ad Titum & Timotheum scripta, *tanquam omnibus Episcopis dicta intelligit.*

[marginal note: 109 R°]

*[marginal note: ms: Chrysistomus | ms: 116: * ↓]*

Inter hæc verò, præcipuè duo sunt, quibus Titus in Ecclesia Cre-tensi ad Episcopi munus ritè obeundum instruitur. Primum ad Titum 1.5. *Reliqui te in Creta, vt constituas oppidatim Presbyteros.* Ad quæ ver-ba Ambrosius, *Titum Apostolus consecravit Episcopum; & ideò commonet eum, vt sit sollicitus in Ecclesiastica ordinatione.* Alterum præceptum, ad Titum 1.5. *constitui te Creta, ut quæ desunt corrigas:* & ejusdem epist. 3.15. *Hæreticum hominem post unam & alteram admonitionem devita;* ex gregis numero, ad tempus, donec resipiscat, ejice per excommunica-

[a] Paulus (in-quit Chryso-stomus) *de E-piscopatus offi-cio dicturus, in-dicat cuiusmodi; esse Episcopum deceat; neq; id quasi Timothe-um admonens dicit, sed vt omnibus simpli-citer loquens, ac per illum quid conveniat omni-bus dictans.*

X 4   tionis

*[handwritten note at bottom: * quare ex omni discipulorum numero scribit Tito, et Timotheo, cum Silas]*

tionis censuram. Nam hæreticus, præsertim pertinax, est *Animal scabiosum* (ait Hieronymus, in 5. ad Galatas) *à caulis ovium repellendum:* est morbida ovis, quam (inquit Augustinus lib. de corrept. & gratia) *separare ab ovibus sanis pastoralis habet necessitas, ne per plures serpant dira* \09 *contagia:*   --- v°

MS: dura

Neque hæc excommunicandi potestas in solo fuit Episcopo Tito: trecentis fere post Titum annis, Concilii Antiocheni canon sextus decernens, *Si quis à proprio Episcopo fuerit excommunicatus, ne prius ab aliis suscipiatur, quàm suo concilietur Episcopo;* illa ætate excommunicandi potestatem fuisse penes Episcopos, clarè indicat. Et non modò Titus à Paulo, sed alii ab aliis Apostolis instituti sunt Episcopi. *Habemus annumerare eos* (iniquit antiquissimus Pater Irenæus lib. 3. cap. 3.) *qui ab Apostolis instituti sunt Episcopi in Ecclesiis, & successores eorum usque ad nos.* Sic (eodem Irenæo teste) a Ioanne Polycarpus ordinatus est Episcopus Smyrnæ: & à duobus Apostolis, Petro & Paulo, postquam fundassent & instituissent Romanam Ecclesiam, ejus Episcopatus fuit traditus Lino; cui, dum Ioannes Apostolus esset in viuis, Clemens & Anacletus Episcopi successerunt.

Atque ab his potestas Episcopalis in Romanam Ecclesiam invecta, ad nostra usque tempora in ea permansit. Etenim licèt Ecclesia Romana jam olim defecerit, & Babylonica Meretrix, Mater spiritualium scortationum facta fuerit; in ea tamen hæc·authoritas penitùs non interiit: quia à Christo ejusq; Apostolis per plures hominum successiones continuata, si incidat in hæreticos, idololatras, omni flagitiorum genere coopertos, non aboletur. Sotus in 4. sententiarum, non infimus Meretricis Babylonicæ leno, hoc ipsum liberè fatetur: *Hæretici quicunque etiam præcisi, quamuis non ab ecclesia priùs legitimè, sed ab hæreticis fuerint promoti; verum Ordinis Sacramentum, si id attentent, utique conferunt.* Quam doctrinam hausit ex Aquinate ad eundem sententiarum librum sic scribente; *Præcisi ab Ecclesia qui in Ecclesia Episcopalem potestatem ha-* \uO *buerunt, retinent potestatem alios ordinandi & promovendi, & promoti ab ijs* R° *eandem retinent potestatem.* Ratio in aprico: ipsius Dei & Christi est potestas, *(neque qui plantat, neq; qui rigat est aliquid, sed Deus qui dat incrementum)* quam hominũ illam administrantiũ peccata non faciunt magis irritam, quàm flagitiosus Legatus sui principis authoritatem sibi delegatã diminuit. Non enim est (ut loquuntur Scholæ) *gratia gratum faciens* (cum qua hæresis & impietas minimè cohabitant,) *sed gratia gratis data,* non semper eam habenti, sed aliis sanctificandis destinata. Hinc Sacerdotale munus ab Aarone per innumeras hominum sæpe sceleratissimorum & idololatricorum successiones ad Christi tempora transmissum mansit inviolatum; ut ei ipse Christus se submiserit, & aliis se subdere præceperit. Atque pari ratione Episcopalis potestas, ab Apostolis & primæva

MS, 'lb: facient (quacum haeresis, impietas

primævæ Ecclesiæ Romanæ Episcopis, per impurissimos ejusdem
coctûs (postquam Atichristiana Babylon evasit) canales in nostras
Ecclesias limpida effluxit: quemadmodum, narrante Plinio, amnis Al-
phæus Peloponesiaco littore mersus per longissimum sub mari tractû
in agri Syracusani fontem Arethusam means, ne vel leviusculam salsu-
ginem contrahit. Quamobrem etsi Episcopalis authoritas hodie in
Ecclesia Anglicana à Romana proximè (sed non primitus) dimana-
verit; tamen vera & legitima censenda est. Cujus variá munera, quâ
vel ab Apostolis aut Ecclesiâ instituta, vel quà à seculari potestate propter malitiam hominum jura sacra nullis mundanis suppetijs & honoribus externis suffulta contemnentium, Episcopis in Anglicana Ecclesia
fuerint concessa; ordine recensebimus.

Postquam Regis licentiâ & mandato, Episcopi in Anglia à Decano & capitulo Cathedralium Ecclesiarum infra Dioeceses, quibus præ-
ficiendi sunt, eliguntur; illius assensu electi comprobantur; comprobati
confirmantur; confirmati consecrantur; & cum consecrati *homagij* juramentum Regi præstiterint; & Rex illis vicissim suorum Episcopatu-
um possessiones restituerit: in ipsa republica Anglicana, non aliquâ à
Christo delegatione (cujus ª Regnû spirituale est, ministerio clavium
regni coelorum & spiritu imperans; & *non ex hoc mundo* seu temporale,
externa vi ac gladio coërcens, vnde. Luc. 22. Apostolis suis eorumque
successoribus Episcopis ratione Spiritualis potestatis, quam ab ipso
acceperant, omne temporale Dominium interdixit:) sed libera principum donatione, his honoribus potiuntur.

tem non ita. Non licebit igitur Episcopo Ecclesiæ externum administrare dominatum? Existimabant Apostoli,
quòd quia essent Apostoli Christi, idcirco deberent invadere Regna huius mundi, & in hoc mundo dominari. Christus
autem damnat hoc loco falsam Apostolorum opinionem, & docet nihil minus Apostolos & Episcopos Ecclesiæ de-
cere, quàm ut prætextu Apostolatûs & Episcopatûs occupent externa regna. Nihilominus ipsos Ecclesiæ Epis-
copos non vetat habere externam dominationem : viz. si ad hanc vel hæreditaria successione, vel electione,
vel donatione vel alijs legitimis medijs peruenerint. Difficillimum quidem est simul ministerium prædicandi
Evangelij in Ecclesia rectè perficere, & externum regnum administrare; per se tamen non est impium, retinere
vnâ cum ministerio Ecclesiastico externam Dominationem. Quare habeant sanè vel Romani Pontifices
eam Maiestatem, quam publicis & legitimis ordinationibus ac consensu Monarcharum possident; sed
quòd usurpent sibi potestatem super Reges & Principes prætextu officij sui Apostolici, hoc Christo
aduersum est: & vehementer errant. Brentius Homil. 52. in Passionem Christi. & Homil. 90. in
Lucam.

Titulum habent *Dominorum* ratione *Baroniarum* suis Episcopati-
bus annexarum, et præcedentiâ præ alijs Regni Baronibus non modò in
privatis congressibus, sed in supremo Regni Concilio, Parliamento:
vbi, quia sunt *Domini Barones*, hoc ordine habent suas sessiones. Post
Reuerendissimos Archiepiscopos Cantuariensem & Eboracensem,
primo loco sedet Episcopus Londinensis, deinde Dunelmensis, proximè Wintoniensis; reliqui Episcopi, vt consecratione priores, nisi
quòd

MS: hirenarchae ←

*↓

a Epiſt 14. ad
Marc. ſoro-
rem. Vide eti-
am ejus Epiſt.
56. ad Valent.
et concionem
de obitu Va-
lent.

quòd poſt Epiſcopum Dunelmenſem primum locum teneant,qui Regi
fuerint à ſecretioribus Conſiliis. Epiſcopi enim in republica Anglicana,clementiâ Principis poſſunt ei eſſe à ſecretioribus conſiliis, conſtitui
Eirenarchæ, legatorum munere fungi, ad exteros principes (ſicut Ambroſius Mediolanenſis Epiſcopus, *a* ipſo Ambroſio teſte,bis Valentiniani Legatus fuit ad Maximum) vel aliud quodvis honeſtum munus
exequi.

    Nam tametſi ſacratarum perſonarum ſanctiſſimæ, peritiſſimæ, vigi-
lantiſſimæq; ſatis operæ & ſudoris habent in ſacris muniis obeundis
(cum *ad hæc quis idoneus?*) & ideo abſolutè præſtaret illos tractare
ſolùm ſpiritualia : tamen cùm Eccleſia militans ſæpiùs permixta ſit
Epicureis & ferrei oris peccatoribus, qui magis mundano timore
quàm amore ſpirituali ad externa pietatis officia peragenda adiguntur ;
ut horum Atheiſmus (ipſius civilis Regiminis exitium, ſi per ſpretam
religionem nimiùm ſe prodat) meliùs coerceatur, prudentiſſimi
principes Chriſtiani Eccleſiæ præſules ſeculi honoribus cumulatiſſimè
donârunt.

    Conſtantinus Magnus (ut videre eſt in Codice Theodoſiano de E-
piſcop. judiciis) uſque adeò Epiſcopos in cauſis ſecularibus voluit
honorare,ut decreverit,in hæc verba; *Quicunq; litem habens ſive Poſſeſſor,*
ſive Petitor erit, ſive inter initia litis, ſive cum negotium peroratur, ſive cum
cæperit promi ſententia, iudicium eligit ſacroſanctæ legis Antiſtitis ; ilicò ſine
aliqua dubitatione,etiam ſi alia pars refragetur, ad Epiſcopum cum ſermone li-
tigantium dirigatur. Rationem decreti adjicit; *Multa enim, quæ in iudi-*
cio captioſa præſcriptionis vincula non patiuntur, inveſtigat & promit ſacro-
ſanctæ religionis authoritas. Omnes itaque cauſæ quæ prætorio iure vel civili
tractantur, Epiſcoporum ſententiis terminatæ, perpetuo ſtabilitatis iure fir-
mentur. Quid quod etiam ſacræ perſonæ ſuæ vocationis opera ſpiritualia ſtrenuè peragentes, quandoque ex ſingulari Dei dono, in ſeculi quoque negotiis expediendis plurimùm pollent ? De Gregorio Thauma-
turgo Gregor. Nyſſen.in oratione ſua de ejus vita ſcribit ; *Omnis quæſtio*
diſceptatioque, & omnis intricatus difficiliſque negotiorum nexus illius conſi-
liis & admonitionibus reſolvebatur & dirimebatur ; unde ſingulis,illius bene-
ficio, tam æquitas & recta iuris conſtitutio,quàm pax erat. Demùm,quinam
de æquitate (non de juſtitia ad iuris amuſſim,hoc enim Iuriſperitorum
eſt) in cauſis ſecularibus meliùs dijudicent, quàm illius ex vocationis
ſuæ impulſu ſtudioſi ? unde Auguſtinus Concione 71.in 118.Pſalmum,
hominibus ſui ſeculi diſſidia ei tanquam arbitro deferentibus dicere
non audet; *Dic homo quis me conſtituit iudicem aut diviſorem inter vos ?*
Conſtituit enim (inquit)*talibus cauſis Eccleſiaſticos Apoſtolus* (Divum*Paulum intelligit) *cognitores.* Neque quando Eccleſiaſtici ſic ſunt *cognito-*
res, & aliquo modo curant negotia ſecularia, illis *implicantur,* aut ab-
ſorbentur;

›16: note
added.

›17: +

MS: quam

›16: note
added.   MS: ſuo

* 1.Cor.5.6.

* MS,'16: (ſicut Ulphilas Gothorum epiſcopus ad
Valentem Imperatorem,teſte Sozomeno,at (referente
Socrate) Maruthas Meſapotamiæ Epiſcopus cb Imperatore
Romano ad Regem Perſarum miſſi ſunt legati) vel aliud

forbentur; quia ab Apostolo monente, *neminem Deo militantem debere se implicare negotijs secularibus*, ecclesiastici hujusmodi *cognitores* constituuntur: ut *dum homines causas suas seculares apud nos* (inquit Augustinus Episcopus, epist. 147.) *finire cupientes, negotia sua peragunt, agamus & nos negotia salutis nostræ & ipsorum, & dissensiones hominum terminemus.*

Verùm præter seculi honores, & in ejus litibus componendis operam; media sunt Episcoporum magis propria, ad suam, & aliorum salutem promovendam: nempe eorum in Antistitum Ecclesiæ album sacra cooptatio, quæ *consecratio* dicitur, & munia Ecclesiastica. Consecratio Episcoporum in Anglia (omni papali superstitione detractâ, & præmissa concione de pastoris in gregem officio, cura, fide, illamque subsequente Euchariftiæ à frequenti gravissimorum hominum cœtu perceptione) peragitur precibus, invocatione Spiritûs Sancti, manuum impositione a tribus ad minimum (juxta Concilii Nicæni canonem 3.) Episcopis in indumentis Episcopali gravitate consentaneis, & communi ac ardenti eorum qui actioni intersunt oratione, ut Episcopale munus consecratis impositum, cedat ad Dei gloriam, gregis salutem, conscientiæ suæ in tremando die Iudicii lætum testimonium.

Horum verò ita consecratorum munera, secundùm canones, sunt diligenter docere Euangelium, non tantum in Cathedralibus Ecclesiis quibus præsunt, sed etiam passim per omnes Ecclesias suæ Diœceseos, ubi maximè putabunt expedire; in iisdem Cathedralibus Ecclesiis festis solennibus Capâ decenti amictos, sacram Cœnam administrare; ordinare Presbyteros & Diaconos; (& hinc Epiph. hær. 77. docet Episcopos generare *Patres Ecclesiæ*, Ecclesiasticos ministros ordinando; presbyteros *Filios Ecclesiæ*, infantes & catechumenos baptizando) verbo & gratiarum actione Ecclesias & sepulturæ loca sacris usibus dedicare, quod (teste Eusebio lib. 10. cap. 3.) in Templis a Constantino magnificè extructis, veteres Episcopi magna cum solennitate præstiterunt; confirmare precibus, & manuum[a] impositione pueros catechismum edoctos, qui mos (inquit Cyprianus) Epist. ad Iubaianum *apud nos geritur*; denique Ecclesiasticam jurisdictionem, cujus nervi sunt pœnæ & censuræ Ecclesiasticæ, exercere.

Versantur autem hæ pœnæ sive censuræ Ecclesiasticæ in duplici discrimine. Aut enim Ecclesiasticis & laicis communes sunt; ut *Monitio, excommunicatio minor, excommunicatio maior, anathematismus, interdictum; corporalis pænitentia, denegatio Christianæsepulturæ in locis sacratis*: aut sunt Ecclesiasticis peculiares, quales sunt, *sequestratio fructuum Ecclesiæ, suspensio, deprivatio, depositio*: de quibus singulis, quemadmodum sint in usu in Anglicana Ecclesia, pauca delibanda.

Monitio omnes ferè censuras Ecclesiasticas præcedit, & illarum vi nemo

Marginal notes:

MS: momente

MS: tr.

MS: consecratio, seu confirmatio, et munia

Non abnuo hanc esse Ecclesiarum consuetudinem, ut ad eos qui longe in minoribus urbibus per Presbyteros & Diaconos sunt, Episcopus ad invocationem Spiritus, manuum impositurus excurrat. Hieronymus adversus Luciferianos.

MS, 16: Iulianum

Handwritten note at bottom:

✻ geritur, denique intendere nervos suae Ecclesiasticae Iurisdictionis et ipsam Ecclesiasticam Iurisdictionem exercere. Hi Ecclesiasticae Iurisdictionis nervi sunt Ecclesiasticae poenae, et censurae, Ecclesiasticis et laicis communes, ut monitio

nemo cenfetur *Ethnicus* & *Publicanus*, nifi priùs *Ecclefiam non audie-*
rit,fub excommunicationis comminatione præcipientem.

Excommunicatio (vt ex ipfa nominis notatione liquet) homines à
communione aliqua excludit. *Communio* autem interna vel externa eft.
Interna eft illa, qua fidelis quifque per fidem & charitatem cum Deo
primum, deinde cum omnibus verè fidelibus arctiffimo fpiritûs vinculo unitur, & quam in Symbolo *communionem fanctorum* appellamus. *Externa* communio eft vel politica vel Ecclefiaftica. *Politica*
verfatur in rebus & negotijs ad civilem & præfentem vitam pertinenti-
bus. *Ecclefiaftica*, qua communicamus fimul in iis quæ ad cultum
Dei in Ecclefia fpectant, cujufmodi funt publicæ preces,prædicatio verbi & Sacramentorum adminiftratio. *Communio*, à qua excommunicatus excluditur, non eft interna : ab hac enim nemo nifi per proprium
peccatum feparatur. *Peccata veftra* (inquit Ifaias cap.59.) *diviferunt in-*
ter me & vos : ipfa verò excommunicatio peccatorem ita effe feparatum
declarat, & Ecclefiæ fententiâ ad cœlos vfque pertingente, hoc ipfum
a ftabilit ac confirmat.

Quare externa eft communio à qua quempiam femovet excommunicatio : & quemadmodum hujus communionis, fic excommunicationis diuerfi funt gradus ; *Excommunicatio*, fcilicet minor, & maior. *Mi-*
nor, eft fufpenfio ab ingreffu Ecclefiæ, aut à fola Sacramentorum fuf-
ceptione, quam Cyprianus vocat *abftenfionem* : & propter contumaciam & alia delicta adhibetur ; fed præcipuè propter contumaciam in
non comparendo in curiis Ecclefiafticis, aut non parendo illarum
mandatis, quæ quandoque in rebus infimis poteft effe fumma : quia
res præcepta quò facilior eft obfervatu, eo præcepti violatio gravior,
cùm fit magis fpontanea, eique nulla impotentia aut infirmitas obten-
datur. Sic *præceptum* Adamo impofitum *tam leve ad obfervandum, tam*
breve ad memoriâ retinendum, ubi præfertim nondum voluntati cupiditas re-
fiftebat; *tantò* (vt Auguft. lib. 14. de Ciuitat. Dei, cap. 12. docet) *maiori*
iniuftitiâ violatum eft, quantò faciliori poffet obfervantiâ cuftodiri.

Hujus minoris excommunicationis fententiam pro contumacia in
non comparendo in Iudiciis Ecclefiafticis, aliquis eruditus Presbyter
(quamuis enim folus Epifcopus ordinariâ, delegatâ tamen poteftate, ut
in fupplemento ad tertiam partem rectè obfervavit Aquinas, Presbyter
excommunicare poteft) ab Epifcopo authoritate fufficienti munitus
denunciat,idque ex præfcripto Iudicis, quem vocamus Epifcopi Cancellarium, qui per Ecclefiæ noftræ conftitutiones eum ad hanc cenfu-
ram ferendam tenetur accerfere & fibi affociare.

a Math.18.18.
Amen dico vo-
bis, quæcunque
ligaveritis in
terra, erunt li-
gata in cœlo.
Ad quæ verba
Auguftin. lib.
1.contra Ada-
mant. cap. 17.
hanc habet
annotationê.
Illud quod ait
Dominus ; Si
nec Ecclefiam
audierit,fit tan-
quam Ethnicus
& Publicanus,
gravius eft
quàm fi gladio
feriretur, fi
flammis abfu-
meretur, fi feris
fubigeretur.
Nam ibi quo-
que fubiunxit ;
quæ ligaveritis
fuper terram,e-
runt ligata in
cœlis;vt intelli-
geres, quanto
gravius fit pu-
nitus, qui velut
relictus eft im-
punitus.

Excom-

[Marginal manuscript notes:]
MS: participatio
MS: VOS à ipfa excommunicatio
16: +
MS: above minor, an asterisk but no corresponding note.
MS: excommunicet
16+ sibi

Excommunicatio maior ᵃ *est, qua peccator⁻ non solum à perceptione Sacramétorum, vel ingressu Ecclesiæ, sed toto fidelium consortio excluditur : ita ut secundum veteres* Ecclesiæ nostræ canones, ᵇ *Communicans excommunicato maiori excommunicatione, incurrat minorem, & nisi destiterit, maiorem.* Atque idem ferè decretum latum fuit Concilio Toletano primo, canone decimo sexto; *Si quis laicus abstinetur, seu à sacra Communione arcetur; ad hunc vel ad domum eius, Clericorum vel Religiosorum nullus accedat. Similiter et Clericus si abstinetur, à Clericis devitetur. Si quis verò cum illo colloqui, aut convivari fuerit deprehensus, & ipse abstineatur.* Et ante Concilium Toletanum primum, Antiochenum canone tertio decrevit, *non licere cum excommunicatis communicare : & si quis ex Episcopis aut Presbyteris vel Diaconis, deprehensus fuerit cum excommunicatis communicare, eum quoque esse excommunicatum.* Scopum & finem hujusmodi canonum indicat August. lib. 3. cont. Parmen. Epist. cap. 2. *Tunc excommunicatus timore percutitur, & pudore sanatur; cùm ab universa Ecclesia se Anathematizatum videt, & sociam turbam, cum qua in delicto suo gaudeat & bonis insultet, non potest invenire.* Et ideò idem prudentissimus & sanctissimus Præsul ibidem graviter admonet, quod *non possit esse salubris* neque delinquenti neque Ecclesiæ *correptio; nisi cum ille corripitur, qui non habet* ᶜ *sociam multitudinem.* Sed hoc fit sine labe pacis & unitatis, & sine læsione frumentorum; cum congregationis Ecclesiæ multitudo ab eo crimine ob quod delinquens anathematizatur, est aliena. Et secundùm Ecclesiæ nostræ canones, *quotiescunque hæc maior excommunicatio in immediatam pœnam cuiusvis notoria hæreseos,*

a De hac excommunicatione loquitur D. Paulus, 1. Cor. 5. cujus sententiam suâ solâ authoritate in incestuosum fert his verbis : *Ego vt absens corpore, præsens autem spiritu, iam* (antequam scripserat Epistolam, & per eam Corinthiorum sententiam rogare potuerat) *vt præsens dijudicaui, seu decreui, vt is qui hoc ita perpetrauit, vobis & meo spiritu in nomine Domini congregatu* (non ad D. Pauli decretum, si illis non arrisisset antiquandum, sed ut illo publicè ab ijs audito incestuosum à se separarent, eumque expurgarent tanquam *vetus fermentum* ejiciendo è ciuili suo consortio, aut non *approbando,* inquit Aug. lib. 3. cont. epist. Par. cap. 1, non *consentiendo,* non animis *fauendo* eius improbo facinori) *eiusmodi inquam homo tradatur Satanæ.* i. è fidelium cœtu ejiciatur : qui enim Ecclesiæ gremio extruditur, Satanæ extra Ecclesiam regnanti mancipatur. Et hæc omnia D. Paulus in incestuosum decernit, *ad interitum carnis, vt spiritus eius salvus esset.* id est, (sicut docet August. lib. 3. cont. Par. cap. 1.) vt cum ipse, pudore & tristitia sapere didicerit, & caro quæ ipsum in hoc præcipitium arripuerit, funditùs fuerit abolita : spiritus ejus qui videbatur in certamine occubuisse, iterum sese erigeret, & fieret spiritualis homo, salvus in die Domini. b Linwood in Provincia Consti. de immunit. Ecclesiast. cap. seculi Principes. §. ac quandoque. verb. maculantur.

c Huic Augustini sententiæ, alia à glossa in cap. 13. Matt. Augustino etiam adscripta, concinit : *Multitudo non est excommunicanda, nec Princeps populi.* Hoc gravissimum Sancti Patris monitum negligunt Romani Pontifices, dum excommunicant Imperatores & Reges, qui cùm amplas habeant ditiones & numerosos exercitus, rarò destituuntur *socia multitudine.* Hinc Imperatorum & Regum excommunicationes à Romanis Pontificibus denuntiatas, sepiùs tot cædes, tot rapinæ, tot populorum & Vrbium eversiones, tam horrenda schismata sequuta; ut ipsos Pontifices facti sui pœnituerit, & totus Christianus orbis ingemuerit. Gregorius 7. cum Henricum IV. excommunicasset, & cruenta bella, teterrima odia, & schismata inde orta serio fuisset contemplatus, animam acturus advocavit (ut refert Sigebertus, 185.) Cardinalem sibi præ cæteris charum, & fassus est Sancto Petro & toti Ecclesiæ se valdè peccasse in Pastorali cura, quæ ei ad regendum commissa est, & suadente Diabolo, contra humanum genus edisti & iram concitasse

---

Marginal notes (handwritten):

MS: tr →ms: irrigat, & fiat in ms, note is on p. 113 v⁰, top, but with no corresponding asterisk.

ms. 216: Diaconis excommunicatis communicare apparuerit, eum quoque

ms: non potest esse salubris nec delinquenti ✗ᵥ

Note added 216. (An asterisk in ms. over multitudinem suggests that a note was planned here

✱ MS: multitudinem non modo enim tum [schismatis, delinquens timore percutitur et pudore sanatur sed (ut idem Pater loco citato docet) Hoc fit sine

schismatis, simonia, periurii, usuræ, incestûs, aut gravioris alicuius criminis venerit infligenda, per Episcopum in propria persona pronunciatur, unà cum eiusmodi frequentia & assistentia, quæ ad maiorem rei authoritatem conciliandam conducere videbitur. Atque his excommunicationum vinculis constricti non possunt esse in Curiis sive civilibus sive ecclesiasticis Actores, aut testes: & si ultra 40. dies obstinati persistunt, per rescriptum Regium ex Cancellariæ Curia manans, illud Episcopo postulante, carceri à Comitatûs in quo degunt Vicecomite mandantur, donec Episcopo dederint sufficientem cautionem pignoriticiam, fidejussoriam, aut juratoriam, se ejus mandatis & decretis obtemperaturos. Quarta censura Ecclesiastica est *Anathematismus,* qui tantùm in pertinacem hæreticum exeritur, & quo iste tanquam publicus Dei hostis, rejectus, maledictus, execratus, æterno judicio & damnationi devovetur. *Anathema* enim (ut notat Hieronymus in cap. primum ad Galatas) *nomen est execrationis & maledictionis.* Huic succedit *interdictum,* quo universitas seu communitas (*Homo* enim, inquit noster *Linwodus, propriè excommunicatur, & propriè locus interdicitur*) ob publicum aliquod delictum divinis officiis, sepulturâ, administratione & perceptione Sacramentorum prohibetur. *Interdictum* excipit corporalis pœnitentia, sic dicta, quia non solùm interiori, sed etiam exteriori homine luenda ; quæ publicæ in primæva Ecclesia pœnitentiæ, quam Cyprian. epist. 10. *Exhomologesin* vocat, est quàm simillima. Quorum autem authoritate hæc *exhomologesis* seu publica pœnitentia antiquitùs fuerit imposita, Concilium Carthaginense tertium cap. 31 & 32. testatur: *Pœnitentibus, secundùm peccatorum differentiam, Episcopi arbitrio pœnitentiæ tempora decernantur.* Quæ ob crimina, lib. 3. cont. Parmen. epist. cap. 2. ostendit Augustinus, *quando ita cuiusque crimen notum est omnibus, & omnibus execrabile apparet, ut vel nullos prorsus vel non tales habeat defensores, per quos possit schisma contingere, non dormiat severitas disciplinæ.* Et hinc Anglicanæ Ecclesiæ canones statuerunt ; *Si crimen non fuerit notorium & publicum, solennem pœnitentiam posse commutari in mulctam* ᵃ *pecuniariam in levamen pauperum eiusdem Parœciæ, vel in alios pios usus erogandam: modò constiterit eam esse ad Reum reformandum saniorem & tutiorem rationem.* Quandoque enim fit (ut Cyrillus lib. 3. in Levit. piè & prudenter

*Printed side-note (marked *):*
> * Chrysostomus ex professo homilia quadam contendit non esse anathemate utendum in Ecclesia Christiana, quia de nemine quàmdiu vivit, respiscentiæ spes sit abjicienda: sed frustra. In hac enim tremenda Ecclesiæ censura, conditio, [Nisi respuerit,] semper intelligitur.

Footnote:
> ᵃ Quod tamen Iudicibus Ecclesiasticis cautè faciendum est, ne Regia prohibitione in hac commutatione impediantur. Nam in Articulis Cleri. cap. 2. decernitur; *Si Prælatus imponat pœnam pecuniariam alicui pro peccato & petat illam, Regia prohibitio habet locum. Veruntamen si Prælatus imponant pœnas corporales, & illi sic puniendi velint huiusmodi pœnas per pecuniam redimere; non habet locum regia Prohibitio, si coram Prælatis pecunia exigatur.* Et hujusmodi pecunia à Iudicibus Ecclesiasticis in sacros usus licitè erogari potest: quia non est *merces scorti,* Deuteron. 23. *in Domum Dei pro voto* seu eleemosyna minimè introducenda, ne Ecclesia videatur illius turpitudinem approbare & fovere ; sed scorti pœna est, quæ non potest ejus, cui infligitur, censeri omni modo libera eleemosyna, cùm semper aliquo modo sit invita.

Handwritten marginal notes:
> MS: Chrysostomus peculiari Homilia contendit

> MS, '16: 31, 32.

> MS. relevamen

> *↓ MS. exeritur, illum tanquam publicum Dei hostem, rejectum, maledictum, execratum, aeterno Judicio & damnationi devovens. Anathema

prudenter monet) *ubi servari suum peccatum secretum viderit ille qui peccat, servabit & ipse emendationis pudorem. Si verò viderit peccatum suum per exhomologesin proclamari, & sese* (pravo suo judicio) *defamari, ilicò ad impudentiam convertetur.* Itaque Concilium Constantinopol. generale 6. huic pastorali reducendi peccatores ad bonam frugem curæ præpositos instruit ; *cum non simplex sit peccati morbus sed varius & multiformis, ut attentè rimentur qualiter affectus sit, qui peccauerit : an obtemperet magistro , an mentis ulcus per admota pharmaca crescat, & sic misericordiam æqua lance impertiant.* Postrema Ecclesiastica pœna Laicis & Clericis communis , est denegatio Christianæ sepulturæ in locis sacratis : quæ non infligitur in pœnam mortuorum, qui quamprimum naturæ cesserint, aut beatitudine nunquam amittendâ fruuntur, aut miseria in æternum subeundâ plectuntur ; sed in terrorem viventium, qui ipsius naturæ instinctu corpora sua post mortem honestè tractari plurimum desiderant. Omnes autem excommunicati, perjuri, feloniæ crimine strangulati, insignes fæneratores, hæretici, apostatæ, mortem sibi ascicentes (nisi de extraordinaria illorum pœnitentia certior factus fuerit Episcopus, qui tum licentiam concedit eos in locis sacratis inhumandi) hoc vltimo pietatis officio orbantur. Iam Ecclesiasticæ censuræ in Ecclesiasticos peculiares sequuntur. Harum prima fuit *sequestratio*, à jure civili (ut videre est in Digestis & Codice) in jus canonicum derivata, quæ est fructuum Ecclesiæ ad tempus apud alium depositio, ad jus alicuius tuendum, aut onus declinandum, vel ejus qui fructuum Dominus est, contumaciam castigandam : quam si quis post legitimam ejus publicationem in locis vbi facienda est , violauerit ; juxta antiquos Ecclesiæ Anglicanæ canones, *maiorem excommunicationem* ipso facto incurrit. Proxima censura est *suspensio*, qua *monitione præcedente in scripto & causâ expressa , persona Ecclesiastica interdicitur exercitium sui officij vel beneficij vel utriusque simul, in toto vel in parte , ad certum tempus vel in perpetuum.* Tertia censura est *Deprivatio*, qua Ecclesiastica persona ob grave aliquod crimen ab Ecclesiastico beneficio amovetur. Vltima est *Depositio*, pœna in primæva Ecclesia vsitata.   Nam Concilii Antiocheni canon. 3 & 4. sic decernitur ; *Si quis Presbyter aut Diaconus à proprio Episcopo depositus, ausus fuerit aliquid de Ministerio agere ; nullam spem restitutionis ei habere liceat. Et si quis Presbyter aut Diaconus, contempto suo Episcopo, ab Ecclesia seipsum segregauerit & seorsim congregationem fecerit, & Episcopo primo , secundò vocanti noluerit obedire ; is omnino deponatur nec amplius remedium assequi, nec honorem suum accipere possit.* Et hæc , secundùm jus Canonicum vim adhuc in Ecclesia Anglicana obtinens, est vel *verbalis* per Iudicis sententiam, vel *realis* quæ fit degradatione ; cum scil. personæ Ecclesiasticæ propter hæresin, vestes & insignia ordinis sui per Episcopos detrahuntur in præsentia ciuilis

lis

lis Magiſtratûs, cui poſt degradationem coercendus relinquitur. Et hæ
ſunt omnes cenſuræ & pœnæ Eccleſiaſticæ ; quas oportet Epiſcopos
memores præcepti Apoſtolici, *non dominantes in hæreditatem aut ſortem
Domini,* in greges ſibi concreditos exercere, non herili jure, tanquam
Dominos in ſervos, ſuum ex iis [a] commodum aucupantes ; ſed pater-
no, [b] veluti parentes in filios, illorum ſaluti præcipuè conſulentes.
Nam ut Salvator noſter Luc. 22. admonet, *qui maximus inter vos* authoritate & eminentia, *ſit minimus,* id eſt, paratus minimo cuique in ejus
commodum [c] inſervire ; *& qui præſt, ac ſi adminiſtraret* iis quibus imperat, conſulendi officio famulans : ut meritò dixerit Auguſtinus lib. 2.
cont. Creſconium cap. 11. *Non ſumus Epiſcopi propter nos, ſed propter eos
quibus verbum & ſacramenta adminiſtramus,* quos cenſuris Eccleſiaſticis
conſtringimus & caſtigamus.

Atque ita Eccleſiaſticis cenſuris recenſitis ac deſcriptis, ipſam Eccleſiaſticam juriſdictionem his ſuffultam aggrediamur. Hæc autem vel
voluntaria eſt, ad quam exercendam Epiſcopus à nullo pro ſuo inter- |116|
eſſe aut publica vindicta Actore cogitur ; vel *contentioſa* eſt, ad lites in- |R|
ter Actorem & Reum dirimendas inſtituta, de qua infra fuſiùs dicendum. Prioris Iuriſdictionis, propter mutuas inter Eccleſiam & rempublicam ſuppetias, varia ſunt & quaſi mixta membra, diverſis fundamentis ſuperſtructa. Primum innititur Regni ſtatutis, per quæ Epiſcopi decimas & ſubſidia Principi ab Eccleſiaſticis debita cogunt ;
aſſiſtunt civilibus Iudicibus in exequendis aliquot ſtatutis ; uniunt &
conſolidant Eccleſias minutiores ; ex ſpeciali aliqua cauſa, judices civiles reddunt certiores de Pontificiis, qui abjuratâ ſua ſuperſtitione,
accedunt ad noſtra ſacra, aut obſtinati iis penitus ſe ſubducunt ; concedunt peritis & fide dignorum teſtimonio approbatis, licentiam exercē-
di medicinam & Chirurgiam, & pueros erudiendi ; exigunt quandoque à nonnullis juramentum Regii primatûs, & juramentum fidelitatis
infra ſuas diœceſes Epiſcopales. Secundum ſtabilitur jure Regni municipali, ut ad reſcriptum Regium certiores facere civiles judices de legitimis & illegitimis Nuptiis ac natalibus, de excommunicatis, & in aliis
cauſis Eccleſiaſticis, quarum aliquando in Curiis civilibus eſt incidens
cognitio, ratione temporalium cauſarum, quarum ſunt appendices ; quē-
dam Regis Brevia à Civilibus ejus Curiis manantia pro beneficiis legitimè præſentato reſtituendis, perſonis Eccleſiaſticis nullum habentibus
ſeculare feudum judicio civili quandoque ſiſtendis exequi ; Regium reſcriptum requirere, de hæretico pertinaci (anteà condemnato) combu-
rendo, pro carceri mandando corpore illius qui ultra 40. dies excommunicatus perſiſtit. Tertium tùm jure Eccleſiaſtico, tùm municipali
confirmatur, quorum conſentientibus placitis Epiſcopi defunctorum
teſtamenta probant & inſinuari faciunt, ab inteſtato decedentium bona
proximo

116.vo

Marginal notes:

a *Servi Domini acquirunt quicquid acquirunt.* lib. 1. Inſtitut. Tit. 8. §. 1.

b *Eſto ſubiectus Pontifici tuo & quaſi parentem animæ ſuſcipe.* Hier. ad Nepoti.

c *Omnibus me ipſum ſervum feci ut plures lucri facerem.* 1. Cor. 9. 19. *Diſcite ſubditorum matres vos eſſe debere, non Dominos. Studete magis amari, quàm metui. ſi interdum ſeveritate opus eſt, paterna ſit, non tyrannica* Bernard. ſerm. 23. in Cant. alloquens prælatos.

Handwritten notes at bottom:

Note b = Ms note, c.
Note c, to ‾I Cor. 9. 19 = Ms note, d.
Note c, from **Diſcite** to end = Ms note, b.

proximo agnato vel cognato adminiftranda concedunt; Rationes
hujufmodi Adminiftrationis reddi faciunt; bona caduca (cùm nullus hæreditatem adire velit) mandant tutò cuftodienda & colligen-
da,donec fecundùm Iuris præfcriptum diftribuantur. Quartum & ultimum hujus Epifcopalis Iurifdictionis voluntariæ in Ecclefia Anglicana membrum,munitur jure Ecclefiaftico;ex quo Epifcopi idoneis conferunt beneficia, vel illos ab aliis patronis præfentatos in beneficia inftituunt; inter quam beneficii collationem & ad illud inftitutionem,hoc
tantum difcrimen quidam Canonum periti ftatuerunt; ut hæc fit con-
ceffio Ecclefiaftici beneficij limitata, nempe Clerico à patrono nomi-
nato & oblato:illa libera, Clerico cui ipfe Epifcopus voluerit. Porrò
ejufdem juris Ecclefiaftici vi, admittunt Refignationes beneficiorum,
quorum vacantium fructus, fub tuto fequeftro ad ufum proximi fuc-
cefforis colligendos & cuftodiendos mandant; literas dimifforias
feu ᵃ teftimoniales concedunt
initiandis in facris ordinibus,
vel jam initiatis ad animarum
curam admittēdis ab alterius
diœcefis Epifcopo ; dant licē
tiâ collocandi fedile in Ecclefia,ᵇ diruendæ veteris fabricæ
Ecclefiæ & novæ extruendæ,
exhumandi cadaver, & aliò
transferendi ; affignant Rectori Ecclefiæ morbo ita im-
pedito vt muneri fuo fuperef-
fe non poffit, coadjutorem,
ad explendum ejus officium :
Denique quolibet triennio,
totam fuam diœcefin vifi-
tant, & per eam inftituunt
generalem inquifitionem, quæ, quo fiat ordine, quâ formâ, capite
fubfequenti commonftrabitur.

ᵃ *Si Miniftri & Curati ex una Diœcefi in alteram transierint, nequa-*
quam ad curam ullam exercendam admittentur; nifi Epifcopi eius
diœcefeos unde advenerint, vel loci Ordinarij literis teftimonialibus de
ipforum honeftâ converfatione, fufficientia, & conformitate ad Eccle-
fiafticas Regni Anglicani leges muniti accefferint. Hic Canon imi-
tatur Canonem 12. qui dicitur Apoftolorum, *Non recipendus, fi*
apud alium fine commendatitijs receptus fuerit. Huic enim Canoni
Harmenopulus in Epitome Sacro. Canon. tit. 3. hoc Scholion
fubjecit ; *Commendatitiæ vero literæ funt, quæ ab Epifcopo Clericis aut*
Sacerdotibus dantur aliam in urbem proficifcentibus, quæque commen-
dant eos illius Loci Epifcopo velut omni culpa carentes. Harum etiam
literarum meminit Canon 12. Concilii Gangrenfis, celebrati
ante Nicænum Concilium primum, his verbis; *Non liceat Pres-*
byteris civitatis(multo minùs inferioris gradûs Presbyteris) fine
literis Epifcopi *in aliena parœcia aliquid agere.*
ᵇ Patres Concilij Chalcedonenfis, Canon. 4. decernunt; *Nullus*
quidem ufquam ædificet nec conftituat Monafterium aut Oratoriam
domum, præter confenfum Epifcopi Civitatis. Quod decretum Harmenopulus in Epitome Sacror. Cano. fic expreffit; *Nullus unquam*
Templum conftruat abfq; fententia Epifcopi,

117
2⁰

Epifcoporum voluntaria Iurifdictio in Diœcefibus
fuis vifitandis.

C A P.　6.

IDem in *fpirituali Dei Domo* Ecclefiâ, quod in materiatis ædificiis
ufu venit:horum decidui parietes nifi ftatuminentur, illius præcipua fulcra, vitæ pietas, doctrinæ puritas, nifi farcta tecta conferven-
tur, in ruinam vergunt.Hinc vifitationes Ecclefiarū, quoties in deterius
　　　　　　　　　　　　　Y　　　　　　　　　coeperint

※ MS: Nam Ecclefiæ
Anglicanæ Canon est ut Curati & Ministri siquando ex una
Diœcesi in alteram transierint, utquaquam ad curam illam exercendam ab Episcopo Dioeceseos quô venerint admittantur,
nisi Episcopi

cœperint labi,ab ipfis Apoftolis funt inftitutæ: hoc enim nomine Divus Paulus (1. ad Corinthios 16) ad Corinthios rediturus erat, Ecclefias Macedoniæ infpexit, & quia non potuit ftatim Corinthum proficifci, cogitat illuc Timotheum mittere. Immò idê Apoftolus Actor.decimo quinto,Antiochiæ apertè dicit Barnabæ;*Reuertentes vifitemus fratres per uniuerfas ciuitates in quibus prædicauimus verbum,* cognituri, *quomodo fe habeant.* Neq; pia & prudentiffima hæc Apoftoloru praxis,apud eorum fucceffores Epifcopos, feculis fubfequentibus exoleuit. Synodus Tarraconenfis in Hispania anno 450 celebrata, canone 7. ftatuit, vt *antiqua confuetudinis* (longè igitur ante hanc Synodum Epifcopalis diœcefeôn exploratio in ufu erat) *ordo feruetur, & annuis vicibus diœcefes ab Epifcopis vifitentur.* Idem decretum in Concilio Toletano quarto 70 Epifcopis conftante, ferè ducentis pofteà annis recenfitum legimus. Neque mirum eft hunc præcipuum Ecclefiafticæ difciplinæ nervum ab Apoftolorum ætate,ad tam remota antrorfum fecula fe extendiffe; cùm tam præclari fint ejus in ecclefia ufus & ingentes utilitates. Hac enim Epifcopali inquifitione doctrinæ cœleftis finceritas ab erroribus,cultûs externi puritas à fuperftitione,vitæ Chriftianæ integritas à criminum inquinamentis,totaquereligio à blafphemijs & fcandalis vindicantur. Ad quos fines Præfulum in Ecclefia Anglicana vifitationes debere collimare, monftrant capita de quibus juxta Canones inquirere,media per quæ crimina exquirere, pœnæ quas reis detectis infligere: quæ jam figillatim funt proponenda. Etenim ut Epifcopales in noftra Ecclefia vifitationes Cathedralium Ecclefiarum, Curiarum Ecclefiafticarum et Hofpitalium quæ non funt ex Regia fundatione, & quorum Epifcopus aut nullus alius vifitator à Fundatore ftatuitur,tanquam priuatas prætereamus : publicæ & magis generales per totam diœcefin inquifitiones inftituuntur, aut de delictis eorum qui Epifcopi ordinatione licentiave peculiarem habent functionem, aut quorumlibet Chriftianorum.

Prior exploratio eft de exceffibus & defectibus *Miniftrorum* Verbi, *Oeconomorum, Ludimagiftrorum, et Medicorum, Chirurgorum ac Obftetricum.* 1°. *Miniftrorū* verbi; an jugiter,& fincerè Evangelium concionentur,religiofè & reuerenter adminiftrent *Sacramenta,* juuentutê & rudiorem plebem in Catechifmo diligenter inftruant, ægrotantes fedulò vifitent,vitam piè & fobriè inftituant,veftimentis gravitati fuæ confentaneis induantur,& reliqua faciant ab Ecclefiæ Canonibus præfcripta.2°. de delictis *Oeconomorū*; utrùm invigilent,vt omnes parochiani Ecclefias fuas diebus dominicis debitè frequentent, ædes facræ abfque fordibus ab ædituis feu oftiarijs mundè conferuentur,pecuniaru à fe in Ecclefiæ ufum expenfarum ratione fideliter reddant, in mores hominū inquirant, & fcandalofos Ordinario bis in anno denuncient, ac alia fua munera fincerè peragant. 3°.de delictis *Ludimagiftrorum*; an fuos difcipulos

(marginal handwritten notes)

MS,'16: Reuertentes

MS: conftanti, ferè ducentos 16: conftante ferè ducentos poftea annos recenfitum

MS,'16: Canones oportet eos inquirere, media per quæ crimina exquirere, poenae quas reis datectis infligere: quæ iam

'17: at [...]uerbi +

MS,'16: incedant '16: + ab

'17: +

'17: +

pulos ᵃ Cathechismum pub-
lica authoritate hunc in fi-
Rᵒnem Latinè & Anglicè im-
preſſum edoceant, ad Eccleſiam ſacro quolibet & feſti-
vo die adducant, curent ut
ibi ſe quietè & modeſtè gerant, & inde reuerſos ad exa-
men revocent quid ex concione (quoties haberi contigerit) didicerint,
prælegant ſuis diſcipulis aliam Grammaticam quàm quæ publica authoritate fuerit approbata. 4. De delictis *Medicorum, Chirurgorum,
Obſtetricum*; an exerceant non probati, aut in ſuis functionibus obeundis
aliquod ſortilegium vel ſuperſtitioſum quid admiſceant.

Poſterior inquiſitio de erratis quorumlibet Chriſtianorum eſt, an in
pietatem, iuſtitiam, aut ſobrietatem delinquant. Et 1. an delinquant in *pietatem*, per blaſphemiam, quæ eſt in ipſum Deum & ſacram Scripturam
vel Dei Sanctos convitium aut maledictum; temeraria juramenta, non
in judicio, juſtitia, veritate, aut per res alias quàm Dei nomen præſtita;
idololatriam, concedentem creaturæ honorem debitũ creatori; ſuperſtitionem tribuentem certis rebus & verborum aut geſtuum obſervatio-
nibus, effectus, qui neque rationibus phyſicis aut politicis neque Dei
verbo nituntur: an per ſortilegium, divinationes, incantationes, venefi-
cia, legibus Regni civilibus non coercita; Sepultorum in ſacratis locis
exhumationes, aut ipſorum ſepulchrorum violationes; perjurium ſive
læſionem fidei coram Iudice Eccleſiaſtico, vel privato alicui in cauſis
Eccleſiaſticis præſtita: an per hæreſin, errorem contra articulos religionis in nationali Synodo 1562. & Regia authoritate ſtabilitos; ſchiſmata aut conventicula illicita ad ſchiſma tendentia; abſentiam à divinis in propria Parochia diebus dominicis, & feſtis; abſtinentiam il-
legitimam à Sacræ Cœnæ perceptione, quæ ter quotannis ad minimum percipienda præcipitur; contemptum baptiſmi, quem *Miſcrean-*
tit appellamus; dilationem Baptiſmi in articulo mortis; contemptum
confirmationis Epiſcopalis; ſacrilegium quando non eſt felonia; negligentiam (ſi patres aut matresfamiliâs ſint) in non mittendis liberis
& famulis ſuis diebus dominicis & feſtis, ut à miniſtris in Catechiſmo erudiantur, donec eundem perdidicerint; contemptum & deſi-
diam, ſi liberi & famuli à patribus & matribus familiâs miſſi ad Eccleſiam ut illic Catechizentur, tempore conſtituto non compareant:
an per incuriam in non ſubſerviendo clara voce miniſtro confeſſionem, orationem dominicam & ſymbolum (corpore tunc erecto)
recitanti, in non ſubjicendo reſponſa quæ in libro communium precum præcipiuntur, non inclinando genua quando confeſſio, litania,

ᵃ Sic in Eccleſia Alexandrina (ut refert Euſebius lib. 5. cap.
10.) Pantenus, Origenes & alii viri doctiſſimi ſcholis Præfecti
Catechiſtæ erant: quos ideo Ambroſius in cap. 4. ad Epheſios
vult eſſe Doctores illic nominatos poſt Prophetas, Euangeli-
ſtas, Paſtores; cui Chryſoſtomum Serm. 11. in cap. 4. ad Epheſios, Oecumenium ibid. Auguſtinum Epiſt. 59. qui aſſerunt, A-
poſtolum docentem quæ paſtoralis officij eſſent partes, idem
munus [Paſtoris & Doctoris] nominibus deſignaſſe, meritò op-
ponamus.

[marginalia, right column top:]
* 5. cap. Patenus,
Origines &
alii

[marginalia:]
MS. '16: illic
post Pastores
proxime
nominatos,
cui

'17: +
'17 aut +

'17: +

MS: tr.

MS, '16: nituntur,
sortilegium .i.
diuinationes (but
'16, no .i.)
'17: an per +

'17: aut +

MS: quem anglice
miscreancie
**↓

'16: Catechizentur
illic tempore
'17: an per +

[bottom marginalia:]
MS:
felonia: incuriam in non subserviendo clara
Voce ministro confessionem, orationem domi-
nicam & symbolum recitanti; non subjiciendo
(MS in fact writes the second word as in curiam.)

tania, & reliquæ preces recenfentur, nomen Domini Iefu quoties inter divina inciderit, non congruâ & humili reverentiâ excipiendo, in capite, quando divina celebrantur, contegendo, nifi ex infirmitatis caufa contegatur pileolo aut rica: an per immodeftos geftus in Templo, obambulationes, pulfationes campanarum, rifum, garritum, quemvis ftrepitum tempore divini cultûs eum quoquo modo perturbantem; demum quafcunque in aliis rebus tunc temporis occupationes, quàm in verbo diligenter audiendo, & precibus devotè effundendis: an per venditionem eduliorum à cauponibus & tabernariis, & quorumvis ab illis receptionem in fuas cauponas & tabernas; otiofas ambulationes in cœmeterijs & porticibus Ecclefiarum quando facra fiunt; temerariam & otiofam ratiocinationem de Scripturis & rebus facris; profanationem dierum facrorum & dominicorum in publicis nundinis & mercatibus celebrandis, fervilibus & manualibus operibus faciendis, officinis venditioni & emptioni deftinatis aperiendis: an per convitia aut contumelias in regimen Ecclefiafticum, liturgiam, ritus facros, formam ordinandi in Ecclefia Anglicana; ᵃ communem vitæ ufum & cofuetudinem cum excommunicatis dum in vivis funt; & præfentiam, in cohoneftanda eorum cùm mortui fuerint, fepultura: Denique an per profanationem rerum divinis ufibus dicatarum, ut facri calicis, fuggefti, patinæ, menfæ Euchariftiæ, baptifterij, & in particulari per profanationem Templi aut cœmeterij quæ fit pugnis, rixis, lictorum violentiis, (quas vulgo dicimus Arrets,) ludis

a Qui per publicam Ecclefiæ denuntiationem ritè ab unitate Ecclefiæ præcifus eft & excommunicatus (inquit art. 22. in Anglicana fidei confeffione) ab univerfa fidelium multitudine, donec per pœnitentiam publicè reconciliatus fuerit arbitrio judicis competentis, habendus eft tanquam Ethnicus & Publicanus. Qui autem cuipiam habendus eft tanquam Ethnicus & Publicanus, eft (inquit Euthymius in 18. Matth.) incommunicabilis, cum quo nemo ullam ineat focietatem. Attamen excommunicatio non dirimit officia conjugum conjugalia, filiorum parentibus, fervorum dominis, fubditorum Magiftratibus debita; quod hæc carmina commemorata à gloffa in cap. cum defide. ext de fent.excom.indicant, Hæc Anathema quidem folvunt, Vtile, lex, humile, res ignorata; neceffe. Quorum carminum Aqui. 3 p.q.23. art.1.hanc brevem tradidit explicationem, Vtile refertur ad verba falutis, Lex ad matrimonium, humile ad fubiectionem, cætera patent.

fcenicis, fpectaculis, conviviis, tripudiis, luftrationibus militum, mercium venditionibus, & aliis negotiis fecularibus.

2°. Inquifitio fit, an delinquant in iuftitiam, per calumniam feu mendacem infamationem, fænerationem, contumeliam quâ malum culpæ, convitium quo malum pœnæ alicui objicitur in caufa aliqua Ecclefiaftica; an per Simoniacum ambitum & in eo interceffum ad facrum ordinem vel beneficium confequendum; temerariam adminiftrationem bonorum defuncti, perjurium in fpiritualibus caufis & Curiis Ecclefiafticis, fubornationem perjurii in iifdem, crimen falfi circa aliquem actum Ecclefiafticum, (ut in literis, ut loquuntur, teftimonialibus, & facrarum ordinationum & inftitutionum inftrumentis) commiffum: an per contemptum erga verbi miniftrum; violentas

tas

tas manus ei injiciendo,quibuſcunque calumniis,contumeliis,& convi-
tijs eum impetendo ; fotum diſſidiorum inter maritum & uxorem , patrem & filium,aut quoſvis alios ; detentionem legatorum,ad uſum pauperum, vel quemlibet alium pium uſum deſtinatorum, aut detentionem '17: †
bonorum ad publicos uſus Eccleſiæ ; dilapidationem Eccleſiaſticorum
bonorum & ædificiorum,defectum utenſilium in Eccleſia, ut librorum '17: ⍺ †
ſacrorum,baptiſterij,menſæ ſacræ, tapetis ſericæ vel alterius materiæ decoræ pro ea cótegenda, ciſtæ ad eleemoſynarum cuſtodiam, pulpiti &c: 119 vᵒ
deniq; an per defectum commodi nitoris &ornatûs in his omnibus quæ '17: †
parochianorum expenſis ſunt comparanda.

3ᶜ Quæritur an delinquant in *ſobrietatem,* per inceſtum cum conſan- '17: †
guinea,vel affini infra gradus Levit. 17. prohibitos , & in tabula hujus
libri calci appoſitâ diſtinctè enumeratos ; Adulteriũ,tam ſecundùm Ius
Ciuile, cùm aliena vxor violatur, quàm Canonicum ubi maritus etiam
cùm ſoluta mœchatur; ſtuprũ,cùm vidua corrumpitur; fornicationem,
cùm ſolutus ſolutam violat; ſpurcos ſermones, cantilenas, rithmos à
Muſicis vel alijs recitatos ; lenocinium & ſollicitationem alienæ pudici-
tiæ,ebrietatem ; an per matrimonium initum ante ætatem Eccleſiæ Ca- '17: †
nonibus conſtitutam, nempe,quando mas eſt infra annum 14.Fœmina
12. & priuſquam contrahentes rudimenta religionis didicerint ; Matri-
moniũ clandeſtinum, vel ratione conſenſus parentum aut tutorum non '17: aut †
adhibiti,teſtium ultra duos non adhibitorum, trinundinæ Denunciatio- MS: praesentium
nis non adhibitæ per tres dies dominicales vel feſtos,temporis & loci ſi MS: non praeeuntis
non in parochiali Eccleſia in conſpectu congregationis , inter horas per tres dies
octavam & duodecimam,ſolennizetur. dominicales vel
festos vel ratione
temporis

Hæc ſunt ſumma capita delictorũ de quibus Epiſcopi in triennalibus
ſuarum Diœceſeõn viſitationibus inſtituunt explorationem ; & ut illa,ſi
fuerint contra canones perpetrata,detegant ac coerceant , hoc ordine
progrediuntur. Primùm Epiſcopus per ſua ſcripta ſignificat omnibus
verbi *Miniſtris,Oeconomis,Teſtibus Synodalibus* (de quorum officijs infra
cap. decimo dicemus) trium vel quatuor *Decanatuum,*(tota enim Diœceſis plures decanatus complectens adeò ampla eſt , ut omnes omnium
Decanatuum miniſtri, œconomi,ſynodales teſtes commodè vno loco 120 Rᵒ
& ſimul nequeant intereſſe)ut ſtatuto die & hora in aliqua primaria horum Decanatuum Eccleſia compareant. Cùm autem tempore & loco MS, '16: compareant
indictis , Epiſcopus cum ſuo Cancellario ſeu Vicario & Archidiacono ⍺ cum tempore
ſibi aſſiſtentibus , ac reliqui ad comparendum moniti convenerint, poſt
effuſas apud Deum preces, & concionem ab ipſo Epiſcopo aut exercita- '17: ⍺ †
to aliquo Theologo habitam de mutuis paſtoris in gregem , & gregis
in paſtorem officijs; omnes coram Epiſcopo in eminentiori Eccleſiæ MS, '16: sistunt ubi
parte ſedenti ſe ſiſtunt. Tum Epiſcopus brevi commemorat Oeco- brevi
nomis & teſtibus Synodalibus quinam ſint præcipui defectus, & quæ '17: ⍺ †
crimina, quibus detegendis debent ſedulò & fideliter ſuam operãm na-
vare

17: at

*↓ 717: at

717: at

MS: praestarent

uare; quàm arctum sit coram Deo conscientiæ vinculum, solenne illud juramentum, quo, sacro codice manu apprehenso & ore deosculato, sanctè spondent se tanquam Deum continuò præ oculis habentes, absque odio, fauore, spe, metu, omnique pravo affectu, cum ardenti zelo ad promovendam pietatem, & impietatem extirpandam, omnes infra suas Parœcias delictorum supra enumeratorum aut *facti euidentiâ*, vel *probabilibus indicijs & vehementi suspicione* aut *publica fama* reos, Ordinario suo detecturos & denunciaturos: & ideò, quâ perhorrescunt tremendas pœnas & maledictiones contentas sacro codice, quas librum manu prehendendo & exosculando, lubenti animo se subituros profitentur, modò peierent; quà chara est iis suæ animæ salus pretioso Iesu Christi sanguine parta: eos seriò hortatur & cum iis acriter instat, ut in gravissimo suo munere fungendo, se verè pios & fideles Dei servos præstent. Deinde, 120 v° alloquitur verbi ministros, vt cum Oeconomis & Testibus Synodalibus, in criminibus retegendis, operas suas velint communicare, & si hi in suo officio præstando præ timore potentium, aut incuriâ fuerint remissiores, ipsi illa deferant castiganda: si aliqua sint ad publicum Ecclesiæ bonum vel ipsorum functionem spectantia, in quibus insigniter & universim labuntur, vt quàm citò illa corrigant, paulò vehementius hortatur: admonet eos quàm divinam & sacrosanctam habeant vocationem, ad quam instituendam æternus Deus, mortalis homo; Dominus dominantium, servus servorum factus est; & filius è sinu gloriosissimi sui Patris in hanc ærumnarum vallem descendit; cujus unicus finis, est immortalium animarum nunquam peritura salus: quam ideò anhelantes debent sitire; & voce, vita, verbis, operibus, præceptis, exemplo, ignaros instruendo, redarguendo immorigeros, hortando segnes, reducendo errantes, confirmando infirmos, afflictos consolando, omniq; quo possunt nisu, jugiter promovere; ut & ipsi immarcescibilem laborum suorum coronam tandem reportent. Atque his, ita summa cum pietate & gravitate peractis, & certo die præstituto, quo verbi *ministri, œconomi, testes Synodales* suas delictorum detectiones Episcopo vel ejus vicario monentur deferre, solvitur hic sacer consessus. Postquam autem tempore designato, delinquentium nomina & habitationes, secundùm Iuris formulas Episcopo delatæ fuerint; illos accersit, & quorum erratorum accusantur, indicat: quæ si agnoscantur & leviora sint, delinquentes ab eo animo [a] sedato & ex [b] charitatis affectu tantùm increpantur, redarguuntur, admonentur, ut resipiscant, & in posterum fiant cautiores:

717: at

**: MS: erratorum denunciantur rei, indicat quae si fassi et leviora sint tantum ab eo
716: as above but without rei.

at

**↑

121 v°

a *Medici ossa putrida secturi, non ità se replent quando curatum eunt, sed tunc maximè tranquillitatem animi servare student, ne fortè arti obsit turbatio. Quòd si curaturis corpus tantâ opus est animi sedatione, Medicum animarum dic quid deceat.* Chrysost. homil. in B. Babylum Martyrem. b *Nunquam alieni peccati objurgandi negotium suscipiendum est, nisi interius interrogationibus examinantes nostram conscientiam, liquidò nobis coram Deo responderimus, dilectione nos facere & ad lucrandum fratrem. Quicquid enim lacerato animo dixerit, punientis est impetus, non charitas corrigentis.* August. in Epist. ad Galatas.

MS: Babylam

* MS: * above evidentia referring to this note: Crimen est vel notorium vel evidens, quod nulla tergiversatione coelari potest: utpote quod sit coram populo, vel maiori eius parte, et talis criminis reus si ab oeconomis Ordinario fuerit denuntiatus, nulla alia probatione opus est ad eum convincendum.

res : sin graviora sint, nec agnoscantur, exigit ab accusatis (si fide digni, [✶ ↓]
& verisimile est eos non facilè
a pejeraturos) vt suam innocentiam prestito juramento testen-
tur. Quòd si interposito jura-
mento quidpiam asserere vel negare recusaverint, & ad hoc faciendum
trinis vicibus solenniter rogati pervicaces perstiterint; sua taciturnitate
tanquam propria confessione rei pronunciantur: sicut Photio in octa-
va generali Synodo, Act.5. interrogato, an reciperet S.Patrum decreta,
& nihil respondente; Presides Concilii denunciârunt illum suo silentio,
condemnationis sententiam potiùs subiturum quàm evasurum. Et tametsi juramento obstricti intentatum sibi crimen repulerint; tamen non
dimittuntur insontes, priusquam sustinuerint b canonicam sui purgationem, quæ ad superstitiosas pur-
gationes per duellum, ferri can-
dentis contactum, aquæ fervidæ
c haustum abolendas, à sacris canonibus prodita, hoc ordine in-
stituitur. Episcopus seu eius Vi-
carius imperat *reo* ab Oeconomis denunciato, vt ad purgan-
dum se à crimine sibi obiecto,
die statuto ad Iudicii locum redeat, & secum afferat *Compurga-*
tores quatuor, sex, vel octo (secundùm Iudicis arbitrium, pro
loci distantia & delicti aut personæ qualitate, eorum numerum
estimantis) spectatæ probitatis viros, sibi vicinos, suamque vitam exploratam habentes, qui illum ab hoc delicto immunem esse juramento suo
confirment. Interea Episcopus Ministro parochiæ, cujus *reus* est inco-
la, præcipit, vt per sex ad minimum dies ante tempus purgationi destinatum, hoc suum mandatum publicè in Ecclesia, dum sacra celebrantur, notum faciat omnibus suis parochianis, indicans iis tum *compur-*
gatorum tum *rei* nomina, diemque purgationis; vt si aliqui sint contra hanc exceptiones prolaturi, illas Episcopo ejusve Vicario, tempore
constituto, exhibeant. Tandem, cum *compurgatores* vnà cum *reo* com-
paruerint, & iis oeconomorum detectiones cum singulis illarum cir-
cumstantijs clarè fuerint patefactæ, & *reus* forti animo & constanti juramentum *veritatis* prestiterit se non cómisisse crimen sibi intentatum,
compurgatores etiam juramentum *credulitatis* apposuerint, quòd conscientiâ suâ persuasissimum habeant, eum verum jurasse, subinde censetur
insons.

---

a Qui antea in perjurio, aut falso testimonio vel alio scelere deprehensus vel notatus fuerit, secundùm canones ad
hanc purgationem non debet admitti propter metum perjurii: sed aliter pro Iudicis arbitrio se purgabit.

b Sic Sacerdos Num.5. tametsi zelotypi vxorem cum diris & imprecationibus ad veritatem declarandam adiurave-
rat, tamen pergit v. 19. 20. 21. & reliqua capitis parte, *aquà*
amaritudinis illam ulterius explorare. Neque huic praxi contradicit Divus Paulus Heb. 5. v. 16. docens *omnis controversiæ*
terminum esse jusjurandum; quia loquitur non de assertorio,
sed promissorio juramento, & de hoc quoque indefinitè, nec
causam in qua, nec personarum numerum per quem præstandum, vt sit *controversiæ terminus,* designans.

c Nam author est Gregorius Turon. lib.1. de gloria Mar-
ty. cap.69. & 70. olim in usu fuisse vt crimina alicui imposita & non plenè probata, per examen aquæ purgarentur:
qui mos in addit. ad 4. cap. Caroli Magni antiquatur, & lib.
ejusdem Caroli, cap.5. purgatio, quam hodie dicimus canonicam, restituitur, quandoquidem legimus eam in Concilio Agathensi, Agathæ in Gallia anno 438. celebrato, priùs
institutam.

---

x MS: graviora et illa   Y 4   insons.

Handwritten marginal notes:

MS, '16: autem in peiurio MS: peiurii

'17: sua +

MS, '16: respondens [..] sua taciturnitate

MS, '16: tamen reliqua capitis parte pergit. Aqua

Note added, '16

MS: distantia, qualitate delicti, personae eorum '17: d+ indigena

MS: ac

MS: compurgatores juramentum credulitatis quod

121 Vo

confiteri renuerint, exigit (si per fide dignus et verisimile est eum non facile peioraturum) ut suam ; '16, as MS, but reading noluerint (for renuerint) and si fide dignus (for si per fide dignus).

insons. Verùm si reus nullos *compurgatores* queat comparare, aut duntaxat legitimis exceptionibus expositos, sententiâ Iudicis reus decernitur; & ad tempus si crimen eius fuerit publicum totamque Ecclesiam offēderit, [a]excommunicatur; eiq; per excōmunicationē humiliato (ut Ecclesiæ [b] satisfiat, & palàm constet illum resipuisse) infligitur publica pœnitētia, quæ cum magis fuerit solennis, his ritibus peragitur. Die aliquo dominico, initio matutinarū precum, pœnitentiam acturus, capite & pedibus nudus, linteo velamine candido à collo ad crura demisso indutus, albamque virgam manibus gestans, stat mœrens & lachrymabundus in porticu Ecclesiæ, illamque intrantium ardentes apud Deum, ut sibi ignoscat, preces humillimè petit. Et cum hoc modo paululū in porticu substiterit, ipsam Ecclesiam ingressurus se humi prosternit, terramq; deosculatur, & indeelevatus recta adit templi meditullium, ubi in loco eminentiori unde à tota congregatione possit conspici, & è regione Ministri sacra celebrantis, erectus stans admonetur, quàm tremendum scelus commiserit, quàm Deo exosum & Ecclesiæ scandalosum; quòd offenso Deo nullo alio modo satisfiat, quàm per cruentum

a Attamen vel in illa Ecclesia in qua severitas maximè viget hujus disciplinæ, impossibile est omnes criminosè impios castigari, sed necesse est quosdam tolerari. *Nam plerique* (inquit author libelli de pœnitentia, qui Augustino ascribitur) *propterea nolunt alios accusare quia se per illos cupiunt excusare. Plerique boni Christiani propterea tacent & sufferunt aliorum peccata, quæ noverunt; quia documentis sæpe destituuntur, ut ea quæ ipsi sciunt, Iudicibus Ecclesiasticis probare possint. Quamvis enim vera sunt, quædam tamen Iudici non facilè credenda sunt, nisi certis indiciis demonstrentur. Nos verò à communione quenquam prohibere non possumus, quamvis hæc prohibitio nondum sit mortalis sed medicinalis, nisi aut sponte confessum, aut coram aliquo sive seculari sive ecclesiastico iudice accusatum atque convictum. Quis enim sibi utrumque audeat assumere ut cuiquam ipse sit accusator & iudex? Non enim temere & quomodolibet, sed per iudicium ab Ecclesiastica communione separandi sunt mali; ut si per iudicium auferri non possint, tolerentur velut palea cum tritico, usque ad ultimum ventilabrum, vel pisces mali cum bonis usque ad segregationem, quæ futura est in litore, hoc est in fine seculi.* Hæc Aug. seu author libelli de pœnit. sub Aug. nomine. Vide etiam August. ipsum de verbis Apostoli, Serm. 22. cap. 6. vel juxta alios, Ser. 24. *b Plerumq; dolor alterius occultus est alteri, cum sit coram illo, cui dicitur, Gemitus meus à te non est absconditus. Rectè igitur constituuntur ab his qui præsunt Ecclesiæ, tempora pœnitentiæ, ut fiat etiam satis Ecclesiæ in qua remittuntur ipsa peccata.* In Enchirid. cap. 65. Augustin. Non quòd hic unicus sit publicæ pœnitentiæ finis, ut Ecclesiæ pro criminis offensa satisfieret: plures enim alii sunt, & admodum frugiferi Ecclesiasticæ hujus disciplinæ usus; nempe 1. ut hujusmodi spectaculo reliqui absterriti majori cura lapsus vitarent. 2. ut ipsis lapsis sit incitamentum ad veram peccati considerationem, ad magis serium de peccatis dolorem, ad fidem ardentiùs ambientem Dei misericordiam propter Christum. 3. ut publicum exhibeatur testimonium Ecclesiam non docere libertatem seu impunitatem peccandi, & sic propter lapsos non malè audiat inter gentes.

Christi sacrificiū, sibi viva fide applicandū, nec Ecclesiæ, quàm per humillimam peccati sui agnitionē, sincerâ testificationem suæ pœnitentiæ, doloris, angoris pro illo perpetrato, non modò verbis & voce, sed lachrymis quàm potest uberrimè effusis; sanctè promittendo tanquam in Dei & Angelorum conspectu, se divinâ gratiâ auxiliante, per jugem Dei invocationem, verbi divini meditationem, assidua pietatis & sanctimoniæ opera, contra mundi tentationes, carnis illecebras, & Sathanæ insidias diligentiùs in posterum vigilaturum. Et hæc pœnitens cum perfecerit,

[marginal annotations]

Note added, '16.

MS: nudis

'17: Vide [...] 246. +

MS, '16: eamque

MS, '16: nullo pacto satisfaciat

'16: sibi, +; '17 nec, +

MS, '16: mundi et carnis

* · MS: decernitur, ad tempus excommunicatur, eique per excommunicationem humiliato infligitur

122 R°

cerit, magna cum adstantium commiseratione, illique minister peccatorum remissionem annunciaverit; ipse totam congregationem per viscera Iesu Christi suppliciter & obnixè rogat, ut sibi gravissimum scandalum, quo illam affecit, condonare, in suam sanctam communionem illum recipere, pro vero Ecclesiæ membro reputare, & in horum testimonium unà cum eo, dominicam orationem alta voce recensere ex Christiana sua charitate dignentur. Atque eadem olim fuit, ferè per omnia, pœnitentium conditio publicam exhomologesin in primæva Ecclesia subeuntium. Authore enim Hieronymo in Fabiolæ Epitaphio, *induebant saccum*; referente Sozomeno lib. 7. cap. 16. *seipsos in terram pronos abijciebant, & Sacerdotibus, tanquam in theatro audiente Ecclesiæ multitudine. fassi sunt sua delicta*; Eusebio teste lib. 5. cap. 25. *ipsam Ecclesiam ad commiserandum proclinem lachrymis defluentibus per misericordiam Christi multis precibus*, ad suam cum fidelibus communionem recuperandam sunt obtestati: vt veterum pœnitentiam Tertullianus lib. de pœnitentia verè descripserit *prosternendi & humilificandi hominis disciplinam esse, quæ conversationem iniungit misericordiæ licem.* Atq; hic præcipuus est, licèt non unicus finis nostræ Episcopalis visitationis in Anglia; quæ cùm sit ultimum voluntariæ Iurisdictionis in Episcopis membrum, ei iurisdictio illorum contentiosa proximo capite adnectenda est.

Contentiosa Iurisdictio Episcoporum.

CAP. VII.

EPiscopos ab ipsis Apostolis constitutos, in causis Ecclesiasticis contentiosam iurisdictionem ex *iudice, actore, reo, causa controversa*, constantem, in Clericos & in Laicos exercuisse testis sit Timotheus; qui [a] Episcopus Ephesi à Divo Paulo constitutus, ab eo in mandatis accepit, ne *adversùs Presbyterum accusationē*, (ad eum condemnandum non ad inquirendum de eo) *acciperet, nisi sub duobus vel tribus testibus.* Quo canone Apostolico, licèt per *Presbyterū* non intelligeremus cum Chrysostomo quemlibet hominem seniorem, sed tantùm seniorem clericum; tamen laici non excluderentur ab Episcopali Timothei foro, sed potiùs tacitè

[a] Oecumenius, vbi Paulus ad Timotheum ait, *Petieram abs te vt Ephesi maneres*, adjicit, ἵνα δὴ δὰ αὐτὸν ὑποκεῖτο κεχειροτόνηκε, *ibi eum Episcopum ordinaverat.* Hoc ex ipso D. Paulo probabile est, qui 2. Timoth. 2. sic alloquitur Timotheum Ephesi agentem; *Admoneo te ut exuscites Dei donum quod in te est per impositionem manuum mearum.* Neque sibi contradicit, 1. Tim. 1.4. eundem Timotheum ita hortans; *Noli negligere gratiam quæ tibi data est per impositionem manuum Presbyterij.* Nam hic Presbyterium non est nomen collectivum presbyterorum cœtum sed nomen officij eorum munus designans, & perinde valet (inquit celebris Theologus*) ac si dixisset, *fac vt gratia quam per manuum impositionem accepisti, cum te Presbyterum creavit, non sit irrita*: & *Presbyteri* ac *Episcopi* nomina Act. 20. Phil. 1. sicut, & *Apostolus* ac *Episcopi* Act. 1. 20 &, Ambrosio interprete, Ephes. 4. 11. promiscuè usurpantur.

inclu-

*Calvin. in hunc locum.

[Marginal handwritten notes, right side:]
- MS, '16: ʌ eius '17: ipse +
- MS, '16: dignarentur
- * MS: Tertullianus verè descripserit Exhomologesis prosternendi et humilificandi hominis disciplina est, conversationem iniungens misericordiæ;
- XT '16: descripserit: quod prosternendi & humilificandi hominis disciplina sit, conversationem iniungens misericordiæ
- ** MS, '16: non de eo inquirendum acciperet
- **T MS: hortanti '16: ita hortanti
- Note: '17: +
- ***↓
- MS, '16: Acto. 1. 20. Ephes. 4. 11. adiecta ibi Ambrosij intepretatione in dictionem Apostolos promiscuè

[Marginal handwritten notes, left side:]
- u2 v°
- 123 R°
- MS, '16: ħ.
- *** MS: designans quasi (inquit celebris Theologus) diceret, fac

includerentur. Cum enim tria sint genera probationum quibus ab accusatore rei convincuntur, *Indicia seu præsumptiones, Instrumenta, Testes,* & ultimum censeatur omnium firmissimum; Apostolus (sicut rectè infert Ambrosius) innuit Timotheo, vt difficiliùs admitteret accusatores adversus Presbyteros, propter sacram eorum dignitatem, quàm adversus Laicos: nempe tametsi contra hos ob accusationem probatam per indicia & instrumenta; tamen aduersus istos, non nisi accusatione probatâ per testes, sententiam (vt loquuntur Iurisconsulti) condemnatoriam ferret. Neque hujus jurisdictionis amplitudinem diminuerunt subsequentium seculorum Episcopi: plures enim ex iis in Concilio Antiocheno congregati, canone primo statuerunt; *Laicos excommunicatos fore & eiectos ex Ecclesia, si contumeliosiùs adversùs ea quæ in sancta & magna Synodo Nicæna rectè decreta essent, perstiterint.* Et quartum Oecumenicum Concilium 630 Episcopis constans, decrevit; *Si quis laicus in turpibus & nefarijs lucris Simoniaci ambitus, ad sacros ordines consequendos, mediator apparuerit, anathematizetur.* Si autem Episcoporum cœtus in Laicos universim; possunt etiam singuli in singulos sententiam excommunicationis denunciare, ideóque & eos ad judiciorum examen subeundum adigere; vt delictum quo excommunicationem meriti sunt, confiteantur, aut illius per varia probationum genera rei peragantur. *Nos enim* (inquit Augusti. Episcopus lib. de pœnit.) *in quenquam sententiam ferre non possumus, nisi convictum vel sponte confessum.* Et hoc contentiosum Episcoporum circa causas Ecclesiasticas judicium, Imperatori Iustiniano visum est adeo sacrum; ut Authent. 123. illud aduersùs Iudicum civilium incursus pio hoc decreto muniverit: *Si Ecclesiastica causæ sint, nullam communionem habeant Iudices civiles circa tales examinationes; sed sanctiss. Episcopus secundùm sacras regulas his causis finem imponat.* Hæ autem causæ possunt esse vel de criminibus oppositis pietati in Deum, aut illis justitiæ & temperantiæ partibus, quæ cum pietate arctissimum habent nexum, qualia præcedenti capite enumeravimus, vel de rebus sacris. Res autem sacræ tales indigitantur, aut ratione personarum quarum peculiari usui dicantur, ut beneficia Ecclesiastica, decimæ, oblationes, quibus aluntur Ecclesiæ pastores; aut propter actiones quibus inserviunt, vt sacræ ædes & cœmeteria in quibus Dei cultus celebratur & administrantur Sacramenta; aut respectu suæ primæ institutionis, vt Matrimonium à Deo ipso in Paradiso ordinatum, & Christi præsentiâ ac primo miraculo ornatum; aut ex innata sua conditione, quales sunt ultimæ defunctorum voluntates seu testamenta. Nam hæc, quamvis Ethnicorum, semper habita fuere sancta & inviolata; quanto magis sacra censenda sunt testamenta Christianorum, qui in iis animam Deo, corpus sub spe beatæ resurrectionis loco sacrato, bona egenis Christi membris legare solent? Atque Episcoporú in Anglicana Ecclesia jurisdictio, sub supremo Regiæ Majestatis

123 v°

Marginal notes (left):

MS, '16: Timotheo, ut facilius admitteret accusationes adversus Laicos, quàm Presbyteros propter sacram eorum dignitatem; nempe

ms. nisi per testes, sententiam

MS, '16: excommunicatos, Et Eiectos esse ex Ecclesia

>17: autem +

MS, '16: Episcopus, Homilia 5 de Poenitentia, in

ms, '16: finem imponant. Hae possunt (16: imponat) ms, '16: indigentur

ms. vel

Marginal notes (bottom):

* MS: excommunicationis denuncient eosque ad iudiciorum examen subeundum adigant, ut delictum. >16: Si Episcoporum coetus in Laicos universim, etiam singuli, in singulos, sententiam excommunicationis denunciare poterant, eosque ad iudiciorum examen subeundem [sic] adigant, ut delictum

jeſtatis juſſu & imperio, in has omnes ſacras cauſas & alias illis vicinas ſe extendit; quæ ad hæc capita, & hunc in ordinem redigantur. Cauſæ civiles ſunt vel criminales. In *ciuilibus*, *Aƈor* perſequitur ipſum jus & intereſſe, vt ſatisfaƈio fiat de damno vel injuriâ allatâ : in *criminalibus*, *Accuſator* aliquod crimen judici defert propter publicam punitionem , & in communem plurium vtilitatem, qui metu pœnæ à ſcelere coercentur. Et quando *Aƈor* perſequitur ipſum jus ſeu intereſſe, hoc poteſt eſſe vel publicum, vt cum aƈio intenditur pro côtributione in reparationem Eccleſiæ & cœmeterij inſumendâ, & pro acquiſitione alicujus rei quæ deſideratur in Eccleſia; vel privatum cum jus petitur in cauſis *Matrimonij, ſucceſſionis in bona defunƈi*, & in cauſis *Eccleſiaſicorum iurium.*

Ius autem in cauſis *matrimonij* diverſimode petitur. 1. Ad illud *conciliandum* vel per *aƈionem directam*, ut juxta contraƈum celebretur ; & poſt celebrationem, quando alter conjugum alteri vi vel dolo aufertur, ut reſtituatur, & quando alter alterius aſperitate cogitur diſcedere, denuo recipiatur, humaniùs traƈetur, & ei præſtentur obſequia conjugalia: vel per *aƈionem contrariam*, veluti quando intendimus aƈionem *iaƈationis matrimonii* contra eum, qui falſo iaƈat contraƈum matrimonialem interceſſiſſe in prejudicium noſtrum. 2. Ad matrimonium *ſupportandum* quando poſt nuptias agitur de legitimis vel illegitimis natalibus, & de pecunia in dotem cum ſponſa promiſſâ. 3. Ad matrimonium *diſſolvendum* quoad præſuppoſitum vinculum, ob defeƈum conſenſûs ex metu, ex ætate infra 14. maris, & 12. fœminæ annos, vel ex perſonæ ignorantia; ob prçcontraƈum alterutrius cum alio matrimonium, frigiditatem perpetuam & incurabilem, conſanguinitate vel affinitatem contraƈam per concubitum licitum aut illicitum. Vltimò ad matrimonium *ſeparandum* ſecundum thorum & menſam, vel propter adulterium, vel propter nimiam ſçvitiam: & in ſeparatione ex hac poſteriori cauſa peraƈâ, agitur ad comparandum alimôniæ ſumptus, quibus uxor in quam ſævitum eſt, ſe ſuſtentet.

Ius *ſucceſſionis in bona defunƈi* petitur, cum teſtamento ab eo condito, agitur ad illud exhibitum probandum vel improbandum; vel ad legatum aliquod conſequendum: & ſi aliquis mortuus ſit inteſtatus aut quaſi inteſtatus, (quod fit cum nullus ſit, qui onus executionis teſtamenti in ſe ſuſcipere velit) ad conſequendam adminiſtrationem, aut contra temerarium adminiſtratorem.

Cauſæ *Eccleſiaſicorum iurium* ſunt decimæ prædiales, perſonales vel mixtæ ; oblationes debitæ pro conſuetudine in qualibet anni quarta vel aliis temporum vicibus, in baptiſmis, matrimoniorum benediƈionibus, gratiarum aƈione à puerperio, ſepulturis ; mortuaria etiam, impenſæ ob dilapidationes ædificiorum Eccleſiaſicorum per prçdeceſſorem faƈas, penſiones indemnitatis vel viſitationis ratione plerumque præſtandæ ;

Syno-

(marginalia, right column, handwritten:)

MS, '16: tr.

* MS, '16: contributione ad reparationes in Ecclesiae fabricam, et coemeterii materiam insumendas acquisitionem XT alicuius [...] privatum interesse, quod petitur in causis matrimonii, successionis in bona defuncti Ecclesiasticorum iurium illud concilliandum

'17: α +

MS, '16: falsa

'17: +
MS, '16: pro
MS, '16: promissa, 22 lib. Assisar. num. 20,: dissolvendum

MS, '16: consensus, praecontractum

MS, '16: Denique
'17: + vel [...] vel propter
MS: saevitiam et hoc ex posteriori causa peracto ad comparandum

MS, '16: sustentet. Successionis in bona defuncti cum testamento

MS, '16: administratorem Ecclesiasticorum iurium qualia ['16: qualis] sunt decimae

'17: etiam +

Synodalia, falaria ex caufis extrajudicialibus, Curatis & Ædituis debita; denique jura beneficij vel *acquirendi*, cùm præfentatum Ordinarius abfque legitima caufa rejicere videtur ; vel *retinendi* contra Ordinarium aliumve quemlibet,qui beneficio ejufve poffeffione abfque legitima caufa nos fpoliatos volunt ; vel *recuperandi* contra Ordinarium,qui minùs juftè nos fpoliaffe beneficio ejufve fructibus videtur , & contra quemlibet alium,qui in noftrum beneficium intrufit fe propriâ authoritate aut prætenfâ Ordinarij admiffione. Proceffus in his omnibus caufis dijudicandis,non ad libitum Iudicis, fed ad Iuris Canonici jure Cæfareo adaucti & peculiaribus noftræ Ecclefiæ Conftitutionibus a fæcibus expurgati, amuffim formatus , primùm inchoatur vel à *vocatione Rei* in jus per *monitionem* factam ei præfenti à Iudice; vel per *citationem*, quandoque perfonaliter,aliquando viis & modis preftitam ; nempe denuntiando illam publicè in Ecclefia parochiali, aut ad locum folitæ habitationis *rei* affigendo. Hanc *citationem* fequitur litis *conteftatio*,quæ propriè fit quando certum aliquid ita ab actore affirmatur & reo negatur,ut inde ftatus cõtrouerfiæ,five facti,five juris neceffariò emergat.Et,fi controverfia juris eft,legibus Ecclefiafticis fuprà capite fecundo defcriptis: fi facti , partim probationibus per *teftes*, *Inftrumenta* authentica , privata, originalia vel tranfumpta ; per indicia levia, probabilia, violenta ; partim legitimis in hæc omnia exceptionibus dirimitur. Et quoties graviores caufæ, quas vocant *plenarias*,præfertim in Curiis Archiepifcopalibus occurrunt ; in his probationibus & exceptionibus examinandis,ab Advocatis utriufq; Iuris peritiffimis, non modò Canonici fed ipfa Iuris Cæfarei penetralia ex Menochio de *præfumptionibus*,Farinachio de *teftibus*,Mafcardo de *probationibus* aliifque doctiffimis Iurifperitorum de iifdem argumentis voluminibus, tanquam media Iudicem dirigentia, promuntur affatim & fumma cum accuratione ventilantur. Quibus vltimo loco, definitiva Iudicis fententia ejufque executio fubnectuntur.

Et hæc de Ecclefiafticis caufis, quas appellant *civiles*. Sequuntur *criminales* præcedenti capite figillatim enumeratæ ; de quibus in Ecclefia Anglicana , ordinariâ Epifcoporum authoritate (de qua folùm impræfentiarum verba facimus, & non de fuprema & immediata poteftate Regia, qua ordinantur Ecclefiafci proceffus, *fecundùm*, ut dicunt, *tenorem literarum patentium* ab ea manantium) judicium variè inftituitur; per viam *Accufationis*, *Denuntiationis*, vel *Inquifitionis*. Per viam *Accufationis*, quando quis fufcipit fe crimen contra accufatum probaturum, & hunc in finem teftes producit, à judice citandos & examinandos. Per viam *denunciationis*, cum Oeconomi qui publici funt miniftri ad munus fuum fideliter obeundum jurejurando obftricti, qualibet triennali Epifcopi vifitatione, & per binas vices annuatim, judici Ecclefiaftico delicta detegunt : fed probationis onus, quia præfumuntur quicquid hac in re faciunt, non odij & malevolentiæ

lentiæ sed fidei suæ liberandæ causâ fecisse, minimé subeunt. In u-
troque judiciali procedendi modo, non necessario præcedere debet
privata accusati vel denunciati admonitio, Matth. 18. præscripta.
Nam peccata quædam *Indicijs, famâ, facti* (ut loquuntur) *notorietate,* MS. '16: tr.
vel alijs mediis in aliqua vicinia aut communitate publica sunt; quædam privata & non aliquo horum modorum patefacta. Et hæc rursum vel tantùm afferunt dispendium ei in quem peccatur, aut cedunt
quoque in aliorum damnum, & suâ naturâ instar pestis sunt subitò
contagiosa; cujusmodi sunt schisma, & hæresis quæ *serpunt ut cancer:*
quia eorum patroni omni quo possunt nisu, ubique sua zizania sata-
gunt seminare, *ut post se discipulos abducant.* Peccata quando privata
sunt, & ei solum sunt detrimento in quem peccatur, (*si in te peccaverit;*)
delinquentes, ut monet Christus, privatim *arguendi* sunt (nisi ex aliqua
circumstantia, prudenti constiterit eos hujusmodi correptione fore
nequiores,) antequam ª Ec-
clesiæ, id est, (Chrysostomo,
Theophylacto, Euthymio
Interpretibus) *Ecclesiæ* ᵇ *Præ-*
sidibus ac Præsulibus, Euange-
licè ᶜ denunciantur. Quoniam sicut Medicus si fieri potest, ægrotum sine alicujus
membri amputatione sanat:
sic charitas Christiana salutem fratris studet promovere absque famæ jacturâ, *ne*
(ut Hieronym. in 18. Matth.
admonet) *si semel pudorem*
& verecundiam amiserit, per-
maneat in peccato. Sed tametsi
delicta sint privata, tamen si aliis sint perniciosa & virus suum citissimè
diffundant, absque ulla prævia delinquentis admonitione, Ecclesiastico
Iudici per accusationem vel denunciationem illico deferuntur. Spiritu- MS. deferantur
alis enim plurium pernicies, cui hac denunciatione vel accusatione
remora injicitur, majus damnum est, quam unius hominis famæ jactura.
Et si hujusmodi occulta peccata; multò magis famâ, indiciis aliisve
mediis propalata, nulla privata monitione præeunte, Ecclesiasticis
præsulibus, iisdem modis deteguntur. Reus enim, crimine ejus jam
divulgato, hac detectione nullam famæ jacturam patitur, & publicâ
criminis vindictâ ac punitione scandala auferuntur infirmis, & impro-
bi à peccando deterrentur. Divi Pauli ad Timotheum Ephesi Episcopum præceptum hoc est; *Peccantes* peccatis manifestis (ut hunc
locum

ª Sic Augustin. tractat. 50. in Ioan. his verbis; *Si hoc* (nempe
Tibi dabo claves, &c.) *Petro tantum dictum sit, non facit hoc Eccle-* '16: Euthymio
sia : sub *Ecclesiæ* nomine rectores Ecclesiæ, Petrum & cæteros
Apostolos eorumque successores complectitur; quibus unà cum
Petro hanc potestatem à Christo donari voluit, secutus Am-
brosium lib. de dig. sacerd. cap. 6. dicentem : *claves illas regni*
cælorum in beato Petro Apostolo cuncti suscepimus sacerdotes.

b Per Ecclesiæ præsules Chrysostomus non intelligit tantum illorum cœtum, sed etiam singulos seorsim. Nam homil.
61. in Matth in hæc verba; [*Amen dico vobis quicquid ligaveritis* MS: immediate
in terra,] verbis, [*Dic Ecclesiæ,*] proximè subnexa, ita scribit; MS: numero
Non dixit Præsuli, (numero singulari) *vinculis istum constringe;* loquitur Chryso-
sed si ligaveris, hæc vincula indissolubilia manent. tomus singulari

c Secundùm scholasticos & Canonistas, est vel Euangelica
denunciatio qua crimen denuntiatur Prælato tanquam Patri ad
proximi delinquentis emendationem; vel denunciatio judicia-
lis, qua crimen defertur Prælato tanquam Iudici ob publicam
ejus punitionem: non in hac sed in illa, ordo Matth. 18. a ser-
vatore præscriptus, observandus est. '17: est. ✝

locum Auguſt. 16. Serm. de verbis Domini interpretatur) *coram omnibus argue, ut cæteri timorem habeant.* Tertius modus inſtituendi judicium Epiſcopale in Eccleſia Anglicana , eſt per ſpecialem *inquiſitionem* contra certam perſonam : in qua Epiſcopus vel alius Iudex Eccleſiaſticus, ne deficientibus accuſationibus & denunciationibus, delicta impunita maneant in graviſſimum Eccleſiæ detrimentum ; *ex officio ſuo* vel interrogat alias perſonas ex eadem vicinia cum *reo,* de ejus crimine, illarum informationes & teſtimonia contra eum aſſumendo ; vel ſciſcitatur ipſum *reum* de ſuo delicto, ut illud in judicio detegatur & detectum cenſuris Eccleſiaſticis caſtigetur. Alias perſonas interrogat , cùm crimen prius fuerit (ut dicunt) notorium, aut. criminis perpetrati fama, indicia ex quibus fama ſtatim eſt ſecutura, aliave legitima ejus retegendi media *per clamoſam inſinuationem,* id eſt, frequentes hominum fide dignorum ſermones, ad ejus aures delata præceſſerint. Nam quivis Iudex tenetur bono publico conſulere cum minimo bonorum cujuſlibet privati hominis diſpendio, quibus prou. 24. 1. bonum nomen præcipuè accenſetur, quod haud parum læditur, cum de aliquo apud alios ſit inquiſitio, tametſi poſteà inſons appareat. Ipſum *reum* etiam, interpolito ad veritatem declarandam juramento, modò ſit veriſimile eum non pejeraturum, de ſuo delicto ſciſcitatur ; cùm delicti fama, manifeſta indicia,& reliqua illud detegendi media, duobus teſtibus fuerint comprobata : idque jure, quando enim rei crimen per famam, indicia aliave media quadantenus ſit detectum ; tum *reus,* illud prodendo, ipſe ſe minimè accuſat, ſed ab his, divinâ juſtitiâ res ita ordinante ac diſponente, potiùs accuſatus eſt : & ideò ad gloriam & juſtitiam Dei clariùs manifeſtandam, crimen perpetratum ſincerè & apertè confiteri obſtringitur. Achani ſcelere Ioſuæ 7. quadantenus cœlitus patefacto, dicit Iehoſua Achano ; *Fili mi tribue nunc gloriam Iehovæ Deo Iſraelis, & ede ei confeſſionem, & enuncia mihi quid feceris.* Et in hoc genere judicialium proceſſuum, Epiſcopi aliique Iudices Eccleſiaſtici habent totius mundi Iudicem, quem imitentur. Nonne à Deo, Geneſ. 18. actum eſt contra Sodomitas per *inquiſitionem,* ſola in ſacro contextu, poſt perpetrata ſcelera, famâ præeunte? *Clamor Sodomorum* (inquit Deus) *cum multus ſit, deſcendam & inquiram an ſecundùm clamorem qui pervenit ad aures meas, omninò faciant.* Similiter Geneſ. 3. idem tremendus Iudex tantùm ex præcedentibus, in contextu ſacro, primæ inobedientiæ indiciis, egit contra Adamum, eum interrogando & examinando. Cum enim levi quodam Dei per hortum adventantis ſtrepitu audito, ſe abſcondiſſet a facie Dei, & inter denſas arbores delituiſſet (quæ fuere conſcii animi indicia) *Deus inclamavit ad illum ; ubi es?* Interrogationes ei propoſuit ; *Quis indicavit tibi nudum te eſſe? An de fructu vetito comediſti?*

Quæ

Marginal notes (left):

MS: nomen ſeu fama praecipue [ ]et quod

'17: + quod parum laeditur, '16: et quae haud parum laeduntur

MS: indicia aliiſve mediis quaedam tenus ſit detectum

MS: (oddly) Iehoʒ ſua

'16: & juſtitiam +

MS: abſconderat
MS: delituerat
MS: Interrogata
MS: Commederis?

Marginal note (top left): * ↓

Marginal note (right margin): 126 / vo ; 127 / Ro

Footnote (bottom):

* Note (ms) to caſtigetur : Tamen ſecundum canonum interpretes in quibuſdam cauſis poteſt Iudex aliquem interrogare de crimine nullo horum modo detecto, ſi ex probabili cuiuſquà delatione vehementer de illo perpetrato ſuſpicionem conceperit: nimirum quando crimen ſit haereſis, dilapidatio, vel ſpoliatio beneficii eccleſiaſtici: quod huiuſmodi crimina Eccleſiae maximum diſpendium afferunt.

Quæ à Mofe cum humanitùs, & per allufionem ad confuetudines judi- *'16: indiciorum*
ciorum inter homines, de Deo dicantur , & in facris Scripturis Deus
nufquam humanitùs perhibeatur iniquè egiffe ; hominum judicia eo- *16: indicia*
dem ordine inftituta, æquiffima effe teftantur : quamvis Ecclefiaftica
judicia non ita hominum funt, quin ut *ea fumma futuri iudicij præiudicia* *'16: indicia*
effe in Apologetico doceat Tertullianus; quod illorum præfidibus, ad
iftius feveritatem,finceritatem, æquitatem, juftitiam æmulandam, acu- *MS: admoveret.*
minata calcaria admovere deberet.

De Cathedralibus Ecclesijs.

C A P. VIII.

QVemadmodum in civili,fic in Ecclefiaftico regimine unaquæque *MS: civili regimine,*
Ciuitas fuum habuit territorium, quod Iurifconfultis eft *univer-* *fic Ecclesiastico,*
fitas agrorum intra fines uniuscuiufque ciuitatis; & in Conciliis & hifto- *unaquaeque*
ria Ecclefiaftica *Parœcia* nomine fignificatur. *Quæ funt in unaqua-*
que Ecclefia (inquit Concilium Chalcedonenfe canon. 16.) *rurales*
parcœciæ aut regionales , inconcuffa apud eos maneant qui illos tenent, Epif-
copos. Cum verò in his cujufque urbis parœciis & territoriis effent
multi vici, & minora oppida, his fingulis finguli, fed ipfi urbi plures
presbyteri præficiebantur : & hi , à Concilio Ancyrano canon. 13.
Presbyteri urbis nominati, illis, quos idem Concilium *Regionarios*
Presbyteros vocat, ita præeminebant dignitate ; ut *regionarii Presby-*
teri in Dominico civitatis offerre non potuiffent præfente Epifcopo & Pres-
byteris urbis , neque panem dare in oratione neque calicem: Et quandoquidem Epifcopi ex antiquiffimâ Ecclefiæ praxi & tandem Sardicenfis
Concilii Canone fexto, *non in vico aut modica civitate , cui fufficiebat*
unus Presbyter, fed in urbibus celebrioribus , ad quas verbo vitæ paf-
cendas plurium Presbyterorum exigebantur operæ, conftituti, memores erant moniti Solomonis, *Salus eft in multitudine confiliariorum;* hos
urbium Presbyteros, in gravioribus Ecclefiæ negotiis , fæpius ad deliberandum fibi adfciverunt. Cornelius Epifcopus Romanus ac Cyprianus Epifcopus Carthag. in fuis Epiftolis, teftantur fe in iis quæ
ad fuarum Ecclefiarum adminiftrationem pertinebant,ufos effe confilio
fuorum a Presbyterorū, quos
ideò Hieronymus ad Rufti-
cum, *Senatum Ecclefiæ* appel-
lavit. Quia autem frequentes erant harum confultatio-
num occafiones, Auguftinus
Epifcopus Hipponenfis cum

a Hi Presbyteri qui non folum Epifcopo in Ecclefiæ regimine
affiftebant, fed etiam verbum prædicabant & Sacramenta admi-
niftrabant, erant *feniores Eccl-fiæ* ; *fine quorum* (inquit Ambrofius)
Confil-o, non fine quorum authoritate, *nihil ad publicum Eccle-*
fiæ bonum fpectans , agebatur in Ecclefia. Vnde Cyprianus cum
Clerum feditiofum habuiffet, & plebem partium ftudiofam, etfi *16: etsi +*
ad utriufque benevolentiam concilandam, Epift. quinta profite-

Epift.

retur, *a primordio sui Episcopatus se statuisse nihil sine eorum consilio & consensu sua privatim sententia gerere* : tamen Epist. 69. omnium hæreseôn & schismatum fontem indicans, ait; *unde Schismata & hæreses ortæ sunt & oriuntur, nisi dum Episcopus qui unus est* (in unaquaque Ecclesia, & ideo solus authoritate) *præest, superbâ quorundam præsumptione contemnitur, & homo dignatione Dei honoratus, ab indignis hominibus iudicatur?* Vide quoque Cypriani Epist. 55. & ejus librum de vnitate.

Epist. 137. multos sub se Presbyteros haberet; ex illis (ut Possidius, in ejus vita refert) quasi collegiū instituit Clericorum, *qui cum ipso semper una etiam domo ac mensa sumptibus communibus aliti & vestiti sunt*, & quos Epist. 110. vocat *Collegas*, quorū in gubernandâ Ecclesiâ operâ utebatur. Hunc Ecclesiæ Senatum, & hoc Collegium, nostræ Ecclesiæ Cathedrales aliquo modo referunt, atq; in præcipuis imitantur. Nam in hisce Ecclesiis plura sunt membra: 1. *Lectores Epistolæ & Euangelij.* 2. *pueri et viri* **Symphoniaci*, qui Regiis injunctionibus tenetur *hymnos in Dei omnipotentis laudes cantare iis modulationibus, ut ipsa hymnorum sententiæ unà intelligantur.* 3. *sunt subcanonici, sive vicarii chorales*, matutinis & vespertinis precibus publicè in choro quolibet die celebrandis, frequenti Eucharistiæ administrationi servientes, & per Canones *ne ignavi in otio vitam ducant, studio scripturarum incumbētes.* 4. *sunt Canonici seu Præbendarij*, quorum in antiquioribus Ecclesiis aliqui sunt non *Residentiarij*, sedes habentes in choro, sed non suffragium in Capitulo, & secundùm Ecclesiarum suarum consuetudines, statis vicibus concionantes; alii *Residentiarii*, qui tum sedent in choro, tum ferunt suffragium in Capitulo, ac quibus toto necessariæ suæ *residentiæ* tempore incumbit, ut sint hospitales & non modò in Cathedrali Ecclesia cujus sunt Canonici, sed in aliis etiam Ecclesiis ejusdem diœceseos, unde ipsi vel ipsorum Ecclesiæ aliquod vectigal seu annuos reditus percipiunt, Euangeliū diligenter annuntient. Postremò in Cathedralibus Ecclesiis antiquæ fundationis, sunt Officiarii, ut *Thesaurarius, Præcentor, Cancellarius, Subdecanus* (quorum varia sunt juxta diversarum Ecclesiarum statuta munera.) Et his omnibus præest Decanus, qui *nonaginta dies ad minimum singulis annis in Ecclesia sua Collegiata residere, per totum hoc tempus verbum divinum sedulò prædicare, hospitalitatem exercere, festis solennibus (si ad hoc peragendum præsens non fuerit Episcopus) decenti capa amictus sacram cœnam administrare* canonibus obstringitur. Iam verò Episcopus hunc Decanum, & aliquos ex Canonicis & Officiariis recensitis, in Presbyteris & Diaconis [a] ordinandis & à beneficio vel officio [b] removendis, in colloquiis cum inquietis & turbulentis schismaticis ad eos in ovile reducendos & sedandos, in præfractis hæreticis juridicè condemnandis,

*Cantores sacri in Concil. Laodiceno, can. 22. & 23. inter eos qui sunt ecclesiastici ordinis, recensentur.

a *Presbyter* (inquit Concilium Carthag. 4. Canon 3.) *cum ordinatur, Episcopo benedicente & manum super caput tenente, etiam omnes Presbyteri astantes manus suas iuxta manum Episcopi super caput illius teneant*, Cui concinunt Ecclesiæ Anglicanæ Canones decernentes, Presbyteros & Diaconos ordinandos, *assistente non solum Archidiacono, sed Decano & duobus ad minus Præbendarijs, aut (illis legitimè detentis) quatuor alijs gravioribus personis, qui Magistri Artium ad minimum extiterint, & pro legitimis concionatoribus legitimè approbati fuerint.*

b Canon est Ecclesiæ Anglicanæ, ut Episcopus sententiam

128 ro
ms: uniquaeque
ms: honoratus
indignis hominibus
ms: alti
'17: a +
ms, '16: referunt illud in
'17: + 1.
" + 2.
'17: +
'17: +
ms, '16: annuntiare.
" ": cum
ms, '16: cum / praesit
128 vo
'17: +
ms, '16: *↓
ms, '16: quae
ms, '16: legitime approbatae.
b. Canon
'17: in +
*: decernentes, quod Presbyteri, vel Diaconi ordinentur, assistente

demnandis ac anathemati-
zandis, in fententia excommunicationis folenniori adverfus facinorofos & infa-
mes peccatores denuncian-
da, & in aliis Ecclefiæ publi-

depr:vationis vel *depofitionis* pronunciet, *adhibitis [Cancellario,* 1. **ms:**
Decano, & aliquot Præbendarijs Cathedralis Ecclefiæ, fi prope illam Cu- **ipsius +**
ria teneatur; vel Archidiacono alijſq; ad minus duobus grauibus Mini-
ſtris, concionatoribus. Hæc forma deponendi vel depriuandi Prel- **2 16: +**
byteros propè accedit ad præfcriptum Concil. Hifpalen. 2. can. 6.
Epifcopus Sacerdotibus ac miniſtris folus honorem dare poteſt, folus
auferre non poteſt.

cis & maximi momenti (negotiis tranfigendis, fibi affociat. Neque Ec- **ms: expediendis**
clefiæ Cathedrales Epifcopis tantùm in regimine fuppetias ferunt) : fed
cùm fuas fedes habeant in urbibus, ad quas totius diœcefis miniftri
quandoque confluunt, quarum incolæ fæpius fupra rudioris ple- **ms, '16: indigenae**
bis captum literati funt & falutari religionis notitiâ imbuti, in quibus
129 plures pauperes & egeni, & non pauci infirmi ac devoti fenes laboribus **2 17: & +**
Rº & occupationibus prorfus inepti ; his omnibus maximo funt ufui & e-
molumento. Miniftris verbi per Epifcopales diœcefes villarum & op-
pidorum curæ præfectis, fi quæ in legendo aut cum aliis differendo occurrunt dubia; à Cathedralium Ecclefiarum Decano & Canonicis qui **ms: quae**
ruralibus Presbyteris eruditione præcellerent, illorum enodationem
petunt; ciues ad folidum verbi cibum percipiendum præparati, Decani & Canonicorum accuratioribus concionibus erudiuntur; pauperum
vifcera illorum hofpitalitate refocillantur; & decrepiti ac pii fenes Sacra in his Ecclefiis frequentiùs celebrata adeundo, majori fui cum fo-
lamine vitam tranfigunt.

De Epifcoporum in Ecclefia Anglicana Cancellarijs,
Archidiaconis, & Decanis ruralibus.

CHAP. IX.

Divina fapientia per Dei amanuenfes, Prophetas & Apoftolos
fcriptis mandata (Pro. 2.) docet *omnem orbitam bonam,* ducen-
tem ad vitam æternam; & *tota Scriptura* (2. Timoth. 3.) *diuinitùs*
eſt inſpirata, & vtilis ad doctrinam, ad redargutionem, ad correctionem, ad
inſtitutionem quæ eſt in inſtitia : vt perfectus ſit, non modò quivis è fidelium grege, fed *homo Dei,* id eft Propheta, (2. Reg. 5.) Paftor. (1.
Timoth. 6.) *ad omne opus bonum,* æternæ falutis adeptioni neceffarium, **ms, '16: perennis**
perfectè inſtructus. Nam verbis proximè præcedentibus Apoftolus af-
129 feruerat ipfum Timotheum *facris literis poſſe reddi ſapientem,* non om-
Vº nimodò; fed *ad ſalutem.* Hinc multa funt Ecclefiæ ufui quandoque
commoda, fine quibus falutem & vitam æternam confequamur, in
facra pagina minimè exarata; quæ ideo non divinâ folo verbo fcripto
fuffultâ, fed humanâ fide (qua etiam renitente ac reclamante quicquid
agimus peccatum eft, Rom. 14.) prudentum & piorum virorum au-
Z   thoritati

thoritati aut naturæ lumini tantum innixâ, vera & licita esse credimus. Hujus generis plura occurrunt in Christianæ Ecclesiæ politia, quæ (sicut in Iudaica fuit Ecclesia infra angustos unius regionis fines conclusa) non potest esse in quibusdam minutioribus circumstantiis ubique una, propter immensam varietatem regionum, Nationum, Rerumpublicarum, per quas diffunditur. Vnde, etsi *Moses* (Heb. 3) *fidus in tota Dei domo tanquam famulus,* ferè minutissima quæque ad Ecclesiam sub veteri Testamento gubernandam tradiderit; tamen Christus qui magis fidus est *super Dei domum sicut filius,* e usq; Apostoli sub novo Testamento tantùm generalia & magis necessaria jecerunt Ecclesiastici Regiminis fundamenta : reliqua verò diversis gentibus & Regnis, secundùm dispares illorum consuetudines adaptanda, particulariũ Ecclesiarum prudentiæ permiserunt. Tertullianus lib. de fuga in persecutione, tantùm tres ordines, quibus Ecclesia regitur, tanquam à Christo ejusque Apostolis constitutos, recenset. Et longè post eum Optatus; *Quatuor* (inquit) *sunt genera* (divinâ nempe institutione) *capitum in Ecclesia, Episcoporum, Presbyterorum, Diaconorum & fidelium.* Verùm Christianis posteà Ecclesijs, & unà Episcoporum, Presbyte-rorum, Diaconorum occupationibus auctis; unum idemque munus in plura dispartitum est, & alii Clericorum ordines Ecclesiasticâ authoritate sunt invecti. Hinc enim, *Ecclesidici* seu Episcoporum *Ecdici* Concilii Chalcedonensis canone secundo, *Archidiaconi* apud Hieronymum ad Evagrium, *Periodeuta* Concilii Laodicæni canon. 56. *Chorepiscopi* Concilii Nicæni canon. 8. Denique in Decretis Gratiani, ex antiquis Patribus & Conciliis consutis, *Archipresbyteri urbani & Regionarij* emanàrunt : quorum præcipua munera, Episcoporum hodie in Ecclesia Anglicana Cancellarii, Archidiaconi & Decani rurales administrant. Etenim Cancellarii utriusque juris periti, Episcopis in audiendis Ecclesiasticis causis contentiosæ jurisdictionis præcipuè sunt adjumento; cujusmodi officio antiquitus fungebantur *Ecclesidici* seu Episcoporum *Ecdici*, quos doctissimus Gotofredus in annotationibus ad Codicem de Episcopis & Clericis, ex Papia colligit *fuisse Defensores & adiutores Episcopi nulli certo loco deputatos, eiusque vicem* in hujusmodi negotiis *impleuisse.* Archidiaconorum officium in Ecclesia Anglicana, est primò (sicut & Gregorii Magni ætate, ut ex ejus lib. 1º. Epist. 10. licet colligere) curare bona Ecclesiæ, inquirendo de ejus sartis tectis & supellectile : deinde more veterum *Periodeutarum* (quos scribit Balsomo in explic. canon. 56. Concilii Laodicæni, olim *circumcursasse & spiritualia delicta obseruasse*) *inquirere de excessibus Ecclesiasticis*, & graviora quæque referre ad Episcopum, cujus hac ratione *Oculi* appellantur. Postremò Presbyteros admissos ab Episcopo ad *titulum* beneficii, in ejus *possessionem* deducere; & reliquam

prout

Margin notes (handwritten):

ms,'16: politeia

ms,'16: sicut judaicae Ecclesiae infra

ms,'16: fidus super Dei domum sicut filius praeest eiusque sub novo tantum

ms: nota to Optatus: Iudices domus Israel non sunt alii (Christi et Apostolorum consuetudinibus) nisi Episcopi, Presbiteri, Diaconi. Hieron. in cap: 3. Micheae.

ms :periodentae
'16: Periodectae

ms: Balsamo

Side marginal print: 130 / Ro

prout *præscripserint*, jurisdictionem Ecclesiasticam exercere. Decani rurales veteris Ecclesiæ Chorepiscopis & Archipresbyteris *Regionariis* haud dissimiles, ab Episcopis qui illos eligunt, plerunque adhibentur, ad convocandum Clerum, ad significandum Presbyteris & Diaconis infra suos *Decanatus* non nihil (ut fit) per literas, ad inducendum in beneficia vice Archidiaconi remotius agentis. Atque hæc omnia conducunt ad Ecclesiæ regimen in foro exteriori: in interiori conferunt verbi prædicatio & Sacramentorum administratio per ministerium presbyterorum, de quibus agemus capite subsequenti.

MS, '16: prout pro iuro suo praescripserint

'17: ad +

'17: ad +

'17: d + ; MS, '16: administratio ministerio

De *Presbyteris, Diaconis, Oeconomis, Testibus Synodalibus, Ædituis.*

CAP. X.

VOcatio Presbyterorum *externa* vel *interna* est, quæ non consociantur perpetuò; ut sacri ministerii efficaciam à Dei institutione, & non ministrantium dignitate manare discamus. *Interna* illorum est quos Deus ad sacrum ministerium idoneos fecit, donando illis facultatem & ardens desiderium promovendi regnum Dei, Deumque glorificandi per doctrinæ cœlestis promulgationem, sacramentorum administrationem, & Christianæ vitæ sanctimoniam. *Externa* verò bipartita est, cum sit vel ad ipsum sacrum ministerium, vel certum locum quo ministerium exerceatur. Atque hæ duæ vocationes externæ licet ut plurimùm conjungantur, secundùm primævæ & Ecclesiæ Anglicanæ Canones, quibus cautum est neminem *sine certo* a *titulo & designato muneris sui exercendi loco ordinandum:* tamen quandoque, sicut olim in primæva, sic hodie in Anglicana Ecclesia, aliqui vocantur ad ministerium certo ministerii sui loco minimè destinati; ut *Socii Collegiorum & ante quinquennium Artium Magistri propriis sumptibus degentes in Academiis:* & ideò de his duabus vocationibus separatim agemus, à vocatione ad ministerium auspicantes.

MS, '16: Haec

MS, '16: desiderium coelestis doctrinae promulgatione, administratione Sacramentorum, promovendi Regnum Dei; vitaeque sanctitate ipsum Deum glorificandi. Illa verò

MS: absolutè ordinetur nec Diaconus nec quilibet

'16: d +

MS, '16: pristinorum

MS: Siquis

a *Nemo absolutè ordinatur nec Presbyter, nec Diaconus, nec quilibet omnino eorum qui sunt in ordine Ecclesiastico; nisi specialiter in Ecclesia Civitatis aut vici, aut in Martyriis vel monasteriis (quæ teste Possidio de vita August. cap. 11. Seuero Sulpitio de vita Martini. cap. 11. Hieronim. Epist. 4. sicut & utriusque apud nos Academiarum Collegia, olim erant seminaria ad ministerium Ecclesiæ amplificandum. Et ideo Erasm. lib. 2. descript. Britan. cap. 6. comparat nostrorum Academicorum vivendi rationem & modum, priscorum Monachorum præscriptis & institutis) is qui ordinandus est pronuncietur.* Concil. Chalcedon. canon. 5.

Quamprimùm Christus passione sua & morte peccatorum pretium solverat, suis Apostolis eorumque successoribus (Ioan. 20.) donavit potestatem remittendi peccata hoc ritu, his verbis; *Insufflavit iis, & dixit iis.*

Accipite

Accipite Spiritum sanctum: quorũ remiseritis peccata, remittuntur iis; quorum retinueritis, retenta sunt. Primum (ut docet August. lib. 4. de Trinitat. cap. 20.) *afflauit eos* ut ostenderet se, quâ Deus est, authorem fuisse Spiritûs sancti, quẽ illis daturus erat, sicut quà homo sensibilis flatûs quẽ ore suo exhalauerat. Deinde per *Spiritum sanctum* Hier. Epist. 150. ad Hedibiam, intelligit *Spiritûs sancti gratiam*; & per Spiritus sancti gratiam Chrysost. (Hom. 85. in Iohan.) *potestatem & spiritualem gratiam remittendi peccata*; quod verba [*quorũ remiseritis peccata &c.*] quæ Christus per exegesin immediatè subjunxit clarè demonstrant: ut lib 1. de pœnitent. cap. 2. verè dixerit Ambrosius; *Qui* (in sacra nempe ordinatione) *accepit Spiritum sanctum, accepit potestatẽ peccatum solvendi & ligandi*: non propriè ut Deus, qui solus *delet iniquitates*; sed quià accepit potestatem utendi medijs quibus Deus remittit peccata. Media autem illa sunt Sacramentorum administratio, publica remissionis peccatorum denunciatio pro concione, in pœnitentium exomologesi, vel post generalem totius Congregationis confessionem; & privata denique remissionis peccatorum denuntiatio in ægrotis visitandis & afflictis conscientiis consolandis. Nam non modò proprium & peculiare munus erat olim Apostolorum, aut hodie est Presbyterorum (quoad ministerialem remittendi peccata potestatem in foro conscientiæ) Apostolis succedentium, Sacramenta administrare, & pro concione, in exomologesi, vel post unanimem totius Congregationis confessionem, remissionem peccatorum denunciare publicè: sed etiam in ægrotorum visitatione, & afflictarum conscientiarum consolatione privatim. Nusquam in sacra Scriptura cuiquam credentium præterquam Apostolis, & illorum successoribus, Episcopis & Presbyteris, specialis facta est promissio de efficaci per eum remissionis peccatorum denunciatione ne privatim quidem. Immò hujusmodi denunciationis potestas, particulari Dei mandato in verbo suo scripto, fidelium nemini nisi Presbyteris conceditur. Solis [a] Apostolis (quibus in hoc sacro munere surrogantur à Deo soli Episcopi & Presbyteri) Christus dixit; *Accipite Spiritum sanctum: quorum peccata remiseritis* (sine ulla publici vel privati loci limitatione) *remittuntur iis; quorum retinueritis*, (sine ulla publici vel privati loci determinatione) *retenta sunt.* Quare etsi reliqui fideles, ut monet Apostolus (1. Thess. 5.) *se mutuò hortentur & ædificent* historicâ & (ut significantiùs loquamur) narrativâ promissionum Evangelij commemoratione, ex communi officio charitatis peractâ: tamen soli Presbyteri, sive publicè sive privatim, ministeriali potestate ex speciali à Deo vocatione iis donatâ, & peculiari promissione

[a] *Ligandi atque solvendi potestas, quamvis soli Petro data videatur a Domino; tamen & cæteris Apostolis datur, nec non etiam nunc in Episcopis & in Presbyteris, omni Ecclesiæ.* Rabanus in Catena Aquinatis ad 16. Matth. & Rabano accedit Hadrianus in quartum Senten. *De clave Ministerii dictum est Petro, Tibi dabo Claves, & in Petro, omnibus sacerdotibus, quibus in Ordinatione datur Spiritus sanctus, ut quorum remiserint, &c.*

Handwritten margin notes (line-end marks at right: 131 vo; 132 RO):

MS: tr.

MS: peccata scilicet Sacramentorum administratione publicae. '17: vel + '17: et + ...] denunciatione pro

MS, '16: et

'17: et +, vel +

'17: et +

MS: et in interiori conscientiae foro illorum successoribus Presbyteris

MS: denunciatione vel privatim: immò

MS: Episcopis [foro curiae] et in Presbyteris [foro conscientiae] omni

MS: omits all from remittuntur iis to (second) determinatione making nonsense of Christ's words, correctly cited pp. 339–340.

MS: Deo, in conscietiae foro soli Presbyteri) Christus

promiſſione de ejus rectè adminiſtratæ efficacia, ſtabilita; peccatorum remiſsionem denuntiare poſſunt. Et quamvis (ut præcipit Apoſtolus Heb. 5.) *nemo ſibi hunc honorem*, hanc poteſtatem *ſibi aſſumat, niſi vocatus fuerit a Deo*; nihilominus illam Presbyteri recipiunt à Deo non immediatè, ſed miniſterio hominum, quos (vt ex perpetua Chriſtianæ Eccleſiæ traditione liquet) conſtituerunt Apoſtoli ad eam communicandam, manuum impoſitione, & ipſis Chriſti aut paris ſignificationis verbis; *Accipite Spiritum Sanctum, &c.* Sed ſine præeunte Chriſti inſufflatu, ut iſtos hujus poteſtatis conferēdæ ſub Chriſto miniſtros, non cum Chriſto authores eſſe patefacerent. Atque hi Presbyterialis poteſtatis in Eccleſia propagandæ Miniſtri, per mille quingentos annos fuere Epiſcopi. Nam in Eccleſiaſticis tot annorum monumentis, tantū apud Epiphanium hæreſi 69. unum legimus Coluthum Eccleſiæ Alexandrinæ Presbyterum, ab Epiſcopo ſuo temerè deficientem, Presbyteros quoſdam, cùm non eſſet Epiſcopus, ſed tantum Presbyter, ordinaſſe; qui ilicò (referente ſecundâ Athanaſii Apologiâ) *in generali Concilio apud Hoſium reliquoſque Epiſcopos appellatus, iuſſus eſt ſe pro Presbytero ſicut anteà gerere, & quotquot ab eo ordi-*
132 v°
nati erant, ad priorem ſtatum retracti ſunt. Immò quia quidam Epiſcopus oculorum dolore laborans, in ordinandis Presbyteris & Diaconis iis tantùm manus impoſuit, & adſtanti Presbytero imperavit, ut ordinationis verba legeret; Concilium Hiſpalenſe ſecundum canone 5. decrevit, *Vt, qui ab eo non conſecrationis titulum ſed ignominiæ elogium perceperunt, à gradu Sacerdotalis vel Levitici ordinis quem peruerſè adepti ſunt, depoſiti æquo iudicio abiiciantur. Tales enim meritò* (inquit canon) *iudicati ſunt removendi, quia pravè inuenti ſunt conſtituti.* Quare hodie in Eccleſia Anglicana venerandam antiquitatem quà poteſt per diſpares temporum conditiones imitante, ſoli Epiſcopi his verbis, *Accipite Spiritum Sanctum, &c.* Presbyteros creant; licèt unà cum iis Decani, Cathedralium Eccleſiarum Præbendarii & Archidiaconi, ad tam ſacroſanctam & publicam actionem communibus votis promovendam, manus quoque imponant. Locus verò & tempus quibus adeò ſacer ritus celebratur, ſunt ei admodum conſentanea. Eccleſiæ enim Anglicanæ conſtitutionibus locus Presbyteris aut Diaconis ordinandis dicatus, eſt *Eccleſia Cathedralis, vel Parochialis, vbi Epiſcopus commoratur:* tempus, *Dies Dominici immediatè ſequentes ieiunia quatuor temporum vulgò Septimanas Cinerum, ad preces & ieiunia in ſolennibus Miniſtrorum ordinationibus antiquitus inſtitutas, atque in Eccleſia Anglicana hodie continuatas.* Verum quia Diuus Paulus (1, 5.) Timotheum & in eo omnes Epiſcopos ſeriò admonet; *ne manus cito* [a] *cuiquam imponant, neque communicent*

[a] *Quid ſibi vult* (inquit Chryſoſ.) *cito? id eſt, non ex prima ſtatim probatione, nec ſecunda, nec tertia: ſed ubi conſideratio diuturna præceſſerit, exactiſſimaq; diſcuſſio, tum tandē imponatur manus. Neque enim ea res periculo caret: eorum enim quæ ille* malè ordinatus *peccavit, tu quoq; pœnam dabis, quia initium dediſti etiam præcedentium delictorum.* Quomodo præcedentium delictorum? Explicat Theophylactus: *præteritorum peccatorum es reus, quòd ea neglexeris, ac tenebras feciſti lucem, nec dimiſiſti eum, ut lugeret & commiſſa plangeret.*

ms: denunciant
ms: haeresis
ms: haec verba,
ib: ut
ms: tandem imponitur manus. Nec ea
ms: quoniam
ms: Paulus 1 Timotheum 5, et in
ms: de

communicent peccatis alienis. Vlteriùs nostræ Ecclesiæ canones præcipiunt; ut *Episcopus priusquam cuilibet ordinando manus imponat*, *diligenti eum examine excutiat ac exploret præsentibus ijsdem Ministris*, *quos velit in impositione manuum sibi assistere.* Hujus autem examinis hic canon, hæc, amussis est: *Nullus Episcopus in sacros ordines quenquam de cætero cooptabit, nisi qui ex sua ipsius Diœcesi fuerit*, _vel_ *ex altera nostratium Academiarum prodierit*, *vel literas* (quas vocant) *dimissorias attulerit ab Episcopo, de cuius iurisdictione existit*; *& nisi 23. si Diaconus fieri expetit, et si Presbyter 24. ætatis suæ annum iam compleverit; ac etiam in altera dictarum Academiarum gradum aliquem Scholasticum susceperit*; *vel saltem nisi rationem fidei suæ iuxta Articulos Religionis in Synodo Episcoporum & Cleri ann. 1562. approbatos, Latino sermone reddere possit*, *& eandem Scripturæ testimonijs corroborare*; *ac ulteriùs de vita sua laudabili*, *& morum integritate literas testimoniales exhibuerit, sub sigillo alicuius Collegij Cantabrigensis aut Oxoniensis ubi anteà moram fecerat, vel certè trium aut quatuor gravium Ministrorum, unà cum subscriptione & testimonio aliorum probabilium & fide dignorum hominum, quibus eiusdem vita & mores per proximum triennium fuerint explorati: Denique nisi prius tribus articulis, primo de supremâ Regis authoritate in personas & causas Ecclesiasticas, secundo de approbanda forma publicâ Liturgiæ, ordinandi Diaconos, Presbyteros, Episcopos, quòd non sint Dei verbo contraria*; *tertio de articulis religionis, quibus Archiepiscopi, Episcopi utriusque Provincia, ac totus Clerus Synodo Londinensi ann. 1562. consenserunt, quòd Dei verbo sint consentanei*, *lubens, & ex animo subscripserit. Quòd si quis Episcopus in sacros ordines quempiam sine prædictis qualitatibus, aut iusto* (ut supra) *examine cooptârit; per Provinciæ suæ Archiepiscopum ea de re certiorem factum,* (assidente uno alio Episcopo) *ab omni ordines conferendi potestate in integrum biennium secludetur.* Atque ita habemus externam Presbyterorum vocationem ad suum ministerium. Vocatio, quæ est ad certum ministerij locum, vt ad *Rectoriam* vel *Vicariam*, ordine sequitur.

A quibus, aut quo modo, Presbyteri in definitum, quo munus suum obeant, locum eligantur, nullum in sacris Scripturis præceptum extat, immò nec exemplum. Nam Presbyteri, quos (Actor. 14) Paulus & Barnabas per Lystrę, Iconij, Antiochiæ Ecclesias perhibentur χειροτονεῖν; non creati fuerunt populi suffragiis, sed impositione manuum tantum ordinati. χειροτονία enim significat passim in Ecclesiasticis scriptoribus manuum impositionem, quâ sacri ordines conferuntur. Chrysostomus in hæc verba de Diaconis Act. 6. καὶ προσευξάμενοι ἐπέθηκαν αὐτοῖς τὰς χεῖρας, *Et cum precati essent imposuerunt eis manus*; ita scribit ἐχειροτονήθησαν διὰ προσευχῆς. τοῦτο γὰ ἡ χειροτονία, *Manus imposita sunt cum precibus: hoc est enim* χειροτονία. Hinc Presbyterorum electiones ad designata loca, quibus officio suo fungerentur, in primæva Ecclesia admodum variæ extiterunt.

Quan-

Marginal notes:

MS, '16: cooptabit, qui non ex sua ipsius Dioecesi fuerit, nisi vel   ['16 vel] †

vel

MS, '16: existit et si Diaconus fieri expetit, vicesimum tertium sin Presbyter vicesimum quartum aetatis

MS, '16: lubentes

MS, '16: subscripserint

MS: χειροτονεῖν

Quandoque enim factæ funt fine populi fuffragiis, ficut Frumentius, tefte Ruffino (lib. 10. hift. cap. 9.) ab Athanafio creatus eft Epifcopus
Indorum, ipfis Indis nihil ea de re cogitantibus : & Concilio Laodiceno à fexta Synodo Oecumenica approbato, canon. 13. decernitur ; *non*
permittendas effe turbis feu populo electiones eorum qui in Sacerdotio conftitu-
endi funt. Nonnunquam eligebantur per populum vel Epifcopum: Hieronymus enim ad Rufticum Monachum fcribens, *Cum ad perfectam æ-*
tatem perveneris, & te vel populus vel Pontifex civitatis in Clerum elegerit ;
non obfcurè innuit fua ætate alios in clerum ab Epifcopo affumptos fuiffe fine populo, alios à populo oblatos Epifcopo ut in Clerum coopta-
rentur. Aliquando (ut ex Concilij Carthaginenfis 3. can. 22. conftat)
populo tantum præfente eligebantur, ut contra eligendi vitam & mores
exciperet; qui ferè mos hodie in noftris ordinationibus obfervatur. Sæpe
etiam & à Clero, & populi duntaxat primoribus, cum novella Confti-
tut. 123. leges Imperatoriæ jubeant, *Clericos & Primates civitatis conve-*
nire, & propofitis iis facrofanctis Euangelijs, decreta facere de tribus perfonis, è
quibus melior arbitrio ordinantis eligatur. Tandem, cum hominum pietas
paululum defervefceret, quò Ecclefias, quæ adhuc multis defuerunt vil-
lis & oppidulis, alacrius ædificarent, illarum fundatores, Concil. Tole-
tan. 9. canon. 2. jus habuerunt, *Rectores idoneos in iifdem Bafilicis offerendi*
Epifcopo ordinandos. Et ab hac Ecclefiarum conftructione, præterea etiam
fundatione quando Ecclefiæ extruendæ prædium relinquebatur, & do-
tatione cum miniftris Ecclefiæ alendis necefaria fuerint conftituta, ma-
navit (ut ipfi jurium noftrorum municipalium libri teftantur) ius (quod
vocant) *patronatus* in Ecclefia Anglicana ; in qua, hoc jure potiti; Pref-
byteros exhibent Epifcopis in *Rectorias* & *Vicarias* inftituendos : quòd
tamen Epifcopi juxta canones nequeunt præftare, nifi prius Presbyter
exhibitus feu præfentatus, *literas fuæ Ordinationis iis oftenderit, de morum*
honeftate vitaq; probabili congruum teftimonium exhibuerit, debitè exami-
natus minifterio fuo dignus inventus fuerit, folenni iureiurando Simoniæ fufpi-
cionem averterit, & tribus demum articulis fuprà recitatis fubfcripferit. Et
quò Epifcopi majori accuratione & vigilantia, hæc omnia in externa
Presbyterorum vocatione, tum ad minifterium, tum ad locum, quo exercetur minifterium, exequantur; *quolibet anno ad feftum Sancti Michaelis*
Archangeli, vel intra fex hebdomadas idem feftum fubfequentes, unufquif-
que Epifcopus tenetur numerum, nomina, gradus & qualitates eorum omnium
quos in facros ordines vel ad aliqua beneficia eodem anno præcedenti promove-
rit, ad Archiepifcopum transmittere. Iam Presbyterorum poftquam ita
Epifcopi Inftitutione ad *Rectoriæ* vel *Vicariæ* titulum , deinde Archidiaconi inductione ad alterutrius poffeffionem admiffi fuerint; hæc eorum
munera funt & officia : Verbum fyncerè prædicare (fi Epifcopi authoritate ad concionandum fuerint approbati) per fingulos dies Domini-

Z 4 cos

cos in Ecclesiis suis vel vicinarum aliquâ Ministro concionatore de-
stitutâ; legere omni die Dominico (si ad concionandum non fuerint
approbati) homilias publica authoritate præscriptas, cùm in ipsorum
Ecclesiis deficiet concio, quæ ut singulis mensibus habeatur per conci-
onatorē legitimè approbatum, tenētur procurare; administrare Sacramentum Baptismi, in quo pueros cœnæ Dominicæ incapaces pro susceptoribus admittere, & quem, si infans sit infirmus aut in mortis periculo, differre prohibentur; administrare Sacramentum Eucharistiæ,&
ab ejus perceptione,extraneos,in genua non inclinatos, manifestè infa-
mes aliquo scelere, & in eo impœnitenter viventes, cum proximis suis
malitiosè contentiosos, œconomos & testes Synodales in criminibus
Ordinario retegendis nefariè perjuros,schismaticos Anglicanę Ecclesię
doctrinam aut disciplinam apertè calumniantes, repellere donec resipu-
erint; Liturgiam, ad rubricarum in ea præscriptum diebus sacris, & in
eadem Litaniam diebus Mercurii & Veneris,distinctè & cum debita re-
verentia recitare;diebus Dominicis, & festis ante preces Vespertinas ad
semihoræ spatium vel ampliùs, iuventutem & rudiorem plebem exa-
minare, & instruere in Catechismo qui in libro Communium precum
extat; diebus Dominicis tempore divinorum,festos,vigilias,dies carnis-
priviales in sequentem septimanam incidentes populo denunciare; matrimonium celebrare, gratias agere à puerperio, ægrotantes sedulò visi-
tare & consolari, defunctos sepelire; in his' ferè omnibus peragendis
congruo superpelliceo, & caputiis, si gradum aliquem in Academia
susceperint,indui; baptizatorum, nubentium, sepultorum, registrum
conservare; Pontificios nostris sacris interesse recusantes, & alios sententiâ excommunicationis ob insignem contumaciam vel graviora
scelera obstrictos, singulis sex mensibus sequentibus, die aliquo Dominico,tempore divinorum pro excommunicatis denunciare : Denique
omnes Pontificios, cujuscunque sexus, vel ætatis ultra tredecim annos,
qui Sacramenti participes esse, vel nostris publicis precibus interesse renuerint (observato inter eos discrimine,) in suis parochiis aut inquilinos
vel hospites commorantes, eorumque vera nomina vel quæ aliâs pro
tempore usurpant exquirere,in scriptum referre, illudque antefestum
Natiuitatis suis Ordinariis fideliter exhibere. Et ultra hæc omnia, Presbyteri docti & magis exercitati, frequentiùs habent conciones fune-
bres,baptismales,nuptiales;conciones in Episcoporum visitationibus &
consecrationibus, Diaconorum & Presbyterorum ordinationibus, inferiorum Magistratuum electionibus, coram Regis Iudicibus & Iusti-
ciariis pro tribunali sessuris, ad celebrandum diem, quo Rex regnum
suum auspicatus inauguratus seu coronatus est, ad commemorandam
liberationem Regis aut Regni à publicis & gravissimis periculis, gras-
sante peste & fame, in schismaticorum & hæreticorum libris publicè
com-

Marginal notes (left):
'16: Sacramenta
ms,'16: incapaces susceptores admittere

ms,'16: illa

ms: superpellicio

ms,'16: sententiae

717: vel +; ms,'16: sive
ms,'16: sive

Marginal notes (right):
flor 135
Ro

FIRST 135
V°

Bottom note:
NB. Two leaves in the manuscript are numbered 135.

comburendis, ad insignes schismaticos (cùm in eos Episcopi solennem sententiam (vt loquuntur) condemnatoriam sint laturi) redarguendos, & refutandos ; aut quando aliæ istiusmodi occasiones obvenerint : quas ideò percensemus, vt qui in Academiis sacro Ministerio se consecrant, quàm grave sit onus presentiant, & ad illud obeundum accedant vndique paratiores. Atque ad hunc Presbyterorum ordinem in Ecclesia Anglicana, Diaconorum ordo [a] gradus est & veluti præparatio. Nam vtcunque in prima Diaconorum institutione (Actor. 6.) eorum officium quo maximè tenebantur occupati, erat ministrare mensis, & distribure eleemosynas Hierosolymis; dum ibi erat bonorum communio, & Diaconorum oeconomiæ credentium multitudo (qua de causa tunc temporis eorum quoque electio multitudini permissa est:) baptizasse testatur Philippus, qui [b] Diaconus (Actor. 8.) (priusquam esset Euangelista, Act. 21) *Prædicabat Christum, & credentes baptizabat.* Cujus vestigiis institerunt proximorum seculorum Diaconi, quos similiter prædicasse & baptizasse, testes sunt Patres antiquissimi, [c] Origenes & [d] Tertullianus. His enim quandoque Diaconi functi sunt ministeriis, muneris in quo illa ætate præcipuè versabantur, ornandi causâ, & quò maiori fide & religione illud administrarent; cùm hujusmodi quasi symbolis admonerentur, non esse civilem & merè politicam villicationem quam gererent, sed sacram & Deo dicatam : & hinc etiam Apostoli (Actor. 6.) *adhibitis precibus, ijs manus imposuerunt.* Veruntamen (vt ex Niceni Concilii 1. can. 19. liquet) *non habuerunt potestatem offerendi, seu gratiarum actione elementa Eucharistica consecrandi;* licèt (quemadmodum Apologiâ secundâ tradidit Iustinus Martyr) *dederint vnicuique eorum qui adfuerunt percipiendum panem & vinum & aquam,* quæ prius per Presbyteros *gratiarum actione consecrata sunt.* Breui igitur, Diaconorum (qui sæpe in novo Testamento, quia (Actor. 6.) oportebat eos *spiritu sancto & sapientia plenos esse;*

[a] D. Paulus (1. Tim. 3. 13.) sic alloquitur Diaconos : *Qui benè ministrauerint, gradum bonum sibi acquirent,* hoc est, gradum Diaconatu superiorem. More enim Hebræo posuit positivum Apostolus pro comparatiuo, bonum gradum pro meliori. Cui interpretationi suffragatur in hunc locum Ambrosius, dicens ; *Poterunt digni fieri Sacerdotio :* ita ut hæc promissio sit stimulus ad benè ministrandum in Diaconatu, ad gradum Presbyteratûs tanquam pietatis & virtutis præmium consequendum.

omnes suas facultates commiserat illos tamen verbum prædicasse &

[b] *Non quidem Apostolus,* quemadmodum vnanimi consensu veteres Ecclesiæ scriptores testantur, Epiphanius maximè de Simone & Simoniacis scribens. Licèt enim Diaconorum partes essent, communium Ecclesiæ opum, & pauperum curam gerere: simul tamen illis permissum erat Evangelij prædicationem suscipere, si quando necessitas ita postularet, quod in Stephani exemplo hucusque vidimus. Gualt. in Act. Apost. cap. 8. hom 56.

[c] *Omnes Presbyteri & Diaconi erudiunt nos, & erudientes adhibent correptionem, & verbis austerioribus increpant.* Origenes homil. 1. in Psal. 37.

[d] *Dandi Baptismum ius habet summus Sacerdos, qui est Episcopus, dehinc Presbyteri & Diaconi, non tamen sine Episcopi authoritate propter Ecclesiæ honorem.* Tertul. de Baptismo.

[a] Pres-

Margdescription annotations (MS):
MS: schismaticos & haere-
ticos (cùm
MS: huiusmodi
MS: facultatis
MS: Origines
MS: quæ
MS: quod
135 bis R°
✱ MS, 'lb: *Christum, & ab eo credentes baptizabantur. Cuius*

a Vt Actor.14.23. *Cum ordinassent per singulas Ecclesias Presbyteros id est* (inquit Theod.Beza) *Pastores,Diaconos,& alios Ecclesiæ gubernationi Præfectos: hic enim vt alibi sæpe generaliter accipitur Presbyteri nomen.* Act.15.23. vbi Lucas Ecclesiam Hierosolymis,in qua (Act.6.)Diaconi constituti sunt, in tres ordines, *Apostolos, Presbyteros, Fratres* distribuens, Diaconos Presbyterorum ordine necesse est complectatur. 1.Tim.5.16.Ibi enim *Presbyteri,* id est Diaconi, *qui bene præsunt* in bonorum Ecclesiasticorum Oeconomia, *duplici honore,*hoc est, (inquit Chrysost.) *reuerentia & subsidio rerum necessariarum digni* perhibentur: *maximè Presbyteri,*qui non ut Diaconi pauperum & bonorum Ecclesiasticorum curis districti, *in sermone & doctrina* πονοντε sunt, quandoque laborantes, sed καπνοντες tempestiuè & intempestiuè desudantes. Nam (ut rectè annotat Theodorus Beza in 11.Matth.28.) plus est κμᾷν, quam πονεῖν, si propriam utriusque significationem spectemus : sicut etiam apud Latinos plusculum declarat fatigatum esse, quàm laborare.

ms: Diccani
ms: tr.
ms: laborantes
ms,16: ministrarent
)17: sunt +
ms: Coemiterii
ms,16: patenam
)17: etiam +
)17: in +
r17: α +
)16: α +
135 bis V°
136 R°

a Presbyterorum nomine intelliguntur,) officium erat obventionū Ecclesiæ & pauperum curam gerere, baptizare, concionari, (si iis hoc ab Apostolis & Episcopis permissum fuerit) & ferre opem Presbyteris in Eucharistia administranda: quæ ferè omnia Diaconi hodie in Ecclesia Anglicana exequuntur. Sed cum teste Concilio Gangrensi,can.6.& 7. *ex oblationibus fructuum,*& Chalcedonensi canon.23. *ex agrorum fructibus,* Ecclesiæ reditus valde excreuerant;ut Diaconi Presbyteris Sacramenta dispensantibus, ac aliis suis muneribus magis spiritualibus liberius inseruirent : onus curandi obventiones Ecclesiasticas in Oeconomos rejectum est. Vnde Concilium Chalcedonense canone citato decrevit ; ut *omnis Ecclesia Episcopum habens, haberet etiam Oeconomū de Clero proprio,qui dispenset res Ecclesiasticas secundùm sententiam proprij Episcopi.* Ad cujus canonis ferè præscriptum, nostræ quoq; Ecclesiæ Oeconomi, (qui vnanimi,si fieri possit,Parochianorum & Ministri cōsensu quotannis in Paschali hebdomada eligendi sunt) reditus Ecclesiæ cogunt, lege experiuntur ad illos vi detentos redimendos, horum tum acceptorum tum expensorum in Ecclesiæ vsum,veram & accuratam rationem Ministro & Parochianis reddunt, maceriam Cæmeterij, navem Templi,ejusque ornamenta & reliquam supellectilem, ut libros,Eucharisticam mensam,calicem, patinam,eleemosynarum cistam,publicis parochiæ sumptibus sarta tecta & decora tuentur ; parant etiam panem & vinum in S.cœnam, tempore divinorum collectionem peragunt pro pauperibus extraneis, & contributiones operibus publicis insumendas denunciant. Præterea,more Ecclesiasticorum *Visitatorum,* (quorum meminit Gregorius Magnus lib.3.epist.2.)inquirunt nequiter viventes, eosque admonent, magis scandalosos Episcopo qualibet triennali visitatione, & bis annuatim necessariò deferunt : in quibus occupationibus, Testes quoque Synodales iis diligenter opitulantur. Denique navant operam vnà cum Ministro, custodiendo Baptismorum, Nuptiarum & Sepulturarum indici,prospiciendo præterea nequis absque facultate legitima sese ingerat ad concionandum,& ut omnes Parochiani (quo etiam munere Testes Synodales Oeconomis sunt adminiculo) Ecclesias suas diebus Dominicis & festivis debitè frequentent,atque iisdem per integrum rei sacræ tempus, cum silentio & decoro intersint.

Hujus-

Hujufmodi funt munera Oeconomorum & Teftium Synodalium, quibus ultimo in loco fuccedunt *Aeditui*, antiquis oftiariis, Concilii Laodiceni canon. 23. inter ordines Ecclefiafticos enumeratis admodum fimiles ; qui fecundùm noftræ Ecclefiæ Conftitutiones debent effe ad minus viginti annos nati, vitæ probitate, & idonea legendi, fcribendi & cantandi fcientiâ præditi, quò Ecclefiæ Miniftris (penes quos jus eft eos eligendi) & Oeconomis munia fua obeuntibus commodiùs quandoque famulentur. Atque ita omnes Ecclefiæ Anglicanæ gubernatores, Rectores, Miniftros, eorumque ordinationes, poteftatem, officia, ftrictim percurrimus : Leges vero & Conftitutiones ad quarum amuffim cuncta hæc diriguntur, ut plurimùm conduntur in Synodis provincialibus vel nationalibus, quas proximo capite habemus delineatas.

'17: α +

*136
V⁰*

*De Anglicanæ Ecclefiæ Synodis nationalibus
& provincialibus.*

C A P. XI.

Tametfi Gregorius Epifcopus Nazianzenus, Epift. 42. ad Procopium, fuâ ætate, propter hominum pravitatem (turbulentiffimis enim Ecclefiæ temporibus vixit, quibus in Oriente Valentis Imperatoris à Catholica fide alieni auxilio, Hæretici plurimùm valuerunt) *fe nullius unquam Synodi bonum & felicem exitum vidiffe*, profiteretur : tamen ad difficiles in fide quæftiones difcutiendas, tollendos abufus, eutaxiam & legitimum in difciplina ordinem conftituendum, pacem & publicam concordiam fovendam, *Conciliorum in Ecclefia Dei faluberrimam effe authoritatem,* epift. 118. veriffimè dixit Auguftinus. Sic Concilii Conftantinopolitani primi authoritate, controverfia de S. Spiritus divinitate à Macedonio mota, dirempta eft : Ancyrani Concilii canonibus, *apoftatæ, lafcivi, adulteri, divinatores, magi* feveriffimè caftigati funt : Synodus Gangrenfis Nicæno primo quafi contemporanea, compefcuit contemptum publicorum *conventuum in domo Dei, privatas conciones extra Ecclefiam* fuftulit : Oecumenica Synodus Chalcedonenfis præfentiâ 630. Patrum ornata, tumultus in Ecclefia ab Eutychianis manantes feliciffimè fedavit. Et hi Conciliorum legitimè coactorum & ritè ordinatorum fuere fines, ad quos ut plurimùm collimârunt. Concilia autem legitimè dicimus coacta, quæ, poftquam Politici Magiftratus evafere Chriftiani & *Ecclefiæ Nutritij,* illorum authoritate funt congregata ; ritè ordinata, quæ veris & genuinis fuis ad deliberandum & definiendum membris conftabant. Etenim cum pii Principes fub veteri Teftamento in *Chriftum incarnandum* credentes, (ut David

'17: funt +

*137
R⁰*

1. Chron.

1. Chron. 15. Ezechias 1. Chron. 29. Nehemias. Nehem. 7.) Conventus Sacerdotum ad peragenda Iehovæ negotia coegerint; & ipse Christus novam convocandi Ecclesiasticos congressus viam minimè instituerit, sed tantum iis S. Spiritûs sui præsentiam (Matth. 18.) promiserit: Reges & Principes sub novo Testamento in *Christum iam incarnatum* fidentes, eandem potestatem maximo Ecclesię bono exercuerunt. Primi generalis Concilii Nicęni Patres (vt ex Synodicâ eorum epistolâ apud Socratem lib. 1. cap. 9. ad Ecclesiam Alexandrinam, liquet) Imperatoris Constantini jussu convenerunt. Nec posteà Christiani Imperatores huic potestati renunciarunt: nonne quarta Oecumenica Synodus Chalcedone celebrata, sicut in ipsius limine indicatur, coacta est *ex decreto piissimorum & fidelissimorum Imperatorum, Valentiniani & Martiani*? A generalibus Conciliis ad Nationalia, & Provincialia descendamus. Sardicense, teste Theodoreto lib. 2. c. 8. a Constante; Aquiliense cui interfuit Ambrosius, narrante ipso Concilio, à Theodosio; Thessalonicense, ut constat ex Synodica 453. à Gratiano indicta sunt. Et licèt antiquitùs Metropolitani, postquam Imperatores Christo se dederunt, Provinciales Synodos sæpius vocarint; hoc non tam suâ fecerunt quàm [a] Imperatoria potestate, qua Concilium Nicęnum primum, & Chalcedonense stabilita sunt. Hujus enim canon. 18. & illius [b] 5. (qui unà cum reliquis utriusque Concilii canonibus, aut à [c] Constantino, aut à Valentiniano, & [d] Martiano Imperatoribus confirmati sunt) statuerunt, *Uniuscuiusque Provinciæ Episcopos debere convenire, ubi Metropolitanus Episcopus probaverit.* Qui penè mos obtinuit in Ecclesia Anglicana, cujus hodie Archiepiscopi ad nutum Regium, Nationales aut Provinciales Synodos solent indicere.

137 vo

'16: + (note)

ms: fuerint stabilita.

a Nam si quis excipiat quasdam Provinciales Synodos, ut Ancyranam & Neocæsariensem post libertatem religionis Constantini edictis Ecclesiæ concessam, absque Constantini jussione fuisse coactas; concedimus absque particulari & expressa, sed non tacita & generali jussione: quis cum Constantinus vel alii Christiani Imperatores religionis libertatem Ecclesiæ concesserunt; simul jus celebrandi quotidianas synaxes, & cogendi Synodos, a quibus in quotidianis synaxibus eutaxia conservaretur, tribuerunt.

b Hic Canon quintus Concilii Nicæni statuit, ut bis in anno Synodi fiant Provinciales: sed quorum consensu Concilium Antiochenum Nicæno quindecim annis posterius, explicat canon. 20. *Nullis vero liceat per se Synodos celebrare sine iis, quibus Metropoles creditæ sunt.*

c Imperator Constantinus. (ut refert Eusebius lib. 3. de vita Constantini. cap. 22.) *Decreta* Nicæni Concilii *sigillo suo confirmavit.*

d Hujus Chalcedonensis Concilii Patres (teste Euagrio lib. 2. cap. 4.) sua decreta condiderunt cum hac conditione, *si ista sanctissimo nostro Domino* (hoc est Imperatori) *placuerint.*

'17: +

ms: placuerunt.

Quænam igitur sint Concilia legitimè congregata intelligimus; vera & genuina eorum membra sunt Ecclesiæ Pastores, Episcopi & Presbyteri. Cùm nascente Ecclesia, gravis de ceremonialis legis observatione exorta esset controversia, *Apostoli* (quibus vult Hieronymus in epist. ad Marcellum Episcopos peculiari jure succedere) & *Presbyteri* Actor. 15. *Hierosolymis congregati sunt, ut dispicerent de hac re: tota enim Ecclesia & Fratres,* qui (v. 22. & 23.) ab Apostolis & Presbyteris secernũtur,

¶ ms, '16: ^ tantum

tur, huic primo Christianæ Ecclesiæ Concilio sponte adfuerunt, non tam ut *dispicerent de hac re*, quàm ut animi sui dubia Apostolis & Presbyteris *dispicienda* proponerent; horumque publico ᵃjudicio, propter sacrosanctam eorum vocationem & quia Ecclesiæ erant Pastores, aliis præscribente, in privatis suis judiciis, (quibus singuli quà Ecclesiæ oues, tantum sibi præscribere potuerunt) dirigerentur. Hinc, etsi (v. 22. & 23.) *tota Ecclesia ac fratres* unà cum Apostolis & Presbyteris in Concilio Hierosolymitano congregatis, miserunt *delectos viros Antiochiam*, & in Epistola horum manibus tradendâ suum consensum, ad pleniorem concordiam testandam apposuerint; hujus tamen Concilii dogmata non *totius Ecclesiæ & fratrum*, sed Apostolorum & Presbyterorum sententiis definita sunt: cum (Actor. 16. 4.) non *fratrum* aut *Ecclesiæ*, sed *Apostolorum & Presbyterorum qui Hierosolymis erant*, *Decreta* appellentur. Et huic primo Christianæ Ecclesiæ Concilio, quæ sequuta sunt, in definiendis religionis controversiis & sacris Canonibus decernendis, tanquam suo prototypo simillima extiterunt. Nam quamvis ad illa quidam ex ᵇ plebe accesserint, ut (teste Kunno lib. 1. Ecclei. hist. c. 3.) in Niceno Concilio ad differendū plurimi, quidam etiam pij ad testādum suum zelum & fidem confirmandam; è quorum numero fuit *Confessor* ille *homo simplex* (apud Sozomen. lib. 1. cap. 17.) qui in eodem Concilio divinis eloquiis, *Philosophum obstupefecit*: vltronei tamen hi omnes advenerunt, neque in Conciliis, decisivum suffragium habuerunt. Nam apud Sozomen. lib. 1. cap. 16. Constantinus scribit ad *Ecclesiarum Præsides*, & non ad quempiam ex plebe, ut ad diem præstitutum, Nicææ adsint. Et in generalibus Conciliis sæpius ᶜ soli Episcopi (non quòd non liceret Presbyteris, ut somniant Romanenses, in his habere suffragia decisiva; sed quòd ad vitandam ingentis multitudinis ataxiam non expediret;) & in Provincialibus tantum Episcopi, Presbyteri, & quandoque Diaconi (sicut in Romano Concilio contra Novatum apud Eusebium

a Christus omnes pastores in suos greges constituit *Patres* (1. Cor. 4.) *Speculatores* (Ezech. 3.) *Doctores* (Ephes. 4.) *Episcopos, seu Superintendentes* (Act. 20.) *Ductores & Præfectos* (Heb. 13.) ad illos instruendos, regendos, dirigendos in via salutis. Quam potestatem Christus seorsim iis dedit in Diœcesanas & parochiales suas Ecclesias, eandem in Synodis congregati in totam Ecclesiam retineant est necesse; præsertim cùm Saluator noster (Matth. 18.) *duobus vel tribus* prælatis (vt hunc locum Chrysost. Euthym. Theophylact. interpretantur) *nomine suo coactis*, promiserit per specialem Spiritus S. assistentiam *se fore in medio eorum*. Nam vt infert Cælestinus Epist. ad Concilium Ephesinum, *Si tam exiguus numerus Spiritu sancto non destituitur, quo modo non credemus eum multo magis in medio vestrûm esse, vbi tanta multitudo sanctorum in unum conveniunt.*

b Dictionem [*Plebs*] ea notione accipimus, qua Concilium Carthaginense de hæreticis baptizandis, in ipso sui limine his verbis: *Cum in unum Carthagini convenissent Kalend. Septemb. Episcopi plurimi ex Provincia Africa, Numidia, Mauritania, cum Presbyteris & Diaconis, præsente etiam plebis maxima parte.*

c Hoc patet ex subscriptionibus generalium Conciliorum magis antiquorum, in quorum calce aut tantum Episcoporum, aut Presbyterorum qui Episcoporum erant Vicarij (quales fuere *Vitus* seu *Victor* & *Vincentius*, qui in Niceno primo pro Romano Episcopo subscripserunt) nomina adscripta reperiemus.

[handwritten marginal notes]

MS, '16: proponerat,

MS: singuli ut Ecclesiæ oves praescribere potuerunt tantum tibi ipsis, dirigerentur

MS: miserint

MS: interim

Much rewritten. See p. 350, bottom.

Nam ... generalibus Concilii.

* MS: *eorum* authoritatem et quâ *Ecclesiæ* (In MS, *authoritatem* written over an erasure which may have been *vocationem*.) '16 as text, but with *qua* for *quia*.

'17: α +

Ms,'16: <u>Archi
diaconi, duo
Presbyteri</u>
[...] et
<u>totidem</u>
<u>ex</u>   '16: quae

'16: Curiae

MS,'16:
sancivit

a Concilii Tarraconen-
sis infra quin-
gentos post
Christum an-
nos Tarraco-
ne in Hispania
celebrati 3.
Canon est;
*Epistolæ perfra-
tres a Metropo-
litano dirigen-
dæ sunt, ut non
solum è Cathe-
dralis Ecclesiæ
Presbyteris, ve-
rùm etiam de
Diœcesanis ad
Concilium tra-
hant.*

sebium lib. 6. cap. 43. Antiocheno apud eundem lib. 1. cap. 30. Eliber-tino, & Arelatensi secundo, testantibus horum subscriptionibus) Eccle-siastica decreta condiderunt.   Et hinc in Ecclesia Anglicana primævæ Ecclesiæ vestigia premente, vocantur ad Synodos Nationales & Pro-vinciales solùm Episcopi, Decani, Archidiaconi, & duo demum Pres-byteri ex singulis Diœcesibus, totidemque ex *a* Cathedralibus Ecclesiis, in his Capitulorum, in illis communibus Parochorum suffragiis electi: à quibus cum de religionis dogmatibus vel sacris Canonibus fuerit ma-turè deliberatum & definitum, Regiâ authoritate censentur rata; immò nonnunquam, quò hæc placita Synodica arctiùs constringant immo-rigeros, post Regiam illorum confirmationem, à suprema Parliamenti Curia tanquam Regni leges promulgantur : quemadmodum Iustinia-nus quatuor prima Concilia Oecumenica sigillatim à diversis Impera-toribus priùs confirmata, ad horum decreta magis corroboranda sanci-vit Novella 131. ut *vicem legum* (nempe Imperialium) *obtinerent sacri Ecclesiastici Canones, qui à Sanctis quatuor Conciliis constituti sunt & confirmati.*

TABVLA GRADVVM, AFFINITATIS,

ET CONSANGVINITATIS INTRA QVOS
IN ECCLESIA ANGLICANA NON LICET
MATRIMONIVM CONTRAHERE.

ADMONITIO

Ad omnes Matrimonium contracturos.

Primò non contrahant cum personis infra nominatis, aut cum aliquibus similis Affinitatis, aut Consanguinitatis contra Dei & Regni huius leges.
Secundò non ineant clàm contractus sine Parentum, aut Tutorum consensu, & consilio, cum legum diuinarum, & humanarum violatione.
Tertiò diuortio seu separatione à Iudice ad tempus factâ inter Coniuges non nouos ineant contractus, legibus, quæ adhuc vim obtinent, hoc prohibentibus.

Viro non licet contrahere matrimonium cum			Fœmina non licet matrimonium contrahere cum		
Secundus gradus in linea recta ascendente.			**Secundus gradus in recta linea ascendente.**		
Con. Auia.	1	Grandmother.	Con. Auuo.	1	Grandfather.
Aff. Aui relicta.	2	Grandfathers wife.	Aff. Auiæ relicto.	2	Grandmothers husband.
Aff. Prosocru, vel socru magnâ.	3	Wiues grandmother.	Aff. Prosocero, vel socero magno.	3	Husbands grandfather.
Secundus gradus inæqualis in linea transuersa ascendente.			**Secundus gradus inæqualis in linea transuersali ascendente.**		
Con. Amita.	4	Fathers sister.	Con. Patruo.	4	Fathers brother.
Con. Matertera.	5	Mothers sister.	Con. Auunculo.	5	Mothers brother.
Aff. Patrui relicta.	6	Fathers brothers wife.	Aff. Amitæ relicto.	6	Fathers sisters husband.
Aff. Auunculi relicta.	7	Mothers brothers wife.	Aff. Materteræ relicto.	7	Mothers sisters husband.
Aff. Amita vxoris.	8	Wifes fathers sister.	Aff. Patruo mariti.	8	Husbands fathers brother.
Aff. Matertera vxoris.	9	Wifes Mothers sister.	Aff. Auunculo mariti.	9	Husbands mothers brother.
Primus gradus in linea recta ascendente.			**Primus gradus in linea recta ascendente.**		
Con. Matre.	10	Mother.	Con. Patre.	10	Father.
Aff. Nouerca.	11	Stepmother.	Aff. Vitrico.	11	Stepfather.
Aff. Socru.	12	Wifes mother.	Aff. Socero.	12	Husbands.
Primus gradus in linea recta descendente.			**Primus gradus in linea recta descendente.**		
Con. Filia.	13	Daughter.	Con. Filio.	13	Sonne.
Aff. Priuigna.	14	Wifes daughter.	Aff. Priuigno.	14	Husbands sonne.
Aff. Nuru.	15	Sonnes wife.	Aff. Genero.	15	Daughters husband.
Primus gradus æqualis in linea transuersali.			**Primus gradus æqualis in linea transuersali.**		
Con. Sorore.	16	Sister.	Con. Fratre.	16	Brother.
Aff. Sorore vxoris.	17	Wifes sister.	Aff. Leuiro.	17	Husbands brother.
Aff. Fratris relicta.	18	Brothers wife.	Aff. Sororis relicto.	18	Sisters husband.
Secundus gradus in recta linea descendente.			**Secundus gradus in recta linea descendente.**		
Con. Nepte ex filio.	19	Sonnes daughter.	Con. Nepote ex filio.	19	Sonnes sonne.
Con. Nepte ex filia.	20	Daughters daughter.	Con. Nepote ex filia.	20	Daughters sonne.
Aff. Pronuru. i. relicta Nepotis ex filio.	21	Sonnes sonnes wife.	Aff. Progenero. i. relicto Neptis ex filio.	21	Sonnes daughters husband.
Aff. Pronuru. i. relicta Nepotis ex filia.	22	Daughters sonnes wife.	Aff. Progenero. i. relicto Neptis ex filia.	22	daughters daughters husbâd.
Aff. Priuigni filia.	23	Wifes sonnes daughter.	Aff. Priuigni filio.	23	Husbands sonnes sonne.
Aff. Priuignæ filia.	24	Wifes daughters daughter.	Aff. Priuignæ filio.	24	Husbands daughters sonne.
Secundus gradus inæqualis in linea transuersali descendente.			**Secundus gradus inæqualis in linea transuersali descendente.**		
Con. Nepte ex fratre.	25	Brothers daughter.	Con. Nepote ex fratre.	25	Brothers sonne.
Con. Nepte ex sorore.	26	Sisters daughter.	Con. Nepote ex sorore.	26	Sisters sonne.
Aff. Nepotis ex fratre relicta.	27	Brothers sonnes wife.	Aff. Neptis ex fratre relicto.	27	Brothers daughters husband.
Aff. Nepotis ex sorore relicta.	28	Sisters sonnes wife.	Aff. Neptis ex sorore relicto.	28	Sisters daughters husband.
Aff. Nepte vxoris ex fratre.	29	Wifes brothers daughter.	Aff. Leuiri filio. i. nepote mariti ex fratre.	29	Husbands brothers sonne.
Aff. Nepte vxoris ex sorore.	30	Wifes sisters daughter.	Aff. Gloris filio. i. nepte mariti ex sorore.	30	Husbands sisters sonne.

Notandum est primò quod inter eas personas, quæ parentum, liberorumue locum inter se obtinent (hoc est) inter ascendentes & descendentes in rectâ linea contrahi nuptiæ non possunt in infinitum.

Secundò quod consanguinitas & affinitas matrimonium impediens, & dirimens, tam inter eas personas, & per eas contrahi potest, quæ ex vnâ tantum parte cognatæ vel affines sunt, quàm quæ ex vtraque.

Tertiò ex mente legis consanguinitas, aut affinitas, quæ matrimonium impedit, & distrahit, tam ex illicito coitu, quam ex iusto matrimonio contrahitur.

Quartò in Contractibus inter personas dubias (quæ in hac tabula non exprimuntur) tutissimum est, Iurisperitos primò consulere, vt intelligant, quid æquum, quid bonestum, priusquam huiusmodi contractus ineant.

Quintò nulli Rectori, Vicario, aut Curato extra suam Curam, aut parochialem Ecclesiam siue Capellam, nec in priuatis domibus, aut Ecclesiis exemptis, seu priuilegiatis matrimonium celebrare licet, sub pœnâ constitutâ à lege huiusmodi matrimonium probibente. Præterea Curati Certificatorium habere debent de contrahentibus, cùm ipsi in diuersis parochiis commorantur.

Sextò Banna pro celebratione matrimonii publicè per Ministrum, seu Vicarium in Ecclesia tribus diebus Dominicis diuersis, seu festiuis denunciari debent; vt si quis impedimentum ad contractum rescindendum, allegare velit, audiatur, & huiusmodi matrimonii celebratio (idoneâ cautione interpositâ) differatur, donec appareat, vtrùm iusta exceptio in contrarium adduci queat.

Septimò qui iusto & legitimo matrimonio illegitimum impedimentum malitiosè obiicit, vt idem matrimonium infirmare possit, pœnam à legibus præscriptam incurrit.

Octauò qui in gradibus probibitis matrimonium contrahere præsumunt, licèt ignoranter hoc fecerint, non solum filii ex tali coitu suscepti illegitimi habentur, verumetiam contrahentes per Ordinarios suos iuxta eorum arbitrium, & voluntatem pœnâ affici possunt.

Nonò quicumque Ministri inter probibitas personas matrimonium celebrare, aut huiusmodi contractibus interesse præsumunt, ab executione officii sui, siue ministerij per integrum triennium debent suspendi, vel aliter secundùm leges puniri.

Studies in the History of Christian Thought

EDITED BY HEIKO A. OBERMAN

50. HOENEN, M. J. F. M. *Marsilius of Inghen*. Divine Knowledge in Late Medieval Thought. 1993
51. O'MALLEY, J. W., IZBICKI, T. M. and CHRISTIANSON, G. (eds.) *Humanity and Divinity in Renaissance and Reformation*. Essays in Honor of Charles Trinkaus. 1993
52. REEVE, A. (ed.) and SCREECH, M. A. (introd.) *Erasmus' Annotations on the New Testament*. Galatians to the Apocalypse. 1993
53. STUMP, Ph. H. *The Reforms of the Council of Constance (1414-1418)*. 1994
54. GIAKALIS, A. *Images of the Divine*. The Theology of Icons at the Seventh Ecumenical Council. With a Foreword by Henry Chadwick. 1994
55. NELLEN, H. J. M. and RABBIE, E. *Hugo Grotius – Theologian*. Essays in Honour of G. H. M. Posthumus Meyjes. 1994
56. TRIGG, J. D. *Baptism in the Theology of Martin Luther*. 1994
57. JANSE, W. *Albert Hardenberg als Theologe*. Profil eines Bucer-Schülers. 1994
58. ASSELT, W.J. van. *The Covenant Theology of Johannes Cocceius (1603-1669)*. An Examination of its Structure. *In preparation*
59. SCHOOR, R.J.M. van de. *The Irenical Theology of Théophile Brachet de La Milletière (1588-1665)*. 1995
60. STREHLE, S. *The Catholic Roots of the Protestant Gospel*. Encounter between the Middle Ages and the Reformation. 1995
61. BROWN, M.L. *Donne and the Politics of Conscience in Early Modern England*. 1995
62. SCREECH, M.A. (ed.). *Richard Mocket, Warden of All Souls College, Oxford, Doctrina et Politia Ecclesiae Anglicanae*. An Anglican Summa. Facsimile with Variants of the Text of 1617. Edited with an Introduction. 1995
63. SNOEK, G.J.C. *Medieval Piety from Relics to the Eucharist*. 1995
64. PIXTON, P.B. *The German Episcopacy and the Implementation of the Decrees of the Fourth Lateran Council, 1216-1245*. Watchmen on the Tower. 1995

Prospectus available on request

E. J. BRILL — P.O.B. 9000 — 2300 PA LEIDEN — THE NETHERLANDS